湖北省学术著作
Hubei Special Funds for Academic Publications 出版专项资金

辨伪研究书系

文献辨伪学引论

司马朝军　赵争　主编

WUHAN UNIVERSITY PRESS
武汉大学出版社

图书在版编目(CIP)数据

文献辨伪学引论/司马朝军,赵争著.—武汉:武汉大学出版社,2020.10(2024.3 重印)
辨伪研究书系
湖北省学术著作出版专项资金资助项目
ISBN 978-7-307-21777-5

Ⅰ.文…　Ⅱ.①司…　②赵…　Ⅲ.文献—辨伪—研究　Ⅳ.G256.22

中国版本图书馆 CIP 数据核字(2020)第 172865 号

责任编辑:朱凌云　　责任校对:汪欣怡　　版式设计:马　佳

出版发行:**武汉大学出版社**　(430072　武昌　珞珈山)
(电子邮箱:cbs22@whu.edu.cn　网址:www.wdp.com.cn)
印刷:武汉邮科印务有限公司
开本:787×1092　1/16　印张:32.5　字数:791 千字　插页:2
版次:2020 年 10 月第 1 版　2024 年 3 月第 2 次印刷
ISBN 978-7-307-21777-5　定价:162.00 元

戊戌岁末感怀

一别珈园到沪滨，寒窗漫忆倍艰辛。
江南论道开新地，湖北谈经拓旧垠。
眼里生钉终动魄，椎中长刺始伤神。
三洲四海存知己，莽莽天涯若比邻。

司马朝军

2019年1月23日于上海

目　录

上编　文献辨伪学导论

绪论 …… 3

第一章　近代辨伪思潮与辨伪学的发展 …… 16
　第一节　“书愈古者，伪品愈多”
　　——梁启超的辨伪学研究与其对古书体例的认知 …… 16
　第二节　由疑到信
　　——胡适、傅斯年对疑古辨伪运动的思考及对古书体例的认知 …… 23
　第三节　“与其辨真伪，毋宁考年代”
　　——罗根泽对诸子的考辨与其对古书体例的认知 …… 35
　第四节　“伪书通考”
　　——张心澂对古书辨伪规律的思考与总结 …… 42
　本章小结 …… 44

第二章　古书自有读法：基于校雠学的古书体例研究及对辨伪学的反思 …… 45
　第一节　孙德谦的古书体例研究及对辨伪学的反思 …… 45
　第二节　刘咸炘的古书体例研究及其对辨伪学的反思 …… 52
　第三节　吕思勉的古书体例研究及对辨伪学的思考 …… 62
　第四节　余嘉锡的古书体例研究及对辨伪学的思考 …… 67
　本章小结 …… 76

第三章　辨伪学的新发展：出土文献与古书年代学 …… 78
　第一节　对辨伪学的进一步思考
　　——李学勤、裘锡圭的古书体例研究 …… 79

第二节 古书辨伪学与古书年代学
——郑良树、李零对辨伪学的思考 …… 82
第三节 科学的古史史料学
——古书体例研究的新进展及辨伪学的深入发展 …… 90
本章小结 …… 104

下编 文献辨伪学论著篇目索引

说明 …… 109

经部 …… 110
易类 …… 110
周易 …… 110
三坟易 …… 125
归藏 …… 125
易林 …… 127
河图洛书 …… 129
子夏易传 …… 130
东坡易传 …… 130
其他 …… 131
书类 …… 132
其他 …… 150
诗类 …… 152
诗经 …… 152
诗序 …… 167
子夏诗传 · 申培诗说 …… 179
其他 …… 180
礼类 …… 180
仪礼 …… 180
周礼 …… 181
礼记 …… 188
朱子家礼 …… 197
其他 …… 198
春秋类 …… 199
春秋左传 …… 199
穀梁传 · 公羊传 …… 214
春秋繁露 …… 216
孝经类 …… 217
其他 …… 223

五经总类……224
四书类……225
大学……225
中庸……227
论语……230
论语笔解……231
孟子 · 孟子外书……232
四书评……232
乐类……233
古今乐纂……233
太和正音谱……234
小学类……234
尔雅……234
小尔雅……237
切韵指掌图……238
正字通……238
其他……240

史部……242
正史类……242
史记……242
汉书……243
编年类……243
竹书纪年……243
元经……248
纪事本末类……249
明史纪事本末……249
别史类……249
逸周书……249
大金国志……251
国语……252
战国策……254
隆平集……256
杂史类……256
穆天子传……256
容斋逸史……258
筹海图编……258
庚申外史……259
西魏书……259

其他……259
传记类……259
载纪类……260
越绝书……260
吴越春秋……262
十六国春秋……262
地理类……263
山海经……263
其他……265
政书类……266
目录类……266
书目答问……266
其他……266

子部……268
儒家类……268
荀子……268
文中子……270
孔子家语……272
孔丛子……277
晏子春秋……278
新语……281
贾谊新书……282
新序……282
其他……283
道家类……283
老子……283
庄子……289
庄子注、庄子序……292
列子……292
道德指归论……300
文子……300
鹖冠子……305
关尹子……306
鬻子……307
列仙传……308
阴符经……309
枕中书……309
墉城集仙录……309

其他……………………………………………………………………………………… 310
法家类……………………………………………………………………………………… 310
管子……………………………………………………………………………………… 310
法经……………………………………………………………………………………… 314
商君书……………………………………………………………………………………… 315
韩非子……………………………………………………………………………………… 315
名家类……………………………………………………………………………………… 317
公孙龙子……………………………………………………………………………………… 317
邓析子……………………………………………………………………………………… 318
兵家类……………………………………………………………………………………… 318
六韬……………………………………………………………………………………… 318
孙膑兵法……………………………………………………………………………………… 320
孙子兵法……………………………………………………………………………………… 321
司马法……………………………………………………………………………………… 323
将苑……………………………………………………………………………………… 324
黄石公三略……………………………………………………………………………………… 324
尉缭子……………………………………………………………………………………… 324
李靖问对……………………………………………………………………………………… 325
素书……………………………………………………………………………………… 325
美芹十论……………………………………………………………………………………… 325
医家类……………………………………………………………………………………… 326
难经……………………………………………………………………………………… 326
银海精微……………………………………………………………………………………… 326
素问病机气宜保命集……………………………………………………………………………………… 327
疮疡经验全书……………………………………………………………………………………… 327
其他……………………………………………………………………………………… 327
天文算法类……………………………………………………………………………………… 329
九章算术……………………………………………………………………………………… 329
数术记遗……………………………………………………………………………………… 329
甘石星经……………………………………………………………………………………… 330
其他……………………………………………………………………………………… 330
术数类……………………………………………………………………………………… 330
葬书……………………………………………………………………………………… 330
其他……………………………………………………………………………………… 330
艺术类……………………………………………………………………………………… 331
续画品……………………………………………………………………………………… 331
山水论……………………………………………………………………………………… 331
荆浩……………………………………………………………………………………… 331
其他……………………………………………………………………………………… 331

杂家类……333
墨子……333
鬼谷子……335
尹文子……337
慎子……338
子华子……338
尸子……339
於陵子……340
吕氏春秋……340
论衡……340
刘子新论……341
物异考……343
古今注……343
东坡志林……343
春雨杂述……343
卧游录……344
事物纪原……344
琅嬛记……344
学海类编……345
其他……345
农家类……345
齐民要术……345
南方草木状……346
其他……346
类书类……346
小说家类……347
燕丹子……347
西京杂记……348
神异经……349
海内十洲记……349
汉武故事……349
汉武帝内传……350
汉杂事秘辛……350
飞燕外传……350
世说新语……350
搜神后记……351
大唐新语……352
大业拾遗记……352
海山记……353

谈薮…… 353
龙城录…… 353
剑侠传…… 354
周秦行纪…… 354
刘宾客嘉话录…… 354
云仙杂记…… 355
续世说…… 355
蕉窗九录…… 355
其他…… 355

集部…… 357
楚辞类…… 357
楚辞…… 357
其他…… 363
总集类…… 364
孔雀东南飞…… 364
木兰辞…… 367
胡笳十八拍…… 370
苏李诗文…… 372
古诗十九首…… 375
文选…… 377
玉台新咏考异…… 378
其他…… 378
别集类…… 380
后出师表…… 380
柏梁台诗…… 381
蔡琰《悲愤诗》…… 382
李白…… 382
杜甫…… 386
杜律虞注…… 386
柳宗元…… 387
王维…… 387
孟浩然…… 387
陋室铭…… 388
李贺…… 389
杜牧…… 389
戴叔伦…… 390
苏轼、苏辙…… 390
朱熹…… 392

陆游……392
心史……393
辨奸论……395
张之洞家书……396
其他……397
诗文评类……403
二十四诗品……403
诗格……407
《文心雕龙》隐秀篇……407
文章缘起……408
后山诗话……409
乐府古题要解……409
其他……409
词曲类……409
断肠词……409
岳飞《满江红》词……409
西厢记……411
琵琶记……412
其他……413
明清小说类……413
西游记……413
金瓶梅……421
水浒传……434
曹雪芹与红楼梦……443
儒林外史……455
其他……456

佛藏……457
牟子理惑论·四十二章经……457
其他……459

道藏……460
太平经……460
周易参同契……460
其他……461
辨伪学史……461
辨伪学家……463
朱熹……463
梅鷟……464

胡应麟…… 464
阎若璩…… 465
姚际恒…… 469
毛奇龄・李塨…… 469
崔述…… 470
康有为…… 471
梁启超…… 472
顾颉刚与《古史辨》…… 473
其他…… 494

辨伪学通论…… 500

辨伪专著…… 504

后记…… 506

上编　文献辨伪学导论

绪　　论

一、伪书与辨伪

当代著名作家陈忠实以《白鹿原》蜚声文坛。2003 年 6 月 30 日，他发布一则严正声明：

> 2000 年以来，连续四次发现以我的名字署名的长篇小说行销市场，分别为《村画》《生死原》《石牛原》《床——鹿儿》，均为盗用别的作家的作品、冠以我名的盗版盗名的书籍，造成恶劣后果，我谨声明，保留诉诸法律的权利，也请读者明鉴。

当时，陕西省作协创联部接到了一位新疆读者的电话，说乌鲁木齐一些书店里现在正热卖署名为陈忠实的长篇小说《床》（副题：《鹿儿》），他想求证一下是否真为陈忠实所写。俗话说事不过三，第四次遭遇盗名之苦的陈忠实实在无法保持沉默了，他终于愤然发出了上述严正声明，对日益猖獗的盗版盗名事件进行声讨，并提请广大读者注意不要上当受骗，他在《白鹿原》后尚未公开发表过任何长篇小说。

据陈忠实介绍，从 2000 年的《村画》算起，有 4 部署名为陈忠实的长篇小说先后面世，让他和相关作家感到非常尴尬。《村画》的内容完全是云南作协副主席李霁宇的长篇小说《壁虎村》；《生死原》的内容是西安市委党校教授胡觉照的一部作品；2003 年春出现的《石牛原》，则完全照搬山东作协副主席赵德发的《缱绻与决绝》；至于在新疆出现的《床》，就更为离谱，已面世数天了，出版日期却堂而皇之地标明为 2003 年 7 月 1 日，公然在乌鲁木齐一些大书店里招摇过市。对此，陈忠实称："这不仅是对我和相关作者的个人侵权，也可以看作是对我国相关版权法规和执法的一种挑衅！"

"这实在太恶劣了，简直是防不胜防。"陈忠实说，"单就书名而言，《床》会给人一种什么联想？莫名其妙！"他认为，这是对广大读者的欺骗和愚弄，"东西根本就不是咱弄的嘛"。陈忠实签名时常会遇到形形色色的盗版版本，每每心下添堵，徒唤奈何。他不禁发出疑问："难道盗版盗名永远会防不胜防?"

《村画》《生死原》《石牛原》《床——鹿儿》均非陈忠实的作品，却被冠以陈忠实之名，这就是伪书。真实的作者的名字被抹去，冠以当红作者，将真书改造成了伪书，旨在借陈忠实之名以牟取暴利。

金庸的武侠小说号称"飞雪连天射白鹿，笑书神侠倚碧鸳"，即由他亲自创作的14部小说：

飞——《飞狐外传》(1960年)
雪——《雪山飞狐》(1959年)
连——《连城诀》(1963年)
天——《天龙八部》(1963年)
射——《射雕英雄传》(1957年)
白——《白马啸西风》(1961年)
鹿——《鹿鼎记》(1969年)
笑——《笑傲江湖》(1967年)
书——《书剑恩仇录》(1955年)
神——《神雕侠侣》(1959年)
侠——《侠客行》(1965年)
倚——《倚天屠龙记》(1961年)
碧——《碧血剑》(1956年)
鸳——《鸳鸯刀》(1961年)

其中代表作为《射雕英雄传》《神雕侠侣》《鹿鼎记》等，其作品流行的程度，被誉为"凡是有华人的地方，就有金庸的读者"。重利之下，假冒金庸的作品层出不穷，许德成整理成表1：

表1

书名	出版者	册数	出版时间	页数	署名	续作/伪作
卧龙记	裕泰出版社	7			金庸	
桃花劫	裕泰出版社	5			金庸	
太虚神僧	裕泰出版社	4			金庸	
黄龙豪杰传	裕泰出版社	3			金庸	
铁堡英烈传	裕泰出版社	3	1985.11	865	金庸	伪作
龙凤诀	裕泰出版社	3	1986.03	771	金庸	伪作
龙腾狮谷	裕泰出版社	2			金庸	
双瑛复仇记	裕泰出版社	2	1986.07	594	金庸	伪作
七步追魂	汉牛出版社	3			金庸	

续表

书名	出版者	册数	出版时间	页数	署名	续作/伪作
血海蛟龙	汉牛出版社	3			金庸	
奇侠传	汉牛出版社	2			金庸	
龙女传	汉牛出版社	2			金庸	
龙争虎斗	汉牛出版社	6	1982. 11		金庸	伪作
金蛇剑客	汉牛出版社	3	1982. 11		金庸	碧血故事续作
江湖三绝剑	汉牛出版社	3	1982. 12	914	金庸	伪作
凤鸣九天	汉牛出版社	3			金庸	伪作
荒山屠龙记	汉牛出版社	3	1983		金庸	
游侠英雄传	汉牛出版社	4	1983		金庸	
神州奇侠传	汉牛出版社	2	1982. 12		金庸	
鹿鸣九鼎	汉牛出版社	4	1982. 12	1116	金庸	伪作
紫电剑	汉牛出版社	5	1982. 12	1355	金庸	伪作
周伯通传奇	汉牛出版社	4	1982. 12	1049	金庸	射雕人物续作
疯侠情侣	汉牛出版社	3			金庸	
大地群英	汉牛出版社	5	1982. 12	1278	金庸	射雕人物续作
武林玫瑰	汉牛出版社	3			金庸	
万里江湖孤剑行	汉牛出版社	4	1983		金庸	
多情剑客	汉牛出版社	2			金庸	
龙潭虎穴	汉牛出版社	3			金庸	
三剑客	汉牛出版社	3	1984. 04		金庸	
侠客行外传	汉牛出版社	2			金庸	
修罗掌	汉牛出版社	3	1984. 10		金庸	伪作
龙吟神剑	汉牛出版社	2	1984. 06		金庸	伪作
书剑江山完结篇	汉牛出版社	2	1985. 11		金庸	书剑故事续作
风尘剑劫	汉牛出版社	3			金庸	
飞龙公子	汉牛出版社	3	1985. 11	701	金庸	伪作
紫竹萧	汉牛出版社	2			金庸	
矫龙傲凤	汉牛出版社	2			金庸	
续书剑江山	海风出版社	2	1980. 12	488	金庸	书剑故事续作
洛阳别传	育幼图书公司	2	1985		金庸	
神州侠侣	育幼图书公司	4	1985. 05		金庸	
啸傲英雄传	育幼图书公司	4	1985. 05		金庸	

续表

书名	出版者	册数	出版时间	页数	署名	续作/伪作
风流剑客	乡野出版社	4			金庸	
神步凌云	乡野出版社	3			金庸	
飞狐岭	皇鼎文化	3	1981.09	999	镛公	伪作
射雕英雄前传	皇鼎文化	4	1983.11	1277	镛公	射雕故事续作
射雕英雄后传	皇鼎文化	2	1983.11	618	镛公	射雕故事续作
神雕前传	皇鼎文化	2	1980.12	690	司马翎	射雕故事续作
神雕外传	皇鼎文化	2	1982.11	587	镛公	射雕故事续作
傲笑江湖	皇鼎文化	2	1988.01	548	朱哥、宗法白	笑傲故事续作
大宝传奇	金兰文化	2	1987.06	535	诸葛青云续貂	鹿鼎故事续作
大侠令狐冲	金兰文化	2	不详	437	诸葛青云续貂	笑傲故事续作
白眉鹰王殷天正	禾马出版	5	2003.12	1023	林飞	倚天人物续作
九指神丐洪七公	禾马出版	6	2003.12	1235	林飞	射雕人物续作
西毒欧阳锋大传	禾马出版	6	2004.02	1194	林飞	射雕人物续作
剑魔独孤求败	禾马出版	5	2004.03	997	林飞	射雕人物续作
风流女魔梅超风	禾马出版	5	2004.05	1019	林飞	射雕人物续作
浪荡大侠阳顶天	禾马出版	5	2004.05	1059	林飞	倚天人物续作
大侠风清扬	粉彩企业社	5	1999.06	535	南宫燕	笑傲人物续作
剑圣风清扬	粉彩企业社	5			南宫燕	笑傲人物续作

鱼目混珠派利用读者的阅读习惯和阅读心理，取一个与知名作家的名字看起来特别相似的笔名，以假乱真，蒙混读者，博取利益。这一派别，在武侠小说中尤其流行。武侠小说名家，几乎每个人的身后都跟随着一批鱼目混珠者：对于金庸，他们炮制出“全庸”“金康”“全康”等笔名；对于古龙，对应有“古尤”“吉龙”“古龙巨”等；梁羽生则“衍生”出“梁诩生”“粱羽生”等；卧龙生这一笔名，对应有“卧尤生”等；温瑞安在给新派武侠作家小椴撰写的序言中还称见过“温端安”“湿瑞安”……这些偷梁换柱的手法被识破后，这一派别又有新招，采用“连词”技法，让人防不胜防。比如，对于金庸，他们相应取出“金庸新著”“金庸巨著”“金庸力作”“金庸名著”等，仅仅看作者名字，可以说天衣无缝无法识别，有人追究，出版者便用“断句法”来对付，说什么“金庸新著”是指“金庸新”所著。这一派别，最为牛气者，要属金庸新。他本名杨明刚，笔名“阳朔”，1964 年出生于吉林，活跃于 20 世纪 90 年代大陆武侠热时期，与其他两名专门写金庸小说人物混迹江湖的作者令狐庸、龙骧子合称“三剑客”。他发表了多部武侠小说，1994 年以“金庸新著”的署名发表《九阴九阳》，这本书是金庸小说《倚天屠龙记》的续写，发行量超过 400 万册。2004 年，金庸新重出江湖，接受《今古传奇·武侠版》约请，写出武侠小说《十万雄师斩阎罗》，反响热烈，被该刊时任主编郑保存认为是该杂

志创刊以来最富创意的作品①。

湘籍作家唐浩明以晚清三部曲历史小说《曾国藩》《张之洞》《杨度》名噪一时，随之所谓“唐浩明”写的历史小说成批地冒出来，见表2：

表2

书名	出版社	印刷厂	千字	版次	书号
秦始皇全传	乌兰文艺出版社	大刚印刷厂	350	2009/6	ISBN7-5064-3973-9/F·276
李世民皇帝	人民文学出版社	北京铁建印刷厂	760	2006/1	ISBN7-5059-4703-6/K·132
一代天骄成吉思汗	内蒙古人民出版社	——	——	——	ISBN7-204-06333-3/K·528
朱元璋私生活全纪录	人民文学出版社	北京顺义振华印刷厂	490	2004/12	ISBN7-02-004589-8/X·01
皇太极传	北方文艺出版社	人民教育出版社印刷厂	540	2007/5	ISBN7-5317-1757-3/I·1643
少年天子顺治皇帝	内蒙古人民出版社	广西河源印刷有限公司	610	2007/6	ISBN7-204-06419-4/K·603
雍正皇帝	人民文学出版社	北京兆成印刷厂	820	2004/7	ISBN7-5016-1889-5/K·137
乾隆皇帝	人民文学出版社	北京兆成印刷厂	878	2006/8	ISBN7-5013-1816-6
刘墉传	北方文艺出版社	广西河源印刷有限公司	610	2007/6	ISBN7-204-06329-5/K·524
红顶商人胡雪岩	甘肃人民出版社	甘肃铁建印刷厂	512	2008/5	ISBN7-80635-741-9/I·600

以上10种是笔者特地从孔夫子旧书网上购买的伪书，从这些书的勒口上可知，它们还有很多同类项，考虑到已经掌握了足够的罪证，也就懒得浪费金钱了。这些伪书的共同特征是：形式上粗制滥造，纸张恶劣；内容上胡乱拼凑，不堪卒读。除了作者是伪托的，其他出版信息也全是伪造的。唐浩明除了口头声明之外，好像也没有维权。

贾平凹的伪书笔者也购买了3种。贾平凹的长篇小说《废都》出版后，很快就在图书市场出现了署名“贾平凹著”的小说《废城》《腐城》《欲城》。叶永烈也是伪书的“重灾户”，仅仅2003年，叶永烈收集到的冒用他名字出版的伪书就达22种，大大超出了自己的出书速度。2005年，周国平也遇到了另一个“周国平”。在北京图书订货会上，署名“周国平”的两本新书《纯粹的智慧》《读禅有感悟》，前者特意用大号字体标出“周国平著”，后者在订货会征订时宣称是“周国平新作”。随后，周国平发表声明，强调“这两本书皆盗名之作，不是我写的”，“书的内容和文字风格也与我的作品迥异，十分浅薄和粗糙”。在声明里，周国平提出：“问题的严重性在于，我的遭遇不是个别的，在此之前已发生多起知名作家被盗名出书的事件，说明图书市场的混乱已达到何种程度。这类

① 吴亚顺：《伪书四大门派》，《新京报》2014年3月15日B3—B4版。

事件大致都是不负责任的出版社与不法书商的合谋行为。"①

自从中国走向市场经济之后，由于利益驱使，诚信缺失，作伪日益猖獗，从"开门七件事"到农用生产资料，从邮票到古玩，作伪无处不在。魔高一尺，道高一丈。有作伪，就有辨伪。下面列举近30年来的有关辨伪书籍：

《古董辨伪防伪知识大全》，冯精志、华志，山东文艺出版社，1993

《钱钞辨伪》，上海钱币学会编，上海古籍出版社，1993

《常用中药辨伪》，赵胤龙，陕西科学技术出版社，1993

《邮票辨伪》，李毅民，人民邮电出版社，1993

《中国古玩辨伪全书》，李雪梅，北京燕山出版社，1993

《古玩辨伪与价格评估》，刘启良，岳麓书社，1994

《实用中国邮票辨伪图录》，中国邮票博物馆编，地质出版社，1994

《中国邮品辨伪必备》，耿守忠、杨治梅，人民邮电出版社，1994

《中国古玩辨伪》，李发贵、李勇，四川大学出版社，1995

《外币鉴赏与辨伪图册》，万红芳，四川美术出版社，1995

《文物鉴定与辨伪实用手册》，秦晴，上海人民出版社，1996

《近代机制币辨伪图鉴》，钱屿、钱律，上海书店出版社，1996

《中国货币——辨伪图鉴》，程明，陕西人民出版社，1997

《中华人民共和国小型张邮票：欣赏、辨伪与价格走势》，胡忆肖、胡锐，华中理工大学出版社，1998

《近20年面世古币及辨伪》（1980—2000），董大勇，西北大学出版社，2000

《农用生产资料辨伪446例》，高佩群主编，中国计量出版社，2000

《先秦铸币文字考释和辨伪》，郭若愚，上海书店出版社，2001

《中国茗壶珍品图录——珍藏、辨伪、鉴赏》，草千里，文化艺术出版社，2001

《釉下彩绘瓷器特征、鉴定与辨伪》，丁叙钧，上海人民出版社，2001

《识假辨伪大提醒》，沈若洪，上海科技教育出版社，2002

《文物的辨伪与收藏》，王璧，地质出版社，2002

《佛像的鉴藏与辨伪》，金申，上海辞书出版社，2002

《实用邮票辨伪手册》，国家邮政局行业管理司，邮票博物馆，2003

《古玩辨伪100例》，汤文兴、汤丽萍，河南人民出版社，2003

《董其昌书画收藏与辨伪》，罗春政，万卷出版公司，2004

《石涛书画收藏与辨伪》，董宝厚，万卷出版公司，2004

《清及近现代名人书法与辨伪》，刘凤桥、徐晓飞，万卷出版公司，2004

《扬州八家书画与辨伪》，马宝杰，万卷出版公司，2004

《吴门四家书画收藏与辨伪》，罗春政、王宇，万卷出版公司，2004

《古玩鉴定与辨伪》，匐奚，学苑出版社，2004

《传世古玉辨伪与鉴考》，杨伯达，紫禁城出版社，2005

① 吴亚顺：《伪书四大门派》，《新京报》2014年3月15日B3—B4版。

《明末清初瓷笔筒辨伪识真》，李臣，学苑出版社，2005

《近现代绘画辨伪》，李惠力，万卷出版公司，2005

《中国杂件图录》，维微、周宁，新疆人民出版社，2005

《彩瓷断代与辨伪》，杜卫民，学苑出版社，2006

《太极拳谱理董辨伪合编》，徐震，山西科学技术出版社，2006

《古玩鉴定辨伪 1001 问》，史树青，吉林出版集团，2006

《书画辨伪二十讲》，史树青，吉林出版集团，2007

《青瓷断代与辨伪》，周建民、许冬，学苑出版社，2007

《中国古玉断代与辨伪》，周南泉，蓝天出版社，2007

《镜花水月：铜镜鉴赏与辨伪》，程长新、程瑞秀、觉真，北京美术摄影出版社，2008

《碑帖拓本辨伪》，刘大新、海国林，学苑出版社，2009

《签名收藏与辨伪》，李祥，中国人民公安大学出版社，2010

《紫砂壶收藏与辨伪》，吴光荣、黄健亮，印刷工业出版社，2011

《殷商玉器鉴赏与辨伪图典》，常庆林、常晓禹，中国书店，2012

《浅绛彩瓷器辨伪与收藏》，王铁柱，中国书店，2012

《行家这样选沉香——沉香的辨伪·保养·鉴赏·投资》，姜跃进，北京联合出版公司，2014

《掌眼黑花瓷——明清磁州窑辨伪宝典》，马全祥，华龄出版社，2015

《古玩辨伪入门》，程庸，学林出版社，2015

《古玉的辨伪与鉴定》，古方，文物出版社，2015

上面只是枚举常见的辨伪之作，方方面面，已经可窥一斑了。我们身处作伪的大环境之中，不得不学会辨伪。如果不会辨伪，就会上当受骗，蒙受经济损失。有道是，三折肱成良医，上述各类鉴定专家也是从实践中积累经验，甚至也交过不少“学费”，才积累了宝贵的经验。

二、文献辨伪学的研究范围

文献辨伪学的研究范围主要限于下列三个方面：作者、成书时代、文字章节的附益①。

（一）作者

作者的辨别，是文献辨伪学的首要研究对象。解决了古籍的作者，不但解决了古籍和作者的关系，也解决了古籍和时代的关系。

梁启超在《古书真伪及其年代》第二章里，曾谓“有许多书，作者不伪”，而是“后人胡猜瞎派”，使得古籍和作者的关系出现一场混乱。他把这类古籍叫做“全书误题或妄题者”，并且细分为四小类：因篇中有某人名而误题；因书中多述某人行事或言论而得名；不得主名而臆推妄题；本有主名，不察而妄题。这四小类，无一不涉及作者的问题。

① 郑良树：《古籍辨伪学》，学生书局 1986 年版，第 10~19 页。

张心澂《伪书通考·总论》内有一节“伪书之来历”，其中若干条似乎也涉及这个问题：托古人之名；传古人之名；窃取成作；无撰人而伪托；亡撰人而伪题；误认撰人。可见，作者探讨的是古籍辨伪学最重要的研究主题。

郑良树归纳二家的说法，并将梁、张所举相应的例子附入，以见古籍辨伪学在讨论古籍作者时，有下述两类三项的作伪情形：

1. 古籍作者为乌有先生

此类古籍不多见，如《素问》《阴符经》及《针经》之题名黄帝作。

2. 古籍作者被假冒

这种情形可以分为两小类：

（1）原作者不著此书，后人冒其名以造书。

如《山海经》称夏禹所作。如《孟子》有伊尹负鼎以要汤之说，后人遂造《汤液》一书以为伊尹作。宁戚有饭牛之事，遂有《相经》为宁戚作。

（2）原作者著此书，后人窃之并冒以己名。

如郭象窃向秀所注之《庄子》，点定之以为己作。宋齐丘窃谭峭之《化书》序而传之，何德盛窃郗绍之《晋中兴书》。

上述两类三项，是作者有意、无意被伪题的情形，它们都是文献辨伪学所要研究的首要对象。

（二）成书时代

罗根泽在《管子探源·叙目》里说：“考年代与辩真伪不同：辩真伪，追求伪迹，摈斥不使厕于学术界，义主破坏；考年代，稽考作书时期，以还学术史上之时代价值，义主建设。考年代，则真伪亦因之而显；辩真伪，而年代或仍不得定。”罗氏所谓“辩真伪”，指的是书本材料的真伪，也可说是作者的真伪。这段话清楚地告诉我们考辨作者及解决成书年代的关系。古籍的作者解决了，那么，成书时代自然也就解决了；古籍的作者如果被推翻否决，而真正的作者一时又无法考知，或者已考知而又说法迥异，那么，根据这部书的内容及其他相关的资料来追探其成书时代，或者其相近的时代，似乎是古籍辨伪学的第二主题。

郑良树归纳为 4 种类型：

第一，无作者。有些古籍的作者问题生来就是“无头公案”，无法确指和考订，遇到这种情形，就只好退而求其次，解决其成书时代，以应对学术上的需要。这种情形，为例相当多，特别是时代远古的旧籍。

第二，成书时代晚，而误认为时代早者。有些古籍的原题作者显然是伪托，而其原作者却因为数据不足而无法考知，像这种情形，只有根据书内及其他的资料来考订其成书时代，以应学术之需。这种情形有两类，其中一类是成书时代比原题作者时代晚，而历来学者都误会为原题作者时代所完成的。

第三，成书时代早，而误认为时代晚者。与前面的情形相反的，是原书作成时代早，或者原题作者时代早，而被后人误会为时代晚，或者作者时代晚的作品。

第四，成书时代未详者。有些古籍不但作者不详，其成书时代也无法考知，或者无法定说者，都属于这一类。

郑良树所举例证多有失当，故删去不录。

（三）附益

郑良树将文字附益的情形分为两类：误编及附益。前者指全书的编纂伪托，后者指部分文字的附益。

郑良树认为："作者的辨明是首要工作，作者未能明，则讨论该书的作成时代，至于文字章节的附益伪托，也是不可疏忽的一个要点。总而言之，古籍辨伪学就好像几何学上的一个三角形一样，一角是作者，一角是成书时代，另一角是附益，而它们都环绕着一个轴心——真伪来循转。"

三、文献辨伪学的研究趋势

文献辨伪学的研究对象与其研究内容，是对"古书"与"古事"的真伪性进行系统考辨。除了学者对"古书"自身的真伪进行考辨外，诸多"古事"又以一本或多本古书为载体流传于后世，因而无论如何辨伪大多难以绕过对古书的讨论。值得注意的是，随着新材料的不断涌现和辨伪学本身的发展，学界对古书的认知及对辨伪学理论及方法都有了进一步的思考，形成了以古书形成和流传情况研究为切入点从而对古书品质进行整体性反思的研究范式，并融合了疑古辨伪活动成果与对疑古辨伪活动的方法论回应，从而对文献辨伪学自身的发展、转型与转向产生了重要的作用。

古书体例指的是古书在形成及流传过程的某一阶段或时期在文字和其他表现形式上所体现出来的具有某种普遍性的特征组合，通常会反映特定时期里古书成书和流传的某些具体做法和过程，古书体例是研究古书形成和流传情况的核心概念与合理进路。

古书体例研究可追溯至以郑樵、章学诚为代表的古代校雠学①。郑樵《通志·校雠略》所论重在古书编次之法，由此而涉及古书体例的讨论，如郑氏论古书内容性质及分类方法、古人编书皆记其亡阙之例、古书因内容互见以及承袭性的成书模式而存在的名亡实不亡情况，以及古书出于后世或民间等古书流传状态及内容特征。章学诚在郑樵所论基础之上，继其未遑，补其疏漏，欲穷究原委而成《校雠通义》，其书设置宗刘、互著、别裁、辨嫌名等章节，专就古书编次体例发论，这本身即反映了对古书体例的某种自觉，且其中不乏对古书分类、命名及流传情形等古书体例较为具体的论述，此外，章氏《文史通义》之"言公""篇卷"均对特定的古书体例有所讨论。郑樵、章学诚眼中的校雠之义多聚焦于古书编次，其旨在于辨章学术、考镜源流，对古书体例的关注只是其中的应有之义但绝非主要内容，所以某些古书体例虽则较早受到关注，然而古书体例作为明确的研究对象还是较为晚近之事，其中起因多系对于近代疑古思潮的回应。较早关注古书体例的学

① 胡朴安、胡道静之《校雠学》谓："校雠学者，治书之学也。自其狭义言之，则比勘篇籍文字同异而求其正，为之雠校，此刘向《别录》之义也。自其广义言之，则蒐集图书，辨别真伪，考订误谬，厘次部类，暨于装潢保存，举凡一切治书事业，均在校雠学范围之内。"此所谓校雠者，当最近于郑、章校雠之义。参胡朴安、胡道静之《校雠学》，商务印书馆1934年版，第1页。故本书所谓"涵盖古代治书事业的校雠学"即指此广义校雠学而言，郑樵《通志·校雠略》及章学诚《校雠通义》也是在此较广泛意义上使用"校雠"一词的。

者如孙德谦、刘咸炘、吕思勉、余嘉锡，均为有感于当时普遍怀疑古书的做法，而以古书体例研究为进路，以期对疑古辨伪活动中某些较为偏颇的做法进行纠正。

孙德谦、刘咸炘、吕思勉、余嘉锡是较早对古书体例进行专门研究的学者，他们对古书体例的研究和归纳是出于对疑古辨伪思潮的回应。因为在这些学者看来，今人对古书的怀疑，问题往往不在于古书，而在于后人对古书的特点不甚了解，不知道古书自有其体例及读法，因而后人多以后世的体例匡范较早的古书，故此古书显得处处可疑。值得注意之处在于，孙德谦、刘咸炘、吕思勉、余嘉锡所归纳的古书体例往往在郑樵、章学诚的有关著作中见其端倪，且其中孙、刘两人均深谙章氏校雠之学，这并不是一种巧合。这是因为古书体例本就为校雠学关注的内容之一，且在反思疑古辨伪活动之初，蕴含于校雠学中的古书体例是最堪使用的现成的资源，故而这些学者的研究均与校雠学有千丝万缕的联系。然而，在对疑古辨伪活动的反思足够深入之时，不同于校雠学中对古书体例较为分散及模糊的关注，早期古书形成及流传过程中所具有的不同于后世古书的特殊情形被系统的讨论，古书成书作为一个历时性的、动态的过程获得整体意义上的思考，这大致便是傅斯年在对古书体例认知过程中所发生的情形，因此傅斯年对古书体例进行的虽然规模不大的研究却被认为是一些“足以破解疑古思潮的论述”，甚至是“迄今为止可以破解疑古过勇的唯一有效途径”①。沿着近代这些学者所开启的古书体例研究之路——这其中也包括王国维所提出的结合出土文献与传世文献的颇具远见的研究原则及方法，在 20 世纪后半叶，尤其是 70 年代之后简帛古书大量出土的条件下，现当代学者得以在较高水准上开展相关研究，并已经取得了越来越多的成果。

当代学者依托出土文献对古书成书、流传过程及相关古书体例进行了深入的研究。这首先表现在对余嘉锡《古书通例》一书价值的重新认识上。虽然略早于余嘉锡，已有学者对古书体例有所体认和关注，然而至余嘉锡，古书体例作为单独研究对象才得到了专门的研究和系统的总结，因此，以余嘉锡的《古书通例》作为古书体例研究的标志是毫不为过的。可惜的是，余氏的研究在当时并不为学界所重。这种情形在 20 世纪 70 年代以后有所改观，这主要得益于不断涌现的简帛古书对其论著内容的证实②。从余嘉锡《古书通例》一书的出版情形即可想见此书价值获得重新认知的景况③。以《古书通例》一书重新获得学术界的重视为标志，当代学者对古书体例进行了更加细致和深入的研究。李学勤、李零依托对简帛古书的研究，对古书成书及流传情况及此过程中所体现的古书体例进行了更加全面和深入的总结，并进而提出“古书年代学”的概念和方法，以作为对传统

① 张京华：《古史辨派与中国现代学术走向》，厦门大学出版社 2009 年版，第 37 页。

② 当然，张舜徽对于古书体例的关注似主要依据对传世文献的考察，参见氏著《广校雠略》，中华书局 1963 年版。考虑到余嘉锡与张舜徽的亲属关系（余为张的姑父），张氏对古书体例的研究当有得于余氏。

③ 《古书通例》最初由上海古籍出版社于 1985 年出版。此书常与余氏《目录学发微》一书相辅而行，其版本有上海古籍出版社 2001 年《余嘉锡说文献学》版、中国人民大学出版社 2004 年《国学基础文库》版、中华书局 2007 年《余嘉锡著作集》版、时代文艺出版社 2009 年《老北大讲义丛书》版、凤凰出版社 2009 年《余嘉锡讲目录学》版、岳麓书社 2010 年《民国学术文化名著丛书》版，以上均为《目录学发微》与《古书通例》合刊本。

的古书辨伪学理论模型的扬弃①。古书年代学的概念与我国台湾学者郑良树的提议相呼应，郑氏同样基于出土文献，以《古书通例》所提示的古书体例研究为路径，进而提出以"古书年代学"这一更精确的概念取代古书辨伪学的意见②。裘锡圭对出土文献对于古书考辨的意义及依托出土文献考察古书应注意的问题进行了讨论③。谢维扬在建设科学的古史史料学概念的意义上，对古书成书及流传情形及相关的古书体例进行了研究和总结④。廖名春依托出土文献，以余嘉锡所总结的古书体例观照以梁启超辨伪"十二公例"为代表的辨伪学方法，指出传统的辨伪学方法中的不足⑤。与廖名春的工作类似，李锐对古书考辨活动中不甚严谨的做法进行了深入的思考，并依托出土文献，对余嘉锡《古书通例》本身进行校验、补充等深入的研究⑥。冯胜君针对出土文献之于古书体例研究及古书辨伪学的重要意义进行了基于出土文献的例证性研究⑦。宁镇疆通过对古书的个案研究，对古书成书及相关的古书体例进行了总结，宁氏论著中所反映的其对古书概念的整体理解及相关研究方法和某些具体概念，对古书体例研究而言具有一定的典范意义⑧。此外，张京华较早对古书体例的研究历程作了综述⑨，徐建委以刘向《说苑》研究为中心，

---

① 李学勤：《对古书的反思》，收入氏著《简帛佚籍与学术史》，江西教育出版社 2001 年版，第 28~33 页，《走出疑古时代》，《中国文化》1992 年第 2 期。李零：《出土发现与古书年代的再认识》，《李零自选集》，广西师范大学出版社 1998 年版，第 27~31 页。李学勤及李零对古书体例的研究详见本书第三章。

② 郑良树：《古籍辨伪学》，学生书局 1986 年版；《论古籍辨伪的名称及其意义（代序）》，《诸子著作年代考》，北京图书馆出版社 2001 年版，第 1~11 页。郑良树的古书体例研究详见本书第三章。

③ 裘锡圭：《中国古典学重建中应该注意的问题》，《中国出土古文献十讲》，复旦大学出版社 2008 年版，第 1~16 页。

④ 谢维扬：《二十一世纪中国古史研究面对的主要问题》，《历史研究》2003 年第 1 期；《古书成书和流传情况研究的进展与古史史料学概念——为纪念〈古史辨〉第一册出版八十周年而作》，《文史哲》2007 年第 2 期；《"层累说"与古史史料学合理概念的建立》，《社会科学》2010 年第 11 期。

⑤ 廖名春：《梁启超古书辨伪方法平议》，收入氏著《中国学术史新证》，四川大学出版社 2005 年版，第 129~154 页。详见本书第三章。

⑥ 李锐：《新出简帛的学术探索》，北京师范大学出版社 2010 年版；《新出简帛与古书书名研究——〈古书通例·古书书名之研究〉补》，《文史哲》2010 年第 5 期。李锐有关古书体例的研究见本书第三章相关部分。

⑦ 参见冯胜君：《二十世纪古文献新证研究》，齐鲁书社 2006 年版，第六七两章。冯胜君有关古书体例的研究见本书第三章相关部分。

⑧ 宁氏相关研究可参见宁镇疆：《〈老子〉"早期传本"结构及其流变研究》，学林出版社 2006 年版及氏著《古书章次问题浅说》一文，收入谢维扬、朱渊清编《新出土文献与古代文明研究》，上海大学出版社 2004 年版，第 212~317 页。宁氏近年来以《孔子家语》研究为中心，对古书成书及古书体例进行了持续的研究和关注，略参氏著《八角廊汉简〈儒家者言〉与〈孔子家语〉相关章次疏证》，《古籍整理研究学刊》2004 年第 5 期，《〈家语〉的"层累"形成考论》，《齐鲁学刊》2007 年第 3 期，《读双古堆一号木牍与〈孔子家语〉相关章题余札》，《中国典籍与文化》2008 年第 2 期，《"层累"非"作伪"——再论今本〈孔子家语〉的性质》，《学术界》2009 年第 5 期。宁氏对古书体例的研究详见本书第三章有关部分。

⑨ 参见张京华：《古史辨派与中国现代学术走向》，厦门大学出版社 2009 年版，第二章第一节。

对古书成书及流传过程进行了深入地探讨①，美国学者顾史考以余嘉锡的《古书通例》校读上海博物馆藏战国楚竹书②，陈力据古书成书及古书体例对传统的辨伪学进行了检讨③，学界对古书体例研究的重视也使得古书体例作为文献学研究的重要内容进入文献学通论著作中④。以上这些情况表明，古书体例作为古书研究的有效进路，日益受到研究者的重视。然而，依托出土文献的古书体例研究仍处于比较初步的阶段，这主要表现在两个方面：一是有关出土文献的研究还远未达到较为充分和成熟的阶段，出土文献的个案研究仍有深入的空间和必要，基于文献类型的更具整合性的研究亟待开展，二是对古书成书和流传过程中的复杂性认识不够充分，对有关古书体例的认识还不够系统、深入。

近代以来的古书体例研究是伴随着近代以来的疑古辨伪活动而产生的。兴起于 20 世纪二三十年代的古史辨运动，继承了古代辨伪学的传统，对我国的古史和古书开展了规模空前的审查活动，开启了现代学术意义上的史料学进程。除了应当充分估量的积极意义与所取得的相应成绩外，古史辨运动在理论及方法上还存在着某些缺憾，其中就有自古代辨伪学传统继承而来者。翻检古代辨伪学者的相关论著可以发现，辨伪活动大致集中于辨伪史与辨伪书两个方面，且对伪书的辨别常常依据对其中所载伪史的判定，这反映了古代辨伪活动中对古书与其所记内容这两个不同范畴概念的混淆情况，这种混淆同样也存在于古史辨运动中，这点从顾颉刚有关古史辨的思路形成及其相应做法中不难发现，如 1921 年顾颉刚与钱玄同的通信中讨论辨伪方向，顾氏问："我们的辨伪，还是专在'伪书'上呢，还是并及于'伪事'呢？"⑤ 后依了钱玄同的回信⑥，顾氏遂将重心放在辨伪事上，以致有"层累地造成的古史说"的提出而轰动史学界，且以此说为核心，顾氏形成了战国秦汉皆存在古书"造伪"运动的基本估计。对于古史辨派混淆古书与古史的做法，后世学者多有讨论⑦，然而当时的学术界在回应古史辨运动之时已经注意到了这个问题。

古史辨运动是以辨伪史为重心而推及辨伪书的，且前者往往是后者的依据，这其实反映了一种混淆古书及其所记内容的做法，当然，这并非始于古史辨派，而是源于古代辨伪学的传统。这意味着辨伪运动存在着两个相互区别又相互联系的方面：辨伪史与辨伪书，

① 徐建委：《〈说苑〉研究——以战国秦汉之间的文献累积与学术史为中心》，北京大学出版社 2011 年版。

② 顾史考：《以战国竹书重读〈古书通例〉》，武汉大学简帛研究中心编《简帛》第四辑，上海古籍出版社 2009 年版，第 425~442 页。

③ 陈力：《二十世纪古籍辨伪学之检讨》，《文献》2004 年第 3 期。

④ 牟玉亭：《中国文献学》，社会科学文献出版社 2005 年版，第四章。

⑤ 顾颉刚：《论〈辨伪丛刊〉分编分集书》，《古史辨》第一册，上海古籍出版社 1982 年版，第 23 页。

⑥ 钱玄同回信见钱玄同：《论近人辨伪见解书》，《古史辨》第一册，上海古籍出版社 1982 年版，第 24~25 页。

⑦ 如胡绳认为古史辨派的做法混淆了历史学与史料学，参见胡绳《社会历史的研究怎样成为科学——论现代中国资产阶级唯心主义历史学在这个问题上的混乱观念》，《枣下论丛》（增订本），人民出版社 1978 年版，第 133~169 页；路新生认为顾颉刚未分辨伪事与伪书，也就混淆了观念上的伪与史实上的伪，见氏著《中国近三百年疑古思潮研究》，上海人民出版社 2001 年版，第 544 页；郑良树提出古籍辨伪学的研究对象中应该扔掉"古籍所载古史的真伪"这块"殖民地"，见氏著《古籍辨伪学》，学生书局 1986 年版，第 20 页。

其对应的对象即古书及其所及内容（主要为古史），学术界对古史辨运动的回应和思考主要也是沿此两个方面展开的。王国维与钱穆对古史辨运动的回应主要集中于古史方面，钱穆《刘向歆父子年谱》（以下简称《年谱》）不以论析相关古书真伪问题为出发点，而主要从史事方面论证刘向、歆父子无造伪之可能，此书虽欲解决晚清经学今古文之争，然考虑到胡适、顾颉刚对今文家的相关结论在一定程度上的认同，则《年谱》的针对性也可以想见。《年谱》刊出后在学界引起了很大震动，胡适很快便放弃了刘歆伪造古文经的观点就是一个绝佳的证明①。钱穆的又一力作《先秦诸子系年》，主要是钱氏依据传世文献的有关记载，参互驳辨而考证诸子年代，在钱穆看来，诸子考年有待于辑佚，而辑佚又有待于辨伪，然而辨伪、辑佚之功，均有待于考年②，故而钱氏以考辨诸子其人其事为首务，仅约略附及对子书的考辨③。王国维则更加明显，其所提倡的“二重证据法”主要着眼于古史的新证，其意义在于提出了一种对待古史史料的更加审慎的原则和方法，其相关研究工作，如《殷卜辞中所见先公先王考》及《殷卜辞中所见先公先王续考》，所讨论的问题也主要在于古书所记古史的性质问题。王氏所论基本限于古史而少就古书考辨提出意见，这或可视为一种遗憾，然也未尝不可看作王氏对古史与古书区别的一种自觉。王国维和钱穆代表了在古史方面对疑古辨伪思潮的回应，而在古书方面，除了以上所论列的孙德谦、刘咸炘、吕思勉、余嘉锡等来自古史辨派外部学者的质疑外，还有胡适、傅斯年对古书成书、流传及相关古书体例的思考和研究。鉴于学界主要从古史和古书两条线索对古史辨运动进行思考和回应的情况，因此，虽然王国维基于出土文献进行了令人印象深刻的研究，并创造性地提出了“二重证据法”这一“古史新证”的指导性原则，考虑到其研究着眼点多在于古史而非古书相关问题，故而本书未将王国维列入考察范围；同理，同为研治诸子，本书未将偏重史实研究的钱穆列入考察范围而将着重探讨古书问题的罗根泽列为研究对象。

古书体例研究作为反思疑古过勇思潮的有效进路，其研究意义会得到不断的展示和持续的总结。古书体例研究仍处在一个比较初步的阶段④。有关学者对古书体例研究对于文献学、考古学、古史研究以及整个史料学概念的意义均进行了出色的论述，有关古书成书、流传及相关古书体例的研究必将受到日益普遍的关注。

---

① 陈勇：《试论钱穆与胡适的交谊及其学术论争》，《史学史研究》2011 年第 3 期。

② 钱穆：《先秦诸子系年·自序》，商务印书馆 2001 年版，第 44 页。

③ 表面上看，钱穆之诸子考年与罗根泽非常相似，然而两者有实质性的差异：钱穆对诸子的考辨多瞩目于诸子其人其事的考证，重在史事；罗根泽的考年主要指诸子之书的考年，以古书内容考察古书年代，重在古书。大致说来，钱穆主要考证古史，罗氏则研究古书，这也是本书讨论罗氏的诸子考年而未论列钱穆相关研究的原因。

④ 裘锡圭：《中国古典学重建中应该注意的问题》，《中国出土古文献十讲》，复旦大学出版社 2008 年版，第 5 页。

第一章

近代辨伪思潮与辨伪学的发展

继晚清今文经学所掀起的疑古辨伪风潮，20 世纪二三十年代兴起的疑古辨伪运动继承并发展了以往辨伪学的理论及方法，对古书开展了规模空前的审查活动。随着古书审查活动的持续展开，逐渐有学者对当时通行的古书辨伪方法产生了怀疑，对古书辨伪理论，尤其是其中的核心问题——古书及其真伪，进行了深入的思考。其中对古书形成过程及相关古书体例的认识是这种反思活动的核心内容。其实对于古书成书及相关的古书体例，辨伪学者有着不同程度的体认，对于古书辨伪学也进行了相应的独具价值的思考，然而囿于古书真伪的二元概念以及对古书品质的基本估计，辨伪学者对古书体例的认知及其相关思考仍仅停留在古书真伪的二分法理念层面，不太可能对古书成书生发出具有质变意义的突破性的认识。对辨伪学及古书成书和古书体例有自觉认识的学者，最初也囿于古书真伪的概念而对古书辨伪活动表示赞同，然而随着对古书本身认识的深入，其中的一些学者出现了由辨伪到考信的态度转变。

第一节　“书愈古者，伪品愈多”

——梁启超的辨伪学研究与其对古书体例的认知

一、梁启超对辨伪学方法及理论的总结

对古书进行考辨是一项甚为基础的工作，可谓由来已久，但对古书考辨的方法进行归纳，进而对古书成书情况进行较为系统的总结与归纳，则是较为晚近之事。较早对古书考辨方法进行总结者当属明代的胡应麟，其所著《四部正讹》被梁启超誉为“辨伪学以来的第一部著作”，又谓“辨伪学到了此时，才成为一种学问”①，《四部正讹》被当作辨伪

① 梁启超：《古书真伪及其年代》，见《梁启超全集》，北京出版社 1999 年版，第 5026 页。若不另外标明，则本书所据梁氏论著据此《梁启超全集》版本。

学成立的标志。其书主要贡献在于对古书致伪情形及原因进行了归纳（二十一条），对古书辨伪方法进行了总结（八条），对辨伪规律进行了归纳总结①。梁启超“著述”极勤，其中涉及古书考辨及对辨伪学较为系统总结的著作有《中国历史研究法》（1922年）、《中国近三百年学术史》（1923年）、《古书真伪及其年代》（1927年）②。

《中国历史研究法》为梁启超于1921年在天津南开大学所作的演讲，次年由《改造》杂志发表③，其文论及古书考辨者集中于第五章“史料之搜集与鉴别”，梁氏分史料鉴别为辨伪书与辨伪事两个方面。欲辨伪书，当定真伪标准，梁氏以为“伪书者，其书全部分或一部分纯属后人伪作，而以托诸古人也”④，并认为秦汉间有一大批伪书出现，对于此批伪书出现的原因，梁氏认为：一是其时学者多好“托古”自重，本非有意捏造而指为古人所作，然后人观之即与伪托无异；二是其时作书书名未定，且少泐成定本，转相传抄、混合，而被后世指为某人所作；三是汉时以搜求遗书为务，献书者多剿抄旧籍托名古人以炫售⑤。梁氏对伪书的整体估计为“书愈古者，伪品愈多”⑥，认为伪书分布极广，“古书或全部皆伪、或真伪杂糅者，尚不知凡几”⑦，为此，梁氏总结出考辨古书条例十二则：⑧

1. 其书前代从未著录或绝无人征引而忽然出现者，十有九皆伪；

2. 其书虽前代有著录，然久经散佚，乃忽有一异本突出，篇数及内容等与旧本完全不同者，十有九皆伪；

3. 其书不问有无旧本，但今本来历不明者，即不可轻信；

4. 其书流传之绪，从他方面可以考见，而因以证明今本题某人旧撰为不确者；

5. 真书原本，经前人征引，确有佐证，而今本与之歧异者，则今本必伪；

6. 其书题某人撰，而书中事迹在本人后者，则其书或全伪，或一部分伪；

7. 其书虽真，然一部分经后人窜乱之迹既确凿有据，则对于其书之全体须慎加鉴别；

① 胡应麟对辨伪学的贡献可参看司马朝军《文献辨伪学研究》，武汉大学出版社2008年版，第50~54页。

② 此处梁氏著作所据版本为《梁启超全集》，北京出版社1999年版，其中《中国历史研究法》属第十四卷，见第4087~4157页，《中国近三百年学术史》属第十五卷，见第4428~4616页，《要籍解题及其读法》属第十六卷，见第4617~4673页，《古书真伪及其年代》属第十七卷，见第5009~5078页。今按：梁启超号称“民国第一抄手”，其论著大量抄袭日本人的东西。

③ 《中国历史研究法》（上海古籍出版社1998年版）汤志钧导读对梁氏此文发表年代所记似前后不一：导读第9页谓梁氏文为1921年演讲，同年十一十二月由《改造》摘载，而导读第17页又谓单行本之前，由《改造》于1922年现行刊发。此文梁氏自序落款为“十一年一月十八日”，当为民国十一年，即1922年，故本书依此将此文作成年代系于1922年。

④ 梁启超：《中国历史研究法》，《梁启超全集》，北京出版社1999年版，第4130页。

⑤ 梁启超：《中国历史研究法》，《梁启超全集》，北京出版社1999年版，第4130~4131页。

⑥ 梁启超：《中国历史研究法》，《梁启超全集》，北京出版社1999年版，第4130页。

⑦ 梁启超：《中国历史研究法》，《梁启超全集》，北京出版社1999年版，第4131页。

⑧ 梁启超：《中国历史研究法》，《梁启超全集》，北京出版社1999年版，第4131~4132页。

8. 书中所言确与事实相反者，则其书必伪；

9. 两书同载一事绝对矛盾者，则必有一伪或两俱伪；

10. 各时代之文体，盖有天然届画，多读书者自能知之，故后人伪作之书，有不必从字句求枝叶之反证，但一望文体即能断其伪者；

11. 各时代之社会状态，吾侪据各方面之材料，总可以推见崖略。若某书中所言其时代之状态，与情理相去悬绝者，即可断为伪；

12. 各时代之思想，其进化阶段，自有一定若某书中所表现之思想与其时代不相衔接者，即可断为伪。

梁氏除总结辨伪十二条例外，尚论及古书证真之法，梁氏论之稍略，而以六例证之①，前三例分别就《诗经》《春秋》《尚书》所记天象与天文学推算相合为证真之据，第四例以今本《孙子》为例，通过考辨其书年代，从而推断所系作者之真伪，其法实质为考辨古书年代，第五例以《竹书纪年》所记“启杀益，太甲杀伊尹”为例，揆诸情理而辨其真，第六例谓无极强之反证足以判定某书为伪者，只得暂定为真。

梁启超《中国近三百年学术史》一书主要论略清代学术，其有关辨伪学之总结主要集中于此书第十四章“清代学者整理旧学之总成绩（二）”中有关“辨伪书”一节②，此节除了对清人辨伪成果进行总结外，还对伪书产生的原因、作伪动机、伪书性质以及清人辨伪方法进行了归纳总结。梁氏此书论作伪原因及动机均约略及之，不如其《古书真伪及其年代》所论详细；又《中国近三百年学术史》所总结之清人辨伪方法，大略为梁氏参考继承，与梁氏所总结之辨伪十二“公例”大体近似，可参互观览；此书对伪书性质所作之总结较为详细，姑录如下：

1. 古书中偶见此书名，其书曾否存在，渺无可考，而后人依名伪造者；

2. 本有其书，但已经久佚，而后人窃名伪造者；

3. 古并无其书，而后人嫁名伪造者；

4. 伪中出伪者；

5. 真书中杂入伪文者；

6. 书不伪而书名伪者；

7. 书不伪而撰人姓名伪者；

8. 原书本无作者姓名年代，而后人妄推定为某时某人作品，因以成伪或陷于③时代错误者；

9. 书虽不全伪，然确非原本者；

10. 伪书中含有真书者。

① 梁启超：《中国历史研究法》，《梁启超全集》，北京出版社 1999 年版，第 4133 页。

② 相关内容见《梁启超全集》，北京出版社 1999 年版，第 4555~4562 页。

③ 《梁启超全集》作“子”，为“于”之误，查《饮冰室专集·中国近三百年学术史》，中华书局 1936 年版，第 249 页可知。

《古书真伪及其年代》一书为周传儒、姚名达、吴其昌1927年在燕京大学听梁启超演讲所做笔记整理而成①，可算梁氏专论古书辨伪之著作。其书分上下两卷，上卷总论古书辨伪诸问题，下卷为具体的古书真伪考辨，主体为经部书辨伪，略附若干子书性质讨论。此书上卷总论分五章，大致分别讨论辨伪之必要性、伪书种类及成因、辨伪学史、辨伪方法及伪书价值。此书论伪书种类及成因以及辨伪方法之内容，与上文所述梁氏著作多互见而可参照阅读。此书论伪书种类考虑到了不同的划分标准，如以伪书性质将伪书分为十种②，又以作伪动机将伪书分作"有意作伪"与"非有意作伪"两大类，并分别论列作伪动机：有意作伪者动机有六，分别为托古、邀赏、争胜、炫名、诬善、掠美。非有意作伪者有两种情况：一是全书误题或妄题者，其又可细分为因篇中有某人名而误题、因书中多述某人行事或言论而得名、不得主名而臆推妄题、本有主名不察而妄题四种情形；二是部分误编或附入者，其又可细分为类书误作专书、注解与正文同列而混入正文、献书时求增篇幅、后人续作、编辑的人无识贪多五种情形③。此书将辨伪方法归纳为传授统绪与文义内容两大方面而分论之④，与上文所述之梁氏辨伪十二公例大体相同，只是《古书真伪及其年代》对辨伪方法的总结显得更有条理，也更加细密。

二、梁启超对古书的考辨与古书体例

梁启超在《中国历史研究法》一书中所总结的辨伪十二"公例"影响较大，其论古书证真之法绝少引起重视，然后者同样独具意义。证真之法前三例的意义主要在于涉及史事与古书之关系，或更准确些，古书与所记内容的关系，其实古书与其所记内容所指非一，不可相互替代，换句话说，即古书所记内容之真假与古书之真伪不必相关，道理很简单，若有人以真材料而抄集成一部伪书，则依梁氏此法必致失误。同理，古书所记与事实相反者，书不必伪，此亦关涉梁氏辨伪公例。其实梁氏自身的表述即有前后矛盾、模糊不清处，如梁氏对伪书之定义中，有全伪者，亦有部分伪者，这种真伪混合的古书所记当然会有与事实相反者，然则此书未必全伪，此即如梁氏所言"假中常有真宝贝"⑤。相较而言，第五例揆诸情理而辨古书真伪与此例性质近似，同样是以内容品质而定古书真伪，实则将古书与其所记内容混为一谈。证真之法第四例其要在于考辨《孙子》一书的年代，

---

① 杨绪敏以此书为梁启超在清华研究院演讲内容，见《中国辨伪学史》，天津人民出版社1999年版，第216~217页，此同张心澂所言，见张氏《伪书通考·总论》，商务印书馆1954年版，第1页，然据《饮冰室专集·古书真伪及其年代》中华书局1936年版，书末所记"十二年二月至六月在北京燕京大学讲义"可知梁氏演讲之时间地点，廖名春所论同此，见廖名春《中国学术史新证》，四川大学出版社2005年版，第130页。

② 见《梁启超全集》，北京出版社1999年版，第5015~5016页，此处伪书所分种类略同上文所列《中国近三百年学术史》，故不烦列。

③ 梁启超：《古书真伪及其年代》，《梁启超全集》，北京出版社1999年版，第5017~5024页。

④ 《古书真伪及其年代》第四章"辨别伪书及考证年代的方法"，见《梁启超全集》，北京出版社1999年版，第5028~5037页。

⑤ 梁启超：《古书真伪及其年代》，《梁启超全集》，北京出版社1999年版，第5038页。

年代底定，则据之可论其所系作者之当否及真伪，其实可以看出，考年对古书真伪的重要性，其后罗根泽推重钱穆《先秦诸子系年》，罗氏考辨诸子尤重考年之法，概为其深入体会古书真伪与年代之关系的结果。当然，考辨古书年代之法也是颇引讨论的问题之一。梁氏证真之法第六例与王国维“二重证据法”有着某种程度的相似性，王国维二重证据法谓“虽古书之未得证明者不能加以否定，而其已得证明者不能不加以肯定”①，梁氏考辨古书，以无证据证伪之古书，则当以之为真，王国维之“古书未得证明者”实谓古书之未得证真者，梁启超表述对象为古书不足以证伪者，实则两者之表述略为相同对象，即目前条件下不足以判定其真伪的史料，对于此种史料，两位先生的处理态度也基本一致，例如对于《山海经》，梁氏认为其书无极强证据证伪，则其书当暂定为真，王国维在进行商王王亥的考证中，发现《山海经》所记商王之名与甲骨卜辞同，从而证明文不雅驯的《山海经》中亦存有较为可靠的史料②，再结合梁氏证真前三例，与王国维二重证据法中古书“已得证明者不能不加以肯定”之旨略同。当然，虽则梁、王有关表述较为接近，然其不同处实则在于两者所论述的对象层面有所不同，梁氏所论实牵涉两类对象：古书内容与古书本身，其理路为由古书内容之品质（真伪）而推定古书之性质（真伪），王国维则始终试图将讨论对象限定于古书内容范围内，即重视史料品质的讨论而较少触及史料载体的性质问题。③

以上梁氏所论古书证真之法，其实主要涉及了两个问题：古书及其内容的关系与古书性质判定、古书年代与古书真伪。对于第一个问题，梁氏的有关论述与王国维所提二重证据法存在着形式上的近似，但在论述对象方面，二者存在较大差异，梁氏对此问题有所思考，如其对伪书价值的论述④，然其对此问题始终未能廓清⑤，故以史事性质考辨古书真伪一直是其较为重视的方法之一，并且对这一问题的不同认知，某种程度上决定了王国维与古史辨派在对待史料及古史问题上的分歧；不同于前一个问题，在第二个问题上，梁氏注意到了年代问题与古书真伪的重要关联，并在其后期的相关论著中有所体现，如《古书真伪及其年代》一书将古书真伪与年代问题并列，其书第一章论述辨伪重要性时将辨伪与考证年代相提并论，在第二章论述伪书种类与作伪来历时，将古书年代错乱问题作为附论标出，此实则反映了梁氏对古书真伪问题的某种思考，且这也是其后研究者——如钱穆、罗根泽——思考辨伪活动的重要着眼点。梁氏深入思考古书真伪问题，何以对古书年

---

① 王国维：《古史新证》，谢维扬、房鑫亮编：《王国维全集》第十一卷，浙江教育出版社、广东教育出版社 2009 年版，第 242 页。本书所据王国维著作均依此版本。

② 王国维：《观堂集林·殷墟卜辞中所见先公先王考》，《王国维全集》第八卷，浙江教育出版社、广东教育出版社 2009 年版，第 267~269 页。

③ 王国维针对疑古辨伪所进行的古史考证工作基本限于史事方面而绝少牵连及于古书本身的真伪判定，这当然可以看作其研究工作不尽善尽美的方面，但同时也恰可说明王氏对此中问题有较为清醒的认知。

④ 参见梁启超《古书真伪及其年代》第五章“伪书的分别评价”，《梁启超全集》，北京出版社 1999 年版，第 5038 页。

⑤ 当然，对古书内容与古书真伪关系某种程度上的混同非始于任公，且也并非为其所独有，由古书内容品质推定古书真伪的作法是辨伪学中较为普遍的方法。

代青眼有加，其中理路从梁氏对伪书的定义略可窥知："伪书者，其书全部分或一部分纯属后人伪作，而以托诸古人也。"梁氏对伪书的定义似在于古书与其作者的对应关系，即古书是否为其著者亲作，然则何以考知一书是著者亲作或有后人撰作部分，主要方法在于对古书内容的考察——考察其内容与作者之年代是否相符，故梁启超考辨古书最终落实于古书内容年代之考证。

其实，梁氏对于古书真伪的概念略有含混之处，如除古书真伪外，梁氏论著中还出现诸如内容、人名、书名真伪之语，如其论伪书种类之"内容不尽伪而书名伪""内容不尽伪而人名书名皆伪""内容及书名皆不伪而人名伪"①，致使其真伪之概念略显含混。在真伪概念使用上某种程度的含混，也是梁氏体会到古书，尤其是秦汉以前古书具有不同于后世古书的独特体例的某种反映，如"内容不尽伪而人名书名皆伪"注意到《管子》《商君书》当为近似类书的丛抄之书，"内容及书名皆不伪而人名伪"以后人误认《孙子》撰人为例，说明书非伪而后人不解撰人情形。有意作伪类中之"托古"及非有意作伪类中"因篇中有某人而误题"例均注意到古书多依托之情形②，如非有意作伪类中指出《管子》为非成于一人一时的杂志体、分析《庄子》内外篇之性质③，又谓《论语》为孔门弟子陆续撰集④，《荀子》有后学附益等⑤。其中，梁启超"内容及书名皆不伪而人名伪"条中，以后人误认《孙子》撰人为例，说明《孙子》一书其内容与书名之间本无问题，只是后人所指称之作者有误，此即张心澂"战国及战国以前之伪书，有由于读书者之误会，其过或在于读者"之谓也⑥。当然，梁氏虽对秦汉以前之古书体例略有体会，然其终因其对古书的大致估计从而未能进一步深究古书体例与古书真伪概念的关系，如梁启超论《墨子》篇目构成及其真伪，驳斥孙诒让、胡适之说，认为《墨子》《经》上下、《经说》上下、《大取》《小取》六篇性质各异，当非出于一手，其中《经》之上下或全为墨子自著，《经说》"固大半传述墨子口说""后学引申增益，例所宜有"，且此篇绝非出自一人一时⑦，《大取》《小取》当是墨家后学之作，"断不能因彼篇中有'墨者'之文，而牵及经之真伪，盖彼本在经之范围外也"⑧，故此，《墨子》一书当有后人附加无疑，如此，据梁氏伪书分类之法，则《墨子》略属于非有意作伪之误编或附入类。然而可留意之处在于，虽则《墨子》有后人附益，梁启超认为诵习者有所案识增益，实意中事，"此非可以与作伪者同科也"，且指出古书中此类情形不在少数，然其动机却非在作

---

① 梁启超：《古书真伪及其年代》，《梁启超全集》，北京出版社 1999 年版，第 5015~5016 页。

② 梁启超：《古书真伪及其年代》，《梁启超全集》，北京出版社 1999 年版，第 5017~5018、5021 页。

③ 梁启超：《古书真伪及其年代》，《梁启超全集》，北京出版社 1999 年版，第 5023 页。

④ 梁启超：《要籍解题及其读法》，《梁启超全集》，北京出版社 1999 年版，第 4619 页。

⑤ 梁启超：《要籍解题及其读法》，《梁启超全集》，北京出版社 1999 年版，第 4639 页。

⑥ 张心澂：《伪书通考》，商务印书馆 1954 年版，第 18 页。

⑦ 梁启超：《墨经校释·读墨经余记》，《梁启超全集》，北京出版社 1999 年版，第 3198 页。

⑧ 梁启超：《墨经校释·读墨经余记》，《梁启超全集》，北京出版社 1999 年版，第 3198 页。

伪，且附加与作伪不同，“不能以无作伪之故便断为无附加耳”①。乍看梁氏此言，似论述一例误编或附入的非有意作伪之书，然玩味其语，则梁氏颇有不以后学案识增益而断古书为伪之意，此实与余嘉锡所论古书多附益之通例暗合②。

惜梁氏对此未及深论，仅将伪书中分列非有意作伪之类，并在认识到《管子》《商君书》为类书、丛抄之体的同时，仍将其列入伪书类中，且其论《论语》《孟子》《荀子》《韩非子》时，对相关的古书体例并未措意③，因此，虽则梁氏对秦汉以前之古书体例略有体认，惜其对此并未多加留意，并以之观照自己的古书考辨活动。其实当时专注于古书体例研究的学者，多激于当时疑伪过勇之势，以秦汉以前古书之通例发论，确为一针见血，即如梁启超辨古书之伪，以《管子》为例，梁氏当以附益、丛抄而以其为伪书，也即认为其书内容非尽管子亲著，然此推论隐含这样的预设：《管子》一书之书名即其撰人、《管子》书中内容均当为管子亲作。余嘉锡所论列之“古书不题撰人”“古书书名之研究”“秦汉诸子即后世文集”以及“古书不皆手著”等例，均为以上辨伪理路所隐含之预设而发，真可谓只眼独具矣。

综上所述，梁启超对古书辨伪方法及理论的总结得失参半④，然其古书考辨之法仍多略同前贤而未遑加以深入论析，如其论古书证真之法，形似王国维“二重证据法”，但与王氏以史事发论不同，梁氏实仍未将事之伪与书之伪分别开来（虽然其对伪书价值的评价约略反映了其对此问题存在某种程度的认识），并多以史事性质考辨古书真伪，所以，在此意义上，胡绳对疑古派学者混淆历史学与史料学作法的批评意见同样适用于梁启超⑤。梁氏在其辨伪学研究中，对秦汉以前古书独具体例的情形已有所体认，然惜其对此并未多加措意，并以之观照自己的辨伪学研究，所以，梁氏对古书体例的体认并未获得与刘咸炘、余嘉锡等学者相当的结论，故而对古书体例的关注也并未对梁氏的辨伪学研究带来积极的影响。出现这种情形的原因要之当在于不同学者各自所具有的“成见”——对中国古书品质的基本估计，而对于梁启超来说，其基本估计是“书愈古者，伪品愈多”，而这恰恰是一个错误的判断，对后世产生了极大的误导。梁启超没有做过个案研究，玩弄小聪明，无实事求是之心，所总结的“公例”多是臆测之辞，不足为凭。

---

① 梁启超：《墨经校释·读墨经余记·附胡适之书》，《梁启超全集》，北京出版社 1999 年版，第 3203 页。

② 余嘉锡《古书通例》一书卷四“辨附益”专论古书附益之例。

③ 梁启超《古书真伪及其年代》卷二分论有论及《论》《孟》处，其《要籍解题及其读法》中有论及《荀》《韩》处，亦论及《论》《孟》，均可参考。

④ 有关情形略可参见杨绪敏《中国辨伪学史》，天津人民出版社 1999 年版，第三章第十二节“梁启超对古书的考辨及对辨伪理论的总结”及李廷勇：《传统与近代的交融——梁启超古籍辨伪成就述论》，《史学理论研究》2002 年第 2 期。当然，后世对梁氏所总结之辨伪方法多有讨论，如廖名春、司马朝军的相关研究，详见下文。

⑤ 有关意见参见胡绳《社会历史的研究怎样成为科学——论现代中国资产阶级唯心主义历史学在这个问题上的混乱观念》，胡绳：《枣下论丛》（增订本），人民出版社 1978 年版，第 133~169 页。廖名春相关表述还见路新生，路氏认为顾颉刚未分辨伪事与伪书，也就混淆了观念上的伪与史实上的伪，此说同样适用于梁启超，路氏意见参见其《中国近三百年疑古思潮研究》，上海人民出版社 2001 年版，第 544 页。

第二节　由疑到信

——胡适、傅斯年对疑古辨伪运动的思考及对古书体例的认知

“始于疑终于信”为许冠三对顾颉刚史学研究历程的总结，其是否贴切当可讨论①。然此语为傅斯年早年作“疑古先锋”时所赞同，其谓学术之用“始于疑而终于信，不疑无以见信”②，虽然傅氏此语重心在疑，然从其后来对于顾颉刚疑古辨伪的态度来看，此语似可表征傅氏对古史及古书认识的变化情形。当然，胡适对顾颉刚疑伪态度转变与傅斯年也有关系，两人对顾颉刚疑古辨伪态度转变的情形也基本相同，且胡适对古史研究本就有“缩短”“拉长”的二阶段论，缩短是订疑，拉长是考信③，故以“由疑到信”来指称胡、傅二人对疑古辨伪运动的态度转变倒是贴切的。

一、胡适对疑古辨伪活动的反思与探索

（一）胡适的辨伪学研究及其对顾颉刚古史辨的最初反响

胡适《中国古代哲学史》原名《中国哲学史大纲卷（上）》，本书原为1917年9月以后胡适在北京大学讲授“中国哲学史大纲”课程的讲义，曾在校内油印使用。此书写定于1918年9月，1919年2月由商务印书馆出版，至1930年已出15版，可见此书影响之大，胡适也因此而“暴得大名”。此书在1930年收入商务印书馆《万有文库》时，书名改作《中国古代哲学史》，1958年台北“商务印书馆”依此书名改版重印④。以后世观点来看，胡适此书是第一本用现代学术方法系统研究中国哲学史的著作，也多被认为是中国哲学史学科成立的标志⑤，此书在当时也获得了过高的评价，蔡元培便谓其具有四种特长，除了“系统的研究”之外，还有“平等的眼光”“证明的方法”和“扼要的手段”。其中“平等的眼光”主要谓此书能将诸子一视同仁，平等对待，此与近代诸子学兴替变迁甚有关系，已多有研究者论及，蔡元培所谓“证明的方法”和“扼要的手段”，其实主要是针对胡适在此书中所作的史料考辨工作而言的。“证明的方法”主要指胡适对诸子其人其书的考订，“扼要的手段”主要指此书“截断众流”，径从老子、孔子讲起而不在之前半神话半正史的记载中纠缠，实则指胡适“东周以上无古史”之说，也即胡适对史料

---

① 张京华认为许冠三从“从疑古到考信”角度评价顾颉刚的治学经历遮掩了胡适作为古史辨派主要成员的事实，见张京华：《古史辨派与中国现代学术走向》，厦门大学出版社2009年版，第416页。

② 转引自杜正胜：《从疑古到重建——傅斯年的史学革命及其与胡适及顾颉刚的关系》，《中国文化》1995年第2期。

③ 张京华：《古史辨派与中国现代学术走向》，厦门大学出版社2009年版，第407页。张京华论胡适与顾颉刚学术异同时对胡适的古史研究二阶段说有较详细的评论。

④ 此处有关胡适《中国古代哲学史》的出版情况据欧阳哲生所编《胡适文集》第六册的说明及《蓬莱阁丛书》版《中国哲学史大纲》耿云志、王法周的导读综述而成，参见欧阳哲生编：《胡适文集》第六册，北京大学出版社1998年版，第1页及《中国哲学史大纲·导读》，上海古籍出版社1997年版，第1页。如不另注，本书所据《中国古代哲学史》版本一依欧阳哲生所编《胡适文集》。

⑤《蓬莱阁丛书》版《中国哲学史大纲》导读第1页。

的基本估计①。

胡适所谓“东周以上无古史”，其表述如下：“以现在中国考古学的程度来看，我们对于东周以前的中国古史，只可存一个怀疑的态度。”② 胡适强调以“考古学的程度”认为东周以前的历史不可信，主要说明东周以前的文献史料不可靠，他在其他地方有过类似的表述：“在东周以前的历史，是没有一字可以信的。以后呢？大部分也是不可靠的。”③可见胡适“东周以上无古史”的说法主要以东周以前的文献记载立论。胡适有如此的看法，主要在于其对我国周、秦古书的认知，在胡适看来，即便年代稍晚的诸子材料已多不可靠，如《老子》中假的最少，但也有许多后人妄加妄改之处④，《墨子》《荀子》多后人杂凑伪造之文，《庄子》《韩非子》仅有十之一二可靠，《管子》《列子》《晏子春秋》为后人杂凑而成，《关尹子》《鹖冠子》《商君书》为后人伪造，《邓析子》为假书，《尹文子》似为真书，但有后世加入的材料，另多有诸子著作未得保存⑤，诸子以前的史料，唯有《诗经》大致可信，因其中所记天象得到了天文学知识的论证，至如记载唐、虞、夏、商之事的《尚书》，或为后世儒家“托古改制”之书，或为歌功颂德之作，全无史料价值⑥。对于古书多伪的原因，胡适认为一为出于“重言”，即借重古人，也即康有为“托古改制”之义；二则为谋取利益而有意造伪⑦。古书，尤其是诸子之书，出于各种目的而伪，则当须分辨其真假，对于考辨真假之法，胡适总结为两大类：一为内证，即从本书中寻找证据，大致有史事、文字、文体、思想四个方面；一为旁证，为从别的书中寻得⑧，或借助于另外的学科理论⑨。胡适对诸子其人其书的考察非常看重，因为诸如古人读书编书最不细心，往往把不相干的人的学说并入某人的学说；或把假书当做真书；或将后人加入的篇章当做原有的篇章；或不懂古人学说而致埋没；或解错古书而失其原意；或各以己意解书而致混乱⑩，这种种情形遮盖了“学说的真面目”，乱了学说先后次序，乱了学派相承的系统⑪。《中国古代哲学史》一书主要以道家（老、庄）、儒家（孔、孟、荀）、墨家（墨子及别墨）为主体进行叙述，对于材料阙佚之子则略而不论，这与“截断众流”的手法对材料的抉择精神是统一的，且此书中对材料的考辨颇为看重，相关研究

---

① 蔡元培的评论见此书蔡氏序，见《胡适文集》第六册，北京出版社 1998 年版，第 155~156 页。

② 胡适：《中国古代哲学史·导言》，《胡适文集》第六册，北京出版社 1998 年版，第 177 页。

③ 此语见胡适《研究国故的方法》一文，据张京华《古史辨派与中国现代学术走向》第 406 页转引。

④ 胡适：《中国古代哲学史·第三篇老子》，《胡适文集》第六册，北京出版社 1998 年版，第 195 页。

⑤ 胡适：《中国古代哲学史·导言》，《胡适文集》第六册，北京出版社 1998 年版，第 170~171 页。今按：胡适的判断大体是靠不住的。

⑥ 胡适：《中国古代哲学史·导言》，《胡适文集》第六册，北京出版社 1998 年版，第 177 页。

⑦ 胡适：《中国古代哲学史·导言》，《胡适文集》第六册，北京出版社 1998 年版，第 174 页。

⑧ 有关考辨古书的内证与旁证具体参见胡适《中国古代哲学史·导言》，《胡适文集》第六册，北京出版社 1998 年版，第 175~176 页。

⑨ 如胡适以天文学推算而证明《诗经》可信。

⑩ 胡适：《中国古代哲学史·导言》，《胡适文集》第六册，北京出版社 1998 年版，第 168~169 页。

⑪ 胡适：《中国古代哲学史·导言》，《胡适文集》第六册，北京出版社 1998 年版，第 172 页。

“差不多占了全书三分之一”“为后来学者开无数法门”①。从较为具体的对老子其人其书的论争，到对其学生顾颉刚的影响而至古史辨派的兴起，胡适这部《中国古代哲学史》确为后来学者开了无数法门。

其实论旧学功底，胡适甚至还不及其学生后辈，其思想深度、哲学修养、学术水准等方面属中等以下，远逊章太炎、王国维等人，胡适此书在学术发现和学术创造方面并无特出的过人之处②，且多有学者对其内容提出讨论③，然胡适此书成功之处在于一个“新”字：第一次突破了千百年来中国传统学术史的原有观念、标准、规范和通则，成为一次革命④。顾颉刚忆及当年听胡适讲课后的感受道：“他不管以前的课业，重编讲义，劈头一章是‘中国哲学结胎的时代’，用《诗经》作时代的说明，丢开唐、虞、夏、商，径从周宣王以后讲起。这一改，把我们一般人充满着三皇五帝的脑筋骤然作了一个重大的打击，骇得一堂课中舌挢而不能下。”⑤ 顾颉刚受胡适影响很大，他对胡适是非常崇敬的，以“适之、玄同两先生固是我企服的师”⑥，在多年后追述自己的学术历程之时，仍认为：“我的《古史辨》的指导思想，从远的来说，就是起源于郑、姚、崔三人的思想，从近的来说，则是受了胡适、钱玄同二人的启发和帮助。”⑦ 顾颉刚听了胡适“中国哲学史”的课，对胡适“东周以上无古史”的话印象非常深刻，深为赞同，顾颉刚也认为，我国所谓的五千年历史，“把伪史和依据了伪书而成立的伪史除去”，实际只有二千年，“只算得打了一个‘对折’！”⑧ “照我们现在的观察，东周以上只好说无史”，现在光辉灿烂的四千年的历史，“都是伪书的结晶”⑨。顾颉刚除了在此古史观上受胡适的影响，其疑古辨伪思想整体上均深受胡适影响⑩，在古史辨运动中，胡适是直接参与者，也是领导者、组

---

① 蔡元培语，见胡适《中国古代哲学史·蔡元培序》，《胡适文集》第六册，北京出版社 1998 年版，第 156 页。

② 可参见董德福：《胡适与梁启超：两代知识分子学思历程的比较研究》，吉林人民出版社 2004 年版，第 121 页。

③ 梁启超对胡著的评价及与胡适的辩难可参见董德福《胡适与梁启超：两代知识分子学思历程的比较研究》第 115~119 页。又如对胡适“老在孔前”意见的讨论及由此展开的“老子其人其书年代问题大讨论”，可略参徐洪兴：《疑古与信古——从郭店竹简本〈老子〉出土回顾本世纪关于老子其人其书的争论》，《复旦学报（社会科学版）》1999 年第 1 期，具体情形见《古史辨》第四册、第六册所收的有关文章。

④ 董德福：《胡适与梁启超：两代知识分子学思历程的比较研究》，吉林人民出版社 2004 年版，第 121 页。

⑤ 顾颉刚：《自序》，《古史辨》第一册，上海古籍出版社 1982 年版，第 36 页。

⑥ 顾颉刚：《自序》，《古史辨》第一册，上海古籍出版社 1982 年版，第 4 页。

⑦ 顾颉刚：《我是怎样编写〈古史辨〉的》，《古史辨》第一册，上海古籍出版社 1982 年版，第 4 页。

⑧ 顾颉刚：《自序》，《古史辨》第一册，上海古籍出版社 1982 年版，第 43 页。

⑨ 顾颉刚：《自序》，《古史辨》第一册，上海古籍出版社 1982 年版，第 35 页。今按：顾氏的这种判断是经不起历史检验的，并且早已被证伪。

⑩ 可参见洪认清：《顾颉刚的“疑古辨伪”思想与胡适的学术影响》，《安徽史学》2002 年第 1 期。今按：顾氏应该受到日本学者白鸟库吉的影响，但他本人及其传人对此竭力讳言，欲盖弥彰，我们从《顾颉刚读书笔记》中找到了证据。

织者。在顾颉刚发表《与钱玄同先生论古史书》提出“层累说”进而引发了长达九个月的论战之时，胡适以“论战导师和裁判员的角色定位”对这场论争给予了很高的评价①，对论辩双方的理路及方法分别加以评论，而对顾颉刚“层累说”赞赏有加，认为“层累地造成的古史”的见解“真是今日史学界的一大贡献”②，毫不讳饰“偏袒顾先生的嫌疑”③；又胡适在介绍当时新出的史学书时，着重对《古史辨》第一册，尤其是其中有关古史的讨论部分，进行推介，指出此书“可以解放人的思想，可以指示作学问的途径，可以提倡那‘深澈猛烈的真实’的精神”④，谓顾颉刚的“层累说”为中国史学界开了一个新纪元，其是继崔述之后中国古史学的第二次革命⑤。

（二）胡适对疑古辨伪的态度转变及其对古书辨伪的思考

顾颉刚对胡适的“科学”方法非常倾心，其古史观受胡适影响非常之大，如上文所述，顾颉刚对古史的看法，如其古史“对折”说，基本遵从胡适“东周以上无古史”说，胡适对顾颉刚的“层累说”最是非常赞同的，将之誉为史学界的革命。然而众所周知，胡适对顾颉刚疑古辨伪的态度前后是有变化的，顾颉刚对此回忆道：

> 到了一九二九年，我从广州中山大学脱离出来，那时胡适是上海中国公学的校长；我去看他，他对我说：“现在我的思想变了，我不疑古了，要信古了！”我听了这话，出了一身冷汗，想不出他的思想为什么会突然改变的原因。⑥

对于胡适由疑古转而信古的原因，有学者分析：其中考古学，尤其是殷墟发掘，以及傅斯年的影响为重要原因⑦，钱穆的研究也是促成此转变的原因之一⑧，有学者认为这种转变与胡适的学术理路是一脉相承的，是其“自觉的、有计划的预见的一种结果”⑨，且以胡适自己的说法，这种转变是从 1923 年秋天就已经萌生了⑩，对此，有研究者提供了理据并进一步说明了胡适转变的时间及情形，认为胡适古史观的转变应该初步发生于 1922 年年底⑪。虽然胡适古史观在 1922 年因王国维的影响而有所转变，并且可能在 1923 年已萌生转变观念的念头，但至少在 1926 年，胡适对顾颉刚仍颇为赞赏，“要传学顾”，

---

① 路新生：《中国近三百年疑古思潮研究》，上海人民出版社 2001 年版，第 505 页。

② 胡适：《古史讨论的读后感》，《古史辨》第一册，上海古籍出版社 1982 年版，第 191 页。

③ 胡适：《古史讨论的读后感》，《古史辨》第一册，上海古籍出版社 1982 年版，第 198 页。

④ 胡适：《介绍几部新出的史学书》，《古史辨》第二册，上海古籍出版社 1982 年版，第 334 页。

⑤ 胡适：《介绍几部新出的史学书》，《古史辨》第二册，上海古籍出版社 1982 年版，第 338 页。

⑥ 顾颉刚：《我是怎样编写〈古史辨〉的》，《古史辨》第一册，上海古籍出版社 1982 年版，第 13 页。

⑦ 参见王汎森：《傅斯年对胡适文史观点的影响》，《中国近代思想与学术的系谱》，河北教育出版社 2001 年版，第 283~310 页及杜正胜：《从疑古到重建——傅斯年的史学革命及其与胡适及顾颉刚的关系》，《中国文化》1995 年第 2 期；陈星灿、马思中：《胡适与安特生——兼谈胡适对 20 世纪前半叶中国考古学的看法》，《考古》2005 年第 1 期。

⑧ 陈勇：《试论钱穆与胡适的交谊及其学术论争》，《史学史研究》2011 年第 3 期。

⑨ 张京华：《古史辨派与中国现代学术走向》，厦门大学出版社 2009 年版，第 408 页。

⑩ 张京华：《古史辨派与中国现代学术走向》，厦门大学出版社 2009 年版，第 416~417 页。

⑪ 陈以爱：《胡适对王国维“古史新证”的回应》，《历史研究》2008 年第 6 期。

并以之对比傅斯年的“颓放”而对后者略感失望①，只是在1928年，胡适在《治学的方法与材料》一文中说道：

> 纸上的学问也不是单靠纸上的材料去研究的。但有精密的方法是不够用的。材料可以限死方法，材料也可以帮助方法。……几千年的古史传说禁不起三两个学者的批评指摘。然而河南发现了一地的龟甲兽骨，便可以把古代殷商民族的历史建立在实物的基础之上。一个瑞典学者安特森发现了几处新石器，便可以把中国史前文化拉长几千年。一个法国传教士桑德华发现了一些旧石器，便又可以把中国史前文化拉长几千年。北京地质调查所的学者在北京附近的周口店发现了一个人齿，经了一个解剖学专家步达生的考定，认为远古的原人，这又可以把中国史前文化拉长几万年。向来学者所认为的纸上的学问，如今都要跳在故纸堆外去研究了。②

所以才有胡适呼吁青年人从故纸堆中回头，多关注材料，多学一点自然科学的知识与技术，这当然有殷墟发掘的影响。故此，才有1929年胡适对顾颉刚说出其由疑古转而信古的话。其实，可以说胡适对顾颉刚的态度转变是两种因素“角力”的结果，胡适对王国维古史论述的承认是被动的，多来自外力的影响而非出于其自身学术自觉的产物③，因此，胡适才会在对王国维的研究成果有较高评价后仍以领导者、组织者的角色直接参与了“古史辨”运动，之后其对考古学的重视不能排除没有类似的被动原因，然而其所提倡的“尊重事实，尊重证据”“大胆的假设，小心的求证”的科学方法也是有第一位关系的，即胡适学术理路的内在原因与考古发现及相关研究的外在原因，一道促成了胡适对顾颉刚疑古辨伪的态度转变。由此，胡适在基本态度上，将“疑古”定义为“考信”，而顾颉刚其后的工作则是批评崔述在儒家经典上的保留态度，进而着手更加深入的辨伪，其基本态度是将“疑古”定义为“辨伪”④。

胡适明确表示由疑古转为信古的时间为1929年，此后的文章多有对顾颉刚疑古辨伪方法进行商榷者，较典型者如《陆贾〈新语〉考》《论观象制器的学说书》，以及《评论近人考据老子年代的方法》《论秦畤及〈周官〉书》。《观象制器的学说书》是胡适作于1930年的一封与顾颉刚讨论《周易》中“观象制器”一说而作的信函⑤，其主要内容为讨论《周易·系辞》的年代及“观象制器”说的性质，对于《系辞》年代，胡适认为《淮南子·氾论训》及司马迁不引《系辞》之语并不足以说明《系辞》后出，且以陆贾《新语》所引作为《系辞》在楚汉之际即已存在的证据，对于“观象制器”说，胡适认为是一种文化起源的学说，而本非历史。此文中可注意之处在于：首先，胡适对陆贾《新语》一书的肯定。胡适此函中提及对《新语》一书的考证，涉及其《陆贾〈新语〉

① 杜正胜：《从疑古到重建——傅斯年的史学革命及其与胡适及顾颉刚的关系》，《中国文化》1995年第2期。

② 胡适：《治学的方法与材料》，欧阳哲生编：《胡适文集》第四册，北京大学出版社1998年版，第114页。

③ 详参陈以爱：《胡适对王国维“古史新证”的回应》，《历史研究》2008年第6期。

④ 张京华：《古史辨派与中国现代学术走向》，厦门大学出版社2009年版，第417页。

⑤ 胡适：《观象制器的学说书》，《古史辨》第三册，上海古籍出版社1982年版，第84~88页。

考》一文①。《陆贾〈新语〉考》主要对《四库提要》疑《新语》“殆后人依托，非贾原本”之说提出驳难而考证今本《新语》的可信性，此文颇有古书证真之意，且与梁启超古书无证伪之据则其为真的作法近似②，其实也可看作对顾颉刚古书疑伪方法的某种讨论和提示。由《新语》一书之可信而推定《系辞》年代，进而对顾颉刚认为《系辞》晚出的意见提出讨论，胡适认为《史记》不引“观象制器”说可能自有原因，不足以作为《系辞》其时不存的证据，《淮南子·氾论训》及《世本》引用《系辞》之文不足以说明《系辞》在其后，也可能是受《系辞》的暗示和影响。其次，胡适对于“观象制器”是一种学说而非历史的看法，其实是对顾颉刚疑古辨伪过程中将传说与史事混同的作法的批评，胡适谓：“崔述用此章作唯一可信的上古史料，是他的偏见，你受了崔述的暗示，迁怒及于《系辞》，也不是公平的判断。”③ 胡适谓其《观象制器的学说书》于顾颉刚之作“毫无相犯”，且其所指摘者“皆是后半的余论”④，对于顾颉刚的研究仍认为小疵不掩大瑜，对其价值仍是肯定的。然而到了胡适写出《评论近人考据老子年代的方法》一文时，对顾颉刚是“大为生气”而加以“痛驳”，从此以后，就对顾颉刚“很明显地”不满起来⑤。

这次关于老子其人其书的讨论是由胡适《中国哲学史大纲》中的论述挑起的。首先是梁启超于1922年对胡适认为老子在孔子前的观点提出讨论⑥，紧接着是张煦对梁启超理据进行逐条反驳⑦，其后分别有学者加入此问题的讨论。其中，钱穆于1923年作《关于〈老子〉成书年代之一种考察》一文，以“道”“名”之思想线索为据对胡适观点进行驳难⑧，冯友兰在其1931年出版的《中国哲学史》一书中以文体演变线索对胡适观点提出商榷，将老子排于孔、墨甚至孟子之后，顾颉刚于1932年完成《从〈吕氏春秋〉推测〈老子〉之成书年代》⑨，主要从古书内容及史事方面推论《老子》成书年代，认同梁启超对于《老子》年代的意见，而“明白地反对胡适的说法”⑩。对此，胡适于1931年、1932年分别写信——《与冯友兰先生论老子问题书》《与钱穆先生论老子问题书》⑪ ——作答，并在此基础上，于1933年作《评论近人考据老子年代的方法》一文⑫，对有关考

---

① 胡适：《陆贾〈新语〉考》，《古史辨》第四册，上海古籍出版社1982年版，第195~198页。

② 梁启超：《中国历史研究法》，《梁启超全集》，北京出版社1999年版，第4133页。

③ 胡适：《论观象制器的学说书》，《古史辨》第三册，上海古籍出版社1982年版，第87~88页。

④ 胡适：《论观象制器的学说书》，《古史辨》第三册，上海古籍出版社1982年版，第88页。

⑤ 顾颉刚：《我是怎样写〈古史辨〉的》，《古史辨》第一册，上海古籍出版社1982年版，第24页。顾颉刚对此事的前后经过有详细叙述，同见此页。

⑥ 梁启超：《论〈老子〉书作于战国之末》，《古史辨》第四册，上海古籍出版社1982年版，第305~307页。

⑦ 张煦：《梁任公提诉〈老子〉时代一案判决书》，《古史辨》第四册，上海古籍出版社1982年版，第307~317页。

⑧ 钱穆：《关于〈老子〉成书年代之一种考察》，《古史辨》第四册，上海古籍出版社1982年版，第383~411页。

⑨ 顾颉刚此文见《古史辨》第四册，上海古籍出版社1982年版，第462~520页。

⑩ 顾颉刚：《我是怎样写〈古史辨〉的》，《古史辨》第一册，上海古籍出版社1982年版，第24页。

⑪ 两封答书均收入《古史辨》第四册。

⑫ 胡适此文收入《古史辨》第六册。

证方法进行了深入的论析。胡适此文首先剖析冯友兰论证方法中的“丐辞”嫌疑，次论以思想线索及以文字、术语、文体推论《老子》年代方法的不确定性，最后对顾颉刚以《吕氏春秋》以书之“例”推论《老子》晚出的方法进行讨论。

如对于以“丐辞”为理据，胡适指出其中逻辑悖谬之处，如对于“孔子以前无私人著述之事”以证《老子》为孔子以后之书，若接受其前提，则其推论自然当可接受，但值得审视的恰是立论之前提；“孔子以前无私人著述之事”这一前提的成立，依赖于对孔子之前著作情况的归纳，其要在于应先行判断何书为孔子之前的著述，对于《老子》而言，也同样需要论证其与孔子的先后关系，如此，则“尚待证明的结论预先包含在前提之中”①，故而以“丐辞”推得的结论自然是不可靠的②。对于胡适对其论证过程中“丐辞”的批评，冯友兰的回应其实并未触及“丐辞”逻辑的核心问题③。胡适批评“丐辞”的另外两例——老子非问答体故在孔子之后及老子为简明“经”体当出于战国——除了“丐辞”逻辑外，还涉及以文体判定古书年底的方法问题，胡适认为“这个方法也是很危险的”，因为“同一个时代的作者有巧拙的不同，有雅俗的不同，有拘谨与豪放的不同，还有地方环境（如方言之类）的不同”④，且个人所见材料有限，以此悬想某时代的文体样貌自然难为定论，胡适指出以文体推定古书年代所蕴含的不确定性在于：首先，某种文体或术语起于何时不易确定。其次，一种文体往往经过长时期的历史而人们也许只知道历史的一部分。再次，对文体的评判易受主观成见的影响⑤。以文字、术语、文体来作推定古书年代的依据，其“危险之处”与从思想线索上立论大体相似，因为两种方法同样易于为主观成见所影响，“是一把两面锋的剑可以两边割的”⑥，况且一个人的思想往往有变化而前后不一致，对于“时代意识”就更不易把握了，这也是胡适针对顾颉刚《从〈吕氏春秋〉推测〈老子〉之成书年代》下半篇所用方法的批评⑦，胡适认为顾颉刚此文

---

① 胡适：《评论近人考据老子年代的方法》，《古史辨》第六册，上海古籍出版社1982年版，第388页。

② 虽然胡适此处驳论冯友兰论证《老子》之法，其实“孔子以前无私人著述之事”多为其时学者所取，如罗根泽即有专文详论（见其《战国前无私家著作说》一文，收入其《诸子考索》一书中），且此问题关涉诸子是否出于王官的讨论，胡适此处对于“孔子以前无私人著述”的剖析与其“诸子不出王官”论是一致的，而诸子是否出于王官实牵连及于对我国史官史职的认知，可参见张京华《古史辨派与中国现代学术走向》一书，厦门大学出版社2009年版，第88~101页。

③ 详参冯友兰：《读〈评论近人考据老子年代的方法〉答胡适之先生》，《古史辨》第六册，上海古籍出版社1982年版，第410~417页。

④ 胡适：《评论近人考据老子年代的方法》，《古史辨》第六册，上海古籍出版社1982年版，第395页。

⑤ 胡适：《评论近人考据老子年代的方法》，《古史辨》第六册，上海古籍出版社1982年版，第393页。

⑥ 胡适：《评论近人考据老子年代的方法》，《古史辨》第六册，上海古籍出版社1982年版，第390页。

⑦ 胡适：《评论近人考据老子年代的方法》，《古史辨》第六册，上海古籍出版社1982年版，第409页。胡适认为顾颉刚用“时代意识”判定《老子》晚出主要在于不了解其三四两节所论的以思想线索及文体、术语立论的危险之处，其实以“时代意识”论定《老子》年代也存在“丐辞”之逻辑。对以“时代思潮”疑伪之失误处的讨论可参见张京华《古史辨派与中国现代学术走向》，厦门大学出版社2009年版，第284~289页。

所用方法简直是“有意周内”①，指出顾文因主观成见影响而致对古书内容的误判。其实对于某种思想线索及文体、文字、术语等对象，因为材料问题而往往不易，甚至不可能，确切掌握其初始的发生及其后全面的演变情形。胡适对有关问题的讨论，包括其对“丐辞”前提的判定，其实均涉及张荫麟所论“默证”使用的限度问题②，如“孔子以前无私家著述”、简明“经”体出于战国、《老子》文体同于《荀子》之“赋体”等均有赖于对材料的较为全面的统计，但由于载籍阙佚，仅少部分能传及今日，故以“默证”法推得之立论前提不足为证。对于顾颉刚以《吕氏春秋》“引书例”推论其时《老子》不存，胡适指出“替古人的著作做‘凡例’，那是很危险的事业”③，其实合于“默证”使用限度之是否“作者立意将此类之事实为有统系之记述”④。对于因主观成见而至“有意周内”的作法，胡适的批评不单限于此处对《老子》问题的讨论，其实更是对顾颉刚采用今文经学家的思路和方法的批评。

1930年顾颉刚发表《五德终始下的政治和历史》一文，随后钱穆作《评顾颉刚〈五德终始下的政治和历史〉》（1931）表达相反意见，紧接着顾颉刚撰《跋钱穆评〈五德终始下的政治和历史〉》作答，胡适见此情形，便“想做一篇文字来参加你们的讨论”⑤，于同年（1931）作《论秦畤及〈周官〉书》⑥。胡适此书不长，主要分作两部分，第一部分论秦祠白帝三畤当无可疑，胡适从民俗学角度，以宗教发展演进过程对“造伪”说提出讨论，认为崔述以《淮南子·天文训》之少皞为后人窜入的意见是“作茧自缚”，其论断“全凭主观，毫无学者治学方法，不知颉刚何以会上他的大当”，并指出“廖季平的《今古学考》的态度还可算是平允，但康有为的《伪经考》便走上了偏激的成见一路”⑦，可以看作是对顾颉刚《五德终始下的政治和历史》一文进行的针锋相对的讨论⑧；胡适此文第二部分主要对《周官》一书提出见解，对刘歆遍伪群经说进行论辨。其实对于刘

① 胡适：《评论近人考据老子年代的方法》，《古史辨》第六册，上海古籍出版社1982年版，第404页。今按：胡适的批评是对的，疑古派是有意周内，罗织成经。

② 张荫麟：《评近人对于中国古史之讨论》，《古史辨》第二册，上海古籍出版社1982年版，第271~288页。今按：张荫麟的批评击中疑古派的死穴。

③ 胡适：《评论近人考据老子年代的方法》，《古史辨》第六册，上海古籍出版社1982年版，第402页。今按：胡适的批评是有道理的。

④ 张荫麟：《评近人对于中国古史之讨论》，《古史辨》第二册，上海古籍出版社1982年版，第272页。

⑤ 胡适：《论秦畤及〈周官〉书》，《古史辨》第五册，上海古籍出版社1982年版，第637页。

⑥ 以上四篇文章均收于《古史辨》第五册，其中后三篇均作于1931年。路新生以《古史辨》第五册的出版时间（1935）为这几篇文章之系年，似误，见路新生《中国近三百年疑古思潮研究》，上海人民出版社2001年版，第532页。

⑦ 胡适：《论秦畤及〈周官〉书》，《古史辨》第五册，上海古籍出版社1982年版，第637页。

⑧ 对顾颉刚《五德终始下的政治和历史》的讨论意见可参张京华《古史辨派与中国现代学术走向》第四章第一节，厦门大学出版社2009年版，第262~289页；又胡适在1930年所作《中国中古思想史长编》中即对秦、汉金德火德出于刘歆伪窜说提出不同意见，从民俗学角度，以宗教“融合”与“渐进”为基调对造伪说提出质疑，见路新生《中国近三百年疑古思潮研究》，上海人民出版社2001年版，第534~535页，胡适论述详参其《中国中古思想史长编》第六章，《胡适文集》第六册，北京大学出版社1998年版，第556~582页。

歆伪造群经之说，胡适已有论析，其认为廖平只是说“今经皆孔子所作，古经多学古者润色史册；今学出于春秋时，古学成于战国时，今学西汉皆立博士，古学西汉多行于民间”，而到了康有为、崔适，就说古文经是刘歆伪造了①。其实古文经在司马迁时均已出现，如谓司马迁作《史记》时采用了许多《春秋左传》的材料，又提到《周官》，《封禅书》中有“《周官》曰”的话，《史记·儒林传》中记孔安国家有古文《尚书》，这三部后来所谓的“古文经”，在司马迁时都已出现②，其后经过整理而各有兴废，并因古文经本身的价值而得流传，并非为刘歆伪造。

总之，对顾颉刚的疑古辨伪，胡适由最初的激赏、认同，经怀疑而终反对，其理路是清晰的。对顾颉刚的疑古辨伪活动，尤其是对以造伪为核心的古书成书模型进行了深入的反省，对古书辨伪方法中的核心问题进行了全面而细致的反省，对相关问题多有廓清。胡适虽未在古书成书及古书体例方面进行较为具体的研究，但其对疑古辨伪活动的所做的反省均涉及较为核心的宏观问题，意义重大，对认识古书成书及古书体例有积极意义。他的另一位学生——傅斯年，经历了与胡适大致相同的由疑古到考信的思路转变，除了对疑古辨伪方法提出讨论外，尤可瞩目处在于，傅斯年对古书体例问题进行了颇为精到的研究。

二、傅斯年对疑古辨伪活动的反思及探索

傅斯年与顾颉刚是北京大学读书时的同学，两人同在 1913 年考入北京大学预科，同住在北河沿译学馆旧址工字楼，三年后双双升入本科，顾入哲学门，傅入国文门，次年秋，二人同居北大西斋宿舍丙字十二号，始得同处一室。顾初听胡适讲授“中国哲学史”便被震骇，继而折服，并邀傅斯年一同听课，两人均对胡适非常信服，师生常一同讨论切磋，傅、顾又一同创组“新潮社”，邀胡适做顾问，发行《新潮》杂志，可谓志趣相投。傅斯年于 1919 年毕业，考取山东官费留学生，赴英国伦敦大学学习心理学，后于 1923 年转德国柏林大学学习物理学、数学及历史语言学，学无所成，未获得任何学历，于 1926 年回国，出任广州中山大学文学院院长及国文、历史两系主任，同时筹备中山大学历史语言研究所，并延请顾颉刚赴中山大学任教。然而由于事务性意见分歧以及性格原因，两人友谊于 1928 年臻于破灭③。当然，傅、顾两人十几年的交情一朝破灭，除了在具体事务上的分歧及性格上的原因外，两人在学术养成、治学志趣以及具体的学术问题上均自具特性，途辙渐分，这也是两人友谊破灭的重要因素④。

在一般的印象中，对顾颉刚的疑古辨伪活动，尤其是在史学界引起巨大反响的“层

---

① 胡适：《中国中古思想小史》，《胡适文集》第六册，北京大学出版社 1998 年版，第 640 页。

② 胡适：《中国中古思想小史》，《胡适文集》第六册，北京大学出版社 1998 年版，第 641 页。

③ 傅、顾两人的交往情形可详参顾潮：《顾颉刚与傅斯年在青壮年时代的交往》，《文史哲》1993 年第 2 期及杜正胜：《从疑古到重建——傅斯年的史学革命及其与胡适及顾颉刚的关系》，《中国文化》1995 年第 2 期。本书相关部分主要据以上二文综述而成。

④ 关于傅、顾两人友谊破灭的原因分析可参张京华《古史辨派与中国现代学术走向》第 32 页。

累说”，傅斯年的最初反响是积极的和肯定的，认为顾说是“史学上的中央题目”①，“乃是一切经传子家的总锁钥，一部中国古代方术思想史的真线索，一个周汉思想的摄镜，一个古史学的新大成”，认为顾颉刚“在这个学问中的地位，便恰如牛顿之在力学，达尔文之在生物学”，“颉刚是在史学上称王了”②。傅斯年对顾颉刚“层累说”有如此反应也并非过誉，因为当时两人在疑古辨伪上有共同的思考，傅、顾同为“史学革命的双璧”，同时傅也是一名“疑古的先锋”，甚至傅的疑古发生上还要早于顾③。傅斯年对顾颉刚“层累说”当然是赞同的与鼓励的，然而其中还有一部分是谈论方法的，只是方法上的理解被淡化了，未遑经过充分的沉淀。④ 如盛赞顾颉刚“层累说”的《与顾颉刚论古史书》中即有不少“被淡化”的方法的讨论，最可瞩目者在于傅文中体现的有关多元古史观的思考。傅氏的多元古史观之核心思路，略在于以地域因素为主要着眼点来解释古史，如以地域因素解释孔子、六艺、儒家之间的关系⑤，以地域因素为核心，从民俗学角度对古史进行分析⑥，这与“层累说”以造伪为核心解释古史及古书形成的做法途辙各异，其在“层累说”之外提供了另外一种合理的解释⑦。除了多元古史观的相关思考外，傅文中还可注意处在于对古书成书的某种思考，如对于《左传》，虽受今文家说影响而有所保留，但对刘歆造伪说已经出现某种怀疑，并对此问题提出十五条研究规划，如第二条，对《左传》所记日食以现代天文学推算进行核对，若吻合，则“今文传统说即玄同先生所不疑之‘刘歆伪造’坠地而尽”，并指出“此点关系非常之大”⑧，又如第十条，怀疑今文家所谓《史记》为古文家窜改的看法，指出“崔君的党见是太深的，绝不能以他的话为

---

① 傅斯年：《与顾颉刚论古史书》，欧阳哲生编：《傅斯年全集》第一册，湖南教育出版社 2003 年版，第 446 页。若无另外说明，本书所据傅斯年论著均据此版本。《与顾颉刚论古史书》最初为顾颉刚分别发表于中山大学《语言历史学研究所周刊》第二集第十三、十四期上，《古史辨》第二册中所收《谈两件〈努力周报〉上的物事》一文为傅斯年此信的前半部分。

② 傅斯年：《与顾颉刚论古史书》，《傅斯年全集》第一册，湖南教育出版社 2003 年版，第 447 页。今按：傅氏此论也是不负责任的溢美之词，后来二人翻脸，又恶言中伤，均非正当学者之应有态度。

③ “史学革命的双璧”、“疑古的先锋”之语均援自杜正胜《从疑古到重建——傅斯年的史学革命及其与胡适及顾颉刚的关系》一文，关于傅斯年的疑古情形参见此文第二节。

④ 张京华：《古史辨派与中国现代学术走向》，厦门大学出版社 2009 年版，第 38~39 页。

⑤ 傅斯年：《与顾颉刚论古史书》，《傅斯年全集》第一册，湖南教育出版社 2003 年版，第 458 页。

⑥ 傅斯年：《与顾颉刚论古史书》，《傅斯年全集》第一册，湖南教育出版社 2003 年版，第 459~463、467~469 页。

⑦ 对傅斯年多元古史说及其对胡适的影响，可参王汎森：《傅斯年对胡适文史观点的影响》，《中国近代思想与学术的系谱》，河北教育出版社 2001 年版，第 283~310 页。另，王汎森指出清末民初学者多发现后人对先秦学术的理解被一个凹凸镜所扭曲，顾颉刚与康有为一致，认为这个凹凸镜是刻意造作的，而傅斯年认为是自然形成的，王汎森：《思想史与生活史有交集么?》，《中国近代思想与学术的系谱》第 324~325 页。

⑧ 傅斯年：《与顾颉刚论古史书》，《傅斯年全集》第一册，湖南教育出版社 2003 年版，第 470 页。

定论”①，再如第十一条及第十二条，前者考《左传》在刘歆以前之流传，认为“《左传》绝不是一时而生，谅亦不是由刘歆一手而造”，“其前必有一个很长的渊源”②，后者指出《左传》中不能自洽之内容，将考查《左传》材料来源作为着力点，并不以书中不自洽之内容为伪造证据；又如傅氏论《诗经》，指出现在所见的《诗经》“定本”久经传承，定然屡经改动而非古本原貌③，其实有提示古书本身问题与古书流传中的问题当分而观之的涵义在；又如论汉代思想趋势，傅氏一则认为由今文到纬书是自然之结果，言外之意即非全出于造伪，二则认为由今文反动出古文是一种思想上的进步，虽则因沾染今文家说仍认为“古文材料虽伪”④，然而傅氏指出，“造伪经在现在看来是大恶，然当时人借此寄其思，诚恐不觉其恶，因为古时著作人观念之明白决不如后人重也”⑤。其实不仅《与顾颉刚古史书》中有着傅斯年对顾颉刚疑古辨伪活动的一些思考，在其回国前所作文章中，如《评〈秦汉统一之由来和战国人对于世界的想象〉》《论孔子学说所以适应于秦汉以来的社会的缘故》《评〈春秋时的孔子和汉代的孔子〉》等均有对疑古辨伪提请讨论的思考在⑥。如果说这一时期傅、顾多为“快乐的争论”的话，那么以1928年傅斯年所作《历史语言研究所工作之旨趣》一文为分水岭，两人由学术观点各异而产生的分歧就非常明显了⑦。这些分歧除了考古学成果对傅斯年的古史观所产生的影响外，还应该特别注意的是傅斯年对古书成书及古书体例的精到论析，《战国文籍中之篇式书体——一个短记》一文的出现，说明傅氏“已发展出一些足以破解疑古思潮的论述”⑧。

傅斯年《战国文籍中之篇式书体——一个短记》一文作于1929年，1930年刊载于《国立中央研究院历史语言研究所集刊》，此文篇幅不大，确如篇名副题所言是一篇“短记”，文分两部分，上半部分为傅氏对古书体例的总结及以此审视古书“真伪”之概念，下半部分以对古书成书模式的认知推论战国古书文体演变规律。傅氏指出“切不可以后来人著书之观念论战国文籍”，因为“战国文籍之成书性”自有其不同于后世之处：

---

① 傅斯年：《与顾颉刚论古史书》，《傅斯年全集》第一册，湖南教育出版社2003年版，第470页。

② 傅斯年：《与顾颉刚论古史书》，《傅斯年全集》第一册，湖南教育出版社2003年版，第470页。

③ 傅斯年：《与顾颉刚论古史书》，《傅斯年全集》第一册，湖南教育出版社2003年版，第472页。

④ 傅斯年：《与顾颉刚论古史书》，《傅斯年全集》第一册，湖南教育出版社2003年版，第464页。

⑤ 傅斯年：《与顾颉刚论古史书》，《傅斯年全集》第一册，湖南教育出版社2003年版，第464页。

⑥ 所列举的这三篇文章也均作于1926年，见《傅斯年全集》第一册“1926年”条目下，其中对顾颉刚疑古辨伪方法的批评情形略参杜正胜《从疑古到重建——傅斯年的史学革命及其与胡适及顾颉刚的关系》一文第三节“疑古派‘以不知为不有’的谬误和危险”。

⑦ 张京华将傅斯年的治学倾向分作三个阶段，其中第二阶段为傅、顾有许多“快乐”的“争论”阶段，第三阶段为由观点相异而至产生分歧的阶段，并对傅氏每一阶段的情况有详细的论述，参见张京华《古史辨派与中国现代学术走向》第33~37页。

⑧ 王汎森：《傅斯年对胡适文史观点的影响》，《中国近代思想与学术的系谱》，河北教育出版社2001年版，第289页。

战国时“著作者”之观念不明了；

战国时记言书多不是作者自写，所托只是有远有近有切有不相干罢了；

战国书除《吕览》外，都只是些篇，没有成部的书，战国书之成部，是汉朝人集合的。①

其实傅氏所总结的这三点战国文籍所具有的、异于后世古书的体例特征，其中第三点涉及战国古书的成书过程，傅氏此文下半部分是在对战国古书成书过程认知的基础上论述战国古书文体的演变情形，其实是提出了一种判定古书内容年代的依据，或曰方法，当然，这里傅氏未多加展开，也未将其之前所注意到的现今的古书定本历经传改已非原貌的情形加入思考，故其价值有限，也可归入胡适对近人考辨《老子》方法的反思范围。傅氏所总结的战国古书体例中，前两点所关涉的核心内容可归纳为“著作权”观念，其实就是指出战国时没有如后世的“著作权”观念，战国古书多不题撰人，也多非作者自著而出后人追记，这就是战国古书的存在状态，是一种通例。只是后人以今日书之内容须为作者亲作的著作权观念去看战国文籍，想当然地认为某些战国书名即标明其书作者，古书内容须与其作者相合，从而断定古书真伪，对照战国文籍体例，这当然纯属以今度古，实为庸人自扰。对此，傅氏以《管子》一书为例，以战国著书观念审视古书真伪之概念。傅氏指出，《管子》书之真伪判断均是基于“齐桓公相管仲撰”这样的预设，然而《管子》一书本有齐人追托管子功名之作，这“只是当时一种文体”，是一种通例，“他自己先不曾说是真的”，且“战国时也不会有题‘齐相管仲撰’的事”，如此，则“又何劳我们答他曰‘是假的’”②。若了解了战国古书的存在状态，以战国的著述观念来看战国古书，则后世所谓古书“真伪”的概念不光是无效的，更是没有意义的。其实本章第一节分析梁启超对辨伪学所作总结中即提到了梁氏对伪书定义的偏颇、对伪的概念的滥用及某种程度的含混以及梁氏所用主要辨伪方法中所隐含的预设，若以傅斯年这篇短记上半部分中所论列的战国文籍的特殊体例来一一审视，则对梁启超辨伪学中的以上壅滞之处当可一目了然。傅斯年此文其实指明了“疑古派所进行的古书辨伪均非古书之伪，只是现代人不懂得古代的书体，换言之，当面对古书发生疑问时，不是应当由我们来确定古书的真伪，而是应当让古书改变我们的观念”③。当然，结合现今出土文献的总体情形，以及有关学者对先秦古书体例的总结，可见傅斯年作于1929年的此文具有何等的超前的意识，这不仅仅是发展出一些足以破解疑古思潮的论述，也“几乎可以说是迄今为止可以破解疑古过勇的唯一有效途径”④。

① 傅斯年：《战国文籍中之篇式书体——一个短记》，《傅斯年全集》第三册，湖南教育出版社2003年版，第18页。

② 傅斯年：《战国文籍中之篇式书体——一个短记》，《傅斯年全集》第三册，湖南教育出版社2003年版，第17页。

③ 张京华：《古史辨派与中国现代学术走向》，厦门大学出版社2009年版，第37页。

④ 张京华：《古史辨派与中国现代学术走向》，厦门大学出版社2009年版，第37页。

第三节 “与其辨真伪，毋宁考年代”
——罗根泽对诸子的考辨与其对古书体例的认知

细绎梁启超对辨伪理论及方法的总结可以发现，对于古书真伪而言，其核心内容在于古书年代的考订。如梁氏对伪书的定义，表面上系于古书与其作者的对应关系上，然欲确定两者是否一致，主要方法即在于考察古书内容与其作者的年代上，这只要看梁启超所总结的辨伪方法以文义内容判定古书真伪之大类即可知见，且对于伪书之价值，梁启超认为在于保存其撰作年代之前的内容，着眼点仍在于古书年代，也正是认识到古书真伪与年代间的重要关系，任公才会将其专讲古书辨伪的演讲题目定为《古书真伪及其年代》。关于古书真伪与年代的关系问题在当时的学者中其实是存有某种共识的，如陈寅恪在其对冯友兰《中国哲学史》所作的审查报告中，认为冯书的一大优点在于“取用材料，亦具通识”，因为在陈寅恪看来，古书“真伪者，不过相对问题，而最要在能审定材料之时代及作者而利用之。盖伪材料亦有时与真材料同一可贵。如某种伪材料，若径认为其所依托之时代及作者之真产物，固不可也；但能考出其作伪时代及作者，即据以说明此时代及作者之思想，则变为一真材料矣”①。此与顾颉刚的古书移置论基本相同②。陈寅恪又对古书成书与古书真伪关系有精到的见解：“中国古代史之材料，如儒家及诸子等经典，皆非一时代一作者之产物。昔人笼统认为一人一时之作，其误固不俟论。今人能知其非一人一时之所作，而不知以纵贯之眼光，视为一种学术之丛书，或一宗传灯之语录，而断断致辨于其横切方面，此亦缺乏史学之通识所致。”③ 其实，从事疑古辨伪的学者中，亦有持类似见解者，如罗根泽之研治诸子，即强调考年而淡化真伪，且其对古书成书情形的认知也具有一定的价值。

一、罗根泽生平、学术及其研究诸子之计划

罗根泽（1900—1960），字雨亭，河北深县人，十岁入小学，但由于身体及家庭原因，学业时断时续，连中学前后读了八年，未取得学历，后便追随本县学者武锡珏修习经史及古典诗文，前后有二三年之久，其间始关注先秦诸子，后入本县高级小学任教，于1925年考入河北大学学习，1927年考入清华大学研究院国学门，后又投考燕京大学国学研究所，同时在这两所大学攻读。罗根泽在清华大学读“诸子科”，导师先为梁启超，梁去世后改由陈寅恪指导，于燕京大学读“中国哲学”，导师为冯友兰与黄子通，同时罗氏还从事中国文学批评史的研究，并向燕京大学国学研究所的郭绍虞请益，1929年罗氏从

---

① 陈寅恪：《冯友兰〈中国哲学史〉上册审查报告》，见冯友兰《中国哲学史》，中华书局1947年版，附录一，第2页。

② 顾颉刚对移置法的论述详参《古史辨》第三册顾颉刚《自序》第8页。顾文作于1931年11月，陈文最初发表于1931年3月《学衡》第74期。

③ 陈寅恪：《冯友兰〈中国哲学史〉上册审查报告》，见冯友兰《中国哲学史》，中华书局1947年版，附录一，第3页。

两校毕业，经学长刘盼遂推荐赴河南大学任教，至1931年返回北京，其间还任教于天津师范大学及河北大学。返京后，罗氏先后任教于中国大学、北京师范大学，其间略有不到一年时间离京任教于安徽大学。1937年因战事西迁，罗氏任教于西北联合大学，后任教于由该校分出之西北师院，后因闻中央大学自宁移渝，于1940年1月入川，任教于中央大学，1949年后任教于南京大学中文系，1956年，发现罹患肝硬化，1960年3月逝世①。罗根泽西迁之前在北京期间，是其生活较为安定，学术活动顺利开展的时期。受益于当时北京学术界的良好氛围，同时也基于自身的学养，罗根泽在诸子学方面颇有建树，其主要成果均反映在1933年及1937年《古史辨》第四册及第六册中，当然，参与这两册《古史辨》的编辑工作，本身即为非常重要的学术事件。罗氏有关诸子考辨的文章多收于以上两册书中，1949年后的有关成果较少，除诸子学外，罗氏在中国文学史及文学批评史方面均有建树。1958年人民出版社出版的罗根泽《诸子考索》一书，基本收纳了罗氏考辨诸子的文章，反映了其诸子学研究成果，对研究罗根泽的诸子学也提供了极大的便利，故本书对罗根泽的有关研究主要依据其《诸子考索》一书。

在《诸子考索》序言中，罗根泽对其研究诸子的计划做了表述，其计划包括有以下几方面：人的研究、书的研究、学说的研究、佚子的研究以及历代研究诸子的成绩②。细绎罗氏的董理诸子计划，约略可见其中对史料的重视，甚至可以说，罗氏董理诸子计划的核心内容即在于对诸子史料的考辨。如罗氏董理诸子计划中所谓人的研究，其主要方式在于诸子评传的撰写，主要目的在于表彰诸子的精神③。当然，有关诸子之“人的研究”，其切实处首先在于对诸子年代、生平的考辨，罗氏对此了然，并以博稽详考诸子有关史料为基础，在此之上，进一步为诸子作有“史的价值与文学价值”的评传④。对诸子史料博稽详考以见其年代、生平的工作，已有钱穆《先秦诸子系年》一书略集其成，罗氏对钱穆的工作是非常认同的⑤，只是罗氏认为钱穆诸子考年的工作虽则尽善，然未尽美，年表所利在于“看”，而体认及表彰诸子精神则“读”评传的方式更为具象而深切。当然，虽则罗氏认为诸子“人的研究”更当以文学的方式进行，然叙述诸子生平之首要工作仍在于年代考实，故而罗氏有关诸子“人的研究”主要部分仍为史料考订，方法也一如钱穆《先秦诸子系年》，观其《孟子传》即可想见，至如《荀卿游历考》及《荀卿年代补考》则显而为考年之作了⑥。又如罗氏董理诸子之“学说的研究”，主要目的在于破除诸子哲学研究中缘附西方体系的弊病，虽然其研究对象为诸子之学说，表面上似乎不太涉及

① 本书对罗氏生平及学术的论述基本据徐好文《罗根泽及其诸子学研究》，西北师范大学2006年硕士论文，综述而成。

② 此篇序言初为1933年《古史辨》第四册——即《诸子丛考》——的序言，删去此书出版历程后以《诸子丛考旧序》之名收入罗根泽《诸子考索》一书中。本书所引均据《诸子考索》所收之文。

③ 罗根泽：《诸子考索》，人民出版社1958年版，第3页。若不另注，本书所据罗根泽之文均据此书。

④ 罗根泽：《诸子考索》，人民出版社1958年版，第3页。

⑤ 《古史辨》第四册罗氏序言中谓钱穆书考辨诸子的工作为“伟大”。此文收入《诸子考索》中则无此语。

⑥ 《孟子传》见《诸子考索》第313~360页，《荀卿游历考》及《荀卿年代补考》见《诸子考索》第361~376页。

材料考辨的问题，然对于诸子学说的有关讨论是基于对诸子及其著作年代的整体把握之上的，如《古代经济学中之本农末商学说》《古代政治学中之“皇”“帝”“王”“霸”》及《古代发现“人”的历史》在论述相关研究内容时，对于诸子材料的运用均可与《战国前无私家著作说》参看①。至如罗氏董理诸子计划中的“佚子研究”和“历代研究诸子的总成绩”，前者核心是辑佚工作中对诸子材料的考辨，实可大致归入罗氏诸子研究计划“书的研究”之中，而对历代诸子研究的成绩整理，更是考辨及解读诸子史料的基础工作。综上所论，罗根泽诸子研究计划虽然划分为人、书及学说的研究诸方面，然而其中最紧要、最基础处还在于对诸子史料的整理和研究，所以，罗氏诸子研究计划中之“书的研究”占有非常重要的部分，而在诸子“书的研究”中，罗氏对“著作年代的研究”用力最勤，这也是其成果最为丰硕的领域之一。

二、罗根泽考辨子书的方法及其对古书体例的认知

罗根泽自述其治学志趣时，谓其对哲学、文学及考据学均有浓厚兴味②，这从其著述构成即可得见，其研治诸子同样可见其治学志趣，如其本对诸子学说多所关注，然因受其师梁启超《中国历史研究法》及顾颉刚《古史辨》第一册的影响，转而将注意力转至诸子的真伪考订上来③。罗根泽考辨诸子的方法与梁启超大略相同，然罗氏对有关问题有更加深入的思考。

（一）罗根泽考辨子书的方法

罗根泽考辨子书的成果颇丰，对多部子书均有考辨，其中的一些工作在当时也产生了较大影响，这种情形除了罗氏熟稔典籍外，很大程度上得益于罗氏对当时通行的辨伪方法的精熟运用。以下便以罗根泽的有关著作，论略其考辨子书的方法。

《“燕丹子”真伪年代旧说与新考》一文撰作于1928年，发表于1929年④。全文由两部分组成，前半部分列举前贤对《燕丹子》一书考辨之“旧说”，后半部分为罗氏在以往旧说基础之上的“新考”，以考证《燕丹子》为伪书作结。此文虽篇幅不大，然其所据之法堪称丰富，约略如下：

1. 对“诸书互见”内容的分析

此法主要针对以往认为《燕丹子》与《史记》互见者说明前者为后者本事从而推论《燕丹子》不伪的意见。罗氏指出《燕丹子》与《史记》《论衡》《风俗通义》互见内容存有不合者，且后三书所引燕丹之事而均不言《燕丹子》之书，应是《燕丹子》本诸《史记》而非相反。此外，罗氏“新考”所得内证之二，疑《燕丹子》所载燕丹逃秦之事与《战国策》所记孟尝君逃秦之事类同，据此推论《燕丹子》为后人作伪。

2. 从词气及用字来看

---

① 《古代经济学中之本农末商学说》《古代政治学中之“皇”“帝”“王”“霸”》及《古代发现“人”的历史》见《诸子考索》第106~144页，《战国前无私家著作说》见《诸子考索》第13~61页。

② 详参罗根泽《诸子丛考旧序》，《诸子考索》，人民出版社1958年版，第1页。

③ 罗根泽：《诸子丛考旧序》，《诸子考索》，人民出版社1958年版，第6页。

④ 罗根泽：《诸子考索》，人民出版社1958年版，第421页。罗氏《诸子考索》所收文末尾均标明撰作及发表时间，下不烦注。本书所论及罗氏考辨《燕丹子》之文均据其《“燕丹子”真伪年代旧说与新考》，见《诸子考索》第416~420页，下恕不详注。

前贤旧说有认为《燕丹子》词气较古，且杂用古字，故而其书非伪的意见。对于《燕丹子》词气较古的意见，罗氏以为其书“采之《史记》，参之《国策》，词气自然甚古”，然对于旧说中所列《燕丹子》用字较古的例证，则一一加以驳难。

3. 追踪著录线索

孙星衍以《汉书·艺文志》之有关记载推论刘向《七略》当收录有《燕丹子》，而罗氏通过考察《七略》及《汉志》体例推断《七略》当无《燕丹子》。

4. 考寻史事内证

罗氏于旧说论证之外，又考寻《燕丹子》所记不合事理者二则，以为其书晚出的证据：一即指出《燕丹子》所记与《史记》所载之荆轲、太子丹交往及刺秦时间不合，且《燕丹子》所记也不合情理，二则除疑《燕丹子》所载燕丹逃秦之事与《战国策》所记孟尝君逃秦之事类同外，亦不合于秦国守关之实情。

最后，罗氏通过考案诸书所引《燕丹子》之记载，从而推断其书成年于南朝萧齐之世。

由以上罗根泽对《燕丹子》的考辨可略见罗氏考辨子书所据之方法，除此而外，尚有其他几种方法亦多被用于对子书的考辨，现以罗氏《“管子”探源》一文为例论略之。

《“管子”探源》一文造端于1927年，1929年成稿，其文为罗氏有感于以往学者考辨《管子》多止于指明其书非成于一时一手，而于诸篇年代未加深论而作。对于现存《管子》七十六篇，罗氏分别寻其例证，考求其年代，虽则所考篇章繁多，然罗氏所据方法约略可归纳为数种，现以《经言》九篇为例，论略罗氏考辨《管子》年代之方法。

《牧民》第一考年之法

1. 以战国前无私家著作说，推论《管子》非成书于战国之前，并以诸子未引《管子》证成此说；

2. 依“於”作介词通“于”始于战国之说，以“於”字用例统计论证此篇作于战国；

3. 以篇中文句用韵，并参以汉代用韵情况统计，从而推断此篇之作当不会晚至秦汉；

4. 据《韩非子》与此篇互见之内容推论此篇作于韩非之前。

《形势》第二考年之法

1. 以“於”字用例统计论证此篇作于战国；

2. 以此篇文句“独王之国，劳而多祸”，再参之诸侯成王时代的统计，考论此篇当作于战国。

《权修》第三考年之法

1. 以篇中文句“故末产不禁，则野不辟”“故上不好本事，则末产不禁；末产不禁，则民缓于时事而轻地利”及“有地不务本事，而求宗庙社稷之无危，不可得也”所反映之主张与《史记》《国语》所记管子主张相悖，而此篇之主张当产生于战国中世之后；

2. 此篇中“商贾在朝，则货财上流”之语，其所反映史事当在战国之时，且补弊之说更当出于史事之后，故此篇当成于战国；

3. 以“於”字用例统计论证此篇作于战国；

4. 篇中文句所言与《牧民》篇“国之四维”相合，当为对《牧民》之文的进一步诠发，故此篇当在《牧民》之后；

5. 据《韩非子》与此篇互见之内容推论此篇作于韩非之前。

《立政》第四考年之法

1. 此篇文字有与《荀子·王制》互见者，当为摘抄《荀子》而成；

2. 此篇文字有与《春秋繁露·服制》从同者，当为《春秋繁露》抄此篇；

3. 此篇所言“寝兵”“兼爱”“全生”以及独具之说均当晚于战国诸子；

4. 此篇有以农为本事之言，而尊农为本、卑商为末之史事当兴于战国末期；

5. 此篇中有卿相连举之文，而相为官名，盖始于战国。

《乘马》第五考年之法

1. 此篇“无为者帝，为而无以为者王，为而不贵者霸”中有“帝”“王”“霸”之称谓，其中王霸之别当于孟子之时，而益之以帝，则在战国之末，故此篇之作不当早于战国末叶；

2. 依孔子之前无所谓士农工商之阶级，参以《管子》此篇所言推论其作成当晚于孔子。

《七法》第六考年之法

1. 此篇所记多有兵家、法家之言，而与管子政治家的身份及主张不类；

2. 此篇所言有“王”“霸”之称当发生于战国中叶。

《版法》第七考年之法

1. 此篇所言类于墨子“兼爱”“尚贤”之主张，当在墨子之后；

2. 此篇文体略与《荀子·成相》相类，两者时代当不远。

《幼官》第八考年之法

1. 此篇所涉“帝”“王”“霸”之分当在战国之末；

2. 此篇所言颇涉阴阳之说，资以用兵，当为六国后兵阴阳家之说；

3. 此篇所言涉及卿相称谓，当始于战国。

《幼官图》第九考年之法

此篇与《幼官》第八内容全同而排列有异，故当在《幼官》之后。

以上可见罗根泽对于《管子·经言》九篇年代的考辨，其所据方法略可归纳如下：对诸书互见内容的分析，对材料所涉史事、学说、称谓、字例、文体之时代先后的分析。罗氏考辨《管子》剩余篇章年代的方法，均包含于以上所归纳的方法之中。

通过以上对罗根泽考辨诸子工作的分析，约略可见罗氏考辨诸子的主要方法：对诸书互见内容的分析，考案著录线索，分析材料所涉史事、学说、称谓、字例、文体及词气。虽然以上相关方法仅据罗氏两篇较早期的论文所得，然此已基本涵盖罗氏考辨诸子所据之方法，罗氏其他论文考辨子书所据之方法均不出以上所归纳之范围，如罗氏参与“《老子》年代大讨论”的论文，其中《老子及“老子”书的问题》一文第三节讨论《老子》书部分①，主要以从思想线索上论析《老子》书的相关内容为老子所作，又《再论老子

① 《老子及“老子”书的问题》见《诸子考索》第207~219页。

及“老子”书的问题》一文中①，第四节“由尚贤政治考老子年代”据学说演进情形考老子年代，第五节“由礼教观念考老子年代”可谓据某种观念衍变的史事考老子年代②，第七节“由诸书引老考老子年代”所据即为考案著录线索之法；又如罗氏撰作较晚的《“墨子”探源》一文③，其一、二两节论《墨子》篇卷存佚及《墨子》非成于一时一手而为墨家总集，主要据考案著录之法，剩余四节分别考辨作者情况，主要以学说为论。罗氏考辨诸子的其他论文，其方法亦多类此。

（二）罗根泽考辨诸子的方法及其对辨伪学的思考

从以上对罗根泽考辨诸子方法所作论析中可以发现，罗氏考辨诸子的方法基本不出梁启超所归纳之范围。梁启超将辨伪方法大致分为两类，一是从传授统绪上考察，二是依据古书文义内容论析④，罗根泽考辨诸子略有对诸书互见内容的分析，考案著录线索，分析材料所涉史事、学说、称谓、字例、文体及词气诸法，其中考案著录线索属于传授统绪，诸书互见内容、史事、学说、称谓、字例、文体及词气均为从古书文义内容进行考辨，故罗氏辨伪方法确未超出梁氏之总结。然罗氏对古书真伪概念有更加深入的思考，且在其考辨诸子的研究中有所体现。

对于古书真伪，梁启超之定义在于古书内容与其作者的对应关系，罗根泽亦承此论，然其对古书真伪之概念并不十分认同，罗氏认为“中国古书里边有许多挂名某人而不是某人的著作”，这种情形普遍存在，而以子书尤甚，“无以称之，称之曰‘伪书’”⑤。罗氏对伪书的概念，颇有无以名之而强为之名的意味，其原因则在于罗氏对古书体例某种程度上的体认，即其认为古书书名与其内容不尽符合是普遍存在的现象，甚至可以看作古书⑥，尤其是子书中所存在的一种通例，当然，罗氏对古书中此种通例是有所分别的，如对于《管子》及《庄子》外、杂篇而言，可参照此通例而不以之为伪，但如《列子》《尹文子》之类古书，则可将之判为伪书，细绎罗氏此处对伪书的分别，实与梁启超对伪书所分部分伪及全部伪的情形类似：《管子》及《庄子》外、杂篇不“伪”，是因为《管》《庄》两书中多存有管子及庄子著作，只是其中杂入其他材料，但所杂有的内容，其年代与两书作者较为接近，而《列子》《尹文子》则成于一人或一时，全部内容均似出后人伪托，其内容与其作者之年代绝少相关。罗氏对此虽未详论，然其已经透露了此中思路，如其论及自己的研究计划，谓当在十年之内将自己及他人未确定年代的伪书都考订一次，“全书出于一人的伪造者，则对全书施以综合的考订，如我已作的《孔丛子探源》《尹文子探源》；全书不是一时之作，也不出一人之手者，则对全书各篇施以分别的考订，

① 《再论老子及“老子”书的问题》见《诸子考索》第220~256页。

② 虽然此两处标题均为老子其人之考年，然其所据以考年之学说均源《老子》之书，而罗氏认为《老子》书为老子所作，人书年代一致（见《诸子考索》第220页），故此虽名为考人，实亦考书，它处略同。

③ 罗氏《诸子考索》序言中叙述此书所收文章范围，并提及其解放后绝少作诸子方面的文章，故刊发于1943年的《“墨子”探源》可算罗氏考辨诸子文章中后期的作品了。其文见《诸子考索》第164~194页。

④ 梁启超：《古书真伪及其年代》，《梁启超全集》，北京出版社1999年版，第5028~5037页。

⑤ 罗根泽：《诸子丛考旧序》，《诸子考索》，人民出版社1958年版，第6页。

⑥ 当然，以罗氏的研究背景来看，其所谓古书更多是指秦汉以前之古书。

如我已经作的《管子探源》《庄子外杂篇探源》"①，虽则罗氏对古书真伪的表述无字面上的变化，然可见其对以往之真伪概念已有更深入的思考。又如罗氏论《墨子》成书而注意到诸子书的形态问题，罗氏颇疑《墨子》书本为散篇，不题篇名，亦不题作者，至勒定成书，其中往往杂入弟子后学之作，故诸子之书非一人专著而为一家一派之总集②。至于罗氏考辨《燕丹子》以其书为稗官小说缘饰之作，本无署名或署名旋失，而后人据书中事迹而指为燕丹宾客或战国游士所作，则略有书自依托无所谓真伪而后人自扰之意了③。

罗根泽对于古书真伪及古书体例的认知有自出机杼之处，基于此，罗氏对于考证古书及其作者年代非常重视。罗根泽认为："考年代与辨真伪不同：辨真伪，迹追依伪，摈斥不使厕于学术界，义主破坏；考年代，稽考作书时期，以还学术史上时代之价值，义主建设。考年代，则真伪亦因之而显；辨真伪，而年代或仍不得定。"④ 在罗氏看来，只要确定了古书及其作者年代，古书之真伪就自然不成问题了，这也是罗氏对伪书的"根本观念"⑤，也是其考辨古书与考证年代的出发点与落脚点。如果说罗根泽对古书真伪概念略有疑虑的话，那么罗氏对古书年代及古书价值的认识，并不比前人深入，甚至有比前人武断处，即与梁启超相比，罗氏对古书价值的认识与梁氏"假中有真宝贝"⑥ 之说并无不同，且罗氏认为向壁虚造之书全无价值，甚至可"析辨而杂烧之"⑦，然在梁氏看来，伪书中很可能保存了更古的材料，其意见显较罗氏为平允。

由上可见，罗根泽对古书真伪的思考有自出机杼之处，也有仍需廓清之处，其要皆在于其对伪书的根本观念。罗氏治诸子尤重考年，且对古书体例有独到的体认，故其试图淡化古书真伪的判定而凸显古书的史料价值，然又囿于古书的真伪概念，对古书的整体认知终未有较大改观。还需说明的是，罗氏考年所考之年代包含古书及其作者，如其对孟子、荀子其人其书的考辨，典型案例为其对老子其人其书的考辨，对于《老子》及其作者，罗氏的推考基于以下预设：《老子》书（或其主要部分）为老子所作，同时《老子》书名即标其撰人⑧。罗氏推考古书及其撰人年代时，并未对其所据以发论的基础进行审查，如其考证老子其人其书时，径以《老子》为老子亲作的意见为据而未加深究⑨。不仅此处，罗氏《尹文子》《邓析子》辨伪也存在同样的情形，这与上文所述梁启超古书辨伪之

---

① 罗根泽：《诸子丛考旧序》，《诸子考索》，人民出版社 1958 年版，第 6 页。

② 罗根泽：《"墨子"探源》，《诸子考索》，人民出版社 1958 年版，第 156~167 页。

③ 罗根泽：《"燕丹子"真伪年代之旧说与新考》，《诸子考索》，人民出版社 1958 年版，第 421 页。

④ 罗根泽：《管子探源》，《诸子考索》，人民出版社 1958 年版，第 423 页。今按：此说欠通。

⑤ 参见罗根泽《诸子丛考旧序》，《诸子考索》第 7 页对其关于伪书的根本观念的论述。

⑥ 梁启超：《古书真伪及其年代》，《梁启超全集》，北京出版社 1999 年版，第 5038 页。

⑦ 罗根泽：《诸子丛考旧序》，《诸子考索》，人民出版社 1958 年版，第 7 页。

⑧ 罗根泽：《老子及"老子"书的问题》，《诸子考索》，人民出版社 1958 年版，第 219 页。

⑨ 罗氏谓"《老子》书既自古认为是老子所作，则人如在前，则书亦联带在前"，罗根泽：《再论老子及"老子"书的问题》，《诸子考索》，人民出版社 1958 年版，第 220 页。此虽为罗氏评论其不同意见方之语，然而同时也为罗氏所遵循。

预设如出一辙，罗氏虽较早对古书体例发生了独到的体认①，然其对此并未深究，其对古书真伪的概念也未发生突破性的变化，故此其相关认知也并未对其研究产生许多有利的影响。

第四节 “伪书通考”
——张心澂对古书辨伪规律的思考与总结

在张心澂《伪书通考》问世之前，有顾实《重考古今伪书考》②，是对姚际恒《古今伪书考》进行批判继承的结果，这些工作的思路与张心澂自有某些相同之处，略可看作《伪书通考》一书的先声。《伪书通考》一书的编著动机是受了《古史辨》第一册的启发，张氏自称：“我编著这书的动机，是在《古史辨》第一册出版未久时，我读了它感觉到辨伪对于研究学术和考察各时代思想和情况的重要性。我阅读了姚际恒的《古今伪书考》，引起我对于伪书的辨伪很感兴趣，又得着宋濂的《诸子辨》和胡应麟的《四部正讹》，于是把这三部书拼合起来，以书名为纲，对于某一部书辨伪之说，集合在一起，以便于阅览。初无意于编著，以后在他书得有辨伪资料，也随时加入，逐渐发展，所集渐多，遂立意编著一部《伪书通考》，以供读者参考。”③《伪书通考》一书为张心澂于1936年至1937年由于失业寓居上海时著成，于1939年2月由商务印书馆首次出版，中华人民共和国成立后，张氏对全书进行了修订，所考辨的古书较首次出版增加了45部④。

《伪书通考》一书的影响比较广泛，如李学勤指出，研究古代文献的真伪与年代问题的两本标志性参考书之一就是张心澂的《伪书通考》，“各个图书馆都有这本书”“其影响之大，你别看余嘉锡先生那本书，也比不了”，李零的也说“国外的汉学家也是必读此书。他们要用哪本书，总要先翻翻此书！”⑤ 在《伪书通考》的启发下，后世依照其编纂方式所成之书略有郑良树所编的《续伪书通考》及邓瑞全等主编的《中国伪书综考》⑥。张心澂此书不仅是辨伪学中的集大成之作⑦，也对辨伪学的后续发展产生了较大的影响。对于张心澂的《伪书通考》在辨伪学上的贡献及地位论说已详⑧，同时，也有学者指出

---

① 《“燕丹子”真伪年代之旧说与新考》《“管子”探源》分别作于1928年及1929年，属于罗氏较早期的文章。

② 顾实：《重考古今伪书考》，大东书局1927年版。

③ 张心澂：《伪书通考》修订版序，商务印书馆1954年版。

④ 如无另行说明，本文所据《伪书通考》版本为商务印书馆1954年据1939年初版重印本。

⑤ 李学勤：《走出疑古时代·导论》，辽宁大学出版社1994年版，第11页。此书的此篇导论“走出疑古时代”是李学勤在一次座谈会的讲话稿，最初发表于《中国文化》1992年第2期。

⑥ 郑良树：《古籍辨伪学》，学生书局1986年版；邓瑞全等主编：《中国伪书综考》，黄山出版社1998年版。

⑦ 杨绪敏认为《伪书通考》一书为集伪书考辨之大成的著作，参见杨绪敏：《中国辨伪学史》，天津人民出版社1999年版，第四章第七节“集伪书考辨之大成——《伪书通考》”，第306~313页。

⑧ 林艳红对张心澂的辨伪学成就及贡献多有论列，参见林氏《张心澂与〈伪书通考〉》，《津图学刊》2003年第5期及《从〈伪书通考〉中考寻张心澂的辨伪学思想及贡献》，《桂林师范高等专科学校学报》2005年第9期。此外，有硕士论文以张心澂及其《伪书通考》为选题开展详细研究，如李岚：《张心澂与〈伪书通考〉》，广西师范大学2001年硕士论文。

《伪书通考》一书所存在的不足和缺陷①。对于张氏此书的成就、贡献及影响已无需本文赘论，而对于此书所存在的缺陷和不足，尤有需略加申论之处。司马朝军指出张心澂《伪书通考》一书有四大缺失：材料与方法严重脱节，“伪书”概念不清晰，大量征引康有为的《新学伪经考》，没有严格遵守学术规范②。张氏未将“辨伪律”落实到考辨工作中去当然是其遗憾之处。张心澂《伪书通考》总论中有“辨伪事之发生”一节，实为对古书体例的总结，如“古人不自著书”“古人著书不自出名”“古书世传非成于一手”“书名非著者之名”③，这与傅斯年对战国文籍篇式书体的认知是完全一致的④，并且更加深入，对古书——尤其是考辨秦汉以前古书——考辨有“釜底抽薪”之义，因为以往对伪书的界定及主要的辨伪方法中，均存在古书书名、撰人、内容须一致的预设，对古书体例的了解，尤其是对秦汉以前古书成书情形及著作观的了解，可以避免“因不明古时情状，昧于古书之来源，以今人著书之法例之，而某书于是在某种情势之下，遂跻于伪书之列”这种“自相纷扰”的失误⑤。可惜的是，张心澂只是将此古书体列于书中，惜未以此来对伪书概念以及辨伪方法进行审视，如《伪书通考》一书例言列举了其书所收的伪书种类⑥，且在其所考辨之书的书名之下，均有张氏对其真伪性质的总体判断，由此即可知其并未以古书体例反观古书真伪的概念，“未区分辨伪与编纂的关系”，在伪书标准上既误且漏⑦，均为未廓清古书真伪的标准，未能以古书体例观照古书真伪之定义所致。其实，张心澂对辨伪方法的认识还是有可瞩目之处的，如其所总结的“辨伪律”中的“不可别有目的”“不可存成见”条，如论辨伪当以求真为目的，不可存卫道之心，也不当专以破坏为目的，不可存家派门户之成见，不当忽略对己说不利之证据等，对纠正疑古过勇之势均为中肯的意见，又如其“不可以一斑概全体”“书中所述之真伪为另一问题”则实可谓针对疑古派的辨伪方法而发⑧。只是惜其虽见古书体例而未以之审视最根本之古书真伪概念，对古书真伪的认知及考辨方法较以往仍未有实质性突破。张心澂《伪书通考》一书其引人注目处多在于其书所考辨的伪书规模及数量，正应了傅斯年对古书体例有所体认之后所发之忧虑：“果然我们充《管仲》《晏子》是假书一类话，则《国语》《论语》《孟子》《墨子》《庄子》等等无不是假书……那么，真书只剩了《吕览》，还要减去《月令》了。”⑨

---

① 司马朝军：《文献辨伪学研究》，武汉大学出版社 2008 年版，第 296~297 页。

② 司马朝军：《文献辨伪学研究》，武汉大学出版社 2008 年版，第 296~297 页。

③ 张心澂：《伪书通考》，商务印书馆 1954 年版，第 16~17 页。两相对比之下，张氏此处所总结的古书体例与余嘉锡《古书通例》一书相似程度很高，李锐认为前者当源于后者，参见李锐：《新出简帛与古书书名研究——〈古书通例·古书书名之研究〉补》，《文史哲》2010 年第 5 期。

④ 傅斯年对古书体例的认识见其《战国文籍中之篇式书体——一个短记》，欧阳哲生编：《傅斯年全集》第三册，湖南教育出版社 2003 年版，第 17~21 页。

⑤ 张心澂：《伪书通考》，商务印书馆 1954 年版，第 16 页。

⑥ 张心澂：《伪书通考》，商务印书馆 1954 年版，第 1 页。

⑦ 司马朝军：《文献辨伪学研究》，武汉大学出版社 2008 年版，第 297 页。

⑧ 张心澂所总结的辨伪律见《伪书通考》总论，商务印书馆 1954 年版，第 5~7 页。

⑨ 傅斯年：《战国文籍中之篇式书体——一个短记》，欧阳哲生编：《傅斯年全集》第三册，湖南教育出版社 2003 年版，第 18 页。

本章小结

20世纪二三十年代的辨古辨伪运动继承并发展了以往的辨伪学传统，并在古书辨伪方面达到了空前的规模。然而随着辨伪活动的持续开展，逐渐有学者对古书辨伪的方法产生质疑，并陆续有学者对辨伪学的核心内涵——古书及其真伪——进行更加深入的思考，其中对古书成书及相关古书体例的认知在不同程度上对古书真伪的二元模型造成冲击，以至于有学者出现了由辨伪到考信的态度转变，甚至其中发展出了某种足以破解疑古思潮的论述。梁启超是对辨伪学进行系统总结的重要学者，除了对清代辨伪学成绩进行了出色的梳理和总结外，梁氏还对辨伪学的理论和方法进行了全面的总结，对后世产生了很大且很坏的影响。然而即便是这样一位辨伪学者，在与胡适讨论《墨子》有关问题时，出现了将古书多有附益看作古书的一种体例而不以之为辨伪依据的论述，可见在任公处，对于古书体例的认知在某种程度上已经突破了古书真伪的概念范畴，惜囿于其对古书品质的基本估计——“书愈古者，伪品愈多”，其对古书体例的关注可谓昙花一现，终未能对梁氏的辨伪学发生有益的影响。其学生罗根泽，对于古书体例有所体认，并约略体会到考辨古书真伪的偏颇之处，故而提出“与其辨真伪，毋宁考年代”的口号，企图淡化古书真伪概念，凸显考证古书年代的重要性，这在某种程度上，是对古书真伪简单二元模型的反动，罗氏此说似通非通，辨真伪与考年代并非对立关系，某书真伪一旦确定，年代随之而定，哪里有矛盾？至于张心澂，他虽然对古书辨伪成果进行了规模空前的整理工作，然其思路仍囿于古书真伪的二元概念。与以上三位辨伪学者不同，胡适、傅斯年对古书辨伪的态度出现了明显的前后转变，胡、傅为顾颉刚的师友，最初对顾颉刚的疑古辨伪均赞同且支持，后来胡适由“疑古转而信古”，对顾颉刚更对当时较普遍采用的古书辨伪方法进行了深入的反思，其中的某些意见至今意义尚存，体现了一个学者的大智大勇。胡适的反水标志着疑古派的瓦解与疑古时代的终结。李学勤近年倡导走出“疑古时代”，一方面夸大了顾颉刚的历史作用，另一方面则忽视了胡适的历史作用。相对而言，在民国时期，胡适居于学术领导地位，是现代学术的中心人物。而傅斯年更是从考古学和古书体例两方面，对顾颉刚以及疑古辨伪活动提出了诤论，对疑古辨伪的逻辑及方法提出了中肯的批评，尤其是其所总结的古书成书情形及相关古书体例，被后世学者誉为“足以破解疑古思潮的论述”，“迄今为止可以破解疑古过勇的唯一有效途径”。其中罗根泽淡化古书真伪而重古书考年以及傅斯年对古书成书和相关古书体例的总结，基本上也是20世纪70年代后简帛古书大量出土条件下重新反思古书的思考进路。

第二章

古书自有读法：基于校雠学的古书体例研究及对辨伪学的反思

由上文所论可知，在热衷于疑古辨伪的学者群内部逐渐出现了对古书辨伪活动本身的反思。其实在疑古辨伪活动风起云涌之时，即有学者对相关进展保有冷静的观察和思考，尤其是在古书考辨领域，有学者较早注意到了古书成书及相关体例与古书真伪概念之间的内在张力，并对此进行了较为系统、深入的研究，这些学者以孙德谦、刘咸炘、吕思勉及余嘉锡为代表。这些学者多熟谙旧学，尤对郑樵、章学诚校雠之学独有心得，故其对古书考辨所做思考及对古书体例所做总结，均得益于校雠学甚多。其实，对于校雠学一词含义古今皆有不同的理解，其中情形也较为复杂①，然大体可分为狭义与广义两种。狭义的校雠学以校雠专指校正文字，若此，校雠等同于校勘，校雠学等同于校勘学；广义的校雠学，如郑樵《通志·校雠略》、章学诚《校雠通义》所论，实为包含“蒐集图书，辨别真伪，考订误谬，厘次部类，暨于装潢保存”等“一切治书事业”的治书之学②，其范畴基本同于现在的文献学。本节所论校雠学均指广义校雠学而言。

第一节　孙德谦的古书体例研究及对辨伪学的反思

一、孙德谦生平及主要著作

孙德谦（1869—1935），字受之，一字寿芝，号益葊，晚号隘堪居士，室名四益宧，江苏元和（今苏州吴县）人。自幼读书勤奋，13 岁读毕《五经》，19 岁补诸生，后以为

① 李晓明：《20 世纪上半期有关校雠学定义的辨析》，《华中科技大学学报》2007 年第 5 期。

② 胡朴安、胡道静：《校雠学》，商务印书馆 1934 年版，第 1 页。有关校雠义涵及用法，可略参宋子然：《汉语古籍校勘学》，巴蜀书社 2003 年版，第 4~9 页。

“是徒钳束人智慧”“不能达事理”①而弃去，跟随元和雷甘溪治经，涉小学，喜高邮王氏之学，通声韵训诂。其后与钱塘太守张尔田过从甚密，同志共学。29岁应张尔田父张芷莼之召入其幕下，教授尔田弟张东荪。其后病考据诂训饾饤琐碎，以“经学不能通知大谊，高邮徒屑屑于章句故训，非其至”②，继而转治诸子之学。于清儒独契章学诚，进而上及刘向、歆父子之学，习谙学术流略。后随张芷莼移幕直隶永年，长紫山书院。1900年后历佐许贞干、吴重熹，往来赣、浙间，与郑文焯、吴昌硕、朱祖谋交游。1907年与张尔田共创存古学堂。1911年后，寓居上海，闭门读书，次年，响应梁鼎芬、沈增植创孔教会征文，作《孔教大一统论》。其与张尔田、王国维三人均为沈增植所赏，目为“海上三君”，吴宓曾专程到沪拜访并为《学衡》杂志向孙氏约稿。1921年任《亚洲学术杂志》总编辑。60岁以后历任上海政治大学、大夏大学教授及广州学海书院教席。1935年因胃疾卒于上海。

孙氏自谓其治学历程云：“余性好读书，于学则无所不窥，弱年而后，始则致力于经，小学能略识声音训诂，于向、歆流略，又尝搜辑成编，久之研治诸子，以为专门之业。”③ 其学深于诸子、校雠之学④，著述较丰，生前刊行者主要有：《太史公书义法》二卷、《刘向校雠学纂微》一卷、《汉书艺文志举例》一卷、《六朝丽指》一卷⑤、《诸子通考》三卷、《金稷山段氏二妙年谱》二卷等；身后刊行者主要有：《古书读法略例》六卷⑥、《四益宧骈文稿》二卷、《段菊轩先生年谱》一卷、《新学商兑》一卷、《金史艺文略》等。孙氏校雠学著述，以《汉书艺文志举例》《刘向校雠学纂微》及《古书读法略例》为要。

二、孙德谦的古书体例研究及对辨伪学的反思

孙德谦精于校雠学，于学首重考镜源流，进而尤重类例。其病字词考据之琐屑饾饤，故读书务玩大体，而尤重探求古书义理。尝谓俞樾《古书疑义举例》一书能“分别部居，固足自辟户牖而有轨辙之可循”，而又惜俞氏“仅求之一字一句”而“无能观其会通”⑦，故撰作《古书读法略例》一书，其大旨云：“为前哲则在辨诬求真，为后贤则在息疑牖

① 孙德谦：《古书读法略例》，广西师范大学出版社2006年版，第263页，参见所附王蘧常《清故贞士元和孙隘堪先生行状》。

② 孙德谦：《古书读法略例》，广西师范大学出版社2006年版，第263页，参见所附王蘧常《清故贞士元和孙隘堪先生行状》。

③ 孙德谦：《古书读法略例》，广西师范大学出版社2006年版，孙氏自序。

④ 此处孙氏所习校雠之学为上祧刘向、歆父子，中继郑樵，下承章学诚之广义的校雠学概念，大体相当于今文献学的范畴，为审慎计，仍以校雠学称之。有关校雠学概念可参见李晓明：《20世纪上半期有关校雠学定义的辨析》，《华中科技大学学报》2007年第5期。另，孙氏校雠之学虽偏重于目录，但并非即同于目录学。

⑤ 以上四种著述为孙氏四益宧刊刻《孙隘堪所著书》。其中《汉书艺文志举例》收入《二十五史补编》第二册，中华书局1955年版，第1697~1711页。

⑥ 《古书读法略例》一书，孙氏自序落款为乙丑年（1925），1936年商务印书馆出版铅印本，1983年上海书店本及1984年北京中国书店本均据商务此本复印。又有前揭黄曙辉整理本。

⑦ 孙德谦：《古书读法略例》自序，广西师范大学出版社2006年版。

智。彼博览坟典者，倘率是而行，或又能触类而引申，庶几其用力既省，见理易明，而收效较捷乎？"① 孙氏此书欲为初学指示门径，共辑五十二例，至若"事同义异""文同意异""言公""寓言""分篇"及"古书自为经传"等条例，多言及古书体例。《古书读法略例》书成于1925年，其书不单于断断于字句之考据家不满，对近人疑古之说也辟之甚力。

如《古书读法略例》卷一之"反征""知意""逆志"等例，卷二"统上文而说乃通例""统下文而义自明例"，卷三"读书宜辨章法""文法""古书理相违者分观例"，卷五之"善推""得间""读书不求甚解例""读书不破常解例"及"古书不尽言例"，以及卷六"论世""读书不存己见"等例，均可见孙氏读书务玩大体、尤重义理之意。孙氏于其书之中再三致意，如"统上文而说乃通例""统下文而义自明例"力证读古书当能与书之上下文统观而求通说，谓"近世为考据之学者，惟取一字之可通，往往上下文且不统贯"，如此读书，"岂不陋哉"②。又"读书宜辨家数"及"宗旨"两例，谓读古书当先识大体，于学当先辨其家数，首即唱"诸子出于王官"，以排抵"诸子不出王官"论，谓古人为学自有家数，不辨于此，则"索解而不获"，于是非处不"失之臆断"，即失之"附会"，而"致上诬前修，下误末学，弊将不胜言矣"③。下文论经当知在汉有今古文之别，近世则有汉宋两家，于史则分论史体，于子则分论诸子界略、宗旨，其论主别家数而不陷于门户，家数既别则于其立言之宗旨，"庶得进而玩索耳"。然古人立言，其辞约而指宏，于其书之宗旨，不详辨则不能得，于是"读经则空谈义理者有之，专研训诂者有之，孔子删经之宗旨，不复辨也"，读史则"订其文字异同与事实之详略，而史家撰述之宗旨，又不知辨也"，于诸子之书，则"黜之为异端也久矣，或有好读其书者，则又强取而附之于儒"，试问其宗旨何在，则"懵然而无能辨也"。至如近世康有为作《新学伪经考》，自此书出，而"吾国古书几皆可以伪造废之矣"，如能推究古书宗旨，则"决不敢轻易言之曰伪书、伪书矣"④。孙氏此"读书宜辨宗旨"之条，同样举经、史、子三部之例以明书有宗旨，以辟疑古过勇之说。其谓"古书自汉以来，由口耳著之竹帛，其后板刻既行，书出益多，固不能一一辨说之"，又或自诩能辨真伪者，及辨其家数、考其宗旨，"而郢书燕说者则甚众"。方今疑古者为多，然则疑古可也，而不辨其宗旨，"特不过自逞臆断耳"，此亦"古书之厄"⑤。至于"古书自为经传""读书不求甚解""论世""读书不存己见"等例率多明读书务大体之意，且多率此之有感而发。

读书固然当先识大体，才能于古人之意有所体悟，而欲深得旨意，则还须好学深思，并得其法才行。孙氏撰"知意例"引《史记·五帝本纪》赞云"非好学深思，心知其意，固难为浅见寡闻道"以见志，认为心知其意即在于"读古人书，觉古人意之所注，未及显言，而用吾心知其意者，则书之真意乃见"，并以此为"读法之最要者"⑥。此即如淳

① 孙德谦：《古书读法略例》自序，广西师范大学出版社2006年版。

② 孙德谦：《古书读法略例》，广西师范大学出版社2006年版，第65页。

③ 孙德谦：《古书读法略例》，广西师范大学出版社2006年版，第81页。

④ 孙德谦：《古书读法略例》，广西师范大学出版社2006年版，第91页。

⑤ 孙德谦：《古书读法略例》，广西师范大学出版社2006年版，第97~98页。

⑥ 孙德谦：《古书读法略例》，广西师范大学出版社2006年版，第31页。

于髡之承意观色，梁惠王意在驱驰、声乐，不言及之，而髡心知其意，以此读古书，“书之旨意，不形于外”，而能“由吾心以窥度而知之”，此即为读书知意之法①。读书知意，其要在于“善推”，“古之人所以大过人者，无他焉，善推其所为而已矣”②，且“反征知意诸例，亦何一非善推之法”，学者以此善推例读古书，则“必能触类而旁通矣”③。孙氏知意善推之法，质言之，即举一反三，与此相关者孙氏尚列有“无文字处求文字”“无证据中得证据”及“反征”“逆志”“得间”“上下文虚实异释”“偏全异叙述”等例。在孙氏看来，读书得此善推之法则古书微旨明矣，其断断于字句之考据家及辨古书之伪者均昧于古书精义。其“无文字处求文字”例引王或庵语云“能于无字句处看文，便能于无字句处为文”来为其读书之法张目，谓王氏语虽“只是论文耳”，但读古书不通其法而“牵拘文字”，这就是“书之所以多晦”的原因，且以《列子》为例，说明读书不得善推之法，则不解列子“贵虚”之旨，以至“世疑其书为伪造”④，可见孙氏论述古书读法之要旨。

孙氏读书识体得法之论，所举条例颇涉古书体例。如卷一“事同义异”“文同意异”“传闻”诸条例，卷二“两书不可牵合”“两书不可强同”例，卷三“读书宜辨家数”“读书宜辨宗旨”“古书事相类者连载”诸例，卷四“古书自为经传”例，卷五“阙疑”“分篇”诸例，卷六“言公”“避讳”“寓言”诸例等。“古书自为经传”例申论古书经传自有剖别，体例具存。不仅《易》《诗》六艺有经有传，诸子、诗赋也自有经传，至如史书，则纪为经，列传为传。“避讳例”讨论古书中行避讳之法并总结其规律。“分篇例”论古书分篇体例，首论篇之涵义，由篇之涵义推及分篇之体例，而后涉古书篇、卷的区别。所论分篇体例包括分篇原因及篇之起讫、篇题、书目之篇数、篇次之别、古书单篇别行、古书多因篇行而致重复等，所论颇为深入细微，意见多中肯。

孙氏所列“事同义异”“文同意异”例均涉及古书中一种所谓“诸书互见”的现象，即先秦、秦汉的不同古书之间，乃至同一古书的篇章之间，有许多文意相近甚至字句相同的文字。这些文字，学界或称为“异文”，或称为“重文”或“同文”，近有学者称为“对文”，本文姑且以“对文”来指代此种“诸书互见”的文字⑤。这种对文现象是古书中比较常见的现象，孙氏以之为古书体例之一种，颇具眼光。“事同义异”一篇中略举三例：一是《尹文子·大道上》与《吕氏春秋·壅塞》同载齐宣王好射而悦人之谓己能用强弓，实不过用三石之弓而人皆虚誉其能用九石之事；二是《孟子·梁惠王下》《庄子·让王》《淮南子·道应训》同载太王亶父避狄迁岐而民从之事；三为《管子·戒》《列

① 孙德谦：《古书读法略例》，广西师范大学出版社2006年版，第34页。

② 孙德谦：《古书读法略例》，广西师范大学出版社2006年版，第183页。

③ 孙德谦：《古书读法略例》，广西师范大学出版社2006年版，第190页，此书“及征知意”诸例之“及征”当作“反征”，据上海书店复印本改。

④ 孙德谦：《古书读法略例》，广西师范大学出版社2006年版，第15页。

⑤ 关于称“诸书互见”之文字为“对文”的意见，参见李锐：《新出简帛的学术探索》，北京师范大学出版社2010年版，第20页。以往关于“对文”研究的大致情况，可并参见李锐此书《“对文”分析法》一文。

子·力命》《吕氏春秋·贵公》同载管仲有病而桓公问归政之人，管仲退鲍叔而荐隰朋一事①。此三例所记文字有异而事件基本相同。其“文同意异”一篇中所举则为文字大体相同之例，如《邓析子·转辞》篇有：“夫川竭而谷虚，丘夷而渊实，圣人以死，大盗不起，天下平而故也。圣人不死，大盗不止，何以知其然？为之斗斛而量之，则并斗斛而窃之；为之权衡以平之，则并与权衡而窃之；为之符玺以信之，则并与符玺而窃之；为之仁义以教之，则并仁义而窃之。何以知其然？彼窃财诛，窃国者为诸侯。诸侯之门，仁义存焉。是非窃仁义邪？故遂于大盗霸诸侯，此重利也。盗跖所不可桀者，乃圣人之罪也。”《庄子·胠箧》有：“夫川竭而谷虚，丘夷而渊实。圣人已死，则大盗不起，天下平而无故矣。圣人不死，大盗不止。虽重圣人而治天下，则是重利盗跖也。为之斗斛以量之，则并与斗斛而窃之；为之权衡以称之，则并与权衡而窃之；为之符玺以信之，则并与符玺而窃之；为之仁义以教之，则并与仁义而窃之。何以知其然邪？彼窃钩者诛，窃国者为诸侯，诸侯之门而仁义存焉，则是非窃仁义圣知邪？故遂于大盗，揭诸侯，窃仁义并斗斛、权衡、符玺之利者，虽有轩冕之赏弗能劝，斧钺之威弗能禁。此重利盗跖而使不可禁者，是乃圣人之过也。”这种对文则文字大同小异，相似程度极高。孙氏大致认为“对文”虽或事同或文同，但不同之书因学术流略不同，其相同或相近的事件、文字，所含宗旨不同。如“事同义异”例之齐宣王好射事互见于《尹文子》《吕氏春秋》，孙氏以为尹文为名家之学，要在“循名责实”，此引齐宣王好射之事旨在讥刺“悦名而丧实”，为名家正名之义；《吕氏春秋》主旨不在辨其名实，有慨于左右阿主而直士不进，遂为乱国之大患，从《壅塞》的篇名即可见其旨②。对于“文同意异例”孙氏也作如是观，认为“古人立言，各有宗旨”，虽文字从同而“用意自异”③。所以，对于古书中对文情况的存在，孙氏并未深究其如此的原因，而是从书之读法角度，说明只有辨别家数，详考宗旨，才能读其书而通其意。孙氏认为，晓此对文之例，才有可能了解古书旨意，才能真正读懂古书，而不至于一见“对文”便“疑为绝无异同者”而目之为伪书。

再如孙氏“传闻”“阙疑”及“寓言”诸例言及的是另一种情形，概谓所记事件或言行大致相同，但相关人物、年时记载各异。如“传闻”篇之例，《论语·述而》中孔子对公西华谦言不厌不倦之语，《孟子·公孙丑上》则记为孔子与子贡之语，《说苑·建本》所记孔子之言，按之《论语》，实则为有子之语，诸如此类，又如“阙疑”例据宋叶大庆《考古质疑》所揭司马迁之纪年谬误等，皆为循类而发，进一步申论此“传闻异辞”的现象并总结出古书、古人的阙疑之例。至若更甚者，“古书有所载之事，案之时代，竟不合者”，则为“寓言”④。且古书中同记一事，其人则此书作甲而它书作乙者，不可胜举，诸如此类而无从判别，则“守阙疑之义，而又明乎寓言之例”，于古书可通。古书中“寓言”之例，孙氏谓为“依托”，即“其人或据相传之学说而笔之于书，或不必相传者，而

① 孙德谦：《古书读法略例》，广西师范大学出版社2006年版，第5页第二段之“恒公”当作“桓公”，据上海书店复印本改。

② 孙德谦：《古书读法略例》，广西师范大学出版社2006年版，第3至4页。

③ 孙德谦：《古书读法略例》，广西师范大学出版社2006年版，第7页。

④ 孙德谦：《古书读法略例》，广西师范大学出版社2006年版，第247页。

欲使吾之学说见信于人，遂不复自留姓名，以古人称之，所谓寄辞于人也"①，可谓精当，知古书有此依托之例，则不至视依托必为伪造。且在孙氏看来，此亦为其所总结"言公"之例。孙氏此"言公"之说本之章学诚而分类转精，包括有书为后人所撰而仍署古人之名者，有其书体裁各异而文全袭前人者，有古书不题撰人而作者不可考者等，其于古书为后人所撰而托名古人例云近人好辨伪书，但当思古人有此"言公"之识，故学者当"毋轻言伪书"②。以此亦可作孙氏此"言公"篇之旨。

孙氏所讨论的古书读法，涉及的古书体例上文已约略见之。这些体例易见易识，而这些具体而微且比较表象的体例的存在，在孙氏看来，是由更加根本且关涉也更加宏大的体例来决定的，即古书类例③。其实上文所述孙氏对古书体例之总结时已昭然可见其背后的深入关切，其旨不仅在读者知其然，更欲读古书者知所以然。孙氏于《古书读法略例》相关条例中多言及古书及学术之家数、宗旨，其于古书类例多所致意，孙氏早前另著有《刘向校雠学纂微》一书④，对古书类例有较为集中的申述。《刘向校雠学纂微》为孙氏"所以表纂刘向氏一家之学也"，因"自来为校雠者甚夥"而"向之所以为学，则人多未之知""寥寥数千载，能知向之学者，殆不数人"⑤。郑樵、章学诚盖有慨于此，郑著《通志》专列《校雠略》，于古书编次之法，论之详备，章学诚著为《校雠通义》，将校雠学广而大之，于编次之外，力陈校雠学当能"辨章学术，考镜源流"。所以，于编次体例而外，孙氏阐扬刘向校雠学较多从学术流略着眼。需略带提及的是，虽然此书中孙氏有言"校雠者乃目录之学"⑥，但此处之"目录之学"不同于后世狭义的目录学。若以校雠学相当于现今之文献学范畴的话，那么与之相应的"目录之学"则统摄现今的目录学、校勘学等。《纂微》一书，其论具体的编次技术，多为《古书读法略例》之先声，如《纂微》删重复、条篇目、定书名、析内外、述疑似、辟旧说、存别义等条所论之旨于《略例》中均不难寻见。《纂微》所论古书类例，孙氏目为校雠之要。其书"分部类"条即引郑樵语曰："士卒之亡者，由部伍之法不明也；书籍之亡者，右类例之法不分也。类例分，则百家九流，各有条理，虽亡而不能亡也"，部类之分诚为校雠之要务⑦。孙氏认为

---

① 孙德谦：《古书读法略例》，广西师范大学出版社 2006 年版，第 248 页。

② 孙德谦：《古书读法略例》，广西师范大学出版社 2006 年版，第 248 页。

③ 此处"类例"之谓略依郑樵《通志·校雠略》"编次当谨类例"篇。郑樵谓："学之不专者，为书之不明也。书之不明者，为类例之不分也。有专门之书则有专门之学，有专门之学则有世守之能。人守其学，学守其书，书守其类，人又存没而学不息，世有变故而书不亡。"显然，郑樵所谓的"类例"，不单指书，同时也指学，因为有学即有书，有书才有学，可谓"学书一体"。此处为方便及精审计，姑依孙氏称"古书类例"。

④ 孙德谦《古书读法略例》成于 1925 年，《刘向校雠学纂微》成于 1923 年。本书所用《刘向校雠学纂微》源自网络，http：//ishare. iask. sina. com. cn/f/20230468. html。为行文简便计，后文简称《刘向校雠学纂微》为《纂微》。

⑤ 《刘向校雠学纂微》张尔田序。

⑥ 如《刘向校雠学纂微》第 14 页。张尔田序中也提及此，谓"知校雠者，乃目录之学也"。但其谓"目录之学，其重在周知一代之学术，及一家一书之宗趣"，及下文论及此目录之学与断断于版本、书目之狭义目录学的差别，即可知张氏与孙氏谓校雠学为目录学，是以目录学来统摄校雠过程中之撰作书目、校勘文字等活动。

⑦ 《刘向校雠学纂微》第 20 页。

分别部类实由刘向所定，就《汉书·艺文志》观之，可见刘向分别部类之大略：首分六略，举其大纲，略下设目，如诸子略之儒、墨、道、法等十家，兵书略之兵权谋、兵阴阳等四目，再如易类，先以经、传，后列“古”“古杂”“章句”等，可谓“按部就班，有条不紊”“次第秩然”，可使读者“览录而知归”，即以部类划分而能推寻书之要旨，学之界略。此即为刘向校雠之所以可贵也①。分部类而易明学术，但只有通学术才能精析部类，至若刘向划分部类，“使非深通学术，具有宏识，何能一一而判析之乎?”② 如诸子之学，须知其何者为名家，何者为法家，兵家何以首言权谋，方技何以列神仙家，即如荀子为儒家，而其有专篇言兵，商君法家，力践农战。于此，皆须博通学术，熟谙流别，然后能为。《纂微》之“辨异同”“叙源流”同言及此，再三致意，至如“究得失”“撮指意”“撰序录”皆为理校雠通学术之用。学术之别，部类既分，均为类例之要旨，诸如此类，于孙氏书中至为显明，不难寻见。

三、孙德谦古书体例研究评价

由上文所述，孙德谦对于古书体例的研究情形大略可见。其学承郑樵、章学诚，以校雠学之义例来观照古书体例，而又能烛照洞微，颇能见前所不见，发前所未发，对于古书体例的研究，也有其筚路蓝缕之功。如其申述古书中的“对文”现象并试图对此做出合理的解释，又如对古书中拟托现象的探讨，对古书书名、篇次、重复等现象的关注和研究等，较之以往，孙氏的这些探研均有更为明确的问题意识，且试图综合各家意见，对之做出合理的解释。且最为难能可贵的是，孙氏以传统校雠学的眼光，对古书的体例进行了相当广泛的研究，并以此针对疑古辨伪过勇的做法进行纠偏，这无疑是非常中肯的。不过，考虑到当时的时代语境，“新”“旧”之争实等同于“有用”“无用”之辩，且疑古辨伪运动较之传统的学问格局，确实提出了更为系统的解释模型，故如孙氏这种不怎么趋“新”的“旧派”学者的声音，自然至于湮没无闻的境遇。当然，孙氏的古书体例研究，不能获得应有的重视，除时代境遇外，也出于其自身的不足。孙氏的思想确乎较为保守③，其于治学，似常存一尊经厚古的念头，治学方法也一依传统途辙，致使其对问题的探讨无法取得更加深入、透彻的见解，其著书也每依旧法，多抄录举例，少逻辑分析，且多分篇撰作进而汇为一书，此种体例不利于针对特定问题展开层层深入的讨论，且导致对问题的设定多有不够清晰之处，有关解释也时有牵强、穿凿之嫌。如其《略例》一书所举之“反征”“知意”“逆志”“善推”“得间”等例，所言实大同小异，甚至同为一事④，而多撰条目，虽可见其对此再三致意，但不免问题设定模糊、论述层次不清晰及重复之嫌，即两书“不可牵合”“不可强同”“不可偏重”“不可移用”诸例，以及“读书不因人废”“读书不存己见”两例，所论也多类此病，诸如此类，不在少数。且孙氏常存

① 《刘向校雠学纂微》第19页。

② 《刘向校雠学纂微》第22页。

③ 由其响应孔教会征文撰写《孔教大一统论》即可想见。

④ 上举诸条目所论多有重合，孙氏自知，如“逆志”例即解释此例与“知意”例的异同，见《古书读法略例》第35页。

尊经厚古之心，其《纂微》一书，专有一条阐扬刘向校雠而一准经义，认为“向之校雠也，《六艺》一略，冠于其前，已使人知经教之当崇法矣”，且认为古人著书，无不准于经训①。若不依经义，则无从辨析诸子家数，近世诸子学兴，多废经而失准绳矣②。孙氏认为古人之书，尽皆精义，其体例皆有深意，如讨论对文现象，其着眼点为各家派之义理宗旨，而不甚关注对于对文文本现象本身的探讨，相关研究仅止于古人精义的阐明而不能更加深入。再如孙氏对于“古学出于王官”的申论，一仍章学诚的见解而无甚新意，须知古学是否出于王官的争论，所据材料基本相同而意见歧为两途，这种一宗材料而意见两造的论辩，若想得出较为使人信服的结论，实有待于第三方材料的佐证，不然即沦为自说自话，各执己见而已，孙氏一仍旧知的讨论，虽则词气强硬，但对于实际问题实则推进无多。其对于古书之体例，也多以为大有深意，往往以古书的精义、宗旨而为之解释弥缝，致有求之过深，穿凿附会之嫌③。

总之，孙德谦对于古书体例的研究，颇做出些筚路蓝缕的工作，为后人指示途辙，开启眼界。然而囿于自身的学术素养及时代境遇，其影响甚微，以至后人多不知其名。其针对当时疑古辨伪过勇的风潮，发出了不同的声音，多切中肯綮，颇具见地，对于现今的相关研究，也有一定的借鉴意义和价值。

第二节 刘咸炘的古书体例研究及其对辨伪学的反思

一、刘咸炘生平、学术及主要著述

刘咸炘（1896—1932），字鉴泉，别号宥斋，四川双流人。祖父刘沅，字止唐，父亲棖文，字子维，均为蜀中知名学者。刘咸炘天资聪颖，自幼读书勤勉，“幼而聪慧，初学步，即喜书。甫四龄，日问难于子维”“五龄即效前人弄笔，日窥鸡群，仿作《鸡史》”，9岁时即日翻书数十册④，此应为刘氏日后校雠之学打下了良好的根基。刘氏自述读书生涯云：“四岁学书，六岁授章句，未尝就外傅，受庭喏而已。先君以其羸，不督责。稍长与门下诸友游，喜谈说，以是学无所就。失怙后，乃从学叔兄仲韬先生。”⑤ 其自幼除得其父兄之教外，未入学校。其父1914年过世后，刘咸炘乃从学于其兄刘咸焌研习古文，初究《汉书》，继又研读章学诚《文史通义》等著作而通晓著书体例源流，遂有《汉书知

① 《刘向校雠学纂微》第32页。

② 《刘向校雠学纂微》第33页，孙氏谓“今天下学者，多废经矣，独于诸子，则攻习之，岂知诸子原本于经，而向之校雠，咸以经义准绳之乎？”

③ 孙氏《古书读法略例》“逆志例”有言：“逆志之法，使求之过深，而穿凿附会以出之，则亦非也。”其有知于此，但自身似乎也未能幸免于此。

④ 参见刘伯穀、朱先炳：《刘咸炘先生传略》，收为刘咸炘《学略》之附录，见《学略》，华东师范大学出版社2009年版，第133页。

⑤ 刘咸炘《推十文集》第2201页，转引自周鼎：《“取釜铁于陶冶”：刘咸炘文化思想研究》，四川大学中国近现代史专业2006年博士学位论文。

意》之作。刘氏于1915年入其兄咸焌开设之尚友书塾任塾师①。1926年受聘于成都大学，始与宜宾唐迪风、江津吴芳吉、盐亭蒙文通、崇庆彭云生等人交游，1927年彭云生与唐迪风创办敬业学院，刘咸炘出任哲学系主任直至逝世，其间亦曾执教于公立四川大学中国文学院②。刘氏足不出巴蜀，不广交游，一生短暂而简单，但其笃学静思，明统知类，举凡哲学、诸子学、史学、校雠学、方志学、文学以及道教研究，均有重要创获。著书共二百三十五部，四百七十五卷，刘氏将所著总为《推十书》，"推十"之名，取《说文》载孔子"推十合一为士"之义。见此书者无不叹美，张尔田谓其"目光四射，如珠走盘，自成一家之学者也"；梁漱溟称"余至成都唯欲至武侯祠及鉴泉先生读书处"，偶得刘氏《外书》，赞曰"读之惊喜，以为未尝有"，并将其中《动与植》一文收为《中国民族自救运动之最后觉悟》之附录；陈寅恪抗日时期至成都，四处访求先生著作，认为先生乃四川最有成就的学者；蒙文通总评刘氏之学行曰："其识已骎骎度骅骝前，为一代之雄，数百年来一人而已。"③

刘咸炘学术自有宗本，其《宥斋自述》谓其学"所从出者，家学祖考槐轩先生，私淑章实斋先生也"，可见刘氏学问基点有二：祖父刘沅的"先天之学"及会稽章学诚的"后天之学"④。咸炘祖父刘沅（1768—1855），字止唐，号纳如，因讲学于槐轩，后人多

---

① 刘伯穀、朱先炳所著《刘咸炘先生传略》云刘氏丙辰（1916）后任尚友书塾塾师，而作者相同的《文化巨著〈推十书〉的作者刘咸炘》一文谓刘氏1918年后任尚友书塾塾师，且谓尚友书塾为刘咸焌创设于1918年，前身为明德书塾，《文化巨著〈推十书〉的作者刘咸炘》文原载四川省文史馆、四川省政协文史资料研究委员会所编之《四川近现代文化人物》，四川人民出版社1989年版，本文所引用之后者之文源于"新浪爱问网"电子资料本；吴天墀《刘咸炘先生学术述略》（《文献》1997年第4期）谓：1914年父殁后，刘咸炘即进入咸焌所设明善书塾（1918年改名尚友书塾）学习，于1916年任塾师；而萧萐父在其《刘咸炘先生学术成就及学术思想》文中云："五岁能属文，九岁能自学，日翻书数十册，稍长就学于家塾。"1918年咸焌创尚友书塾，咸炘被聘为塾师，似乎刘咸炘有过一段就学于家塾的经历，且其入尚友书塾任塾师的时间与吴文有异。而据周鼎的考证，刘咸炘于1915年即入尚友书塾而开始其塾师生涯，见其博士论文《"取釜铁于陶冶"：刘咸炘文化思想研究》第23页。吴、萧两文未明言出处，故此从周说。

② 此处有关刘氏生平参考周鼎博士论文《"取釜铁于陶冶"：刘咸炘文化思想研究》有关部分。刘氏生平颇为简单，然其履历多有模糊处，如周鼎论文云"1926年张澜执掌成都大学，广邀'蜀学宿儒'，刘咸忻即预列其中，同事之中便有唐、吴、彭、蒙数人。除吴芳吉外，其余诸人又皆曾执教公立四川大学中国文学院。"据此，刘氏曾执教当时之川大，但具体情形如何，尚不清楚。萧萐父《刘咸炘先生学术成就及学术思想》谓刘氏1918年入尚友书塾任塾师，"执教十余年"，"后又与友人唐迪风、彭云生、蒙文通等创办敬业学院，曾任哲学系主任；继又被成都大学、四川大学聘为教授"，直至1932年刘氏身殁。吴天墀《刘咸炘先生学术述略》谓刘氏"主持尚友书塾，直到逝世"，因治学成绩佳显，先后受聘为敬业学院哲学系主任、成都大学及四川大学教授，还被聘为四川省通志馆校理。所言刘氏生平互存异同，此姑从周说。

③ 参见刘伯穀、朱先炳所著《刘咸炘先生传略》，华东师范大学出版社2009年版。

④ 刘氏《宥斋自述》云："吾之学，《论语》所谓学文也。学文者，知之学也，所知者，事物之理也。所从出者，家学祖考槐轩先生，私淑章实斋先生也。槐轩言道，实斋言器；槐轩之言，总于辨先天与后天；实斋之言，总于辨统与类。凡事物之理，无过同与异，知者，知此而已。先天与统同也，后天与类异也。槐轩明先天而略于后天，实斋不知先天，虽亦言统，止明类而已。又止详文史之本体，而略文史之所载，所载广矣，皆人事之异也。吾所究印在此"，可助解刘氏所谓先天、后天之辨。此处论刘咸炘学术，参考周鼎博士论文《"取釜铁于陶冶"：刘咸炘文化思想研究》之相关部分。

称为槐轩先生，《清史》有传。刘沅以儒学讲授蜀中，又融道入儒，又以之为核心，附以孙辈刘咸炘、刘咸荣、刘咸焌及颜楷、钟瑞廷、刘芬等，被后世视作槐轩学派，刘沅时称“川西夫子”，其著述有《槐轩全书》传世。刘沅的“先天之学”主要沿袭了宋明理学“穷理尽性”的思路和宋元新道教提出的会通三教的主张①；章学诚之文史校雠乃谓由目录学入手，厘清古今著作的源流，进而探求文史的义例，最后则由文史以明道。其中校雠偏重于目录学，而文史则更接近于思想史和学术史。校雠方法体现了章学诚的一个重要观念——明统知类，从形上学角度而言，明统知类即可表述为即器明道②。章氏以校雠之学而寄以明统知类、即器明道，其以目录学为要，探究著作源流，以考镜学术、辨章源流。以道器之辨而言，相对于刘沅性理之学，章氏文史校雠之学可谓偏于器。刘咸炘对章氏之学颇加瞩目，用力颇勤，对章氏未周之处，屡有申补。且刘氏博览群书，对古书体例颇有会意，故其所论多有自出机杼之处。

刘氏著作宏富，著书共二百三十五部，四百七十五卷，总为《推十书》。其中探究校雠之学，涉及古书体例之作略有《续校雠通义》《目录学》《校雠述林》《旧书别录》等③。《续校雠通义》一书专论古书部类流别，《目录学》一书通论校雠之学④，刘氏校雠论著及论列古书体例尤以此两书所论为赅备详尽，以下相关论述主要据此二书。

二、刘咸炘对古书体例的研究及对辨伪学的反思

刘咸炘推服章学诚，于郑、章校雠之学颇所致力。他认同章学诚所谓校雠之学“意在辨章学术，考镜源流”的看法，认为校雠学“以部次书籍为职”⑤。在刘氏看来，古书部次类例为校雠之荦荦大者，故其对此最为属意，至有专书论列之。其《续校雠通义》一书即专为此而发，且从书名即可略见此书旨意。其书重点在于论列由《七略》而四部之书籍著录体例流变，讨论书籍部类划分的原则与方法，其书序目撮论各篇要义，可见此书撰著意旨及体制⑥：

---

① 有关刘沅“先天之学”可详参周鼎博士论文《“取釜铁于陶冶”：刘咸炘文化思想研究》第三章第一节第一目“刘沅的‘先天之学’”。

② 有关刘氏学术宗本章学诚处可详参周鼎博士论文《“取釜铁于陶冶”：刘咸炘文化思想研究》第三章第一节第二目“章学诚的‘后天之学’”。

③ 刘氏目录学成就可参见王化平：《刘咸忻先生目录学成就浅述》，《中华文化论坛》2009年第1期。王化平谓刘咸炘目录学著作中“《续校雠通义》最为重要，集中了刘咸忻先生目录学思想的精华，《校雠述林》次之，《目录学》又次之”。刘氏《续校雠通义》专论古书部类流别，《校雠述林》着眼于实际操作，为有关校雠之作的汇编，《目录学》为通论校雠学之著，各书各有撰意，互可参见，若论优次，则《目录学》所论诚为赅备。

④ 刘氏谓目录学与校雠学同体异名，二者可相互替换。可参见刘氏《目录学·弁言》及李晓明：《20世纪上半期有关校雠学定义的辨析》，《华中科技大学学报》2007年第5期。

⑤ 参见刘咸炘《目录学·弁言》，《刘咸炘学术论集·校雠学编》，广西师范大学出版社2010年版，第263页。刘氏谓目录学即古之校雠学，两者概念等同至可互换，故其言目录学之语即可视之言校雠学，此当无疑。

⑥ 《续校雠通义》一书序目见《刘咸炘学术论集·校雠学编》，广西师范大学出版社2010年版，第106~108页。

校雠之学，门目不定，则入书杂乱，别裁互著，亦无所施。章氏（学诚）探源而不通流，纪氏（昀）① 节流而未知原，遂使此学芜秽不治。恭承启发，勉穷源流，大义创通，全体具举。撰《通古今第一》。

古今既通，四部可治。先立四义（尊经、广史、狭子、卑集），《七略》遗意于是不亡。撰《治四部第二》。

用《七略》法以治四部，后起杂书无当于四部，不可强附，编为外编。撰《外编第三》。

分类当有标准，曰体曰义，而体尤要，后世著录往往标准歧出，遂多纠纷。体既定而出入之间可无疑矣。撰《定体第四》。

《七略》者义例之宗，章氏发明，乃见端绪，尚有误驳遗漏者，拾而明之。撰《汉志余义第五》。

《七略》变为四部，禅变之迹不可不明，明而后可以存《七略》于四部。撰《溯郑荀王阮第六》。

《隋志》始定四部而《七略》未亡，后世承用四部而《隋志》乃亡，一线之传在于是矣，溯古救今，明其微意。撰《明隋志第七》。

《旧》《新唐》二志渐失《隋志》之意，罪之魁也。自此以降，私家目录，不胜举驳，姑论史志。撰《唐宋明志第八》。

郑樵独言校雠，开章氏之先，而言多偏弊，不知门目，虑后生之误信。撰《纠郑第九》。

纪氏《四库提要》节流之功伟矣，而不知《七略》《隋志》之意，具纠之而参以章、张（之洞）之说，因议四部细目，定其门类，自以为校雠之学至此定矣，不知后世之信否也。撰《四库经部、史部、子部、集部第十、十一、十二、十三》。

门目既定，包罗无遗，昔有当收而不收之书，著录者之蔽也。解之以明著录之公。撰《收俗书第十四》。

今之门目，乃依华书而定，异域输入，似不能该而实能该，不必更张也，详辨之而后四部乃定。撰《鎔异域第十五》。

章氏之识大矣，而有未足，论亦多疏，举五条以匡之，此书续章，非攻章也。故以《匡章第十六》终焉。

刘氏《续校雠通义》一书内容大体如上，约略可见此书旨意。刘咸炘论《七略》、四部之体义流别以及其对书籍分类体系的意见，有学者已论及，并谓刘氏贯通《七略》、四部之精义，欲创制新型的书籍分类体系，所论颇资参考，此不具论②，这里仅撮述刘咸炘论四部体义之别及分论各部体例的相关内容。古书部类、体义之别，实关乎对古书真伪的判断，刘氏《目录学·真伪第三》引胡应麟语云：“凡四部书之伪者，子为盛，经次之，史又次之，集差寡。”引祁承㸁语曰：“经不易伪，史不可伪，集不必伪，而所伪者多在

① 此处两括号内容为笔者加注，若不另注，即循此例。

② 可参见王化平：《刘咸炘先生目录学成就浅述》，《中华文化论坛》2009 年第 1 期，同时可参见王化平、周燕：《刘咸炘和章学诚的目录学思想比较研究》，《四川图书馆学报》2009 年第 2 期。

子。”承此言之，刘氏谓“大氐经有传授，史本实事，皆不易伪”，而为子家“多古书术数”，本“传述依托之体，说理之文，可恣己意”，故伪者独多①。部类体别关乎古书真伪，然“书籍之质素本多混合，而著录者以一书为单位”，且书中之文，叙事者岂无论议之语，抒情者亦有记述之辞，故“部类之标准、配隶之界画，不能极其严明，固势之必然”，“其所分类例不过论其大体而已”，可见古书部类之分固多歧异，则从何而定？刘氏谓其标准，曰体与义。体者，著述之体裁，义者，学术之统系②。刘氏认为标准既定，则一切分类均应依此而不当杂用其他标准，“条别著述以义为主，而分别部居则以体为主”。在刘氏看来，昔之著录家往往歧据他端以乱部类，此最为可戒③。刘氏以为经传之别为校雠之首务，章学诚发明刘向六艺九种之意，始明经传之别，然“其书于经之定义所举非一，有标准歧出之失”④。刘氏谓“经者，书之正者也。传者，书之副著也”之定义简而该，并以经纬本义论述之，谓“盖经之本训为织之纵丝，织物先立纵丝为本，而后加横丝，则名为纬，经纬之名因含正副之义，传之为义本为传述，因述之义而引申为佐助之称，遂为非正之名，传名之立本对经体，而欲明经体，必以纬体对观，本为经则加为传，故本文为经而注说为传，大纲为经而委细为传”⑤。六经有传记，然六经之传记非一体，内传依经，外传旁衍，另六籍之外有传说故事亦名为传，与附经之传，同取传述之义，只是其言多不雅驯⑥，即多虚诞之异说而不似经及附经之传为合理、可信。不仅经有传，史部正书中也分经纬，子部同样别分经传，亦取大纲委细之义⑦。且经传之别，于形制上多有反应，以汉世最明，盖“正书皆二尺四寸而传八寸”⑧，此实涉书籍制度。刘氏又论子书源流、子集之别，谓“子书萌芽于春秋，盛于战国，而衰于东汉，原出于古传记，而流衍为唐以后之文集”⑨。然读文集之法与读子、史殊异，刘氏《校雠述林·文集衍论》专论文集源流、子集之别及读文集之法，可详参。治子之法，刘氏《校雠述林·子书原论》论之已详，且刘氏认为后世考论战国诸子者，为不解子书体例，几至于无书不伪之

---

① 刘咸炘：《目录学》，《刘咸炘学术论集·校雠学编》，广西师范大学出版社2010年版，第294页。

② 参见刘咸炘：《续校雠通义·定体》，《刘咸炘学术论集·校雠学编》，广西师范大学出版社2010年版，第14页。

③ 参见刘咸炘：《续校雠通义·定体》，《刘咸炘学术论集·校雠学编》，广西师范大学出版社2010年版，第14页。

④ 参见刘咸炘：《校雠述林·经传定论》，《刘咸炘学术论集·校雠学编》，广西师范大学出版社2010年版，第111页。

⑤ 参见刘咸炘：《校雠述林·经传定论》，《刘咸炘学术论集·校雠学编》，广西师范大学出版社2010年版，第112~113页。

⑥ 参见刘咸炘：《校雠述林·经传定论》，《刘咸炘学术论集·校雠学编》，广西师范大学出版社2010年版，第114页。

⑦ 参见刘咸炘：《校雠述林·经传定论》，《刘咸炘学术论集·校雠学编》，广西师范大学出版社2010年版，第115页。

⑧ 参见刘咸炘：《校雠述林·经传定论》，《刘咸炘学术论集·校雠学编》，广西师范大学出版社2010年版，第116页。

⑨ 参见刘咸炘：《校雠述林·子书原论》，《刘咸炘学术论集·校雠学编》，广西师范大学出版社2010年版，第116页。

境地，故刘氏以此原论子书之篇，略依前贤，尤其章学诚之言，条论子书不皆手著、子书多非成于一人一手而多后世裒辑、子书多重复零碎而不贯等，若考辨诸子者明乎诸子之为集录，则治诸子者可祛“时代不合之疑”之蔽，因子书自有其体例，故今世考辨诸子者惟恃考检年代，而根本之误则在认子书皆由自作，故而考辨益密而纠纷益多，竟至无书不伪①。刘氏论子书之体例多有与其论古书真伪相互发明②，可参下文。刘氏《文集衍论》多论子集之别、文集体例流变以及读集之法，多可资参考。刘氏概论四部之别即此可约略见之，以此为纲，其具论古书真伪、篇卷、名目等，颇见于其《目录学》一书。

刘咸炘《目录学》成书于1928年③，其书弁言谓此书“多裁旧说，己意造文十不四五，志在传宣，不愿窃袭”，可以想见刘氏此书的撰述体制，当多以前人立论为基而条别异同、驳议承论。又刘氏认为目录学即为古称之校雠学，其荦荦大者在部次书籍，次而及书之真伪、名目、篇卷，至于校勘异本、是正文字，则为其末务，且有古书校读之法实多属意于版本、文字的识别、改补，故刘氏《目录学》一书分上下两篇，上篇分论著录、存佚、真伪、名目、篇卷、部类、互著别裁、次第及解题，下篇论版本、校勘、格式及文字，可见其用心。因书籍部类条别刘氏有《续校雠通义》之专书著述，且此书实与《目录学》一书交互发明④，故此下多撮论于刘氏论书之真伪、篇卷、名目等相关体例。

刘咸炘致力于郑、章校雠之学，对部类条别尤加措意，对古书真伪并无大量论述，相关意见大致集中于其《目录学》一书中的“真伪”篇。虽然刘氏论古书真伪，不似其论部类条别之有专书宏论且多所致意，然而凭借对古书极其广博的涉猎及颇为精到的体认，刘氏对古书体例颇有会心，对古书辨伪理论和方法有清醒、通达的认识。首先，对于古书辨伪之学，刘氏疑人所未疑，提出了一个看似无需讨论的问题——何为“伪书”？古书疑伪之事可谓由来尚矣，“自《七略》著依托之名，众经目录有疑伪之目，柳子厚尝辨诸子，韩退之亦有识古书真伪之言”。而考伪书之事，盛于近二百年，至明胡应麟《四部正伪》出，考伪书之事始有专书，其后“阎若璩《古文尚书疏证》出，而此事始大明”，其时古文家如姚姬传辈，“沿韩之论，习柳之体，亦喜辨伪书”，至于近世，“今文经学家之末流，谓六艺皆孔子所造，孔子遂为作伪之宗，居今日而按古书，几于无书不伪矣”⑤。在刘氏看来，古书考辨之事自古及今，由疏而密，至于近世几于无书不伪的境地，其中多

---

① 参见刘咸炘：《校雠述林·子书原论》，《刘咸炘学术论集·校雠学编》，广西师范大学出版社2010年版，第117页。

② 刘咸炘《校雠述林·子书原论》云：“吾奉会稽章君言公之义，为考论诸子书之钤钥，旁推于经生传记而皆符，上溯于《国语》《周书》而见其源，既明其著述之情态，复证知其文词之体制，群疑消释，本末粲然，已散见于《治记叙论》《左书》《子疏》及《旧书别录》《目录学》中矣，兹乃贯说之。”

③ 此处《目录学》成书年分据此书刘氏自记，其他意见可参见马千里：《刘咸炘〈目录学〉铅印本的系年问题及其他》，《四川教育学院学报》2010年第12期。

④ 《续校雠通义·序目》自述成书情状，有“始事己未年（1919）年十一月十九日，人事牵扰，十日而稿成……越九年戊辰（1928），授目录学于成都大学，创编将本，因更定此书”，“簿录体别编次小例及求书辨名之法，章氏书第一卷所讨论者，已详《目录学》中，此皆不及，使二书相备”云云，参见《刘咸炘学术论集·校雠学编》，广西师范大学出版社2010年版，第108页。

⑤ 刘咸炘：《目录学》，《刘咸炘学术论集·校雠学编》，广西师范大学出版社2010年版，第287页。

有不了解古书体例，“于不伪处疑伪，以非伪为伪者”，所以刘氏云“欲辨伪书，当先明伪书二字之义”①。何为“伪书”？须先底定标准，然后才可论真伪。刘氏之真伪标准至为简明：“伪书者，前人有此书而已亡，或本无此书，后人以意造伪书而冒其名，实非其人之作也。”② 考辨古书，当依此作真伪之标准，若不合此则即非伪书。在刘氏看来，昔人辨伪往往以非伪为伪，其原因即在于对真伪标准“囫囵不析”。

昔人对于伪书的意见，明胡应麟《四部正伪》专书论之，总结堪称详细而全面。如其论伪书情状，计有伪作于前代而世率知之者，有伪作于近代而世反惑之者，有缀古人之事而伪者，有挟古人之文而伪者，有传古人之名而伪者，有蹈古书之名而伪者，有惮于自名而伪者，有耻于自名而伪者，有袭取于人而伪者，有假重于人而伪者，有恶其人伪以诬之者，有本非为伪人托之而伪者，有书本伪人补之而益伪者，有伪而非伪者、非伪而实伪者等。刘咸炘以为对于伪书情状，“胡氏能絜纲要”，虽其所举例证有小误，然则无关大体“不足为病”③。刘氏撮论胡氏所言伪书情状中缀古事、挟古文、传古人名、蹈古书名四例为“体别”，惮自名、耻自名、假重、祸之、诬之五例为“意别”，对于伪书之伪的意别，刘氏补充二例：求利与济私④。对于托之而伪、补之而伪、伪而非伪、非伪实伪等说，刘氏认为“分析至细”，惜“为近世辨伪者所未审”。

关于伪书情状的总结，其实即涉及判定伪书的方法，而对于辨伪方法胡应麟总结有“八核”之法：即核之《七略》以观其源，核之群志以观其绪，核之并世之言以观其称，核之异世之言以观其述，核之文以观其体，核之事以观其时，核之撰者以观其托，核之传者以观其人。其中前四条可并谓核之著录及他书，而核人之说，刘氏谓不可信凭。且对于考据家所据以为主的考证方法，刘氏认为“实不足为证者”有三：一曰史志未载，因古来目录皆有未及之书不载著录；二曰篇卷不同，因篇卷体别且分合不定；三曰他书文同，或“传述同源”，或“裁证己说”，书有言公之例⑤。至于近世辨伪书者，古文家多以词气，今文经学家多以经说，“夫经说固偏畸，而词气亦虚幻，皆不如考证之可凭”，而考证者又“不皆详慎”，且又“不皆有校雠之识”；大致“考据家以核时代为良方，而不知辨宗旨；古文家以审词气为长技，而不知辨体例。夫徒核时代，徒审词气，则同时之书固可以互淆，伪古之作亦足以售眩”⑥，故皆“往往于不伪者疑所无疑，而于实伪者亦证其非证”，故考辨古书，“在前代则患误伪为真，在今日反患诬真为伪，在前代失在考证太

① 刘咸炘：《目录学》，《刘咸炘学术论集·校雠学编》，广西师范大学出版社 2010 年版，第 287 页。

② 刘咸炘：《目录学》，《刘咸炘学术论集·校雠学编》，广西师范大学出版社 2010 年版，第 287 页。

③ 刘咸炘：《目录学》，《刘咸炘学术论集·校雠学编》，广西师范大学出版社 2010 年版，第 285 页。

④ 刘咸炘：《目录学》，《刘咸炘学术论集·校雠学编》，广西师范大学出版社 2010 年版，第 286 页。

⑤ 刘咸炘：《目录学》，《刘咸炘学术论集·校雠学编》，广西师范大学出版社 2010 年版，第 291～290 页。

⑥ 刘咸炘：《目录学》，《刘咸炘学术论集·校雠学编》，广西师范大学出版社 2010 年版，第 291 页。

疏，在今日反失在考证太密”①。刘氏认为，考辨古书，经说、词气均不可凭，考证盖可据，然须具“校雠之识”。刘氏所谓“校雠之识”，除精详经子、研析部类外，其要当在于熟知古书体例，此即为“凡论古书，必以辨宗旨体例为先”之意。② 皆发人所未发，多为不可磨灭之论。卓哉刘子！大哉刘子！

章学诚在《淮南洪保辨》中已论及有关古书体例，如其论“古人有依附之笔”“旁托之言”“伪撰之书”及“杂拟之文”，刘咸炘在此基础上，对有关古书体例作了更加详细的总结，计有六类③：一曰事之乖谬，谓古书——尤其子书——记事，间或时代抵牾，或一事而异说兼存，或发抒己意，往往借古事以重其说，年岁舛谬，事实颠倒，甚且虚造伪事，近于寓言，似此之类实多，“事虽伪而书则非伪”，若“以所言之误而疑其人之非，则乖矣”；二曰文有附益，谓一书流传写刻，非经一手，或笃古者掇拾而误入他书之文，或好事者改窜而妄加一己之意，更有后人注识之语误入正文而致书中之事延及后代者，固不能以偏概全，以“一节而概疑全体”；三曰传述，概谓古书多非自著，往往口耳相传而后著之竹帛，其书往往为其门人、宾客纂辑而定，故题某人之书不必为其自著而多为其学派一家之言，故若以时事词气绳之，则似“认家谱为始祖之著述”，似此“传述师说”则无所谓造，也不当以伪论；四曰依托，概谓古书多有依托古人为言者，口耳相传以至著于竹帛，中或不能无得失，然虽本无其书，而旨有所出，言有所承，无所谓造，也无所谓冒，若以“时事词气绳之，则犹认词状为告者之亲笔亦”；五曰补阙，谓以己意补古书之阙，则明称为补，补者非作者，既非冒名，亦不自讳，故亦不为伪；六曰托古，谓己意不自抒而讬古人以言之，借名不同冒名，故不合伪书标准。考辨古书，于以上六类古书体例当详察，世之不明此古书体例而辨伪书者多矣，其误即在于“不明古人著述之情状”④。尤其是以上传述、依托两类，世多不明于此，以为古书题名即为其人自著，以后世著述之例推古人，而疑伪寖多，几若古子无非伪本，皆不明此传述、依托类例之误。除此而外，刘氏《校雠述林·术数书》论其书体例及其书校雠之法有疑而不足疑处有五，尤为可参。

《目录学·名目》篇论古书命名体例，略依章学诚论“古人著书，往往不标篇名。后人校雠，即以篇首字句明篇”，不标书名为“古人无意标榜也”，然而一书两名，先后文质，未能一定，则皆校雠诸家，易名著录，相沿不察，遂开歧异，至有“本名质而著录从文者”“本名文而著录从质者”，有“书本全而为人偏举者”“书本偏而为人全称者”⑤。若异名不明，非特易重复，且有因而致伪作之疑者。

又《目录学·篇卷》篇，详论篇卷简册之义训，论列书籍制度之流变，明古书篇卷

---

① 刘咸炘：《目录学》，《刘咸炘学术论集·校雠学编》，广西师范大学出版社 2010 年版，第 287 页。

② 刘咸炘：《目录学》，《刘咸炘学术论集·校雠学编》，广西师范大学出版社 2010 年版，第 291 页。

③ 刘氏所总结的六类古书体例，详参其所著《目录学》，《刘咸炘学术论集·校雠学编》，广西师范大学出版社 2010 年版，第 288~290 页。

④ 刘咸炘：《目录学》，《刘咸炘学术论集·校雠学编》，广西师范大学出版社 2010 年版，第 291 页。

⑤ 刘咸炘：《目录学·名目》，《刘咸炘学术论集·校雠学编》，广西师范大学出版社 2010 年版，第 295 页。

者长短不一、分合无定，据此而论书之真伪，须“目检本书，互相校正”乃后可定，若“悬据旧文，妄生异论，大不可也”①。以上论列可见刘氏《目录学》一书多言古书体例，此书其他篇如次第、解题以至于版本、格式、文字等多有发明，此不絮论。刘氏所总结之古书体例，对疑古辨伪过勇之处自有补弊之用，刘氏又据此体例，放而具论古书真伪。其《子疏定本》云治子之工有三步，考校、专究及通论，第一步考校即“考真伪，厘篇卷，正文字，通句读”②，故刘氏于诸子多有考校之工。如《鬻子》书各家著录篇卷不一，内容“多称引五帝以下，舜、禹以上”，又文多有类《老子》之文者，昔人皆论其伪，对此，刘氏以为古书不必手书，谓《鬻子》书盖康王、昭王后周史臣所录，或子孙记述先世嘉言，为楚国令典，即《史记·序传》所谓“重黎业之，吴回戒指，殷之季世，鬻熊牒之，周用熊绎，熊渠是续”者为确说③；又其论《列子》书，以为《列子》之书昔人疑其伪，刘氏论《列子》真书可能亦在今所传书中，即其书似真伪相杂，其不经之文致疑惑者，当多为增衍耳④；又其论《管子》书，引严可均言，谓先秦诸子书多非自著，皆门弟子或宾客或子孙撰定⑤；刘氏《子疏定本·总记》为此书之总结，第一“依托”即论列诸子书之体例，第二“反对”、第三“地俗”盖专究之工，第四“合论”为通论。刘氏又有《旧书别录》一书，为编辑其笔记之篇目而成，于古今典籍多考校论辨，如其首篇考论《周书》，多有精义，又如其论考《韩诗外传》，谓“古经师训诂简质，不多论义，其推衍旁通，大抵口耳相授”，且“讲论之下，旁引古事，虽非引以证经，亦借以明经义”，《韩诗外传》之记事述义有因事而引《诗》者多率此类。要之，“外传之体本宽，门弟子记录其言，并平昔嘉言及宗旨所在不关经义者亦录之”，故或深湛，或浅短比附，或称传曰，此亦必然，后世疑非原编，则暗矣⑥。至如其考论《孔子家语》“真伪相参，不可全信全疑”及《晏子春秋》重复错杂及论《国语》所记多不自洽而论申古“语”之书体等，多能依古书通例放而论辨之，颇存精义，实多中肯，而与当世考辨伪书者略异其趣，诚具卓识。

三、刘咸炘古书体例研究之评价

刘咸炘学识通博，尤留意校雠之学，对古书类例有深入而精到的体认。这就使其在进行相关探讨时能进退自如，不光能宏论古书的部类条别，更能于名目、篇卷、体式等具体

---

① 刘咸炘：《目录学·篇卷》，《刘咸炘学术论集·校雠学编》，广西师范大学出版社 2010 年版，第 304 页。

② 刘咸炘：《子疏定本·子疏先讲》，《刘咸炘学术论集·子学编》，广西师范大学出版社 2007 年版，第 5 页。

③ 刘咸炘：《子疏定本·老徒裔第三·鬻子书》，《刘咸炘学术论集·子学编》，广西师范大学出版社 2007 年版，第 45 页。

④ 刘咸炘：《子疏定本·老徒裔第三·列御寇》，《刘咸炘学术论集·子学编》，广西师范大学出版社 2007 年版，第 50 页。

⑤ 刘咸炘：《子疏定本·法家第八·管子书》，《刘咸炘学术论集·子学编》，广西师范大学出版社 2007 年版，第 104 页。

⑥ 刘咸炘：《旧书别录·卷一·韩诗外传》，《刘咸炘学术论集·子学编》，广西师范大学出版社 2007 年版，第 347 页。

而微之处条分缕析，多发中肯之论。古书的部类条别，今昔衍变，聚讼纷纭，兹事体大，刘咸炘有《续校雠通义》专书论列。古书体例除部类条别而外，仍有多需廓清之论，刘氏又有《校雠述林》一部，裒辑往日论略校雠学之文而成，其中论列古书经传之义、子书文集之体，又依时人著作论析《汉书·艺文志》义例①，及补论章学诚《言公》篇之《续言公》，论辑佚之法及分论各部之书，如论术数书、农书、宋人杂记等，多关古书体例②。而刘氏为授课而作之《目录学》，虽则其自记云"多裁旧说"，自谓"文词不洁，征引未周"，此书实为一部精详的校雠学讲义③，其上篇分著录、存佚、真伪、名目、篇卷、部类、别裁互著、次第及解题，下篇论版本、校勘、格式、文字等，除"尽目录学范围所有"外，"于古书校读法之在范围外者则略及通文字之法"，可见，于部类条别外，刘氏所认为的校雠之学所涵盖的内容，其中多有对古书体例的总结以及对疑伪过勇的不同意见，尤可瞩目处，为刘氏对于古书疑伪，首先探讨了古书"真伪"这一具有根本意义的问题，对于古书疑伪的讨论有着廓清基底的作用，可谓深卓之见，越百年而下，此仍为一具有根本性且令学人颇为纠结的问题④。

与稍早的孙德谦、吕思勉等的古书体例研究相比较而言，孙氏只可谓发章氏余绪，对古书体例的研究实为承继高邮王氏之学而扩及字词之外而已，吕氏古书体例之论为其以学术为中心、以思想为线索之方法的支流，对具体的古书体例论之不详，故孙、吕二人所论均有不系统、不深入、条理不甚明晰之处，相形而下，即可见刘咸炘对古书体例的见解更加入微、更有条理，也更为自觉。且刘氏《续校雠通义》专论古书部类，《目录学》中除部类以外，所论尚夥，刘氏将部类条别拎出专论，于古书体例则另书论列的做法，实凸显了刘氏对古书体例研究更加自觉，也使得对古书体例的研究进一步专业化了，其后余嘉锡《目录学发微》专论部类衍变、《古书通例》专书论列古书体例这种更加专门的做法，刘咸炘实可谓开其先河。古书体例作为一种专门知识进入讨论，对古书体例研究的深化是必不可少也是至关重要的一步。

---

① 刘氏《校雠述林·汉书艺文志略说》为就孙德谦《刘向校雠学纂微》《汉书艺文志举例》及顾实《汉书艺文志讲疏》而拾遗廓充之作，篇分三题：作述异同、收书限断、校录义例。

② 如刘氏《校雠述林·辑佚书纠谬》论辑佚之弊，曰漏、曰滥、曰误、曰陋，类下又多细分情状，可称精到；又其《校雠述林·术数书》论术数书之体例，谓："《汉书·艺文志》于称古帝王者多注依托，术数类尤多，后世目录家遂以依托为疑伪之词，凡疑为伪者皆以为依托，不知依托与伪造乃迥然不同。凡言伪造者，乃著一书，称其书为某人所撰也。若诸子术数书之称某人，本止谓是某人之说，并不谓是某人之笔……所谓依托者，乃指其所托之说，或其人本尝说此事而此书所说非其人之说，或其人竟不曾说此事，此乃谓之依托，若彼竟称为某人撰，而其文不合，则直谓之伪造，不当谓之依托，若其书虽非其人所著，而其人本有此说，则并非依托，更安得以为伪造乎？"此论涉及古书真伪之标准及古书之体例，可谓独具只眼。

③ 《目录学》弁言谓"所谓目录学，古称校雠学"。在刘氏看来，目录学即为校雠学，两者实为同体异称，对此已有学者辨之，可参见李晓明：《20世纪上半期有关校雠学定义的辨析》，《华中科技大学学报》2007年第5期。刘氏还对目录学与古书校读法的范畴进行了区分，认为目录学在于定体达例，详知部次，而古书校读法多在于以文字、音韵之学是正文字。

④ 今世之马来西亚学者郑良树对辨伪学之名目作过讨论，对古书之"真伪"发表过富有见地的意见，而其意见与刘咸炘的理路相合，即对古书"真伪"标准的廓清。郑氏关于古书真伪的讨论可参见郑良树：《诸子著作年代考》，北京图书馆出版社2001年版之代序"论古籍辨伪的名称及其意义"。

当然，就像孙德谦、吕思勉等对古书体例研究有筚路蓝缕之功一样，刘咸炘论列古书体例也并非无可商之处。如其论古书真伪，所总结的非伪而疑伪之六类情况，也即六种古书体例中之第五补阙，与第二类之文有附益类似难于区分，前者似可归入后者，类此，第六类之托古似亦可归入第四之依托类。当然，似此之类，实非谬误，甚而亦非疏漏，区分之细诚非不可。

第三节 吕思勉的古书体例研究及对辨伪学的思考

一、吕思勉关于古书体例的研究及对辨伪学的思考

吕思勉（1884—1957），字诚之，自幼读书勤奋，12 岁时，由其父母授以史部著作，此后便立志史学，自学古史典籍，以求系统了解古代政治历史和政治制度。1905 年起，先后在苏州东吴大学、常州府中学堂、南通国文专科学校、上海私立甲种商业学校、沈阳高等师范学校等校任教，并任中华书局、商务印书馆编辑。1926 年起，长期担任上海光华大学历史系教授兼系主任。1941 年，上海租界沦陷，乃携眷归乡。抗战胜利后，重返光华大学。1949 年后，任华东师范大学历史系教授。吕氏读书、治学勤勉，一生以阅读《二十四史》为日课，将之通读三遍，其读书广博，又重融会贯通，且勤于著述，先后著有两部中国通史、四部断代史、五部专史及其他多种史学著作①。吕思勉的学术体系中，史学是主干，而起点与支点为经学，其经学属常州学派，初主今文经学而最终走出今文经学余绪而至今古贯通②。今文经学与近代疑古思潮关系密切，至 19 世纪 20 年代古史辨派，疑古辨伪运动得到系统的总结，吕思勉对相关学术论题多有讨论，且参与《古史辨》第七册的编辑，可谓躬逢其盛。然而将吕思勉归入古史辨派并不十分恰当，因其观点多有与古史辨派异趣者③，且吕氏对其时古书辨伪的方法及结果多所批评，如其谓“古书不可轻信，亦不可抹煞。昔人之弊，在信古过甚，不敢轻疑；今人之弊，则又在一概吐弃，而不求其故。楚固失之，齐亦未为得也”④；对于崔述之辨伪，谓其“所疑实甚浅显”，前人之所以不言，是因为“以此为先秦古书之通例”而不待言，崔氏多言，是因其“未达古书义例”⑤；又谓“近二十年来，所谓‘疑古’之风大盛，学者每訾议古书之不可信，其实古书自有其读法，今之疑古者，每援后世书籍之体例訾议古书，适见其卤莽灭裂耳”⑥。吕氏认为近人多疑古书之伪而谓之不可信，多出于不了解古书体例之故，其相关论著于此多有阐发，再三致意。如《吕思勉读史札记》“名他人之学”条⑦略论古书之拟托、“太史公书采战国策”条论及诸书互见现象及《史记》《战国策》之成书，又吕著

① 见陈勇、张慧：《中国现代史学学脉的传承——吕思勉与钱穆》，《中国图书评论》2010 年第 11 期转引严耕望语。

② 详参王刚：《吕思勉学术体系中的经学问题》，《史林》2010 年第 4 期。

③ 参见张耕华：《吕思勉与 20 世纪前期的新史学》，《华东师范大学学报》2003 年第 1 期。

④ 吕思勉：《经子解题》，华东师范大学出版社 1995 年版，第 105 页。

⑤ 吕思勉：《读〈崔东壁遗书〉》，《论学集林》，上海教育出版社 1987 年版，第 177 页。

⑥ 吕思勉：《先秦史》，上海古籍出版社 1982 年版，第 6 页。今按：此论可谓一针见血。

⑦ 吕思勉：《吕思勉读史札记》，上海古籍出版社 1982 年版，第 444 页。

《先秦史》第二章之“古史材料”分论古书读法，其《先秦学术概论》一书，分论先秦诸子，而其集中论列古书体例之作，当推《经子解题》一书，《先秦史》及《先秦学术概论》中的有关内容多导源于此书①。

《经子解题》一书作于1924年②。此书意在为初学者指示读书门径，对经部、子部要籍多“分篇论列”，对治学方法及书籍之作所举之讨论，“皆最后最确之说，且皆持平之论”③。由于作者谙熟典籍，对古书有深切体会，故多“平正通达”之论，如其谓古人读书之弊，“在于不甚讲门径”，而今人读书之弊则在于“太讲门径而不甚下切实工夫”④。有感于此，吕氏读书既能“重门径理则”，又能“切实读解古籍”，从而对古书通例有深刻体认⑤。在讲解古书内容的同时，颇能阐发古书体例，此不仅有益初学，且对当时疑古辨伪过勇之态势，多为切中肯綮之论，颇具只眼。

吕氏畅论学术，首重经、子两部与史部之别。其大略谓经、子本同为一物，即经部原为诸子中儒家之书，自汉以后特尊儒学而独出为经，经、子皆主于发明公理，而史则主于以记载现象⑥。质言之，吕氏论读书首重子、史之别，以子主论公理，发挥己见，而以史主于记载现象事实的部类之别，实际上可视作先秦古书的一种体例。张京华将总结古代“书体书例”视为除考古学之外的古史重建的有效进路之一⑦，而关于“书体书例”的讨论，比较突出的一项意义是辨析史与子的区分。子家中的作品容许对古史自由阐释，甚至需要对古史作出新的阐释，而史家则不能如此。史家最基本的要求，即坚持实录，在此基础上，可以进行具有统一体例的整理及予以必要的褒贬评论⑧。相对于子家较为自由的阐释方式，史家可谓“戴着镣铐跳舞”。正是由于具有相对自由的阐释方式，子家具有与史家不同的文本特质，且古代史书本就传者极少，多赖经、子两部之书保存古事，“古人主客观不甚分明；客观事实，往往夹杂主观为说”，甚至有全出虚构者，是为寓言，又其学问多出于口耳相传，故不能无讹误，古书迤逦传于今世，故不能无阙佚⑨，故其中事迹大略可知而不容凿求。似此，则不应全以史家的撰作标准来衡量子家著作，“若更据诸子中之记事以谈古史，则尤易致误矣”⑩。

吕氏论经、子本同，辨子、史之别外，对于经部、子部及子部与集部也论辩异同。吕氏认为，经本为儒家之书，自汉以后特尊儒学而独标之曰经，此等尊经之见解，于今无甚

① 《先秦学术概论》一书由世界书局于1933年出版发行，《先秦史》由开明书店于1941年出版发行。

② 《经子解题》一书作者自序落款为民国十三年（1924年）。该书初由商务印书馆于1926年出版发行，本文所据为华东师范大学出版社1995年第一版。

③ 吕思勉：《经子解题》，华东师范大学出版社1995年版之前言。

④ 吕思勉：《经子解题》，华东师范大学出版社1995年版之前言。

⑤ 吕思勉：《经子解题》，华东师范大学出版社1995年版之编后记。

⑥ 吕思勉：《经子解题》，华东师范大学出版社1995年版，第1页。

⑦ 张京华谓除考古学外，“重建古史”还有二条“内证”之路，一为对古代“史官史职”体制的重新认识，一为对于古代“书体书例”义例的归纳和总结，颇为精当。可参看张京华《古史辨派与中国现代学术走向》，厦门大学出版社2009年版，第二章第一、二两节。

⑧ 张京华：《古史辨派与中国现代学术走向》，厦门大学出版社2009年版，第133页。

⑨ 吕思勉：《经子解题》，华东师范大学出版社1995年版，第8页。

⑩ 吕思勉：《经子解题》，华东师范大学出版社1995年版，第105页。

必要。然而虽则经、子本同，皆主发挥己见，但经书原为儒家之书，盖依孔子“述而不作”之旨，故其多以古书为蓝本，故相较而言，“经多陈事实，诸子多明义理”①。且儒学专行二千年，治之者众，其书传之益多，疏注亦详，自较治诸子之书为易。经、子、史三者古时即存而集部后起，至于后世，子略亡而集代兴。子与集之别在于：集以人为别，集一人著述而其学不必限于一家，子以学为别，聚一家之学术而不必限于一人②。经、子有别，且经流传寖久，至有汉宋之分，有今古之别，而诸子宗旨不同，各具流别，虽不必尊经厚古、陷于门户，但读书治学固当辨明家数，吕氏于此多所论述，再三致意。

正因为虽则经、子本同而经多依古书，子亡集代，且一以学分、一以人别，所以子部之书自具体例而不得以它部义例为限，不解此，则治诸子学、读诸子书多误。如吕氏论诸子书记事的史料价值，谓“诸子中之记事，十之七八为寓言；即或实有其事，人名地名及年代等，亦不可据；彼其意，固亦当作寓言用也。据此以考事实，苟非用之十分谨慎，必将治丝益棼。夫诸子记事之不可尽信如此；而今人考诸子年代事迹，顾多即以诸子所记之事为据；既据此假定诸子年代事迹，乃又持以判别诸子之书之信否焉，其可信乎？一言蔽之，总由不知子与集之异；太重视用作标题之人，致有此误也”③。且基于对子部特具体例的认识，吕氏对其时诸子之辨伪方法颇有评析。当时辨伪之法大体有二：一为“据书中事实立论，事有非本人所能言者，即断为伪”④，一为“就文字立论”，“或以文字体制之古近”而辨书之真伪。于此两法，吕氏谓亦皆可采而均不可专恃⑤。因为子与集不同，子以学分，其不必限于一人，故不能以其忽作春秋时人语，忽作战国时人之言，而疑其出于伪造，譬如读集者，不能以其忽祖儒家之言，忽述墨家之论，而疑其文非出于一人。且先秦诸子，大抵不自著书，其书今存者，多为治其学者所为，其书之纂编，则更出后人之手。且书之亡佚既多，又后世之人非精于此学，遂将相近之书以类合编，而取此学派中最有名之人而题于其名下，故诸子之书标示某子之名，多为指示学派而不必即为其所自著，此与后世集部之书体例有异⑥。且古人之学，初无定籍，多靠口耳相传，本易讹误，故此诚有可疑之处，又诸子之书重在明义理而轻记事，以至其书多寓近言，且又有托于远古之神农、黄帝的拟托之作，故致使诸子书中所记事，乖谬者十有七八。诚然，诸子书中标为某子之作或托于某人者，与其所标示、所依托的对象定然存有关联，于学术流别实堪注意，然而据此辨诸子书之真伪当慎之又慎，否则极易致误。对于以文字立论的辨伪之法，也当依前所述之法再行审视。因为古人不自著书，古书口耳相传而多为后人纂辑，后人改古称古语以其当时之用语当可想见，似此则非出于伪造明矣。且古人之传

---

① 吕思勉：《经子解题》，华东师范大学出版社 1995 年版，第 100 页，吕思勉引章太炎语。今按：此不尽然。

② 吕思勉：《经子解题》，华东师范大学出版社 1995 年版，第 88 页。

③ 吕思勉：《经子解题》，华东师范大学出版社 1995 年版，第 106 页。

④ 吕思勉：《经子解题》，华东师范大学出版社 1995 年版，第 101 页。

⑤ 吕思勉：《经子解题》，华东师范大学出版社 1995 年版，第 102 页。

⑥ 吕思勉：《经子解题》，华东师范大学出版社 1995 年版，第 102 页。

一书，有传其词者，有传其意者。传其词者，可历久远而不变，传其意者，屡传之后，其说虽古而其词则新，故文字指称、文气体制等并不能据以别书之古近，更遑论辨书之真伪①。

吕氏博览群书，对古书有深切体认，其为初学指示读书门径，多所归纳总结古书体例，并以之泛论经、子之书，颇收执简御繁之效，此亦为吕氏论读书所贵之法。如其论《尚书》读法，谓《尚书》经孔子删修，传孔门经义，“经义史事，二者互有关系，而又各不相干”②。以尧、舜禅让之事论，其事见于《孟子》《尚书大传》《史记》，而诸子所记与此抵牾者不胜枚举，诸子之学，“其意皆在成一家之言，本非修订古史”，而春秋、战国时所传古事，亦实多茫昧之词，然则《孟子》《大传》《史记》所传，“盖非其事之真相，特孔门之经说耳”，其书所传当“径作经义读，不必信为史事”，此所谓经义、史事各不相干之意，且“借史事以发挥己意，后人亦时有之”。然古籍既不传，欲知其事，则不得不就百家之说，披沙拣金，去除其主观成分以求之，于此固非通知其书之义例不可③。又如论《逸周书》多有篇目为兵家言，谓“吾国之兵家言，固多涉及治国。其记周事之篇特多者，著书托古，古人类然”，又由《逸周书》中之哲学、思想与其他古书相类，且其文字多朴茂渊雅，所述史迹多不见于他书，而推断其当为先秦之古书④。如论读子之法之《列子》解题，论《列子》张湛序所述源流不足信，谓汪继培所言“后人依采诸子而稍附益之”最能得其实际，吕氏所依即为先秦古书多有附益之体例：“凡先秦诸子，大都不自著书；其书皆后人采缀而成”“岂能略无附益，特其书出有早晚耳”⑤。又如《荀子》解题，吕氏颇能注意《荀子》与著书互见之处，谓“《荀子》书同《韩诗外传》《二戴记》《说苑》《新序》处最多，亦有同《书大传》《春秋繁露》《公羊》《穀梁》《左氏》《国语》《楚辞》《礼纬》《诗》、毛氏《传》《孔子家语》者；又有同《管》《韩》《庄》《列》诸子、《晏子春秋》《淮南王书》者”⑥，其早于《荀子》之书，足证《荀子》为抄袭而成，其晚于《荀子》者，则转袭《荀子》。当然，吕氏并未敢定论，然其以为无论真伪，《荀子》一书多有精义，“要必为先秦之传，固不必问其集自何人，题为何子”。吕氏此论，颇似宋学力持“人心惟危，道心惟微，惟精惟一，允执厥中”而不以《尚书·大禹谟》疑伪为嫌，然以吕氏论古人不自著书、古书多后人纂辑之语，其旨当亦不难解。《晏子春秋》与《左传》文多互见，尤其为“君子曰”之语，吕氏以为“系当时史家记事体例如此”，两书文多重复，当为两书所本相同，“各往往捃摭春秋之文以著书”之故⑦，似此所论，则更较论《荀子》为通达。再如《韩非子》解题论“古者

① 吕思勉：《经子解题》，华东师范大学出版社 1995 年版，第 103 页。今按：此论亦是疑古派一砭石！

② 吕思勉：《经子解题》，华东师范大学出版社 1995 年版，第 30 页。

③ 吕思勉：《经子解题》，华东师范大学出版社 1995 年版，第 31 页。

④ 吕思勉：《经子解题》，华东师范大学出版社 1995 年版，第 38 页。今按：此论极为正确。

⑤ 吕思勉：《经子解题》，华东师范大学出版社 1995 年版，第 123 页。今按：此论亦有理。

⑥ 吕思勉：《经子解题》，华东师范大学出版社 1995 年版，第 128 页。

⑦ 吕思勉：《经子解题》，华东师范大学出版社 1995 年版，第 137 页。

经传别行之体"①，均可见吕氏总结古书体例，探索古书读法及真伪的努力。大哉吕子!

二、吕思勉古书体例研究之评价

吕思勉对于古书体例的研究和总结大体如上所述。吕氏由今文经学进而至今古贯通之境，并在新的学术视野中，以历史主义的眼光，将经学带入史料学的现代学术轨道，其学术上的转型和进境使其相关研究具有独特的价值。如其论先秦学术力倡"经、子本同"之说，谓儒家本为先秦诸子之一种，自汉而下特尊儒学，儒家之书于诸子中提出一变为经，为后世尊袭，而此等见解，于今日原不必存②。经之不可过信，解经之传则更无须回护，"古代书籍，率多治其学者东鳞西爪之谈，并无有条理系统之作，而又皆出于丛残掇拾之余；则传之与经，信否亦无大分别"③。经、子本同，于历史研究而论，均为古史材料而已，且此种材料不系统简要有之而详明不足，吕氏对于"旧时学者，于吾国古书，往往过于尊信；谓西方学术，精者不出吾书。又或曲加附会，谓今世学术，皆昔时所已有"④ 之情形详为驳论。这种经子本同、经子皆史、后学转精的观点，对于破除尊经厚古的观念甚有作用，这也正是现代学术有别于传统学术的主要标志之一。

吕氏谓经、子本同，力论子、史之别，可谓首重部类之分。此种子与史的部类之别，可谓古书体例之荦荦大者，自刘向而下以郑樵、章学诚为代言的校雠学于此部类之分皆至为瞩目，其意义大致如前引张京华语所述。吕氏虽力论经、子本同，但也并非认为两者毫无差异。其谓较子而言，经多依古书而子多发挥己见，且经学历千载而下，研之者众，疏注亦详，治诸子者少，故治经较之治子为易。吕氏认为，治学不应存门户，但不可不知家数，其于经之今古汉宋、诸子之流别多所论析。以此，吕氏对古书体例的体认着重于部类之分的宏观层面，而在此之下，其对于古书体例具体而微者多能论得其情，如论古书不自著、古书多后世纂辑、古书多拟托及寓言、古书多有附益等，颇具识见。且由此，吕氏对当时的辨伪方法，能屡发诤言，条分缕析，精研确论，对疑古辨伪过当之处，颇能指明其情实，与之异趣而不同音。总之，吕氏博涉群书，对于古书有切实体会，持论较为平通，眼光独到。

吕氏所得出的独到见解，源于其自身的研习特质，同时，当然也不免因此而略受限制。吕氏治学气象宏大，读书论学皆能从大处着眼，其论古书体例尤重部类分别，家数流派，于具体而微的古书体例虽也有涉及，惜未对此进行专门论列，故而似乎显得不够系统、不够深入。吕氏由对古书体例的体认从而对当时的辨伪学方法有所批评，且多契中肯綮，但对于古书辨伪，吕氏所重在于以学术思想线索进行评判，认为"大抵时代相近，则思想相同""前人之言，即与后人同处揣度，亦恒较后人为确"⑤；又其谓诸子之书，"真伪混淆""异家错处"，亟待"拣剔"，而其法"仍宜就其学术求之"，观学术之同异，

① 吕思勉：《经子解题》，华东师范大学出版社 1995 年版，第 165 页。

② 吕思勉：《经子解题》，华东师范大学出版社 1995 年版，第 1 页。今按：吕氏受到现代西学影响，故能提出此说，颇具现代意味。

③ 吕思勉：《经子解题》，华东师范大学出版社 1995 年版，第 9 页。

④ 吕思勉：《经子解题》，华东师范大学出版社 1995 年版，第 106 页。

⑤ 吕思勉：《经子解题》，华东师范大学出版社 1995 年版，第 5 页。

求其自来、分合之由①。这种以学术及思想线索辨别古书真伪的方法有其先天的缺陷，胡适对此已有所觉察，且吕氏对此也并非不了解，其知“此法今人必讥其偏于主观”，但在对以所记史事及文字体制为主的辨伪方法提出批评、在“考校书中事实及文体之法，既皆不足恃”的情况下，谙熟学术流别的吕氏只得将学术及思想线索作为辨别伪书的有效方法。

第四节　余嘉锡的古书体例研究及对辨伪学的思考

一、余嘉锡生平及主要著作②

余嘉锡（1884—1955），字季豫，后号狷庵，或称狷翁，湖南常德人。其父嵩庆公，字子澂，清光绪二年（1876）进士，以户部主事出为河南知县，官至湖北候补知府，深通经史，自为其子启蒙授课。余氏自谓“束发受书”，“《五经》《楚辞》《文选》既卒业，即命观四史、《通鉴》，学为诗古文，不令习时艺也”③。可知余氏自幼秉承家教，诵读经史文章。其少年时期便立志著述，自云“十四岁时作《孔子弟子年表》，又读《郁离子》，效其体著书数万言，十六岁注《吴越春秋》”④。光绪二十七年（1901），中乡试举人，其主考官是时为翰林院编修侍读的柯劭忞。余氏此后入京，被选为吏部文选司主事，因丁父忧回籍。清末停科举，立学校，应常德官立中学、西路师范学堂之聘，教授文史。辛亥以后，受聘在常德师范学堂授课。其时，乡榜同年谭延闿督湘，电请其出山，坚辞不往。于是取孔子所谓“狷者有所不为也”之义，自号狷庵，又称狷翁。后得柯劭忞介绍，于1927年到北京，馆于《清史稿》主编赵尔巽家，教授赵氏弟子，同时辅佐审阅《清史稿》初稿。后与时为辅仁大学校长的陈垣结识，即受聘为该校讲师，同时于北京大学、女子师大、中国大学等高校兼课，讲授目录学。1931年，被聘为辅仁大学教授，并兼任国文系主任。“九·一八”事变后，一度避居湖南家乡，后又回辅仁大学任教。卢沟桥事变后，北平沦陷，辅仁大学因是德国人主持校务的教会学校，未受到太大的干扰，成为沦陷区的一所不受敌伪支配的独特学府，故余氏得以于此继续任教。在此期间，余氏作《宋江三十六人考实》《杨家将故事考信录》等文表励气节。余氏自1931年至1949年，始终任辅大国文系主任，其中1942年兼任文学院院长。1948年，以《四库提要辨证》一书当选为中央研究院院士。中华人民共和国成立后，受聘为中国科学院语言研究所专门委员，后退居潜心著述，因辛劳过度而罹病，后患脑溢血致瘫，于1955年除夕在京逝世，享年72岁。

---

① 吕思勉：《经子解题》，华东师范大学出版社1995年版，第106页。

② 余氏生平及主要著述主要参见周祖谟、余淑宜所作《余嘉锡先生传略》，收入《余嘉锡论学杂著》附录，本书相关内容基本以此为准。

③ 余嘉锡：《四库提要辨证·序录》，中华书局2007年版。

④ 参见《四库提要辨证·序录》余氏自述。《余嘉锡文史论集》所附周祖谟、余淑宜所作《余嘉锡先生传略》云余氏少作弃而不存，余嘉锡：《余嘉锡文史论集》，岳麓书社1997年版，第663页。

正如陈垣所言，余氏学问得于目录学甚深，且其终生之学问，也是以目录考辨为主①。虽然余氏以考索四库为恒业，但其学并非限于校勘文字、辨析版本，而是要以“提要”为津逮，以达考辨学术之目的。可以说，余氏为学虽主于目录学，但实际上是以目录学为津筏，最终目的在于辨章学术，考镜源流，这也是余氏认为的目录学的意义之所在。故在余氏看来，所谓目录学，实非狭义的甲乙簿记之学，而是能考辨学术的“学术之史”，在此意义上，余氏之目录学范畴略近于章学诚之校雠学②。余氏学问基底为目录之学，其 17 岁时即开始《四库提要》“辨证”的工作，终其一生均以此为“恒业”，故《四库提要辨证》一书可谓其毕生精力所注③。《目录学发微》与《古书通例》两书原为余氏 20 世纪 30 年代在北京各大学授课所用讲义④，《世说新语笺疏》写于北平沦陷期间。此外，《余嘉锡论学杂著》收录了部分余氏的论文、序跋⑤。另外，余氏著作未刊行者尚有《汉书艺文志索隐》及《元和姓纂提要辨证》⑥。余嘉锡同时还是现代四库学的开拓者与批判者。

二、余嘉锡关于古书体例的研究和总结及其对辨伪学的思考

余嘉锡谓目录学之宗旨在“辨章学术，考镜源流”，此其与章学诚《校雠通义》主旨相通⑦，并认为此二语正是目录学之功用所在。然余氏认为，章氏《校雠通义》所欲发明向、歆校雠之例，但章氏未能详考向、歆遗说，而仅就《汉书·艺文志》为说，虽号宗刘，实只论班。且余氏认为章氏所谓“辨章学术，考镜源流”者，亦即就《汉书·艺文志》各类后之小序而言，此提法至为精赅，但却“不知刘向之《别录》，其于学术源流功用为更大也”⑧。且对于校雠之名义与概念，余氏之理解不同于章氏。余氏据《风俗

① 《余嘉锡文史论集·陈垣序》，岳麓书社 1997 年版，第 2 页。

② 关于余嘉锡目录学与章学诚之校雠学的关系参见下文。

③ 《四库提要辨证》除《余嘉锡先生传略》所列之科学出版社、中华书局版本外，还有云南人民出版社 2004 年版及中华书局 2007 年第 2 版。本书所据即为中华书局 2007 年第 2 版，下不繁注。

④ 《目录学发微》与《古书通例》两书除《余嘉锡先生传略》所列版本外，尚有上海古籍出版社 2001 年《余嘉锡说文献学》版、中国人民大学出版社 2004 年《国学基础文库》版、中华书局 2007 年《余嘉锡著作集》版、时代文艺出版社 2009 年《老北大讲义丛书》版、凤凰出版社 2009 年《余嘉锡讲目录学》版、岳麓书社 2010 年《民国学术文化名著丛书》版，以上均为《目录学发微》与《古书通例》合刊。本书所据为中华书局 2007 年合刊版，下不繁注。

⑤ 《余嘉锡论学杂著》增补后改名《余嘉锡文史论集》由岳麓书社出版，中华书局于 2007 年发行《余嘉锡论学杂著》第 2 版。本书所据为中华书局 2007 年第 2 版，下不繁注。

⑥ 彭林主编之《中国经学》第 2 辑，广西师范大学出版社 2007 年版，刊有余嘉锡《汉书艺文志索隐稿》选刊（序、六艺）上，《中国经学》第 3 辑，广西师范大学出版社 2008 年版，刊有余嘉锡《汉书艺文志索隐稿》手迹及《汉书艺文志索隐稿》选刊（序、六艺）下。另，余氏《四库提要辨证·序录》谓其著《元和姓纂提要辨证》，周祖谟、余淑宜所作《余嘉锡先生传略》谓未刊者为《元和姓纂校补》，此以余氏自述为准。

⑦ 章氏《校雠通义》开篇即云：“校雠之义，盖自刘向父子部次条别，将以辨章学术，考镜源流。”参叶瑛校注之《文史通义校注》（附校雠通义），中华书局 1985 年版。今按：二者之间有古代、现代之别，并非全同。

⑧ 余嘉锡：《目录学发微》第 14 页。

通》引刘向《别录》，释校雠之义为校正上下谬误，故校雠意即审订文字，而郑、章之校雠，实为涵盖较广的治书之学，除包涵求书、藏书、校书、书（学）源流内容外，更要之处即在于详论部次条别以及编次之法，这当然属于余氏所视之目录学范围，所以余氏谓“渔仲、实斋著述论目录之学，而目为校雠，命名已误”，且根据对校雠之义的这种理解，余氏认为朱一新所云“目录校雠之学所以可贵，非专以审订文字异同为校雠也……世徒以审订文字为校雠，而校雠之途隘，以甲乙簿为目录，而目录之学转为无用”，此说非也①。又余氏对章氏所言“古人著录，不徒为甲乙部次计。如徒为甲乙部次计，则一掌故令史足矣，何用父子世业，阅年二纪，仅乃卒业乎？”略有论辨，谓刘向校书皆校雠已定，乃缮写作录，故不得不缓②。综合以上余氏之论辩可以看出，虽然余嘉锡对校雠名义有不同理解，但其心目中的目录学与其所论辩的观点并无实质性差别，其同样认为“目录不专是校雠版本耳”，同样认为目录不当仅为甲乙簿记，其体制要而有三：篇目、序录及小序。

关于余嘉锡之目录学，其中可注意之处在于，其目录学与后世分科已定之目录、版本、校勘之目录学不同，因为余氏之目录学涵盖校雠文字、辨别版本的内容，如其言“目录不专是校雠版本耳”，其意为目录除校雠版本之外另有内涵，又云：“夫古人之备致众本，原以供雠校……且校雠文字，辨别版本，虽为目录之所有事，今皆别自专门名家，欲治其学，当著专篇。”③ 可见，余氏深谙校雠、版本分科之情状，而其以目录学涵盖两者，所以，相对于此后专门的目录学，余氏目录学可暂谓之广义目录学，故在此意义上，上文有“余氏之目录学范畴略近于章学诚之校雠学”之谓。当然，如前所述，郑、章校雠之学可谓治书之学，其包罗宏富，然其核心内容即在于部类条别，编次类例，所以，余嘉锡对目录学的理解可谓得郑、章精髓，其能以“辨章学术，考镜源流”综赅其目录学之旨也可谓只眼独具了。所以，余氏虽不赞同广义校雠说，但能汲其精髓，他对目录学的界定与阐述抓住了古代治书之学最核心的内容。其《目录学发微》一书作为近代学术转型意义上较早的阐扬目录学的著作，这也从某种程度上参与并推动了相关学科从传统形态向现代转型的过程。除此广义目录学外，还可见余嘉锡深契郑、章校雠之义的是其对古书通例的总结，余氏的这一工作可以说具有开创性的意义，不仅丰富了传统治书之学的内涵，创造性地对其广义目录学的实践进行了出色的归纳和升华，实际上更参与了近代以来对我国古书的第一次反思④，深化了我们对古书的认识。

余嘉锡对古书体例的总结集中体现在其《古书通例》一书中。周祖谟在此书前言论及此书作意，称此书为余氏20世纪30年代在北京各大学讲授校读古籍时所写的讲义，又

---

① 参见余嘉锡：《目录学发微》第13~14页。

② 参见余嘉锡：《目录学发微》第13页。

③ 参见余嘉锡：《目录学发微》第82页。

④ 这里借用李学勤的讲法，将以“古史辨”为代表的疑古思潮视作对古书的第一次反思，将大批简帛文献出土背景下开展的对古书的重新审视视作对古书的第二次反思。参见李学勤：《对古书的反思》一文，收入《简帛佚籍与学术史》，江西教育出版社2001年版。

名《古籍校读法》①。对于古书校读法，刘咸炘谓其内容为通文字及明旨意，其中名旨意则需定体达例，必知部次，此实为关乎校雠学之内容②。由刘氏所言，则余嘉锡对于古书体例的总结，实为古籍校读法之一部分。此观点也为当代学者所接受。故关于此书之书名，有学者认为余氏更改书名是因为旧名与书之内容名实不符③，因此书内容多为针对古籍形成过程、编著、体例、流传等所独具的特性而发，更侧重从文献学的角度来讨论如何阅读古籍，而与校书关系不大，《古书通例》之书名似更加适宜④。以内容而言，余氏此书以《古书通例》名之诚为适宜，然从其书名迁改之状，约略可见余嘉锡对相关问题的一些思考，同时也为研究校雠学与古书校读法之分野及关系提示了一种思考的进路。

《古书通例》虽为余嘉锡授课讲义而非为有针对性的专著，但通观其书内容，再虑及其时"疑古学派几乎笼罩了全中国的历史界"⑤ 的状况而论，其授课及成书是有所针对的。正如有学者所指出，余嘉锡于其书中表彰刘向整理中秘图书的贡献，盛称"使后人得见周秦诸子学术之全者，向之力也"⑥，"今人得见秦汉古书者，刘向之功也"⑦，除专章论列刘向于古书校雠编次之功外，对读古书者"徒取一字一言，执意必知见，过信过疑"⑧ 的做法表达了意见。余嘉锡在《古书通例》一书绪论中论辨古书真伪有三法及三难，方法一曰：考知史志及目录以定其著述之人及其书曾否著录，然周秦之书不皆手著，史志所载之撰人不尽为著述之人，且即便不论史志记载是否能尽举天下之书及或有讹误之处，古书自有别称、单篇别行及后世复出、献自外国等种种情况，因此，以史志及目录考定真伪之法不尽可凭，此其难一也；方法二曰：考之本书以验其记载之合否，然古书有不出自一人者，或成于众手，或编次于身后，故"学案与语录同编，说解与经言并载"，又有"笺注标识，混入正文，批答评论，咸从附录"者，以致"语不类生平，事并及于身后"，又古书多有拟托者，"造作语言，设为主客之辞，鸣其荒唐之说，既属寓言，难可

---

① 余嘉锡《古书通例》卷首。有学者认为余氏更改书名是因为旧名与书之内容名实不符，其书言古书通例而未涉校读，参见赵逵夫：《校读法的概念、范围与条件》，《古籍整理研究学刊》2007 年第 3 期。其实古书体例研究本即为古书校读法的应有之义，前举刘咸炘便谓校读法内容为通文字及明旨意，其中明旨意则需定体达例，必知部次，此实为关乎校雠学之内容；今人宋子然将古书校读法的内容归纳为八条，与之相应的施行方法分两步，一即为了解古书通例，二是发现古书记载错误，参见宋子然：《古书校读法略论》，《四川师范大学学报》1991 年第 4 期。可见对于古书体例的了解是古书校读方法的重要组成部分，余氏之书命名未为不适宜。然从其书名迁改之状，当约略可见余氏对相关问题的一些思考，同时也为研究校雠学与古书校读法之分野及关系提示了一种思考的进路。

② 参见《刘咸炘学术论集·校雠学编》，广西师范大学出版社 2007 年版，第 263 页，《目录学·弁言》。

③ 参见宋子然：《古书校读法略论》，《四川师范大学学报》1991 年第 4 期。

④ 参见赵逵夫：《校读法的概念、范围与条件》，《古籍整理研究学刊》2007 年第 3 期。

⑤ 徐旭生：《中国古史的传说时代》，文物出版社 1985 年版，第 23 页。另张京华：《古史辨派与中国现代学术走向》，厦门大学出版社 2009 年版，第 84 页引徐旭生"在各大学中的势力几乎全为疑古派所把持"语应为徐氏书第 26~27 页。今按：徐旭生之说未免过于夸张，不足为据。疑古仅一派而已，还有信古派、释古派同时并存。

⑥ 余嘉锡：《古书通例》第 274 页。

⑦ 余嘉锡：《古书通例》第 278 页。

⑧ 余嘉锡：《古书通例》第 278~279 页。

庄论”①，故考之本书以验其记载之法而辨古书真伪，容有未尽也，此难二也；方法三曰：考之群书之所引用，以证今本是否原书，然古书不免阙佚，加之传抄讹误，编次不同及分合不定，又或后人重辑，疏漏之所难辞而言伪造则非其罪，故考群书所引用辨古书真伪之法，尚非其至也，此难三也。以此三难，是生四误：不知家法之口耳相传而概斥为依托，误一；不察传写之简篇讹脱而并疑为赝本，误二；不明古书之体例而律以后人之科条，误三；不知学术之流派而绳以老生之常谈，误四。余嘉锡所总结之辨别古书真伪的三法、三难及四误可谓简赅，将之审视梁启超的辨伪“十二公例”及当时主要的辨伪方法，可见其发论的宏阔赅备及只眼独具。

余嘉锡《古书通例》共分四卷，每卷涵括数条通例，每条中详列事例，可谓条分缕析。其卷一为“案著录”，下分“诸史《经籍志》皆有不著录之书”“古书不题撰人”“古书书名之研究”“《汉志》著录之书名异同及别本单行”四条，每条下条列事例，如“诸史《经籍志》皆有不著录之书”条，以下分别就正史之《经籍》《艺文》六篇之志及《四库提要》举例说明诸史《经籍志》有不著录之书。即以《汉书·艺文志》为例，余氏总结其有不著录之书原因有三：一则为民间所有而秘府未收，如《元王诗》也；二则为国家法制不入校雠，如叔孙通之《汉仪》；三则为西汉末年时人著作，未入中秘者，《七略》不录，《汉志》亦不补入。又有可稍加注意处，以《新唐书·艺文志》论书有不著录例，谓有“古书往往不入秘府，而复出于民间”的情况②，以敦煌石室所出唐写本书为例，其间即有出于新、旧《唐书·艺文志》之外者，此处以出土材料为据，自更具说服力。又如其“古书不题撰人”条，其要谓古人著书，不自署姓名，惟递相传习，知其所从出，而以之题名，故古书称某氏者，或出自其人手著，或门弟子始著竹帛，或后师有所附益，大抵汉、晋之后书始多自署名。余嘉锡以《易》《书》《诗》《礼》之经文及诸家传记、章句，又及诸子皆举例说明之，以此而明古书题名自具体例，以后世规模视之则“鲜有不见抵牾者”，其论可谓翔实。“古书书名之研究”条归为五例分别论述之，一为官书命名之义例，二为古书多摘首句二字以题篇，若其书只一篇，则即以为书名，三为古书多无大题，后世乃以人名其书，四为《汉书·艺文志》于不知作者之书乃别为之名，五为自撰书名之所自始。“《汉志》著录之书名异同及别本单行”条先论《汉志》著录之书名异同例，分班固该题《七略》书名例，《别录》书有数名而《汉志》仅录其一例，刘歆、班固于一人著录且同为一家学者为之定著同一书名例，今之书名为汉以后人所改而与《汉志》不合例；此以《鬼谷子》编入《苏子》，《新语》编入《陆贾书》，《六韬》编入《太公书》明古书别本单行之例。

卷二“名体例”，下分“秦汉诸子及后世之文集”“汉魏以后诸子”“古书多造作故事”三条。前两条论子、集源流及其分野，畅论文源出六经诸子之说，略明古之人不汲汲于文名，彼时“以道术为体，而以文章为用”，故古人之文，皆在六艺、诸子之中而不别为文集者③。汉武以降，惟六艺经传得立博士，则汉人子书，初无门人受业，其书幸而

① 余嘉锡：《古书通例·绪论》第186页。
② 余嘉锡：《古书通例》第196页。
③ 余嘉锡：《古书通例》第242页。

得传者，端赖文章之奇伟。此所以汉魏以后诸子无不鞶帨其文词也①。东汉以后，以儒立教，以农立国，故所著子书，惟儒家著作得其近似，此外之诸子九流者，大率以别子旁宗入继，求之所自出，几于无类可归。魏晋以后儒家，名为子书，实则词章②。余嘉锡此论子、集之异同及源流嬗变，除可知古今学术之得失外，于古书不皆手著、古书单篇别行及多有附益等情状多所关涉，且对后世以集之体制观照诸子著作以致抵牾处，也颇资鉴镜。“古书多造作故事”条大要谓诸子之书，百家之说，因文见意，随物赋形，或引书以证其言，或设喻以宣其奥，若必为之训诂，务为穿凿，不惟事等刻舟，亦且味同嚼蜡矣③。余嘉锡将古书多造作故事之故之端归为七：一曰托之古人以自尊其道；二曰造为古事以自饰其非；三曰因愤世嫉俗乃谬引古事以致其讥；四曰心有爱憎，意有所向，则多溢美溢恶之言，叙事遂过其实；五曰诸子著书，词人作赋，义有奥衍，辞有往复，则设谓故事以证其义，假为问答以尽其辞，不必实有其人，亦不必真有此问；六曰古人引书，唯于经史特为谨严，至于诸子用事，苟有助于文章，固不问其真伪也；七曰方士说鬼，文士好奇，乃虚构异闻，造为小说也。由此七端，则可知诸子所记，多出古书，虽有托词，而不尽伪作；若虽意有未安而事不可尽考，则姑云未详细以待定论。如曰断之自我，是谓尤而效之，曰“盖厚诬古人，与贻误后学，其揆一也”④。虑及其时古书疑伪的情状及方法，此真可谓有感而发。其书多如此类。

卷三“论编次”，其中分“古书单篇别行之例”“叙刘向之校雠编次”“古书之分内外篇”条。如其“古书单篇别行之例”归之有三：一为本是单篇，后人收入总集，其后又自总集内析出单行；二为古书数篇，本自单行，后人收入全书，而其单行之本，尚并存不废；三为本是全书，后人于其中抄出部分以便诵读。“叙刘向之校雠编次”条专论刘向于古书校雠及编次体例，并谓“非明于刘向编校之故，则不能读《汉志》”⑤。“古书之分内外篇”条例举古书分内外篇之例，条别其状，推求原由，谓以内外篇分为二书者，必其同为一家之学而体例不同者也；凡一书之内自分内外者，多出于刘向，且其外篇大抵较为肤浅，或并疑为依托者。至谓古书之分内外篇，犹后世之文集之有内外也，诗文之见于外集者，或当时失不收拾，佚而复出，亦固有精湛者存，特多为作者不存之稿及删去之文，少年之作、未定之论往往杂出其间，所以大致较内集为肤浅，然何可即指为造伪，且内集不皆手定，亦何可尽信，诸子亦类是。若因书中有可疑之处而尽指为伪作，则唐、宋人之集，又何异于古书，而其中即一无可信耶?⑥ 又卷四“辨附益”下“古书不皆手著”条⑦，谓“后人习读汉以后书，又因《隋志》于古书皆题某人撰，妄求其人以实之，遂

---

① 余嘉锡:《古书通例》第250页。

② 余嘉锡:《古书通例》第251页。

③ 余嘉锡:《古书通例》第253页。

④ 余嘉锡:《古书通例》第264页。

⑤ 余嘉锡:《古书通例》第279页。

⑥ 余嘉锡:《古书通例》第286页。

⑦ 此书前言谓“本书作为讲章，可惜没有全部写完，卷四《辨附益》一篇仅有‘古书不皆手著’一节，说明古书中属于弟子门人附益的文字并非伪作。至于后世羼乱增益的情况，当别有说，而文章缺如”。《古书通例》第180页。又《古书通例》“诸史经籍志皆有不著录之书”条下云“当于‘辨真伪篇’言之”，似其书尚计划有“辨真伪”篇，见第200页。

谓古人著书，亦如后世作文，必皆本人手著。于其中杂入后人之词者，辄指为伪作，而秦、汉以上无完书矣”①，此正为不知古人著述之体使然。余嘉锡总结后人辑著者言行之状有数端：一曰编书之人记其生平行事附入本书，如后人文集附列传、行状、碑志之类也；二曰古书既多后人所编定，故于其最有关系之议论，并载同时人之辩驳，以著其学之废兴，说之行否，亦使读者互相印证，因以考见其生平，即后世文集中附录往还书札赠答诗文之例也；三曰古书中所载之文词对答，或由记者附著其始末，使读者知事之究竟，犹之后人奏议中之录批答，而校书者之附案说也；四曰古书之中有记载古事、古言者，此或其人平日所诵说，弟子熟闻而笔记之，或是读书时之札记，后人录之以为书也；五曰诸子之中，有门人附记之语，即后世之题跋也。余嘉锡以为“当先明古人著作之体，然后可以读古书”②，若不明古人著作之体例，不能深察著述变迁之迹，而好执当时之例以议古人，则考辩论说，不胜其纷纷矣。③

三、余嘉锡古书体例研究评述

余嘉锡著述以《四库提要辨证》影响最大，其次为《目录学发微》，因其作为较早的系统论述目录学的著作而为世所重。除此而外，随着出土文献的不断问世，尤其是20世纪70年代以后，余嘉锡《古书通例》一书的价值引起了学界愈加广泛的重视。虽然余嘉锡相关自述显示，其为学历程是从目录学入手，受张之洞《书目答问》的启发，以《四库全书总目》为主攻方向④，并取得了相当的成就，但细读其书，尤其是《目录学发微》与《古书通例》，可以发现，余嘉锡对章学诚校雠之学有深入的体认，其目录学与古书通例的相关研究均与章氏校雠之学有相当渊源，甚至可以说，余嘉锡继承和发展了郑樵、章学诚的校雠学，并以此参与了近代中国的学术转型。

欲了解余嘉锡之学与郑、章校雠学的关系，首先需要对校雠学名义稍加廓清。“校雠”一词最早见于西汉刘向《管子序》，其文曰：“所校雠中《管子》书三百八十九篇。”又《文选》左思《魏都赋》注引应劭《风俗通义》曰：

> 案刘向《别录》：“雠校，一人读书，校其上下，得谬误为校；一人持本，一人读书，若怨家相对，故曰雠也。”

据此，校雠（雠校）当指校订文字讹误之意。然刘向、歆父子领校秘书，其所做工作除校正文字外，还有审定篇第、抉择存本、编撰目录等内容，故后世也将刘氏这些工作统名为“校雠”⑤。所以，校雠有狭义与广义之分，狭义的校雠指校正文字，其涵义同校勘；广义的校雠或校雠学以南宋郑樵《通志·校雠略》、清章学诚《校雠通义》为代表，实为

---

① 余嘉锡：《古书通例》第287页。
② 余嘉锡：《古书通例》第296页。
③ 余嘉锡：《古书通例》第291页。
④ 参余嘉锡《四库提要辨证》一书序录。
⑤ 以上关于校雠的义训参看管锡华：《汉语古籍校勘学》，巴蜀书社2003年版，第4~5页。

古代的治书之学，其范畴基本等同于文献学①。

章学诚谓："校雠之义，盖自刘向父子部次条别，将以辨章学术，考镜源流。"② 此语遂成为校雠学所追求的目标。此"辨章学术，考镜源流"功能的实现，需部次条别，疏通类例，而这基本要靠编撰目录来实现③。因此，在此意义上可以说，目录学为郑、章校雠学最为核心的内容。不过即如上文所述，在余嘉锡看来，校雠即辨识版本、校正文字，其意略同校勘，为目录学中应有之义，且在余氏看来，章学诚所提"辨章学术，考镜源流"确为精当，只是"渔仲、实斋著书论目录之学，而目为校雠，命名已误……特目录不专是校雠、版本耳"④，"校雠文字，辨别版本，虽为目录之所有事，今皆别自专门名家，欲治其学，当著专篇"⑤。如若不纠缠于对校雠义涵的分歧，从各自的内涵来看，余氏之目录学与郑章校雠学的范畴大致吻合，虽则名义不同，然要言之，两者所指涉之辨识版本、校正文字、编撰目录等治书之学的主要内容是基本一致的⑥。因此，从表面上看，余氏对郑、章之校雠学颇有辨析，然则余氏之学于此中得之实深。所以，虽则余氏自述其问学历程，叙及其学以目录入手，受张之洞《书目问答》影响，并以《四库全书总目》为主攻方向，实则其学亦深得章氏校雠学之精髓。对于余氏《目录学发微》，后世但以较早的目录学著作视之，然则余氏之目录学范畴，实略同于郑章校雠学，其涵盖远较后世专门的目录学为广。然余氏独举目录之义，论列目录之体例，以目录为"辨章学术，考镜源流"之津筏，庶几于目录学之于校雠学而专门化、学科化之情状盖有力焉，以此而论，余嘉锡对于目录学脱离古代混而为一的治书之学的形态而趋向专门化、学科化这一转型过程，起到了一定的作用。

若以余嘉锡力倡目录学为得郑、章校雠学之精髓的话，则其关于古书体例的研究可谓使附庸蔚为大国。对古书某些体例，郑樵、章学诚也有所涉及，如郑、章均认为校雠之精义在于别类例及定编次，故于此多加申论。郑樵《通志·校雠略》有"编次必谨类例论六篇"将古书分十二类，详论书之类别剖分，其论编次有"编次必记亡书论三篇""编次失书论五篇""编次之讹论十五篇""编次有叙论二篇""编次不明论七篇"，此外与编次有关者实多，有"书有名亡实不亡论""见名不见书论""亡书出于后世论""亡书出于民间论""编书不明分类论"等；章学诚《校雠通义·宗刘篇》承郑樵部类之论而发，论

---

① 关于校雠学诸定义可参看李晓明：《20 世纪上半期有关校雠学定义的辨析》，《华中科技大学学报》2007 年第 5 期。其实胡朴安、胡道静《校雠学》对校雠学的定义（商务印书馆民国二十三年版，第 1 页）基本合乎郑、章校雠之学的内容，只是尚需补充及强调的一点是，章学诚关于古书体例的总结也是其校雠学的重要组成部分，故胡氏叔侄具列校雠学内容似尚需补入古书体例的研究和总结，故而胡氏叔侄笼统言之的校雠学包括"举凡一切治书事业"反而更加准确。鉴于此，则张舜徽校雠学即为文献学的观点则显得更为贴切。

② 叶瑛：《文史通义校注》，中华书局 2017 年版，第 945 页。

③ 胡氏叔侄《校雠学》一书将校雠学的方法归纳为六个方面：（1）逸书蒐辑，（2）真伪辨别，（3）底本互勘，（4）群籍钩稽，（5）篇第审定，（6）目录论次。以其中的（1）为第一步工夫，（2）（3）（4）（5）为第二步工夫，（6）为第三步工夫。可以看出，第一、二两步工夫均要以论次目录来表现。

④ 余嘉锡：《目录学发微》第 14 页。

⑤ 余嘉锡：《目录学发微》第 82 页。

⑥ 当然，郑章校雠学尚有搜书、藏书之法，然并不影响余氏目录学主要内容与之类似。

略“七略”流为“四部”之理势，经史子集及类书、书钞、评点之书类例划分，章氏又有专篇分论《汉书·艺文志》各部类①，对于编次，《校雠通义》之《互著》《别裁》论编次之法，《辨嫌名》《著录残逸》涉及编次之书名问题，《校雠条理》具论校雠编次之法。以郑、章之论观照余氏《古书通例》内容，如诸史《经籍志》皆有不著录之书、古书书名之研究、《汉志》著录之书名异同及别本单行，对秦汉诸子与后世文集关系、刘向校雠编次及古书分内外篇的论述，均不难见其间的渊源关系，即如章氏言公之旨、古书不必手著、多依托及附益等论②，余氏均详为申论。余嘉锡《古书通例》之作，非为余氏首为创制，其所论辨，郑、章二氏多发其端，余氏特以古书通例为专门的研究对象，条分缕析，愈加深细耳。

余嘉锡所论列古书通例虽均有其前导，然余氏能特将之汇而独论，也可见其只眼独具。余氏宣讲《古书通例》之时，正是疑古辨伪思潮产生巨大影响之际，而对古书之疑伪，多有因不晓古书——尤其是汉魏以前之古书——体例而致有疑古过勇之嫌，余氏对古书通例的总结和研究，可谓切中肯綮，正如有学者所言，学界对先前书体书例的总结，实际上几乎可以说是迄今为止破解疑古过勇的唯一有效途径③。因此，余氏对古书通例的研究是有其针对性的，其工作大要在于对当时某些疑古辨伪过勇的做法提出一些有说服力的意见。所以，余氏可谓以郑、章校雠学作为资源，以对古书体例的研究为切入点，对当时疑古辨伪过勇的态势做出回应。余氏不仅首次将古书体例作为单独的对象进行专门研究，而且以之为进路，结合自身的目录学研究，充分继承并发展了传统校雠学研究的精神与方法，对传统校雠学的某些内容进行了创造性地总结和研究，并以此与古史辨派一道，参与了对古书的第一次反思，且将此次反思带入了一个较为深入的阶段。同时，也参与到了传统的治书之学——校雠学——向近代学术形态转变的过程当中，并对其起到了促进作用。

只是以今视昔，对于余嘉锡的古书体例研究，稍留遗憾之处似在于，余氏所论仍为以古书论古书，虽与疑古派对古书的考辨理路不同，但所使用的材料范畴基本相同，故而对于提出了一整套解释模型的疑古辨伪运动来说，其说服力就显得较为有限。这也是余氏古书通例的研究工作在当时未能产生更大影响的主要原因之一。虽则余氏在其《古书通例》一书中略以敦煌石室唐写本以资证明其论述，然其所用文献基本为传世古书，若能补以出土文献做一手材料证成己见，则说服力当更为坚强。不过此种工作于王国维处得到了精彩的呈现。余氏对古书体例的研究作为对某些疑古过勇做法的回应，在当时并未产生应有影响的原因，除了上述其材料范畴与疑古派无异，且解释模型不够成熟、精致等学理本身的

---

① 参见《校雠通义》卷三：汉志六艺第十三、汉志诸子第十四、汉志诗赋第十五、汉志兵书第十六、汉志术数第十七、汉志方技第十八。

② 章学诚《淮南子洪保辨》曰：“古人有依附之笔，有旁托之言，有伪撰之书，有杂拟之文，考古之士，当分别观之。依附之笔，门人弟子为其学者，辗转附益，或得其遗，或是其旨，或离其宗，各抒其所见也。旁托之言，诸子著书，因寄所托，标其风旨，有所称引，人即传为其人自著。”参见《章学诚遗书》，文物出版社 1985 年版，第 61 页。

③ 参见张京华：《古史辨派与中国现代学术走向》，厦门大学出版社 2009 年版，第 88 页。

原因外，也可能与当时的学术界“权势转移”情形有关①。当时疑古派的主将如胡适，提倡以科学的方法整理国故，其学术操作从某种意义上即具有范式的意义，成为“新”的象征，而与之相较，余氏的研究工作多少呈现为较为“陈旧”的学术形态，而在当时的时代语境之下，新旧对比之开新与守旧，基本等同于先进与落后，故而受时代思潮所制，余氏关于古书体例的研究在当时未产生太大影响也就不难想见了。当然，余氏相关研究在当时影响有限的原因还有数端，如其学以目录学为主，囿于精力，于古书体例研究则未能竭力精思，睹其书未竟即可知；又余氏相关研究成果长期以讲义形态存在，出版时间较晚，此前亦未公开发表，故其说影响不广。从顾炎武到俞樾，有清三百年考据学家对于古书通例进行了大量的研究，章黄学派乃其余绪，而余嘉锡对这一条学术主线关注不够，现代学术界也多有忽视。

本章小结

由于近代疑古辨伪活动的刺激，校雠学以其特有的方式参与了对古书的反思。以上孙德谦、刘咸炘、吕思勉、余嘉锡四大家关于古书体例的研究，其直接动因大致皆出于对疑古辨伪活动的回应，且均深谙校雠之学，故可据之以为资源而发论。其相关古书体例的论述多瞩目于两个层面：古书部类条别——经、史、子、集源流部别和较为具体的古书通例——名目、篇卷、撰述体例等，基本明确了古书体例研究的大致范畴。

孙德谦是较早的一位以校雠义例观照疑古辨伪活动的传统学者，他对古书体例的总结及古书体例与古书考辨关系的申述，可谓筚路蓝缕。与孙氏相较，刘咸炘不单以校雠为资源观照疑古辨伪活动，更能在此基础上，对传统校雠学展开审视，故相关见解更加入微、更具条理，也更为自觉。刘氏将古书部类条别拎出而专论，古书体例另书论列的做法，最能凸显其对古书体例研究更加自觉的体认，实为其后余嘉锡《目录学发微》专论部类衍变、《古书通例》专论古书体例这种更加专门的做法开了先河。余氏二书堪谓疑古辨伪思潮之下传统校雠学转型的某种标志。传统校雠学出于“辨章学术，考镜源流”之旨，其学实多瞩目于部类条别及编次之法，于具体的古书通例论列相对薄弱。余氏将涵盖于传统校雠学中的古书体例拎出而成为专门的研究对象，廓清了相关研究范畴，实际参与并推动了校雠学从传统学问形态向近代学术转型的过程：《目录学发微》一书作为近代学术转型意义上较早期的阐扬目录学的著作，从校雠学的角度对目录学进行了思考，将这一工作带入了较为深入的层面，丰富了近代目录学理论，参与了近代目录学的形成；《古书通例》将古书体例作为专门的研究对象，这一创造性的工作，在丰富了传统治书之学内涵的同时，也使相关研究更系统、全面及精细，而更重要之处在于，以古书体例研究为进路，开展了对疑古辨伪活动的方法论反思，明确了一种有效的研究方向。孙子导夫先路，刘子专论部类，吕子以西阐中，余子重申宗旨。古书条例渐明，然于有清三百年之古书条例成果未能融会贯通，尚待后起者博综约考，使斯学完美收官。

---

① 关于中国近代学术界“权势转移”的情形可参看罗志田：《权势转移：近代中国的思想、社会与学术》，湖北人民出版社1999年版。今按：这一“权势转移”是向下处向劣处转移，相对于原来的学术传统无疑是逆转与倒退。

要之，对古书疑伪运动的回应与古书疑伪活动一道，成为对古书第一次反思的重要组成部分。更精确些，可以说是这两条线索相反相成，辩证地完成了此次对古书的反思。如果说胡适的反水是从疑古派内部开始了对古书的反省，那么孙德谦、刘咸炘、吕思勉、余嘉锡四大家则是从外部展开对古书的反思，内外呼应，“君子道长，小人道消”，疑古的声音已经被压下去了，这些智者的声音逐渐产生回响，至近三十年终于成为正音。学术的探讨正是如此，疑古思潮初起，怪论四出，经过理性回应，怪论逐渐被扬弃。在古书疑伪活动的刺激下，古书体例研究作为回应古书疑伪活动的核心问题被提出，进而将对古书的这次反思带向更广阔、更深邃的层面。伴随着 20 世纪下半叶，尤其是 20 世纪 70 年代以后简帛古书大批出土的情况，对古书进行新一轮思考的条件日益成熟，而古书体例研究作为其中一个有效的思考进路和重要的研究方向，仍然有着鲜活的生命力。对于古书体例的研究，其重要渊源在于传统的治书之学——校雠学，在对古书所做的第一次反思中，以古书体例研究为核心，校雠学作为回应及审视古书疑伪活动的重要资源，发挥了独特的作用。同时，在此过程中，传统校雠学的各有关领域逐渐学科化、建制化，从而开启了校雠学由传统学问形态向近代学术形态转型的过程。

第三章

辨伪学的新发展：出土文献与古书年代学

简帛文献的发现源远流长，据文献记载可追溯至汉代。如西汉初年张苍所献《春秋左氏传》及河间献王刘德所征民间书，其中较为著名者如武帝时之“孔子壁中书”。汉以后较著名的一宗简帛发现有西晋武帝时的“汲冢书”，所发现的古书种类颇多，今天尚可见者有《竹书纪年》及《穆天子传》。此后，古代还有多次的简帛发现，主要有：晋元康年间所得汉明帝显节陵中的策文，南齐出土的楚简《考工记》，北齐武平年间项羽妾冢所出《古文孝经》《老子》，北周发现的居延汉简，唐大历间之帛书《古文孝经》，北宋政和年间发现的东汉永初二年的讨羌檄书等①。不过以上简帛文献的出土多为偶然发现，其中除孔壁中书、汲冢竹书外，其余皆稍现而逝，且均未有实物留存。对出土文献进行科学的调查、发掘和研究是从20世纪开始的。

20世纪简帛古书的发现大致可以中华人民共和国的成立为限分前后两个时期。由于历史原因，前一时期的简帛文献发现大多与外国人在中国的“考察”“探险”活动密切相关，简帛发现地区大致局限于我国西北边疆地区，所发现的简帛文献也大多流往国外。这一时期的简帛文献基本为边障官文书、私人信件等，除了《仓颉篇》《急就篇》等小学书外，未发现简帛书籍。中华人民共和国成立后简帛文献的发掘和发现，无论在数量还是质量上，都远超以往。如20世纪50年代出土的湖南长沙五里碑战国楚墓竹简、长沙仰天湖战国楚墓竹简、河南信阳长台关楚墓竹简及甘肃武威磨嘴子汉墓竹木简，其中武威磨嘴子汉墓所出木简存有《仪礼》部分篇章。70年代出现了一个简帛发现的高潮期，较重要的有山东临沂银雀山汉墓竹简、河北定县八角廊汉墓竹简、湖北江陵凤凰山汉墓群竹简、湖南长沙马王堆3号汉墓帛书、居延新简、湖北睡虎地秦墓竹简、安徽阜阳双古堆汉墓竹简、湖北随县曾侯乙墓竹简、青海大通县上孙家寨汉墓木简、甘肃敦煌马圈湾汉代烽燧遗

① 古代简帛发现情况可参阅骈宇骞、段书安：《二十世纪出土简帛综述》，文物出版社2006年版，第176~180页。此处所论列又参及卜宪群：《简帛与简帛学》，《中国社会科学院院报》2006年2月28日。

址木简。80年代简帛发现进入了一个间歇期，较为引人关注的简帛文献出土有湖北江陵张家山汉墓竹简、甘肃天水放马滩秦墓竹简、湖北荆门包山楚墓竹简和湖南慈利石板村战国墓竹简。进入90年代以后简帛发现又形成了一个高潮，且至今不绝。典型如甘肃敦煌悬泉置遗址所出汉代简牍、湖北江陵王家台秦墓竹简、湖北荆门郭店楚墓竹简、上海博物馆入藏的战国楚竹书、湖南长沙走马楼三国吴简以及进入21世纪发现的湖南龙山里耶秦简和2008年7月入藏清华大学的战国竹简。新出简帛古书使我们得以一睹汉魏乃至先秦古书的原貌，大批的"一手"古书文本极大地丰富了我们对于古书的知识，其重要性不仅在于为某些"伪书"恢复了名誉，更在于以战国秦汉古书实物来更新我们对古书的整体认知，对有关史料学概念进行全面而深入的反思。

第一节 对辨伪学的进一步思考
——李学勤、裘锡圭的古书体例研究

李学勤先生是最早提出对古书进行重新反思的学者。早在20世纪80年代，李先生就对在新的历史条件下重新反思古书，进而重新估价中国古代文明的有关课题进行了系统的思考及论述。如在《重新估价中国古代文明》一文中，李学勤基于考古工作的收获及考古学的进展，提出重新估价中国古代文明的时机业已成熟①，并指出以往我们对中国古代文明发展高度的估计，恐怕在一些方面显著地偏低了②。对于我国古代文明发展程度估计偏低的原因，李学勤认为主要有二：一是不适当地套用了外国历史的观点，再一个就是经学今文学派的影响③。其中后者虽具有特定的思想解放的意义，对古书考辨也取得了不小的成绩，然而其中也不乏疑古辨伪过勇的势头，造成了不少"冤、假、错案"④。疑伪过勇的偏差"每每是由于对古书的形成传流没有足够的认识"，在印刷术发明之前，古书都是书于竹帛甚至依靠口传的，历久传流，"编次的变化，文句的更改，后世词语的羼入"，"都是可能的，或者是不可避免的"⑤，这并不能当做古书造伪的依据。简帛古书发现的意义在于"提供给我们的有关古书形成过程的新知识""可知古书的形成要经过复杂的过程，一篇文字常有几种传本，通过若干学者之手"⑥。其实重新估价中国古代文明，其核心内容是材料问题，这其中就包含了材料的数量、质量等材料本身的问题以及对待材料的

① 李学勤：《重新估价中国古代文明》，《当代学者自选文库：李学勤卷》，安徽教育出版社1998年版，第1页。此文原载《人文杂志》增刊《先秦史论集》，1982年。

② 李学勤：《重新估价中国古代文明》，《当代学者自选文库：李学勤卷》，安徽教育出版社1998年版，第6页。

③ 李学勤：《重新估价中国古代文明》，《当代学者自选文库：李学勤卷》，安徽教育出版社1998年版，第10页。

④ 李学勤：《重新估价中国古代文明》，《当代学者自选文库：李学勤卷》，安徽教育出版社1998年版，第11页。

⑤ 李学勤：《重新估价中国古代文明》，《当代学者自选文库：李学勤卷》，安徽教育出版社1998年版，第12页。

⑥ 李学勤：《重新估价中国古代文明》，《当代学者自选文库：李学勤卷》，安徽教育出版社1998年版，第12页。

眼光、分析材料的方法两方面义涵，李学勤提出对中国古代文明的重新估价，其依据便是这两方面的进展：考古材料的更新以及基于其上的，或曰由其触发的，对待及分析材料的新理论、新方法。

李学勤所提出的对中国古代文明的重新估价，之所以新，是相对于其所参照之物而言的，这个参照物主要就是 20 世纪二三十年代的疑古思潮，此中学者的核心工作即在于“史料审查”。疑古一派学者在史料审查上取得成绩的同时，也伴随有不少的缺陷，其“根本缺点在于以古书论古书，不能跳出书本上学问的圈子”①。其实早有学者对疑古派史料审查方法上的缺陷有所觉察，并就此提出了富于建设性的意见和方案，如王国维对“古史新证”的论述及其提出的著名的“二重证据法”②，其后，郭沫若以王氏“二重证据法”为出发点，将古书的记载与考古的成果结合起来，再上升到理论的道路，“决定了此后很多年中国古史研究的走向”“应该说这已经超出疑古，而进入新的时代了”③。这种将考古研究与文献研究结合起来的做法是以往“疑古”时代所不能做到的，故而在现今的条件下，走出“疑古”时代不但是必要的，而且也是可能的了④。

考古学与文献学相结合的研究方法中，考古学为文献学研究提供了许多新的、有价值的材料之外，更重要之处在于更新了我们对古书成书及传流情况的认知。李学勤归纳了古书成书及流传过程中的十种值得注意的情形：第一，佚失无存；第二，名存实亡；第三，为今本一部；第四，后人增广；第五，后人修改；第六，经过重编；第七，合编成卷；第八，篇章单行；第九，异本并存；第十，改换文字⑤。古书成书与流传过程中的这些情形，均说明古书形成往往经过很长的过程，历经较大的变动才能最终定型，如果以静止的眼光看待古书，不免有很大的误会⑥。继承我国古籍考辨传统的疑古辨伪思潮开展了规模空前的古书审查工作，“从根本上改变了人们心目中中国古代的形象”，可将之称为对古书的一次大反思⑦，然而在对古书所进行的这次反思中，学者们不十分了解古书形成及流传过程中的一些异于后世古书的情形，基本是以静止的眼光来看待古书的，并简单地以“真”“伪”概念对古书进行评价，这就难免存在一些局限性，其影响至今仍存。在简帛古书大量问世的条件下，进一步了解古书形成及流传过程中的详细情形，这可说是“对

---

① 李学勤：《谈“信古、疑古、释古”》，《古文献丛论》，中国人民大学出版社 2010 年版，第 258 页。此文原刊于《原道》第 1 辑，中国社会科学出版社 1994 年版。

② 参见李学勤：《谈“信古、疑古、释古”》，《古文献丛论》，中国人民大学出版社 2010 年版，第 258~259 页。

③ 李学勤：《谈“信古、疑古、释古”》，《古文献丛论》，中国人民大学出版社 2010 年版，第 260 页。

④ 李学勤：《走出疑古时代》，见《走出疑古时代·导论》，辽宁大学出版社 1994 年版，第 19 页。此文原载《中国文化》1992 年第 2 期。

⑤ 李学勤：《对古书的反思》，《当代学者自选文库：李学勤卷》，安徽教育出版社 1998 年版，第 16~19 页。此文最初刊于复旦大学历史系编：《中国传统文化的再估计——首届中国文化学术讨论会（1986）论文集》，上海人民出版社 1987 年版，第 548~553 页。

⑥ 李学勤：《对古书的反思》，《当代学者自选文库：李学勤卷》，安徽教育出版社 1998 年版，第 19 页。

⑦ 李学勤：《对古书的反思》，《当代学者自选文库：李学勤卷》，安徽教育出版社 1998 年版，第 15 页。

古书的新的、第二次的反思”“必将对古代文化的再认识产生重要的影响；同时，也能对上一次反思的成果重新考察”①。简帛古书的大量问世，使得对古书形成及流传更真实的、更详细的情形的认知成为可能，在此基础上，就有可能就以往对古书的认识进行反思，李学勤指出，从这个角度看，对古书的第二次反思具有方法论意义②。以往对古书的认识及评价是基于“真”“伪”概念的二分法模型，这个模型是基于以静止的观点看待古书的方式，而整合对简帛古书的研究，可以发现古书成书过程是一个动态的、长时段的复杂过程，“真”“伪”二分法模型往往是不适用的，对此，李学勤提出被形象地称作“古籍排队”③ 的考查古书的方法：以出土材料设立几个定点，然后把其他的古书排进去④。此设想的思路是在确定古书相对年代的基础上，若能依托考古材料其中一种古书的绝对年代可以确定，则一系列古书的年代也可以大致确定了。这其实是一种基于更坚实材料（考古材料）的考证古书年代的新方法，而实质上，李学勤是以一种古书考年的方法取代以往基于“真”“伪”的古书判定方法，而这并不是孤例，甚至可以说这种想法已成为学术界的共识：李零提出了“古书年代学”的概念，我国台湾学者郑良树也在同时期提出了以“古籍时代学”取代“古籍辨伪学”的意见。可见，对古书的第二次反思早已不单单是一种具有预见性的提法，而已经实实在在地成为研究者们所着手进行的工作和可以预期的目标。

裘锡圭将20世纪前半叶由疑古活动及其论辩方的工作称为古典学的第一次重建，20世纪后半叶，尤其是70年代之后，基于简帛古书的相关工作为古典学的第二次重建⑤，而后者无疑是个长期的工作，若从20世纪70年代算起，至今仍处在初期阶段⑥。对于古典学第二次重建的、新的史料学基础——简帛古书，裘锡圭着重讨论了简帛古书的文献学意义及其在校读古书中的作用。裘锡圭指出，出土简帛古籍在文献学上的重要意义至少有以下三点：提供了大量有价值的佚书，提供了一些目前尚有传本的古书的最早本子，使我们对古书的真伪、时代和源流等方面的问题有了进一步的认识⑦。其中最后一点涉及出土文献对于认识古书体例的意义，如古代子书往往为学派传习的资料汇编，既有先生著述、言论，也有弟子、后学附益的内容；数术、方技之书继承性特别强，后世之书往往是以较早的同类著作为基础，逐渐修改增益而成定本的；古书多一篇或数篇单行；经书传授系统

---

① 李学勤：《对古书的反思》，《当代学者自选文库：李学勤卷》，安徽教育出版社1998年版，第16页。

② 李学勤：《对古书的反思》，《当代学者自选文库：李学勤卷》，安徽教育出版社1998年版，第20页。

③ 葛兆光：《古代中国还有多少奥秘？——读李学勤〈简帛佚籍与学术史〉》，《读书》1995年第11期。

④ 李学勤：《走出疑古时代》，见《走出疑古时代·导论》，辽宁大学出版社1994年版，第13页。

⑤ 裘锡圭：《中国古典学重建中应该注意的问题》，《中国出土古文献十讲》，复旦大学出版社2008年版，第2~5页。

⑥ 裘锡圭：《中国古典学重建中应该注意的问题》，《中国出土古文献十讲》，复旦大学出版社2008年版，第5页。裘锡圭所言止于2000年，然至今无疑仍处于古典学重建的初期阶段。

⑦ 裘锡圭：《中国出土简帛古籍在文献学上的重要意义》，《中国出土古文献十讲》，复旦大学出版社2008年版，第82页。

极为复杂以及唐代以前传抄本与简帛本在文字内容上的差异比较大等①。这些问题裘锡圭在20世纪80年代时即已多次谈及，如其发表于1981年的《谈谈地下材料在先秦秦汉古籍整理工作中的作用》一文，论述了地下材料对于传世先秦秦汉古籍整理工作的作用：一是有助于研究古籍的源流，包括古籍的成书时代和过程、资料来源以及篇章的分合变化等问题，二是有助于古籍的校读②；其发表于1986年的《阅读古籍要重视考古材料》一文中，也谈到了相同的问题③。此外，尤其值得注意的是，裘锡圭提出了古典学重建中应该注意的两个问题：一是以简帛古书与传世古书相对照时应注意防止不恰当的“趋同”和“立异”两种倾向④，二是在对待古书真伪问题上对以往的辨伪学成果不够重视的现象⑤。裘锡圭从正反两方面所作的讨论对于古书成书及古书体例研究提出了许多有价值的意见，对于考古学与文献学相结合的研究进路有重要意义。

第二节　古书辨伪学与古书年代学
——郑良树、李零对辨伪学的思考

一、郑良树的辨伪学研究与古书体例及其对辨伪学的思考

郑良树是较早对辨伪学开展反思的当代学者之一，郑氏继张心澂编成的《续伪书通考》一书也是古书辨伪学领域内的一部标志性著作⑥。此书为郑氏1983年在台湾大学讲学期间所编，其体例一依张心澂《伪书通考》，收录有关古书考辨的文章，在此工作的基础上，郑良树指出近30年间辨伪学发展的新趋势：一是在态度上渐趋平实，二是在方法上渐趋严密，三是在论断上渐趋严谨，四是在论证上渐趋周备⑦。郑氏所总结的辨伪学发

---

① 裘锡圭：《中国出土简帛古籍在文献学上的重要意义》，《中国出土古文献十讲》，复旦大学出版社2008年版，第88~90页。

② 裘锡圭：《谈谈地下材料在先秦秦汉古籍整理工作中的作用》，《中国出土古文献十讲》，复旦大学出版社2008年版，第140页。此文原刊于《古籍整理出版情况简报》1981年第6期。在谈到考古发现的秦汉文字资料对于校读古籍的重要性时，裘锡圭对简帛古书与传世古籍的关系有所讨论，其中“二者是同一种书的古本和今本”及“二者虽非同一书但有很密切的关系，或者其中一种出自另一种，或者二者同出一源”，可谓古书成书及流传中较为常见的情形，参见裘锡圭：《考古发现的秦汉文字资料对于校读古籍的重要性》，《中国出土古文献十讲》，复旦大学出版社2008年版，第96页。

③ 裘锡圭：《阅读古籍要重视考古材料》，《中国出土古文献十讲》，复旦大学出版社2008年版，第157~169页。此文原刊于《文史知识》1986年第8期。

④ 裘锡圭：《中国古典学重建中应该注意的问题》，《中国出土古文献十讲》，复旦大学出版社2008年版，第8~12页。

⑤ 裘锡圭：《中国古典学重建中应该注意的问题》，《中国出土古文献十讲》，复旦大学出版社2008年版，第12~14页。

⑥ 郑良树：《续伪书通考》（上中下三册），学生书局1984年版，本书所据版本均依此。李学勤以《伪书通考》与《续伪书通考》为古籍考辨领域里的两本标志性著作，参见李学勤：《走出疑古时代·导论》，辽宁大学出版社1994年版，第10~11页。

⑦ 郑良树：《论古籍辨伪学的新趋势（代序）》，《续伪书通考》，学生书局1984年版，第34~49页。

展的新趋势，之所以称为“新趋势”，主要在于对以往辨伪学中“旧”的因素，或更准确些，对以往辨伪学中不合理的做法进行扬弃，而这些不合理的做法更多地体现在踵继以康有为、崔适为代表的今文家的态度及方法的古史辨派学者当中，如钱玄同在写给顾颉刚的信中对《左传》《国语》关系的意见便“很清楚地”“完全继承了康、崔的意见”①，而顾颉刚也“通盘接受了康、崔的见解……而且也清楚地暴露他承继康、崔夸大饰伪的态度和作风”②。这种情形不是个别存在的现象，而是当时普遍流行的一股思潮，“进入民国，以崔东壁自居在古史考辨上掀起革命性的运动，几乎成为学术的主流，后来成为学术界的顶尖人物如胡适、顾颉刚、傅斯年、钱玄同、张西堂、童书业及杨向奎等，无一不是这股运动的参与者和支持者。古籍真伪的考订是考辨古史重要方法之一，因此随着这股运动的波澜壮阔，古籍真伪的考订也逐渐汇为一条滚滚的大江”“古史辨学派高举‘把古史讨论出结果来’的大旗帜，对传说中的古史进行非常严厉的批判和破坏……十余年间，形成一大团雪球，愈转愈大，愈滚愈急，从经书到子学，从传说到古史，无一不是他们冲锋陷阵的对象”③，“古史辨派及其追随者在古籍辨伪方面，的确是承继康、崔余绪；因此，到了民国初年这一阶段，在古籍辨伪学这个范围内，立刻就展呈出一种现象：伪书愈来愈多，古籍愈推愈晚，而许多前人无法知晓、无法论断的问题，今人反而知道得更清楚，解说得更明确”④。其实，在古史辨派内部发展出了某种反思的声音，指出当时在疑伪方法上所存在的问题，如在由胡适所开启的有关《老子》年代问题的大讨论中，最终由其开风气者胡适对有关考辨方法提出批评⑤，只是这些声音在当时“势单力寡而被淹没而已”⑥。古史辨派在20世纪40年代渐入消歇，其后在古籍考辨方面逐渐出现了类似胡适所做的反思，“若干伪托的古书被‘平反’，若干传统的说法被肯定，看来似乎趋向‘保守’和‘退步’”，这种情况“与其说是对今文学派及古史辨学派有所不满而产生的一种反动，毋宁说是学术由粗而细、由疏而密、由泛而精的一种进步趋势”⑦。

当然，古籍辨伪学领域所出现的新趋势，是建基于对古书以及古书辨伪学本身规律和特点的更深入、更精当的认识之上的。回顾辨伪学史，尤其是进入民国后的二三十年时间，虽然研究者们对古书辨伪学的理论、方法进行了较为全面的总结，并且以古史辨派为代表的疑古辨伪活动对古书的审查达到了空前的规模，然而细细考查，在这些情况之下，对古籍辨伪的对象及某些根本的核心概念仍未廓清，故而相应的古书辨伪易于发生许多问题。郑良树对此中情形多有洞见，其谓虽然在梁启超、张心澂之后，古籍辨伪学这门学问才出现了比较有系统的理论著作及参考工具书，然其在学术界的地位似乎还没正式被赋予，很少有人检讨有关辨伪方法的可靠程度、极限，也很少有人考虑到在进行辨伪时应当

① 郑良树：《论古籍辨伪学的新趋势（代序）》，《续伪书通考》，学生书局1984年版，第26页。

② 郑良树：《论古籍辨伪学的新趋势（代序）》，《续伪书通考》，学生书局1984年版，第28页。

③ 郑良树：《论古籍辨伪学的新趋势（代序）》，《续伪书通考》，学生书局1984年版，第25页。

④ 郑良树：《论古籍辨伪学的新趋势（代序）》，《续伪书通考》，学生书局1984年版，第33页。

⑤ 参见郑良树：《论古籍辨伪学的新趋势（代序）》，《续伪书通考》，学生书局1984年版，第29~33页。

⑥ 参见郑良树：《论古籍辨伪学的新趋势（代序）》，《续伪书通考》，学生书局1984年版，第33页。

⑦ 参见郑良树：《论古籍辨伪学的新趋势（代序）》，《续伪书通考》，学生书局1984年版，第33~34页。

保持一种怎么样的态度，更少人通过批判的方法去反省及鉴定前人的结论，尤其是在古史辨派的鼓励下，古籍辨伪学在日益显现重要性的同时，不可避免地走到一条激进的路上去，许多古籍被指为“千夫所指”的伪书而蒙受不白之冤，而愈来愈多的出土材料证明以往的辨伪学者在相关的态度及方法上有所偏差的情形下，如何廓清真伪的接线，如何抱持辨伪的态度，以及如何建立新的理论等，似乎是引导古籍辨伪学这门学问走上客观的路子所应有的工作①。对于辨伪方法和条例的讨论，郑良树分别以具体的反证来说明，如对于依流传统绪考辨伪书之法，郑氏以《公孙龙子》一书为例，此书为《汉书・艺文志》所著录，《隋书・经籍志》缺，新、旧《唐志》及《宋书・艺文志》又突然出现，且篇卷不同，从宋陈振孙以下就以此书为不可信，张心澂《伪书通考》对其性质也判为存疑两可，然近人据全书篇章内容及组织来考察，此书极有可能是一部可靠的书，由此，则依旧志记载判定古籍真伪的方法未必完全可靠，对此方法不可过分执著，因为古书流传，有先传于民间而后蒐集至官府者，有在著志之后而蒐集入官府者，《汉书・艺文志》多有失录古籍的情形，故而旧志恐怕不能当作绝对的依据②。此外，对于以思想线索、文章内容（名词、问题、文法及音韵）考辨伪书的方法，郑氏也多以反证说明其方法的相对适用性③，这与当年胡适对有关辨伪方法的反思是一脉相承的。总体上，郑良树认为，“古籍的内容是灵活的，而方法和条例却是刻板的”“断不能用灵活的去牵就刻板的”④，确为灼见。

除了对辨伪方法的深入思考外，更值得注意处在于郑良树对古籍辨伪学核心概念所作的界定。古籍辨伪学的核心概念其实就在于古籍之“真伪”，所谓“真”是指古籍与作者或成书时代相符，所谓“伪”，是指其传闻者和它确实的作者或成书时代相乖，甚至有附益的篇章和文字⑤。这本是极易想见之事，然而以往研究者多未先对其研究对象及核心概念进行精确的界定，从而相应地造成了一些问题，如若检讨梁启超的辨伪学方法即可发现，其中多有依古书内容而定古书本身真伪者，这其实在某种程度上混淆了两种不同的对象。其实在本书第一章的讨论中，便约略可见欲廓清古籍辨伪研究对象的某种诉求，对比梁启超对伪书的定义及此后罗根泽对辨伪与考年所做的论述即可想见⑥。郑良树认为，古籍辨伪学应该“扔掉一块殖民地，正名一块托管区”，这块殖民地是“古籍所载古史的真伪”，托管区是“古籍传承系统”，“二千多年来，这块殖民地老是和古籍辨伪学纠缠在一起，形影不离，既混淆国界，也影响视听”，“至于托管区，它只是古籍辨伪学的方法之一，虽然与古籍辨伪学有关系，然而，它并非古籍辨伪学的全部”⑦，郑氏对辨伪学中一块殖民地和一篇托管区的剥离，确实抓住了以往古籍辨伪学中核心概念不清晰的症结，由此可知，郑氏对以往古籍辨伪学的不严密之处颇有体察，为此，他认为古籍辨伪学的研究

---

① 郑良树：《古籍辨伪学・自序》，学生书局 1986 年版，第 3~4 页。

② 郑良树：《古籍辨伪学》，学生书局 1986 年版，第 143~147 页。今按：此点余嘉锡已经指出。

③ 郑良树：《古籍辨伪学》，学生书局 1986 年版，第 147~158 页。

④ 郑良树：《古籍辨伪学》，学生书局 1986 年版，第 158 页。

⑤ 郑良树：《古籍辨伪学・自序》，学生书局 1986 年版，第 1 页。

⑥ 梁启超对伪书的定义非常具有代表性，“伪书者，其书全部分或一部分纯属后人伪作，而以托诸古人也”，其专注于古书标称作者与古书内容的吻合程度，而到了罗根泽，则认为与其辨伪毋宁考年，辨伪义主破坏而考年义主建设，更强调古书内容本身的年代考察。

⑦ 郑良树：《古籍辨伪学》，学生书局 1986 年版，第 20 页。

对象应明确为古书作者、成书时代以及附益三个方面，虽然实际上郑氏仍是将古书内容（成书时代及附益）与作者作为研究对象，然而其严密及进步之处在于两点：首先，郑氏将古书作者、成书时代以及附益三个方面并列为古籍辨伪学的研究对象，将这三方面的研究对象比作一个三角形，"一角是作者，一角是成书时代，另一角是附益，而它们都环绕着一个轴心——真伪来循转"①，这就避免了考辨古书时有所偏重的弊端；再则，就是郑良树将古书的附益现象作为较普遍存在的对象单独列出，作为古籍考辨的重要研究方面，这其实可以反映出郑氏对古书体例的某种自觉的体认。

郑良树对古书体例与古籍辨伪学关系的认识是有一个发展过程的，虽则在 20 世纪 80 年代，郑良树对古书体例已有了一定程度的认知，然而以古书体例观照古书考辨活动，进而对其中的核心概念进行全面审视，似乎是此后十几年的事情了。在郑氏《古籍辨伪学》一书序言中，有其对古籍辨伪学这门学问之名义的思考，郑良树认为理论上来讲，古籍辨伪学应该包含将传闻为"真"的古籍经考订而判为"伪"的过程，同时也包含被认为"伪"的古书经考订而恢复"真"的过程，"古籍辨伪学实际上应该包含来往的两条研究路线"，"是一门'真到伪''伪到真'双轨同时进行的学问"，而古籍辨伪学这一称谓，易于使人误解为由真到伪单方向进行的学问，然而改作"古籍真伪学"及最"大公无私"的"古籍真伪考订学"均不十分合适，因此，"与其含糊和噜苏，还是沿袭精简而不十分理想的旧名"而加"古籍"二字，把鉴别真伪的范围限定在古书内②。郑氏虽对古籍辨伪学之名义持保留意见，然其最终的方案是沿用旧名而加以限定，虽然此时郑氏已将附益现象作为古书辨伪学的研究对象之一，且在《古籍辨伪学》一书第二章的附论部分摘录有关古书体例的论述③。所以可以这么说，郑氏此时对古籍辨伪学核心概念"古书真伪"的认知大致仍与传统看法保持一致，对古书体例的认知并未对郑氏的辨伪学概念产生实质性的影响。然而，在他出版于 21 世纪的《诸子著作年代考》一书中，郑良树以《论古籍辨伪的名称及其意义》一文代为序言④，此文同样对古籍辨伪学名义的问题提请讨论，然而与郑氏在《古籍辨伪学》中姑且沿袭旧称而加以限定的意见不同，在《论古籍辨伪的名称及其意义》一文中，郑氏对古书真伪这一概念本身的意义提出了讨论："何为'真'，何为'伪'？以今日观点来看，作者亲著者为真，相反者即称伪。然而古人似乎没有这种'著作版权'的观念""先秦古人著文，皆不书篇名及作者，随作随行，没有定规，后来编次成书，也不一定出于手定；既无'成一家之言'的意图，也无私家著作的版权观念。在编纂中，一些与作者生平行事相关的文字，或者他人之辩驳，或者作者平日的诵说而弟子熟闻而笔记之文，试问何谓'真'和'假'？……真伪之辨还有意义么？"⑤因此，更进一步地，郑氏认为"真伪考"及"真伪学"之名恐怕不符合古籍流传及编纂的实况，

---

① 郑良树：《古籍辨伪学》，学生书局 1986 年版，第 19 页。

② 郑良树：《古籍辨伪学·自序》，学生书局 1986 年版，卷首第 3 页。

③ 郑良树《古籍辨伪学》第二章附论部分为"辨伪的发生"，此部分为摘录张心澂《伪书通考·绪论》的相关内容。

④ 郑良树：《论古籍辨伪的名称及其意义（代序）》，《诸子著作年代考》，北京图书馆出版社 2001 年版，第 1~11 页。

⑤ 郑良树：《论古籍辨伪的名称及其意义（代序）》，《诸子著作年代考》，北京图书馆出版社 2001 年版，第 6 页。

也无法清楚表达这门学问目前所要从事研究的实情及范畴①。若与《古籍辨伪学》一书中的相关意见比较，则可明显感到郑氏以古书体例观照古书辨伪学所带来的变化，这些变化对于郑氏20世纪80年代的古书及古书真伪的概念，甚至可以看作是某种根本性的颠覆。造成这种观念变化的原因主要有两点：一者是简帛古书所带来的冲击，一者是余嘉锡著作的影响，且这两者是相辅相成的关系，如郑良树在《论古籍辨伪的名称及其意义》一文中反证古籍辨伪学名义的不合理性时，所举例证均为简帛古书对某种伪书的“证真”，如银雀山竹简本《晏子》之于《晏子春秋》、竹简本《孙子》及《孙膑兵法》的出土之于《孙子兵法》、帛书《黄帝四经》之于《鹖冠子》、银雀山汉墓《尉缭子》残卷之于《尉缭子》、河北定县汉墓竹简本《文子》之于《文子》、帛书《老子》之于《道德指归》②；而郑氏在简帛古书的出现对古书真伪概念的消解这点认识上，所引据者均为余嘉锡《古书通例》一书③，相较之下，在《古籍辨伪学》中，郑氏对古书体例的认识还比较朦胧，其书附论有关内容还摘录自张心澂《伪书通考》，其时或许余嘉锡的《古书通例》还未进入郑氏的视野。

既然古书真伪的概念已然丧失意义，所谓“真著”和“伪托”的说法自然也随之没有意义了④，那么古籍考辨的任务和目标落于何处呢？这需涉及对古书成书的理解。对古书成书及流传状态，郑良树的看法是一脉相承的，在《古籍辨伪学》中郑氏认为不当以刻板的方法和条例去对待内容灵活的古书，所谓内容灵活，应当就是郑氏所谓的“古籍其实是一种有生命的机体，在长期的流传过程中”是“生机蓬勃，有增减的变化，也有衍生异化等的演变”，且郑氏以《晏子》一书为例，说明古书来源多途、历多人多时积累孳乳而成的过程⑤，认为这与余嘉锡的相关表述是一致的⑥。既然认为古籍是有生命的机体，有新陈代谢的功能和现象，那么就无法确定有着漫长曲折演化史的古书中某一部分的“真假”，在这种情形下，最好的办法就是撇开真伪的争论，找出各篇的时代先后⑦，对各篇的作成及传播情况加以考订研究，才能将古籍的真实情况说得准确⑧，因此，郑良树

---

① 郑良树：《论古籍辨伪的名称及其意义（代序）》，《诸子著作年代考》，北京图书馆出版社2001年版，第6页。

② 郑良树：《论古籍辨伪的名称及其意义（代序）》，《诸子著作年代考》，北京图书馆出版社2001年版，第3~5页。

③ 郑良树：《论古籍辨伪的名称及其意义（代序）》，《诸子著作年代考》，北京图书馆出版社2001年版，第6页。

④ 郑良树：《论古籍辨伪的名称及其意义（代序）》，《诸子著作年代考》，北京图书馆出版社2001年版，第8页。今按：此论不确。古书真伪的概念难以消解。真伪的现象过去、现在、将来都存在，哪里会消解？

⑤ 郑良树：《论古籍辨伪的名称及其意义（代序）》，《诸子著作年代考》，北京图书馆出版社2001年版，第6~7页。

⑥ 郑良树：《论古籍辨伪的名称及其意义（代序）》，《诸子著作年代考》，北京图书馆出版社2001年版，第8页。

⑦ 郑良树：《论古籍辨伪的名称及其意义（代序）》，《诸子著作年代考》，北京图书馆出版社2001年版，第9页。

⑧ 郑良树：《论古籍辨伪的名称及其意义（代序）》，《诸子著作年代考》，北京图书馆出版社2001年版，第8页。

认为“古籍真伪学”应当正名为“古籍时代学”。考虑到古书，尤其是子书，多单篇流行，其最后汇集而成者实为一个学派的集体著作，且其书名多归于学派的祖师爷的情况，古籍时代考证当摒弃往昔以一书为单位的研究，当须以篇甚至以段为单位，逐段逐篇的进行考订及观察①。总体来看，郑良树对古籍考辨的认识有一条由古籍辨伪学到古籍时代学变迁的线索，表面上郑良树所提倡的古籍时代学似乎与梁启超、顾颉刚、罗根泽对古书年代与真伪的看法类似，实则郑氏是在出土材料带来的关于古书之新的信息的基础上，以古书体例观照，甚而在某种程度上消解了古书真伪的概念，从而在新的史料学水准上提出了考辨古书的新原则和方式，而这与许多学者的思考是不谋而合的。

二、李零对古书成书及古书体例的研究及其对辨伪学的思考

李零以“古书年代学”代替古书辨伪学的意见与郑良树是不谋而合的，并且李零也十分认同这种提法，他认为“年代学可以涵盖辨伪学，辨伪学不能涵盖年代学。过去编过《续伪书通考》的郑良树先生，后来也提出类似的说法”②。其实李零在始于20世纪70年代的对《孙子》古本的有关研究中，已经对简帛古书体例有相当程度的认知，如以《孙子》一书为例对古书的成书及流传过程、古书附益、书题篇题、篇卷变动、篇章结构等问题有较为充分的研究和认识，如对于《孙子》一书的成书年代，研究者中存有若干种不同的“怀疑之说”，这些“怀疑之说”产生的根本原因不是古书传本的长期失传，而在于“《孙子》题名作者的时代与它的内容所反映的时代性之间存在矛盾”③，这也是从宋代辨伪学到近代疑古派研究古书年代的固定方法：古书所含词句之下限与其题名作者相符，则此书为真，反之则此书为伪④。围绕《孙子》一书的时代及作者的“怀疑之说”便由此而起，首先从书的内容引起，因为怀疑书的年代，进而怀疑到书的作者，否认题名作者的存在或推测真实作者另有其人等⑤，这些不科学的做法往往由于不了解汉魏以前古书成书过程以及相关的古书体例，古书中题名作者的时代与其内容的矛盾性与古书的成书方式有直接关系，银雀山简本《孙子兵法》上篇所存内容与今本《孙子》十三篇基本相同，仅《用间》最末一简“燕之兴也，苏秦在齐”之语可用以判定年代，由此，则此句很可能是《孙子》基本成书后加进去的，这反映了古书往往不是由某个人一次写定，而是有一个较长的形成过程⑥，古书成书是个相当复杂的过程，从思想的酝酿形成到口授笔

---

① 郑良树：《诸子著作年代考·后记》，北京图书馆出版社2001年版，第276页。郑氏对古书的意见多承自余嘉锡。

② 李零：《〈孙子〉十三篇综合研究·自序》，中华书局2006年版，第3页。

③ 李零：《关于银雀山简本〈孙子〉研究的商榷》，《〈孙子〉古本研究》，北京大学出版社1995年版，第211页。

④ 李零：《关于〈孙子兵法〉研究整理的新认识》，《〈孙子〉古本研究》，北京大学出版社1995年版，第275~276页。

⑤ 李零：《关于〈孙子兵法〉研究整理的新认识》，《〈孙子〉古本研究》，北京大学出版社1995年版，第276页。当然，李零指出银雀山相关材料出土后认为《孙子》十三篇为“孙武亲著”的说法也不恰当，实际上是倒退回辨伪学以前。

⑥ 李零：《关于银雀山简本〈孙子〉研究的商榷》，《〈孙子〉古本研究》，北京大学出版社1995年版，第212页。

录，到整齐章句，到分篇定名、结集成书，往往不是一个人完成的，它是在学派内部的传习过程中经过众人之手逐渐形成的，且往往因所闻所录各异而形成不同的传本，有时还附以各种参考资料和心得体会，这就造成老师的东西与学生的东西并不能做到泾渭分明的情形，所以对于这个漫长的过程，我们既不能以书中最早的东西为准，也不能以最晚的东西为准，而是要用上下线卡定它的相对年代，把此中的全部过程均考虑在内。《孙子》一书即为此种典型，其酝酿形成于春秋末期的吴国，结集成书却在战国时的齐国，并在大体定型之后仍有进一步的增益、删选和修改①。由以上论述可见，古书附益的情形也多伴随古书形成的过程，甚至某种程度上就是古书成书的一种普遍形式，汉魏以前的古书之附编往往为后学之注解，古书注解与后世多不同，古书注解往往并不附列本文之下，在形式上是独立的，在内容上也较为灵活随便，通常并不逐字逐句解释正文，其在经书者可成为正式的传，在子书者往往保存于所谓外、杂篇中，古书的这些注解实与后学的附益之作无严格区别②，这些注解与上文所说的各种参考资料和心得体会略可等同，而这也是古书多有附益，“老师的东西与学生的东西并不能分得那么清楚”的原因了。相应于以上古书复杂、长时段的成书过程，古书作者也应被看作由题名作者代表的延续性的创作群体，由此，以往以书的题名作者定古书年代，认为《孙子》为孙武“亲著”的意见是不对的，将题名作者否定掉而另寻作者的辨伪家做法同样是有问题的，因为古代并没有这种概念明确的“作者”③，这均由于汉魏以前的古书尚没有后世这般的著作权观念。此外，结合出土文献，李零对《孙子》一书的题名、篇数变动、篇章结构等均有所论述④。

其实，基于对《孙子》古本的有关研究，李零对古书成书及古书体例的认知已经涉及了古书辨伪学判定古书真伪所依据的主要元素：作者、内容、年代。这与郑良树将作者、年代、附益作为辨伪学研究对象是相通的，只是以古书成书及古书体例来审视的话，古书的作者、内容、年代的概念已由以往的“点状”变为“带状”了，以往的观念需要修正，甚而遭到颠覆，建基其上的古书“真伪”的概念自然也应重新考量，故而古书辨伪学之称谓便颇有些“皮之不存毛将焉附”的意味，这其实便是郑良树以古书体例观照古书真伪概念后对“真”“伪”概念的存在意义发出追问的原因所在了⑤。李零对此颇有同感，他指出从宋代辨伪学到近代疑古派所使用的“真伪”概念有很大片面性⑥，因为“真伪”的概念是对“著作权”而言的，“著作权”的概念一乱，“真伪”的概念也势必

① 李零：《关于〈孙子兵法〉研究整理的新认识》，《〈孙子〉古本研究》，北京大学出版社 1995 年版，第 276 页。

② 李零：《关于银雀山简本〈孙子〉研究的商榷》，《〈孙子〉古本研究》，北京大学出版社 1995 年版，第 212 页。

③ 李零：《关于〈孙子兵法〉研究整理的新认识》，《〈孙子〉古本研究》，北京大学出版社 1995 年版，第 277 页。

④ 主要参见李零：《〈孙子〉篇题木牍初论》，《〈孙子〉古本研究》，北京大学出版社 1995 年版，第 239~253 页。

⑤ 郑良树：《论古籍辨伪的名称及其意义（代序）》，《诸子著作年代考》，北京图书馆出版社 2001 年版，第 6 页。

⑥ 李零：《关于〈孙子兵法〉研究整理的新认识》，《〈孙子〉古本研究》，北京大学出版社 1995 年版，第 275~276 页。

大乱。辨伪学家讲“真伪”，着眼点主要是“年代矛盾”，这样的矛盾本来可以通过年代本身去解决，而不一定非得归入“真伪”的范畴①，而研究古书年代的学问理应称为“古书年代学”，将之与“辨伪学”相互混同的做法是不恰当的，并且传统辨伪学在逻辑上存有疏漏：传统辨伪学在操作上主要依据一种推理，即古书的题名作者应与古书的内容相符，古书内容既然出于同一个题名作者，则它的各组成部分也应有同时性，符合此点者为“真”，反之为“伪”。这种判定古书性质的做法依据的是汉魏以后的著作体例，放之先秦，则大谬不然②。以《孙子》一书为例，前人所论真伪之依据及方法多可讨论，如以撰人论真伪，书题断存佚，然古书多无明确作者，其题名某子者多强调某氏所传而非某氏所撰，故而古书多不题撰人，又古书多单篇流行而丛抄集成，书题并不重要，也往往并无书题；以篇卷增加考真伪，然古书多单篇流行，丛集成书而可随意去取，分合无定，同时单篇本亦可同时流行；以内容纯驳论真伪，然古书多经众手，历时而成，不但可以有各种附益和增饰，而且往往有较大改动③。不了解汉魏以前的古书体例，对古书形成的漫长过程只取其完而不取其早，混淆古书本身与其所记内容，将“层累形成”理解成“层累造伪”，这些也都是以往疑古辨伪活动中存在的问题。可见古书体例对于了解古书成书、判断古书性质，进而对古史研究均大有意义，随着考古学的进展以及相关材料，尤其是简帛古书的大量问世，以往有关古书体例的研究成果也经历了一个重新发现的过程，如余嘉锡的有关著作，尤其是其《古书通例》一书，获得了越来越多的重视。

李零在余嘉锡《古书通例》所总结的古书体例的基础上，参校以出土的“一手”古书文本，对古书体例进行了新的归纳：

(1) 古书不题撰人

(2) 古书多无大题，而以种类名、氏名及篇数、字数称之

(3) 古书多以单篇流行，篇题本身就是书题

(4) 篇数较多的古书多带有丛编性质

(5) 古书往往分合无定

(6) 古书多经后人整理

(7) 古书多经后人附益和增饰

(8) 古书著书之义强调“意”胜于“言”，“言”胜于“笔”④

如“古书不题撰人”条，李零以出土文献材料论证古书普遍题写撰人始自《隋书·经籍

---

① 李零：《简帛古书与学术源流》，三联书店 2004 年版，第 198 页。

② 李零：《出土发现与古书年代的再认识》，《李零自选集》，广西师范大学出版社 1998 年版，第 23 页。

③ 李零：《读〈孙子〉札记》，《〈孙子〉古本研究》，北京大学出版社 1995 年版，第 291~293 页。

④ 李零：《出土发现与古书年代的再认识》，《李零自选集》，广西师范大学出版社 1998 年版，第 27 ~31 页。今按：以上概括仅限于部分出土文献，并不适合所有的古书。以往的文献辨伪学主要限于传世文献，大体上不误。如“古书不题撰人”在传世文献中占比极少，岂能成立？

志》，并指出古书不题撰人的原因是古书没有概念明确的作者，《汉志》之中六艺类古书多出官书故籍，且非成于一时一手，诸子、兵书题以某子在于强调其传人而非指明撰人，数术、方技之书本来就是职业性的知识，往往“有其书而无其人”，因此古书多不题撰人，其典型者即如《孙子兵法》和《孙膑兵法》①；再如第二条论古书书题（大题）篇题（小题），印证以所出土之简帛古书，并分析古书多无书题的原因及其指称方式②，并提出以类型识别汉魏以前古书的意见，颇具启发性③；第六条论古书多经后人整理，将古书分作六艺及诸子类等有“家法”的古书，兵书、方术为家法不明而多“依托”的古书，并相应指出其不同于后世的成书观念，尤其对在后者中较普遍存在的“依托”现象进行了说明，颇可见此类古书成书的特殊体例。其他条目也诸如此类，或证以出土文献，或进一步分析原因，多有胜义。对早期古书不同于后世古书的体例的总结，实则即为对古书成书方式的理解，古书体例可以看作是早期古书形成及流传过程中的一些不同于后世的特征，如古书多单篇流行、分合无定而多为丛编性质，古书往往非一时一人所成，多经后人整理，多有附益及增饰等对古书成书及流传状态的描述，颇有郑良树所谓“古书为有生命的机体”之意味，古书自有其孳乳、嬗变的情态，此中情形虽纷繁错杂，然大略尚有轨迹可寻。基于此，则传统辨伪学以真伪两分的二元概念审视古书的做法当然颇可讨论，而与此相对，考察古书年代作为审查古书的方法自然值得认真思考，“古书年代学”的提法可谓用心良苦，实则不解决任何问题。其实，从对两分的古书真伪二元观反思的角度，则疑古派学者所提出的一些概念或曰模型，对于解释古书成书倒是有所助益的，如顾颉刚“不立一真，唯穷流变”的提法与李零、郑良树基于古书体例而提出古书年代学的理路暗合，其描述古史的“层累造成”的模型，若稍作修改作“层累形成”，实可作为对古书成书状态的一种较为贴切的描述。④

第三节　科学的古史史料学

——古书体例研究的新进展及辨伪学的深入发展

一、对古书辨伪学的深入思考

20 世纪末，学者对辨伪学的历史进行了回顾和总结，如杨绪敏《中国辨伪学史》。⑤

---

① 李零：《出土发现与古书年代的再认识》，《李零自选集》，广西师范大学出版社 1998 年版，第 27 页。有关术数、方技类古书的作者及年代，可参看李零《中国方术考（修订本）》，东方出版社 2001 年版，第 27~31 页。

② 李零：《出土发现与古书年代的再认识》，《李零自选集》，广西师范大学出版社 1998 年版，第 28 页。

③ 可参见李零：《简帛古书与学术源流》，三联书店 2004 年版，第 199~210 页。

④ 李零对“层累说”作为一种对古书成书较为形象的描述的意见参见李零：《出土发现与古书年代的再认识》，《李零自选集》，广西师范大学出版社 1998 年版，第 23 页。古史辨派学者对古书成书的复杂过程及其特殊的体例均以造伪来解释，自然有偏颇之处，且也造成了一些流弊，参见李零：《出土发现与古书年代的再认识》，《李零自选集》，广西师范大学出版社 1998 年版，第 24 页。今按：能否利用出土文献推翻传世文献，这本身就是一个大问题。不可过分迷信出土文献。

⑤ 杨绪敏：《中国辨伪学史》，天津人民出版社 1999 年版。

20世纪，尤其70年代以后，简帛古书大量问世，对传统辨伪学带来巨大冲击。这些冲击除了动摇某些古书真伪判定的个案外，更重要处在于对古书辨伪学的核心概念及基本方法所提出重新思考的要求，如对古书，尤其是汉魏以前古书的“真伪”概念以及各种具体的辨伪方法的反思。杨绪敏《中国辨伪学史》一书结尾专就“竹简帛书的出土对古书辨伪的作用及影响”进行讨论①，不过对简帛古书之于古书辨伪的影响多侧重于具体的古书考辨个案，对简帛古书之于古书辨伪学的核心概念及基本方法所带来的影响似嫌重视程度不足，对有关研究进展的了解还不够全面，如分别发表于1987年及1992年的李学勤《对古书的反思》及《走出“疑古时代”》二文，发表于1988年的李零《出土发现与古书年代的再认识》一文及其相关论文②，其中颇有较为深入的对古书辨伪所进行的反思，尤其是在简帛古书大量问世的情形下，学术界对余嘉锡《古书通例》一书价值的重新发现，这些情况在总结辨伪学发展的论著中罕被论及，这不利于认识辨伪学所遇到的问题及其在当代的发展前景。

在简帛古书大量出土的情形之下，研究者多可据古书实体认知古书体例，并由此对古书成书及流传情况产生更丰富而准确的认识，从而对以往的古书辨伪活动进行反思，除本书上文所论及的有关学者对古书体例的研究工作外，还有研究者依托简帛古书，基于对古书体例的认识，对辨伪学方法进行了深入的思考，廖名春的相关研究工作即为其中的代表。廖名春所作《梁启超古书辨伪方法平议》一文③，即以得到出土文献论证的余嘉锡所总结的“古书通例”，对梁启超所总结的辨伪方法逐一检讨。梁启超对古书辨伪方法的总结，以《古书真伪与年代》一书中所论为详密精细，廖名春主要据此对梁氏辨伪方法进行讨论。梁启超所总结的辨伪方法主要分为据传授统绪和文义内容两大类，其中以传授统绪考辨古书又分为八种方法：

1. 从旧志不著录而定其伪或可疑
2. 从前志著录后志已佚而定其伪或可疑
3. 从今本和旧志说的篇卷数不同而定其伪或可疑
4. 从旧志无著者姓名而定后人随便附上去的姓名是伪
5. 从旧志或注家已明言是伪书而信其说
6. 后人说某书出现于某时而那时人并未看见那书而定其书为伪
7. 书初出现已发生许多问题，或有人证明是伪造者其书为伪
8. 从书的来历暧昧不明而定其伪

---

① 杨绪敏：《中国辨伪学史》，天津人民出版社1999年版，第四章第八节，第313~320页。

② 如收入《〈孙子〉古本研究》一书中的《关于〈孙子兵法〉研究整理的新认识》《读〈孙子〉札记》等文，有关文章出处可参见《李零自选集》所附李零论著表。当然，也有学者从传统辨伪学的内在理路出发对其理论和方法进行反思，如司马朝军：《文献辨伪学研究》，武汉大学出版社2008年。

③ 廖名春：《梁启超古书辨伪方法平议》，见氏著《中国学术史新证》，四川大学出版社2005年版，第129~154页。

以上八种方法中，多有过度使用“默证”的问题，如第一条以旧志不著录而辨伪，其逻辑推导是：天下所传先秦、秦汉书，尽藏于中秘，刘歆《七略》尽收中秘之书，《汉志》尽可代《七略》之功用，所以《汉志》未著录之书便为伪书或可疑之书①。这一逻辑推论的前提是不能成立的，余嘉锡《古书通例》一书有“诸史经籍志皆有不著录之书”专言此类情形，又从出土文献情形来看，如石鼓文、楚帛书及马王堆帛书等，不见于《汉志》著录的例证很多，故以不见于《汉志》作为定辨伪的标准是不能成立的②；同理，第二条的逻辑预设“后志的作者尽见流传于后世的前志著录之书并皆收录”③ 及第六条的推论前提“当时人能尽其时所有之书”④ 都存在过度使用默证的问题。过度依赖默证固然与方法论有关，然其更根本的原因似在于不了解有关的古书体例，以出土文献证以余嘉锡所总结的古书体例，则往往可见梁氏辨伪方法的疏漏，如第三条今本篇卷数与旧志不合而辨伪，一种情况是时代愈近，篇数愈少，如《孔子家语》，《汉志》著录二十七卷，《唐书·艺文志》有王肃注《家语》十卷；一种为时代愈后，篇卷愈多，如《汉志》著录《鹖冠子》一篇，唐韩愈所见已多至十九篇，而宋《崇文总目》著录有三十篇者。对于时代愈近、篇数愈少者，梁启超本指其中有“后来亡佚”的情形，此不当以伪书论，且证以阜阳汉简及定县八角廊汉简有关材料，则知《家语》或有摘抄本流行，而时代愈后，篇卷愈多者也并不足以论定古书真伪，余嘉锡有“秦汉诸子及后世之文集”专论有关古书成书体例，类于后世之文集、全集，大多续编、补遗不断，而其书自不必为伪书明矣，证以与《鹖冠子》有关的出土文献亦可见此方法的疏漏之处⑤。与此相类似，梁氏以上第四、五、七、八条辨伪之法也并不可作为绝对标准，而“应在尊重事实的基础上，采取分析的态度，不能只取一面之词”⑥，如梁氏第五条和第八条均以《列子》一书作为伪书例证，然而以旧志或注家明言伪书而断《列子》为伪的情况，若结合定县八角廊所出《文子》来看，当是班固误认楚平王为周平王而疑《列子》依托，所以旧志或注家的意见是不当不加考辨而尽据的⑦，近世学者多考证虽《列子》一书掺杂了后世内容，但

① 廖名春：《梁启超古书辨伪方法平议》，见氏著《中国学术史新证》，四川大学出版社 2005 年版，第 131 页。今按：即使到了今天，我们还编不出《全国图书总目录》。

② 廖名春：《梁启超古书辨伪方法平议》，见氏著《中国学术史新证》，四川大学出版社 2005 年版，第 132~133 页。

③ 廖名春：《梁启超古书辨伪方法平议》，见氏著《中国学术史新证》，四川大学出版社 2005 年版，第 133 页。

④ 廖名春：《梁启超古书辨伪方法平议》，见氏著《中国学术史新证》，四川大学出版社 2005 年版，第 140 页。

⑤ 廖名春：《梁启超古书辨伪方法平议》，见氏著《中国学术史新证》，四川大学出版社 2005 年版，第 137~138 页。

⑥ 廖名春：《梁启超古书辨伪方法平议》，见氏著《中国学术史新证》，四川大学出版社 2005 年版，第 140 页。

⑦ 廖名春：《梁启超古书辨伪方法平议》，见氏著《中国学术史新证》，四川大学出版社 2005 年版，第 139 页。

绝非张湛伪造而当属先秦古书，故以来历暧昧而定《列子》为伪也是不可尽据的①。结合汉魏以前古书之体例，证以相关出土文献，可见梁启超“从古书的传授统绪上提出的这些辨伪方法，大多是有问题的；他所列举的论据，也有许多已经被证伪了”②。

除了从传授统绪上辨别伪书外，梁启超所提及的另一类辨伪方法是从文义内容上辨伪，其法门有五：

1. 从字句缺漏处辨伪
   (1) 从人的称谓上辨别
      (A) 书中引述某人语，则必非某人作
      (B) 书中称谥的人出于作者之后，可知书非作者自著
      (C) 标称甲朝人的书而避乙朝皇帝的讳，可知定为乙朝人作
   (2) 用后代的人名、地名、朝代名
   (3) 用后代的事实或法制
2. 从抄袭旧文处辨别
   (1) 古代书聚敛而成的
   (2) 专心作伪的书剽窃前文的
   (3) 已晚出的书而剿袭的
3. 从佚文上辨别
   (1) 从前已说是佚文的而现在反有全部的书，可知书是假冒
   (2) 据某书未佚之前他书引用其文而与现在之书相较，今本无或有异则必伪
4. 从文章上辨别
   (1) 名词　(2) 文体　(3) 文法　(4) 音韵
5. 从思想上辨别
   (1) 从思想系统和传授家法辨别
   (2) 从思想和时代的关系辨别
   (3) 从专门术语和思想的关系辨别
   (4) 从袭用后代学说辨别

对于从人的称谓上辨别古书真伪之法，“貌似正确，实则是以今律古，不合古人著书之体”③。先秦诸子之书不必如后世作文必皆本人手著，其题名者只是表明其学之所出，其书往往是因聚徒讲学而成，弟子各所记录整理，并附以各种参考资料和心得体会，在学

---

① 廖名春：《梁启超古书辨伪方法平议》，见氏著《中国学术史新证》，四川大学出版社2005年版，第141页。

② 廖名春：《梁启超古书辨伪方法平议》，见氏著《中国学术史新证》，四川大学出版社2005年版，第141页。

③ 廖名春：《梁启超古书辨伪方法平议》，见氏著《中国学术史新证》，四川大学出版社2005年版，第142页。

派内部传习，数传之后，先生、弟子的内容往往难以分辨，然皆推本先师而转向传述①，故“书中引述某人语，则必非某人作”辨伪之法不可尽据，对此，余嘉锡《古书通例》“辨附益”卷有“古书不皆手著”一节专论相关古书体例。先秦古书，尤其子书，多非本人手著，往往历经众手，越时而成，多有附益，故不能排除后学在传抄过程中对古书内容的改动，因此，古书中出现作者之谥或前朝人避后世之讳的情况也就不足为怪了，这其实是古书流传过程中出现的正常现象，所以以此作为辨伪方法的不足之处是很明显的②，除了不了解古书体例之外，其中还有以偏概全的方法论缺陷。“从抄袭旧文处辨别”所论辨伪方法中，梁氏多将古书流传和整理中的问题当做“专心作伪”及“剽窃”，其所举例证也多被证伪③，“从佚文上辨别”条所论辨伪方法，其中第一项的逻辑前提不能成立，“因为人们的眼界有限，不可能阅尽当世之书，难免会出现遗漏”④，第二项所据例证不严密⑤。据名词、文体、文法、音韵来辨别伪书的困难之处在于，对于相关的名词及文体、文法、音韵现象的产生及演化情形还不能确知，基于不完全归纳法的所谓定论往往有误。再则，语言、文体的真伪与思想、史实的真伪是不同范畴的事物，应将其区别开来⑥。以思想线索辨别古书真伪的方法也存在一些不足，如“从专门术语和思想的关系辨别”中存在类似以名词辨别伪书的问题，即基于不完全归纳法所得到的某种专门术语出现时代的结论往往是相对的，不可作为绝对的判定标准，而考虑到古书成书多附益的情形，则“从袭用后代学说辨别”之法同样不可作为绝对的标准。梁启超“从思想系统和传授家法”辨别古书真伪的方法隐含了如下的预设：一个人的思想是不变的，是前后一贯的；以思想和时代的关系辨别古书真伪的方法中，对于某种思想所产生时代的判定无疑基于不完全归纳法，要注意默证的使用限度问题而不可作为绝对的标准，以尚需论证的标准作为推论的前提，当然无法避免“丐辞”的嫌疑⑦。

综上所述，对于梁启超所总结的辨伪方法，廖名春认为“基本上是错误的，至少可以说是有严重问题的”⑧。造成这种情况的原因大致有三：一是在价值观上宁失之疑而勿失之信，考辨古书时先存了一种“书愈古者，伪品愈多”的偏见；二是在方法论上缺乏

① 廖名春：《梁启超古书辨伪方法平议》，见氏著《中国学术史新证》，四川大学出版社 2005 年版，第 142 页。

② 廖名春：《梁启超古书辨伪方法平议》，见氏著《中国学术史新证》，四川大学出版社 2005 年版，第 143~144 页。

③ 廖名春：《梁启超古书辨伪方法平议》，见氏著《中国学术史新证》，四川大学出版社 2005 年版，第 144~146 页。

④ 廖名春：《梁启超古书辨伪方法平议》，见氏著《中国学术史新证》，四川大学出版社 2005 年版，第 146 页。

⑤ 廖名春：《梁启超古书辨伪方法平议》，见氏著《中国学术史新证》，四川大学出版社 2005 年版，第 146~147 页。

⑥ 廖名春：《梁启超古书辨伪方法平议》，见氏著《中国学术史新证》，四川大学出版社 2005 年版，第 147~149 页。

⑦ 廖名春：《梁启超古书辨伪方法平议》，见氏著《中国学术史新证》，四川大学出版社 2005 年版，第 149~152 页。

⑧ 廖名春：《梁启超古书辨伪方法平议》，见氏著《中国学术史新证》，四川大学出版社 2005 年版，第 153 页。

辩证观念与历史观念，以今律古，不懂得周秦古书形成和流传的独特规律，将古书自然演变的过程看作有意作伪，将古书流传中的问题与古书本身的问题混为一谈，将形式上的问题与思想实质上的问题、将局部问题与主体部分的问题简单地划等号；三是多依赖丐辞和默证①。结合本书论述梁启超对辨伪学的总结与其对古书体例的认识情况，可以发现廖名春对梁启超辨伪方法的检讨是非常中肯的。当然，这是简帛古书大量问世的情形下对辨伪学进行反思的内在要求，同时，简帛古书为这种反思也提供了绝佳的材料，使得我们能够发现前贤未能来得及思考的问题。

梁启超对于考辨古书方法的总结是非常主观的，而将材料考辨作为学术研究的基础性工作提上日程的是胡适。胡适在《中国古代哲学史》（《中国哲学史大纲（卷上）》）一书中用了相当大的篇幅来讨论古书的作者及年代。胡适总结了五种审定史料的依据：史事、文字、文体、思想及旁证，其总结虽不如梁启超的细密，然基本涵盖了相同的证据类型，只是在后来参与讨论的过程中，胡适对其所总结的审定史料的五种方法依据产生了怀疑，并一一指出其在实际操作中所存在以及可能产生的问题。胡适对自己所提出的史料审定的依据及方法的反思是深入的，所提意见是中肯的，然而胡适所批评过的一些方法，仍“广泛见于今人考证年代的文章之中”②，其原因也多在于对古书成书及古书体例的隔阂，对此，有研究者进行了较为集中的讨论，其中李锐的意见颇具代表性。如对于《老子》中“道”及相关思想概念的讨论，李锐指出了研究思想观念问题的复杂性以及应该在研究过程中引入对先秦古书成书及体例问题的关注：“这种思想观念之时代先后的问题，比较复杂。由于哲学思想的产生、发展，往往是以一种突破的形式出现，未必遵循简单直线进化的态势”③，“并不因为有了更发达的思想之后，较不发达的思想就不会再流传、发展，不再受到发达思想的影响”“这涉及中国古书逐渐形成，以及思想内容的形成与文本形式的写定不统一等较复杂的问题”④，“《老子》很可能只是在当时的思想背景和自己的理解中去使用‘道’，而不必强求对这些‘道’的内涵有整齐的规定”，对于这些历时发展的而同名异实的“道”，“是否能在今天由后人来做一种共时性的贯通，求出一个可以通约的定义，就很让人怀疑了”⑤。李锐指出思想线索不易明确断代的情形其实是与胡适当年对有关方法的反思是一致的，然而更进一步的是，李锐引入古书成书及古书体例对据古书考察思想线索的复杂性进行了说明，指出了思想的内涵与其记录形式之间可能存在的复杂关系，从而对现今仍在使用的有关研究方法进行了反思。类似于对《老子》“道”之概念的研究及思考，李锐还对“精白”概念对于判定马王堆帛书《二三子》年代的作用

① 廖名春：《梁启超古书辨伪方法平议》，见氏著《中国学术史新证》，四川大学出版社2005年版，第152~153页。

② 李锐：《考证古籍年代之反思》，《新出简帛的学术探索》，北京师范大学出版社2010年版，第58页。

③ 李锐：《对〈老子〉之“道的思索”》，《新出简帛的学术探索》，北京师范大学出版社2010年版，第9页。

④ 李锐：《对〈老子〉之“道的思索”》，《新出简帛的学术探索》，北京师范大学出版社2010年版，第10页。

⑤ 李锐：《对〈老子〉之“道的思索”》，《新出简帛的学术探索》，北京师范大学出版社2010年版，第14页。

及相关研究中所存在的问题、以相关思想概念判定《系辞》年代、以某种名词或制度（“朝请”）判定《文字》成书及年代、以汉语词汇发展史判定《庄子》成书及年代等研究中所存在的问题进行了讨论①。对于有关研究在方法和理论预设上所存在的问题，李锐认为主要在于考辨古书时缺乏“发展”的观念②，由于古书是一个发展变化的过程，古书篇章的形成比较复杂，所以我们不能以今律古，以为古书都是一成不变的，且古书所记的思想内容与其语言形式在年代关系上往往并不对应，“思想内容可能来源很早，语言形式可能形成很晚；思想内容可能源自其他人物、典籍，语言形式则可能归之于本门家学”③，“语言形式上的伪或晚，并不等于思想内容上的伪或晚”④，所以，在考辨古籍年代中执著于语言形式的外壳的方法是存有疑问的，应将辨文字与辨“主体部分”“主题思想”区别开来。其实比较某种思想概念或词语来判定古书早晚的方法涉及以“对文”现象判定古书的方法，所谓“对文”，是指“在先秦秦汉时期的古书中，不同的古书之间，乃至同一古书内的篇章之间，有许多文意相近乃至字句相同的文字”⑤。以“对文”来分析古书的相对早晚也是考辨古书中一种常用的方法，并有学者总结了以“对文”考辨古书的通用法则，然而证以出土文献，李锐指出以“对文”判定古书相对年代的方法忽略了古书大量佚失的情形以及“对文同源”的可能性，因而在实际操作中难免存有问题，所得结论当然也不尽可靠⑥。

二、古书体例研究的新进展及对辨伪学的再思考

随着简帛古书的大量问世，古书体例研究的重要性被重新发现，与此相对应，将古书划分真伪的二元解释模型日益显现其弊端。由上文可知，对此已多有学者进行了较为深入的讨论，这本身即为对古书进行第二次反思的重要部分，而结合出土文献对古书体例进行更全面的研究和总结，无疑是建设更科学的史料学的有效进路。此项工作固然需要长期的积累，然其方兴未艾，已有研究者对此进行了初步的尝试。

冯胜君在其对 20 世纪古文献新证所做的相关研究中，对以出土文献研究及总结古书体例有专门讨论。如其对先秦两汉古书本身的特点及其在流传中不同于后世古书的情况均有讨论，如论结合出土文献，“古书多单篇流行”等体例均可获验证⑦；对于“古书多无

---

① 有关研究分别对应李锐的如下文章：《论帛书〈二三子问〉中的“精白”》《〈系辞〉的年代问题》《“朝请”与“朝廷”：原本〈文子〉与传本〈文子〉的一个重要异文研究》《〈庄子〉内外杂篇的关系问题》，均收入李锐《新出简帛的学术探索》一书。

② 李锐：《考证古籍年代之反思》，《新出简帛的学术探索》，北京师范大学出版社 2010 年版，第 60 页。

③ 李锐：《考证古籍年代之反思》，《新出简帛的学术探索》，北京师范大学出版社 2010 年版，第 62 页。

④ 李锐：《考证古籍年代之反思》，《新出简帛的学术探索》，北京师范大学出版社 2010 年版，第 63 页。

⑤ 李锐：《“对文”分析法评析》，《新出简帛的学术探索》，北京师范大学出版社 2010 年版，第 20 页。

⑥ 李锐：《“对文”分析法评析》，《新出简帛的学术探索》，北京师范大学出版社 2010 年版，第 19~35 页。

⑦ 冯胜君：《二十世纪古文献新证研究》，齐鲁书社 2006 年版，第 216~217，第 218~219 页。

大题”之体例，冯胜君在肯定前贤研究成果的同时，指出相关问题的复杂性，认为对古书标题体例不可一概而论①。因为迄今为止所发现的先秦古书数量有限，虽则以目前情形来看古书似均无书题，但这并不足以得出古书不标大题的结论，如对于银雀山汉墓《孙子兵法》篇题木牍的题名性质仍有不同的意见，存在标明书题的可能，故而先秦古书的大题（书题）问题，还有待于进一步研究②。冯胜君对于所出土的先秦、秦汉古书的用字特点进行了总结，认为简帛古书与传世文献用字多异的原因与古书重在达意而对用字不十分讲究的体例有关，再加之不同抄手的习惯、知识水平不同及对古书的理解不同，从而导致古书呈现出不同的面貌③。这与李零对出土文献与古文之学关系的关注实有相通之处④，这也是先秦、秦汉古书不同于后世古书的体例之一种。此外，冯胜君对前贤所总结的先秦、秦汉古书流传情形多所补证⑤。冯胜君对古书体例的研究中，最可注意处在于，其将简帛古书的形制特征及抄写特点作为古书体例的组成部分予以专门论述。古书抄于竹简者，多以不同的形制，如简长及简头修治形态等，指示相应的重要性⑥，竹书的形制与编联情形与其抄写方式及篇题、书题的题写方式关系密切⑦；帛书形制及抄写方式也略有规律可循⑧。此外，对于简帛古书具体的书写情形，如书写界面的整治，古书书写中的讹、脱、衍、误等现象以及简帛古书中所使用的有关符号，冯氏均有细致的讨论⑨，而这些与简帛古书整治及书写体制有关的情况，不仅对研究古书成书及流传过程中的样貌、传本形态等大有助益，其本身即为先秦、秦汉古书所特有的体例。

冯胜君指出，古书书题情形较为复杂，相关研究需要进一步深入，李锐便对此有相应的研究，其《新出简帛与古书书名研究——〈古书通例·古书书名之研究〉补》一文⑩，结合出土文献，对余嘉锡所总结的古书命名问题进行了补证及申论。如余嘉锡论官书命名文例，认为其原因在于“春秋以前，并无私人著作，其传于后世者，皆当时之官书”⑪，李锐指出余氏此论为运用“默证”而未可尽信，因为“官学与私学乃相对概念，官方政典与私人著作也是相对的概念”，先王有采风之官，收集民间作品并润饰之成为官书，后来“天子失官，学在四夷”，王官之学下衍为私学，这种互动乃是学术发展的常见现象，

① 冯胜君：《二十世纪古文献新证研究》，齐鲁书社 2006 年版，第 218 页。

② 冯胜君：《二十世纪古文献新证研究》，齐鲁书社 2006 年版，第 218 页。

③ 冯胜君：《二十世纪古文献新证研究》，齐鲁书社 2006 年版，第 220 页。

④ 李零：《出土发现与古书年代的再认识》，《李零自选集》，广西师范大学出版社 1998 年版，第 32~41 页。

⑤ 冯胜君：《二十世纪古文献新证研究》，齐鲁书社 2006 年版，第 220~225 页。

⑥ 冯胜君：《二十世纪古文献新证研究》，齐鲁书社 2006 年版，第 201~204 页。

⑦ 冯胜君：《二十世纪古文献新证研究》，齐鲁书社 2006 年版，第 204~205 页，第 211~214 页。

⑧ 冯胜君：《二十世纪古文献新证研究》，齐鲁书社 2006 年版，第 205~206 页。

⑨ 冯胜君：《二十世纪古文献新证研究》，齐鲁书社 2006 年版，第 206~216 页。冯氏对抄手在古书成书与流传过程中的作用也有讨论，参见氏著《从出土文献看抄手在先秦文献传布过程中所产生的影响》，收入武汉大学简帛研究中心编《简帛》第四辑，上海古籍出版社 2009 年版，第 411~424 页。

⑩ 李锐：《新出简帛与古书书名研究——〈古书通例·古书书名之研究〉补》，《文史哲》2010 年第 5 期。本书所论李锐对古书体例的研究均据此文，不烦另注。

⑪ 余嘉锡：《古书通例》，中华书局 2007 年版，第 210 页。

只论王官之学的流变而不溯其源的做法是值得商讨的。余嘉锡“古书多摘首句二字以题篇”条例以古书名篇，多出后人，故无甚理，惟《庄子》《列子》之篇名似为作者自题，李锐据出土文献指出古书自题篇名的情形当在庄子之前即已存在，基于此，则余氏以《王孙子》证“书只一篇者，即以篇名为书名”之例中，《王孙子》之名当为后世所题，而《巧心》很可能为王孙子自撰书名。又如对余嘉锡所总结的“古书多无大题”之例，李锐以出土文献为证，指出余氏“后人乃以人名其书”为《别录》《七略》之事而非先秦之实，古书大题当起源于战国，且查《汉志》，则普遍题大题或是官方行为，与民间传抄书籍习惯或有不同，古书普遍题写书名疑为六朝时事。此外，对于“《汉志》为书命名”“古书自撰书名”之体例，李锐均有更深入的研究，对余嘉锡之总结均有补证、廓清之处，如余嘉锡的讨论中对古书概念有含混之处，有些指单独的篇，有些指多篇集合之书，李锐认为在回溯中国古代典籍时，应抛弃现代所谓书、篇有别的观念，并对古书的篇、卷概念进行了细致的讨论，并据出土文献，对某些古书体例所存在的范围及方式进行了论证。李锐此文有感于当世学者虽赞颂余嘉锡《古书通例》一书之预见性，然少有就古书通例本身做进一步研究的情形，多以出土文献立论，对古书体例进行更深入、细致的“新证”，这可以看作古书体例研究迈向精细化研究的一种标志。

对古书体例进行更深入、细致的研究是学术研究本身持续发展的内在要求，这种要求也在当代研究者中酝酿出某种较为普遍的共识，宁镇疆对古书体例的研究即为此中代表。宁镇疆《〈老子〉“早期传本”结构及其流变研究》一书①，以郭店楚简及马王堆帛书所出《老子》为依托，尝试从整体上对《老子》结构形态在“前今本”时期的演进作一宏观的考察②。所谓《老子》“前今本”，即指《老子》今本形成之前的“早期传本”，此时的《老子》传本在分章、章序、分篇、篇序等方面尚未形成今本的结构模式。虽然“前今本”时段内的《老子》结构尚不具备今本的结构形态，而今本结构形态的形成则离不开“前今本”时期不同《老子》传本结构的演进、积淀及整合③。实质上，《老子》今本结构的确立是一个渐进的过程，而“早期传本”概念的提出，正是基于古书成书的这种长时段及阶段性的特征。在很大程度上，可将“早期传本”这一概念的提出，看作古书成书研究领域的一大进展，从中可以窥知当代学者在先秦、秦汉古书成书问题上的认识水准④。对《老子》早期传本进行的整体性考察，主要涵义有三点：第一，将对相关材料的解释与结构研究结合起来，将其置于《老子》结构演变的大背景下去认识，在尽可能长的“时段”内去认识它变异的“阶段性”和传承的“一般性”；第二，将《老子》结构流变研究与《老子》成书过程相结合，基于近年所出的新材料以及在此基础上形成的对古书流传与形成的新认识，对《老子》结构流变作出解释和评价，在此过程中，进

① 宁镇疆：《〈老子〉“早期传本”结构及其流变研究》，学林出版社2006年版。

② 宁镇疆：《〈老子〉“早期传本”结构及其流变研究》，学林出版社2006年版，第5页。

③ 宁镇疆：《〈老子〉“早期传本”结构及其流变研究》，学林出版社2006年版，第5页。

④ 《老子》“早期传本”的概念提出的必要性、核心内容及主要意义，以及此概念主要内涵之间的关系，如结构与时间的相互关系，宁氏均有细致讨论，详见宁镇疆《〈老子〉“早期传本”结构及其流变研究》第一章第一节《老子》“早期传本”界说部分，学林出版社2006年版，第1~10页。

一步充实并丰富以往学者对古书体例的研究，并将此引入佐证《老子》结构的证据系统中①，《老子》结构在“前今本”时期的演变背后暗含了时人对其书的独特理解，反映了其时古书编纂学上的规律性内容，所以把《老子》结构研究与对古书体例的研究结合起来，搞清《老子》结构的演变，将会给我们认识《老子》及其他先秦古籍的成书过程，提供必要的参考。以此为起点，我们就可以超越传统的，特别是以“疑古派”为代表的对老子其人或其书的看法，在《老子》的创作与形成年代上获得全新的视域，将其书的形成放到中国“书”史或著述史演变的大背景下去认识②；第三，对《老子》结构进行整体的、综合的研究，将分章和章序、分篇及篇序研究相结合，克服以往孤立研究中存在的问题③。对《老子》传本进行整体性的研究，其实是对以往研究方法的扬弃，更是在新的条件下推进相关研究进展的内在要求。除此之外，宁氏在具体的研究方法上，还注意克服以往研究中存有的追求“整齐”的偏好和弊端，充分注意那些不能为后世较整齐的“原则”及“模型”所容纳的因素，不以今律古，在“整齐”与“参差”之间维持一种必要的张力，同时，对《老子》“原本追溯”与结构研究之间的辩证关系有清晰的认知，指出不能静止、机械地理解“原本追溯”，而应当以发展的，或曰历史的眼光看待《老子》的结构流变，注重《老子》结构演变的阶段性考察④。这些都体现了宁氏对研究方法的自觉，同时，也反映了其对先秦、秦汉古书成书及古书体例的认知水准。

在对相关概念及方法的精到体认的基础之上，宁镇疆对《老子》早期传本的结构流变进行了细致而深入的研究，主要体现在两个方面：古书分章体例研究与古书章序体例研究。对于古书分章体例，首要在于明确“章”的涵义、特性及与相关概念的关系，宁氏在梳理“章”的字义演变的基础上，提出基于意义完整性的章的定义，并探讨了由此所决定的章的“单位性”特征⑤；在讨论分章的必要性时，提出了“自然”形态之章与“次生”形态之章的概念⑥；基于对古书章的定义，讨论了篇、句与章的相互关系⑦，以及相应于其定义的古书之“章”在形式上的特征⑧。基于以上对于古书的“章”的理解，通过对竹简本、帛书本及有关传世本《老子》分章的令人印象深刻的研究，宁镇疆总结出《老子》早期传本在分章上从“零散”到“集约”的演变方式：形式上，将零散或短促的章句合并或归并到其他章中，从而使章的篇幅较为严整而整齐，内容上，将“意义”相同或相近的章作“同类归并”，使章在内容上显得更加厚实而丰满⑨。《老子》分章的这种演变方式为古书形成提供了一个“按‘常态’轨迹发展的范例”⑩，而《老子》结构

---

① 宁镇疆：《〈老子〉“早期传本”结构及其流变研究》，学林出版社 2006 年版，第 48~49 页。
② 宁镇疆：《〈老子〉“早期传本”结构及其流变研究》，学林出版社 2006 年版，第 12~13 页。
③ 宁镇疆：《〈老子〉“早期传本”结构及其流变研究》，学林出版社 2006 年版，第 50~51 页。
④ 宁镇疆：《〈老子〉“早期传本”结构及其流变研究》，学林出版社 2006 年版，第 49~50 页。
⑤ 宁镇疆：《〈老子〉“早期传本”结构及其流变研究》，学林出版社 2006 年版，第 82~86 页。
⑥ 宁镇疆：《〈老子〉“早期传本”结构及其流变研究》，学林出版社 2006 年版，第 86~88 页。
⑦ 宁镇疆：《〈老子〉“早期传本”结构及其流变研究》，学林出版社 2006 年版，第 88~91 页。
⑧ 宁镇疆：《〈老子〉“早期传本”结构及其流变研究》，学林出版社 2006 年版，第 91~93 页。
⑨ 宁镇疆：《〈老子〉“早期传本”结构及其流变研究》，学林出版社 2006 年版，第 160~161 页。
⑩ 宁镇疆：《〈老子〉“早期传本”结构及其流变研究》，学林出版社 2006 年版，第 161 页。

演变中先章序后分章的“集约”路线，在古书形成及发展模式上，并非孤例，具有相当的“普遍性”①。在此之上，宁氏对《老子》结构流变中“有意”的“突变”与“无意”的“渐变”、“合理的”与“历史的”分章结构的辩证关系有精彩的论析，相较于以往对《老子》结构流变及成书过程，甚至对其他先秦古书的成书情形的认识，宁氏的讨论在很大程度上有观念更新的意义。对于古书章序体例的研究，宁氏的主要贡献在于创造性地概括出“有机”与“无机”的章次类型，并对其内涵及关系进行了准确而深入的论析②，以及总结出“有机”章序的两种形式：“次序”与“同类集结”③，在其对古书章序的理解及提炼之上，探讨了古书篇章顺序演进中的两种常见方式：“无机——有机”“有机——无机”④。通过对《老子》早期传本结构流变的研究，宁镇疆对古书成书及古书体例的以下几方面问题形成了初步的结论：第一，在关注古书成书“通例”“通则”的同时，不应忽略某一类古书形成所遵守的特殊“规则”，而应当对古书成书情况作“类”的区分，因为不同“类”的古书，其成书往往经历了不同的道路⑤；第二，对“诸书互见”现象进行了讨论，尤其是对以往处理此问题时非此即彼的简单化思维方式和处理方法进行了反思，认为“诸书互见”现象实际上反映了在古书成书问题上“材料来源的多元化”的情况，并在横向上反映了此类古书最初材料来源的多元化，纵向上反映此类古书在内容上存在断续“增补”“附益”、不断完善的特征⑥；第三，讨论了古书“流传”与“形成”的辩证关系⑦；第四，讨论了古书成书及流传过程中的求“优”而非求“真”的存佚规律⑧，这其实是对考辨古书时经常混淆的两个概念——文章学意义上的“优”与版本学意义上的“优”——进行了区分；第五，对古书形成及流传过程中结构整合的“以类相从”情况进行了深入讨论⑨。此外，宁镇疆还以《老子》为例，讨论了古书成书与其体裁及最初的著录形式及其抄写形态的关系⑩，对《老子》“同文复出”现象进行了深

① 宁镇疆：《〈老子〉“早期传本”结构及其流变研究》，学林出版社 2006 年版，第 162 页。除《老子》外，宁氏还对其他古书中“先章序后分章”的“集约”路线进行了讨论，可参见其《八角廊汉简〈儒家者言〉与〈孔子家语〉相关章次疏证》，《古籍整理研究学刊》2004 年第 5 期；《〈家语〉的“层累”形成考论》，《齐鲁学刊》2007 年第 3 期；《读双古堆一号木牍与〈孔子家语〉相关章题余札》，《中国典籍与文化》2008 年第 2 期；《“层累”非“作为”——再论今本〈孔子家语〉的性质》，《学术界》2009 年第 5 期。

② 宁镇疆：《〈老子〉“早期传本”结构及其流变研究》，学林出版社 2006 年版，第 176～181 页。

③ 宁镇疆：《〈老子〉“早期传本”结构及其流变研究》，学林出版社 2006 年版，第 181～187 页。

④ 宁镇疆对《老子》章序流变情形的讨论可详参见其《〈老子〉“早期传本”结构及其流变研究》第四章相关部分。基于古书章序两种演变方式的普遍性，宁氏在更大的范围内对此问题进行了研究和讨论，参见其《古书章次问题浅说》一文，收入谢维扬、朱渊清编《新出土文献与古代文明研究》，上海大学出版社 2004 年版，第 212～317 页。

⑤ 宁镇疆：《〈老子〉“早期传本”结构及其流变研究》，学林出版社 2006 年版，第 250～254 页。

⑥ 宁镇疆：《〈老子〉“早期传本”结构及其流变研究》，学林出版社 2006 年版，第 254～259 页。

⑦ 宁镇疆：《〈老子〉“早期传本”结构及其流变研究》，学林出版社 2006 年版，第 259～261 页。

⑧ 宁镇疆：《〈老子〉“早期传本”结构及其流变研究》，学林出版社 2006 年版，第 261～265 页。

⑨ 宁镇疆：《〈老子〉“早期传本”结构及其流变研究》，学林出版社 2006 年版，第 266～270 页。

⑩ 分别参见宁镇疆：《〈老子〉“早期传本”结构及其流变研究》，学林出版社 2006 年版，第 121～122 页、第 140～141 页。

入的探讨①。总之，宁镇疆围绕《老子》早期传本的结构流变，与其近年来相关研究一道，深化了对古书成书规律的认识，对古书成书情况及相关古书体例进行了更加深入、细致的研究。

三、辨伪学的深入发展：古书体例研究的学术定位及其意义

伴随20世纪，尤其是70年代以后的大规模简帛古书的出土，学术界对先秦、秦汉古书体例有了直观的认识，以往学者的有关研究——主要以余嘉锡的《古书通例》为代表——得到了很大程度的验证，古书体例研究的价值和意义被重新发掘，这个过程除了得益于大量的出土文献及针对具体的古书成书问题和古书体例所开展的工作外，还得益于研究者对于相关学术史问题的细致梳理和深入讨论。

伴随着近代疑古思潮的勃兴，已有学者对其中不谙古书体例而导致的"鲁莽灭裂"情形有所洞察，并基于传统的校雠学，对古书体例进行了初步的阐发②，可惜不被时人所重，对这一学术"潜流"，张京华是进行系统梳理和总结之第一人。张氏认为有关中国古代书体书例的总结，是"一些足以破解疑古思潮的论述"③，并且"实际上几乎可以说是迄今为止可以破解疑古过勇的唯一有效途径"④。张氏认为，由书体书例入手对先秦以降典籍的解读，如总结《左传》"五十凡例"之类，历代多有，至清代尤为学者所重，如俞樾《古书疑义举例》一书便对书体书例所有揭示⑤。随着晚清康有为首倡"新学""伪经"之说而疑古之声隆盛，多有学者从古书体例着手进行针对性的讨论，对此，张氏论列孙德谦、刘咸炘、傅斯年、吕思勉、余嘉锡，以及当世学者李学勤、李零对古书体例的相关研究，基本勾勒出了伴随疑伪活动而起的对古书体例的研究史⑥。张氏是在深入研究以顾颉刚为核心的"古史辨派"与中国现代学术走向的基础上，对有关古书体例的研究史进行梳理的，故而对古书体例之于疑伪活动的意义有独到的认知，如张氏将对古代书体书例之义例的总结与对古代史官史职体制的重新认识一道，作为考古学以外"重建古史"的两条"内证"之路⑦。除了对近代以来古书体例研究情形的梳理以外，张氏对近代以来研究者对有关史官史职中心问题——如"六经皆史""诸子出于王官""世官世畴"及"《春秋》义例"等命题——的讨论予以回顾⑧，与此相关，张氏还注意到《汉书·艺文

① 参见宁镇疆《〈老子〉"早期传本"结构及其流变研究》一书附录所收《〈老子〉"同文复出"现象的初步研究》一文，学林出版社2006年版，第279~294页。

② 参见本书第二章。对古书体例的总结和讨论相较于其时的疑古思潮而言，可谓一为溪流，一为沧海，故其泯而不彰明矣。即便余嘉锡《古书通例》一书，在当时的影响也非常之有限，颇不为世所知。

③ 此为张京华借自王汎森评傅斯年《战国文籍中之篇式书体——一个短记》之语，张氏用于其书《古史辨派与中国现代学术走向》第二章第一节的标题。

④ 张京华：《古史辨派与中国现代学术走向》，厦门大学出版社2009年版，第88页。

⑤ 张京华：《古史辨派与中国现代学术走向》，厦门大学出版社2009年版，第81页。

⑥ 张京华：《古史辨派与中国现代学术走向》，厦门大学出版社2009年版，第81~88页。本书有关研究思路也多受益于张氏的工作。

⑦ 张京华：《古史辨派与中国现代学术走向》，厦门大学出版社2009年版，第80页。

⑧ 张京华：《古史辨派与中国现代学术走向》，厦门大学出版社2009年版，第88~101页。

志》对古代书体书例及史官史职总结和研究的意义，如其申论《汉书·艺文志》义例，所论有以下条目：论学术之分类与部帙之分类；论古人有指要之学及学术分类重于部帙分类之例；论以部帙分出门类之例；论经史子集各有等差而不并列之例；论不止诸子出于王官，诗赋、兵书、术数、方技皆出于王官；论《七略》《汉志》"出于""起于"之例及胡适"诸子不出王官论"之误读；论《汉志》《淮南》各具本末，前后相承，及近人分判二书之误①。以上条目多为针对胡适"诸子不出王官论"而发，然其中多对古书体例研究有所助益处，如讨论部帙分类与学术分类的有关问题，实有助于理解传统校雠学及其对研究古代文献传统的意义，从而对研究古书形成及流传情况有所助益，又如论经史子集之等差剖别及古书源流，实与刘咸炘相关论述暗合，对于古书记述内容的性质判定，甚而对中国古代"文献传统"中"完善的原始记录系统（史官制度）"及"很高水准的资料整理系统（实用文献文本和古书的出现）"② 等有关方面的认知均有重要意义，是建设科学的古史史料学应予关注的、值得持续探讨的课题之一。

张京华将对古代书体书例的总结及史官史职的认识为古史重建的"内证"之路，所谓古史重建的"内证"之路，质言之，当指从古史本身所自有的内容和特性来证明古史具有可靠品格的途径。而对古史的认知进而对古史品格的证明，无论以何种方法及途径，其所依材料大致均以为作为史料的古书为主，因此，在此意义上甚至可以说，研究古史即为研究古书，也就是说，古史问题的最终解决，其基础及核心内容均在于史料学。对于古书的性质判定这一史料学的首要问题，是传统辨伪学的主要内容，而传统辨伪学"前后已历经数百年的努力，将大批先秦古书网罗为对象，凡在证伪方向上的所有可能的说辞应该都已提出，却并没有能给出判定古书真伪的真正有理的标准"③，其原因就在于传统辨伪学所讨论的"恰恰几乎都是古书体例范畴内的问题"，然而先秦古书体例范畴内的真实情况"远比研究者想像的要复杂和富于变动"，"不仅传统辨伪学者不可能完整掌握其规律，就是现代学者在了解部分出土文本情况之后，恐怕也不能说已穷尽其所有的可能性"，在对于古书涉及体例问题的了解远未穷尽，"已知规律的判定力是不确定的，甚至可以说是可疑的"的情形之下，对于一本先秦古书证伪的最终标准除了依靠古书内容上的所谓"内证"外，还应该包括"来自书外情况的说明"，即应该找到正面反映作伪行为的，包括"属于所谓知识社会学或知识动力学关注的领域"的足够证据或证明④。对于这种包括"内证"和"外证"的反映辨伪行为的"多方面的、完整的证据"，谢维扬称为"关于论定古书真伪问题证据的完整性的概念"⑤。由以上论述可以看出，张京华以古

---

① 张京华：《古史辨派与中国现代学术走向》，厦门大学出版社 2009 年版，第 101~133 页。

② 对于中国古代所形成的文献传统的关注是谢维扬师持续关注的课题之一，较早的表述可参见谢维扬为上海大学古代文明研究中心、清华大学思想文化研究所编《上博馆藏战国楚竹书研究》，上海书店出版社 2002 年版一书所作序言，本书即据此。较深入的论述可参见谢维扬：《儒学对中国古代文献传统形成的贡献》，《上海师范大学学报》2010 年第 6 期及《经典的力量——中国传统的现代去路：从汉代经学的发展对中国古代文献传统形成的影响谈起》，《上海大学学报》2011 年第 2 期。

③ 谢维扬：《二十一世纪中国古史研究面对的主要问题》，《历史研究》2003 年第 1 期。

④ 谢维扬：《二十一世纪中国古史研究面对的主要问题》，《历史研究》2003 年第 1 期。

⑤ 谢维扬：《古书成书和流传情况研究的进展与古史史料学概念——为纪念〈古史辨〉第一册出版八十周年而作》，《文史哲》2007 年第 2 期。

史为对象，那么书体书例和史官史职则确可为古史的“内证”，而以古书为对象，则古书体例为“内证”，而来自书外的“属于所谓知识社会学或知识动力学关注的领域”的正面反映作伪行为的证据为“外证”。其实，抛开相同称谓的不同内涵，在对应关系上，张京华所梳理的近代以来学界有关史官史职的认识内容，与谢维扬所论述的中国古代文献传统多有相通之处，而谢氏基于建立完整的古史史料学概念，进而推动中国古史研究向更高水准发展的理念，对中国古代文献传统及古书成书、流传情形进行研究和总结，是和许多当代学者，如李学勤、李零，包括张京华的思路是一致的，并且谢氏对此有更加自觉的认识，更加深入、更加系统的思考和论述。

谢维扬以古史史料学为古史研究的基础以及核心内容当然是切中肯綮的，谢维扬指出，对古书成书情况的再认识，尤其是通过新出土文献所作的研究，是“检讨和重新建立起完整的古史史料学的基本概念”的核心问题①。这不仅仅是与许多研究者的思路一致，更在于对此问题的深入把握与系统思考：谢维扬对于中国古代文献传统的研究及其对于古书证伪标准的论述，是其从史料学立场思考古书成书研究的主要目标之一，此外还有古书真伪、古书考辨举证程序、古书内容来源判别、早期文献文本之间关系这四方面的目标②。对于具有较大影响的顾颉刚的“层累说”对古史史料学所作贡献及其解释有关问题中的问题，谢维扬也有专门论述③。除了在较宏观的古史史料学范畴内对古书成书及古书体例进行讨论之外，谢维扬从有助于更深入思考和恰当处理古史史料问题的角度对古书成书和流传情况进行了总结：

1. 古书成书，就绝大多数个案而言，都是一个经历了很长时间和具有复杂环节的过程；换言之，所谓古书著作年代问题往往不是一个可有简明答案的问题（这意味着当人们试图以对古书著作年代问题的判断来帮助确认有关古书资料的真实性和史料价值等问题时，由于必须充分估计到这两者关系上的复杂性，往往不容得出过分简单或简明的结论）。

2. 古书题名作者与实际成书年代之间在很多个案中只存在约相关关系，因为大多数具有今日所见之内容的古书传本，前后涉及这些文本作成的人员往往不止一人，这也就意味着，古书成书年代与后所题名之作者生卒年代之间同样没有简单或简明的关系。

3. 古书经流传示人的文本中，所谓“本文”或“正文”与在著作顺序上次一级的“传说”或“传解”之间往往或有很大可能混而不清（因此在据今所见之有关文本内容讨论相关资料的真实性与史料价值等问题时，必须注意到分辨不同性质文本内容意义的必要性）。

4. 古书传本之内容以有附益为常。

5. 古书内容的取材所自不必早晚、真伪如一，而以驳杂为常（以上两条同样提醒我们应注意分辨不同性质文本内容的不同意义）。

---

① 谢维扬：《二十一世纪中国古史研究面对的主要问题》，《历史研究》2003年第1期。

② 谢维扬：《二十一世纪中国古史研究面对的主要问题》，《历史研究》2003年第1期。

③ 谢维扬：《“层累说”与古史史料学合理概念的建立》，《社会科学》2010年第11期。

6. 古书实际流传情况繁于传世著录所示（因此不能以引述已知传世著录资料为判断古书实际流传情况之充足证据）。

7. 今日所见的所有古书文本，其在当日为古人使用时在文本性质上应各有不同。在任何一部古书形成与流传过程中所出现的各宗文本中，应该有原稿本与传抄本的区别，而这两者在说明古书成书与流传问题上的意义是不同的。即便是传抄本，在古人使用当时也还可能有性质上的区别。①

谢维扬从检讨和重新建立完整的古史史料学基本概念的高度，对古书成书和流传情况及其所反映的古书体例进行了更加深入的研究和总结，并对古书成书相关问题的研究目标及意义展开了系统的思考和论述，并为此提出了一系列富有独创性且极具建设性的意见和建议，进一步明晰了古书成书及相关古书体例研究的范畴及义涵，初步廓清了古书成书及古书体例研究对于建立完整的、更加科学的古史史料学的意义，进而也在很大程度上廓清了古书成书及古书体例研究对于重建古史及持续深入地推动中国古史研究向更高水准发展的重要意义。谢维扬对于古书成书及古书体例所作的研究工作与其他学者的相关工作一道，为古史史料学向更科学的方向迈进，为中国古史研究向更高的水准发展构筑了良好的基础，指明了值得深入思考的、具有可持续意义的研究路向。

本章小结

20世纪下半叶，尤其是70年代以后，简帛古书的大量问世，不仅为我们提供了珍贵的古书实物材料，更重要之处在于促使我们对古书成书和流传过程以及相关古书体例有更深入、更准确的把握和认识，从而在扬弃以往的古书考辨成果的基础上，为建设更加科学的古史史料学奠定基础。基于对出土文献的研究，我们对古书成书、流传过程及相关古书体例有了较以往更深入的认识，对以往的辨伪学成果及其理论和方法进行了更深入的反思，同时，重新激活了对古书第一次反思中相关学者的研究方法及成果的认识，有关学术史意义得到凸显和重视。对此，学术界是有相当程度共识的，如从20世纪80年代起，对于余嘉锡的有关工作，以其《古书通例》一书为代表，李学勤、裘锡圭、郑良树、李零、谢维扬等学者均予以高度关注，以简帛古书印证余嘉锡所总结的古书体例并对古书体例进行新的总结，是新阶段研究工作中的主要内容，不少学者对此进行了卓有成效的研究，如李学勤、李零、谢维扬对古书成书、流传情况及古书体例的进一步归纳和总结，冯胜君对古书体例较为全面的研究，李锐对古书书名的深入研究，宁镇疆以《老子》为突破口的具有独创性的研究等，均出色地整合了简帛古书与传世古书的研究，极大地深化了我们对于古书成书、流传情况及相关古书体例的认识。在此基础上，推动了对传统古书辨伪学的反思，对此，廖名春及李锐对具体的古书辨伪方法进行了全面而深入的检讨，张京华系统梳理及总结了古书体例研究的学术史脉络及其对于古书辨伪学的意义，李学勤、郑良树及李零在方法论意义上，提出了“古书年代学”的概念，以期作为对传统的古书辨伪学的

① 谢维扬：《古书成书和流传情况研究的进展与古史史料学概念——为纪念〈古史辨〉第一册出版八十周年而作》，《文史哲》2007年第2期。

改造或替代。当然，对于古书相关问题的深入研究的更高目标在于古典学的重建，古书的研究事关古典学重建的史料学基础，在这个意义上，谢维扬提出要在科学的古史史料学的整体概念上，对古书成书及古书体例问题予以关注，并就此提出了一系列富有独创性且极具建设性的意见和建议。总之，在简帛古书大量出土的历史条件下，古书成书及古书体例研究仍是具有关键意义的研究课题，当代学者对此已经进行了许多卓有成效的努力，为未来在更高水准上持续开展研究工作打下了良好的基础。

最后，我们必须特别说明的是，更为全面深入的《文献辨伪学概论》俟诸异日，此不过抛砖引玉，错误在所难免，敬请读者不佞指正。

下编　文献辨伪学论著篇目索引

说　　明

1. 刊物名称之后不再详细注明“社会科学版”“人文科学版”等字样，但报纸注明“海外版”。

2. 收录时间范围为 1912—2018 年。

3. 重要文章附录摘要或者结论，一般经过笔者加工提炼。

4. 少数篇目加了案语。个别地方附录了相关链接。

5. 按照 GB 标准编目。

6. 本录大体分为十类：首四类大体按照四库分类，次录佛、道二藏，末为辨伪论著。

7. 按部—大类—小类排列，小类一般按照时间顺序排列。

8. 一般只收录中文论著，暂不收外文论著（偶尔著录日文论著）。

［自注］由于历时过长，多次增补，事经多人，难免存在分类不当、条目失收等错误，敬请读者批评指正。

经部

易　　类

周易

郭沫若.《周易》的时代背景与精神生产.东方杂志，1928（21—22）

【解题】写于1927年，通过《周易》卦爻辞揭示殷周社会的政治、经济结构和精神生产。1928年再版时改名为《〈周易〉时代的社会生活》。今按，此文当时为新思维，形成了新范式，产生了巨大影响。

顾颉刚.《周易》卦爻辞中的故事.古史辨第三册，北京：朴社，1931

【解题】考证了《易经》中的五件史事：王亥丧牛羊于有易、高宗伐鬼方、帝乙归妹、箕子明夷、康侯用锡马蕃庶。得出了如下结论："它里边提起的故事，两件是商的，三件是商末周初的，我们可以说，它的著作时代当在西周初叶。"今按，其说难以成立。

顾颉刚.论《易·系辞》中观象制器的故事.古史辨第三册，北京：朴社，1931

【解题】对所说《周易》卦爻辞所无的观象制器故事的专门考论，意在证明《系辞传》观象制器章讲到古史帝系人物的话是西汉后期人的说法。今按，其说难以成立。

钱玄同.论观象制器的故事出《京氏易》书.古史辨第三册，北京：朴社，1931

【解题】写于1930年，为钱玄同给顾颉刚的信，信中称赞顾颉刚辨析《系辞》"古者庖牺氏"一段为京氏学者窜入精确不刊，并对顾颉刚的论述有所补充。今按，其说难以成立。

钱玄同.读汉石经《周易》残字而论及今文《易》的篇数问题.古史辨第三册，北京：朴社，1931

【解题】作于1929年年底，曾载于《北大图书部月刊》第一卷第二期。此文的目的在于研究汉代今文《易》的篇数之真相与变迁。认为西汉初年田何传《易》时，只有上下经和《彖》《象》《系辞》《文言》。西汉中叶，汉人伪作的《说卦》《序卦》《杂卦》三篇混入。今按，其说不能成立。

钱穆．论《十翼》非孔子作．古史辨第三册，北京：朴社，1931

【解题】举出十条论据论证《十翼》非孔子作，然多牵强无根，难以信服。马王堆帛书《易》记载孔子与弟子研究《易》，已可证明此文论证之不当。

李镜池．《易传》探源．古史辨第三册，北京：朴社，1931

【解题】上篇为《〈易传〉非孔子作底考证》，下篇为《〈易传〉著作年代先后的推测》，认为《彖》《象》二传其著作时间最早不出战国末，最迟不到汉宣帝，作于秦、汉间最有可能；《系辞》《文言》为汇辑之书，产生在汉武帝之后；《说卦》《序卦》与《杂卦》最早不出焦、京之前，或在刘向校书以至班固作《汉书》时。今按，其结论难以成立。

李镜池．论《易传》著作时代书．古史辨第三册，北京：朴社，1931

【解题】此为李镜池致顾颉刚的书信，作者推测《系辞》著于西汉初至西汉末，《文言》或是《系辞》的一部分。今按，其说不能成立。

李镜池．《周易》筮辞考．古史辨第三册，北京：朴社，1931

【解题】《周易》乃占筮之书，其卦爻辞也为占筮之记录。

余永梁．《易》卦爻辞的时代及其作者．古史辨第三册，北京：朴社，1931

【解题】《易》是出自龟卜，周初卜筮者流所作的一部书。

陆侃如．论卦爻辞的年代．清华周刊，1932（9—10）

【解题】《易》卦爻辞经过口耳相传，至东周中期方写定。

宇野哲人，罗霈霖译．《易·十翼》质疑．国立中山大学文史学研究所月刊，1934（1）

【解题】《十翼》非孔子所作。今按，其说不能成立。

李源澄．读《易》志疑．学术世界，1935（3）

【解题】罗列关于《易》之作者、《易》之性质、《易》之组成等问题的观点。

李星可．《周易》的时代背景与精神生产——评郭沫若所论并抒己见．中法大学月刊，1935（6）

李星可．《周易》的时代背景与精神生产——评郭沫若所论并抒己见（续）．中法大学月刊，1935（7）

【解题】以上二文借对郭沫若观点的讨论阐述其易学思想，第一部分为《〈易经〉中的古代社会》，辨明著作时代和《易经》世代的社会现状；第二部分为《〈易传〉中的思想问题》，分析《易传》著作时代和思想。

郭沫若．《周易》的构成时代．上海：商务印书馆，1940

【解题】《周易》非文王所作，作者为楚人馯臂子弓。后改题为《〈周易〉之制作时代》收入《青铜时代》。今按，其说不能成立。

蔡介民．《周易》源流考．国民杂志，1941（8）

【解题】《易经》包含复杂的自然现象和人事，非一人一时之作，思想冲突在所难免。

屈万里．关于《周易》之年代思想．读书通讯，1942（46）

郭沫若．《周易》之制作时代．青铜时代，北京：人民出版社，1954

【解题】《易》的创作时代在春秋以后，作者为孔子再传弟子馯臂子弓。今按，其说不能成立。

李汉三．《周易》卦爻辞时代考．建设，1955（11—12）

【解题】卦爻辞产生时代不晚于春秋中叶。今按，其说不能成立。

高文策．试论《易》的成书与发源地域．光明日报，1961.6.2

【解题】从天文学史入手，认为《易经》成书年代为殷末安阳地区。今按，其说难以成立。

刘泽华．略论《易经》的年代及其思想．天津日报，1961.6.14

李镜池．关于《周易》的性质和哲学思想．文汇报，1961.7.4

【解题】认为《易经》为占筮书，而《易传》为哲学书。

庄天山．对高文策先生“试论《易》的成书年代与发源地域”一文的几点意见．光明日报，1961.9.1

【解题】批评高文策从天文学史角度考察《易经》时代的证据不足。

徐世大．《周易》之作者．周易阐微，台北：开明书店，1963

【解题】《易经》为农业社会初期之产物，而《易传》为儒家学者所作。

李镜池．《周易》的编纂和编纂者的思想．学术研究，1963（1）

【解题】《周易》为编纂而成，主张从卦爻辞来寻求每个卦的体系与编者思想。

严灵峰．《易经》“小象”成立的年代及其内容．哲学年刊，1967（4）

【解题】推测爻辞为西周人据商代卜辞改编，《小象》为东周巫祝撰定，《大象》为后儒所为，非周公或孔子所作。今按，其说难以成立。

梅应运．《周易》卦爻辞成书时代之考索．香港新亚书院《学术年刊》（第十三期），1971

【解题】考定卦爻辞成书于春秋末。今按，其说难以成立。

蒙传铭．《周易》成书年代考．中文大学学报，1975（1）

【解题】考定《周易》成书当在孔子之后。今按，其说不能成立。

徐芹庭．论孔子与《易》之关系——兼评欧阳修钱玄同之误说．孔孟月刊，1978（10）

【解题】认定《十翼》为孔子所作，并批评欧阳修“《十翼》非孔子作”与钱玄同“《周易》与孔子无关”之说。

詹秀惠．《周易》卦爻辞之著成年代．孔孟月刊，1978（10）

【解题】《周易》卦爻辞著称于西周初叶，出于一手创作，作者为太卜之流。今按，结论难以成立。

林炯阳．《周易》卦爻辞之作者．易经研究论集，台北：黎明文化事业股份有限公司，1980

屈万里．《周易》卦爻辞成于周武王时考．易经研究论集，台北：黎明文化事业股份有限公司，1980

【解题】由器用及习语判断卦爻辞当在东周前，且认定卦爻辞皆成于一手，最终列举证据证明作于周武王之时。

李汉三．《周易·说卦传》著成的时代．易经研究论集，台北：黎明文化事业股份有限公司，1980

【解题】从史书记载和《说卦传》的具体文辞判断其成书于汉初。今按，其结论不能成立。

李汉三.《周易》十翼异时分成考.易经研究论集，台北：黎明文化事业股份有限公司，1980

【解题】论证《彖》《象》《文言》《系辞》形成于战国中叶末期。今按，不能成立。

王开府.《周易》经传著作问题初探.易经研究论集，台北：黎明文化事业股份有限公司，1980

【解题】论证孔子作《十翼》说法之误，认为《十翼》非孔子所作。今按，不能成立。

张岱年.论《易大传》的著作年代与哲学思想.中国哲学发微，太原：山西人民出版社，1981

【解题】《易大传》当在老子之后，孟子之前。今按，不能成立。

王世舜，韩慕君.试论《周易》产生的年代.齐鲁学刊，1981（2）

【解题】否定了关于《周易》产生年代的“殷末周初说”和“战国说”，并以《左传》和《国语》为依据，判断《周易》为西周末年到春秋中叶以前的产物。今按，不能成立。

刘大钧.《易大传》著作年代再考.东岳论丛，1981（6）

【解题】赞同张岱年《易大传》当在老子之后、孟子之前的观点，认为《系辞》的写成当稍早于惠子、庄子，或者与之同时。《文言》早于《系辞》，《彖》早于《文言》，《大象》早于《彖》，《小象》晚于《大象》，《说卦》最早。《易大传》基本部分是战国中期至春秋初期写成，有些篇章甚至是春秋末期整理出来；当时的《易大传》一词，并不仅指十翼，还包括解说《周易》的不同传本。

刘大钧.《周易大传》我见——关于《周易大传》各篇写成的先后及六十四卦顺序编次的探讨.中国哲学史研究，1982（2）

【解题】《周易大传》各篇皆战国作品。最早不早于春秋末，最晚不晚于战国中期。今本《周易》编次为当初《周易》六十四卦真正编次。

李镜池.论《周易》的著作年代——答郭沫若同志.华南师院学报，1982（4）

【解题】从历史社会、思想观念及文学形式、文字意义等方面推测，主“西周末年说”，破郭沫若“战国说”。此为李氏1967年4月15日给郭沫若的复信。郭氏信件见于《中国史研究》1979年第1期。今按，不能成立。

高亨.《周易》古经的作者与时代.续伪书通考，台北：学生书局，1984

【解题】《周易》古经成于周初，其中故事，最晚者在文、武之世。又见于《高亨〈周易〉九讲》。

王永嘉.《周易》作者考.宁波师院学报，1986（1）

【解题】旨在解脱传统所说的“《周易》是西周作品”的局限，揭破一般所说的“《周易》是卜筮之书”的神秘，说明它是我国最早的一部史学书，是《左传》和《国语》二书的总结，有着鲜明的政治目的和精密的思想方法。《周易》的作者当是《左传》一家的后继人，他为维护周礼的传统而作此书。今按，不能成立。

本田成之.作《易》年代考.《周易研究论文集一》，北京：北京师范大学出版社，1987

【解题】该文发表于1931年。“五十而学易，可以无大过矣”应是“五十以学，亦可以无大过矣”，孔子时代《易》尚无定本。今按，其说不能成立。

靳德峻．本田成之君《作〈易〉年代考》辨正及作易年代重考．《周易研究论文集一》，北京：北京师范大学出版社，1987

【解题】汉以前之经，只有“易”名，而八卦之名实未见之。今按，不能成立。

毛一波．《易传》著作年代论述要．东方杂志，1987（4）

金景芳．关于《周易》的作者问题．周易研究，1988（1）

【解题】《易传》十篇基本上是孔子作，但里边有记述前人遗闻的部分，有弟子记录的部分，也有后人窜入的部分。而弟子记录的部分，应视为孔子自作。《系辞传》把《周易》的本质特征和社会效用完整、准确地揭示出来了，是一位头脑睿智的伟大思想家研《易》的深刻体会；《序卦》是《周易》的纲领，是《周易》六十四卦结构的总说明，非对《周易》有全面地、深入地了解，不能道只字。自春秋到战国的数百年间，除孔子以外，没有第二个人做得到。

沈士梅．《周易》成书于春秋以后．周易研究，1988（2）

【解题】摘录曹福敬发表在《中国哲学史研究》1988年第3期的文章，从古筮的示卦特点和古易史、卦爻辞的文学艺术语言与《诗》的关系、辞句反映的社会政治背景来分析《周易》成书于春秋以后。今按，其说不能成立。

杨天宇．谈《易经》的成书时代与作者．史学月刊，1988（4）

【解题】《易经》一书大约在西周成、康时期已有初本，后经人不断加工修订，到春秋初年始成定本。《易经》的编纂者曾经是周王室的卜筮官，后遭政治变故而失官，于是隐于民间，一边行筮，一边搜集整理占筮记录，从事《易经》的编纂工作，并终于将《易经》的初本编纂成功。至于修订者，可能不止一人，而其最后的修订者和《周易》书名的确定者，很可能就是春秋初年的像《左传》所记前往见陈侯的周史或周卜一流的人物。今按，其结论难以成立。

戢斗勇．《易经》的形成不可能早于西周晚期．中国哲学史研究，1988（2）

【解题】《易经》卦符产生于西周末至战国时期，卦爻辞产生于西周末至西汉。今按，其说大谬不然。

陈鼓应．《易传·系辞》所受老子思想的影响——兼论《易传》乃道家系统之作．哲学研究，1989（1）

【解题】老子哲学与《易传·系辞》的内在联系，表现在两个最重要的方面：就其哲学内涵来说，是天道观；就其思维方式来说，是辩证法思想。接着从《系辞传》自然观方面、命题及概念等来考察它所受道家的影响；又从《易传》思想体系如天道观、自然观、辩证的思想方法等理论架构主干来考察，认为以道家思想的影响为最大；进而说明《易传》非儒家经典，而是道家系统著作。今按，其说难以自圆其说。

王世舜．论《周易》的产生时代及其与《易传》的关系．聊城师范学院学报，1989（2）

【解题】春秋中叶以前，《周易》已经建立了自己的一套完整体系，很有可能已产生了定本，当视为巫、史们的集体创作。从《左传》和《国语》的记载来看，远在孔子之前，《周易》已在社会上被广泛地加以运用。《周易》之所以具有强大的生命力，就是因为《周易》不单纯是一部筮书，其中还包含深刻的哲理，所以能够引起孔子极大的兴趣；

孔子根据口口相传的关于《易经》的说解，进行加工整理并传授给学生，再由学生用文字记录下来形成所谓《十翼》，是完全可能的。

侯廷章．推翻“文王作《周易》说”的论据不实．南都学坛，1989（3）

【解题】《周易》一书的雏形出现在殷末而非西周或战国，孔颖达、顾颉刚提出的论据都是基于误解的空说。在没有发现有力的证据之前，《周易》作者还是沿用旧说为好。

吕绍纲．《易大传》与《老子》是两个根本不同的思想体系——兼与陈鼓应先生商榷．哲学研究，1989（8）

【解题】《易大传》与《老子》是两个不同的思想体系，《易大传》的思想骨干得自孔子及儒家，与《老子》无关。老子言道德意在引导人们见素抱朴，回归自然，达到“为道日损”的效果；而《易大传》所言之德，意在鼓励人们加强修养，利用安身，达到《老子》所反对的“为学日益”的效果。《易大传》的最高范畴是“太极”，“太极”是物质性实体；而《老子》在“太极”之前加上一个“道”，“道”是老子虚构出的超物质的规律，也是观念性实体。《老子》提出“弱者道之用”的命题，强调守柔抱一，主张自然无为，使它的辩证思维实际上半途而废；而《易大传》“一阴一阳之谓道”的命题和“知柔知刚”“变通趣时”的特点把它对世界的辩证认识推向较高的程度。只有在不承认上帝鬼神的存在上它们是共同的，而《易大传》又主张“神道设教”，故又貌合神离。至于思想渊源，《老子》受殷易《坤乾》的影响分明较深，而《易大传》与《坤乾》有着截然不同的思想内涵，它的思想理所当然地来自《周易》古经，又与孔子及其儒家学派一致。

吕绍纲．《周易》的作者问题．周易阐微，长春：吉林大学出版社，1990

【解题】关于《周易》的作者问题，吕氏赞成并接受其师金景芳先生《关于〈周易〉的作者问题》一文的观点，并作为其研究这一问题的起点，从思想、历史文献学、考古文献学三个方面加以论证，得出“今本《易传》确系孔子所作，它的思想属于孔子”的结论。

孙元昊．关于《周易》经传构成时代及作者的商榷．中华易学，1990（3）

刘延刚．《周易·说卦传》成书年代新探．四川师范学院学报，1990（4）

【解题】《说卦》成书于先秦说和西汉中后期说都不足据。它以八卦配四时八方的时空图导源于《礼记》的《曲礼》和《月令》，显然是汉初儒者吸收了阴阳五行的思想，编辑了《礼记》，接着又在以前《易》说卦象和《礼记》时空图的基础上编纂了《说卦》。它的成书必在《礼记》的《曲礼》《月令》《礼运》等篇成书之后，《史记》成书之前。孟、焦、京、荀之流受《说卦》影响特大，喜讲卦气直日，增衍卦象，《易》学之象数卦气说在他们手里就更光大了。

蒋信．《周易》是篡改伏羲卦系而成书．大易集成，北京：文化艺术出版社，1991

陈鼓应．《易传·系辞》所受庄子思想之影响．哲学研究，1991（4）

【解题】从阴阳说、变化观、“神”之义、言意论，以及使用的概念和词句等角度来分析《庄子》对《系辞》的影响。从《易传》中最重要的部分《彖传》和《系辞》来看，其受到老庄思想的影响是主要的，还接受了黄老之学、稷下黄老学派——如《管子》四篇等的许多说法及概念。它们是以道家哲学为主体而吸收阴阳、儒、墨、法各家思想，就其哲学中最重要的组成部分的天道观及辩证法等方面来看，可称《易传》学派为道家别派。

于载洽．论《易经》之编纂时代．中华易学，1991（4）
李学勤．公孙尼子与《易传》的年代．文史，1992（35）
李学勤．《周易》卦爻辞年代补证．周易经传溯源，长春：长春出版社，1992

【解题】通过对顾颉刚在《周易卦爻辞中的故事》所列举的王亥、鬼方、帝乙、箕子、康侯，结合新材料作了一番考证，认为《周易》经文所见人物及事迹确实都是很古老的，经文的形成很可能在周初，不会晚于西周中叶。

李学勤．《易传》的年代问题．周易经传溯源，长春：长春出版社，1992

【解题】《易传》的基本内容和结构在子思的时代已经有了；《乐记》有不少地方沿袭《系辞》，而成书于战国末的《荀子》《吕览》都曾征引过《乐记》，其作者当不晚于战国中期；再从宋玉《小言赋》援引《易传》来看，《易传》的成书不会晚于战国中期，也就是要比楚襄王、宋玉早一个时期；孔门《易》学在很早时候就传入楚国，荀子一系为其在楚地的支派，重义理而不重占筮，在晚周至汉初颇有影响。

金景芳．三易思想的产生不在尧前．长白论丛，1992（1）

【解题】三易的经卦皆八，可见其于法天地四时的思想是共同的，而这一思想当在尧改火历为"历象日月星辰"的新历之后，故三易思想的产生不在尧前。

陈鼓应．论《系辞传》是稷下道家之作——五论《易传》非儒家典籍．周易研究，1992（2）

【解题】《系辞》重占筮与田齐尚卜之风及稷下道家有关；《系辞传》虽重视占卜，但同时也借卦爻辞等发挥着哲理，其精气说、道德说，以及势位思想，与稷下道家有根本的相通之处；《系辞》具有革新性、开放性，以及功利取向等齐文化特点；《系辞》乃以道家观点解《易》之作，并非儒家而是道家经典。今按，其说难以成立。

李平心．关于《周易》的性质、历史内容和制作时代．平心文集三，上海：华东师范大学出版社，1992

【解题】《周易》成书在《尚书》《诗经》《春秋》之后，郭沫若"《周易》作于战国时代"的推断是很难动摇的；《周易》不是纯卜筮之书，而是属于史世系统的私家著作，卦爻辞正蕴藏了许多关于周、狄民族矛盾的史事；依据已考明的历史故事来判断，也可证明《周易》不是一部寻常的卜筮书，而是用谐隐文体和卜筮形式写成的特殊史书，其中包含了许多春秋史事，更可证明它的成书很晚。今按，其说难以成立。

谢宝笙．从"悔亡"一词追寻《易经》的作者．殷都学刊，1993（2）

【解题】《易经》的主题是通过历史和人生经历表达"易道"的崇高性；上经是周兴殷亡的历史哲理描述，下经是作者自传；并通过"悔亡"一词，逐步疏理《易经》作者身份，最终得出其身份应是文官之首，更隐晦地点出其为南宫括。今按：此文所说实乃发前人所未发，匪夷所思，难以成立。

曹定云．论安阳殷墟发现的"易卦"卜甲．殷都学刊，1993（4）

【解题】据"易卦"卜甲的形制特征断其为周人之物，为《周易》而非《连山》《归藏》，可能是文王被囚羑里时的遗留之物。

张增田．《易经》成书年代新证．安徽大学学报，1994（1）

【解题】《易经》最后成书当在春秋早期。通过对《益卦》《旅卦》《鼎卦》的考察，从《易经》所反映的重大历史事件、商业和日常生活用具三方面进行了深入的考证。结论：《益卦》六四爻“为依迁国”是指西周末年郑国东迁之事；《旅卦》所触及的远地行商具备西周末年尤其是春秋早期，远地行商刚刚起步、正待风行的时代特征；《鼎卦》中的鼎，其形状和铸造方式显然属于春秋早期，而它能作为一般的煮食之器出现在依神而存的《易经》里，更是春秋早期礼制遭到破坏的结果。今按，如此新论，难以成立。

宋祚胤．论《周易》的成书时代、思想内容和研究方法．湖南师范大学社会科学学报，1994（1）

【解题】《周易》写成于西周厉王末年，为帮助厉王复国中兴而作。《周易》以退为进、以后取先、以柔克刚、以弱胜强，这些都是作者以之作为厉王复国中兴的强大思想武器。今按，其说荒谬，无法成立。

黄庆萱．《十翼》成篇考．周易研究，1994（4）

【解题】《说卦传》成篇最早，其次为《系辞传》，不早于汉文帝十二年。《象传》为文景时授易师编定，《象传》与之同时而稍晚。《文言》在景帝时已成篇。《序卦传》不早于汉文帝十二年。《杂卦》可能成于汉宣帝之后。

黄宝先．《易经》与稷下学——兼论《易传》为稷下黄老之作．管子学刊，1994（4）；中国哲学史，1995（3）

【解题】不仅《系辞》为稷下学派所作，整个《易传》就是稷下黄老学派之作。其立论依据有：《易传》功利性体现了齐文化特点；《易传》以道为主，兼采儒、墨之善，撮阴阳、名、法之要，体现了黄老学派特点；稷下学为《易传》产生的文化背景。今按，其说荒诞。

陈鼓应．《易传》与道家思想．台北：台湾“商务印书馆”，1994

【解题】《易传》是道家作品，帛书《系辞》是道家传体。战国道家或易家“引道入易”，将《易经》哲学化。《易传》便是融合老、庄及黄老学说的重要概念及范畴和思维方式而成。其目如下：

第一部分　《彖传》的主体思想：道家的宇宙观

　　《彖传》与老庄

　　《彖传》的道家思维方式

第二部分　《象传》《文言》解《易》的道家倾向

　　《象传》中的道家思维方式

　　《文言》解《易》的道家倾向

第三部分　《系辞》与稷下道家

　　《易传·系辞》所受老子思想的影响

　　《易传·系辞》所受庄子思想的影响

　　论《系辞》是稷下道家之作

　　《易传》与楚学、齐学

第四部分　帛书《系辞》与道家传本

　　马王堆出土帛书《系辞》为现存最早的道家传本

　　帛书《系传》与今本《系辞》——再论帛书《系传》为道家之传本

　　帛书《系辞》和帛书《黄帝四经》

　　《系辞》的道论及太极、大恒说

第五部分 《说卦》《序卦》的道家理路

《说卦》“穷理尽性”的道家理路

《序卦》相反相因的道家思维方式

第六部分 帛书《易》说与黄老思想

《二三子问》《易之义》《要》的撰作年代以及其中的黄老思想

帛书《缪和》《昭力》中的老学与黄老思想之关系

叶福翔.《周易》思想综合分析——兼论《周易》成书年代及作者.中山大学研究生学刊，1995（2）；周易研究，1995（4）

【解题】《易经》是西周卜筮官员们汇集的卜筮记录，经殷商草创、西周渐成、孔子编定；《易传》是对《易经》的义理发挥：《象》是纯粹儒家之作，《彖》是儒道融合奠基之作，《系辞》和《说卦》是儒、道和阴阳思想综合之作。《易传》各篇作者为：曾子作《大象》，子思作《小象》，子弘作《彖》，田何作《系辞》，丁宽作《说卦》，杨何作《文言》，田王孙作《序卦》和《杂卦》。

李学勤.关于《周易》的几个问题.古文献丛论，上海：上海远东出版社，1996

【解题】《周易》卦爻辞成于西周初叶；孔子晚年喜《易》，而且自撰《易传》（至少其中一部分）；《易传》主体结构形成应与《论语》处于差不多的年代，与孔子关系密切；根据帛书《周易》经文卦名有些与《归藏》卦名相合或类似，则汉以来流传的《归藏》确乎有据，并非全出杜撰。

李学勤.帛书《易传》与《易经》的作者.古文献丛论，上海：上海远东出版社，1996

【解题】文王作《易》之说有着相当古的起源，《周易》经文与文王有关系确实是可能的，《周易》经文最后形成虽迟于文王，但仍可能在周初。

李学勤.孔子与《周易》.古文献丛论，上海：上海远东出版社，1996

【解题】孔子晚年喜《易》已得帛书《易传》证明，《论语·述而》“五十以学《易》”，是孔子与《周易》关系的重要证据，而下句的“大过”，也是用《周易》卦名成语，和帛书《要》篇引用巽卦“史巫”一语相同。

李学勤.帛书《周易》的几点研究.古文献丛论，上海：上海远东出版社，1996

【解题】帛书《周易》经传的编排还是经过精心考虑的，是一部有自己体系的完整书籍。经文列于传前；《二三子问》分说经文，列于传文诸篇之首；《系辞》《易之义》通论大义，排在其次；《要》于论说外又有记事，则续于后；《缪和》《昭力》乃是易经师的言论，故次于最后。《系辞》是成书很早的古籍，帛书所根据的《系辞》，其构成其实是和今传本基本一致的，不过有一部分脱失，一部分散入他篇，于是成了现在的面貌。至于帛书《周易》，其整体的形成是很迟的，有可能晚到秦亡以后，它应该是楚地易学一派整理的结果，而《缪和》《昭力》篇中所记诸人，便是这一派的经师。

李学勤.帛书《易传》及《系辞》的年代.古文献丛论，上海：上海远东出版社，1996

【解题】帛书一派未能尽传“十翼”，不只是帛书仅见《系辞》，《缪和》后半部分把历史事件生搬硬套地同卦、爻辞联系在一起，与“十翼”基本观点不合，甚至连《左传》《国语》春秋筮例的精彩都失去了；再从帛书《周易》经文的卦序也知道，它们不可能同时传承《卦序》，而《说卦》《卦序》《杂卦》是一体的，可能均非这一派所传。足见帛书这一派《易》学走了偏锋，只能说是在楚地的一种别传（楚地是有正宗易学流传的，如荀子、淮南九师所学）。

王宁．申论《周易》之制作时代．郭沫若学刊，1996（2）

【解题】《周易》爻辞中的“中行”确为荀林父，即中行桓子，郭沫若说《周易》不作于春秋中叶以前是正确的；《左传》中那些“以《周易》筮之”或“其在《周易》”云云的话大多是刘歆的伪窜；孔子读过《周易》，但没作《易传》；《周易》成书年代当在公元前551年至公元前500年之间。今按，其说难以成立。

王文清，李跃柱．略论道家对《易传》哲学思想的影响——兼论《易传》归属于儒家著作．聊城师范学院学报，1996（4）

【解题】从《易传》的天道观、人道观两方面分析《易传》与道家哲学思想的异同，从而说明《易传》从属于儒家思想体系，而不属于道家思想体系。

刘宗汉．从《中方鼎》看《易传·大象》的性质和年代．高校理论战线，1996（6）

【解题】通过对《中方鼎》的研究，认为《大象》是西周王室大史寮中另一部占筮书，与今本《周易》非一经一传关系，其祖本西周初年已经形成。孔子整理《大象》无容置疑。

郭沂．从早期《易传》到孔子易说——重新检讨《易传》成书问题．国际易学研究第三辑，北京：华夏出版社，1997

【解题】今本《易传》由四个部分构成。第一部分为孔子之前的《周易》文献，包括《彖》《象》二传全部，《说卦》前三章之外的部分和《序卦》《杂卦》全部（古《说卦》佚文），《乾文言》的第一节（古《文言》佚文），它们成书于西周初年《易经》成书后至孔子出生前这大约500年时间里。第二部分为孔门弟子所记孔子关于《周易》的言论，包括《系辞》的一部分。第三部分为孔子的《易序》佚文，包括《系辞》的另一部分和《说卦》前三章。第四部分为孔子的另两篇佚文，一篇为《续乾文言》，包括《乾文言》的第二、三、四节，另一篇姑名之为《乾坤大义》，包括《乾文言》的第五、六节和《坤文言》全部。

张增田．《易经》成书年代新证补考．古籍研究，1997（3）

【解题】通过对地下材料、相关文献、卦爻辞句式和语法特征的考察，认为《易经》是在西周灭亡前至春秋开始后不到100年间形成的。今按，其说难以成立。

郭沂．《易传》成书与性质若干观点平议．齐鲁学刊，1998（1）

【解题】评述了以下三种较有影响的观点：其一，唐代以前形成的认为《易传》作于孔子的传统观点；其二，宋人欧阳修以来认为《易传》是一部成书于战国以后，与孔子无直接关系的儒家经典的观点；其三，近年来陈鼓应先生提出的认为《易传》不但成书于战国以后，而且是一部道家系统作品的观点。利用排除法对《易传》作于战国后的几种观点进行了否定，认为《易传》成书不晚于孔子，今本《易传》各部分都与孔子存在直接或间接的关系，但若夸大孔子的创作成分，便犯了以偏概全的错误。

廖名春．从语言的比较论《周易》本经成书的年代．许昌师专学报，1999（1）

【解题】采用语言比较的方法，将《周易》本经中的大部分基本词汇、实词附加成分、虚词的运用等，与殷商甲骨文、《尚书》《诗经》《左传》、诸子等先秦文献进行了比较考察，确定《周易》本经成书的时间为殷末周初。

张殿清．《周易》的成书时间及其哲学思想析评．北京印刷学院学报，1999（3）

【解题】《周易》包括《易经》和《易传》两部分，不成于一人一时，《易经》成书于周初，《易传》成书于春秋战国时期。《周易》是卜筮之书，理论前提是唯心主义的，但是它对经文的解释却以对客观世界及其变化的观察为依据，因而包含有朴素唯物论和朴素辩证法思想。《周易》作为占卜之书，对事物吉凶的预测，是建立在宗教神学的唯心主义天道观念基础之上的，夸大其预测功能是不可信的。

李衡眉．孔子作《易传》之明证、补证与新证．孔子研究，1999（4）

【解题】列举金景芳提出的三证，分别出自《史记》《论语》《易·系辞传》与《文言》，证明《易大传》为孔子作；又列举了李学勤的三条证据，以及作者自己提供《史记》与《论语》《文言传》相关之处作为孔子作《易传》的例证。

廖名春．上海博物馆藏楚简《周易》管窥．周易研究，2000（3）

【解题】就上博楚简《豫卦》与《大畜卦》进行探讨，从卦画角度反驳了“马王堆帛书《六十四卦》上的卦画是中国最早用阴阳爻写成的”的观点；从卦名方面判断在战国中期楚简里，卦辞与卦爻辞并存；从爻题方面指出《周易》原无爻题、用题说的观点不符合事实。

何泽恒．孔子与《易传》相关问题复议．周易研究，2001（1）

何泽恒．孔子与《易传》相关问题复议（续）．周易研究，2001（2）

【解题】就“司马迁述孔子所作《易传》之范围”“孔子五十以学《易》”“孔门传《易》说”“帛《易》佚传与孔子”四个专题进行讨论，认为帛《易》出土，对研究古代《易》学自有相当大的贡献，但在证成孔子赞《易》之说上，似仍未足恃以为定谳。

游唤民．《易大传》非孔子所作．湖南师范大学学报，2001（4）

【解题】将《易大传》各传作了对比研究，论证了《易大传》各传非出自一人之手，并指出其中某些哲学范畴及《系辞传》《说卦传》大谈卜筮，为《论语》所无，从而认定《易大传》为说《易》者积累之作，为一部综合性论集，非孔子所作；但其中包涵并发展了孔子的思想。

陈启智．论《易传》的学派属性——与陈鼓应先生商榷．周易研究，2002（1）

【解题】关于古书学派属性的判定，首先应辨析其最高范畴与核心理念，其次应观其学术方向，看其学其术到底要把社会引向何方，最后还要考察其与历史文献之关系。由是观之，《易传》为儒家的典籍，殆无疑义。陈鼓应所说《易传》与黄老、稷下道家之同，只是表明了《易传》对此两派道家之影响，而不是相反。

刘建臻．二十世纪《周易》作者研究述略．福建省社会主义学院学报，2002（2）

【解题】就20世纪《周易》作者的研究问题归纳了12种观点，并归纳了5种论证方法。

周锡䪖．《易经》的语言形式与著作年代——兼论西周礼乐文化对中国韵文艺术发展的影响．中国社会科学，2003（4）

【解题】用“语体”与“语料”的二重证据法来考察，认为周初有古本《周易》，乃参照商之《归藏》编纂而成，到西周末，因变得艰涩难读，不便实占的应用，遂由史巫以新兴之韵文形式增损改写，而成为今传本《易经》；中国的韵文艺术自西周中后期起，能获得迅速的流行、发展，很大程度上乃拜礼乐文化彬彬大盛所赐，四言体诗歌之成熟是一例，今传本《易经》之撰作也是一例。

叶菲菲.《易经》的文化沉积与写作年代.清华大学学报，2004（6）

【解题】《易经》有几点可以表明其写作年代的文化沉积：隐晦的图腾意识；“利建侯”的社会环境；以“邑人”为庶民的社会分层；不使用“哉、矣、也、乎”等语气词的语言风格。根据这些文化沉积及有关殷末人物箕子的爻辞推断，《易经》成书于殷末。

廖名春.钱穆“孔子与《周易》关系说”考辨.河北学刊，2004（2）；中国学术史新证，成都：四川大学出版社，2005

【解题】中国学者中最早系统论证孔子与《周易》无涉的当为钱穆。此前，日本学者本田成之已有此说；因此，不能说这一著名的疑古论点没有日本汉学的影响。古人所谓孔子作《易传》之说，虽然也有疏漏、不够缜密之处，但也基本上符合先秦古书的习惯；从马王堆帛书和郭店楚简的记载来看，否定孔子与《周易》经、传有关，显然是不能成立的。

李锐.郭店简中的“性命”与《易传》的年代问题.周易研究，2008（3）

【解题】根据郭店楚墓的年代，利用郭店楚墓竹简《唐虞之道》篇中出现的“性命”以及传世文献的材料，指出刘笑敢以“道德、性命、精神这三个复合词”判定《庄子》内篇早于外、杂篇之说存在问题。因而以其为根据的种种关于《易传》年代的结论均不可靠。

刘光胜.帛书《易传》成书问题新探.辽宁师范大学学报，2009（1）

【解题】对帛书《易传》成书问题的依据和帛书《易传》的成书过程加以考察，认为帛书《易传》整体形成在秦代《挟书律》施行之前，帛书《易传》的散乱期和《挟书律》的施行期基本重合，帛书的整理期在《挟书律》废除到汉文帝前元十二年之间。利仓家族实际上并没有对帛书《易传》进行整理，只是抄写而已。帛本《易传》中《说卦》前三章的归属问题，帛本《系辞》与今本《系辞》的先后关系问题，帛书《易传》的成书时间问题，都可在这一框架下得到合理的解释。

史善刚，董延寿.《易经》成书时代考.中州学刊，2009（2）

【解题】《易经》的产生和形成是一个漫长的历史过程，从占卜吉凶祸福到认识万事万物，从阴阳概念的产生到八卦的创成，再从八卦推演到六十四卦，是一个循序渐进、一脉相承、逐步发展、日臻完善的过程。而关于《易经》成书之时代问题，有两个毋庸置疑的可靠渠道：一个是从发展演变达数千年之久的数字易卦中来探寻八卦的起源和易经的来源问题，其时至于西周晚期；一个是从《易经》自身的卦爻辞中，来捕捉和推断《易经》成书之确切年代，其时大约为周宣王时代。今按，其结论难以成立。

刘新华.从数字卦和卦象看《周易》的成书.周易研究，2009（4）

【解题】《周易》的“象”有悠久的历史，其源头可追溯到上古文献《三坟》。卜筮在商朝时已成熟，早在商朝时就有官方易学和民间易学之分，所谓组成数字卦的数字应该是符号而不是筮数，在《周易》之前有《商易》，《商易》是商代巫咸结合远古文化与筮数而成。在商周时期有官方《易》和民间《易》，《周易》是对商代官方易学《商易》亦即《坤乾》的损益。从各种文献看，今传本《周易》的成书是比较晚的，《周易》形成后有很多不同的传本，亦有义理《周易》和卜筮《周易》之分。

张庆利.《易传》作者问题平议.绥化学院学报，2009（6）

【解题】根据存世文献以及出土文献所提供的新的证据，反驳了欧阳修等人“《易传》非孔子作”的观点，认为《易传》的主体为孔子所作，而在阐释的过程中，吸收了前人的成果，又经后人的补益，这是可能的，而且是存在的；但这并不妨碍其主体思想仍是孔子的，是早期儒家的。

张庆利．《易传》作者问题两则史料辨正．古籍整理研究学刊，2010（6）

【解题】将《史记·孔子世家》“序《彖》《系》《象》《说卦》《文言》中的“序”训释为“论列”，将《汉书·艺文志》“为之《彖》《象》《系辞》《文言》《序卦》之属十篇”中的“为之《彖》”理解为“为《周易》作《彖传》”，认为《易传》为孔子所作。

张涛．论《易传》的成书与学派归属．历史文献研究（总第29辑），上海：华东师范大学出版社，2010

【解题】《易传》不仅与道家、儒家关系密切，而且与其他诸子思想也有一定相通、相似之处，是综合百家、超越百家的产物。

刘新华．今本《易传》成书新说．儒家典籍与思想研究（第2辑），北京：北京大学出版社，2010

【解题】通过比较帛书《易传》与今本《易传》之异同，认为早在孔子之前可能就已存在古本《易传》，并被称为“易”，作为占筮之人解《易》的依据。春秋战国至汉初《易》有数家之传，又有官方《易》和民间《易》，形成多种《易》说。后经司马迁时期的“正《易传》”和费直以传附经才形成今本。

刘延刚等．《易传》的成书年代与作者新说．四川大学学报，2011（1）

【解题】《易传》除《杂卦》而外，均成书于孟子、荀子之后，司马迁之前，其成书的先后顺序应该是：《系辞》《文言》《彖传》《象传》《序卦》《说卦》《杂卦》。作者除《说卦》为汉初方士儒，《杂卦》为汉武帝以后的汉儒所作外，其他基本上是战国末至秦、汉初的子夏后学所作。《易传》的出现体现了百家争鸣以来，儒家“以神道设教”构建儒家化形上学的努力。今按，其说不能成立。

张朋．孔子“序”《易传》五篇考辨．中州学刊，2011（1）

【解题】今本《周易》包含在孔子之前已经广泛流传的《周易》解说、孔子的思想、战国时期儒家学者的思想，“序”字含有三重含义：整理，讲述，肇绪。只有在“序”字的这三重含义上，孔子“序《彖》《系》《象》《说卦》《文言》”才是符合历史事实的可信记载。

杨庆中．《易经》中的神鬼信仰与“德”性意识——兼及《易经》成书的年代．周易文化研究，北京：社会科学文献出版社，2013

【解题】通过与《尚书》等文献中所载周公思想的比较，发现《易经》卦爻辞中所体现出来的宗教信仰、“德”性意识、政治理念等与周公的思想观念比较一致。据此推测，《易经》卦爻辞的编纂可能与周公有关，《易经》之成书或是在西周初年。

杨世文．宋儒对《易传》的考辨及其价值．宋代文化研究（第20辑），成都：四川大学出版社，2013

【解题】宋儒的可贵之处在于指出了“十翼”之中有相当多的篇目并不是孔子亲手所作，而出于门人的记录或后世经师的追述。今按，其说难以成立。

董延寿等．《易经》创作时代之辩证．哲学研究，2013（2）

【解题】通过“从易卦到《易经》的演变与发展之历程”与“《易经》卦爻辞中所

反映的《易经》创作之时代”两个角度来考察，认为《易经》一书的问世当在西周晚期，而且很可能是在周宣王时代。今按，其说难以成立。

廖名春．从《系辞传》论“伏羲作八卦”．船山学刊，2014（2）

【解题】所谓“伏羲作八卦”是说伏羲氏时代的先民发明了“易”卦，发明了卦画符号；这不但包括八卦的卦画，也包括了六十四卦的卦画，甚至还当包括一定量的卦爻辞；将“伏羲作八卦”局限于卦画，不仅与“三《易》”及数字卦皆有卦爻辞的事实不合，在实践中也是难以解释的。

郑吉雄等．《易传》作者问题检讨（上）．船山学刊，2015（3）

郑吉雄等．《易传》作者问题检讨（下）．船山学刊，2015（5）

【解题】就考辨的方式而言，前人辨析《易传》作者时，主要以“十翼”各传相参，再辅以《左传》《论语》与《易传》相关之内容，以及《史记》《汉书》相关之记载，而在辨析文义时，常常杂入“非圣人所言”的主观意见。近代学者除了利用前人的成果外，更进一步将《易传》与先秦、汉代之各类文献对勘，从文辞使用、押韵方式、思想变化、传经系统、文献流布等各种现象进行分析，近年来又辅以出土文献，材料更为丰富，方法也更为严密。就考辨的目的来看，传统学者将经典视为政治制度的根本、个人行事的准则，具有神圣性与唯一性。当经典所记述的三代之治始终无法达致，有些学者开始怀疑旧解有误而尝试提出新诠，有些则质疑其中杂有非圣人之言而试图加以清除，《易传》作者问题属于后者。近代学者考辨《易传》作者之目的，在于摘除儒者所赋予经典的神秘面纱，建构思想史之脉络，大略而言：古史辨时期学者受到反传统思潮的洗礼，多带有摧破旧说的企图，往往利用看似客观的方法，证成充满主观的结论，标新立异，以期引起关注。晚近学者则重拾对传统文化的敬意，更纯粹地以学术的角度来看待此一问题，尝试厘清先秦思想之纵向发展，以及各家学说之横向互动。不过，由于先秦文献流传的过程中，初为口说传授，著于竹帛之后，往往又经后学不断增益，是以若要用思想对比参照的方式来确认《易传》的著成时代，具有一定难度。此外，在经、传分离的观念笼罩下，学者多将《易传》视为《易》理之源，而《易传》思想以儒家为主干，故推本于孔子的创发，不再上溯，又或只着重于战国时代各家思想的交互影响。实则《易经》富涵义理，孔子吸收《易》理而融会自己的学说，有继承的一面，亦有开创的一面。如不了解《易经》，则难以清楚说明《易传》的承继与开创。

刘保贞．卦爻辞的形成与《周易》的哲理化．周易研究，2015（4）

【解题】卦爻辞与卜筮之辞从内容到形式都大不同，它不是由筮人总结卜筮之辞而来，从内容上看更可能是当时的“黄历”式的记录。孔子用“赋诗断章”式阐释方法对卦爻辞的引申发挥使《易经》地位有了质性提升，《易传》最终奠定了《周易》“大道之源”的历史地位。

金春峰．从逻辑与历史的统一解答《周易》古经的一些问题．周易研究，2015（4）

【解题】正确认识《周易》古经之成书及其作为文本的思想文化史意义，是目前亟待解决的重要问题。《周易》的基本面貌春秋时已定型。《周易》编纂成书时，已使用也才使用了两个基本卦符。六十四卦由八卦相重而成，体现出“数”的机械性。六十四卦两两之间是互覆或互变的关系，爻辞相互呼应，甚至共用，体现了编纂者的有意安排。卦爻辞并非随意写就，不能低估其含寓的思想水平与教诫意义。就殷商数字卦而言，张政烺先生的解读存在一定失误。《周易》古经应没有乘、承、应、二五同功而异位等观念，《左传》《国语》无“用九”“用六”，说明当时没有大衍筮法。《彖传》与《大象》从不同角度发展了象数方法，是一种全新的诠释范式。

姜广辉等．《易经》前史考略．哲学研究，2015（6）

【解题】《周易》在先秦称《易》或《周易》，至汉代方有《易经》之称。本文所考察的主要是汉代《周易》称“经”以前的历史，因而称之为“《易经》前史”。本文的观点是：“伏羲画八卦”无从稽考，“文王重卦”并“作上、下篇”卦爻辞也属不实，孔子作“十翼”同样不确。司马迁《史记》和班固《汉书》所构拟的《周易》演生史并不能为先秦史料所证实。在作者看来，《周易》卦爻辞及“十翼”各篇乃是历史上许多佚名的智者所作，即使没有伏羲、文王、孔子的参与，也并不影响其作为中华民族伟大元典的地位。今按，其说难以成立。

王林栋．《古史辨》易学辨正．山东大学硕士学位论文，2015

【解题】20世纪20年代，顾颉刚引领的古史辨思潮兴起，在史学领域引起了巨大的反响。古史辨学者不仅讨论与三皇五帝有关的上古史问题，还讨论《易经》《诗经》等经学问题，以及诸子学的儒、墨、道、法多家的问题，要求还原历史原貌，建立新史学体系。20世纪易学就在古史辨易学讨论的氛围中展开，出现了与此时期象数派、义理派发展并不相同的新路径。古史辨学者讨论了关于《周易》经传作者、年代、性质，孔子与《周易》关系，以及观象制器说等问题，完全开辟此时期的易学新论域，之后半个世纪易学的发展还是在古史辨的论域中展开。因而，古史辨易学问题的来源，古史辨易学对前人易学的继承与发展，都是值得注意的。20世纪初，日本学界因为崔述的《考信录》掀起了疑古辨伪的思潮，早于古史辨思潮十几年，出现较早的日本疑古思潮对古史辨思潮的影响，以及此时期日本易学与古史辨易学的关系也都值得讨论。

张远山．伏羲卦序探索史．社会科学论坛，2016（1）

【解题】战国以降的“伏羲象数易”，笼罩在“浑盖之争”的政治阴影之下，总共排出异于《周易》的四种原创卦序、三种衍生卦序，全都不合阴阳本质、象数二义、爻动原理、太极原理，因而两千多年探索伏羲初始卦序，证明其历法初义，未能成功。

孟祥笑，高中华．二重证据法与《周易》研究的典范．周易研究，2016（4）

【解题】李学勤《周易溯源》主要对《周易》经传的年代、筮法、帛书《周易》经传以及《易纬》进行讨论，相关结论和方法不但推动了《周易》研究，而且对整个中国古代文化史的研究都有重要意义。

赵建功．先秦儒家易学蠡测．华中国学，2017（2）

【解题】孔子及绝大多数先秦儒家都很重视《周易》，《周易》是其主要研习经典之一，且其易学造诣很高。由“孔子晚而喜《易》”的事实可以推断，孔子晚年对《周易》的认识曾有一次质的飞跃。此后，学《易》成为他生命中不可或缺的组成部分，《周易》在他心目中的重要性是其他经典难以企及的。因此，至晚在孔子晚年所属的春秋末期，《周易》即已成为“群经之首，大道之原”，易学即已分为义理学派和象数学派。文章还就先秦儒家的进学顺序与《周易》的重要性、帛书《易传》的成书年代、孟子与《周易》的关系、先秦儒家的易学风格和精神气象等问题进行了探讨。

三坟易

王新业.《三坟易》卦序初探.周易研究，1989（1）

【解题】《三坟书》没有失传，《三坟易》的一些卦名和卦象等可以在先秦文献和汉墓出土的文物中找到遗迹和印证，连体卦序是《三坟易》不伪的佐证。作者认为“不能把《三坟书》说成毛渐伪造，也不能根据晚出的传文否定《三坟易》的真实性”。

王兴业.再论《古三坟》的《归藏易》.大易述要，济南：齐鲁书社，1994

【解题】对《归藏易》的来龙去脉等基本情况进行了详细的论述，并将卦气说的产生与发展分为了三个阶段。

王兴业.再论《三坟易》不伪说.大易集述，成都：巴蜀书社，1998

【解题】从卦序方面论证《三坟易》并非后人伪造，但也非伏羲、神农、黄帝所写，而是战国人根据流传的资料完成的。今按，其说难以成立。

王兴业.《三坟易》探微.青岛：青岛出版社，1999

【解题】《三坟易》为《周易》源头。《古三坟》不伪，为后人根据流传的资料追记而成。今按，其说难以成立。

归藏

刘师培.《连山》《归藏》考.中国学报，1916（2）

【解题】对《连山》《归藏》的流传进行了梳理，记录了历代书目的著录情况。

高明.《连山》《归藏》考.制言，1939（49）

【解题】梳理了《连山》《归藏》的基本情况和流传亡佚等情况，展示历代的观点，并对其所包含的哲理进行论述。

李家浩.王家台秦简“易占”为《归藏》考.传统文化与现代化，1997（1）

【解题】秦简“易占”卦辞与《归藏》卦辞佚文的格式相同，而且秦简“易占”卦辞的一些内容还见于《归藏》卦辞佚文，则秦简“易占”即为《归藏》；《玉函山房辑佚书》中《连山》有问题，秦简“易占”非《连山》。

廖名春.王家台秦简《归藏》管窥.周易研究，2001（2）

【解题】秦简《归藏》应当是《归藏》易的《郑母经》，“郑母”即“奠母”，即“尊母”“帝母”，以母为尊，以母为主；豫，秦简《归藏》作介，说明《周易》豫卦的本义当为大；规卦相当于《周易》的随卦；传本《归藏》以“舆”或“奭”为坤卦的卦名，是错把卦辞当作了卦名；秦简《归藏》的“天目”当为“天曰”之讹；秦简《归藏》的卦名与今本《周易》同者更多于帛书《易经》；秦简《归藏》以∧表示阴爻，表明∧是阴爻的一种别写，而不是性质不同的数字。

林忠军.王家台秦简《归藏》出土易学价值.周易研究，2001（2）

【解题】以新出土的《归藏》为主要根据，又征引出土阜阳汉简《周易》、马王堆帛书《周易》和其他文献资料，证明传本《归藏》不伪、《归藏》早于《周易》、文王演《易》不是重卦、《周易》原为卜筮之书等论断。

梁韦弦.王家台秦简“易占”与殷易《归藏》.周易研究，2002（3）

【解题】秦简“易占”之卦名当即先于《周易》之卦名而存在的殷易《归藏》之卦

名。秦简“易占”之占辞中存有与殷易时代不合之数条，但其余占辞绝非后世所能编造，当即殷易《归藏》所收夏商旧有的占筮记录之辞。秦简“易占”虽非殷易《归藏》之原貌和全貌，但大体为殷易《归藏》之内容。

程二行，彭公璞．《归藏》非殷人之《易》考．长江学术（第4辑），武汉：长江文艺出版社，2003

【解题】《汉书·艺文志》不别《连山》与《归藏》而统称为《周易》，则刘歆之时尚无“三代之《易》”的说法，郑玄所谓“近师以为夏商周”，足证“三代之《易》”乃东汉晚出之说。《周易》是周民族开国立基“制礼作乐”的产物。由于对《周易》的不同使用方式而形成了不同的“易占”流派，由不同的“易占”流派又导致了各种《易》筮之书的产生，故有包括《连山》《归藏》在内的“《周易》三十八卷”《易》筮之书；而汉人所见之《连山》《归藏》皆为《周易》的衍生物，其成书大抵与《易传》的时代相先后，决非夏、商之《易》。

倪晋波．王家台秦简《归藏》与先秦文学——兼证其年代早于《易经》．晋阳学刊，2007（2）

【解题】秦简《归藏》的筮辞可以分为“叙事型”和“隐喻型”两种基本类型，它们都蕴含有明显的贞卜“程序”，筮辞中“程序”的存在暗示《归藏》与古老的口头传统密切相关：“叙事型筮辞”承续了前代的某些筮占口语，“隐喻型筮辞”则继承了原始歌谣的某些语词。从两种筮辞反映的不同思维特质上看，秦简《归藏》的产生年代应早于《易经》。《易》《诗》等先秦经典文本与秦简《归藏》，甚至其他出土贞卜筮辞有着某种程度的直接亲缘关联。

宋镇豪．谈谈《连山》和《归藏》．文物，2010（2）

【解题】史传《连山》《归藏》两部已佚的古老筮占书，非出后人杜撰，确是有其由来，《连山》在商代甲骨文筮占材料中见其踪迹，《归藏》则有湖北江陵王家台出土秦简证其不伪，两者有本自远古传说及夏、商、周三代的筮占材料。

史善刚，董延寿．王家台秦简《易》卦非“殷易”亦非《归藏》．哲学研究，2010（3）

【解题】通过对王家台秦简《易》卦从卦画、卦名到卜辞内容的综合考察，认为王家台秦简《易》卦是一部道地的杂占类史书或者更确切地说，这是一部带有神话色彩的卜筮史书。

王传龙．《归藏》用韵、筮人及成书年代考．儒家典籍与思想研究（第6辑），北京：北京大学出版社，2014

【解题】从考察王家台简本《归藏》的音韵角度入手，结合文献线索，论证《归藏》经文本可供吟唱，除繇辞之外或有爻辞。《归藏》应有经有传，王家台秦简为古人利用《归藏》进行占卜的几十次事件的记述，属于《归藏》的传文《郑母经》，而非经文本身。《归藏》经文成书则当在《周易》之前。

刘光胜．从清华简《筮法》看早期易学转进．历史研究，2015（5）

【解题】清华简《筮法》八卦卦名、卦序与辑本《归藏》密合，具有鲜明的《归藏》特征。但它占筮只依据八经卦，不用六十四卦系统，其占筮形式与方法又与《归藏》表现出显著差异。《左传》《国语》某卦之“八”是指筮数八，韦昭“八为不动阴爻”说，存在明显误读。数字卦向符号卦的过渡，为先秦易学表现形式的一次重要转型。清华简《筮法》所反映的数字爻与符号爻的分工，可能是数字卦向符号卦转型的重要原理与依据。殷周揲蓍法乙与以清华简《筮法》为代表的楚地筮法形式最为接近，如果寻找楚地筮法的最初源头，揲蓍法乙是颇值得注意的对象。清华简《筮法》重要的学术意义在于：六个筮数联用，不是判定殷墟易卦为重卦的充分条件。如果没有筮法作支撑，不知时人对筮数如何分析，单据六个筮数联用，依然不能断言重卦在商代晚期已经出现。

张远山．伏羲布卦，分卦值日（上）——伏羲连山历升级为神农归藏历：太阳历布卦．社会科学论坛，2015（9）

【解题】伏羲六十四卦卦序是一年太阳北归南藏、圭影南缩北伸的解析子集，伏羲太极图是伏羲六十四卦卦序的抽象全集，两者一体双生，植根天文，用于历法。运用图像思维的特殊逻辑，还原“伏羲布卦”前半程“太阳历布卦”，遵循“爻动原理”而创制逐一生成卦象对应天象、爻数对应日数的“伏羲初始卦序”，亦即神农归藏历的“分卦值日图”。

张远山．伏羲布卦，分卦值日（下）——伏羲氏创制神农归藏历后半程．社会科学论坛，2015（10）

【解题】伏羲六十四卦专为阴阳合历而创制。运用图像思维的特殊逻辑，还原“伏羲布卦”后半程“太阴历布卦”，创制神农归藏历的三大副图，把太阳历升级为正月建寅、十九年七闰的阴阳合历，完成历法升级。随后提炼出“无极而太极”的“太极原理”，把“浑天说”升级为“浑夕说”（宣夜说），完成天文升级。

辛亚民．“《归藏》殷易说”考辨．中国哲学史，2017（1）

【解题】所谓的“《归藏》殷易说”，是汉代经师对《周礼》“三易说”和《礼记·礼运》“《坤乾》说”的糅合，不能证明殷商时期有名为《归藏》的占筮之书。考古材料中殷人的占筮记录是研究“殷易”的重要资料，但没有充分的证据说明这些出土材料即是“殷易《归藏》”。

刘新华．《归藏》之神话与史实考．西部考古，2017（3）

【解题】经众学者考证，王家台秦墓竹简的“易占”就是传说中的《归藏》。《归藏》中包含大量的神话，经考证，这些神话源于真实的历史和历史人物，黄帝、炎帝、天帝、上帝、女娲、夏后启等既是真史中的人物，又是神话中的人物，这使《归藏》成为连接神话与现实的桥梁，它把神话还原为史实，又把现实隐匿比兴为神话。

吴晓东．从《山海经》看《易》的起源．民族艺术，2018（3）

【解题】“易”指日月，“日”“月”皆源于“目”的语音分化。《山海经·大荒经》里记载了东西两边各七座用来观测太阳、月亮出入位置变易的山，东边的可视为“连山”，西边的可视为“归藏”，《连山易》《归藏易》与《周易》是同一本书的不同称呼。最早的道观即观测太阳与月亮运行轨道的场所，是观象台。道教的主要神——玉皇大帝与西王母的原型分别是太阳与月亮。早期的《易》通过观测日月运行位置的变化来预知阴阳的消长。

易林

胡适．《易林》断归崔篆的判决书．国立中央研究院历史语言研究所集刊（第20卷上），1948

【解题】其著作人可以确定为曾做过王莽新朝的建信大尹的崔篆；其著作年代据《后汉书·崔骃传》是在东汉建武初期。

陈直．古籍述闻焦氏《易林》为东汉人之附益．文史，1963（3）

【解题】东汉初《易林》已渐行，繇辞中所用地名，多为燕赵地，疑为东汉燕赵人所附益。

陈良运．《焦氏易林》作者考辨——兼与黎子耀先生商榷．周易研究，1992（3）

【解题】从《焦氏易林》的撰述与流传角度反驳了黎子耀否认作者为焦延寿的观点。

林忠军．焦延寿易学杂说．山东大学学报，1993（4）

【解题】赞同《易林》非焦延寿的观点，对未尽之处进行了驳正。

陈良运．学术不可负前人，欺后人——《焦氏易林》产生时代再考，兼评胡适《〈易林〉断归崔篆的判决书》中的"考证学方法"．江西师范大学学报，1998（4）

【解题】根据《刘向传》、崔篆生平事迹及西汉末期至光武中兴的史实，判断此书只能产生于汉元帝前后时期。同时也对胡适"大胆假设，小心求证"的考证方法进行了反思，认为：要审查自己的证据可不可靠，运用不确凿之证，不可作确凿之结论；有原始文本的应核对原文，不应凭二手资料轻易作断语；凡作考证需遵"孤证不立"的法则，不应信"孤证"而撇开有文字著述、有史实可依的主证或旁证；不以伪证派生的伪证作为主干支撑。

陈良运．焦延寿思想渊源考辨——兼证《焦氏易林》产生年代．江西师范大学学报，2000（1）

【解题】通过西汉前中期的贾谊《新书》、桓宽《盐铁论》，与《焦氏易林》的主要思想内容进行对照分析，确认《易林》作者的思想与贾、桓二著有着明显的渊源关系，且同是西汉前中期社会状况的近距离反映，因此决不可能出自王莽至东汉初期的崔篆之手。

杜国志．《焦氏易林》研究．四川大学硕士学位论文，2002

【解题】在没有更确切证据的情况下，还是以肯定焦延寿的著作权为妥。

汤太祥．《焦氏易林》作者考．阜阳师范学院学报，2004（3）

【解题】推翻了《易林》是崔篆作品的说法。并由《焦氏易林》反映的都是西汉一朝，且为元帝及元帝以前的史实，认定其确为焦氏作品。

方尔加．《焦氏易林》之管见．周易研究，2004（2）

【解题】《易林》的基本倾向是儒家，同时兼采道家思想，并根据其中未讲谶纬推断作者为汉中期人，至少是谶纬迷信开始盛行的哀帝之前时人。

马新钦．《焦氏易林》作者版本考．福建师范大学博士学位论文，2005

【解题】第一编考证《易林》作者，揭示今见《易林》确为焦延寿所撰；第二编考证《易林》版本，揭示今见版本都存在着的较严重讹误。

于成宝．《易林》的作者归属略辨．社科纵横，2007（11）

【解题】从目录学的角度、崔篆的学术倾向与人生经历、《易林》爻辞所记事情及其浓郁的谶纬思想等方面考察，论证《易林》作者当是东汉初的经学家崔篆。

张玖青．论《易林》的《诗》说——兼论《易林》的作者．文学评论，2010（3）

【解题】通过用韵的时代特征、《易林》与《诗经》的关系以及《易林》自身文学性等的分析论证，认为崔篆作《易林》的可能性更大。

赵逵夫．有关“牵牛织女”传说的一首诗与《易林》的作者问题．古籍整理研究学刊，2010（4）

【解题】《易林》为西汉末年崔篆所撰，但《隋书·经籍志》以来于其卷数、作者的著录皆有错乱，作者或作崔篆，或作焦赣，或作崔赣，考其文多次言及西汉事，而不及东汉之事，其中有歌颂王莽德政语，则为西汉末年所著无疑，这也与文献中多处记载崔篆撰《易林》的史实相合。

李昊．《焦氏易林》研究．成都：巴蜀书社，2012

张树国．《焦氏易林》中古小说钩沉——兼论《易林》的作者与时代．中南民族大学学报，2013（4）

【解题】将《易林》采用的故事类型分为谶纬类、记异类、仙鬼类和杂传类，并从写作特色以及多次征引刘向及其他西汉著作来推断作者并非汉昭宣帝时期的焦延寿，而是两汉之交的崔篆。

河图洛书

陈恩林．河图洛书时代考辨．史学集刊，1991（1）

【解题】河图洛书的创制时间为宋，渊源于汉，绝非先秦文献中所载河图洛书。河图洛书的产生是易学象数学发展到一个新阶段的标志，它把九宫之数融入易学，把天地五十五数排列成序，使数学与易学相结合，形成了河洛图书之学，并成为了易学中的一个重要流派。

韩永贤．河图洛书时代再考．内蒙古社会科学，1992（1）

【解题】河图洛书不出于宋代，出于伏羲时期，并非渊源于汉易注和九宫图，而是源于结绳记号。

陈恩林．再谈河图洛书的时代问题．史学集刊，1992（4）

【解题】重申河图洛书创制于宋的观点。

何艳杰．试论清华简“中”·禹会祭祀台基遗址·河图洛书．中原文化研究，2015（6）

【解题】清华简《保训》中的“中”是一种上古数术，与远古的河图有着密切联系。周初河图是上古数术神化的具体表现形式。“中”与河图表现的这种上古数术早在龙山时代的安徽省蚌埠市禹会村祭祀台基遗址的布局中已有所体现。

张玉清．试论河图洛书的本源及对古汉语数字造字过程的影响．现代交际，2016（22）

【解题】河图洛书是中华民族上古文明的源头，因为谐音为历代典籍和传说所误传，导致自古至今无法探究本源。本文作者首推蟒蛇背部花斑是上古河图的真实起源，乌龟背部鳞甲是上古洛书的真实起源，宋代陈抟“龙图三变”的河图洛书图式是上古时期河图洛书数理关系的推演图式之一，并用最早的象形文字古汉语数字造字过程对河图洛书的数理关系进行反证。蟒皮的河图和乌龟背壳的洛书是早于甲骨文的免书写免刻画的天然图书。

肖东发等．河图洛书说．现代出版，2017（2）

赖少伟等．河图洛书略考．文史杂志，2017（3）

【解题】河图洛书有广义和狭义之分。先秦典籍已有河图洛书的记载，但此为“东序秘宝”或祥瑞之征。汉代以河图洛书为八卦、九畴，或以河图洛书命名谶纬图书，至宋以前大抵如此，这都是广义的河图洛书。宋以后专以黑白点构成的数图即五行生成数方位图和九宫图为河图洛书，并指其为易之本原，此为狭义的河图洛书。狭义河图洛书的形成与汉代象数易学的发展有关，五行生成数方位图即由先秦时用于占筮的“天地之数”与五行方位相结合而得，九宫图本属数术，也是在汉代被引入易学体系。正因为两幅图与易有这样的关系，且《上系》有“河出图，洛出书，圣人则之”的话，所以宋人用黑白点绘制两图，指其为河图洛书，并认为这是易之本原。

罗曲．彝族的“付拖”（河图）“鲁素”（洛书）解读——以川南彝族世居之地的河图洛书古刻文物为中心．文史杂志，2017（5）

【解题】河图洛书不仅见于汉文文献和古彝文文献之中，而且彝族世居之地的四川叙永县天台山至今还存有河图洛书石刻文物。彝族古代称河图为“付拖”，称洛书为“鲁素”，因其所蕴含“天数”“地数”与阴阳五行、八卦等丰富内容，是择吉的重要理论和工具。

子夏易传

刘玉建．《子夏易传》真伪考证．山东大学学报，1995（4）

【解题】今本《子夏易传》绝非原本，也非张弧伪本，而是另一个伪作。

刘大钧．今、古文易学流变述略——兼论《子夏易传》真伪．周易研究，2006（6）

【解题】古文《易》派因无师承和对经义的固定传授，故虽同研古文《易》，但其对经义往往各自说之，持论不一，此于《周易正义·卷首》所载可见一斑。史料皆称王弼《易》所依乃是费氏古文本，然由出土之帛书本考之，疑王弼亦取于今文本，非尽依古文也。另据新出简帛资料，本文考证《子夏易传》确为学有渊源的先秦古《易》传本，并辨析了其之所以未被列入《汉书·艺文志》的缘由。

陈伟文．今本《子夏易传》即唐张弧伪本考论．周易研究，2010（2）

【解题】今本《子夏易传》即宋代流传的唐张弧伪本，易学史上并不存在张弧伪本之后的新伪本《子夏易传》。弄清今本《子夏易传》是唐末或五代之作，则或许可视其为王弼以玄解《易》到程颐儒理释《易》的中间环节，有助于我们更好地认识义理派易学的发展源流。弄清今本《子夏易传》即张弧伪本，这对古本《子夏易传》的辑佚也很有意义。因为古本《子夏易传》除了主要保存在《经典释文》《周易正义》《周易集解》等唐人著述中外，尚有部分条目保存在宋人著述中。既然不存在朱彝尊、《四库提要》所谓张弧之外的另一新伪本，则宋人所引《子夏易传》不见于今本者，皆当为古本《子夏易传》。

东坡易传

谢建忠．苏轼《东坡易传》考论．文学遗产，2000（6）

【解题】《东坡易传》为苏轼于元丰三年（1080）在黄州独立撰写，其中关于事物刚柔动静形理的辩证的哲学思想深刻制约和影响了他的文学思想。

金生杨．也论《东坡易传》的作者和系年——与谢建忠先生商榷．文学遗产，2003（1）

【解题】《东坡易传》是三苏父子合力完成的著作。其写作历程为苏洵初撰，苏辙解

《易》，苏轼初成于黄州、再订于儋州。其中，苏轼用力最勤，成效最著。

其他

李小成．关朗易学考论．周易研究，2005（2）

【解题】先对其人的有无进行考证，再对其易著《关氏易传》作一辨正，并试图解决《洞极真经》的著作权问题，最后考述了关朗易学的传承脉络。

林世荣．熊十力《易》学辨伪证论．兴大人文学报（第40期），2008

【解题】熊氏首先“溯源”，推原孔子《周易》乃根源于伏羲八卦之故，认为孔子承继太古以来圣明之绪，集其大成，而开内圣外王一贯之道；其次“宗孔”，推尊孔子《周易》实为一切学问统宗之故，论定晚周诸子百家以逮宋、明诸师与佛氏之旨归，必折中于至圣也。此种辨正，主观成分固重，但非全然无据。其于字句间之饾饤考据，容或有失，但在大根大本上，显然掌握得住。故研究熊氏之《易》学，应了然其苦心孤诣，方能与之相应，以体认其精神之所在。

吴正岚．论《易经渊旨》与归有光思想的一致——兼论《易经渊旨》的真伪．周易研究，2009（3）

【解题】旧题归有光撰《易经渊旨》与归有光《震川先生集》中最核心的易学思想、政治思想颇为一致。《易经渊旨》认为易图非作《易》之本、对《说卦》的解释不必拘泥于卦位、邵雍易学晦涩难懂，这些观点正是归有光易图论的主要理论环节；《易经渊旨》的仁政观与《震川先生集》之最重要的政治观念相呼应。《易经渊旨》是《周易》文本与归有光思想的精密结合，《石镜山房周易说统》等材料也为《易经渊旨》乃归氏真作提供了佐证。

刘德州．《周易异同商》《书经集传异同商》作者献疑．中国典籍与文化，2016（1）

【解题】关于《周易异同商》与《书经集传异同商》二书之作者，有人认为应当是郭嵩焘。但取此二书与郭氏所著书进行比较，发现诸多观点存在不同，因此郭氏著书之说难以成立。梳理相关文献，推测湖南儒生黄鹤更可能是此二书的作者。

王先胜．汉代八卦洗（先天八卦图）真伪考辨——兼谈八卦源流问题．周易文化研究，2017（10）

【解题】《西清古鉴》卷三十三所载铸有先天八卦方位图的汉代铜洗不是伪器，先天八卦方位图亦非汉以后新刻，该八卦洗可能是宫廷或道教礼仪性用器或属工艺品性质。八卦洗自汉及今约1800年间没有进入学术视野和易学史，主要与“独尊儒术”、儒道两家与易学（主要是先天八卦）的不同关系、认识及古代文化专制有关，又与学科之间的隔膜和研究者的学术视野有关。汉八卦洗进一步佐证宋明易图学的兴起与道家易、道教易传出有关，进一步证实和凸现“《归藏》易→道家易→道教易→宋明易图学”这一与“《周易》→《易传》→儒家易”明显有别的传承演变关系及线路的真实存在。

赖少伟．“八卦方位”“乾坤六子”说与早期易学传承．扬州大学学报，2018（1）

【解题】《周易·说卦传》后九章按其八卦卦序可分为“八卦方位”说与“乾坤六子”说两个部分。“八卦方位”说的产生要以人们对四时、四方的认识为前提，故其出现时间当在帝尧之后。“八卦方位”说可能是《连山》的遗说，而《说卦传》保存之。战国中期以后，阴阳观与五行观开始合流，从清华简《筮法》篇来看，“八卦方位”说亦是在此时与阴阳五行学说融合，并于汉代形成一套庞大、成熟的理论体系。“乾坤六子”说的运用见于清华简《筮法》《别卦》、马王堆帛书《周易》、王家台秦简《归藏》、汉代《京氏易》和《虞氏易》。《归藏》应有二书，一乃殷易《归藏》，二是流行于战国末期的筮书《归藏》，与“乾坤六子”说联系紧密的是筮书《归藏》。在汉代以前的易学发展过程中，“八卦方位”说与“乾坤六子”说是两条非常重要的主线。

书　类

陆懋德．《尚书·尧典》篇时代之研究（附图）．学衡，1925（43）

【解题】驳《尧典》晚出之三证，认为“蛮夷滑夏”之“夏”，即“擾”字之省，亦即“擾”字，汉碑多通用，非指夏代；“金作赎刑”之“金”，乃指铜，非黄金；“弃汝后稷”之“后”乃“居”之误，非“王”意，当作“汝居稷”，与下文“皋陶汝作土”句法相同；因此不足以定《尧典》为伪书。《尧典》为夏代史官所修，至早在夏初，至晚在夏末。

顾颉刚．论《今文尚书》著作时代书．古史辨第一册，北京：朴社，1926

顾颉刚．询《禹贡》伪证书．古史辨第一册，北京：朴社，1926

顾颉刚．论禹治水说不可信书．古史辨第一册，北京：朴社，1926

顾颉刚．论禹治水故事书．古史辨第一册，北京：朴社，1926

竺可桢．论以岁差定《尚书·尧典》四仲中星之年代．科学，1926（12）；史学与地学，1927（2）

【解题】《尧典》四仲中星为殷末周初之现象。

卫聚贤．《金縢》辨伪．国学月刊，1927（12）

刘节．《洪范》疏证．东方杂志，1928（2）

【解题】《洪范》出于战国之末。

何定生．《尚书》的文法及其年代．国立中山大学语言历史学研究所周刊，1928（49—51）

【解题】《尚书》中属于西周的作品只有《大诰》，属于东周的作品只有《费誓》《秦誓》两篇，其余都是凑上去的，《尧典》《皋陶谟》《禹贡》《甘誓》则是战国时候的作品。

张荫麟．伪《古文尚书》案之反控与再鞫．燕京学报，1929（5）；续伪书通考，台北：学生书局，1984

【解题】伪《古文尚书》大略出现于东晋初元帝时，为梅赜所奏上，其以前之历史则不可考。

杨筠如．读何定生君《尚书的文法及其年代》．国立中山大学语言历史学研究所周刊，1929（72）

【解题】何定生《〈尚书〉的文法及其年代》是模仿西人的方法用文法来研究《尚书》的时代的佳作，但现在的《尚书》非本来之面目，最早也只是汉朝博士们的本子，单纯考察单字，很难作为考定时代确实的依据，应该从句法上考察（因为单字更动易，全句更动难）更妥当。《盘庚》恐出于商周之际，乃是殷商遗老思盘庚而作。

何德让．从《汉书·郊祀志》所载巡狩封禅的事实来证明《尧典》作自秦汉的时代．国立中山大学语言历史学研究所周刊，1929（75）

卫聚贤．《尧典》的研究．史学年报，1930（2）

【解题】《夏书》先产生，《虞书》次之，《尧典》最后，大概在战国中期；古本《尧典》与今本《尧典》不同，今本《尧典》出自伏生。

吴贯因．驳《尧典》四仲中星说及论《尧典》与尧舜禅让之非伪．平潮，1930（3—4）；东北大学周刊，1930（108）

【解题】中星之说，非《尧典》所有，实为汉儒之误解；古籍之中关于天文或历法一部分，其由后人加入者，不发其例；不能据此断《尧典》为伪书，以取消尧舜禅让之事。

刘朝阳．从天文历法推测《尧典》之编成年代．燕京学报，1930（7）

【解题】以《尧典》所含天文历法为证实此篇为西纪前二十四五世纪之作品，又以为尧舜之传说实在春秋初期前后，进而否定尧舜确为曾经生存之古代圣王。

季光．《禹贡》辨伪．效实学生，1933（4）

【解题】《禹贡》大概出于战国时候。

顾颉刚．从地理上证今本《尧典》为汉人作．禹贡，1934（5）

赵贞信．《书序》辨．古史辨第五册，北京：朴社，1935

【解题】《尚书》有三次作伪：一为百两篇，二为汉伪古文，三为晋伪古文。《书序》也应该经过三次作伪，现存的百篇《书序》即经过了作晋伪古文经的人的改造，从其篇次的移动、篇名的更换、文字的增减改易可知。

孟森，劳干，叶国庆，顾颉刚．《尧典》著作时代问题之讨论，1935（9）

【解题】前三部分为孟森、劳干、叶国庆三人就顾颉刚《从地理上证今本〈尧典〉为汉人作》一文而致信提出不同看法，孟氏提出四点疑问；劳氏认为《尧典》为秦人所作；叶氏提出了三点疑问，并认为《尧典》类一百衲衣，色样杂错，难指为某一时之作品。最后一部分为顾颉刚的答信，坚持己说。

劳干．再论《尧典》著作时代，1935（10）

【解题】从文辞气象、制度有无而定时代，未能甚允；《尧典》为儒者理想世界之一种建国大纲，固难以其气象而定其成书时之治乱也，且《尧典》本儒者理想所寄，其所增改，虽有故使合于时制，期于实行，然时制所无，固亦非不可提出。

蒋善国．《尚书》的真伪问题．中山文化教育馆季刊，1936（3）

【解题】论证了《古文尚书》之伪，又考察了《今文尚书》中《尧典》《皋陶谟》《禹贡》《甘誓》《泰誓》《洪范》等六篇之伪。

陈梦家．古文尚书作者考．图书季刊，1943（3—4）

【解题】古文《尚书》作者为东晋孔安国，后人将西汉孔安国与东晋孔安国混而为一，故梅赜上奏的即为孔传本。

陈梦家．《尧典》为秦官本《尚书》说．清华学报，1947（1）

【解题】伏生以齐人而为秦博士，其所传《尧典》为秦代齐鲁儒者所更定而立于学官，则此《尧典》必官本之《尚书》也，故在汉世治《尚书》之学者多齐人焉；又推论伏生所传今文二十九篇皆当如此，《尚书》以《秦誓》终篇，亦可见其消息矣。

屈万里．今本《尚书》的真伪．幼狮，1955（12）
屈万里．《尚书·皋陶谟》篇著成的时代．“中研院历史语言研究所”集刊（第28本上），1956；续伪书通考，台北：学生书局，1984

【解题】《皋陶谟》之著成，当在战国初叶，而稍后于《尧典》，二篇或同出于一人一手。

罗锦堂．《尚书》伪孔传辨．大陆杂志，1958（12）

【解题】梅赜所上者或即晋孔安国之今字《尚书》，所谓“今字”者，乃以古文易作今文，便人易读，从而又为之作传，乃是今通行之《尚书》孔传也。

许道龄．从夏禹治水之不可信谈到《禹贡》之著作时代及其目的．大陆杂志，1958（12）；续伪书通考，台北：学生书局，1984

【解题】夏禹治水之说不可信，进而怀疑《禹贡》是出于假冒；断定《禹贡》为战国末年作品，其目的是在鼓吹统一和减免租税。

尚逵斋．《尚书·金縢》之谜．建设，1961（3）
屈万里．论《禹贡》著成的时代．“中研院历史语言研究所”集刊（第35本），1964；续伪书通考，台北：学生书局，1984

【解题】以梁州贡铁证《禹贡》成书不得早至西周之世；以五服证《禹贡》成书不得早至周穆王以前；以梁州疆域证《禹贡》成书不得早至春秋初年以前；以九州证《禹贡》成书不得早至春秋中叶以前；以扬州三江证《禹贡》成书不应早至春秋以前；以扬州及徐州贡道证《禹贡》之成书不应迟至战国之世；以五行、五岳及大九州等说证《禹贡》成书不应迟至战国之世。

毛宽伟．《尚书·金縢》疑辨．达德学刊，1964（2）
戴君仁．《古文尚书冤词》再平议．东海学报，1960（1）
徐复观．阴阳五行观念之演变及若干有关文献的成立时代与解释的问题．中国人性论史·先秦篇，上海：上海三联书店，2001

【解题】《洪范》为周初之作，经过了箕子及周室的两重整理和传承的学者所作的小整理。

金德建．论司马迁未见百篇《书序》．司马迁所见书考，上海：上海人民出版社，1963

【解题】认同梁玉绳“信《书序》，不得不议《史就》之疏；信《史记》，不得不疑《书序》伪”的说法，再罗列论据，分析证明，认为《书序》晚出，司马迁那时候还根本没有所谓百篇《书序》。

于大成．谈伪《古文尚书》．台湾新生报，1968.7.30
胡秋原．关于《古文尚书》孔安国传之公案．中华杂志，1969（9）
朱门．《古文尚书》真伪之辨．台湾日报，1971.2.28
饶宗颐．《古文尚书》是东晋孔安国所编成的吗．明报月刊，1972（75）

【解题】举晋代各家的《尚书》著述都和孔安国有关系，皇甫谧撰《帝王世纪》亦得孔传之助；又举敦煌所出《古文尚书》孔传（唐以前抄本）的目录，与宋以后刊本完全相同，且卷末附有孔安国小传二行；证明《古文尚书》非东晋孔安国所编成。

周凤五．伪古文尚书问题重探．台湾大学硕士学位论文，1974
朱廷献．《尚书》《舜典》及《益稷》二篇质疑．东方杂志，1974（11）

庄雅明．《大禹谟》辨伪．孔孟月刊，1978（2）

李民．《尚书·盘庚篇》的制作时代．郑州大学学报，1979（1）

【解题】《盘庚篇》应是周初统治者制作的一篇历史文献。由于周初是紧接着殷末的，其所使用的历史素材是比较可靠的，虽然其中不可避免地夹杂着一些周人的语言、反映出某些周人的思想意识，但其主要方面仍能透露出不少有关商代的政治、经济和文化状况，不失为一篇中国古代的最早、最长的历史文献。

史念海．论《禹贡》的著作年代，陕西师范大学学报，1979（3）；史学史资料，1980（4）

【解题】《禹贡》应该是战国时期魏国人的著作。

许锬辉．伪古文《泰誓》疏证．林铎，1979（8）

李振兴．《尚书》大小序辨疑．孔孟月刊，1980（3）

刘起釪．《洪范》成书时代考．中国社会科学，1980（3）

【解题】《洪范》原本出于商末，从西周到春秋战国，不断有人给它增加若干新内容，如《洪范》对后世影响最大的五行说，就应该是春秋战国时被加进的，可能经过齐方士的整理或加工。

朱廷献．《泰誓》真伪辨．孔孟月刊，1980（4）

【解题】《泰誓》有三种：一为先秦之《古文泰誓》，二为汉初壁内之伪《泰誓》，三为东晋梅本之伪《泰誓》。《尚书》中除少数之片为当时之录外，其余大部分经后人之润色；当时学者阅文史资料之湮灭，或据片言只字，或依时人之传说，而笔之于竹帛，并非凭空虚造。即谓战国时之《泰誓》逸文，吾人视之为真，当不为过。

曾荣汾．《康诰》之作者．康诰研究，台北：学生书局，1981

黎建寰．百篇书序探讨．台北：文津出版社，1982

赵光贤．说《尚书·金縢》篇，中华文史论丛，1982（1）

【解题】《金縢》是三段文字合成的，其写作时代与性质是大不相同的。第一段是《金縢》本文，可看作周史官记录；后二段乃后人追记往事传说，附于《金縢》之后。

金德建．《尧典》述作小议．史学史研究，1982（4）

【解题】《尧典》是西周中期以前的作品。西周的成、康时代，继承文、武、周公的治法制度，国家由武功转为文治，成为“刑措四十余年不用”号称太平的良好安定局面。陪衬着这样的伟大时代，便要求造述一部伟大著作成为一代的大典，虞史伯夷的《尧典》便应运而生。伯夷把《尧典》的初稿写下来后，历昭、穆、共、懿几代，史官们加以润色补充，照理也会有的。

李振兴．《尚书·费誓篇》作成时代的再检讨．孔孟月刊，1982（8）

【解题】《费誓》是伯禽伐徐夷时代的作品。

金兆梓．今文尚书论．续伪书通考，台北：学生书局，1984

【解题】今文《尚书》之28篇非伏生所传，29篇为大小夏侯辑订本，现行之29篇非欧阳、夏侯等之今文，亦非马融、郑玄等杂今古文之古文，亦未必是东晋以后伪孔之古文。

岑仲勉．《尧典》的四仲星和《史记·天官书》的东宫苍龙是怎样错排的．续伪书通考，台北：学生书局，1984

【解题】《尧典》是战国作品的可能性很大。

毕长璞．《尧典》成书年代之问题．续伪书通考，台北：学生书局，1984

【解题】《尧典》文字乃记尧事，而且记近于尧时，当非杜撰的诬枉之说。

屈万里．《尚书释义·尧典》前言．续伪书通考，台北：学生书局，1984

【解题】列十数证以证《尧典》之作成，当在孔子之后，孟子之前。

辛树帜．《禹贡》制作时代的推测．续伪书通考，台北：学生书局，1984

【解题】《禹贡》的成书时代应该在西周的文、武、周公、成、康全盛时期，下至穆王为止，是当时太史所录。

李泰棻．《今文尚书》正伪．续伪书通考，台北：学生书局，1984

【解题】今之《甘誓》盖杂采《墨子》所引而伪造，即《墨子·明鬼篇》所引《禹誓》本文，按其内容，亦系周代追述，决非夏代作品。

屈万里．《尚书·甘誓》篇著成的时代．续伪书通考，台北：学生书局，1984

【解题】《甘誓》之著成，当在战国晚期，秦吞并天下之前。

屈万里．《尚书释义·盘庚》前言．续伪书通考，台北：学生书局，1984

【解题】《盘庚篇》虽佶屈聱牙，然决非盘庚之作品。

李民．《尚书》与古史研究．续伪书通考，台北：学生书局，1984

【解题】从名词和用字上证明《盘庚》不是商代制作的，又从思想体系上证明《盘庚》应作于周初，是周人为安抚和绥靖被迁的殷人而写的。

屈万里．《尚书释义·洪范》前言．续伪书通考，台北：学生书局，1984

【解题】《洪范》之著成，当在邹衍之前；虽未必作于子思，而其著成当在战国初年。

程元敏．《尚书·多方》篇著成于《多士》篇之前辨．续伪书通考，台北：学生书局，1984

【解题】《多士》为周成王七年（即周公摄政之七年）三月二十一日（甲子）朝，周公旦以成王命告殷众官员之公文书；《多方》当为周公摄政三年，救平叛乱，自奄归，书告天下而作。

屈万里．《尚书·文侯之命》著成的时代．续伪书通考，台北：学生书局，1984

【解题】《文侯之命》为周平王之命晋文侯，非周襄王之命晋文公，事在周平王十一年。

陈梦家．《古文尚书》作者考．续伪书通考，台北：学生书局，1984

【解题】梅赜所献《古文尚书》为东晋会稽孔安国侍中作。

顾颉刚．《尧典》著作时代考．文史，1985（24）

【解题】《尧典》作于汉武帝时，不但《尧典》之疆域为汉武帝时之疆域，即《尧典》之制度亦为汉武帝时之制度。

殷伟仁．试述《尚书·汤誓》的成文与在先秦时期的流传．镇江师专学报，1985（3）

【解题】《汤誓》原形的成文当早在成汤伐夏之时，是当时史官的时事实录，尽管今本《汤誓》较为浅易，某些文字显然被后人改动过，但就其史料价值来说，仍然是真实可靠的。

刘重来．一桩学术史上的一大疑案——《伪尚书》的现形始末．书林，1985（6）

李祚唐.《尧典》归属辨证.贵州文史丛刊，1986（4）

【解题】依据按所纪事件的时代归代的原则，合纪唐、虞二代事迹的今文《尧典》（古文《尧典》《舜典》）当归入“唐虞书”。

李学勤.帛书《五行》与《尚书·洪范》.学术月刊，1986（11）

【解题】《洪范》有五行、五事，然而并未明言二者的联系，子思的五行说则将作为元素的五行与道德范畴的五行结合为一，荀子指责之为“无类”“无说”“无解”，是有道理的。《洪范》与古代数术传统有密切关系，其论卜筮等，很可能是继承了商代的统治思想，有浓厚的神秘色彩。子思加以推衍，遂将神秘理论导入儒家学说，为数术与儒学的融合开了先河，这是章太炎所已揭示的。

刘起釪.尚书源流及传本考.沈阳：辽宁大学出版社，1987

【解题】该书目录如下：

一、最早的《尚书》

二、汉代的《今文尚书》和《古文尚书》

三、三国至西晋的《古文尚书》

四、东晋至唐的伪《古文尚书》

五、宋代承用伪《古文尚书》提出新解建立“理学”与展开疑辨

六、元明奉行宋学，独尊《蔡传》及其继续疑辨

七、清代推翻伪古文及对《尚书》全面展开研究

八、现代的《尚书》研究与整理

在第四章谈到伪《古文尚书》时认为：伪孔氏古文本是魏晋古文中一部杰出之作，总结和承袭汉代经学成就，吸收魏和西晋以来各种经说，着重把古文家所推崇的圣道王功贯穿在经文和传注之中，在《大禹谟》中编造了一个尧舜禹“三圣传授心法”（宋代道学就以此为核心思想建立起来），实为前所未有的《尚书》学优异著作，因此人们乐于接受，到立于学官，就能取得《书经》的正统地位传下来。

清水茂.《伪古文尚书》与中国文学.国际儒学与中国文化研讨会论文，香港：香港大学中文系，1987

【解题】伪古文虽然不知确切的制作年代，总之当作于魏、晋之间，那时四六的风尚已渐渐盛行起来了。因此如《毕命》《君陈》，全篇大都用四言写成，六朝、唐代文人把它借来，掺和在自己的作品里，也不觉得有任何不合适。他们在其文章里袭用的真《尚书》都是四言句的理由，也在这里。

黄肃.梅赜《尚书》古文真伪管见.许昌学院学报，1987（3）

【解题】梅赜以前，《尚书》从没有过统一的本子，既无定本，篇名也异，文字更互有出入；梅赜献的《尚书》，集两汉、魏、晋人辑佚、整理《尚书》的大成，这是《尚书》的第一个被当时以及后来的人承认的定本。

蒋善国.尚书综述.上海：上海古籍出版社，1988

【解题】有关真伪的篇目如下：

第五编《尚书》的真伪

第一《今文尚书》真伪

第一章总说

第二章东汉末以来对《今文尚书》的怀疑
第三章《尧典》的整编时代
第四章《咎繇谟》的整编时代
第五章《禹贡》的著作时代
第六章《甘誓》的作者和整编时代
第七章《汤誓》的整编时代
第八章《盘庚》的著作和整编时代
第九章《高宗肜日》的著作时代
第十章《西伯堪饥》和《微子》的著作时代
第十一章《大誓》的真伪
第十二章《牧誓》的著作时代
第十三章《洪范》的著作时代
第十四章《金縢》的作者和错简问题.
第十五章《康诰》《酒诰》《梓材》的作者和著作时代
第十六章《雒诰》的错简和《鲁诰》佚文
第十七章《鲜誓》的作者和著作时代
第十八章《甫刑》的著作时代
第十九章《文侯之命》与《文公之命》的辨正
第二《古文尚书》的真伪
第一章总论
第二章孔壁《古文尚书》的真伪
第三章梅赜所献伪孔安国古文尚书传的经传真伪问题

刘起釪．尚书学史．北京：中华书局，1989

【解题】勾勒出历代《尚书》学演进与变迁的线索，梳理《尚书》学的发展过程，使得研究者得以比较全面了解《尚书》学研究面貌。

刘起釪．《禹贡》的写成时期及其作者．古史续辨，北京：中国社会科学出版社，1991

刘起釪．《金縢》故事的真实性．古史续辨，北京：中国社会科学出版社，1991

张舜徽．伪古文尚书，可降低时代去读．爱晚亭随笔，长沙：湖南教育出版社，1991

刘人鹏．阎若璩与《古文尚书辨伪》——一个学术史的个案研究．台湾大学博士学位论文，1991

【解题】前半部在《古文尚书》辨伪史中为阎若璩对此一问题之研究寻求定位，后半部在阎若璩相关的时代氛围中，勾画《古文尚书》辨伪事件的样貌，并借此分析考证学的性质。文章认为在《古文尚书》辨伪中，最重要的意义其实在于重构真《古文尚书》之历史。而由阎氏辨伪考证之意图看，清代考证学意义之一在于重写历史。而此一重写过程，表面上是尊重材料，凭证据立说，实则证据之所以成为证据，乃是解释的结果；考证学者以假说或约定出来的原则对材料加以修改、诠释、批判、纠正，以重新理解并建构历史，对于史料的直接信任感其实还低于前代。

刘人鹏．论朱子未尝疑古文尚书伪作．清华学报，1992（4）

刘起釪．东晋出现的伪古文尚书．中国经学史论文选集（上），台北：文史哲出版社，

1992
赵俪生.《洪范疏证》驳议——为纪念顾颉刚先生诞生100周年而作.齐鲁学刊，1993(6)

【解题】《尚书·洪范》篇就原型来说是夏、商、周三代传递下来的；就写成的年代来说是战国初、中期。研究原型的远古文化价值是重要的，琐碎地去抓住一半条在后人篡改中所露出来的狐狸尾巴，其意义是非重要的，进一步把这一原型及其意义和价值贬低，那就是很不应该的了。

杜勇.《洪范》制作年代新探.人文杂志，1995(3)

【解题】从《洪范》的主体思想特征、《洪范》五行说发展的逻辑进程、先秦典籍称引《洪范》之文的情况来考察，认为其成书最大的可能性是在春秋中叶。

刘起釪.日本的《尚书》学与其文献.北京：商务印书馆，1997

廖名春.从郭店楚简和马王堆帛书论"晚书"的真伪.北方论丛，2001(1)

【解题】郭店竹简与马王堆帛书有关内容可证今传《古文尚书》二十五篇为后人所编造。

李学勤.叔多父盘与《洪范》.华学第五辑，广州：中山大学出版社，2001

刘家和，邵东方.论理雅各译注《书经》《竹书纪年》的文献考证.庆祝王元化教授八十岁论文集，上海：华东师范大学出版社，2001

周宝宏.上古汉语词义是上古文献写成时代的重要依据——以产生时代分歧最多的《尧典》为例.沈阳师范学院学报，2001(5)

【解题】从上古汉语词义学角度研究上古文献的写成时代，同时用出土文献和传世文献的词语、词义作综合比较，会得出比较科学的结论。《尧典》的写成年代在春秋战国时期。

裘锡圭.豳公盨铭文考释.中国历史文物，2002(6)

王树民.伪《古文尚书》与伪孔安国《尚书传》.文史知识，2003(10)

【解题】简单介绍了《古文尚书》与孔安国《尚书传》以及后人的辨伪。

陈蒲清.《尚书·洪范》作于周朝初年考.湖南师范大学社会科学学报，2003(1)

【解题】从《尚书》流传的历史、《洪范》的语言特点、《洪范》思想的发展轨迹、"卜"与"筮"的地位变迁四个方面论证《洪范》是周初史官对箕子陈述的笔录，不是后代人的作品。

李军靖.《洪范》著作时代考.郑州大学学报，2004(2)

【解题】从历史背景、思想发展史角度分析，认为孔子编次的《尚书》把《洪范》列为《周书》，先秦诸子在引用时也大多注为《周书》，从这些距《洪范》成书时代最近的历史纪录来看，《洪范》是周书是可信的。甄别一部作品的成书时代，不能完全依据某一点的时代性，而要将其放在该时代的大背景下去分析，寻求其整体产生的可能性、必要性。周初周公的礼乐之道和为政方略，为西周中期"成康之治"构建政治文明的理论框架奠定了思想基础，"成康盛世"为社会政治思想理论质的飞跃提供了时代条件，作为古代统治大法的《洪范》应时而出似乎成为可能。

李军靖.《洪范》与古代政治文明.郑州大学博士学位论文，2005

【解题】第二章"《洪范》的成书年代"，将《洪范》的成书置于社会发展的大背景中去思索，结合新发现的金文资料和《洪范》原文文字的时代性，认为《洪范》产生于西周中期。

杨善群．古文《尚书》研究——学术史上一宗严重的冤假错案．史海侦迹——庆祝孟世凯先生七十岁文集，2005

陈梦家．尚书通论．北京：中华书局，2005

【解题】“从明清以来学者对于《尚书》一书诸多问题中，清理出来若干比较简明的答案”，意在“使后来学者不必再从故籍中多费气力”。作者以西汉初年伏生传今文《尚书》二十几篇为起点，考查它的来源和变迁，以确定每一篇的真正的著作或结集的时代。该书包括：“尚书通论”（论及先秦引书、汉世传本、篇目、书序，以及孔传本古文和西汉古文等问题）、“尚书专论”（论及古尚书作者、尧典为秦官本尚书、王若曰等问题）、“尚书讲义”（讲述《甘誓》《汤誓》《般庚上》《大诰》四篇）三部分，增订版又增加“尚书补述”，进一步讨论孔传本、书序、体例和逸文等问题。

［美］夏含夷．略论今文《尚书》周书各篇的著作年代．古史异观，上海：上海古籍出版社，2005

【解题】根据金文语用所反映的时代性，判断《尚书·周书》之《金縢》《洛诰》《吕刑》《多方》《立政》等篇为东周作品。

郑杰文．《墨子》引《书》与历代《尚书》传本之比较——兼议“伪古文《尚书》”不伪．孔子研究，2006（1）

【解题】《墨子》引《尚书》文计40则，通过其与今文《尚书》、孔壁古文《尚书》、汉代新出“百两《尚书》”、东晋梅赜古文《尚书》等《尚书》传本的比较，可见墨家所传《尚书》有独自的选本系统，而且这一选本系统与儒家选本系统同样具有篇数按年代递加的合理性，即与战国所传《尚书》篇数的现实比例相合。由《墨子》引《尚书》我们还可看到：流传至今的伏生今文《尚书》确为战国古本；孔壁古文《尚书》仅是战国所传多种《尚书》选本中一种流传很不广的思孟学派的选本；梅赜古文《尚书》不但与《墨子》之《尚书》引文不同，而且与16种先秦文籍中163次《尚书》引文也不同，所以“梅赜抄袭前世古籍中《尚书》引文而伪造古文《尚书》”的传统观点应重新研究；或许梅赜古文《尚书》是一个民间所传古文《尚书》的真实传本。

王胜利．《尚书·尧典》四仲中星观测年代考．晋阳学刊，2006（1）

【解题】根据重新讨论和认定的观测条件，认为《尧典》所记历法的岁首是为夏正，《尧典》四仲中星可确定为殷末周初时所测之星象，把它们记述成唐尧时代的天象，只应视为著述者的假托和附会。

岳红琴．《禹贡》成书西周中期说．学海，2006（2）

【解题】从冀州在《禹贡》中的重要位置和周人尊夏的史实，推断《禹贡》主要内容成于西周。进而由古人关于铁的认识和使用及梁州贡“铁”的记载，还有公盨及其铭文，推断《禹贡》主要内容的成书应在西周中期。

张怀通．由“以数为纪”看《洪范》的性质与年代．东南文化，2006（3）

【解题】根据“以数为纪”为文体特征判断《洪范》应是夏商时代的作品。

刘起釪．《尚书》研究要论．济南：齐鲁书社，2007

【解题】除简述《尚书》学历程外，主要谈了《尚书》的周初各篇。

张岩．审核古文《尚书》案．北京：中华书局，2007

【解题】这是对阎若璩《尚书古文疏证》举证和论证的一次全面甄别，涉及历代古文《尚书》研究中的主要问题，旨在为学术界“走出疑古”后的重建中国古代史提供更加科学的史料基础。从《尚书》流布过程、版本传递、先秦制度、名物、语词等各方面进行反驳，指出《疏证》是“有罪推定”，阎氏为文不实，常有意隐藏不利证据，行文周纳，常以“支曼”掩盖论证，多发高论而无实证，最后得出“阎氏关于‘伪书’的指控不成立”的结论。附录还对戴震考“光被四表”为“横被四表”的方法论作了驳斥，认为考据在清代早被滥用，过了限度。

杨文森．朱熹证伪《古文尚书》及《序》《传》详考．文教资料，2007（6）

【解题】朱熹对《古文尚书》的考辨不但具有开创性，而且是全面的，它从语言风格、文字训诂、历史事实、书籍传承等方面基本上证实了它的伪书性质。

白林政．建国后“伪《古文尚书》”及《尚书孔传》研究平议．曲阜师范大学硕士学位论文，2008

【解题】对中华人民共和国成立后有关“伪《古文尚书》”的作者、流传时期、真伪的种种说法，以及《尚书孔传》的作者、出现时间、真伪的观点进行总结评价。

杨绪敏．伪《尚书》的出现及考辨的历史．徐州师范大学学报，2008（1）

陈隆予．《尚书·文侯之命》的写作年代与晋文侯评价探析——读《尚书·文侯之命》．郑州大学学报，2009（1）

【解题】《尚书·文侯之命》的行文全是西周金文常用语，应为西周晚期作品。

易德生．从楚简《容成氏》九州看《禹贡》的成书年代．江汉论坛，2009（12）

【解题】《禹贡》的成书年代大概在公元前380年至前360年左右，即战国早期晚段为宜。

陈立柱．考古资料如何证说古文献的成书时代？——以《〈禹贡〉“九州”的考古学研究》为例．文史哲，2009（3）

【解题】对《〈禹贡〉“九州”的考古学研究》提出批评，认为原文作者混淆了基本概念，方法上也多牵强和臆断，不能证明《禹贡》“九州篇”蓝本成书于西周之前。

杜勇．《古文尚书·说命》真伪与傅说身份辨析．天津师范大学学报，2009（5）

【解题】今传《古文尚书·说命》是伪作而非真书，傅说是隐士而非奴隶。

宗静航．《尚书·胤征》的成书年代——一个语言学的考察视角．徐州师范大学学报，2010（1）

【解题】以《胤征》为例，探讨《古文尚书》的成书年代。通过文献调查，发现“火炎昆冈”“玉石俱焚”“猛火”“天戒”“常宪”五个词语，都不见于先秦文献，而见于东汉或西晋等的典籍。虽不能就此判断《胤征》为伪书，但可以推断《胤征》的最后成书可能在东汉魏晋时期。

陈立柱．《禹贡》著作时代评议——与刘起釪先生商榷．古代文明，2010（1）

【解题】对刘起釪提出的《禹贡》写成必在春秋以前或不晚于春秋的一个“铁证”，一个“要证”，一则“史事”，和两则“必早于战国的史实”进行商榷，认为刘氏提出的证据存在诸多问题，讨论问题的方法也不尽可取，对于顾颉刚的批评尤其值得商榷。

丁鼎．“伪《古文尚书》案”平议．古籍整理研究学刊，2010（2）

【解题】梳理了以前关于伪《古文尚书》的探讨以及当代学术界对“伪《古文尚书》案”的重新审视，认为阎若璩等人将传世本《古文尚书》判定为伪书的结论已经发生了动摇，而毛奇龄等人对阎若璩等人的驳难以及为传世本《古文尚书》所作的论证和辨护日益显示出其学术价值。

武家璧．《尧典》的真实性及其星象的年代．晋阳学刊，2010（5）

【解题】《尧典》的最早写本可能在商代已完成，《尧典》（含《舜典》）应是“五典”中的“唐虞之书”；《尧典》里保存的商代及其以前的天文历法知识与殷墟甲骨文的记载相符；《尧典》文本在先秦文献中不乏引据，说明至少在战国以前已有了流传较广的《尧典》定本；经秦火之后，《尧典》由秦博士伏胜、汉儒孔安国等重新写定，其中“同律度量衡”“五岁一巡守”“十二州牧”等与秦汉史事雷同，被指为后人所窜入，但窜入部分应该很少，绝大部分内容源自上古。作者又采用地平方法计算《尧典》昏星赤经，复原以后的平均年代距今4200多年，与传说中的尧帝时代基本符合。

钱宗武．《孔传》或成于汉末晋初．南京师范大学文学院学报，2011（1）

【解题】运用语言学方法，从语言所具有的时空性和社会性的角度切入，结合古代经典诠释的特点，考察上古文献常见范围副词“咸”和“胥”的历时共时变化，进而推测《孔传》或成于汉末晋初。

周苇风．《尚书·大禹谟》禹征苗民一节文字的时代归属问题．殷都学刊，2011（2）

【解题】《大禹谟》禹征苗民一节文字的“文德”内涵明显有悖于儒家“干羽以怀远”的政治理想，《孔传》以“损益”之法曲为之说，反过来也证明《大禹谟》禹征苗民一节文字与《孔传》不可能产生于同一时代。从思想内容上看，《大禹谟》禹征苗民一节文字反映了先秦时期人们的思想价值取向，应该属于先秦原始文献。

房德邻．驳张岩先生对《尚书古文疏证》的“甄别”．清史研究，2011（2）

【解题】在阎若璩《尚书古文疏证》和其他学人辨《尚书》古文之伪的基础上，结合近年出土的战国楚简等相关资料，申论“尚书大序”中古文《尚书》二十五篇说、孔安国献书作传说与史实不符，孔安国《传》中的“金城”“驹丽”“南山”是晚于孔安国的人所写，古文经中的《君陈》《君牙》《大禹谟》等乃伪作，从而反驳张岩在《审核古文〈尚书〉案》一书中对阎氏《疏证》的“甄别”及其为梅赜所献古文《尚书》的辨护。

朱岩．《尚书》语篇的递归及其辨伪功能．盐城师范学院学报，2011（6）

【解题】《尚书》语篇在拥有丰富衔接机制的同时，也展示出明显的语篇递归性。这种递归虽不免汉语语篇形成期的种种稚嫩，但已经使《尚书》语篇全面超越甲金文字的语篇，既为上古汉语语篇的成型提供了范本，也为后代《尚书》辨伪提供了独特的视角。

张华．《洪范》与先秦思想．吉林大学博士学位论文，2011

【解题】第一章“《洪范》的作者与成篇时代”，通过成篇时代考察、《豳公盨》与《洪范》的关系、《书》初次集结的时代、《洪范》的语体特征五个方面的论证，认为《洪范》是因为周武王访问箕子，箕子陈述，而由周初史官记录而成的。第二章“《洪范》文本内容及其所反映的时代特征”对《洪范》的文本内容进行了解读与考证，又列举能印证《洪范》内容的西周金文内容、《今文尚书》中的周初内容及《诗经》中的西周内容，证明《洪范》确实在西周就已产生，并且对它们产生了影响。

黄忠慎．《尚书·洪范》考辨与解释．新北：花木兰文化出版社，2011

刘光胜．清华简与先秦《书》经传流．史学集刊，2012（1）

【解题】根据清华简形制、字体以及篇目编排，结合郭店简的内容，认为《汉志》"《逸周书》为孔子删书之余"的主流说法并不成立。

虞万里．由清华简《尹诰》论《古文尚书·咸有一德》之性质．史林，2012（2）

杨振红．从清华简《金縢》看《尚书》的传流及周公历史记载的演变．中国史研究，2012（3）

【解题】成王即位时已为少年，"襁褓说"不能成立；周公"居东"为"避居"而非"东征"；汉代古文《尚书》较之今文《尚书》，更接近原初的《尚书》；孔子没有删订过《尚书》，也没有作过《书序》，清华简《金縢》以"志"为名，表明公元前300年前后，《尚书》尚未成书；今传本《尚书》应不是汉代的《古文尚书》，或根据今文说改造过。又将清华简《金縢》与传世文献进行比较，认为清华简本《金縢》所记周公事迹最为素朴，应是较早记载周公历史的史籍，后世所传周公事迹经过了不断的层累叠加。

杜勇．清华简《尹诰》与晚书《咸有一德》辨伪．天津师范大学学报，2012（3）

【解题】阎若璩等人在《咸有一德》的辨伪方面，从外证到内证多方揭其破绽，断为伪作，是可信的。今出清华简《尹诰》进一步证明了清人辨伪成果的科学性，晚书《咸有一德》是伪非真。

金宇飞．《禹贡》成书年代新论．重庆文理学院学报，2012（6）

【解题】辩驳了顾颉刚针对《禹贡》提出的五条置疑和《禹贡》撰写必不早于战国时代的结论。通过剖析《禹贡》九州的地域、顺序和贡赋等情况，认为黄帝划分九州是可能的，而《禹贡》出自于舜禹时期也是可信的；《禹贡》虽然可能最终编译或修订于春秋战国时期，但其底本最早出自于舜禹时期则是毋庸置疑的。

杨善群．清华简《尹诰》引发古文《尚书》真伪之争——《咸有一德》篇名、时代与体例辨析．学习与探索，2012（9）

【解题】清华简整理者谓《尹诰》或称《咸有一德》，把两篇不相干的篇名说成同一篇文字，从而把古文《尚书·咸有一德》指为"伪作"，这是违背《尚书》一篇一名的通则的。西汉司马迁和东汉郑玄由于未见古文《尚书》的全貌，作出不符史实的叙述和注释，我们今天再不应该重复这样的错误。同时希望清华简整理者能摆脱疑古时代"定谳"的阴影，吸收《尚书》学研究的最新成果。

马卫东．《尧典》的历史观及其创作时代．求索，2012（12）

【解题】《尧典》的编定当出自孔子之手，其主体内容创作于孔子之前的周代，应是没有问题的。《尧典》的历史观主要有尊古、崇德、大一统及人文观四方面的内容。在这些历史观的指导下，《尧典》将上古描绘成一个理想的社会，突出了"德"在历史发展中的作用，拟构了上古"大一统"的政治秩序，对传说中的历史人物进行了人文化的书写。孔子置《尧典》于《尚书》之首，是出于对《尧典》历史观的认同，并把德政与大一统追溯到尧舜时代，为其政治学说提供了历史根据。

张岩．古文《尚书》真伪与病态学术——与房德邻、姜广辉、钱宗武三位先生商榷．孔子学刊，2012

【解题】此文是对房德邻先生的反驳作出的回应，并就"古文《尚书》真伪"问题与姜广辉先生和钱宗武先生商榷。认为古文《尚书》问题贯串两汉以来的中国学术史，其中有许多需要反省的病态学术现象；中国人脑后的辫子已经剪掉整整一个世纪，这场清朝“朝廷早有定论”的学术闹剧该收场了。文末还提出了三个方面的学术史评价标准：一是学者内在的学术良知；二是规范一个学术社会良性运转的基本规则；三是支持学术从业者获得正确结论的研究方法。文后还附录《简要甄别清华简〈尹诰〉的证据资格》一篇。

李辉．夏含夷《略论今文〈尚书〉周书各篇的著作时代》之商榷．励耘学刊，2012（2）

【解题】夏含夷对金文中“以”“之”“及”“厥”“其”“作”“为”“肆”“穆穆”等语词的语用时代判断有误，故据此得出的对《周书》成书于东周的判断也就不可靠了。

李学勤．由清华简《系年》论《文侯之命》．扬州大学学报，2013（2）

【解题】据《系年》简文可推断《尚书·文侯之命》的著成年代当晚于晋文侯三十一年，即公元前750年之后。

陈以凤．近三十年的晚出古文《尚书》及《孔传》研究述议．古籍整理研究学刊，2013（2）

【解题】将1980年以来近三十年间学界有关晚出古文《尚书》及《孔传》的研究情况分“晚出古文《尚书》及《孔传》真伪考辨与流传”“晚出古文《尚书》及《孔传》的出现时间与作者”“新出土文献与古文《尚书》研究”“晚出古文《尚书》的价值与影响”四个专题择要综述。

丁四新．近九十年《尚书·洪范》作者及著作时代考证与新证．中原文化研究，2013（5）

【解题】梳理了刘节《洪范疏证》以来的学术史，肯定了徐复观与刘起釪对刘节等人观点的批驳。又肯定了《洪范》为周初著作的观点，并对一些学者（特别是海外学者）的质疑作出了回应。

牛鸿恩．《洪范》晚出新证．渭南师范学院学报，2013（10）

【解题】孔子之世流行“六府”“五材”，《洪范》尚未成书；《洪范》倡导君主专制、绝对权力，属战国思潮；《洪范》用耕、阳合韵，是战国韵例。《洪范》容有战国以前资料，但其主体成书于战国前期，君主“作威作福”之说应出于战国晚期。

胡治洪．《尚书》真伪问题之由来与重辨．江苏师范大学学报，2014（1）

【解题】根据东汉至西晋学人著述引用孔氏书的情况，即可反驳疑《书》者们对于所谓“作伪者”的指控。如果说孔氏书为梅赜伪造，则无法解释大致与他同时的郭璞何以在《尔雅注》中先于他引用了孔氏书；如果再往前推，指作伪者为皇甫谧，则又无法解释王肃《尚书注》何以已引孔氏书；如果又说王肃是作伪者，则其前许慎、王符、应劭、徐干之引孔氏书又当如何解释？至于疑《书》者们从孔传古文《尚书》中找出的“破绽”，作者采信张岩《审核古文〈尚书〉案》对阎若璩所举《尚书》“作伪”证据的反驳，认为从前提到举证乃至结论，都根本不能成立。作者还补充说：肯定东晋梅赜所献《尚书》就是经孔安国整理和注释的孔子删定之百篇遗存，并不意味着承认其中所有篇章都完成于其所标系的时代。

崔海鹰．孔传《古文尚书》渊源与成书问题探论．曲阜师范大学博士学位论文，2014

【解题】追溯《尚书》类文献的起源，特别是其与上古王官传统的关系，从内在理路上对《尚书》类文献可靠性加以论证。这类文献来自史官记录，并经过相续的编纂、整理，成为史官赞治的重要途径和工具。因此，《尚书》类文献重在承载历代王道、治法，为现实政治提供制度、思想、文化资源，是先民政治、人生智慧的结晶。所谓孔子“删书”，其实质并非将一部分删去、弃之，而是择取其中内容重要、主题鲜明、文本完善的一部分，从而形成已知《尚书》学史上第一个定本（由子思、孟子引《书》可见，孔门中还当有其他《尚书》类文献的文本传流）。孔安国整理《古文尚书》，既有对字体的隶定，也包含对文句的改读、疏通，意在保证《尚书》大义的前提下，在形式上作出适应时代的改变。孔安国对《古文尚书》的整理、训传工作，开启了汉魏孔氏家学中的《古文尚书》传承历程。

李山．《尧典》的写制年代．文学遗产，2014（4）

【解题】通过将《尧典》与可信为西周中期的文献《尚书·吕刑》对读，与可确知为西周中期的一些金文篇章如《史墙盘》《燹公盨》等进行对读，与可信为西周时期的《诗经》篇章对读，判断今传《尚书·尧典》为西周中期文献。

黄怀信．《尧典》之观象及其传说产生时代．中原文化研究，2014（4）

【解题】《尚书·尧典》所记四“平秩（在）”句乃观象授时之说，而与农事无关，其所载之“宅南交”与“宅朔方曰幽都”亦为互误；《尧典》年代当远出刻有“四方名”的甲骨文与《山海经》的同类记载之前，而非因袭后两者；因刻有“四方名”的甲骨文时代属于商王武丁时期，所以《尧典》所记传说产生之时间，最晚应在商代中期；至迟在商代中期，中国已有关于四仲月“厥民某”以及通过观天象来确定二至二分的传说。

陈冉等．孔安国生卒年及是否献《古文尚书》考．赤峰学院学报，2014（5）

【解题】根据现有史料对孔安国生卒年进行考证，主要以其任侍中博士、任谏议大夫及任临淮太守时间为坐标参考系，并对《古文尚书》进行考证，认为孔安国献书的史实是不可争辩的，至于是他亲自献书还是他的家人帮他献书，都有可能性。

杨柳岸．《古文尚书》晚出词语考．武汉大学学报，2015（1）

【解题】从汉语史的角度来鉴定古书的真伪，认为“遗贤”“影响”“其一曰”“昏迷”“来世”“师古”“放牛”等词语仅见于《古文尚书》，终周秦之世杳无踪迹，直到汉代以后文献才“重新”出现。《古文尚书》中这些晚出词正是作伪者“不能完全阻止他所处的时代的语言向笔底侵袭”的明证。

朱建亮．从虞廷十六字诀及其研传看《伪古文尚书》并非伪书．公共图书馆，2015（4）

【解题】从思想内容特别是虞廷十六字诀分析所谓《伪古文尚书》，证明该书并非伪书。因为虞廷十六字诀反映了圣王才可能有的伟大治国思想；反映了舜帝特有的谨慎及其时代特色；儒家、道家都传承了十六字诀只是各有偏颇。孔子对十六字诀及舜帝的评赞更能说明《伪古文尚书》并非伪书。

崔海鹰．孔安国《尚书序》真伪及史料价值辨证．湖南科技学院学报，2015（11）

【解题】孔安国《尚书序》与孔壁出书乃至《古文尚书》问题密切相关，其自身真伪及史料价值亦颇受历代学者关注，然存在较多误解。为重新审视这一问题，特对《尚书序》相关内容进行分条辨证。主要涉及该序的文辞、语气问题，“三皇五帝”说问题，对《尚书》性质、体裁的探讨问题，孔安国整理《古文尚书》的相关文字问题，孔氏二次献书问题，以及《古文尚书》的残损及补缀问题等。由此一系列辨证，可见今本《尚书序》确实存在较大比例的真实性要素，其所记载，非亲历其事而不能俱道，当确为西汉孔安国所作。

杜勇．清华简《皇门》的制作年代及相关史事问题．中国史研究，2015（3）

【解题】近出清华简发现《逸周书》中的《皇门》篇，进一步强化了人们视其为西周文献的认识。简文固然以西周文字为主，但也带有少量东周时期的语言色彩，说明它并非西周的原始文献，很有可能是春秋时期根据王室档案整理成篇的。清华简《皇门》作为周公诰辞，大体作于周公摄政后期。篇中周公自称“余一人”，史官以“（周）公若曰”等同“王若曰”领起全篇诰辞，诰辞始终不曾言及成王等事，都不同程度反映了周初复杂的政治背景下周公摄政称王的史实。

胡治洪．汉晋之间古文《尚书》流传情况补证．中国文化研究，2015（3）

【解题】严可均《全上古三代秦汉三国六朝文》的《全汉文》《全后汉文》《全三国文》《全晋文》中存在着引用古文《尚书》及孔安国传的资料，这些资料表明古文《尚书》自西汉末年至西晋晚期一直绵延不绝，流传于世。本文依据《全汉文》《全后汉文》《全三国文》《全晋文》中有关古文《尚书》的资料，对《〈尚书〉真伪问题之由来与重辨》所梳理的古文《尚书》传承脉络予以补证，由此更加强有力地证明古文《尚书》自孔安国以迄梅赜四百年间续续不断，从而反驳了南宋以降疑《书》者们对于古文《尚书》传承脉络茫昧无稽的指控。

王永．《清华大学藏战国竹简》与《古文尚书》《说命》篇文体比较．古籍整理研究学刊，2015（2）

【解题】《清华大学藏战国竹简》（三）所收《说命》（以下简称《清华简·说命》）三篇是一个在结构、内容、对话形式等方面与《古文尚书·说命》三篇存在较大区别的版本。《清华简·说命》三篇是一个完整的仪式记录，分为追叙式的序辞、训诫性的命辞和补记性的语录三个部分，叙事细腻生动，对话以王言为主，刻意塑造贤能之臣。《古文尚书·说命》三篇均为完整的训诰体，说理透辟明晰，对话以臣言为主，注重营构纳谏之君。前者价值在于仪礼存档，后者价值在于文体塑形。两版都体现了各自产生的文化背景，互相比较，亦可再次确证《古文尚书·说命》篇之伪。

李锐．先秦古书年代问题初论——以《尚书》《墨子》为中心．学术月刊，2015（3）

【解题】先秦古书的年代问题一直是研究古代学术思想的基础。许多过去所形成的定论近来遭到了挑战。近些年出土的简帛古书，不仅直接揭示了一些古书的形成年代，更使我们对过去的观念和方法有了反思。但是国际汉学界对有关问题的看法却并不统一，其中与中国学界差别较大的是今文《尚书》和《墨子》“十论”中一些篇章形成年代的问题。分析其具有代表性的断代方法及其结论，指出其不足，并可以利用古书形成过程中的“族本”观念来解释有关问题。

彭裕商．梅本古文《尚书》新考．出土文献与古文字研究，上海：上海古籍出版社，2015

【解题】东晋初年梅赜所献孔传本古文《尚书》的真伪问题历来争论颇多。以清华简的《尹诰》《傅说之命》与梅本古文《尚书》的《咸有一德》和《说命》相对照，后者非先秦古籍已为学人所共知，但前者多出伏生所传今文《尚书》的其他篇章尚未有新发现的先秦古籍以确定其真伪。根据相关文献记载，再结合清华简的有关情况，对这一问题进行推断。

艾兰等．论《书》与《尚书》的起源——基于新近出土文献的视角．出土文献与古文字研究，上海：上海古籍出版社，2015

【解题】2008年夏季北京清华大学入藏了一批约2000枚的战国（前476—前221）竹简。对这批竹简中的一个残片标本作放射性碳辐射测定，可以推断出其年代大致在公元前305年，这与湖北荆门郭店一号墓的年代大体是一致的。郭店楚墓中的竹简是用楚文字写成的，清华简也与之相类似。郭店竹书主要是哲学类文献，而清华简主要是历史类文献。

晁福林．从清华简《说命》看《尚书》学史的一桩公案．人文杂志，2015（2）

【解题】商王武丁得贤臣傅说之事为其卓著圣绩之一。《史记·殷本纪》曾详述此事。关于此事的文献记载始见于古文《尚书·说命》。东汉许慎《说文解字》释“敻”字曾引用《商书》关于此事的相关记载。今《十三经注疏》本所载与许慎《说文》所引《商书》有文字上的差异。大、小徐本《说文解字》的相关记载亦有差异。这些差异间的是非很难判断。今得清华简《说命》所提供的材料，对此可以做进一步的分析推断，说明大徐本作“敻求”近是，而小徐本作“营求”则近非。既然古文《尚书》超出今文的诸篇无序，那么《说文》所引者应当是古文《尚书·说命》篇中之语。据此可推，古文《尚书·说命》篇（或其佚文）在许慎的时代是有可能存在的。

程薇．传世古文尚书《说命》篇重审——以清华简《傅说之命》为中心．中原文化研究，2015（1）

【解题】清华简《傅说之命》的整理公布，为我们重新认识传世古文尚书《说命》篇的真伪提供了崭新的条件。由于秦代的焚书，《说命》三篇在汉代已经失传，但是郑玄曾经根据《礼记》等篇的引文，对《说命》的内容做过一些推测。东晋时期出现的古文尚书《说命》篇，正是依据郑玄的推测，搜集先秦秦汉时期的相关资料编写而成，因而其内容存在诸多的矛盾和错误之处。这一文本虽然在后世曾产生了深远的影响，但并非是先秦《说命》篇的原貌。结合清华简《说命》三篇的内容，我们可以更加清楚地看出传世古文尚书《说命》篇的造伪痕迹。

张岩．清华简《咸有一德》《说命》真伪考辨．山东青年政治学院学报，2015（1）

【解题】在清华简整理者所作宣传中，简文《尹诰》（即《咸有一德》）和《说命》可以“证伪”古文《尚书》是一个重要宣传焦点。文章在此前学者相关研究的基础上正面考察清华简《咸有一德》和《说命》的真伪问题，并考察李学勤和廖名春对简文的整理研究在学理方面是否成立。《尚书》文章有其特定的法度、格调。选择伪造《尚书》文章，这本身就是一个殊不自量的妄举。其捉襟见肘、漏洞百出在所难免。结论：（1）清华简《咸有一德》和《说命》内容中的作伪破绽十分明显，其文章质量非常低劣，可以被确认为今人赝作。（2）在李学勤和廖名春对漏洞百出的简文所作整理研究中，存在许多不应有的失察、失误。

朱建亮．《尚书》成书年代考析．公共图书馆，2016（4）

【解题】《尚书》是我国流传至今的最早的一部重要文献，其中蕴含很多中华优秀传统文化的基本精神。但其成书年代一直是个悬案。根据孔子收集历史数据、根据文字的发展和孔子引用、根据礼法制度以及字频规律等多方面推断，认为应是商代中后期和西周时代作品，即周书部分为西周作品，其余为商代中后期作品。

张利军．清华简《厚父》的性质与时代．管子学刊，2016（3）

【解题】最近公布的清华简《厚父》，学界基本认同其为《尚书》类文献，但有《夏书》说、《商书》说、《周书》说，通过分析三说，判断《厚父》可能是源于创作于商初的“语”体档案，是商汤灭夏后，访夏王室贵族厚父，借鉴夏代贤王明德事迹，以史为鉴的产物。商汤与厚父的对话，经商代史官记录整理成为商代典册，在商代官学教育中传习而得以保存，成为《商书》的一篇。经历商周王朝鼎革，周对包括《厚父》在内的商代典册档案进行整理，因其载有夏代贤王明德事迹，具有较强的史鉴意义而得以继续流传于世。至战国中后期，《厚父》依然存世，见引于《孟子·梁惠王下》，而清华简《厚父》则可能是战国时流传于楚地的《商书》抄本。《厚父》对于判断《商书》时代、证明夏王朝存在性意义重大。

谢维扬．由清华简《说命》三篇论古书成书与文本形成二三事．上海大学学报，2016（6）

【解题】清华简《说命》三篇均有自题篇名，这表明已知《尚书》篇题在很大程度上都不能确定是孔子编书时所拟定，孔子编书应该也不涉及为各篇文字最终命题；同时孔子编辑的文本并非《尚书》的唯一文本，孔子之后可能有更多人做“编书”之事，由此而形成的表现不一的《尚书》文本也会相继出现。目前还不能完全否认简本是与“古文《尚书》”系统有复杂关系的某未知《尚书》文本。在古书成书和文本形成研究中，注意未知文本的作用，将帮助我们在《尚书》成书等重要问题上形成新的想法。简本《说命》三篇的出现对准确认定包括《国语》在内的早期语类文献的形成和史料价值，也有重要帮助。

朱建亮．图书馆学老祖宗刘歆伪造了《古文尚书》吗．公共图书馆，2016（3）

【解题】刘歆是孔子之后的大儒，也是著名的目录学和图书馆学家。康有为说东汉以降众多伪书皆刘歆一手所伪不能成立。刘歆作为国家图书馆的校书官受图书馆职业道德精神之熏染不可能伪造古书；刘歆的个性和志趣决定其伪造蕴含圣王品格的《古文尚书》为不可能；从刘歆现存文献的字频情况看他不可能伪造《古文尚书》；从东汉到隋唐无人疑《古文尚书》为伪书可证其并非刘歆伪造。

李晶．清华简《金縢》与《尚书》郑注文本考——兼论《史记》述《金縢》的今古文问题．古代文明，2016（3）

【解题】前人认为郑玄《尚书注》“兼采今古文”，但是单凭存世文献，辨别郑注哪些属于今文经说、哪些属于古文经说是个难题。而近年新出的清华简《金縢》篇是战国中晚期的古文本，通过文本对读等方法，可以推断郑氏经说主要采用了古文，亦可确知《史记·鲁周公世家》述《尚书·金縢》兼采今古文经说，构成了《史记》采用古文的新证据。

冯怡青．梅鷟《尚书考异》研究．陕西师范大学硕士学位论文，2016

【解题】梅鷟《尚书考异》中所讨论的梅本《尚书》作伪问题一直是《尚书》学史亦是整个辨伪史中的重要论题，关于古文二十五篇是否作伪、谁人作伪的争论从宋代开始广受关注，期间历经各个阶段的发展，每个阶段都体现出不尽相同的重点与特征。明代梅鷟所作《尚书考异》一书作为第一部专辨梅本《尚书》之伪的著作，从辨伪学角度来看，它开启了有明一代辨伪新风尚：从对梅本《尚书》辨伪的角度来看，它首次将考据的方法运用到梅本《尚书》的辨伪活动之中，为后代学者提供了考辨古文的新方法。在《尚书考异》成书之前梅本《尚书》的辨伪活动已经展开，梅鷟在书中亦论述了前代学者的考辨态度及观点，并在文中多所评点，他褒扬并借鉴了朱熹、吴澄、王充耘等人的观点，对孔颖达、蔡沈等人则多所指斥，对蔡沈批驳尤甚，指责其"悖师叛道""党邪说，助异端"等，评语严厉异常，他本人对于梅本《尚书》的态度可见一斑。梅鷟于《尚书考异》中用力最勤的，也是占全书篇幅最多的部分，是他对古文二十五篇蹈袭证据的抉发举证。梅鷟首次使用考据的方式对古文二十五篇进行辨伪，基本上逐字逐句列举了这些篇章对先秦两汉著作的蹈袭窜改，通过这些例证可以清晰地看出这种新的辨伪方法在梅本《尚书》考辨活动中的运用成效以及失误。《尚书考异》中有相当一部分举证是可信并具备一定说服力的，但不排除亦有因力求证假而过分解读的部分。

周浩翔．《尚书·洪范》时代及思想源流考论．中国哲学史，2016（2）

【解题】历来对《洪范》的研究重心多放在作者及其著作年代上，鲜有论及其思想来源或原型的。然而从某种意义上说，后者的研究更为重要。历代学者对《洪范》的作者及著作时代基本保持一致，直到民国疑古思潮兴起，刘节发表《洪范疏证》，重新质疑《洪范》时代，挑战传统说法，遂引起了学界对这一问题的长期争论。经过长期论辩，近来学界基本认可了《洪范》作于周初的传统说法。从传世文献、铭文等方面系统梳理各种论点、论据，论证《洪范》作于周初。进一步推断《洪范》乃箕子所传先王之道，三代治国理政的政治纲领或政治哲学盖滥觞于此，这些内容渊源有自，或可追溯至舜禹时代。

周光华．从《崔东壁先生遗书》辨今本《尚书》——认识清华简．人文天下，2016（3）

徐新强，马士远．《尚书孔传》成书蠡测——从训诂学角度与《诗经毛传》《毛诗郑笺》比较．孔子研究，2017（6）

唐旭东．《尚书·汤诰》正文与序和弁言不合问题探论．周口师范学院学报，2017（6）

【解题】今本《尚书·汤诰》正文与序和弁言不合，真正能与之相合的是《史记·殷本纪》所载之《汤诰》。这种张冠李戴的错位很可能自孔壁竹书的底本甚至比底本更早的文献中已经如此。《论语》载今本《尚书·汤诰》部分文字，但严重残缺不全，且有顺序倒错、文字差异等现象，可能系孔子弟子记录和整理老师口述时出现的错误。其同义词代换现象则可能为孔子以当时通行词语转述古文的结果。今本《尚书·汤诰》为真正的孔氏古文《尚书》58篇之一，并非伪作。今本《尚书·汤诰》生动地反映了当时的礼俗、文化心态和文化观念。

马骁英．《尚书·洪范》诞生的文化背景．教育现代化，2017（42）

腾兴建．清华简与《书序》研究．孔子研究，2017（4）

【解题】新出清华简以及相关传世文献的证据表明，《书序》的成书年代在公元前289年到公元前213年之间，它既不是孔子所作，也非刘歆等人伪作，而是这一时期的儒家后学托名孔子所作。

赵玫．《古文尚书》"十六字"真伪辨正——以朱熹对《中庸》首章道心—人心的诠释为核心．河北学刊，2017（3）

【解题】宋元以来陆续有学者怀疑《古文尚书》"十六字"的真伪。清人阎若璩通过细致的辨伪工作，更使“十六字”系伪造之说成为定谳。朱熹视舜之“十六字”为“孔门传授心法”，是为道统之传。通过朱熹将“十六字”与《中庸》首章的对读，可以看到他为“十六字”不伪所提供的义理依据。这为我们提供了以下启示：疑经、辨经固然重要，但获得义理价值，把经典之所以成为经典的意义全幅呈现，或许是更为重要的。

周红．清华简与先秦《诗》类文献研究．上海师范大学硕士学位论文，2017

【解题】清华简主要涉及经、史类文献，已经公布的清华简中与乐诗有关的是《耆夜》《周公之琴舞》《芮良夫毖》三篇文献。对清华简乐诗及先秦《诗》类文献的研究也主要围绕这三篇文献展开。第一章对清华简乐诗的成书年代进行考证。清华简经过碳14测定，其出土年代约是战国中晚期，但并不能简单的将三篇清华简诗类文献的成书年代都归为战国中晚期。战国中晚期仅是其抄写年代，具体的创作年代，要根据乐诗考订。通过出土文献与传世文献对比，断定《耆夜》乐诗的成书年代在西周中期到春秋时期。《周公之琴舞》是周朝初年的作品，而《芮良夫毖》是西周末年周厉王时期的乐诗。第二章对清华简的真伪进行了考辨。自清华简问世，学者们围绕清华简真伪展开激烈争论，但多数从技术或史事方面进行讨论。试图从乐诗的角度证明清华简为真。主要从清华简乐诗的用词、用韵方面对其真伪进行鉴别，认为清华简是真简，绝非现代人伪造。

刘光胜．由怀疑到证实：由宋至清抉发《古文尚书》伪迹的理路．中原文化研究，2018（5）

【解题】《今文尚书》佶屈聱牙，《古文尚书》平易晓畅，吴棫、朱熹对《古文尚书》的怀疑，主要是出于语言风格的差异。明代梅鷟从语句、文体、史实及传授源流等方面抉摘《古文尚书》的作伪痕迹，和宋儒并无切实的证据相比，他的考据方法有了实质性推进。清儒阎若璩首先确立孔壁《古文尚书》为真实可信，然后将汉代文献记载中真《古文尚书》的内容与梅赜本对照，由根柢至枝节，全方位抉摘梅赜本《古文尚书》之罅漏。由宋至清，很多学者竭力证伪《古文尚书》。

其他

赵铭丰．惠栋《古文尚书考》辨伪举证的效力平议．东吴中文线上学术论文，2008（2）

曹美秀．洪良品的古文《尚书》辨真理论．台大中文学报，2013（42）

【解题】以成书时间较晚、资料搜罗较齐备的洪良品为例，分析其对古文诸篇的辨真理论，同时与辨伪者之重要论点及考辨方法相比较，一方面打破既有看待清代《尚书》学的视野，而以较宽广的角度，探讨《尚书》学于晚清的发展情形；一方面借由双方论证方法之比较，提供观察辨真及辨伪观点的另一个视角；二者皆有助于对清代学术史的建构与解读。

侯金满．《尚书大传》源流考．南京大学硕士学位论文，2013

【解题】以伏生《尚书大传》为研究对象，以文献考证为基础，探考其解经形式之源流，最后进入其经说思想内部，构建其经说之思想体系。

江曦．张尔岐《书经直解》辨伪．图书馆杂志，2014（3）

【解题】张尔岐《书经直解》是一部伪书，与张居正的《书经直解》当为一书。

史振卿．杜林漆书：清儒《尚书》辨伪的焦点．文艺评论，2015（6）

【解题】梳理并分析了清儒对杜林漆书的三种观点：“杜林漆书为孔壁古文《尚

书》”“杜林漆书与今文《尚书》同”“杜林漆书来自秘府本”。

刘世明．宋代《尚书》学的偏失与创获．中国宋史研究会专题资料汇编，2015

【解题】《尚书》是我国第一部历史资料汇编，由汉至唐，注疏层出不穷。宋代学风大变，解经述经也呈现新的景象。宋儒以己意论《书》，臆断文义、妄测古字，随意删改经文，使《尚书》文本面目全非。更有甚者，以庄老、象数等旁门小技推演《书经》，引经学至虚无，实为解《书》之歧路也。宋代学者阐释《书经》亦有许多创获之处。他们将《尚书》视作求心之书，明圣王之志，救失道人心，凸显了人的情感意识与主体精神。

张循．“读书当论道”还是“唯其真而已”？——清儒关于伪《古文尚书》废立的争论及困境．清史研究，2015（3）

【解题】清儒关于《古文尚书》的争论大体分为两个相互联系的主题，一为真伪，一为废立。现代研究者站在文献学或史学的立场，需要关心者只涉及真伪问题。但对清代的儒者而言，真伪本身并不能完全决定《古文尚书》在儒学系统中的价值，因为在这个考据层面之上，还牵涉一层义理的问题。清儒大体公认《古文尚书》虽伪却义理纯美，因此应当如何在考据与义理两边取舍——或以伪而废，或以正而立，成为他们长期争论的一个难题。义理基本已经淡出现代学术的关怀，如果能够将现代史学或文献学的回溯逻辑暂搁一旁，转而深入清儒因义理而来的关于《古文》废立的困境，那么通过这场伪《书》废立的争论所折射出的清代汉学（考据学）的思想史意义，也许就不再是其作为现代学术的源头活水，反而是它与现代学术之间的巨大断裂了。

朱天助．现存《古文尚书》《古文春秋》《古文论语注》旧辑本检讨及其衍生问题之初探．儒家文化典籍，2015

【解题】《古文尚书》《古文春秋》《古文论语注》三书旧抄本皆题宋王应麟撰，然历来学者对此颇多质疑。通过汇考三书现存各批本，详录各批本特征，考索各本间的关系，推求清儒撰述之底册，认为此三书确非清儒所辑。又综考王应麟的学行和著述，以为三书属王氏应考及撰述之资料长编。清儒如惠栋、严蔚、宋翔凤、陈鳣等依傍王应麟旧辑本，续加补治而刊行之，然诸家多隐没王应麟旧辑本之功。此三种辑本为清代辑佚考据学之嚆矢，清儒研治三书古义能后出转精，实蒙王应麟辑本遗泽甚多。

陈良中．宋代疑《书》思想研究．陕西师范大学学报，2015（1）

【解题】宋代学者疑辨《尚书》由字词、语序、篇序而至今古文《尚书》、大小《序》《孔传》。对文序的疑辨主要集中在《武成》《洪范》两篇，对古文《尚书》、大小《序》《孔传》的疑辨成为宋以后《尚书》研究的重要内容。疑辨由枝节而至全体，开启了今文《尚书》、古文《尚书》证伪以及汉代今古文《尚书》辑佚研究的新方向。辨伪对于学界正确认识《尚书》文本有重要意义，但又带有随意改经的流弊。

杨善群．评阎若璩考据的欺骗性——《尚书古文疏证》综合研究．史林，2016（1）

【解题】阎若璩《尚书古文疏证》以128条论据证明古文《尚书》之“伪”，自此书问世三百多年来一直好评如潮，但他运用了二难推理、吹毛求疵、虚张声势、颠倒先后、主观武断、厚今薄古、胡编乱造、自相矛盾等8种不正当的考据方法，歪曲事实，欺骗读者。他的绝大部分论据都似是而非，因而是不能成立的。除了清朝政府和皇帝以“钦定”的形式，对阎氏《尚书古文疏证》作了不实事求是的吹捧和褒扬外，其书之所以长期受到推崇，乃因为其考据方法极富欺骗性。该文从十个方面一一揭露其对历史事实的歪曲，还对阎氏《尚书古文疏证》采用欺骗性考据的原因及其危害作了简明的评析。详细揭露阎氏《尚书古文疏证》考据方法的欺骗性，并分析其形成的原因与危害。

江曦．艾紫东《尚书浅注》辨伪．德州学院学报，2017（3）

【解题】《尚书浅注》一书，《清史稿艺文志拾遗》《山东文献书目》均著录为艾紫东撰，《山东文献集成》据《诚正堂艾氏丛书》稿本影印，亦题撰者为艾紫东。这是一部伪书，与张居正《书经直解》当为同一书，所谓艾紫东的《书经浅注》实为张居正书的一个抄本。

江曦．国家图书馆藏抄本“王若虚《尚书义粹》”辨伪．新世纪图书馆，2017（10）

【解题】《续修四库全书总目提要》著录的王若虚《尚书义粹》是抄录阎若璩《尚书古文疏证》并改题撰者的伪作，其顾广圻题记、藏书印、翟思忠序等皆为伪造。

［日］竹元规人．顾颉刚在厦门大学的《尚书》讲义——兼论顾颉刚“王肃伪造说”的学术史背景和意义．史学史研究，2017（2）

【解题】顾颉刚1926年任厦门大学史学研究教授，承担“经学专书研究”课程。这是他首次承担的课程，而且是他之后连续撰写《尚书》讲义的开端。顾颉刚此次的讲义，基本上只讲到《伪古文尚书》的造伪和辨伪，他主要根据丁晏的说法指出《伪古文尚书》是王肃伪造的。对于“王肃伪造说”，顾颉刚开课时已有强烈反驳，现在看来已不成立。文章最后讨论顾颉刚的“王肃伪造说”的背景和意义，以期作为对学术思想史研究的一种方法上的反思。

孙新梅，毛哲．魏晋南北朝辨伪史略．河南图书馆学刊，2018（8）

［美］韩大伟．复审《古文尚书》案侧记：以《咸有一德》为例．上海：出土文献与经学、古史国际学术研讨会，2018

王祥辰．清代吴派《尚书》学疑辨成就管窥——以《古文尚书考》为中心．学海，2018（2）

【解题】阎若璩的《尚书古文疏证》与惠栋的《古文尚书考》，在清初的《古文尚书》辨伪活动中影响力颇大。尤其是《古文尚书考》的成书，使得“伪《古文》案”彻底定谳。《古文尚书考》与《尚书古文疏证》关系密切。惠栋在《古文尚书考》上卷中选录《尚书古文疏证》内容十二条，借此展现了自己的学术倾向、治学态度，明晰了伪《书》的形成方式与传播脉络。在《古文尚书考》下卷中，惠栋援引《尚书古文疏证》之材料与梅鷟的《尚书考异》进行比较，认为内容虽大量雷同，但不足以佐证阎若璩抄袭《尚书考异》。惠栋以《尚书古文疏证》为依托创作《古文尚书考》，补正了《尚书古文疏证》的疏漏之处，将《古文尚书》拉下神坛，促成了汉学取代宋学趋势的定型。

诗　类

诗经

顾颉刚．读《诗》随笔．小说月报，1923（1）；古史辨第三册，北京：朴社，1931

【解题】第一则认为今本《诗经·硕人》无“素以为绚”一句，而《论语》所引有，则其辑集必在孔子之后；孟子引《诗》与今本无异同，则其辑集必在孟子以前。

张寿林．《诗经》是不是孔子所删定的——呈正颉刚先生．北京大学研究所国学门月刊，1926（2）；古史辨第三册，北京：朴社，1931

【解题】孔子删诗之说不可信。

李宜琛．论删诗——代寿林兄答辛素君．晨报副刊，1926.11.10

田津生．答张李二君孔子不删诗说．晨报副刊，1927.3.9

林之棠．删诗“疑”．国学月报汇刊，1928（1）

【解题】针对孔子删诗说提出了六点质疑。

张寿林．三百篇所表现的时代背景及思想．晨报副刊，1928.4.9—14

胡润修．《商颂》时代的伪证．中国文学季刊，1929（1）

【解题】春秋时宋亦称商，《商颂》非商诗乃宋诗；因其风格近于《鲁颂》，乃春秋时作品。

丁强汉．《常武》《瞻卬》的时代．中国文学季刊，1929（1）

【解题】《常武》是宣王时诗，《瞻卬》是幽王时诗。

刘宇．《常武》时代考．中国文学季刊，1929（1）

【解题】《常武》是襄王时诗。

黎昔非．《采芑》时代的质疑．中国文学季刊，1929（1）

【解题】《采艺》为宣王时诗。

陈钟凡．《诗经》制作时代考．学艺，1930（1）

【解题】《诗经》所载作品，从周武王、成王时起，讫定王时止。即自西纪前11世纪，讫第6世纪，凡五百年间诗歌，汇粹于此。

张寿林．《商颂考》．睿湖，1930（2）

【解题】正考父作商颂的说法不可靠。

刘泽民．《鸱鸮》的作者问题．古史辨第三册，北京：朴社，1931

俞平伯．论《商颂》的年代．古史辨第三册，北京：朴社，1931

【解题】《商颂》是周诗，是颂宋襄公的。

陈槃．周召二南与文王之化．古史辨第三册，北京：朴社，1931

【解题】《周南》《召南》不过是二十几篇的歌诗，后来给乐师收入乐章，因为体制不同，而且是“南国”采辑的，所以就叫它作“南”。周自西周以来，竞尚“雅”乐，荆楚民族，自成风气，周公把它采辑起来，谱入乐章，成为一种“南”乐。周公采的，冠以“周”字；召公采的，冠以“召”字。不过采诗的并非西周的周公、召公，而是春秋之时的周公、召公。

顾颉刚．论《诗经》所录全为乐歌．古史辨第三册，北京：朴社，1931

【解题】《诗经》所录全为乐歌，其中一大部分是为奏乐而创作的乐歌，一小部分是由徒歌变成的乐歌。

高芒（李嘉言）．《诗经》作者镌略．清华周刊，1933（10）

【解题】以“明指作者”“指出作者范围”“疑之不明”三类论述《诗经》作者问题。

华钟彦．孔子未曾删诗辨．女师学院期刊，1934（2）

朱东润．《国风》出于民间论质疑．国立武汉大学文哲季刊，1935（1）

【解题】国风大半不出于民间，其中多为统治阶级之作品。

王修密．孔子删诗异说之我见．江西学生，1935（3—4）

【解题】孔子删诗之说有其可信之处：一、周有采诗之教，且其国祚亦长，不论天子十二年（或五年）一巡狩，其所得之数，当不止今《国风》一百六十余首，否则如何得见其诗教之盛？二、孔子观书周室，得虞、夏、商、周四代之典，取其善者定为《尚书》百篇，则孔子何独不能删诗，取其合于礼义法戒者定为三百篇？三、孔子自卫反鲁，然后乐正，雅颂各得其所；盖以众诗中不免有不合于礼义法戒者，删之，以合“无邪”之旨。四、季札观乐，鲁乐工必择思无邪者而歌之，又何能出于三百篇之外，则其次序当然与三百篇相合，盖孔子仅删诗而未变动其次序也。五、墨子所谓“儒者歌诗三百，诵诗三百，弦诗三百”，正墨子不承认其数也；若墨子承认其数或诗三百即为原有之数，则墨子何不直曰儒者歌诗、诵诗、弦诗；且当时歌诗、诵诗、弦诗者，又何只限于儒者，今墨子标明“儒者”，实有别于中也，盖因当时人尚多不遵孔子所删定者，其遵之者仅儒者而已。

李常山．孔子删诗辨．北平晨报思辨，1935（19）

【解题】作者赞同孔子删诗之说，认为古时诗即乐，孔子既定礼乐，所以就必须定诗，正乐与删诗是一回事；《诗经》若未经删过，何以只此三百？至于孔子不删淫俚之诗，或正以警世。

薛思明．删诗辨．国专月刊，1936（4）

朱希祖．《周颂》《鲁颂》《商颂》作者今古文异说辨．制言，1936（29）

李梅溪．《诗经》作者的研究．长郡青年，1943（1）

【解题】孔子未尝删诗，《诗经》全为贵族的作品。

缪钺．《诗三百篇》纂辑考．国立浙江大学文学院集刊，1943（3）

【解题】《周颂》《大雅》《小雅》多王朝歌颂功德及祭祀宴享之乐歌，与士大夫所献之诗，而其撰作年代多在西周，自应早为王朝大师所纂录，而颁布于诸侯国。各诸侯国各集其诗，再由本国大师加以选择，及献于王朝，王朝大师或又加以删汰，故各国风诗多者不过三十余篇，少者则十余篇或数篇而已。诸侯国随时献其诗，王朝大师又随时纂录颁布之，各国士大夫皆讽诵而肄习焉。及春秋中叶后，献诗制废，大师辑录风诗止于陈灵，合雅、颂计之，适为三百余篇，举成数则言三百。此后遂为定本，故孔子两称“诗三百”，而墨子书中亦言“诵诗三百，弦诗三百，歌诗三百，舞诗三百”也。

黄节．《诗经》明辨．学术季刊，1956（4）

胡毓寰．《诗经·七月》的作者问题初探．文学遗产增刊第五辑，北京：作家出版社，1957

李晔．试论《周颂·噫嘻》篇的制作时代．光明日报，1957.2.3

李辰冬．从《诗经》中的士、我、予谈《诗经》的作者问题．中央日报，1957.11.5

刘梦雪．读《从〈诗经〉中的士、我、予谈〈诗经〉的作者问题》后．民主评论，1958（2）

胡毓寰．关于“纳禾稼”及《七月》的作者．光明日报，1958.8.4

段熙仲．《鲁颂·閟宫》的作者问题．光明日报，1959.11.8

白川静．《诗经》蠡说．“中央研究院历史语言研究所”集刊外编（第四种），1960

李辰冬．吉甫的恋史和婚变．作品，1961（4）
李辰冬．吉甫东征与西征．作品，1961（3）
李辰冬．吉甫晚年和悲剧．作品，1961（5）
李辰冬．我怎样发现吉甫是《诗经》的作者．师大学报，1961（6）
李辰冬．《诗经》与其作者．中原文献，1963（4）
李辰冬．谈《诗经》的作者问题．师大学报，1963（18）

【解题】《诗经》305篇的作者，除尹吉甫外，没有第二人。

金德建．论孔子整理《诗经》去其重复．司马迁所见书考，上海：上海人民出版社，1963

【解题】孔子的除去重复，也像汉代刘向校书除去重复篇章的情形一样，如《荀子》原有322篇，经过刘向校除重复，定著32篇，篇幅仅存十分之一。由此类推，《诗经》原来有三千篇，孔子除去重复之后，去掉的篇章竟有十分之九，只保存三百来首，本来是不足为怪的。

程榕宁．李辰冬在《诗经》上的重大发现（1—5）．大华晚报，1972. 9. 4—10. 2
侯绍文．《诗经》并非尹吉甫一人作品考证．东方杂志，1976（8）；世界评论，1977（5）
李霜青．论《诗经》非尹吉甫一人所作．世界评论，1976（3—4）
李霜青．再论《诗经》非尹吉甫一人所作．世界评论，1976（5—7）
李霜青．《诗经》的产生年代与地域分布．中华国学，1977（11）
李霜青．关于《诗经》的作者．台湾新闻报，1977. 6. 15
李辰冬．《诗经》通释．台北：水牛出版社，1977

【解题】先从《诗经》305篇里寻出了7条原理和16条法则，后再依据这些原理法则来一字一句解释三百篇，最后发现《诗经》是尹吉甫的作品，也是他的自传，记载了宣王三年到幽王七年这50年间的史事。以《竹书纪年》所记载的从宣王三年到幽王七年的事迹为三百篇的时代纲领，从中发现了一些“纲领诗”（这些诗都有确切的年月可考，把三百篇的先后次第连贯起来）和“钥匙诗”（这些诗在表面上并无年月，然一与纲领诗配合，不仅了解了它本身的意义，又能打开其他诗篇之门），认为三百篇就由这两种“纲领诗”与“钥匙诗”交互配合而组织成一个完整的史迹。

李辰冬．《诗经》研究．台北：水牛出版社，1978
李辰冬．《诗经》研究方法论．台北：水牛出版社，1978

【解题】该书共收作者16篇文章，是对来自学界质疑的回复。

夏平．今本《诗经》不能全面信赖的问题．急就二集，香港：中华书局，1978
赵民乐．《诗经·七月》作者臆说．南京师范大学学报，1979（3）

【解题】《诗经·七月》是周初豳地一个小奴隶主作的农事诗。

张易克．《诗经》论战．张易克自印本，1980

【解题】此为与李青霜的论辩集。

刘毓庆．《商颂》非宋人作考．山西大学学报，1980（1）

【解题】从新出土的文物和相关的文献来考察，认为定《商颂》为宋颂实属错案，《商颂》实为商代所有，现存五篇，乃是经过正考父整理甚至加工过的；《商颂》各篇俱显盛世之德，毫无亡国之思，大有“只有天在上，更无山与齐”的气势，绝非正考父之流所能为。理由有八：一、先秦古籍中，凡提到《商颂》者，没有一处认为是宋国作品的。二、周时的宋国会有诸侯为他助祭吗？且各篇的措辞与口气，非商王绝不能当。三、《商颂》的称谓与用词，与周诗有所不同。四、功臣从享，在《周》《鲁》二颂中未曾见到，而《长发》则提到祭功臣阿衡之事，此与《盘庚》所云“予念我先神后之劳尔先”“兹予大享于先王，尔祖其从与享之”相符，也与甲骨文所见者相符。五、《国语·鲁语》记展禽语云“商人禘舜而祖契”，而在《商颂》大禘诗中，却没有只字道及舜，反而说商是上帝的儿子，有娀氏所生，其时代之差，可得而知；且在《商颂》五篇中，竟没有半个字提及帝乙，而且根本没有提到商以后的事，其非宋时之作甚明。六、《商颂》中某些人名，与春秋先秦传说不合，而与甲骨文合。七、《商颂》多每句用韵，与《风》《雅》隔句押韵不同。八、《商颂》《鲁颂》形式不同，内容亦不相类。

蒋见元．也谈《诗经·七月》的作者——与赵民乐同志商榷．南京师范大学学报，1981（1）

【解题】从内容、风格、形式等方面考察，认为《七月》不是一首个人创作的诗，而是以不少诗作为素材汇集编纂而成的。这些素材来自不同的时代，内容有农谚也有民歌，作者有劳动者也有剥削者，他们原先是各歌其事，互不相干的，最后由统治阶级的文人将大量零碎的素材整理编辑成一首完整的诗。

李伯勋．否定孔子删诗说的几点补充意见．社会科学杂志，1983（3）

【解题】在前人否定孔子删诗说的基础上，补充了七条理由：一、孔子没有说他自己删过诗，他的弟子也从来没有说过孔子“删诗”的事，且《论语》中孔子两次说“诗三百”，可见其时《诗》只有三百篇，并非孔子删后才三百的。二、孟子、荀子也没有提过孔子“删诗”的事。三、墨子也没有说过有关孔子“删诗”的事情，从他说的“弦诗三百，歌诗三百，舞诗三百”来看，却反证了从春秋后期以来诗三百篇已有了一个大体上通行的定本。四、《左传·襄公二十九年》吴公子季札聘鲁，请观周乐，乐工为他歌的各国风诗的次序也和今本《诗经》基本相同，那时孔子才八九岁，不可能删诗。五、《左传》中赋诗、引诗的例子，证明在孔子之前《诗》三百篇已基本上定型化了，成为使节们在外交场合“赋诗言志”的依据。六、孔子删诗是以“礼义”为准绳的，但是用孔子在《春秋经》和《论语》里所标榜的“礼义”来验证《诗经》里某些诗歌和某些佚诗的具体内容，就会有自相矛盾的地方。七、《左传》引诗 218 条，佚诗 14 条；《国语》引诗 33 条，佚诗 2 条；说明孔颖达所说“书传所引之诗，见在者多，亡佚者少，则孔子所录，不容十去其九。马迁言古诗三千余篇，未可信也”是正确的。

赵光贤．《诗·十月之交》作于平王时代说．齐鲁学刊，1984（1）

【解题】就《诗经·十月之交》提到的月份、朔日、纪日、日食，据张培瑜《晚殷西周冬至合朔时日表》，认为《十月之交》诗当是幽王时诗。反对近世金文学家的“作于厉王时”说，认为西周铜器本身的年代和铭文的意义问题很多，如企图根据疑问重重的铭文来推翻客观存在的毫无疑问的天象，那就不免本末倒置，对史料用之不慎了。又认为《十月之交》虽是描写幽王时政治腐败、国家将亡的情况，但其写作不是在幽王时，而是在平王时。

翟相君．《诗经·燕燕》的作者．上海师范大学学报，1984（1）

【解题】探讨《诗经·燕燕》的作者，否定“卫庄姜作”“卫定姜作”“薛君作”诸说，而认同《诗序》“卫庄姜送归妾也”之说。

刘兆伟.《诗经·七月》的作者及其意义.沈阳师范学院社会科学学报，1984（4）

李欣复，吴传之.孔子编选《诗经》辨正.浙江师范学院学报，1984（4）

【解题】《诗经》应该说是孔子所编选，其弟子所润色。后代学者把去重取诗误为“删诗”有悖原意；所谓“皆弦歌之”，也只是配以一定的乐曲，并非修改其文字内容；所谓正乐，也只是着重在乐曲的雅正，而不是内容的雅正。古诗三千余篇是个约数，及至孔子去重取可施教者，选出305篇一一配乐，这是很自然和正常的；孔子所云“诗三百”，那根本不是指周诗总数，而是讲自己教学所选之《诗经》数目。孔子要用合于周礼和雅言的诗对学生进行教育，便只能从教学目的和实际出发，自选一定数量的诗作教材，因自编自选，未选者当然会有合于礼义者，所选者不合礼义，那也是各人标准、眼光有不同，不能据以定孔子未曾选诗。且“诗三百”的记载在孔子前不见于史籍，而首次出现在《论语》记述的孔子言论中，唯孔子选编《诗经》方有可能；墨子先从儒学，后来才创墨学，“诗三百”倒可反证他沿袭了儒家旧说。《诗经》的内容与春秋前期士大夫为应对酬答而用诗的作风有很大的不同，除了选录《周乐》中那些仍较流行的祭诗与颂诗外，还搜集、包容了大量的列国民风，这些诗歌的用处可以适应田间劳动、生活交际、乡俗礼仪等多方面需要，属于“礼俗诗”范畴；他的目的除了培育从政之材，还要培养学生处世、为人、治学等多方面才能，以便使他们将来能从事各种活动，从更广泛的范围去恢复周代的礼乐制度。

李家树.《诗经》作者镌略与内容鸟瞰.香港大学中文系集刊，1985（1）

魏同贤.从《诗传》《诗说》谈到作伪、辨伪问题.文献，1985（2）

【解题】就子贡《诗传》、申培《诗说》的辨伪来谈，认为古代的辨伪学成果卓著，但又往往仅止于辨别真假，而不能对这种现象作历史的、社会的、个人的复杂因素的考察和说明，从而也就不能肯定、吸取其中哪怕是局部的但却是合理的、有价值的成分。

金德建.《商颂》述作考.古籍论丛第二辑，1985

【解题】对《商颂》“作于春秋宋襄公时”的说法加以驳正。理由如下：正考父远在宋襄公之前；《商颂》作期当在西周；《商颂》是商家祭祀乐章，非正考父追作；商容为商礼乐之官，《商颂》作者渊源上牵涉到商容；《商颂》记载商代史迹，不宜附会鲁僖四年齐侯伐楚之事，“奋伐荆楚”有甲骨文可证。

翟相君.孔子删诗说.河北学刊，1985（6）

【解题】《左传》“季札观乐”的记载不可信，《诗三百》成书于孔子46岁之后；“诗”和《诗三百》并不相同，《诗三百》是“诗”的选本，《论语》中有删诗之证，且逸诗也正说明孔子删诗。

周光旦.孔子删《诗》之我见.宁夏教育学院学报，1986（1）

鲁洪生.从《邶风·柏舟》的作者问题谈起——兼论《诗经》作者的推断问题.沈阳师范学院学报，1986（4）

梅显懋.《商颂》作年之我见.文学遗产，1986（5）

【解题】今存《商颂》可能在商代已有粗陋的原形，商亡后，其祭歌由后裔宋人保存，至春秋时宋国某一代君主欲重振国威，故有大夫正考父奉命校《颂》，配以新乐，其中修饰润色，自然难免。故今存《商颂》既有商代旧歌之遗迹，又有春秋时宋人之思想意识；既偶有古奥之处，又在整体上呈平易通畅之风格；既与《鲁颂》相类，又有其自身的特异性。明此，则《商颂》作为商代史料有其参考价值，而评其文学价值，只能置于春秋时代来加以考察。

刘操南．孔子删《诗》初探．杭州大学学报，1987（1）

【解题】诗三千余篇是周室和诸侯国各种藏本汇集来的，各本篇目基本相同（皆为三百篇左右），稍有出入，故所去的可以是十分去九的；删去的只是不合礼乐，即无与于弦歌的“单章零句”，数量极少，故诗亡逸者少。孔子删定除重后，仍为三百篇左右，故孔子言诗，辄云三百，无妨孔子有删诗之事也。季札观乐之时，鲁乐所奏，其所据的藏本风诗不仅未出十五国风，且有所缺；孔子所定，即就这雏型的各种藏本，相互订补，稍有增删，同时正乐，于文字上有所改易，非判然为二书。孔子曾云：“诗可以观。”周时采诗，“所以观风俗，知得失，自考正也”，故“贞淫”都可入诗，正反皆可教育；孔子删诗，司马迁只说“去其重”，“取可施于礼义”两条，并未提出“贞淫”为标准，此乃后儒臆说。

陆侃如．《三百篇》的年代．陆侃如古典文学论文集，上海：上海古籍出版社，1987

【解题】认定《颂》的年代大概在公元前900年至600年之间，《风》《雅》的一部分年代在公元前827年至510年之间，而大部分诗章难以确定确切的年代。

刘心予．关于《诗经》各篇的年代问题．人大复印报刊资料（中国古代近代文学研究），1987（10）

李家树．《诗经》制作年代纂略．人大复印报刊资料（中国古代近代文学研究），1987（12）

涂以楠．《诗经》的编定．先秦文学集疑，广州：广东高等教育出版社，1988

曾抗美．《诗经·东山》作者辨议．华东师范大学学报，1988（5）

【解题】此诗作者是一位“士”，即周初社会中参军作战的自由农民。

刘棕南．《诗》三百篇的创作与累积考说．杭州大学学报，1988（2）

【解题】《诗》三百篇是从西周初期开始至春秋之时不断地陆续累积起来的，诗的素材，源于传说，产生的时代可能很早，但记录成篇，配以礼乐，唱于祭祀、燕飨，还是始于周初，其下限当迄于定公4年，当为周敬王14年，即公元前505年。

梅显懋．正考父“作《商颂》”新考．辽宁师范大学学报，1989（3）

【解题】司马迁所言“正考父……作《商颂》”一句，其语义与其所说“孔子……作《春秋》”同，当解为“改作”，或“有所损益”；且《史记》将此事属之于襄公时代，恐亦有误。

王泽君．孔子删诗说辨惑．四川师范大学学报，1989（4）

【解题】孔子只修订《诗》之音乐，而不删整《诗》之内容，是不可能的；删《诗》定《礼》也不是一般人所能胜任的，必由孔子所承担无疑。

李家树．现存《诗经》已非本来面目．《诗经》历史公案，台北：大安出版社，1990

陈子展，杜月村．《诗经》的编订与分类．《诗经》导读，成都：巴蜀书社，1990

【解题】孔子有正乐，但并未删《诗》，《诗》的编订当归功于周太师为首的乐官。

邵胜定．由书传称引考《诗》的历史形态——兼证司马迁孔子删诗说的可信．上海大学

学报，1991（5）

【解题】“古诗三千”是孔子整理诗的时候，从列国搜集到的总数；“诗三百”是春秋末年以后的人说的，时代早的历史人物言诗并无“三百”字样，当以指孔子删订后的《诗》为宜。今本《诗经》中的各国《国风》，数量都很少，各国原本，数字应绝不止此。“三千余篇”除去《雅》和《周颂》，还有二千八百篇左右，除以十五，每国计应有诗一百八十余篇。说各国关于《诗》的载籍，平均辑诗一百八十余篇，应该是合乎情理的。原数和现存数的差额，应是孔子所删的。

徐醒生．“孔子删诗说”管见．淮北煤炭师范学院学报，1992（4）

【解题】就程俊英《诗经漫话》中整理出的六点“孔子不曾删过《诗》”的理由作了批驳，认为：一、孔子之前没有人说过“诗三百”，《论语》中的“诗三百”当为孔子删《诗》之后所言，说明《诗》确经孔子删定，因为在孔子以后，“诗三百”的提法才流行开来；二、先秦古籍中逸诗的数量相当可观，即使在孔子死后多年亦被引用，足证孔子删《诗》无疑；三、孔子不像宋代理学家那样把爱情诗看成“淫诗”；四、鲁乐工演奏的十五国风和雅、颂的顺序与今本《诗经》大致相同，说明它与孔子删《诗》后的编次顺序有一定的传承关系；五、朱彝尊等人认为古代外交家和乐工有一个基本相同的本子，没有凭据，不能成立；六、司马迁的祖先世代均任太史，他又曾游历全国，所言“孔子删诗说”定有真凭实据。

许廷桂．“孔子删《诗》说”之再清算．重庆师院学报，1995（4）

【解题】史料所载孔子以前历史人物引《诗》基本不出今存《诗经》范围，逸诗甚少，便足以证明古本《诗经》的规模与今本大体相当，绝不可能还有“三千余篇”；再从孔子周游列国的情况来考察，也不容他携带十国以上的《诗经》简牍回去备用。司马迁的“孔子删《诗》说”是听信他人浮言而失实致误，“去其重，取可施于礼义”，将大量篇什编选得分量适中，这个工作在春秋初年《诗经》结集时必定有人干过，但断不是两百年后的孔子所作。

许司东．孔子删诗说辨正．东岳论丛，1996（1）

【解题】周王朝廷的乐官可能很早就编有一种诗集，用作教本，而且也颁行于各诸侯国。当初的本子所收诗篇有限，以后陆续有所增入。大致到了周定王时期，增加到三百来篇。每有所增加，通过诸侯朝聘盟会之类的活动，互通消息。这样，周王室的传本跟各诸侯国的传本在内容和编次方面大致相同，而且跟今天的传本也相差不远。孔子采访到的各国传本在篇目、篇次、字句等方面都会存在种种差异，于是把三千篇诗互相参校，删除重复，确定篇次，重加论纂，从而定著一个三百余篇的《诗经》定本；他删掉的主要是相重的诗篇，不相重的与旧有的“诗三百”传本一致的诗篇，基本上都保留下来了。

王增文．孔子删诗说考辨．河北师范大学学报，1996（4）

【解题】孔子删诗说可信。理由如下：一、有较早较多的史料赞成孔子删诗说；二、否定孔子删诗说者的主要理由不足以服人；三、孔子有必要也有能力删诗；四、《诗经》本身有孔子整理删削的迹象；五、现存先秦典籍中也有孔子删诗的痕迹。其中第二点较为精彩处如下：先秦典籍佚失者甚多，仅凭现存先秦典籍所引逸诗较少，就断定古诗没有三千多首，实属武断；且能入选《诗经》者必是时人公认的名篇，是人们平时所常歌咏引用者，未选的逸诗篇目虽多，但思想艺术上必是稍差，属时人不常歌咏引用者，故现存先秦典籍所引之诗，见于今本《诗经》者多，属于逸者少。《左传》季札观乐的记载与今本《诗经》并不吻合，一是篇目的排列次序不完全相同，二是季札对所观之乐的评语与《诗经》的有关内容明显不合；且观乐毕竟不能等同于观诗，季札所观之乐是按风、雅、颂的顺序排序的，并且国风部分还按所产邦国分类，这和《诗经》的分类与编排大致略同，但这也只可证明《诗经》在分类编排上还是依照季札所观“周乐”的旧例，并不能证明孔子没有删诗。

陈隆予．《诗经·商颂》年代考辨．殷都学刊，1996（2）

【解题】《诗经·商颂》是商末作品，在春秋时代绝对不能产生今存《商颂》如此心胸开阔的英雄史诗；并对梅显懋《〈商颂〉作年之我见》一文提出商榷意见。

张启成．论《商颂》为商诗补证．贵州文史丛刊，1996（5）

【解题】就张松如（即诗人公木）的《商颂研究》补充了两点：一、例举了三家诗学者中确认《商颂》为商诗的八个证据，并分析其依据的由来，证明了王先谦谓三家诗一致确认《商颂》为宋诗的说法是片面的。二、皮锡瑞等学者以《周颂》简而《商颂》繁断定《商颂》为宋诗，由于忽视了对殷、周历史文化的具体分析，忽视了《周颂》与《商颂》诗体性质的差异性，因而也不能成立。

范军．“孔子删诗”说述略．编辑学刊，1997（1）

【解题】虽然孔子并不是《诗经》的最初编订者，没有删诗，但他对《诗经》的“正乐”和传播是有很大功劳的。

许廷桂．《诗经》编者考．第三届《诗经》国际学术研讨会论文集，1997

【解题】《诗经》在当时具有崇高而神圣的地位，太师不够格承担总纂《诗经》的重任，当由政治家主持编定；进而推测《诗经》便是主要为着政治的需要（狠抓意识形态建设），而由周宣王、周平王相继主编，他们的乐官、史官参编，孔夫子最后补编而形成的。

陈桐生．《商颂》为商诗补证．文献，1998（2）

【解题】就“《商颂》为商诗”的观点在杨公骥、张松如等前贤的基础上复作了十一条补证：一、魏源关于正考父作《商颂》歌辞，然后到周太师处审校音节使合颂声之说不能成立。二、《诗经》中周、鲁、商三《颂》，如同《春秋》据鲁、新周、故殷一样，让宋保留殷商的礼乐制度，与周王朝礼乐制度以及《春秋》新王制度一起构成三统，是汉代今文经学家的发明而非孔子本意。三、魏源以《左传》所载吴公子季札称赞三《颂》“盛德之所同”作为《商颂》作于周代的证据，这是一种误解。四、《毛诗》之所以将《商颂》说成是太甲祀成汤、仲丁祀中宗及祖庚祀高宗，是受到《尚书·高宗肜日》《书序》《史记·殷本纪》等典籍的影响，这样拘泥于某王固然不是最好的解释，但魏、皮等人据此反对古文，倡导今文，这是以一种偏见反对另一种偏见。五、皮氏据何义，以为万舞之名始于周代，以此作为《商颂》作于周时之证；但何休之说不足为凭，皮锡瑞据何休立论，并不能令人信服。六、《鲁诗》提出正考父作《商颂》是战国秦汉之际勇于创造而严谨不足的特定学风下的产物。七、王肃关于夏二、殷三、周四的马制之说是毫无根据的臆测之辞，因此据王肃臆说而推论《商颂》作于周代的说法也就是一个不攻自破的神话。八、殷商王朝虽几经迁都，但大体上不出中原，楚在殷南，这个基本方位是确定的，且其与荆楚的关系，只是不稳定的军事邦国同盟关系，故皮锡瑞对《殷武》“维女荆楚，居国南乡”的解说值得商榷。九、正考父不可能历事九君而活到宋襄公时代。十、不同的历史条件造就了不同的文化心态，殷人处于盛世之中的文化心态是作为破落户的宋人所无法体验并代为传达的。十一、《商颂》5首在艺术风格上不尽相同，不会出于正考父一人之手，故三家诗之说是不可信的。

陈桐生.《诗经·商颂》研究的百年巨变. 文史知识，1999（3）

【解题】两千多年来对《商颂》创作年代的研究经历了四次重大转变：先秦典籍《左传》《国语》载《商颂》为商诗，但汉初今文三家诗则认为《商颂》是创作于春秋时期宋襄公时代，这是一变；晚出的古文《毛诗》则认为《商颂》是商诗，从东汉至清代中叶一千多年时间内，商诗说占据主导地位，这是二变；清代中叶后今文经学复兴，今文经学家魏源、皮锡瑞、王先谦等人反古文经说，高举三家诗旗帜，力主《商颂》为宋诗，这是三变；20世纪由宋诗说而变为商诗说，这是对《商颂》创作年代看法的第四次转变。该文重在谈第四次转变，列举了杨公骥、张松如对“宋诗说”的观点及论据提出的十条反驳。

江林昌.《商颂》的作者、作期及其性质. 文献，2000（1）

【解题】《商颂》渐出于商族统治者巫祝集团之手，《那》《烈祖》至迟当在商汤之时，《长发》当作于商汤与伊尹之后，《玄鸟》《殷武》则在殷商后期。商亡后，《商颂》经由殷太师、少师传入周室，后复从周室归还殷商后裔宋人。

杨旭升. 关于《诗经》的编者——与许廷桂先生商榷. 重庆师院学报，2000（4）

【解题】就许廷桂《〈诗经〉编者新说》一文提出商榷意见，认为许说《诗经》系“宣王肇始，平王编成”缺乏依据，《诗经》中为数不少的作品，分明产生在平王之后，孔子补编亦难自圆其说；“季札观乐”对史料有拣择、虚拟，不能据此认定襄公二十九年就有《诗》的定本而否定孔子删《诗》；许说诗、乐是结合在一起的观点，也与史实不合，在《诗经》的时代，诗之用凡有四宗，绝不止合乐而歌一途，且我国古代音乐发达很早，并非长期与诗、舞纠结而存在，《诗》被采合乐只是其中部分篇什。

王承略. 从兴的角度对《诗经》中某些部分创作年代的推测. 福建论坛，2000（6）

【解题】通过对《诗经》各部分兴诗的定量分析，认为《魏风》非春秋时诗，《商颂》作于西周时宋，《桧风》不应作于西周时，《豳风》创作下限到了春秋初期，“二南”是东周南方诗。

张志和. 孔子删诗说新议. 南都学坛，2001（1）

【解题】《风》诗在礼制严格的周王朝，本来就是不登“大雅之堂”的，即使在后来用于外交赋诗的场合，其使用频率也是极低的。在孔子之前《风》诗中的绝大部分作品并没有被编定，《雅》《颂》《二南》虽有各国乐官、大师的保存，亦未必就有一个类似《诗经》这样的集子，而《诗》的编定者可能就是孔子。司马迁所言古诗“三千余篇”并不为妄，“三千”乃是概略而言诗歌之多，非谓当孔子之世有现成的诗三千。非删诗说者认为孔子删诗“不容十分去九”，其误解恰在以为孔子时仍有诗“三千余篇”；而主删诗其误亦在于此。殊不知，时移而事易，新诗在不断产生，旧诗亦在不断消亡。至孔子之时，诗歌之流行见存者当不过数百首而已。

范震威. 孔子删《诗》诸说的辨证与阐释. 北方论丛，2001（3）

【解题】对“孔子删《诗》说”自原创至今的两千多年的源流衍变做了一番学理性

追问，认为在没有新的考古发现做确证前，应该诸说并存，而原创的删《诗》说仍占主流话语地位。

牟玉亭．《商颂》的时代．社会科学战线，2002（1）

【解题】《商颂》是经过周人以及春秋时代的编者和使用者加工、润饰乃至修改过的，但不能否定它本来是殷商的旧歌，而且它基本保存着原来的内容和雏形。

陈炜湛．商代甲骨文金文词汇与《诗·商颂》的比较．中山大学学报，2002（1）

【解题】以甲骨文及同时期之金文词语与商颂做比较研究，证明《商颂》的主要内容可用甲骨文及同期金文表述，判断其为商诗，并推测《商颂》的原始记录形式为三言句或以三言为主，其四言诗形式是后世添加虚词、副词、迭音词等的结果。

姚小鸥．《商颂》五篇的分类与作年．文献，2002（2）

【解题】"殷武"不指武丁或任何一位商王，当是宋国国君宋武公，《殷武》中所述先祖事迹，必系从殷人传统颂歌中撷取，故其文辞高古，颇存殷商时的成语。《殷武》之外的《商颂》四篇，当传自殷商时代，并基本保持了原貌。

廖名春．上博《诗论》简的作者和作年——兼论子羔也可能传《诗》．齐鲁学刊，2002（2）

【解题】上海博物馆29支《诗论》简，不能全归诸孔子名下，其中既有孔子之说，也有孔子弟子之说。孔子这位解《诗》的弟子，很可能是子羔。传孔子和子羔《诗》说的，是孔子弟子子羔以外的再传弟子。先秦儒家传《诗》，孔子以下，是多元而并非单线，其中也有子羔一系。

刘生良．《诗论》与"孔子删诗说"．光明日报，2003. 1. 15

【解题】孔子《诗论》的发现，说明孔子是《诗》的最早、最有权威的普及者和评论者，从而为更好地解答孔子有权删诗，进而肯定"孔子删诗说"提供了旁证。

刘生良．孔子删诗说考辨及新证．陕西师范大学学报，2003（3）

【解题】通过对逸诗的多少、《左传》季札观乐的记载、《论语》所言之"诗三百"、司马迁所言之"去其重，取可施于礼义"、正乐与删诗及孔子有无权力删诗五个问题的考辨，并结合最近整理出版的上海博物馆藏战国楚竹书《孔子诗论》所提供的新证（如记孔子授诗共涉及诗59篇，有1/10多是今本《诗经》中没有的，7篇是新发现的逸诗；诗的顺序不是风、雅、颂，而是讼/颂、夏/雅、风），认为"孔子删诗说"不容置疑和否认。古诗是通过采诗、献诗、作诗三条途径收集起来的，这大体上相当于后来风、雅、颂三部分的分类，最初大概是由周初的乐官太师之属将他们所作的宗庙祭歌、公卿列士所献雅诗以及从列国和民间采集来的土风歌谣汇集起来，略加编次，称为《诗》，历代乐官太师及其僚属当随时将其归类补充编排。孔子对《诗》的整编，不是一次性完成的，大概在中年设教时，亦即《史记·孔子世家》所谓定公五年"孔子不仕，退而修《诗》《书》《礼》《乐》，弟子弥众"时，应教学之需先作了初步整理，竹简所记乃孔子前期编诗、教诗之顺序，故仍以颂、雅、风之旧例相次；至于今本《诗经》的次序为何与之不同，这很可能是孔子晚年"自卫反鲁"，使"乐正，《雅》《颂》各得其所"时调整所致，或许因为后来颂诗中新补入了《鲁颂》《商颂》，似乎不宜再以颂诗为首，所以孔子把它和风诗的位置调换了一下。——此为文章精彩处。

李山．《商颂》作于"西周中叶"说．北京师范大学学报，2003（4）

【解题】《商颂》应为西周中期的作品。西周昭王时与淮水、汉水地区的淮夷、荆楚进行过连年战争，宋国在这场战争中是为周朝效过力的，因此才真正受到“二王之后”的特殊待遇，《商颂》的创作正以此为契机。

马银琴．齐桓公时代《诗》的结集．文学遗产，2004（3）

【解题】在齐桓公时代，周王室确实有过一次编辑诗文本的活动，在这次编辑活动中，不但《国风》中的大部分作品得到了采集和编定，而且春秋前期仍以独立形式流传的《周颂》与《商颂》也在此时被纳入了以“诗”为名的文本当中，《风》《雅》《颂》合集的诗文本从此产生出来。

韩国良．司马迁“孔子删诗说”述证．华中师范大学研究生学报，2005（4）

【解题】孔子确曾有“删诗”之举，前人提出的三点理由都不能成立。据钱穆考证，鲁昭公二十年（前522），孔子30岁，始授徒设教。若此论不差，则《诗经》的固定成书并具有权威当正是在这一时期。司马迁的“孔子删诗说”并没有错，乃是后人误读了《史记》。

刘毓庆，郭万金．《诗经》结集历程之研究．文艺研究，2005（5）

【解题】考之历史，参之经文，《诗经》在成书过程中最少进行过三次重大编辑整理。第一次编辑在周宣王时，所收皆为典礼用诗，即所谓之“正经”部分；第二次编辑在周平王时，所续主要为“变雅”及“三卫”；第三次为孔子手定，主要增“变风”部分与鲁、商二《颂》。

胡三林．“孔子删诗说”概观．高等函授学报，2005（6）

【解题】将近年来双方所执的观点分别作了简要的梳理，认为肯定派依托《诗经》文本和先秦典籍，其理由更让人信服。

朱金发．孔子删《诗》说讨论综述．南阳师范学院学报，2007（1）

【解题】对历代关于“孔子删《诗》”的讨论作了一个综述。

管恩好．《商颂·那》为商诗考．名作欣赏，2007（8）

【解题】从《那》“尚声”、重乐舞的文化特点、乐器“庸”的流行年代、狂热的宗教情感、第一人称的叙述口吻等方面来考证《那》原为商代作品，但在后世的流传过程中可能经过了文辞的再加工。

冯良方．孔子删诗说辨析．孔学研究（第13辑），昆明：云南人民出版社，2007

【解题】对“孔子删诗说”的正反意见进行了辨析，认为两说都难以成为定论，但肯定性的意见似乎更接近事实的真相。

韩国良．走出司马迁“孔子删诗说”研究的误区．温州大学学报，2007（1）

【解题】该文即作者2005年发表的《司马迁“孔子删诗说”述证》。

张中宇．《国语》《左传》的引“诗”和《诗》的编订——兼考孔子“删诗”说．文学评论，2008（4）

【解题】从《国语》《左传》引“诗”分布及出现时间来看，“诗”与“雅”关系极为密切，“雅”可能为中国早期一般意义上的“诗”，此后地方之“风”逐渐具备与“雅”并列称“诗”的地位。“颂”一直具有相当特殊的地位与独立性，很可能早有单独文本流传，应最后整编入“诗”。“风”地位的上升与“颂”逐渐融入“诗”这一过程的完成，为雅、风、颂合流，进而编订综合性诗集提供了心理准备与社会条件。孔子极可能是中国第一部整理成型的“诗”的文学文本的最后整合及编定者，同时也是最早把文学从音乐中以“文本形式”分离出来的人，他对中国诗歌的独立发展产生了深远影响。

张世明．《商颂》颂商——《商颂》作年小议．郑州航空工业管理学院学报，2008（4）

【解题】《商颂》为商诗，其基本框架在商代即已形成。但其称谓有不合商时的地方，显然经过了后人的润饰，语言仍带有周代色彩。

梁光华．也说孔子删《诗》．遵义师范学院学报，2008（5）

【解题】该文赞同孔子删《诗》说，并对反对派的代表性观点和证据作了批驳。遍查孔子之前的典籍，第一个说“《诗》三百”的人正好是他，“《诗》三百”的发明权和所有权非孔子莫属。《左传·宣十二》所引上古之《诗·周颂·武》本有七章诗，孔子删定为一章，其余的诗章或被删编为也是仅有一章的《周颂·赉》和《周颂·桓》，且《左传·襄二十九》记鲁乐工为季札所歌之乐的次序也与今本不同，可见《诗》之古今编次确实不同。孔子以“思无邪”为整理选删《诗》的思想原则标准，“去其重”，“取其可施于礼义”者三百零五篇，而且“皆弦歌之，以求合《韶》《武》《雅》《颂》之音”。尽管孔子删定的“《诗》三百”编定本成为社会公认的流行范本，但是由于上古流行于世的《诗》实在太多，人们也十分熟悉，所以孔子之后春秋至战国时期的文献典籍中，仍然是可以看到不少称引“《诗》三百”之外的上古“逸诗”。

刘立志．孔子删《诗》论争平议．南京师范大学学报，2008（6）

【解题】从古诗三千之数、孔子编选取舍的标准、季札观乐等角度考查辨析，认为目前尚无确证可以推翻司马迁“孔子删《诗》”的说法。

刘波．《诗经·商颂》创作年代考述．首都师范大学硕士学位论文，2008

【解题】通过对《商颂》五首诗的分析，并结合商王朝的社会背景及其祭祀制度，认为《那》与《烈祖》所反映出来的崇尚乐舞的祭祀制度和祭祀形式，都是商代所特有的；《玄鸟》《长发》表现出来的民族起源与图腾崇拜，《殷武》诗对武功的细致描绘等内容，与商朝的社会背景及祭祀制度非常符合。进而认为《商颂》应草创于商代，而成形于春秋时期。

朱红．孔子删《诗》研究．西北大学硕士学位论文，2009

【解题】从“孔子删《诗》说”的历史流变、孔子删《诗》之争、新材料的出现与孔子删《诗》研究、孔子删《诗》之我见四个部分对“孔子删《诗》说”作专题研究，作者在利用传世文献的基础上，结合《孔子诗论》等出土文献进行分析，认为孔子删《诗》说是成立的。

江林昌．甲骨文与《商颂》．福州大学学报，2010（1）

【解题】先秦文献大多证明《商颂》为殷商古诗，《商颂》本身内容符合商代宗教历史文化，商代隆重的祭神事鬼习俗，庞大的“巫”“史”“祝”“宗”等祭司集团，丰富的乐舞颂诗内容，是《商颂》创作的时代背景。再考察甲骨文献，发现甲骨文中有《商颂》所提到的族名、王名与地名，甲骨文中的词汇与《商颂》中的主干词汇完全一致；更重要的是，殷墟花园庄东地所出的甲骨文中，还有贵族子弟系统接受“学商”“奏商”“舞商”活动的详细记录；这些都表明《商颂》在商代确实已在贵族阶层中流传了。

赵棚鸽．《毛诗正义》“孔子删《诗》”观及其成因．唐都学刊，2010（3）

【解题】《毛诗正义》总体赞成“孔子删《诗》”说，但又认为孔子之前已有亡诗、今本《毛诗》部分篇目由太师及国史编定、古诗非皆由孔子删编。之所以出现这一现象，主要原因是《正义》延续前代成说、根据事实立论、反对司马迁等；它在唐代能被普遍接受，则是因为这一说法与其时孔子地位下降的社会思潮相吻合。

曹建国.《诗》本变迁与“孔子删诗”新论.文史哲，2011（1）

【解题】孔子之前的《诗》以乐为主要存在形式，而文本相对处于次要的位置；采风所得歌诗，虽文本核心相同而细节略有变异，又因时地差异而音声不同，故得以共存而致重复；孔子虽重视《诗》乐，但关注的重心则已转向了文本，诗义的阐发也以文辞为中心，故删重存异精减《诗》本，号称“诗三百”。秦汉之际，《诗》经秦火、项火而不全，篇章散乱，汉儒收拾残简重加编订，但仍以孔子编订《诗》本为祖本，两者之间并无本质区别。司马迁说“孔子删诗”当有一定的依据，不容轻易否定。

祝秀权.论《诗经·周颂》的时代特征.西华大学学报，2011（5）

【解题】《周颂》是西周特定时代之特定文化背景下产生的诗篇，有其时代特征。《周颂》中的周初诗篇强调继承文德、保守天命，体现了周初统治者突出的敬业意识；而西周中、晚期颂诗则只强调求福禄于神祖。《周颂》宗教色彩、神灵意识淡薄，抒情、描写多针对现实，具有突出的理性特征；这种理性特征是西周思想文化背景的反映，它与《尚书》等史籍中所反映的西周统治者的理性思想是相符的。《周颂》篇幅短小，不分章节，言辞古奥，形式简陋，文采和艺术性较低，因而《周颂》在艺术形式上显示出中国诗歌在形成之初的诸多原始性特征，这与《鲁颂》《商颂》形成鲜明的对比。

逯宏.周太师校《商颂》考.山西师大学报，2011（6）

【解题】作为殷商后裔，周代宋国人必然承袭了殷商旧祭歌。平王东迁以后，周王室为了改善与殷商后裔的关系，采取了更加开放的文化政策，“周太师校《商颂》”即是其中之一。具有殷商文化背景的上古歌谣与周人雅乐风格不同，正考父与周太师改变了《商》乐中十二篇歌诗的乐律及文字，校改后的殷乐借助《诗三百》的编定得以流传。今本《商颂》是层累地形成的，经过不同时代人的增删、修饰后才写定，但周太师校《商颂》无疑是重要的一步。

韩宏韬.“孔子删诗”公案发生考.社会科学论坛，2011（11）

【解题】从孔子所言“正乐”，到司马迁的“删诗”说，再到王充、项岱的“删诗”，其内涵不断变化。孔颖达《毛诗正义》从《诗经》的编订，从“逸诗”等角度来考察孔子与《诗经》成书的关系，这些都指向孔子“删诗”的反命题。而自六朝以来追求学术创新的思想，古文学派客观求是的精神，孔子地位的相对下降，以及《正义》体例的隐蔽性，则是反命题产生的基本条件。

朱金发.司马迁的孔子删《诗》说.南都学坛，2011（2）

【解题】司马迁是在他父亲说孔子“修旧起废，论《诗》《书》，作《春秋》”的基础上提出“孔子删《诗》”说的；他把孔子删述六经说成是承传先王道统，为后代立法的盛举，其目的是为自己修撰《史记》寻找理论依据。

郭宝军.从《诗经·颂》拟测《诗经》的最终编订者——兼及孔子删诗说的含义与成立.西华师范大学学报，2012（1）

【解题】今本《诗经·颂》中鲁、商二《颂》与《周颂》的不类，反映出《诗》的最终编订者的意图，由此拟测《诗》的最终编订者为孔子。孔子删诗主要是剔除重复，参考以往的编序，按照一定的意图而最终编订。现存的部分逸诗，就是曾经删诗（可能包括孔子）的重要证据；现存的逸诗不多，也反映了孔子弟子众多，在文化传承方面的巨大影响作用，这也是孔子编订过《诗》的重要证据。

乔东义，常清．“孔子删诗”说释略．湖南科技学院学报，2012（1）

【解题】孔子主要的功劳在于“正乐”，而不在于“删诗”。孔子之前，诗乐之教已为周王朝定制，周王朝的乐官很可能早就编有一种诗集，用作教本，而且也颁行于各诸侯国。后来孔子周游列国，搜集了各国乐官所保存的一些诗集传本，这些传本所有的诗篇加起来，或许即司马迁所说“古者诗三千余篇”。孔子自卫返鲁以后，致力于文献整理，删除其中绝大部分重复的篇章，并确定篇次，从而形成一个三百余篇的《诗经》定本。故司马迁在《史记》中并未明言孔子“删诗”，只说孔子“去其重”，所谓“三千余篇”实际上就是三百余篇诗，并非另有两千七百余篇诗。

曾志雄．《诗经·商颂》的年代问题．信阳师范学院学报，2013（1）

【解题】根据商代甲骨文和西周金文等语言现象，证明今本《商颂》五篇当为西周以后的作品。

章宏伟．正考父校诗说评议．郑州轻工业学院学报，2013（4）

【解题】正考父应该是宋戴公时大夫，生活于周宣王、周幽王和周平王统治时期，而周代文书官守森严，平民是绝无修改权力的。采诗说其实始于汉代，是汉代文人根据汉朝乐府采诗的情形对《诗经》来源渠道所作的推测，并不可信。《诗经》全部是“圣贤”（即贵族们）的作品，他们创作诗主要是献给统治者，以达到讽谏与歌颂的目的。孔子曾经删诗，他从流传的古诗中选编出305篇汇集成《诗经》，是《诗经》的整理者和编订者。《国语·鲁语（下）》之“昔正考父校商之名颂十二篇于周太师”中的“校”并非“校勘”之意，应理解为“整理”之意较妥。

张华林，曾毅．孔子“王”化与司马迁“孔子删《诗》”说的形成．文艺评论，2013（6）

【解题】司马迁的孔子“删《诗》”说是在《性自命出》和陆贾的相关论述的基础上提出来的；司马迁的孔子“删《诗》”说也源于董仲舒的《春秋》学，是董仲舒通经致用经学观的产物；从先秦两汉学术史看，司马迁的孔子“删《诗》”说则是自孟子以来孔子“王”化的结果。

张华林等．从编《诗》方式与目的论司马迁“孔子删诗”说的提出．古籍整理研究学刊，2014（5）

【解题】《史记》言及的“孔子删诗”一事实乃司马迁在延续前人相关论述的基础上，结合自己的文献编撰学、《诗经》学思想而提出来的。

徐正英．清华简《周公之琴舞》与孔子删《诗》相关问题．文学遗产，2014（5）

【解题】新公布的清华简《周公之琴舞》组诗，又一次性贡献十七首《诗经》“逸诗”，并为“十分去九”删诗幅度提供了文本范例，还启示体认“去其重”是既去重复篇目，又去相近内容。随“删诗”说渐趋公认，孔子删《诗》时间成新问题。据有关史料证明，“诗三百”的删定必在孔子中年时期，而不会发生在赋诗活动沉寂二十几年后的晚年，其“自卫反鲁”后的主要工作是“乐正”。

韩国良．《诗经·商颂》作年补证．中州学刊，2015（2）

【解题】从春秋时期人们对于《商颂》的赋诗引诗情况来看，《商颂》应为商人所作，否则《商颂》何以在春秋时期那么受人重视就很难解释。从《商颂》的性质和语言形式来看，《商颂》应创作于商代中晚期。在今文诗三家中，我们只能找到鲁、韩二家主张《商颂》为正考父所作的证据，而找不到齐诗学者也主此论的证据；今文诗家不仅在《商颂》是否为正考父所作的看法上不统一，而且在《商颂》究竟是“商诗”还是“宋诗”的看法上也不统一，这些分歧也为“商诗说”提供了反面证据。

韩国良．对“孔子删《诗》”之争的再检讨．辽东学院学报，2015（2）

【解题】就《诗经》研究中的“古诗三千”“《诗》三百”“季札观乐”“思无邪”“孔子删诗权力”“史书无载”等问题的争论做了一番梳理，发现在每一方面“孔子删《诗》”的否定论者所作的论述都是不占上风的，而现在所有的报章杂志、大中专教材及学术专著在谈及“孔子删《诗》”时，竟然大都说前人有关“孔子删《诗》”的论断已经被颠覆了，这样的学术趋尚显然很值得我们深思。

韩国良．司马迁“孔子删《诗》”说补证．杭州师范大学学报，2015（3）

【解题】对“古诗三千”与“逸诗稀少”，“《诗》三百”与“季札观乐”，“思无邪”，“孔子删《诗》”的权力以及“孔子删《诗》”史书无载五个方面的问题作了论证，认为“孔子删《诗》”是完全可信的。

谢炳军．删《诗》说及其意图阐释———兼论走出删《诗》说的困惑．中国海洋大学学报，2015（5）

【解题】司马迁“孔子删《诗》”说本义是“孔子因《诗》三千余篇数目多、简策多，故删要而排纂成书，定著三百五篇，以备王道”，即“去重”是“去多”之意。此说的发端与儒家文化传承和西汉礼教制度等有颇深渊源。追溯诗、书、礼、乐等教本成书的历史、制度、文化的渊薮，郑玄《诗谱序》提出的“王官删《诗》”说可信。自司马迁提出“孔子删《诗》”说，对之的解读逐渐走向碎片化，有了“意图阐释”的意义。其实孔子删《诗》针对的并非王官们手中的权威的、专业的《诗》文本，而是以王官更新修订的善本为底本，校正自己用以教学的《诗》本。

谢炳军．再议“孔子删《诗》”说与清华简《周公之琴舞》．学术界，2015（6）

【解题】司马迁“孔子删《诗》说”真义系“孔子因《诗》三千余篇数目多、简策多，故删要而排纂成书，定著三百五篇，以备王道”，即“去重”系“去多”之意，而诗之年代下限系幽厉之时。学者对史迁之意的阐发，或已离其真义，“孔子删《诗》”说已被泛化。文章还指出《周公之琴舞》非“孔子删《诗》”说之显证：组诗中仅《敬之》入《诗》，余者并未入；今本《诗·周颂》未见组诗，形制短悍正是《周颂》之诗本色；教官、礼官等王官组成的《诗》的编定组系删去周公、成王之诗者；成王组诗九去其八，难以类证孔子删《诗》十去其九等等。

诗序

吴时英．《毛诗序》考．晨报副刊，1924.4.2—18

黄优仕．《诗序》作者考证．国学月报汇刊一集，1928

【解题】《诗序》原为毛派经师口授心传之义，而卫宏集录以冠及各篇之首。

郑振铎．读《毛诗序》．古史辨第三册，北京：朴社，1931

【解题】《毛诗序》是没有根据的，是后汉人杂采经传，以附会《诗》文的。汉人传经，其说本靠不住：一方面抱残守缺，死守师说，而不肯看看经文；一方面又希望立于学官，坚学者之信仰，不得不多方假托，多方引证，以明自己的渊源来头。惟汉儒才能作如此穿凿附会之《诗序》。要把《诗经》从层层叠叠的注疏的瓦砾堆里取出来，作一番新的研究，第一必要的便是去推倒《毛诗序》。

顾颉刚.《毛诗序》之背景与旨趣.古史辨第三册，北京：朴社，1931；续伪书通考，台北：学生书局，1984

【解题】《诗序》者，东汉初卫宏所作，明著于《后汉书》。《诗序》可收"以诗证史"之功效，然此例非卫宏所开，西汉时《鲁诗》《韩诗》亦时有短序，卫宏承其流而扩大之于《毛诗》耳。

黄节.《诗序》非卫宏所作说.清话中国文学会周刊，1931（2）

【解题】详列前人之考证，以证《诗序》非卫宏所作。

吕思勉.诗序.光华大学半月刊，1934（10）

【解题】《诗序》出于子夏、毛公，乃古学家旧说，其实为古学家采缀古书所为；而其著于竹帛，则实始卫宏。

李繁闾.《诗序》考原.励学，1935（4）

【解题】《诗序》为卫宏所作。盖秦火而后，《诗》篇残乱，旧说亦亡，汉之经师各为意解，迭经附会史实，迨卫宏时，始集前说，渗己意，而为之写定，遂成《诗序》。

苏维岳.论《诗序》.国风，1935（4）

【解题】《诗序》为子夏所作，汉世传《毛诗》者或有润色，卫宏亦其一也。

李森.《诗序》作者考.国专月刊，1937（5）

【解题】《诗序》乃当时采诗者之所记，后世经师皆有损益，其文盖卫宏之所纂也。

毛克群.《诗序》及其作者.上海江西校刊，1937（2）

【解题】《诗序》非出自一人之手。盖自秦火后，《诗》以讽诵而存，序篇之旨，势亦不能不有所佚亡或阙略；及至好事者见之，乃为之网罗遗说，放拾旧闻，于其阙者补之，略者凑之。

夏敬观.《毛诗序》驳议.学海，1944（1）

【解题】《毛诗序》为卫宏所撰，托名子夏、毛公。此外，作者还对该序作了驳议。

王韶生.论《诗序》.华国三期，1960

唐海涛.《诗序》蠡说.台湾大学硕士学位论文，1963

刘志清.论《诗序》及其作者.建设，1965（11）

张严.《诗序》真伪及大小序存废平议.成功大学学报，1972（7）

姚荣松.《诗序》管窥.孔孟学报，1973（25）

张成秋.《诗序》阐微.文化大学博士学位论文，1975

【解题】把有关《诗序》的问题，条分缕析，作有系统的研究。目录如下：

第一章　导言（一、《诗经》之本质与诗序问题之重要；二、历代学者对于诗序之态度）

第二章　三百篇之作者本事与编成（一、三百篇之作者；二、三百篇之本事；三、三百篇之编成）

第三章　《诗序》之时代与作者（一、以为诗人或国史所作；二、以为孔子所作；三、以为子夏所作；四、以为汉之学者所作；五、以为毛公所作；六、以为卫宏所作；七、结语）

第四章　《诗序》之渊源（一、诗篇之原始状况；二、春秋时之用诗；三、孔子对诗之态度；四、战国时代之诗歌；五、孟子之说诗；六、以《诗经》为读书或教化之工具；七、结语）

第五章　《诗序》之写作态度——以述为作

第六章　《诗序》与诗义之关系

第七章　《诗序》与史实之关系

第八章　《诗序》抉疑（一、因袭故书来历有问题；二、违背情理令人难以接受；三、不合经义；四、牵合穿凿；五、首句与续文矛盾；六、据诗中一二字发为妄说而不深究其意；七、违背诗义；八、依附史实；九、完全以美刺观点说诗；十、结语）

第九章　《大序》与《小序》（一、《大序》《小序》名实之界定；二、《大序》《小序》之关系；三、《小序》首句之条例；四、《小序》续文与首句之关系）

第十章　《诗序》之思想系统（一、概说；二、《大序》之思想；三、《小序》首句之思想；四、《小序》续文之思想；五、《诗序》思想系统表）

王锡荣．《毛诗序》问题辨说．中国古典文学研究论丛第一辑，长春：吉林人民出版社，1980

【解题】《毛诗序》应为毛苌所作，东汉初卫宏对《诗序》曾进行过增广润色，同时把编在一起的大、小序分别冠于每首诗之前，遂将原大序嵌入《关雎》序内，而混淆了大小序的区分。

王锡荣．关于《毛诗序》作者问题的商讨．文史，1980（10）

【解题】《毛序》与《毛传》原是一个整体，《序》属题解部分是纲，《传》属解词部分是目，两者密不可分，必同为毛公之作。

魏炯若．关于《毛诗序》（上）．四川师院学报，1982（2）

魏炯若．关于《毛诗序》（下）．四川师院学报，1983（1）

【解题】《毛诗序》的作者应该就是作《毛诗传》的人。理由是：注解古书须词义并释，《毛诗传》的体例是把解释内容放在序里，诗里只解释字词。《关雎》一诗的序，首句“《关雎》后妃之德也”下连篇末“是以关雎乐得淑女以配君子……是《关雎》之义也”，为《关雎》之序；自“诗者志之所之也”至“王化之基”，是附带说明诗之大义；“风之始也……教以化之”八句，是毛诗的先师收集到的逸文，不忍抛弃，就像后代辑逸家的做法一样，把它放在“关雎后妃之德也”后，加以保存，以免遗亡。

朱冠华．关于《毛诗序》的作者问题．文史，1982（16）

【解题】《毛诗序》原是《毛诗诂训传》的一部分，最初的作者是毛亨，其后经过了漫长的修改完善过程，它尽管总结了先秦儒家诗论的一些主张，但更多的是按照汉代的需要对它进行了改造，很大程度上体现了汉代人的经学诗学观念。

朱冠华．《诗序》余论．文史，1983（20）

【解题】“《诗》亡于陈灵”，为无采诗之官故耳。《风》《雅》之别，即《雅》在地望与音式上，都富有居中得正，堪作天下楷模之意，故曰：“雅者，正也。”《风》《雅》

之正变，当以政教之得失为分；政教诚失，虽作于盛时，非正也；政教诚得，虽作于衰时，非变也；论《诗》者但即《诗》之美刺观之，而不必计其时焉可也。“颂”是形皃之正字，而今以颂为雅颂、歌颂字，而容兼容貌、容受字，则是古今字义字音之变也。“四始”谓《风》《小雅》《大雅》《颂》四者，是先王施教之始，即谓先王之教，以声教《诗》《乐》始也。

幼英．《诗序》当出谁手．华中师院学报，1984（1）

【解题】《诗序》为子夏所作，似较可信。

袁伯诚．《毛诗序》产生的时代及其作者考辨．固原师专学报，1984（1）

【解题】《诗大序》为卫宏作，《小序》也经卫宏润益过。而“子夏作”的说法无明文记载可征，此说实起于东汉，是一种“迂诞依托”，与三个因素有关：一是子夏在孔子及门弟子中名气大；一是与经今、古文的学派斗争有关；一是与鲁、齐、韩、毛四个《诗经》学派的兴衰有关。

顾颉刚．《毛诗序》之作者．续伪书通考，台北：学生书局，1984

【解题】《毛诗序》为东汉卫宏所作。

王礼卿．《诗序》辨．续伪书通考，台北：学生书局，1984

【解题】《诗序》出于国史之说最为近情理。

陈允言．《诗序》作者考辨．续伪书通考，台北：学生书局，1984

【解题】《诗序》实非一人所作，乃秦汉间《毛诗》经师传授连缀而成；卫宏所作《毛诗序》当另为一篇，已在南北朝后期亡佚，与今存郑玄所笺之《毛诗序》无关。

王锡荣．关于《毛诗序》的作者和评价问题答朱冠华．社会科学战线，1986（2）

【解题】该文否定了朱冠华“《诗序》作于子夏”以及“《诗序》必不可废”的观点。《诗经》学的进展，主要是在破除对《毛序》的迷信中走过来的；《毛序》虽然不应全盘否定，但它说《诗》的思想体系并不可取；今天不受《诗序》拘囿来研究《诗经》的人，在《诗经》研究领域已占压倒优势；朱氏的观点主张，既不合拍于《诗经》研究前进的步伐，又不符合当前《诗经》研究的实际，是很不可取的。

李嘉言．《诗序》作者．李嘉言古典文学论文集，上海：上海古籍出版社，1987

蒙传铭．从李善《文选注》看《毛诗序》之作者．高仲华先生八秩荣庆论文集，高雄：高雄师范学院国文研究所，1988

赵沛霖．关于《诗序》的作者．诗经研究反思．天津：天津教育出版社，1989

【解题】《毛诗序》非一人一时之作，是由毛公及其以前和以后的《诗经》学者陆续增补修订，至卫宏而定稿和最后完成。

陈新雄．《诗序》存废议．诗经国际学术研讨会论文集，保定：河北大学出版社，1994

【解题】汉儒说诗其目的皆在针对人君陈说人伦道德与王道政治者，将政治与道德上一切美好理想，皆寄托于三百篇上加以表现出来。《诗序》云：“小雅尽废，则四夷交侵，中国微矣！”今世之人，以文学眼光研究《诗经》，见此种见解，固然会笑破肚皮，但汉儒看来，“义理废，则国危矣”。保存《诗序》以说诗，并无任何坏影响，废除《诗序》以说诗，人各自为说，反而贻害无穷。

景明，唐康．《诗序》作者辨．辽宁商专学报，1993（4）

曹道衡．试论《毛诗序》．文学遗产，1994（2）

【解题】《毛诗》在释诗时，特别是在释《国风》中不少诗时，有时不免有附会史事之弊，这是它和“三家诗”一样过于强调“美刺”的结果。但五四以来的一些学者，为了推倒对古人的盲目崇拜，就把一切怀疑古书的言论都给予很高的评价。这种不加分析的“疑古”之风，对《诗经》研究也起到了消极作用。方玉润用当时八股先生们评点时文的办法论《诗经》，对其中某些艺术技巧的说明，也偶有可取之处；但要是废序、斥朱而去推崇方玉润的著作，那就可能陷入更严重的迷魂阵中去。

滕福海．《毛诗》《传》《序》作者考．南开学报，1994（2）

【解题】今传《毛诗》是由《诗》《序》《传》三部分组合而成的，其《传》《序》均非纯出自一人之手，而所谓“毛公”，当系托名，而实无其人。以西汉末叶徐敖所传和撰定的《毛诗》和《毛诗故训传》为底本，其后可能又经谢曼卿加《训》、马融加《传》，《序》则由东汉初卫宏续作并撰定，最后因东汉末郑玄《毛诗笺》和唐初孔颖达《毛诗正义》而得保存至今。

姜苏民．《毛诗序》补议，职大学刊，1994（4）

【解题】《毛诗序》为东汉初年卫宏所著，序文层次清楚，脉络分明，首尾呼应，结构严谨，是一人所为，不存在“大小”之异和作者之别。《毛诗序》的主要内容应予否定，但其错误却是一个难得的反面教材，而且《关雎序》在文学理论上有一定价值。

袁长江．论《毛诗序》．大同高等专科学校学报，1995（2）

夏传才．再谈《毛诗序》和关于《毛诗序》的争论．河北师院学报，1995（3）

【解题】《毛诗序》不出于一时一人之手，其中保留了一些先秦的古说、秦汉之际的旧说以及多代汉代学者的续作，整理执笔的有毛亨、卫宏，可能还有别的人。《大序》是先秦至汉代儒家诗论的总结，概括了孔子以来儒家对诗歌的重要认识，其中的大段文字，与《荀子·乐论》和《礼记·乐记》相同或基本相同，当写定于西汉以后。在《诗序》的尊废问题上，作者赞同独立思考派的意见：对古人的各种序说，无所尊，无所废，寻绎文意，考察背景，加以辨析，从其是而黜其非，具体问题具体分析，不一概而论。

陈戍国．说《毛诗序》．诗经刍议，长沙：岳麓书社，1997

冯浩菲．论《毛诗序》的形成及其作者．第三届诗经国际学术研讨会论文集，香港：天马图书有限公司，1996

【解题】罗列《诗序》作者问题的14种观点，又将其归纳为作于毛亨之前、古序之后为汉儒申说增补和汉儒作三大类，认为第一类基本正确，第二类属于似是而非的折衷，第三类是错误的。因为《书》《易》《礼》《春秋》的序文相传大都是孔子及其弟子辈所作，《诗》的序文相传也是子夏所传或子夏所作，这就不是偶然的巧合，说明历史文献的记载必然有根据。子夏作《诗序》，不是凭空臆造，而是根据孔子的讲论，并参考其他有关古籍中的记载而写定的；《诗序》成文之后，经过累代师徒相传，无数次地口授翻抄，虽然大体不变，但某些字句也有译易增损。因此确切地说，《诗序》源于采诗者，国史标注，典籍称引，孔子删正，子夏写定传授，后人小有译易增损。

踪凡．《毛诗序》作者考辨．中国韵文学刊，1999（2）

【解题】从经学背景与《序》《传》内在关系两方面入手进行研究，发现《毛诗序》原本当是《毛诗故训传》的一部分（《序》是对每一首诗的总体把握和旨意说明，《传》是对诗中具体词句的诠释疏通，二者互为表里，相辅相成），因而认为《毛诗序》的作者也应是秦汉之际的毛亨。

踪凡.《毛诗序》作于毛亨考.宁夏大学学报，2000（3）

【解题】《毛诗序》的主要撰著人应是秦汉之际的毛亨，他在撰写《毛诗序》时，继承了先秦旧说，参以己意，熔铸成空前系统的《诗经》题解，创立了毛诗一派；毛诗后学对《毛诗序》有过零零散散的修改，但到了卫宏手里已经定型。

王承略.从《序》《传》的关系论《诗序》的写作年代.第四届诗经国际学术研讨会论文集，北京：学苑出版社，2000

【解题】要考察论断《诗序》的写作年代，仅凭古书之间龃龉不合的记载已无济于事，唯一可行的方法，就是要把三百五篇《序》《传》一一比较，探索之间的关系。文章抽绎总结了《序》《传》之间语近义近、补充说明、对立不符、信守界定四种关系，从而论证《诗序》的主体部分一定出于《毛传》之前。进而通过考察荀子引诗论诗，进一步证明《诗序》一定写于荀子之前。最后综合分析《左传》《国语》《论语》《礼记》《孟子》等书的材料，以为《诗序》当出现于诗乐分开以后，主体部分基本写定于《荀子》之前《论语》之后的战国中期，是孟子学派知人论世、以意逆志同时又继承前人诗说的产物。

王承略.《诗序》的主体部分写定于《毛传》之前的文献依据.诗经研究丛刊第二辑，北京：学苑出版社，2000

【解题】就《传》《序》的关系，论定《诗小序》的主体部分写定于《毛传》之前。毛公传承了《诗经》古序，这点《郑笺》已经认定，“笙诗”存序可证明，且《六月》序尚保有古序原貌。卫宏所作，乃《毛诗序义》而不是《毛诗序》。

王承略.论《诗序》主体部分的完成不能早于战国中期.第五届诗经国际学术研讨会论文集，北京：学苑出版社，2002

【解题】从《荀子》引《诗》论《诗》判断《诗序》主体部分完成于荀子之前，又论《诗序》成书于《左传》《国语》《论语》《缁衣》后，因此判定《诗序》不早于战国中期。

王承略.论《诗序》的主体部分可能始撰于孟子学派.诗经研究丛刊第三辑，北京：学苑出版社，2002

【解题】《孟子》所用《诗》的文本与《毛诗》的文本几乎等同，《毛传》把《孟子》视为最重要的立说根据和材料来源，《毛传》称引先师之说特标出孟子师徒，《毛传》亦为“性善论”者，这众多迹象表明，《毛诗》与孟子学派有着深厚的渊源。从《孟子》论诗、说诗看，与《序》义完全吻合；孟子学派的中坚人物高子与《诗序》的关系非同一般；而孟子学派尊《诗》的态度、解《诗》体系的核心内容，以及对于前代《诗序》资料的传承、利用，则是该学派能够撰著《诗序》比较充分的主客观条件。

江林昌.由古文经学的渊源再论《诗论》与《毛诗序》的关系.齐鲁学刊，2002（2）

【解题】以战国至秦汉的古文经学流传情况为背景，以子夏、李克、吴起以至《毛诗序》的流传情况为线索，以上博简《诗论》、中山王墓铜器铭文与《毛诗序》的对比研究为依据，可以进一步证明《诗论》与《毛诗序》之间的源流关系。

江林昌.上博竹简《诗论》的作者及其与今传本《毛诗序》的关系.文学遗产，2002（2）

【解题】竹简《诗论》可能是《毛诗序》的原始祖本，可能就是失传了两千年的子夏《诗序》；竹简《诗论》的基本观点大多为《毛诗序》所继承，因此《毛诗序》确实传自子夏。

曹建国，胡久国．论上博简《孔子诗论》与《毛诗序》阐释差异——兼论《毛诗序》的作者．安徽警官职业学院学报，2003（3）

【解题】《毛诗序》是儒学典籍经典化的产物，《孔子诗论》所体现的以“情志”说诗的阐释精神基本上被汉儒搁置了，取而代之的是对政治伦理意义的发掘。毛苌既为《诂训传》的作者，也是《诗序》的作者。毛亨乃一杜撰性人物，郑玄这么做，可以在时间上把《毛诗》提前，以与三家《诗》相当，并通过荀卿的加入，找到《毛诗》与今文三家诗的近缘关系，为其混合今、古找口实。

张启成．论《毛诗序》非一人一时之作．贵州文史丛刊，2003（3）

【解题】《毛诗》的创始者是毛亨与毛苌，其师承渊源与子夏、荀卿有一定的联系，但鉴于终子夏之世，《左传》尚未成书，故《毛序》中与《左传》相关的诗序，不可能为子夏所作，即使是《毛序》的首句也不例外。又鉴于西汉时期《左传》的发现与流传时间较晚，《史记》的流传时间也偏晚，因而《毛诗序》中涉及《左传》与《史记》的诗序，不可能是毛亨、毛苌所作，西汉偏晚的徐敖、陈侠，东汉时期的谢曼卿、卫宏等，当是《毛诗序》不断充实完善的重要人物，故《毛诗序》非一人一时之作。

王顺贵．20世纪《毛诗序》研究的回顾与展望．东疆学刊，2003（3）

【解题】20世纪的《毛诗序》研究主要是围绕作者问题、尊《序》与废《序》之争、《大序》的内容及对其的评价而展开研究的，研究视野的拓展与研究方法的转换成为20世纪以来《毛诗序》研究的一个新亮点。今后的《毛诗序》研究不仅应当注重作者问题的考辨、思想内容的探讨，从宏观与微观两方面加强对《毛诗序》的研究，诗学体系的建构，更需要进一步克服自身视角的单一性，立足于更为广阔的文化背景，加强方法的更新，拓展研究的深度，把《毛诗序》的研究推向一个新的高度。

王洲明．《毛传》与《毛序》的同异比较并论及《毛序》的作者．西华师范大学学报，2003（5）

【解题】遍检《毛传》与《毛序》，发现《传》释诗义与《序》释诗义基本相同者达83篇之多，明显相异者只有3篇，且在解释体例上，在内容的相互照顾、相互发明上，都表明《传》与《序》存在内在的联系。又从研究唐前所载《毛诗》资料系统入手，认为郑玄所谓“大毛公（亨）为《故训传》”，既包括今《毛序》，也包括今《毛传》，《毛序》的形成经历了很长的历史时期，是经累积而成的，最终由大毛公（亨）“编纂而成”，并体现出他自己的观点；小毛公（苌）则对《毛传》作了最后的加工、厘定工作，并在《毛诗》的传授中起到重要作用。

黄怀信．诗本义与《诗论》《诗序》——以《关雎》篇为例看《诗论》《诗序》作者．齐鲁学刊，2003（6）

【解题】《诗论》与《诗序》及《毛传》对诗本义的理解与把握尽管不同，但善言义理的风格则是一致的，这无疑与孔子之倡导有关。《诗大序》的作者可论定为子夏，则《诗论》的作者当于其他弟子或再传弟子求之。

蒋方．从楚竹书《诗论》之说“好色”谈《毛诗序》的旧争议．湖北大学学报，

2004（1）

【解题】考察《毛诗序》中哪些是源于先秦的儒家《诗》说，哪些是出于秦汉时期的传授者说，楚竹书《诗论》是一个重要的参照。楚竹书《诗论》以“好色”说《关雎》，反映了孔、孟以人之情性本然为礼乐教化的基础这一重要命题，荀子也坚持了这一论点，《毛诗大序》中也有这一思想的表现；但是《毛诗小序》则完全否定情性而以史说诗，强调政治讽谏之用，显为后人掺入。汉代的传《诗》者虽说出于荀子，但其中一定有继传者的增补与扩充。

卢盛江．上博楚简《诗论》与《毛诗序》浅思录．创作评谭，2004（4）

【解题】上博楚简《诗论》当是孔子与其弟子论《诗》的语录；楚简《诗论》不可能是《毛诗序》的原始祖本。

王洲明．上博《诗论》的论诗特点与《毛序》的作期．山东大学学报，2004（5）

【解题】对比上博《诗论》与《毛序》，发现《诗论》或从诗义出发归纳出一般性的政治内容，或就诗本身体味出所蕴含的某种共通的道理，而《毛序》将这些作了具体化、历史化的解释，大大地强化了《诗》的政治性，“续序”正是具体化、历史化、政治化论《诗》的具体体现。又从《诗》学接受史考察，认为《毛序》是经累积而成的，是一部以《诗》为载体体现自春秋以来的儒家思想的一部经典，秦汉间人毛亨当是最终编纂者，他通过探究、联系诗的本事，强调政治教化，而以“美刺”为批评标准。

徐玲英．论马其昶“国史作《序》”之观点——兼论《毛诗序》的作者．成都教育学院学报，2005（2）

【解题】通过对《大序》文意的分析，推翻了马其昶“国史作《序》”的立论依据，进而从汉人注疏体例、四家诗《诗序》不同和《毛传》不为《诗序》作传三方面反驳“国史作《序》”的观点，最后得出《诗序》与《毛传》同为毛公之作的结论。

檀作文．20世纪以来关于《毛诗序》的作者和时代问题之论争．社会科学辑刊，2005（5）

【解题】20世纪前半叶，受今文经学和“《古史辨》派”“疑古”思潮影响，主流意见是《毛诗序》出于卫宏之手。80年代初期的研究者，多从宏观上把握《序》《传》之间的逻辑关系，主张《序》《传》成于毛亨一人之手。20世纪末，“疑古”作风遭到唾弃，传统的“子夏作《诗序》”说又重新占据主流地位。

王洲明．从《左传》与《史记》称《诗》引《诗》的对比研究看《毛序》的作期．河北师范大学学报，2005（5）

【解题】考察《左传》和《史记》的称《诗》、引《诗》资料，并与《毛序》进行比较研究，发现与《毛序》所论《诗》义相同者，仅见于《左传》而不见于《史记》；《毛序》说《诗》所用史实，一部分仅见于《左传》而不见于《史记》，一部分并见于《左传》《史记》，但《左传》所述史实远比《史记》翔实，甚至《毛序》说《诗》所用史实的一些关键情节于《史记》中无见。由此认为《毛序》不可能依据《史记》而写成，《毛序》的基本完成不会晚至西汉偏晚和东汉时期。

梅显懋．《诗序》编撰时代考论．辽宁师范大学学报，2006（1）

【解题】《诗序》虽不能确指为何人所作，但先秦时《诗》本无序，编撰《诗序》当是汉儒所为。汉儒参考了当时所能看到的先秦人有关评说《诗》的资料，努力揣度这些资料的含义，并从汉代政治需要出发，极力将其引到政治教化方面去，并自称是先秦经师所传，以一种权威的姿态教授于人。

张启成．再论《毛序》之作期晚于《史记》——兼与王洲明同志商榷．河北师范大学学报，2006（2）

【解题】范晔确认《毛诗序》为东汉卫宏所作之后，许多《诗经》学者又力主此说，可见《毛诗序》的作者不能排斥卫宏已成为很多著名《诗经》学者的共识，因而不能简单地加以否定；《毛序》受《史记》影响之证据，自宋之郑樵至清之三家诗学者魏源与王先谦也多有论述，虽尚欠完整，但大都言之成理、证据确凿，故也不能等闲视之；《毛序》的早期作者正处于西汉初期，当时很多典籍尚未发现，可以阅读的典籍，远不如司马迁写作《史记》时那么赅备，还不能像司马迁一样有机会见到皇家藏书。

王志．《毛诗序》溯源．古籍整理研究学刊，2006（5）

【解题】现存《毛诗序》并非汉代儒生凭空臆造，它的内容传自孔子，文章成于子夏，之后毛公和卫宏都可能对序文内容做过较大的调整与发挥。就孔子而言，他对《诗经》诗歌内容的理解可能来自周代史官。这些史官在周代采诗活动中，最早保存了当时诗人作诗的创作意图。

王洲明．关于《毛诗序》作期和作者的若干思考．文学遗产，2007（2）

【解题】重点考察了春秋时代“赋诗断章”、《孔子诗论》、孟子一派论诗、《毛诗故训传》四个时段的称《诗》与用《诗》，将典籍中前三个时段的用《诗》和对《诗》义的理解，与《毛诗序》所体现出的思想进行比较；同时，通过重新解读《汉书·艺文志》所载《毛诗故训传》，考索其他典籍对《毛诗》的记录，认为《毛诗序》是从先秦至秦末汉初，经过不断累积形成的通过论《诗》来体现儒家思想的一部经典，而秦汉之际的毛亨是形成这部著作的关键人物。

王洲明．从《汉书》称《诗》论定《毛诗序》基本完成于《史记》之前——兼答张启成先生的商榷．河北师范大学学报，2007（3）

【解题】通过对《汉志》所载“《毛诗》二十九卷”和“《毛诗故训传》三十卷”的重新解读，并结合清人的意见，认为所谓“故训传”包括两方面的内容：“故训”恰恰是今所谓“毛传”的内容，而“传”恰恰是今所谓“毛序”的内容。又梳理了西汉《毛诗》的传本情况，发现在《史记》广泛流传之前，《毛诗序》已经存在并流传。再结合经学史来考察，认为卫宏不可能作《毛诗序》，只是对流传已久的《毛诗序》有可能做了“润益”的工作，并第一次将“毛诗故训传”中“传”的内容定名为《毛诗序》；后世所谓卫宏“作《毛诗序》”的说法，盖由此而来。

张秀英．《诗序》编撰时限考论．学术论坛，2007（3）

【解题】《诗序》是有其文化基础的，非一时一人所作。其说诗有文献可考的时间上限有两种可能：或为《文王》，或为《武》乐，这取决于《吕氏春秋·古乐》所言是否为周代史实。而《诗序》的编纂下限，至晚到东汉郑玄之前。

张秀英．从《缁衣》看《都人士·诗序》的编辑时代．古籍整理研究学刊，2007（4）

【解题】分析对比《小雅·都人士·诗序》与《礼记·缁衣》的五条传本与简本文献资料，认为今传《礼记·缁衣》中该资料保存了先秦七十子或其后学所记原貌，其写定的时间下限当在先秦。又在对《诗序》与《记》的关系以及简本与传本《缁衣》关系加以分析的基础上，认为《都人士·诗序》应在今传《礼记·缁衣》定本后作了进一步的整理，其转抄的时间并不一定是汉代，有可能在先秦就已完成。

张秀英．《诗序》作者与时代研究综述．重庆邮电大学学报，2007（5）

【解题】对《诗序》作者与时代问题研究状况作了纵向梳理，尽量探求诸种说法所以得出结论的合理因素及论证中的不足，并在此基础上，对历代观点作了初步统计，得29说。

徐有富．《诗序》考．中国韵文学刊，2008（1）

【解题】《诗序》是层累地造成的，每首诗的篇题、章句数、原序，为周朝列任太师所写，各诸侯国的太师在采集整理诗的过程中也起了很大作用，鲁国太师（特别是师挚）也为《诗》三百篇的整理编辑做出了突出贡献，孔子也为《诗》三百篇的整理工作做过贡献。西汉的毛亨、毛苌将原序修改、加工成了《毛诗序》，并将原先独立存在的《诗序》分别置于各篇诗之首，《汉书·艺文志》所著录的《毛诗诂训传》当是毛亨所为，序中对古序的申续之词以及《诗大序》应当是毛苌写的，当在河间献王在位期间完成。东汉的卫宏出于当时的政治与学术需要，在前人的基础上写出了一个《毛诗序》的定本。

薛立芳．关于《毛诗序》作者的新思考．兰州学刊，2008（3）

【解题】该文总结了毛奇龄的基本观点：《毛诗序》作者为毛亨，《诗序》仅是《毛诗故训传》中的一部分，即“故训”；《诗序》的“故”为《序》的首句，为先秦故旧之说，由毛亨所记录，而“训”则为首句后续申的内容，是毛亨对“故”所作的训释，二者合在一起，即今见《诗序》的内容；《序》《传》不合，是因为《序》的内容为毛亨整理先秦故有之说并加以训释，主要是对前人说法的继承，而《传》则为毛亨所传诗文之义，更多的是毛亨个人对诗的理解。

黄觉弘．《毛诗序》成于贯长卿考．中华文化论坛，2009（3）

【解题】《毛诗序》表述方式与引事明诗多与《左传》相合。考察西汉学术源流，《毛诗序》当成于贯长卿之手。贯长卿之学术特征、生活时代及文献记载三者都切合《毛诗序》作者的特定条件。

赵茂林．由“笙诗”看《毛诗序》完成时间．南京师范大学文学院学报，2011（1）

【解题】从汉代四家《诗》来源看，四家《诗》皆得自“讽诵”，而三家《诗》却无“笙诗”，可知“笙诗”本非《诗经》所有。“笙诗”加入《诗经》应在刘歆《七略》成书之后，即哀帝建平元年之后。元始五年，王莽征通知《毛诗》等典籍的异能之士，以民间学术校正学官学术，加入“笙诗”的《毛诗》进入官学系统，为人们接受。《毛诗》学者入“笙诗”于《诗经》，除受刘歆《移让太常博士书》的启发外，也与人们把经书看作“应时而作”、可以损益的观念有关。从《汉书·儒林传》“由是言《毛诗》者，本之徐敖”一语来看，入“笙诗”于《诗经》的学者很可能就是徐敖。故《毛诗序》最后完成应该在建平元年至元始五年期间。

郝桂敏．论《毛诗序》主体部分产生于西周春秋．沈阳师范大学学报，2012（2）

【解题】从《毛诗序》本身入手，以《毛诗序》所反映的主要内容作为出发点，通过文献对比法和经学的历史还原法，找出《毛诗序》最有可能产生的社会历史条件，从而探讨《毛诗序》所产生的时代和作者。《诗序》的主体部分产生于西周、春秋一段时期，基本资料由周代历任史官完成，最后的整理者是子夏。理由如下：一、《毛诗序》侧重道德教化意义，注重阐发引申义，重在恢复西周礼制；而《孔子诗论》高扬性情，讲求诗本义，注重道德层面的礼仪。性情说在战国时期盛行，讲求《诗经》本义也当在讲求引申义之后，维护周礼的努力也比单纯讲求道德礼仪要早。故《毛诗序》主体部分当产生于《孔子诗论》之前，是战国中期以前的产物。二、《诗序》具有维护和恢复周代统治的色彩，当产生于西周春秋时期。三、“二南”《序》对诗歌本义的曲解，有为西周以血缘关系为基础的宗法制服务的色彩，当是西周社会的产物。四、《诗序》主体部分的基本材料应该由西周春秋时期的史官整理。五、古人的话并非全无道理，说《诗序》是子夏所传，应该有一定来由，不能因为文献不足就轻易否定。

郝桂敏．再论《诗序》主体部分产生于西周春秋时期．中国古典文献学丛刊（第八卷），2012

【解题】与作者之前发表的《论〈毛诗序〉主体部分产生于西周春秋》相同。

王洲明．从《汉书·艺文志》称《诗》看《诗》在西汉的传本．衡水学院学报，2012（5）

【解题】通过《汉书·艺文志》对《三家诗》著录的考察，认为“故”和“传”分别为汉人不同的解《诗》经文的方式，“故（故训）”是对《诗》经文属于文辞方面的解释，而“传”则是对《诗》经文属于内容方面的解释，今所谓《毛传》是汉人讲的《毛诗》的“故（故训）”，今所谓《毛序》是汉人讲的《毛诗》的“传”。将《毛诗》的“故训”的内容以“毛传”的形式出现，起自南朝，行于唐初；而自南朝刘宋时代提出东汉卫宏作《毛序》的说法后，《序》就成了“故训传”中“传”的内容的名称了。

薛立芳．从“合语”礼看《毛诗序》之来源．商丘师范学院，2012（10）

【解题】通过对“合语”礼的考察，认为西周时期就已存在以文王之道德教化说诗的传统，《毛诗序》以后妃之志或文王之化解诗正是对西周诗说传统的继承，并非完全是汉人的造作与附会之辞。

刘凤泉．也论《毛诗序》之作者问题（上）——卫宏作《毛诗序》辩护．广西社会科学，2012（10）

【解题】陆玑最早提出卫宏“作《毛诗序》，得风雅之旨”，范晔认同此说并提出新的证据；汉魏六朝时期，郑玄、王肃、徐整、沈重等人的言论，其实都没有否定陆玑的观点。《毛诗序》形成是先秦以来诗义不断积累的结果，卫宏通过对已有诗义、诗论的整理和总结，最终完成了《毛诗序》。

刘凤泉．也论《毛诗序》之作者问题（下）——否定卫宏作《毛诗序》驳议．广西社会科学，2012（11）

【解题】通过对“卫宏作《毛诗序》非今之《毛诗序》”“《毛诗序》为子夏所作”“《毛诗序》为毛亨所作”“郑玄为《毛诗序》最终完成者”等观点的分析辩难，认为它们或缺乏文献依据，或存在逻辑错误，都不足以否定卫宏作《毛诗序》的观点。卫宏对前人诗义的整理和总结，才使《诗序》“得风雅之旨”，从而将儒家诗论系统化，形成完备的诗学理论。

刘娟．《毛诗序》作者及成书考辨．唐山学院学报，2013（2）

【解题】“毛诗序”概念虽晚出，但其基本内容及核心观念在先秦已形成，一定程度上体现了周代礼乐文化，《毛诗序》是周太师及后世儒家学者基于儒家话语系统不断损益的结果。

王红霞．楚简《诗论》作者再审视——附论《毛诗序》的作者问题．济南大学学报，2014（1）

【解题】《诗论》作者的几种推测，以子夏的可能性较大。《诗论》精准总论诗旨、以礼说诗及以政说诗的风格皆与子夏思想相符。《毛诗序》的作者应该是毛公，而不是子夏。毛公受子夏诗学影响，当属子夏一系。

赵茂林．从汉代四家《诗》的异同看《毛诗序》的成型时间．孔子研究，2014（2）

【解题】先秦时期虽也有以政治教化、伦理道德解《诗》的趋向，但尚未成为普遍原则。《毛诗序》与三家《诗》皆以政治教化、伦理道德解《诗》，说明它们是同一时代的选择。而《毛诗序》比三家《诗》有更浓厚的政治教化的意味，可知其晚于三家《诗》的创立。三家《诗》的创立在高后至文帝时，结合《序》《传》关系和《序》的资料来源，可以断定《毛诗序》的成型在景帝前元二年至中元五年间。

王洲明．上博《诗论》与《毛诗序》的研究．衡水学院学报，2015（2）

【解题】梳理了学界对《孔子诗论》与《毛诗序》关系以及《诗序》作者问题的看法，又通过考察开成石经、孟蜀石经、南宋刊单疏本《毛诗正义》、南宋刊十行本（附释音）《毛诗注疏》四个《毛诗》的关键性版本，结合相关文献记载，从《毛诗》的流传版本角度，论证了《毛诗故训传》为一体之作，本就包含《序》和《传》两部分。

成祖明．卫宏作《毛诗序注》考．历史研究，2016（6）

【解题】《毛诗序》作者与成书问题一直聚讼纷纭，被四库馆臣称为自古"说经之家第一争诟之端"。强调的是文献考证的一个基本方法问题：我们立足的起点应当是一确定可信的文献，而不是一个悬置性假设或某种先行的观念。立足一确定可信的文献，就能够从一安全稳当的起点出发，追溯文献生成过程中不断叠加的历史投射，从而更接近文献演变和成书的真相。

崔云胜．《诗小序》作于子夏——张澍《诗小序翼题辞》述评．河西学院学报，2016（4）

【解题】从清初的陈启源，中经钱大昕、翁方纲、张澍，到晚清的陈奂等，一改宋代学者轻率攻击《诗序》的做法，实事求是地对《诗小序》的作者进行了辨析，肯定《诗小序》出于子夏。其中张澍在其《诗小序翼》的序言《诗小序翼题辞》中，以出自班固《汉书·艺文志》、郑玄《毛诗笺》等的直接证据与自左丘明《左传》以来历代学者引用《诗小序》的间接证据相结合，论述了《诗小序》为子夏所作，显得全面而系统，令人信服。当代学者在"走出疑古时代"的背景下对《诗小序》作者问题的研究，肯定了"子夏序《诗》"的正确性。

李莹莹．《毛诗序》写作年代及尊、废问题简论．山东大学硕士学位论文，2016

【解题】《毛诗序》的写作年代及作者的问题历来为各个时代的学者所关注，研究成果与相关文献卷帙浩繁，然而历经两千多年的探究、考辩与争论，依旧没有得出定论。本文对这一问题的研究现状做了大致概括，对《毛诗序》研究在文学、经学及诗教方面的意义进行阐述。同时，在梳理总结前人研究成果的基础上，选取四种最具代表性的观点进行述评，分别是战国初期子夏作、西汉毛公作、东汉卫宏作、非一时一人作。以上四种说法均有文献依据，如王肃注《孔子家语》、陆玑《毛诗草木鸟兽虫鱼疏》、孔颖达《毛诗正义》等认为《毛诗序》乃子夏所作；范晔《后汉书》、郑樵《通志》等认为《毛诗序》为卫宏所作；而马端临《文献通考》等则认为“非一人之言”。这些观点各自有其依据，某些推断也符合逻辑，但或因文献典籍散佚不全、或因分析论证并不系统，因而难免有失偏颇。此外，由于《毛诗序》的尊、废问题，也引发了一场旷日持久的争论。这场尊《序》与废《序》的争论，自汉至清，从“五四”到“古史辨”派，直至当代学者仍在研究讨论这一问题，它深刻影响了儒学乃至整个中国学术思想史的进展。因此本文选取在《毛诗序》研究史上比较有代表性的四个时代：汉代、初唐、南宋、清，并以这四个时代中最著名的四位经学家郑玄、孔颖达、朱熹、马瑞辰及其论著为例，阐述关于《毛诗序》尊废问题各个时代的不同认识及“尊《序》派”与“废《序》派”的学术斗争，对《毛诗序》研究史进行整体的论述与评议，并由此展示《毛诗序》自汉代起是如何由被推崇至被怀疑、被否定，再到被复兴的过程。

傅刚．《毛诗序》作者略说．北京大学学报，2016（2）

【解题】《诗序》的作者，有孔子、子夏、毛公合作、国史、卫宏、诗人自制诸说，以卫宏一说影响最大。经过有关经、史材料的搜辑排比，发现卫宏和国史之说皆不可信。对于前人所说的续序，也应该具体看待，有些被认为是续序的，其实在《毛传》中已有相应的文字，所以不一定都是出于后人所增。

子夏诗传·申培诗说

周全．《子夏诗传》辨伪．中华国学，1977（9）

林庆彰．《子夏诗传》考辨．丰坊与姚士粦，台北：东吴大学硕士学位论文，1978

林庆彰．《申培诗说》辨．丰坊与姚士粦，台北：东吴大学硕士学位论文，1978

杜松柏．《申培诗说》辨伪．孔孟月刊，1983（45）

王学泰．明代诗学伪作与《鲁诗世学》．文学遗产，1999（4）

【解题】《鲁诗世学》是丰坊所造作的一部伪书，其中的子贡《诗传》与申培《诗说》与单独行世的《诗传》《诗说》有很大的不同，作伪者似乎没有必使伪书达到取信于人的目的，其意似在表达自己对《诗经》的独特阐释。说它是伪书，只是从经学角度说它没有价值；但如果我们从明代文化发展演变的角度来看，它与当时社会主流意识唱反调并在阐释《诗经》的某些篇章时表现出的独立见解，以及其中对诗学的许多意见，都是可供研究者们参考的。

马昕．重评《子贡诗传》《申培诗说》的造伪——以明代中晚期的经学复古运动为背景．儒家典籍与思想研究（第4辑），北京：北京大学出版社，2012

【解题】将丰坊伪造《子贡诗传》《申培诗锐》这一事件放置在明代中晚期经学复古运动的背景下加以重新审视，从《诗传》《诗说》中可以看出丰坊具有杂采汉宋的《诗》学取向，其造伪行为也体现了明中叶汉宋合流这一经学新变。而明末清初学者对《诗传》《诗说》的辨伪也不仅限于去伪存真的意义，实为晚出的较为成熟的汉学派对早出的不甚成熟甚至误入歧途的汉学派的一种超越。文章还对《诗传》《诗说》于明清《诗经》学之影响做出估量，认为丰坊造伪固然是一种表达自我《诗》学主张的特殊方式，却并不足取，实有百害而无一利。但幸赖辨伪者之功，其危害也得到了有效的控制。

金秀炅．伪《诗》说如何影响朝鲜解《诗》空间——朝鲜朝学者对《子贡诗传》《申培

诗说》的关注．诗经研究丛刊（第13辑），北京：学苑出版社，2018

其他

胡长青．《毛诗草虫经》为伪书考．诗经研究丛刊（第1辑），北京：学苑出版社，2001

【解题】徐坚所引实与陆玑疏同源，故名有讹而文庶几一致；陆佃所引实据徐坚所用书名以假托，故名与徐坚所引书名合而文理皆不相符；《毛诗草虫经》其名不符，其书当伪。

礼　类

仪礼

钱玄同．重论经今古文学问题．新学伪经考，北京：古籍出版社，1956

洪业．仪礼引得序．上海：上海古籍出版社，1986

何敬群．《仪礼》《周易》《中庸》的作者问题之探讨．香港浸会学院学报，1980（7）

刘起釪．《仪礼》与二戴《礼记》．古史续辨，北京：中国社会科学出版社，1991

【解题】二戴《记》大抵同时，皆是战国至秦汉儒家论说或解释礼制和礼意文章的汇编。

段熙仲．礼经十论．文史，1962（1）

【解题】题目当从汉师；篇第当从大戴；文字当从今文；成书当在东周，出于孔子；说经当守家法，无取古学；叙录宜从异撰；治经贵明章句；治《礼》宜如《易》之有图；治《礼》宜如《春秋》之以例；《礼经》《春秋》学术同源。

沈文倬．略论礼典的实行和《仪礼》书本的撰作．文史，1982（15—16）

【解题】通过考察文献与彝铭，认为礼典的实践要先于文字记录而存在，自殷至西周各种礼典次第实行，而礼书至春秋以后才开始撰作。

丁鼎．试论子夏与《丧服传》的关系．文献学研究的回顾与展望，台北：学生书局，2002

丁鼎．试论《仪礼》的作者与撰作时代．孔子研究，2002（6）

【解题】《仪礼》十七篇与周公和孔子均有一定的关系，部分篇章反映了宗周的典章制度、风俗人情，也就是说《仪礼》所载的内容肯定有一部分属于周公当年“制礼作乐”所制定和实施的遗制。说《仪礼》与孔子有关，也并非如今文学派那样认为《仪礼》十七篇完全是由孔子圣心独创，而是认为《仪礼》当主要是由孔子根据宗周时代流传下来的一些礼仪规制加以编订整理而纂辑成书，可能还包括七十子后学所编订和增补的内容。

赵昭．《仪礼》成书考．兰台世界，2008（22）

【解题】西周统治者为维护统治秩序而“制礼作乐”，当时的“礼”用文字记载下来，这便是《仪礼》的来源。郑玄作注时，同时参照了今、古文两种版本，择善而从，其改订本即今本《仪礼》。

冯峰．从出土器物看《仪礼》的成书时代．海岱学刊，2014（1）

【解题】通过《仪礼》记载的“敦”，说明《仪礼》是产生于山东地区的文献。“敦”的流行时间为春秋中期至战国中期，则《仪礼》所载“敦”的使用制度不早于春秋晚期。《仪礼》所载的“甒”，很可能是考古发现的“罍”类器，其流行时间为春秋中晚期；《仪礼》反映的壶多用于大夫以上礼仪、甒多用于士礼的情况，不应晚至战国时期。综上可知今本《仪礼》的成书年代很可能在春秋晚期或稍晚，它的写成与编定与孔子及其学生有密切关系。

周礼

钱穆．《周官》著作时代考．燕京学报，1932（11）

【解题】通过分析《周官》一书中的祀典、田制、刑法等制度所反映出的时代特征（尤其是书中浓重的“阴阳对偶”观念及虽已有了“五帝祀”但尚未实行“四时分祀”），确定该书成书于战国晚期。钱穆因此开创了从“所载制度的时代特征”来分析《周礼》成书时代的新方法，后来为杨向奎等人借鉴。但据这一方法可定《周礼》的成书上限，而难以确定其成书下限，故而后来顾颉刚和徐复观在此基础上另辟从“官制体系的设计构想”来考证《周礼》成书年代的新路径。

陈衍．《考工记》辨证．国学论衡，1934（3—4）

胡适．致钱穆《论秦畤及周官书》．古史辨第五册，北京：朴社，1935

【解题】大概司马迁的时候有一部《周官》，是当时伪古书的一种，其性质与文帝令博士所作《王制》差不多，同是一种托古的建国大纲；依《封禅书》所引来看，那部《周官》的文字似很浅近，不像一本古书。后来便有两种《周官》改本出现，一部是节本《周官》，即《古文尚书》里的《周官篇》；一部是后来王莽用司马迁所见的《周官》来放大改作的、立于学官的《周官经》六篇，即今《周礼》。

刘师培．西汉周官师说考．制言，1936（23）

蒙文通．从社会制度及政治制度论《周官》成书年代．图书集刊，1942（1）

【解题】《周官》未必是周公之书，但记载的必定是西周的主要制度，而非东迁以后的制度。

熊十力．论周官成书年代．图书集刊，1942（2）

【解题】《周官》成书时间以西周的可能性较大，至少不晚于春秋。至少作者是搜集周朝礼制（范围包括各诸侯国），附加儒家政治理想汇编而成。此书堪称中国最早和最完整的官制记录，也是世界古代最完整的官制记录，是一部通过具体制度来表达儒家政治理论、治国方案的经典。

郭沫若．《周官》质疑．金文丛考，北京：人民出版社，1954

【解题】从彝铭中所见之周代官制揭橥于此而加以考核，认为《周官》一书，盖赵人荀卿子之弟子所为，袭其师“爵名从周”之意，纂集遗闻佚志，参以己见而成一家之言。

杨向奎．《周礼》的内容分析及其成书时代．山东大学学报，1954（4）

【解题】当我们还没有判定《周礼》是一部实录或者是一部托古书以前，即使和某一时代的制度相当，也不能说明它就是某时代的著述。就学术思想而论，最突出的是

《周礼》涉及的历法，在一个国家内同时通行两种历法，是春秋战国时的特色；《周礼》虽然近于杂家的作品，然而也有它的中心思想，是一部重视刑法而有儒家气息的书，它出于齐国有儒家气息的法家是可以肯定的。其结论为：《周礼》可能是一部战国中叶左右齐国的书，《大戴礼》曾经引用过它，司马迁、匡衡也引用过它，无论如何不是王莽的伪造，其中记载也不完全是理想。

朱谦之．《周礼》的主要思想．光明日报，1961. 11. 12

【解题】《周礼》非周初之作，然亦非战国之书，当为西周宣王中兴时代之书。

洪业．读《周礼正义》．孙诒让研究，杭州大学内部印行，1963

【解题】在《周礼》成书方面，认同朱谦之“非周初之作，然亦非战国之书”的观点，又补明三事：一、《周礼》全书不见铁，作者如在铁器盛行时代之战国，作一理想之政典，故意拒绝铁而不用，此为不可能。二、如作者生于战国，无论其居地为齐、鲁或为晋、宋，作理想之政典，必无拒用牛耕之理。三、从语法看，文献中凡春秋以前之文，十数与零数之间皆用“有”字连之，战国中期之文即不用；《周礼》之经记全部用，此种语法与《尚书》《春秋经》同，故非战国时人之作。此书实起于周初，历二三百年之损益积累而成，成书最晚不在东周惠王后。

陈直．古籍述闻之《考工记》为战国时齐人之作品．文史，1963（3）

【解题】《考工记》疑战国时齐人所撰，而楚人所附益。

史景成．《周礼》成书年代考．大陆杂志，1966；续伪书通考，台北：学生书局，1984

【解题】从天文历法的角度来考察，认为《周礼》为战国末年之书，当在《吕氏春秋》出世之后，秦始皇统一之前。

史景成．《考工记》之成书年代考．书目季刊，1971（3）

贺凌虚．《周礼》的来历及其成书年代．革命思想，1973（4）

林尹．《周礼》与其作者．中央月报，1973（5）

黄沛荣．论《周礼·职方氏》之著成时代．孔孟月刊，1977（3）

顾颉刚．“周公制礼”的传说和《周官》一书的出现．文史，1979（6）

【解题】“周公制礼”这件事是应该肯定的，因为在开国的时候哪能不定出许多制度和仪节来，即使采用殷礼，也必然经过一番选择，既然有损有益，就必定有创造的成分在内，所以未尝不可说是周公所制。又认为《周礼》跟周公和儒家根本不发生关系，《周官》和《管子》的文辞虽有参差，而其中心思想则同是组织人民，充实府库，以求达到统一寰宇的目的，由此可以猜测它出于齐国以及别国的法家。它上面可以联系到齐宣王立稷下之学、燕昭王为郭隗筑黄金台、秦孝公尊显商鞅等战国时代的史事，下面则可以联系到王莽的托古改制。因为这书不成于一人，也不作于一时，所以其中的制度常有抵牾和不可信的成分。然而其中也必然保存了一部分的古代的真制度（例如不用牛耕、没有铁器等事项），值得我们重视，所以需要细细地分析出来而部分地归到正确的古代史里去；就说是出于战国和西汉时代的人们的计划，那也应当分析出来而归到战国和西汉的政治经济思想史和宗教史里去。

徐复观．《周官》成立之时代及其思想性格．台北：学生书局，1980；徐复观论经学史二种，上海：上海书店出版社，2002

【解题】立足于文本，挖掘西汉时期的时代背景和文化背景，认为“《周官》乃王莽、刘歆们用官制以表达他们政治理想之书”。今按，此说不能成立。
王锦光，闻人军．《考工记》的成书年代及其若干内容的科学解释．第十六届国际科学史会议，1981
周世辅，周文湘．《周礼》的政治思想．台北：东大图书有限公司，1981
詹剑峰．《周官》略考．文献，1982（3）

【解题】《周官》这部书，其原始材料是西周的典籍，其编纂成书的时代约在春秋之世，其编纂者是一世守典籍的政治家，而非孔子之徒。

闻人军．《考工记》成书年代新考．文史，1984（23）

【解题】从度量衡制、历史地理称谓、金石乐器形制、青铜兵器形制、车制设计、阴阳五行等方面考察，认为《考工记》成书于战国初期。

杨向奎．关于周公“制礼作乐”．文史知识，1986（6）

【解题】《周礼》记载着各种典章制度和政治制度，许多官制有后来的想象成分，但土地制度及农民地位，不是后人想象的来的。《仪礼》《周礼》中的某些制度，它们在西周的确实行过，这并不是说这两部书是周公的著作，在当时还没有个人著作，但礼的条文应当存在，这些条文反映了西周统治者的思想和观点。在周初，主要的礼乐制度来自周公，所以它反映了周公的思想风貌。

张亚初，刘雨．西周金文官制研究．北京：中华书局，1986

【解题】利用金文资料并结合文献研究，以复原西周一代的职官制度。书中对西周职官的职掌、地位等方面作了研究，从而进行了西周官制系统的构拟，揭示了西周官制的基本面貌。作者认为完全肯定和基本否定《周礼》，是两个极端，都是不妥当的。《周礼》在主要内容上，与西周铭文所反映的西周官制，颇多一致或相近的地方。

陈连庆．《周礼》成书年代的新探索．中国历史文献研究（二），武汉：华中师范大学出版社，1988

【解题】《周礼》是兼综儒法的一家之言，全书中贯串着以儒家为体，法家为用的精神，当中囊括先秦的典章制度，可考者不但有齐制，而且有魏制和秦制，我们不知道的还所在多有。《周礼》制作年代的上限，不早于商鞅变法，它的下限也不会晚于河间献王在位之时，最大可能是在秦始皇帝之世。

曹毓英．《周礼》伪书说商兑．华中师范大学学报，1988（5）

【解题】以出土文物资料与《周礼》之文对照加以研究，发现有大量事实可以与《周礼》之文相互印证，特别是在出土的大量文字资料中，甚至有不少与《周礼》之文相同或相近，而且同一内容的文字在青铜铭文中可以多见。《周礼》一书是记载我国西周时的官制和政治机构的唯一的一部文献，它是研究西周史的一部基本书籍。

彭林．《周礼》成书于汉初说．史学史研究，1989（3）

【解题】《周礼》不仅与东方的齐国以及《管子》有关系，与西土的秦国以及《商君书》《吕氏春秋》也有密切关系，五帝祀、阴阳祭、以法治官、限制王权、敛财于国的富国思想等都取自秦，有些则站得更高，如九旗、六玉等所反映的五行思想要比《吕氏春秋》更为精致。《周礼》的主体思想是由儒家、法家和阴阳五行三种思想构成的，从思想的时代特征来看，其成书年代当在汉初。

赵光贤，彭林．《周礼》的主体思想与成书年代．文献，1990（2）

【解题】汉初统治者为了避免重蹈秦之覆辙，长治久安，需要一种多功能的思想体系，不仅要有儒家的传统伦理思想，还需要有法家强有力的管理手段，以及阴阳五行思想的神秘色彩，这是时代的要求，只有西汉以后的儒生才会具有《周礼》思想体系的格局。有人总结周秦以来为政得失，参以己见，创造了这幅理想的蓝图，其成书年代当定在西汉初年高祖至文帝之间为宜。今按，此说不能成立。

庄福林.《周礼》的形成时间、特点及作用.松辽学刊，1990（4）

【解题】周初颁行周礼时，已有《周礼》一书，然而其名不为《周礼》而为《周官》，其规模、体系也未必如今日所见之宏大和完整。

余英时.《周礼》考证和《周礼》的现代启示——金春峰《周官之成书及其反映的文化与时代新考》序.新史学，1990（3）

【解题】中国自清末以至“五四”，辨伪考证之风盛极一时，但轻率断案的情况往往存在，而考证辨伪又带来一种好发惊人之论的风气。文章以徐复观《周官成立之时代及其思想性格》为例，对其考证方法进行了批评。胡适所说的“大胆的假设，小心的求证”，上半句如果不加分析是很容易引人误入歧途的。“假设”纵然有趣，但如果材料不足，则仍然只有放弃。“假设”往往是学术发展的内在理路逼出来的，在通常情形下，“假设”的可能性是有限的。什么样的“假设”获得证实的可能性较高，这是研究者必须事先慎重考虑的。因此所谓“大胆的假设”必须理解为在有限可能的范围内尽量“大胆”，而不是漫无边际的即兴联想。金氏在写作时不但翻遍了一切相关的古代文献资料，而且大量运用现代的考古材料，其结论虽又回到了《周礼》成于战国晚期的假设，但推进了一步，指出这是秦统一前秦地学者的作品，这是一个非常合理的假设，作为“一家之言”是非常卓越的。

刘起釪.《周礼》真伪之争及其书写成的真实依据.古史续辨，北京：中国社会科学出版社，1991

【解题】《周官》至迟必成于春秋时期（或稍前），它录集自西周中后期以来逐渐完整的姬周系统的六官制资料，再加以条理系统以成书，不涉及姬周系统以外诸国之官制，尤与战国官制毫不相干。战国时期五行说由微而至盛，司徒、司马等原在《曲礼》中称“五官”，它就正好与五行相配合以成《周官》一书，而不应采用不适合五行的六官。

彭林.《周礼》主体思想与成书年代研究.北京：中国社会科学出版社，1991

【解题】从剖析《周礼》所蕴涵的思想体系入手，判定其由儒、法、阴阳五行三家熔铸而成。儒与法结合，始于荀子；阴阳与五行结合，始于邹衍；故此书不会早于战国。儒、法、阴阳、五行四家思想融为一体，在《吕览》之后。文景之时，黄老盛行，而此书无黄老痕迹，故推定《周礼》成于西汉之初。今按，结论不能成立。

金春峰.《周官》的成书时代及研究方法——《〈周官〉之成书及其反映的文化与时代新考》一书自序.求索，1992（1）

【解题】《周官之成书及其反映的文化与时代新考》一书的基本方法是将《周官》的全部资料（文物、制度、授田制、军制、分封、乡遂制、社会行政组织、商业、教育、神灵祭祀系统、法律、风习、度量衡、币制等）放在特定的时代与文化背景中统一考察。发现唯有放在秦之环境与文化背景下，才能无一不通，是以断定《周官》是战国末期秦统一前后入秦的学者所作。

郭沫若.《考工记》的年代与国别. 文史知识，1992（7）

汪启明.《周礼·考工记》齐语拾补——《考工记》为齐人所作再证. 古汉语研究，1992（4）

【解题】通过方言的考察，补证《考工记》为齐人所作。

金春峰.《周官》之成书及其反映的文化与时代新考. 台北：东大图书公司，1993

宣兆琦.《考工记》的国别和成书年代. 自然科学史研究，1993（4）

【解题】根据先秦齐国具有高度发达的工商业，《考工记》国有六职及排列法与《管子》四民及其排列法相类，《考工记》中三条谚语产生于齐，以及"轮辐三十""釂""九夫为井"皆与齐制相符等几方面，认为《考工记》是一部齐国官书。并根据写作角度、行文用语、"六齐"配比，以及铁和弩机出现时代、桓管称霸的时代背景进行分析，断定《考工记》主体部分成书于齐国桓管时期，推论该书是在陈完主持下完成的。

李学勤. 从金文看《周礼》. 寻根，1996（2）

【解题】《周礼》与金文的对照研究确实是一个值得继续深入开拓的领域。通过与金文比较，重新认识《周礼》的价值，一定会在中国古代历史文化的研究上起到重要作用。

孙景坛.《周礼》的作者、写作年代及历史意义新探. 南京社会科学，1997（10）

【解题】《周礼》是一部改革文献，由官方编写，总体设计出于一人，多人分头起草而成。但由于改革者在政治上的失败，《周礼》胎死腹中，未能完成，也未讨诸实施。因此，先秦人都讳莫如深。而且如果把《周礼》定为西周后期"厉始革典"所夭折了的新政典，无疑具有十分重要的历史意义。

杨向奎. 周公对于礼的加工与改造. 宗周社会与礼乐文明（修订本），北京：人民出版社，1997

【解题】《周礼》中的记载主要是当时的实录，虽然有后人的理想，有夸大而无歪曲，基本可以信赖。据《周礼》以研究周公的思想及其设施，不会离题太远。

刘雨. 西周金文中的《周礼》. 燕京学报，1997（3）

宋烜.《考工记·匠人》成书年代析. 南方文物，1998（2）

【解题】《考工记·匠人》的最后成书时间不会早于秦汉，或者说最大的可能是西汉，但其吸收了早期有关建筑营造方面的内容。

李锋.《考工记》成书西汉时期管窥. 郑州大学学报，1999（2）

【解题】广泛考察有关两周都城的考古资料，发现本时期都城布局与《匠人·营国》的内容相去甚远，说明《匠人·营国》之制形成年代不早于两周时期。西汉都城长安"旁三门、左祖右社、面朝后市"等布局特征与《考工记·匠人·营国》记载的都城布局规划思想完全相同，其形成年代应当在西汉时期。

杨天宇. 略述《周礼》的成书时代与真伪. 郑州大学学报，2000（4）

【解题】对《周礼》周公所作说、刘歆伪造说、作于西周、作于春秋、作于战国、作于周秦之际、作于西汉略作综述，认为作于战国说较为允当，并认为《周礼》原本是未完成的著作。汉人补入《周礼》的《考工记》，亦成书于战国时代。

陈正俊.《考工记》成文时代探议. 装饰，2002（11）

【解题】《考工记》的"势"系统比较复杂，其中包括了"阴阳刚（坚）柔"。这里的阴阳与坚柔是具体的，抽象内涵较少，主要是针对材料而言的。即便在论及“天时”与“地气”，也是具体而实在，代表早期的阴阳观。这种观点的时代，应早于《老子》《孙子》《左传》。从政治制度及制造工艺看，《考工记》应成于春秋中期甚至前期，其上限可能在春秋早期的齐桓公任用管仲改革之后。

张国安．《周礼》成书年代研究方法论及其推论．浙江社会科学，2003（2）

【解题】《周礼》编纂始于始皇焚书前，未及完成即遭焚书变故，其作者非诸子流裔而是西周中晚期某个宰官或膳夫的后裔，其书编纂具有创构、追忆、体认的性质；周初旧制新制交叉重叠，尚未形成与“卿事寮”平行的“太史僚”，其僚职司应属天官系统，“周公为冢宰摄政”；《周礼》的创构性质意味着《周礼》的编纂，在对“周官”追忆体认的肯定中暗含了对其精神的部分否定，因为它突出了制度本身的意义，这正是今天的《周礼》研究者应该特别留意的地方。

沈长云，李晶．春秋官制与《周礼》比较研究——《周礼》成书年代再探讨．历史研究，2004（6）

【解题】通过对春秋时期列国官制的清理，并以之与西周官制及《周礼》所记载的职官系统仔细比较，可以发现春秋时期的官制较西周时期更接近于《周礼》。《周礼》作者应是一位更熟悉春秋官制的政治设计家，成书年代不会早于春秋末叶，或当在战国前期。

顾飞．千古悬疑耐人寻味——《周礼》的名称、作者及成书时代解析．新世纪图书馆，2005（5）

【解题】试从名称、作者及成书年代三个角度对《周礼》进行解析，认为从《周礼》一书的编排体系来看，这一套完整的官制，理想的成分较大，现实的成分较小。它体现了汇编者的大一统思想，这说明该书最有可能是由战国晚期的人士编写。统而言之，《周礼》并非一人一时之作，它是三代和春秋战国时期官制的汇编，具体成书于战国晚期，寄托了汇编者对华夏统一的渴望。

张玖霞等．《周礼》作者与成书年代研究综述．文教资料，2007（27）

贺双非．《考工记》的年代、作者与价值．湖南城市学院学报，2009（4）

【解题】《考工记》成书于春秋战国之际，作者绝非一人。

金春峰．《周官》成书的时代再论．传统中国研究集刊（第8辑），上海：上海人民出版社，2009

【解题】近有学者重新提出，《周官》大体本亦周公所作，是“不容置疑的周代行政法典”，至迟成于西周厉宣时代，亦有学者用之为西周史料。作者认为此事关系甚大，很有加以探讨澄清的必要；撰文重申《周官》为战国晚期著作之说，从版图、分封特点、社会制度与礼法文教四方面予以论证。今按，结论难以成立。

王利明．《周礼》成书年代蠡测．山花（下），2014（7）

【解题】通过对《周礼》成书年代的五种观点进行剖析，并指出其不合理之处，然后依据《尚书》《左传》等原典对照分析，得出结论：《周礼》的轮廓出自周公，最终成书则在西周后。

连雯．从方位系统的使用看《周礼》与《尔雅》的成书．南通大学学报，2015（1）

【解题】从方位系统的使用对《周礼》《尔雅》进行了具体考察，首先梳理方位系统的形成过程，然后考察一般著作对方位系统的应用情况，将《周礼》《尔雅》对方位系统的使用情况与一般著作相比照。结论：《周礼》大约成书于在战国，作者应是周王室的人；《尔雅》成书于战国末期，出自齐鲁学者之手。今按，结论难以成立。

石超．再论《周官》之成书．商丘师范学院学报，2015（5）

【解题】《周官》一书的成书上限晚于《吕氏春秋》之面世，其下限则为“焚书坑儒”与“挟书令”之颁布。其作者当为荀子后学中秉持“以礼统法”之理念的“正统派”。其所以能被保存与流传，当归功于荀子后学中以浮丘伯为代表的“传经之儒”。

唐启翠．出土玉器再证《周礼》为汉初之书．上海交通大学学报，2016（5）

【解题】《周礼》自汉初现身以来，其成书年代就争论不断，从西周初年周公之作、战国中晚期、汉初一直到汉代刘歆、王莽伪作，历时近千年。其中，战国中晚期说得到近现代学者的认可。然而面对现代考古学提供的大量新物证，仍须重新审视此悬而未决的瓶颈问题。鉴于玉器在礼制文明传统和《周礼》文本中无与匹敌的核心地位，以多重证据法系统地对照、分析两周秦汉出土玉器器类、纹饰、形制、组合等与《周礼》所载之异同，再证《周礼》成书于汉初，最可能即河间献王时。今按，结论难以成立。

曹雪菲．周公与《周礼》关系考辨．兰台世界，2016（17）

【解题】首先从《周礼》产生的渊源上来看，周公执政期间所传世的“周公之典”与“周公之德”，分别在文献层面与思想层面为《周礼》的形成奠定了基础；其次从《周礼》形成的过程上来讲，穆、共以降逐渐发展完善的周代礼制，分别在制度层面与实物层面为《周礼》的产生提供了素材；最后从《周礼》成书的时代上来讲，战国兼并战争与诸子学术争鸣，分别在需求层面与理论层面为《周礼》的出现提供了契机。

杨朝明．周公之制：《周礼》那些理．学习时报，2018. 12. 2

【解题】“周公作《周礼》”不成问题，孔子言其为“古”制，尤其不可轻忽。《周礼》的价值体现在文献、制度等方面，更体现在它具有的思想意义上。《周礼》是研究西周文明的重要桥梁，是理解中国的重要典籍。

唐启翠等．“圭璧以祀”三证《周礼》成书于汉初．上海交通大学学报，2018（1）

【解题】《周礼》以其系统而详备的职官职能、礼仪礼器等记载而成为一个悖论的存在：后人既援引为礼制重建的法典和考释礼仪遗存遗物的主要参考文献，同时，其真实性及成书年代又备受质疑，成为自其汉初现身以来的学术难题。文章系统梳理传世文献、出土文献和祭祀性遗址出土玉器的器类、纹饰、组合、尺寸，聚焦《周礼》记载最为详备的“圭璧以祀”的源流承传及其时代特征，以多重证据法再证《周礼》成书于汉初。今按，结论难以成立。

邱林．孙诒让“周公作《周礼》”说评析．烟台大学学报，2018（2）

【解题】《周礼》一书于诸经最为晚出，且记载多有不合之处，因而历来存在很大争议。刘歆最早提出《周礼》为周公致太平之道，经过郑玄的认可，这种说法后来得到更多的认同，孙诒让作《周礼正义》也延续此说。为了弥合“周公作《周礼》”这一默认前提，孙诒让有时不得不勉为其说，把歧异之处解释为时代差异是最常用的方法。孙诒让的学术背景、经学立场、个人局限，以及当时激烈的今古文之争，都是他延续旧说的重要影响因素。

礼记

王仁俊.《礼记》篇目考.国故，1919（1）

蔡介民.《礼记》成书之时代.新东方，1940（1）

【解题】《礼记》一书，文义糅驳，泾渭合流，既非成于一时，亦非出于一手。考其时代，实非西汉以前之书。班固前已有类似今之《礼记》之礼学丛书，不过内容繁驳不纯，《汉志》《隋志》等所谓《古礼记》《古文记》者，即为此书。至于东汉末马融、卢植等重加删定，益简蠲繁，以成今之49篇之《礼记》。

蔡介民.《礼记》成书时代再考.新东方，1940（5）

【解题】班固前已有类似今之《礼记》之礼学丛书，不过内容繁简不纯，章节不定。《隋志》《通礼》等书谓《礼记》为删取古礼而成，其实即删取此无定之礼学丛书也。《礼记》之编纂，由杂汇古今之说，博取累世之文而成。然则其编为今篇，与今《礼记》无以异者，乃东汉之马融、卢植也。

高葆光.《礼运·大同章》真伪问题.大陆杂志，1957（3）

【解题】《礼运·大同章》所讲已与孔子的遗教符合，非孔子不能做此语。《礼运》后半部分文字冗繁，且多谈礼，恐怕有荀派后学所增益的；若像篇首可以断定是孔子所讲过的，在新证据未发现以前难以判断是个赝品。

徐复观.孔门乐教传承的典籍——《乐论》与《乐记》的若干考证.中国艺术精神，上海：华东师范大学出版社，2001

【解题】《隋志》中的《公孙尼子》一卷，必是西汉之末（《汉志》上的），或是东汉之末（假定《汉志》上的已亡），由不相干的人所托名杂凑的，而以出自西汉之末的可能性为最大。《乐记》中关于音乐的理论，正是总结了孔门有关音乐的理论，可能是世界上出现得最早的音乐理论。

杨天宇.《礼记译注》前言.《礼记》译注，上海：上海古籍出版社，1997

许冠三.多元史络分析法在史料考证上的运用——有关大同书、孔运注撰述年代的几层分析.香港中文大学学报，1975（1）

蔡振修.《礼运·大同章》篇的作者和时代背景.中国语文，1977（2）

金钟.关于公孙尼子的《乐记》的断代和评价问题——兼与《乐记》批注者商榷.人民音乐，1979（7）

【解题】该文认同郭沫若和杨公骥的考证，即现传《乐记》是战国初公孙尼所作，而不是西汉刘德及其手下儒生所编纂，先秦时就存在这部完整的系统的宣扬儒家音乐思想的代表作。

孙尧年.《乐记》作者问题考辨.文史，1980（10）；《乐记》论辨，北京：人民音乐出版社，1983

【解题】《乐记》是孔子以后到西汉中期以前儒家论乐的综合著作，只有在汉武大一统时代才能出现这种著述。《乐记》除末三篇各自独立，其来源难于具体考定外，其主体部分八篇，具有一定的整体性，其议论非见于《荀子·乐论》，即据《荀子·乐论》引申，或与《荀子·乐论》同一源流。它主要是荀子门下所搜集的材料，所作的记录与阐说，经毛生等编纂成篇（亦应包括毛生的阐说在内，后来戴圣等或有更动）。他们有些吸收稷下道家一派学说，并以此修改了荀子的人性论；有些又接受思孟学说及后来《易传》思想影响，改变了荀子的天道观，渗进了性善论。这些都与西汉时代统治思想不可分割。《乐记》除末三篇及《乐施》议论较早出外，其余议论大部分当出于战国中期以后，小部分出于西汉。

冯洁轩．《乐记》作者辨——驳《乐记批注》．《乐记》论辨，北京：人民音乐出版社，1983

【解题】《乐记》的基本内容是取自《公孙尼子》，但直至西汉都不乏“好事者”掺杂进“新”内容去(《乐记》本身的部分内容也可能散失在其他书中)。

蔡仲德．《乐记》作者问题辨证．《乐记》论辨，北京：人民音乐出版社，1983

【解题】《乐记》的成书年代是在西汉武帝时代；《乐记》的作者是西汉河间献王刘德及其手下以毛生为代表的一批儒生；刘德作《乐记》时，曾广泛采用《周官》及诸子论乐文字，其中有些文字采自《公孙尼子》，但更多采自荀子《乐论》等；《乐记》成书后，其中十一篇由戴圣于汉宣帝时编入《礼记》，又有人将该十一篇收进《史记·乐书》。汉成帝时，王禹曾向朝廷献二十四卷（篇）本《乐记》，后亡佚；刘向校书，得23篇，后亦亡佚，唯有《别录》所著录23篇篇名及《说苑》所抄录1400余字流传至今。

吴毓清．《乐记》的成书年代及其作者．《乐记》论辨，北京：人民音乐出版社，1983

【解题】《乐记》不可能早于《吕氏春秋》，它的成书年代应在汉初或秦汉之际；就其结构之宏大，内容之庞杂来说，《乐记》大概也不是一人所能独自完成；就其材料来源来看，也是复杂的，不能完全排除其中可能有若干公孙尼子的东西。《乐记》虽然成书于汉，但却不能说其中的思想都属于汉人，《乐记》实由汉儒编纂而成，是一部带总结性意义的著作。

佚名．关于《乐记》的作者与成书年代问题．《乐记》论辨，北京：人民音乐出版社，1983

【解题】《乐记》成书于汉武帝时代，作者是刘德及其手下的一批儒生。汉武帝以前有不少儒生为了重整雅乐，企图从理论上说明雅乐的意义，却都因为没有“乐经”为依据而未能得逞，直到刘德等所作《乐记》出现后，才解决了这一难题。刘德等作《乐记》之前，不存在系统阐述儒家音乐思想的《乐记》；且《汉书》以前各书都没有提及公孙尼和《乐记》，因此可推论《乐记》的成书年代不在先秦，而在西汉。《礼记·乐记》抄《荀子·乐论》，说明其成书不在《荀子》前的春秋末、战国初，而在它之后的西汉。《乐记》内容重复的地方很多，表明它不是一个人的专著，而是采《周官》及诸子言乐事者，以作《乐记》。《乐记》中的“动静”说、“天理人欲”说，是孟轲“性善”论、《中庸》“情之未发已发”说的继承与发展，《乐记》还有浓厚的“天人感应”色彩，更反映了汉儒的思想。

林政华．《礼记·檀弓》篇之性质与著成时代．续伪书通考，台北：学生书局，1984

【解题】由篇中所记人物证明《檀弓》作于战国中叶之后，又由篇中所引用古书古语证明《檀弓》作于战国晚期之后，又由所用语法证明《檀弓》作于秦末，再由《淮南子》之引用证明《檀弓》作于汉武帝之前，得出《礼记·檀弓》为秦末汉初间儒者所编纂的结论。

徐喜辰．《礼记》的成书年代及其史料价值．史学史研究，1984（4）

【解题】《礼记》成书于汉末，既非成于一时，也不是出于一人之手，乃杂取当时的礼学类书而成。《礼记》虽然不是先秦时代的一部实录，但其中却保存着许多那个时期的材料，它在中国古代史研究中的史料价值，至少不在《周礼》《仪礼》之下。

陈野．从文献比较中看《乐记》的撰作年代．杭州大学学报，1987（3）

【解题】《乐记》并非全如持西汉说者所认为的那样思想驳杂、结构混乱，它自有其大致统一的思想主题和内在结构规律。而凡《乐记》与《乐论》《适音》《音初》诸篇相同相似的文字段落，均为后者对《乐记》的袭取引用。荀子引用《乐记》的目的，正在于借前人之言以驳墨子，增加自己论述的力量。《乐记》既为《荀子》《吕氏春秋》所袭，则其撰作于战国之说自可成立。

陈野．《乐记》撰作年代再辨析．浙江学刊，1987（3）

【解题】刘向《乐记》即为《礼记·乐记》，它是自战国流传的古本，其撰作年代当在战国。现存《乐记》中确有某些秦汉间思想意识的反映，因为后人的整理传抄，掺入一些不同时代的观点见解，本属难免，在古籍中不乏其例。仅凭某个观点不可能早在战国出现为由，否定整本《乐记》撰作于战国，这种方法是不可取的。

吕骥．关于《公孙尼子》和《乐记》作者考．中国音乐学，1988（3）

【解题】公孙尼子的理论有自己的体系，和荀子不同，《荀子》虽有专门论礼和乐的文论，但并未将礼和乐联系起来进行系统地论述，特别是《礼论》多从一些礼仪具体细节方面叙论，和《乐论》对比起来读时，深感不是一个作者，不是同一观点，用相类的方法对礼和乐联系起来又各有侧重进行理论探索。《乐论》不可能是荀子的著作，很可能是荀况学派的弟子根据荀子反对墨子非乐的学说而编撰的。刘向所校的是另一编《乐论》，现在这篇《乐论》大约是唐以后，原来的《乐论》亡佚以后，被收进来的，所以没有杨倞的注。

蔡仲德．《乐记》作者再再辨证——与吕骥先生商榷．中国音乐学，1989（4）

【解题】迄今为止持“公孙尼子作《乐记》说”和持“《乐记》成书于荀子之前说”的论者所提出的全部依据都是不能成立的，《乐记》作者只能是西汉武帝时的河间献王刘德及其手下以毛生为代表的一批儒生，而不可能是荀子之前的公孙尼子或旁的什么人；刘向校本与王禹传本的不同是篇数、文字上有所不同，而不是作者的不同；刘向校本与《礼记·乐记》在篇次、文字上也有不同，而刘校本早已亡佚，今存《乐记》既不是王禹所传本，也不是刘向所校本，而是《礼记》所收本。

姜亦刚．礼记成书于西汉考．齐鲁学刊，1990（2）

【解题】《礼记》是在西汉删定成书的，并驳斥了“《礼记》成书于东汉”的观点。

郭东明．《礼记·檀弓》的作者及其年代．齐鲁学刊，1990（4）

【解题】《檀弓》是战国中期儒家学子荟萃有关圣人师徒行丧礼的传闻、记事，以期申释为礼之要之作。

梁厚意．《乐记》作者辨．星海音乐学院学报，1990（3）

【解题】《乐记》是由河间献王刘德和毛生等撰辑，成书于汉武帝时代。约在《乐记》成书 80 年之后，戴圣将其编入《礼记》；又 20 年后，刘向开始校书，得《乐记》23 篇入《别录》。

朱正义等．关于《礼记》的成书时代及编撰人．渭南师专学报，1991（Z2）；人大复印报

刊资料（历史学），1991（12）

【解题】依据《礼记》的授受系统及汉代经学内部今古两家斗争的具体情况肯定汉唐诸儒的说法——《礼记》成书于西汉后期，它的编撰者就是宣帝时的戴圣。简单地以经学内部的斗争为根据来确定《礼记》的成书时间和编撰人，这一作法既缺乏对今古文经学纷争的兴起和发展过程的具体分析，也没有顾及一系列的历史事实，面临着许多矛盾。《礼记》非戴圣所传、成书于东汉的观点是不能成立的。

蔡仲德．与李学勤先生辩《乐记》作者问题．星海音乐学院学报，1995（1—2）

【解题】对李学勤《公孙尼子与〈易传〉的年代》一文"《乐记》为孔子再传弟子公孙尼子所作，故《易传》产生年代还要更早一些，与孔子直接有关"的观点提出商榷，对李文提出的十条依据逐一进行辩驳。赞同《乐记》沿袭《易传》之说，但认为《乐记》的作者并非战国初的公孙尼子，而是西汉武帝时的河间献王刘德及其手下以毛生为代表的一批儒生。

杨天宇．论《礼记》四十九篇的初本确为戴圣所编纂——兼驳洪业所谓"《小戴记》非戴圣之书"说．孔子研究，1996（4）

【解题】《礼记》四十九篇的初本确为戴圣所编纂，洪业因《礼记》中混有古文从而否认作为今文礼学博士的戴圣辑有《礼记》，是不能成立的。

南锡宪．《乐记》的思想源流、作者及成书年代考辨．东方丛刊，1998（3）

【解题】《乐记》中出现《易传》《吕氏春秋》、阴阳的思想，可见其成书年代最早也是战国末年以后；《乐记》中礼乐刑政结合的思想体现着汉代王霸交杂的时代气息；《乐记》总是摘录《荀子·乐论》的某些语句或段落，有时只是稍微修改一下使上下衔接；河间献王为了恢复雅颂传统，募集儒生，"采"以《周官》为首的诸子书中的有关音乐理论的论述，而"作"《乐记》；《乐记》的内容是从先秦诸子书和汉代的思想中汲取的，所以《乐记》中流露出先素诸子的思想和汉代的思想。

叶明春．《乐记》作者及成书年代论争述评（上）．星海音乐学院学报，1999（4）

叶明春．《乐记》作者及成书年代论争述评（下）．星海音乐学院学报，2000（1）

【解题】对自郭沫若1943年发表《公孙尼子及其音乐理论》至1997年5月蔡仲德《〈乐记〉〈声无哀乐论〉注译与研究》出版为止所能见到的文献作一梳理，以《乐记》作者及成书年代问题的论争为线条，就这一问题的历史和现状，以及"公孙尼子说"与"刘德说"的考据思路作一评说。认为"公孙尼子说"与"刘德说"最大的分歧在于对文献的运用及考据问题，而"公孙尼子说"者所持依据都不能成立，持"刘德说"者所持依据及所作考辨是合理的、正确的。

彭林．郭店简与《礼记》的年代．中国哲学第21辑，沈阳：辽宁教育出版社，2000

【解题】《礼记》传经诸篇年代不离《仪礼》左右；《礼记》通论诸篇当作于战国；郭店楚简多属"古文《记》二百四篇"之列。此外，《礼记》记述《礼经》之外礼制的《月令》《名堂位》《文王世子》《内则》《曲礼》《王制》《少仪》等七篇，《月令》为集《吕氏春秋》十二纪之首章而成，其年代已无争议；其余六篇，尚无明证，但也应该是先秦的作品。

孙星群．《乐记》研究百年回顾．中国音乐，2000（4）

【解题】就有关《乐记》的价值、研究现状、论争问题、认识论的定性、学科的定位、音乐美学的哲学基础、雅乐的理论反映等方面罗列众说，以见《乐记》的百年研究成果。

杨宝山．从郭店竹简《性自命出》看《乐记》的成书年代．国际儒学研究第11辑，北京：九州出版社，2001

【解题】《乐记》中的主要文字成书于战国时期，而且其作者很可能是公孙尼子；《性自命出》很可能与公孙尼子有关。

家浚．郭店楚简《性自命出》与《乐记》．贵州大学学报，2001（2）

【解题】郭店楚简《性自命出》与今传《乐记》有许多联系，但它不是《乐记》赖以发展的基础，更不是其原始版本。《乐记》吸取了简书（或当时的《乐》经）中的一些重要观点，并对之作了一定的阐发，远较简书全面、系统，其问世年代亦当远后于简书。简书不仅提供了一份先秦《乐》经的重要线索与实证，且为解决争论之中的《乐记》作者和产生年代，提供了一份非常有力的依据。

李昌铭．对于《乐记》的成书年代与作者的质疑．南昌高专学报，2001（4）

【解题】《汉书·艺文志》提供的史料是基本可信的，《乐记》应是汉武帝时刘德与毛生等人收集《周官》及诸子言乐事者所作，经汉成帝时刘向校书而得。

刘心明．《礼记·乐记》作于公孙尼之说辨误．山东大学学报，2002（1）

【解题】该文否定了《乐记》是由公孙尼所撰的观点，认为《乐记》中的各篇文字究竟来自何处，它们的作者究竟是谁，在现有的资料基础上，已经难以一一指明，能够确知的是，《乐记》是由西汉武帝时期河间献王刘德等人自儒家经典与孔门后学有关礼乐的论述中择录资料汇编而成的。

王锷．《礼记》成书考．西北师范大学博士学位论文，2004；北京：中华书局，2007

【解题】《礼记》49篇都是春秋末期和战国时期孔子及其学生、后学之作。先秦时它们或单篇流传，或收录在某一弟子的著作中，或被编选在儒家弟子传授的不同“记”文中，作者并非一人，写作年代前后不一，不能因《礼记》是西汉人戴圣编纂，就把《礼记》49篇认为是汉代的著作。文章从文献学角度，考察《礼记》各篇成篇年代和全书编纂者、编纂时间。大抵如下：《礼记》中春秋末期至战国前期的文献有《哀公问》《仲尼燕居》《孔子闲居》《儒行》《曾子问》《大学》《学记》《坊记》《中庸》《表记》《缁衣》《乐记》《曲礼》《少仪》等14篇，其中《哀公问》《仲尼燕居》《孔子闲居》《儒行》4篇是孔子的著作，《曾子问》《大学》是曾子的著作，《坊记》《中庸》《表记》《缁衣》4篇是子思的著作，《乐记》是公孙尼子的著作；战国中期的文献有《奔丧》《投壶》《丧服小记》《大传》《杂记》《丧大记》《问丧》《服问》《间传》《三年问》《丧服四制》《祭法》《祭义》《祭统》《王制》《礼器》《内则》《玉藻》《经解》等19篇，其中《奔丧》《投壶》是《礼古经》之逸篇，《丧服小记》《大传》《杂记》《丧大记》《问丧》《服问》《间传》《三年问》《丧服四制》9篇是专门论述丧葬礼之作，《祭法》《祭义》《祭统》3篇是论述祭祀礼之作，《王制》《礼器》《内则》《玉藻》《经解》5篇泛论先秦礼制；战国中晚期和晚期的文献有《深衣》《冠义》《昏义》《乡饮酒义》《射义》《燕义》《聘义》《文王世子》《礼运》《郊特牲》《檀弓》《月令》《明堂位》等13篇，其中《深衣》《冠义》《昏义》《乡饮酒义》《射义》《燕义》《聘义》7篇是战国中晚期的文献，《文王世子》《礼运》《郊特牲》三篇是战国晚期整理成的文献，《檀弓》《月令》《明堂位》是战国晚期的文献。《王制》《郊特牲》《乡饮酒义》《燕义》等个别文献，有秦汉人增加的文字，但其主体部分是先秦之作。

郝明朝．《礼记·乐记》非《王禹记》考．中国文化研究，2004（3）

【解题】通过对《汉书·艺文志》《汉书·礼乐志》等有关资料的考辩，认为《礼记·乐记》为献王等所作《乐记》的一部分，但《王禹记》决非献王等所作《乐记》。

龚敏．《礼记·礼运》篇的作者问题．古籍整理研究学刊，2005（1）

【解题】《礼运》为周秦之际子游氏之儒所作，其出约稍晚于《系辞》《中庸》，而略早于《孟》《荀》，将儒家从道家、阴阳家中吸取的新天道观与传统“礼”论作了一个结合，为儒家之“礼”寻求形而上的宇宙论根据，且以“礼”作为达到“大同”社会之构想的途径，是为战国时期儒家中较为理想和激进的一派，然这一派对个体之人性则较少注意，其内容反映了战国时期孔门后学中向外发展探求、关注社会人生的弘道派的观点，与荀子有所接近。

孙星群．《乐记》成书于战国中期的力证——以湖北郭店楚墓竹简为据．天津音乐学院学报，2005（3）

【解题】以郭店楚简为据，从多个方面论证《乐记》成书于战国中期，并对《乐记》与楚简《性自命出》篇中的性、情、德、道、礼乐五个问题进行比照。

吴亚文．《礼记》有关篇章作者及成文年代．吉林师范大学学报，2005（4）

【解题】《礼记》及其一些反映思想方面的重要篇章，绝大部分为战国中前期儒家的作品，撰成于七十子及后学之手，有些篇章稍晚出，绝不会超过战国晚期。这些东西经过多渠道流传，后经二戴删削编定成书，是对先秦儒学发展的总结与发挥。

薛永武．从先秦古籍通例谈《乐记》的作者．文学遗产，2005（6）

【解题】从先秦古籍通例的角度来谈，认为《乐记》成书肇始于公孙尼子，后经先秦历代诸子的阐释流变（包括荀子的《乐论》和吕不韦及其门客编写的《吕氏春秋》），最后由刘德、毛生等人“共采《周官》及诸子言乐事者”编撰或编著了《乐记》文本。

富世平．《乐记》的撰作年代与作者问题研究述评．图书馆杂志，2005（7）

【解题】《乐记》“非一人一时之作”。

王锷．清代《王制》研究及其成篇年代考．古籍整理研究学刊，2006（1）

【解题】《礼记·王制》“古者以周尺八尺为步”以前的经文部分，大概写成于战国中期，与郭店楚简写作的年代相近。“古者以周尺八尺为步”以后，显然是秦汉人解释前面“经文”部分的文字，在刘向父子整理图书以前，《王制》原文和解释文字已经抄写在一起，成为目前我们看到的样子。

龙珲．二十世纪《乐记》研究综述．黄钟（武汉音乐学院学报），2006（2）

【解题】就“关于作者与成书年代问题”“《乐记》整个思想体系的哲学基础”“《乐记》中的音乐美学思想”三个方面，对20世纪的《乐记》研究做了个综述。

王锷．《礼记·曲礼》成篇年代考．南京师范大学文学院学报，2006（3）

【解题】将《曲礼》与《仪礼》《大戴礼记》《孝经》《孟子》《荀子》《韩诗外传》《新书》以及郭店楚简《尊德义》等文献中的相关文字进行对比研究，认为《曲礼》成篇于春秋末战国初，整理编集者可能是曾子或其弟子。

刘跃进，孙少华．汉初《礼记·乐记》的版本材料与成书问题．古籍整理研究学刊，

2006（4）

【解题】《乐记》一名及其各篇的得名与最后成书，当在汉武帝之时，当时关于此书的材料早有流传。版本最早且以《乐记》为名的编订者，亦为汉武帝时代的人，河间献王等人的可能性最大，但他们只能算《乐记》材料的转述者或编定者，而非撰作者。今本《乐记》的成书时代也在汉武帝时期，其最后编定者为戴圣。之后，刘向对《礼记》中的《乐记》又有增益，惜其本不传。今本《乐记》成书之后，后人基本上未对原始材料进行较大改变，《史记·乐书》中保存的材料完全可以证明这一点。

王锷．春秋末期儒者德行和《儒行》的成篇年代．中国典籍与文化，2006（4）

【解题】《儒行》是孔子之作，很可能是由当时在场的鲁国史官记录后，经孔门弟子整理而成，成篇于春秋末期至战国前期。

赵德波．再论《乐记》的作者与成书年代．北京化工大学学报，2007（2）

【解题】现存的史料记载无法确定《乐记》的作者和成书年代，进而通过对文本文献的比较并辅之以出土文献研究的新成果进行了新的推断。结论是：《乐记》并非成于一人一时，其大部分的原始篇章应出于孔门“七十子后学”之手，且其大部分篇章应成于《荀子·乐论》之前，后虽经秦汉儒生的润色加工和部分的附益，但其材料的性质没变，主要反映了春秋末年到战国中后期的儒家文艺美学思想。

王锷．《礼记·礼器》的成篇年代．古籍整理研究学刊，2007（5）

【解题】根据《礼器》的内容，并与《周礼》《仪礼》、郭店楚简等记载进行对比，认为该篇作者可能是齐国人，子路弟子或后学，撰写时间在战国中期，《孟子》成书以前。

王云飞．《礼记》史料价值及其写作年代探析．重庆社会科学，2007（9）

【解题】《礼记》是汉儒集体编写的汉代太学的教材，主要内容是先秦典籍，某些内容为汉儒假托前人如孔丘的言论；其成书年代应在汉朝，书中有援墨入儒的内容，某些篇幅是武帝至宣帝时的论文；从《曲礼》《王制》《月令》和《燕义》等篇描写的大一统局面看，文章多为汉武之后言论。今按，结论难以成立。

黄娜等．《礼记》成书再考．四川教育学院学报，2007（11）

【解题】《隋书·经籍志》的相关记载并不能成为《礼记》并非戴圣所纂集的证据；汉代今古文之争多为利禄之争，而非学术之争，所以戴圣纂集《礼记》时收入古文经作品是完全可能的；《汉书·艺文志》所记载的“记百三十一篇”便包括《礼记》四十九篇。

谭德兴．论《乐记》的成书及其材料的时代特征．贵州大学学报，2008（6）

【解题】《乐记》成书于汉初，由河间献王刘德与毛生等编纂，汉代其他几种《乐记》皆源于刘德《乐记》。刘向《乐记》就是刘德《乐记》，这是皇家秘府所藏本，与士大夫王禹的《乐记》传本存在一定差异。现存《乐记》十一篇体现出强烈的杂采特征，编纂者不仅大段抄引“诸子言乐事者”，对其他典籍不言乐事的内容也通过改造融入《乐记》之中，上限可溯至战国初期，下限则截至战国末期。

钟仕伦．《乐记》作者考论——读《金楼子·说蕃》．文献，2009（2）

【解题】《金楼子·说蕃》关于《乐记》为河间献王的说法不无道理。沈约所说的“《乐记》取《公孙尼子》”，应理解为河间献王编《乐记》时，“裙拾”“编次”“引用”

了《公孙尼子》，如同《乐本》篇取《荀子·正名》《荣辱》《乐论》等篇，《乐礼》篇取《易·系辞传》等，其目的在于“综理古文，宣明旧义”。沈约的话反倒可以证明《乐记》的作者即是河间献王刘德。今按，结论难以成立。

田君．公孙尼子与《乐记》新考．交响（西安音乐学院学报），2009（3）

【解题】从学术史角度梳理有关公孙尼子的历史文献，为《乐记》成书时代提供新的视角。公孙尼即公孙龙，在子夏以后，孟、荀之前，是春秋战国之际儒家学派传人，公孙尼与古本《乐记》篇之形成关系甚密。

李广赞等．《乐记》成书题外辨．乐府新声（沈阳音乐学院学报），2009（3）

【解题】“《乐记》的作者是河间献王刘德及手下众儒生”的假设是可以成立的。今按，非也。

张磊．《曾子》源流与《大戴礼记》“曾子十篇”．古籍整理研究学刊，2009（3）

【解题】西汉戴德将《曾子》书整理成至少十篇后编入《大戴礼记》；刘向将《曾子》书整理为“十八篇”，并记入《别录》，亦即《汉书·艺文志》著录的“《曾子》十八篇”，该书至迟在南朝、隋之际就亡佚了。

刘光胜．《大戴礼记》“曾子十篇”研究综述．中国史研究动态，2010（3）

【解题】长期以来人们拘泥于《曾子》十篇晚出的说法，对曾子的研究只是依靠《论语》《孟子》《礼记》等文献记载，造成了对曾子思想的严重误读。上博简《内礼》的出土，证明《曾子》十篇晚出的说法不能成立，因此将《曾子》十篇和出土文献结合起来，重新审视曾子的学术思想，纠正学界研究的偏颇，是当前一项非常紧迫的任务。

张小苹．《礼记·乐记》非作于西汉考．四川师范大学学报，2010（4）

【解题】目前持《乐记》成于西汉者，所依据的材料主要是《汉书·艺文志》所记河间献王曾作《乐记》、桓谭引《乐记》有窦公见文帝事及应劭《风俗通》引《乐记》有武帝时丘仲制笛事。根据《汉纪》所录刘向语，认为《礼记·乐记》当是古文书，撰作年代应在秦始皇三十四年焚书之前。

肖磊．《乐记》作者问题新论．中南大学学报，2010（5）

【解题】关于《乐记》的作者，自古以来争论纷纷而无定论。从六经的含义及其流传入手，从学术背景上对《乐记》的作者问题进行深化，可知该问题的争论可能是一个难以有结果的结果；而以“治道”为中心要义对《乐记》思想进行挖掘和整合，才是最重要的。

王伟等．《乐记》作者及成书年代研究综述．文教资料，2010（6）

【解题】就《乐记》的成书年代和作者问题中的“战国时期的公孙尼子当为《乐记》作者”和“《乐记》是由西汉的河间献王刘德及其手下以毛生为代表的一批儒生共同编纂而成”两种说法，对学界半个世纪有余的讨论，择其要点进行综述。

叶国良．二戴《礼记》编纂的几个问题．齐鲁文化研究，2011（1）

【解题】由于《仪礼》一书偏重士礼，内容不完整，不足以满足当时阶级社会的需求，因此后仓用“推士礼而致于天子”的办法以求弥补，而其弟子戴德、戴圣则编纂二书，作为讲授《仪礼》的补充教材；至于篇章的来源，则撷取自当时能见到的与礼有关的篇章，包括《礼》古经、各种“记”及若干子书。并辩驳了“小戴《礼记》的篇章取自大戴”“二戴《礼记》的编者不是戴德、戴圣”“二戴《礼记》的编纂是为了建构治国道术的礼学论述档案柜”等说法。

张磊.《大戴礼记》"曾子十篇"为曾子遗说——以《论语》中曾子言论为参照.齐鲁文化研究，2011（10）

【解题】以《论语》中的曾子言论作为支点，将"曾子十篇"与之作比较研究，发现"曾子十篇"同《论语》中的曾子言论在思想上一致，只是"曾子十篇"中曾子言论更为丰富。据此推断，曾子遗说经由曾子门人弟子辑录成书，到西汉时期由学者戴德整理，收入《大戴礼记》一书之中。

刘光胜.《大戴礼记·曾子》分篇问题新探.深圳大学学报，2011（1）

【解题】从思想核心、对待生死的态度、人生境界、道德修养内容及目标等方面分析了《曾子》十篇的内在思想矛盾，主张《曾子》十篇应划分为内、外、杂篇，《曾子立事》《曾子制言》（包括上中下3篇）、《曾子疾病》5篇为内篇，《曾子大孝》《曾子立孝》《曾子本孝》《曾子事父母》4篇为外篇，《曾子天圆》为杂篇；而不同篇章之间内在的思想矛盾，可能是成书于不同弟子造成的。

杨合林.从书写方式推测《史记·乐书》的来源——兼说《乐记》成书的时代.湖南大学学报，2011（4）

【解题】通过比较发现《乐记》现存的两个文本（《礼记·乐记》和《史记·乐书》），发现文字书写多有不同，但书写方式却有高度的一致性。并推测今本《乐书》虽是由后人补入《史记》的，但其中的《乐记》文本却有可能曾为司马迁所亲见并经手，或为司马迁为撰写《乐书》收集、准备的原始资料。《乐记》应是传自先秦的一种关于礼乐文化的古文献，它在西汉多本并存、分途传播的事实也可证明此点。

姚春鹏等.从郭店楚简再论《乐记》成书年代.孔子研究，2011（4）

【解题】依据儒家文献，结合新出土的郭店楚简《性自命出》等资料，通过对气论、礼乐论哲学思想的发展，以及对荀子《乐论》与《乐记》所反映的时代精神风貌的差异三方面的研究，认为尚不能根据新出土的郭店楚简得出《乐记》为孔子弟子或再传弟子公孙尼子所作的结论，《乐记》成书于汉代与作者为河间献王刘德的看法是可取的。

张小苹.从《吕氏春秋》看《乐记》部分篇章的成书年代及其佚篇.西南交通大学学报，2011（5）

【解题】通过考察《吕氏春秋》仲夏、季夏二纪中的八篇文章与《礼记·乐记》相同的内容，认为《乐记》中的《乐本》《乐言》《乐象》等篇在《吕氏春秋》撰写前已经基本成书。而结合其他传世典籍中的相关记载，可以推测《吕氏春秋》仲夏、季夏二纪可能还保存了《乐记》十二佚篇中的《乐作》《说律》与《意（音）始》篇。

孙德华.试论《乐记》的作者及与子思学派的关系.聊城大学学报，2012（5）

【解题】从传统文献与出土文献两个角度进行考察，认为应该是《荀子·乐论》参考了《乐记》或《性自命出》，而不是相反；《乐记》的成书年代早于《荀子·乐论》，最有可能的作者是公孙尼子，属于子思学派的作品，可以纳入子思学派研究的考察对象。

甘良勇.《大戴礼记》研究.浙江大学博士学位论文，2012

【解题】第一章为"戴德与《大戴礼记》"，第二章为"《大戴礼记》佚篇考实"，第三章为"《大戴礼记》中的礼类文献"，第四章为"《大戴礼记》中的学类文献"，第五章为"《大戴礼记》中的政类文献"，第六章为"观像识人的变迁——从《大戴礼记》到九品官人法"。

丛月明.《礼记》的来源篇章及其撰写时代考证.文艺评论，2013（10）

【解题】《礼记》各篇章似应在战国时期陆续撰写而成，但其篇章窜入前后时代的史实或思想观念的情况是普遍的，甚至有一些篇章就是一些非本时代的资料的汇集，与其撰写成文的时代关系比较疏离。这些因素使得《礼记》撰写时代的确定，至少在当前成为一项不可能的工作。

张厚知.《礼记·儒行》成篇考论.古籍整理研究学刊，2014（6）

【解题】考察《儒行》成篇的生成背景，认为《儒行》并非孔子自卫反鲁答哀公之问而作。理由是孔子之时“儒服”的观念尚未形成，不能成为二人对话的引子；相关文献中鲁哀公对孔子向来是礼敬有加，不会以戏谑的态度问孔子；假借他人之口发自己的议论在当时已较常见，《儒行》正是孔门后学在受到轻视指责时，假托孔子之口所作的自我辩护的宣言。

吕友仁等.“天地君亲师”溯源考——兼论《礼记》的成书时代.河南师范大学学报，2015（3）

【解题】“天地君亲师”源出《礼记·礼运》，因为《荀子》中的五字缺少“亲”字，而《礼记》则不缺；而《礼记》成书早于《荀子》，这在郭店简、上博简出土问世以后已经成为学界共识。

宁镇疆.从古书形成过程看诸书“互见”的类型学问题——以《礼记·丧服四制》篇形成为例.学术月刊，2015（1）

【解题】《礼记·丧服四制》篇相较《大戴礼记·本命》《孔子家语·本命解》多出的内容，都当系后人妄增或注文混入。三书中的“丧服四制”节，《礼记》系统大失本貌，糅合进不少晚出的东西。但“丧服四制”节从大戴、《家语》中的尚未独立，到《礼记》系统中自为一篇，亦显示在小戴传习者那里其影响日隆。三书之中的“互见”，从“顶层”到“细部”，表现为诸多不同的类型，这表明诸书之间的“互见”关系是非常复杂的，因此相应的“类型学”区分尤为必要。

丁鼎.《礼记·月令》与“齐学”的关系——《礼记·月令》的作者与成篇时代再探讨.海岱学刊，2016（2）

【解题】关于《礼记·月令》的作者与成书时代的八种观点中，容肇祖与胡适等人所主张的邹衍所作说较为可信。有鉴于《礼记·月令》中所蕴含的阴阳五行思想与邹衍的思想体系非常接近，因此认为容肇祖与胡适等人将《礼记·月令》与《吕氏春秋》十二纪等看作是脱胎于邹衍作品的论断是很有见地的。即使还不能断言《礼记·月令》必定出于邹衍之手，最起码可以肯定《礼记·月令》是战国阴阳家的一篇重要著作，可以认定《礼记·月令》出于“齐学”，是一部属于齐文化的文献典籍。

朱子家礼

陈来.朱子《家礼》真伪考议.北京大学学报，1989（3）

【解题】梳理宋明至当下的关于《家礼》的讨论，考定今《家礼》一书中之祭礼部分确为朱子所作，而《语类》中“某今所定冠昏之礼”“某向定香礼”是指曾有《家礼》一书，而不只是行于私家之礼数。又从黄干、朱在及朱门其他高弟对《家礼》直信不疑的态度和吕氏《家范》保留的朱子祭仪的材料推定——《家礼》确为朱子所著。因为

《家礼》的完成当在张南轩、吕东莱二人死后，此时朱子已无可以讨论的亲密朋友，故此后未曾与人论起。

[韩] 卢仁数．朱子家礼与韩国中礼学．北京：人民出版社，2000

汤勤福．朱熹《家礼》的真伪及对社会的影响．宋史研究论丛（第11辑），保定：河北大学出版社，2010

【解题】《家礼》为朱子所作；《家礼》在南宋以后产生了巨大影响。

周鑫．《朱子家礼》研究回顾与展望．中国社会历史评论（第12卷），天津：天津古籍出版社，2011

【解题】从《朱子家礼》成书之真伪、《朱子家礼》与《书仪》之比较、《朱子家礼》文本之传布、《朱子家礼》祠堂制度之推行与祭祖礼仪之展开四个问题出发，回顾检讨既有研究成果，并就诸问题的未来前景及《朱子家礼》研究的整体方向提出具体意见。

[日] 吾妻重二．朱熹《家礼》实证研究——附宋版《家礼》校勘本．上海：华东师范大学出版社，2012

吕振羽．《家礼》源流编年辑考．华东师范大学博士学位论文，2013

毛国民．《朱子家礼》真伪考的历史回顾与探索．现代哲学，2018（1）

【解题】纵观《家礼》真伪学术争论史，伪本论最关键的人物是王懋竑、最焦点的文献是《家礼考》；真本论者惟有翻越王氏及其《家礼考》，才可能确立"《家礼》乃朱子书"之言。本文在邱濬、夏炘等前人的研究基础上，进一步补充和反驳王氏观点，并提出一些新证，如手书《家礼序》笔迹对照、《家礼》核心内容并不悖逆《仪礼》主旨、无"深衣之续衽钩边""丧服辟领""妇人不杖"等常识错误等。这些新证将指向"《家礼》乃朱熹早年草创之作"。

陈峰，肖永明．王懋竑《家礼》辨伪的逻辑进路与思想意义．现代哲学，2018（5）

【解题】《家礼》是否为朱熹所作，是元明以来儒者聚讼纷纭的学术公案。清儒王懋竑以精于朱学著称，撰作《家礼考》《家礼后考》《家礼考误》诸篇以证《家礼》非朱熹之书，在清代学术史、朱子学研究领域影响深远。近百年来，学者虽多反驳王懋竑之说，却对王懋竑辨伪《家礼》的逻辑进路缺乏完整清晰的了解。王懋竑辨伪《家礼》的逻辑进路包括征于古今礼书、验诸人情风俗、考之朱熹行年三方面。王懋竑将相关史料置于具体时空背景下进行考辨，对还原朱熹礼学思想的发展过程具有重要意义。

其他

刘千惠．吴澄《三礼考注》之真伪考辨．中国学术年刊（第34期），2012

【解题】从著录与版本、体例与内容两方面加以考察，并与《礼记纂言》相对照，从文字表达来看，《三礼考注》文字较为粗略，而《礼记纂言》文辞精当；就注释内容而言，《三礼考注》注解较为简省，且与《礼记纂言》态度明显有所不同；就内容分类来看，《三礼考注》与《礼记纂言》《仪礼逸经传》多有不同，由此推论《三礼考注》一书实非吴澄所作。

徐道彬．《昏礼从宜》辨伪．中国典籍与文化，2013（4）

【解题】从版本著录、文献内证和思想违异三方面论证《昏礼从宜》一书虽不能确认作者，但绝非江永所作。

陈士银．方苞对刘歆窜经的质疑——以《礼记析疑》为主要讨论范围．中国典籍与文化，2016（4）

【解题】方苞《礼记析疑》一书质疑《礼记》部分内容属刘歆增窜，尤其是“周公践阼”部分，旨在为王莽篡汉张本。对于方苞的质疑与论证，《四库全书总目》《新学伪经考》《刘向歆父子年谱》等诸家的处理，或流于表面，或处之漠然，或过于严苛，皆失公允。通过对《文王世子》《明堂位》《大传》《杂记》《祭统》等《礼记》篇目经文的重新整理，方苞力辨周公践阼之诬、武王梦帝与九龄之妄、成王幼弱之失实，并指出刘歆是以纬书解经的始作俑者，降服等增窜，也意在阿附王莽。

春　秋　类

春秋左传

章太炎．春秋左传读．章太炎全集第2册，上海：上海人民出版社，1982

【解题】于首篇通过考察丘姓与左丘明身份，认为丘明其氏与名也，左氏其官也，左氏即左史氏，犹言太史氏。又因《韩非·外储说右上》曰：“吴起，卫左氏中人也。”认为：左氏者，卫邑名。《左氏春秋》者，固以左公名，或亦因吴起传其学，故名曰《左氏春秋》；或曰本因左公得名，及吴起传之，又传其子期，而起所居之地为《左氏》学者群居焉，因名其地曰左氏。

章太炎．《春秋左传读》叙录．章太炎全集第2册，上海：上海人民出版社，1982

【解题】该书为反驳刘逢禄《左氏春秋考证·后证》而作，论证《左氏》“称传之有据，授受之不妄”。

章太炎．《春秋左传》疑义答问．章太炎全集第2册，上海：上海人民出版社，1982

【解题】太炎先生于《春秋》左氏学用力至多，该书为其晚岁之作，“为三十年精力所聚之书”。

刘师培．周季诸子述《左传》考．刘申叔遗书·左庵集卷二，南京：江苏古籍出版社，1997

【解题】考诸子文献关于《左传》的内容，与《左传》互证，对《左传》进行研究。

刘师培．左氏学行于西汉考．刘申叔遗书·左庵集卷二，南京：江苏古籍出版社，1997

【解题】考察《左传》在西汉的流传情况，意在证实《左传》于西汉广为流传。

刘师培．司马迁《左传》义序例．刘申叔遗书·左庵集卷二，南京：江苏古籍出版社，1997

【解题】司马迁所据之《春秋》为《左传》而非《公羊》。

［瑞典］高本汉著，陆侃如译．左传真伪考．上海：新月书店，1927；左传真伪考及其他，上海：商务印书馆，1936

【解题】该书分上、下两篇。上篇驳斥今文经学及康有为《新学伪经考》，证明《左传》不是刘歆伪造，而是秦焚书以前之著作；下篇由文法之分析，以《论语》《孟子》代表属于鲁地语言之书，求其虚字用法，以与《左传》相比，谓鲁语与《左传》不同，则著《左传》者非用鲁语之人。推广其法，更以《左传》与《论语》《孟子》《诗》《书》《庄子》《国语》各书相比，断谓《左传》与《国语》文法相近，而不尽同，《左传》非抄袭《国语》以成书。《左传》与其他各书文法之离异甚多，非后人模仿古书文法以伪著《左传》。又以《史记》与《左传》相比，而知《左传》已出于《史记》之前。以《左传》与汉初书相比，见其文法不同，因知《左传》当成于汉前。以《庄子》《吕氏春秋》《战国策》《荀子》《韩非子》各书相比，与公元前3世纪文法一致，而此复与《左传》文法不同，故疑《左传》成书于公元前3世纪之前。又以《左传》迄于鲁哀公二十七年，故断其书当成于公元前468年至公元前300年之间。

林语堂．《左传》真伪与上古方音．语丝，1928（27）；语言学论丛，上海：上海书店，1989

【解题】高本汉最大的贡献在于证明《左传》的语言有前后一律的特殊文法，又从中国古音考察，列举15条证据，证明《国语》与《左传》是同一方音，认为《国语》就是《左传》割余物。

卫聚贤．古史研究．上海：新月书店，1928

【解题】《春秋》的作者是孔子，《左传》的作者是子夏，《国语》的作者是左丘明。

陈景圣．《左传》之真伪问题．国学丛刊，1929（1）

顾颉刚．五德终始说下的政治和历史．清华大学学报，1930（1）；古史辨第五册，北京：朴社，1935

【解题】汉武帝去世后，国运日颓，社会上又冒出许多异说，其中值得关注的是“汉为尧后”与“汉为火德”两个命题，它们背后的理论体系已经由五行相胜转变为五行相生，并且都带有禅让或再受命的现实政治目的。为了弥缝这一学说与其他文献的矛盾，刘歆不惜遍伪群经，《左传》亦其一也。

钱穆．评顾颉刚五德终始说下的政治和历史．清华学报，1930（1）

【解题】无论是政治还是学术，从汉武帝到王莽，从董仲舒到刘歆，只是一线的演进和成长，绝非晚清今文学家和疑古派所说必有一番盛大的伪造和突异的解释，疑古派不必将这种变异归罪于刘歆。

钱穆．刘向歆父子年谱．燕京学报，1930（7）；两汉经学今古文平议，北京：商务印书馆，2001

【解题】以《汉书》为基本史料来源，“缕举向歆父子事迹，及新莽朝政，条别年代，证明刘歆并未窜改群经，《周官》《左氏传》二书皆先秦旧籍，而今古学之分在东汉以前犹未彰著，列举康氏之说不可通者二十八端”，力辟晚清今文家说，尤其痛驳康有为的《新学伪经考》。

［美］卜德．《左传》与《国语》．燕京学报，1934（16）；续伪书通考，台北：学生书局，1984

【解题】首先考察出《左传》《国语》引《诗经》次数多寡，以及使用语汇“帝”“上帝”次数多寡悬殊的情况，既而针对钱玄同认为两书为一书分化的八条证据予以反驳，指出：“这两部书的宗旨是不同的。《左传》是一部有系统的历史记载，故能表示一年一年的政治上的大事；然而《国语》不是通史，它只是好些演说词的合编，所以容易含有许多不正确的传闻，而不必用历史的观念对于大事作系统的记载。”通过《国语》与

《左传》都有记载的六件事，指出："有的部分是从同样的史料里取出的，或者是彼此相借用的，故同事而同文；有的部分是从不同史料里取出的，故同事而异文；还有这一作者得到一部分很丰富的史料，能作畅尽的记载，而那一作者则全未得到，以至不能下笔。无论如何，一个人绝不能从一部原有的书里著成或改成两部书。"

黄子雍．珂罗倔伦《左传真伪考》驳议．国立四川大学季刊，1935（1）；斯文，1943（10—11）

【解题】高本汉《左传真伪考》惟考《左传》言词异于鲁语，因谓作者本非鲁产，无与孔门，征之"于""於"，以为确乎不拔，其实蔽于一曲，撰文商订其失，以为不通乎声音之道、字例之条，不足以论词言。

杨向奎．论《左传》之性质及其与《国语》的关系．史学集刊，1936（2）；中国古代社会与古代思想研究上册，上海：上海人民出版社，1962

【解题】上篇从书法及解经语、凡例、"君子曰"、《左传》古本说等几个方面，讨论《左传》的性质；下篇专论《左传》与《国语》的关系。首先总结已有研究成果，其次讨论《左》《国》体裁的不同，一方面指出《左传》多记行，《国语》多记言，另一方面又指出："言行本为一致，求其记言而不记行，或记行而忘言，本不可得。故《左传》之中不能毫无言论之记载，《国语》亦未能满幅空言。"最后通过征引西汉以前对《左传》《国语》的不同称谓，证二书非一书分化。

莫非斯．《春秋》和《左传》的关系．考古社刊，1937

孙次舟．《左传》《国语》原非一书证．责善，1940（4）；续伪书通考，台北：学生书局，1984

【解题】据典籍所载刘向校书情形，指出《汉志》著录之《新国语》盖为刘向重行编定之本，故冠以"新"字。而《国语》与《新国语》篇数相差许多，是由于《新国语》为刘向重编时有所增益的结果。批评康有为不明古书流传情形，王莽乱后，《新国语》未传于东汉，是无足怪异的。又指《国语》经历代儒者损益，存于今者，当系残篇断简，非复完璧。批驳钱玄同的错误主要在于，不知两书一重记事、一重记言的重大区别；不知两书本不同科，《左传》犹后世之正史，而《国语》则杂史之流等。文章后面的部分则对两书细加比较，指出《国语》《左传》不仅文笔、体裁不类，言事亦多歧异，即或所记之事相同，而字句亦颇不同。而《史记》所载春秋时事，往往两书兼取；遇歧异处，则多从《左传》。这些都足可证明《国语》《左传》非一书之分化。

萧宗训．评《左传真伪考》及其它．文史季刊，1941（2）

【解题】对高本汉《左传真伪考》以及胡适、卫聚贤的观点进行商榷，要点有三：《左传》为依据鲁国史而作，并非系传体；著者是亲见孔子的左丘明作，而非其后之鲁君子，亦非晋国人；其书有后人补苴，而完成于威烈王元年以后。

刘节．《左传》《国语》《史记》之比较研究．说文月刊，1944

叶华．《左传》之编者时代问题．龙门杂志，1947（2）

牟润孙．左丘明传《春秋》考．民主评论，1953（11—12）

徐道邻．《左传》著者问题的商榷．民主评论，1953（15）

钱穆．孔子与《春秋》．东方学报，1954（1）；两汉经学今古文平议，北京：商务印书馆，2001

郭沫若．述吴起．青铜时代，北京：人民出版社，1954

【解题】最后一节谈到，左丘明者即左丘盲，亦即楚国左史倚相。所谓《国语》不必为左史一人所作，其所作者或仅限于《楚语》，所谓《梼杌》之一部分。吴起去魏奔楚而任要职，必早通其国史；既为儒者而曾仕于鲁，当亦曾读鲁之《春秋》；本为卫人而久仕于魏，则晋之《乘》亦当为所娴习。然则所谓《左氏春秋》或《左氏国语》者，殆本吴起就各国史乘之所纂集而成邪？吴起乃卫左氏人，以其乡邑为名，故其书冠以“左氏”。后人以左丘明当之，而传授系统中又不能忘情吴起，或即此故。

徐中舒．《左传》的作者及其成书年代．历史教学，1962（11）；中国史学史论集，上海：上海师范大学出版社，1980

【解题】《左传》出自左丘明的传诵，《左传》文章就是以这样的传诵作为蓝本，后来笔录成《语》，最后又在子夏门下长期讲习中，由子夏一再传弟子搜集更多的文献，排比整理，剪裁润色，编写成书，成书年代当在公元前375年—公元前351年。

张以仁．从文法、词汇的差异证《国语》《左传》二书非一人所作．续伪书通考，台北：学生书局，1984

蒋立甫．《左传》的作者及成书时代考辨．文学遗产增刊（第14辑），北京：作家出版社，1964

【解题】《左传》从《国语》中分出说不能成立；韩非采用《左传》的史料不容否认；虽然其中有后人附益的成分，但总体是左丘明所作，成书略后于《春秋》，大约总不出哀、悼间。今本《左传》已不是汉代旧本，而是经过了杜预改编，如果从中删除经文及解经语句、附会时事的话，再按照记事本末连缀因编年而拆散的传文，庶几乎接近司马迁所见的旧本《左氏春秋》。《左传》本名《左氏春秋》，原来不专主《春秋》而发，但因它与《春秋》所记述的为同一时期的历史大事，成书时间又相近，左丘明其人与孔子又有一定接触，因此其书大部内容可视作《春秋》的本事；另一方面因其不是专传《春秋》的，又不可免的存在“无经的传文”或“有经无传”的现象。

徐复观．《春秋左氏传》若干纠葛的澄清．两汉思想史，台北：学生书局，1976；上海：华东师范大学出版社，2001

【解题】称《左氏传》为《春秋》，今日可以考见的，当始于韩非；《韩非子》全书引自《左氏传》或出自《左氏传》者，有23条之多，甚至有两条有“故《春秋》记之曰”，是韩非称《左氏传》为《春秋》的铁证。《韩非子》中亦引有不少《国语》的材料，但决找不出称《国语》为《春秋》的痕迹。此外，《难四》所引“君子曰：昭公知所恶矣”，即《左氏传》的“君子谓昭公知所恶矣”，由此可以证明《左氏传》中的“君子曰”为原书所固有，进而否定《左传》为刘歆所伪造的说法。

徐仁甫．马王堆汉墓帛书《春秋事语》和《左传》的事、语对比研究——谈《左传》的成书时代和作者．社会科学战线，1978（4）

【解题】通过避讳、史事、词语的比对，认为《春秋事语》在《左传》之前，其事实多见于《左传》，其词语多不见于《左传》，《左传》作者只是采其事实，而略其词语。刘歆行文用字与《左传》相合，当为刘歆伪托。

徐仁甫．《左传》的成书时代及其作者．四川师院学报，1978（3）

【解题】一、《左传》和《国语》并非一人之作；二、《左传》成书在《吕氏春秋》

和《韩非子》之后；三、《左传》成书在《公羊》和《穀梁》之后；四、《左传》成书在《史记》之后；五、《左传》成书在《新序》《说苑》《列女传》之后；六、《左传》的思想内容具有西汉时代的特征；七、《左传》成于刘歆之手。

徐仁甫．左丘明是《左传》还是《国语》的作者．社会科学研究，1979（3）

【解题】左丘明是《国语》的作者，《左氏春秋》原名《春秋国语》，“左氏不传《春秋》”，这个“左氏”不是指的《春秋左氏传》，而是指的《春秋国语》。司马迁只见《国语》未见《左传》，通过解经、记事和文辞的对比，可证明《史记》在《左传》前。

宋敏．《左传》的作者和成书年代的商榷．吉林师范大学学报，1979（3）

【解题】这是与徐仁甫《马王堆汉墓帛书〈春秋事语〉和〈左传〉的事、语时比研究——谈〈左传〉的成书时代和作者》的商榷文章，结论：只根据避讳与否论定成书年代，不一定可靠；《左传》篇幅很大，不是学者所能尽得的，所以书籍多由师承，《春秋事语》的作者在当时条件下，也完全有可能见不到《左传》，更何况《春秋事语》是一种儿童读本，辗转传抄，讹误也愈多，本来是好书，被抄坏了，也有可能；刘歆行文用字与《左传》相似，也可以是刘歆模仿《左传》，而不必是刘歆是《左传》的作者。总之，《左传》成书决不在《春秋事语》之后，即使经过刘歆窜改，《左传》的成书也不在西汉。

洪成玉．《左传》作者决不可能是刘歆——与徐仁甫先生商榷．北京师院学报，1979（4）

【解题】《左传》决不可能是刘歆伪作而托之左丘明的。并对徐仁甫《马王堆汉墓帛书〈春秋事语〉和〈左传〉的事、语时比研究——谈〈左传〉的成书时代和作者》一文进行批驳：仅仅依据某书个别字的避讳与否，不足以断定某书的成书年代；依据两书记载同一事件时详略的不同，推断出详者在后，略者在前，这种方法不是很可靠的；“刘歆行文用字与《左传》相合”所用的论据，失于牵强附会，《左传》从“行文用字”到文章风格，同《汉书》的《艺文志》《律历志》相比较，不仅不像出自一人的手笔，而且还不像同一时代的著作；《律历志》共引《左传》28处，直书“传曰”，引文与《左传》也稍有出入，如果刘歆有意作伪，照抄原文，或像班固《汉书·五行志》那样在引文前标明“左氏”字样，岂不更好；《汉书》除《律历志》外，《刑法志》《五行志》等也大量引用《左传》的文字，班固和刘歆是同一时代的人，对刘歆伪造这么大一部作品，竟然毫无所知，并大加引用，这是不可理解的；《五行志》中所引的《左传》记载的怪异现象，有不少后面还有刘向的评论，父亲对儿子的伪作进行评论，除非是他们父子共同作伪，否则也是不能理解的。

方炫琛．《春秋左传》刘歆伪作窜乱辨疑．政治大学硕士学位论文，1979

杨伯峻．《左传》成书年代论述．文史，1979（6）；杨伯峻学术论文集，长沙：岳麓书社，1984

【解题】论证《左传》成书于公元前403年至公元前386年。

洪顺隆．论《左传》的成立时代．简牍学报，1979（8）

洪顺隆．论《左传》的作者．木铎，1980（9）

赵光贤．《左传》编撰考（上）．中国历史文献研究集刊第一集，1980；古史考辨，北京：北京师大出版社，1987

赵光贤．《左传》编撰考（下）．中国历史文献研究集刊第二集，1981；古史考辨，北

京：北京师大出版社，1987

【解题】《左传》与《春秋》原是各自独立的书，今本《春秋左氏传》，被当作解释《春秋》的书，是经后人把记事之文与解经之文合并而成的；记事部分是《左传》的原本，解经部分包括评论在内，是在较后时期加进去的，经过改编之后，这两部分常常紧密地结合在一起，不易分开；《左传》中还有不少只解传而不解经的话，被解释之事都不见于经而见于传，显然这些传文是属于原本的记事，这些解传的话都是改编者后加上去的。作者还发现《左传》记事不仅有和《春秋》不同的，而且有违反经意的，与孔子思想不合的；《左传》解经部分中错误就更多，越发不像是左丘明所写的东西；故《左传》一书，不论较早的记事部分，或晚出的解经部分，都与左丘明无关。《左传》绝非刘歆伪造，非割裂《国语》而成，《左传》亦非子夏或吴起所作，其作者是鲁人左氏。《左传》一书，作为一部纪事体的史书，成书最迟在前430年后不久；改编为编年体的记事兼解经的书，当在前352年之前。《左传》的编成，包括解经部分在内，至晚当在战国末叶以前，否则便不能为荀卿、韩非及吕不韦的门客们所引用。至于在传写过程中有后人附益，那年代就不可考了。

何敬群．左丘明作《左传》问题之检讨．珠海学报，1980（11）

黄葵．《左传》之作者及其他．广西大学学报，1981（2）

【解题】《左传》作者是托名“左丘明”的，《左传》中评论人物、事件时，都用“君子曰”发表意见，记录了前人特别是子夏在传授《春秋》时代表当时舆论发表的评论意见，而这个“君子”，就是指的左丘明、子夏等人。作者托名左丘明，还着意隐喻了子夏（司马迁说左丘明是“鲁君子”，孔子则鼓励子夏“为君子儒”；司马迁说“左丘失明”“左丘无目”，本传说子夏也是“失明”；司马迁说左丘明学生很多，“惧弟子天人异端”，本传说子夏居“西河教授”，弟子也很多。二人太相像了，其中必有奥妙)。

杨伯峻．《春秋左传注》前言．春秋左传注，北京：中华书局，1981

【解题】《春秋》本是鲁史旧文，和孔丘有关，仅仅因为孔丘用过《鲁春秋》教授过弟子。《左传》作者不是左丘明，不但不是《论语》的左丘明，也没有另一位左丘明，因为《汉书·古今人表》以及其他任何史料都没有提到第二位左丘明；吴起虽然传授过《左传》，《左氏传》之称绝不是因为吴起是左氏人；后人所谓刘歆等增益者都不可信；其人可能受孔丘影响，但是儒家别派。此外，作者又通过《左传》预言是否灵验，推测《左传》成书于公元前403年至公元前386年。

徐仁甫．《左传》疏证．成都：四川人民出版社，1981

【解题】《左传》非春秋人左丘明所撰，乃西汉末年刘歆博采群书编撰而成，而假托左丘明之名。此观点其来有渐，先是唐陆淳、宋王安石、郑樵谓左氏非丘明；中有宋林黄中谓《左传》中“君子曰”为刘歆窜入之辞，清刘逢禄谓《左氏》凡例、书法出于刘歆；后有康有为谓《左传》乃刘歆割取《国语》而成。今按，其说难以成立。

徐仁甫．跋美国学者卜德《〈左传〉与〈国语〉》三事．《左传》疏证，成都：四川人民出版社，1981

【解题】增引《诗》《书》之习始于刘向，刘歆撰《左传》继之；《国语》成书在前，《左传》采之而大加修整耳；《左传》采《国语》或兼采《史记》，又虚构事实或议论补充之。

徐仁甫．论刘歆作《左传》——与持不同意见的同志商讨．文史，1981（11）
胡念贻．《左传》的真伪和写作时代考辨．文史，1981（11）；中国古代文学论稿，上海：上海古籍出版社，1987

【解题】《左传》成于春秋末年，为左丘明所作，后人虽有窜入，但基本上还是保存了原貌。

侯廷章．《左传》的作者究竟是谁．南都学坛，1982（1）

【解题】《左传》的作者除了左丘明以外，不可能是任何另外一个人。后人对于去古不远的两汉学者的说法不加考虑，却对唐代以后的猜揣之辞深信不疑，不知何故？

张高评．《左传》之作者及其与《国语》之关系．左传导读，台北：文史哲出版社，1982
张高评．《左传》成书之时代及其背景拟议．左传导读，台北：文史哲出版社，1982
郑良树．《左传》“君子曰”非后人所附益．竹简帛书论文集，北京：中华书局，1982

【解题】《左传》“君子曰”非后人所附益，理由如下：先秦古籍引及《左传》“君子曰”；《左传》“君子曰”引逸诗、逸书；《左传》“君子曰”语有重复；《左传》“君子曰”异于《国语》“君子曰”；《左传》有“君子曰”犹《国语》之有“君子曰”。

郑良树．再论《左传》“君子曰”非后人所附益．竹简帛书论文集，北京：中华书局，1982

【解题】为《〈左传〉“君子曰”非后人所附益》续篇，增入作者在《史记》中发现的三条论据，并转录杨向奎《论君子曰》一文中列举的两类证据，认为“《左传》‘君子曰’非后人所附益”可成定案。

陈茂同．《左传》的作者及其成书的年代问题．厦门大学学报，1984（1）

【解题】《左传》绝非与孔子同时的左丘明所作，全书引用孔子评论历史时事的话共三十条，可见其作者应是孔门信徒。杨伯峻说是“儒家别派”，似不可从。又认为杨伯峻从预言灵验与否来推断《左传》成书的年代是不科学的，间有取之所需而自相矛盾的毛病，很难取信于读者。

顾颉刚．《春秋》三传与《国语》之综合研究．成都：巴蜀书社，1988
唐嘉弘．《左传》的编次、传授系统及其与《国语》的关系．河北师院学报，1988（3）
李平．论《春秋左氏传》的形成——从左丘明到刘歆．政治大学硕士学位论文，1988
邱德修．《左传》是刘歆伪造的吗．国文天地，1988（4）
张汉东．孔子作《春秋》考．齐鲁学刊，1988（4）

【解题】先对“孔子未作《春秋》，现存《春秋》乃鲁史旧文”的八类证据予以批驳，又从《史记》和先秦诸子的相关文献，以及《春秋》中的相关内证，证明今存《春秋》就是孔子所作。

单清江．《左传》成书年代质疑．文史知识，1989（7）

【解题】司马迁《史记》中所说的《左氏春秋》，是一部独立的历史著作，并不就一定等于《左氏春秋传》；此后又经过了各个时期人们的不断补充、加工和修改。至汉时，解经之学大兴，《左氏春秋》很可能是在这时经过经学大师们的较大修订、补充、调整，成为《左氏春秋传》，由一部独立的历史著作成了与《公羊传》《穀梁传》性质相仿的解经之作。于是，人们才省称“左氏传”或“左传”。

张以仁．孔子与《春秋》的关系．春秋史论集，台北：联经出版事业公司，1990

【解题】主要针对杨伯峻《春秋左传注·前言》中的相关说法而发，先介绍孔子修作《春秋》的早期资料，并对之进行检讨，发现早期资料皆肯定《春秋》乃孔子修作；而后又对杨说进行检讨，发现无一项可以成立。结论为：孔子修作《春秋》之说，既有早期资料为证，后人所持反对意见又皆不能成立，则当依从旧说，确认今传《春秋》实系孔子修作。

张平辙．《春秋》《左传》的作者究竟是谁．西北师范大学学报，1990（6）

【解题】该文否定了孔子修《春秋》、左丘明作《左传》的说法，认为今存《春秋》是战国初期从鲁国分裂出去建都于费的季孙氏费国史记，依附于费君也就是季昭子的曾申取费国史记（迄止鲁哀公十六年孔丘卒）即今存《春秋》为经为教材，以所作讲义为《传》，是为后人所称的《左传》。所谓孔子修《春秋》，左丘明作《传》则完全是不可能的。

浦卫忠．《春秋》三传综合研究．中国社会科学院博士学位论文，1990；台北：文津出版社，1995

【解题】该书第一编"《春秋左氏传》研究"分四章，第一章"《左传》的成书及其与《春秋》的关系"认为《左传》编撰者不是孔子入门弟子，未经孔子口授《春秋》；第二章"刘歆与《左传》书法、凡例、君子曰"认为《左传》在西汉以前已经相当流行，绝非刘歆伪造。第三章"《左传》书法考辨"认为《春秋》一书是在史官修史的基础上，经过统一的修改和文字上的润色而成，所以《春秋》一书是有条例的；而《左传》的书法并非完全合于《春秋》的原义，因为《春秋》《左传》来自不同的历史流传系统，它们的成书有早晚，它们所表现的思想、关注的问题也必然因时代不同而相异。第四章"《左传》'君子曰'的思想"认为"君子曰"是先秦史家所共有的一种道德、价值评判和社会观的阐述，非《左传》所独有。我们不应仅限于是否刘歆窜入以及年代诸问题，应把"君子曰"看成一个思想体系，通过研究，重构出他的社会观以及价值观等，这可能有助于我们对先秦儒家有一个较全面、较深入的认识。

王伯虎．《〈左传〉成书年代质疑》的质疑．文史知识，1991（4）

【解题】批驳了单清江《〈左传〉成书年代质疑》的三处论据，认为其说法是不能成立的。

亦鸣．《左传》作者及所记载时间．盐城师专学报，1991（2）

【解题】关于《左传》作者，曾有几次争论，我们今天一般从左丘明之说；关于《左传》所载的时间，上限已基本定论，即鲁隐公十一年（公元前722年），下限仍有争议。

陈松青．《左传》成书于西汉前期小考．中国文学研究，1991（3）

【解题】论证了《左传》的成书上限不会早于汉兴之时，下限不会晚于汉武之世，进而认为《左传》当成书于陆贾之后，司马迁之前。

沈玉成等．《春秋左传》学史稿．南京：江苏古籍出版社，1992

【解题】此书第十一章、第十二章对《左传》真伪问题之争进行了梳理，重点阐述了今文派与古文派的不同意见。

姚曼波．孔子作《春秋》辨正．江西社会科学，1993（10）

【解题】孔子作《春秋》，历时数十载，内容充实，"深切著明"，体大精深，是

"借史明志"之书，而不可能是被讥为"断烂朝报"的"春秋经"；孔子在给弟子讲"春秋经"即"鲁春秋"的过程中，发凡起例，补充以具体史实进行说明，后来又在游历各国、征集史料的过程中，扩大完善体制、规模，又在"借史见志"的思想指导下，进一步加工，编纂成书；孔子作的"春秋"，并非"经"，而是"传"——即今以左氏命名的《左传》(底本)。司马迁时代，孔子的《春秋》还存在，太史公每每称之为"春秋""春秋古文"；但到刘向、刘歆时代，则惟余"春秋左氏传"，而孔子的"春秋古文"则佚失。孔子《春秋》与《左氏传》体例不同，《汉书·艺文志》中分别记为"《春秋古经》十二篇、《左氏春秋》三十卷"。今之《左传》文每每有割裂之痕，乃左氏之所为。今按，其说不能成立。

姚曼波．孔子作《春秋》即"春秋传"说初证．文献，1994（3）

【解题】论证了孟子、司马迁所说的"孔子作《春秋》"即指"春秋传"，又进一步从《左传》文本来证实孔子作"春秋传"(《左传》中贯穿全书的五十多则"仲尼曰""孔子曰"透露了孔子作史之迹；《左传》体现的创作思想与孔子思想的高度一致；《左传》的哲学宇宙观与孔子的高度一致；《左传》的写作年代与孔子相符合；《左传》国别、地域与孔子相符合；《左传》最后部分对仲尼生平事迹记载出于后人或门徒手笔)，再结合孔子生平考察"孔子作《春秋》"，认为孔子作的《春秋》，并非"春秋经"，而是"春秋传"。今按，其说不能成立。

牛鸿恩．论《左传》的成书年代．首都师范大学学报，1994（4）

【解题】第一部分认为《左传》成书于前4世纪七十、六十年代，杨伯峻定《左传》成书于前403年至前386年间时代偏早。第二部分通过预言考证《左传》成书的年代，辨析胡念贻思想方法之误和对于史实的失考，其"《左传》作于春秋末年"的论断有失客观，并对第一部分论点作了进一步申述和补充。

赵光贤．论《左传》和《春秋》是什么关系：评沈玉成著《春秋左传学史稿》第十二章．史学理论，1994（4）

桑秋杰．《左传》作者及作者姓氏考．长春师范学院学报，1995（3）

【解题】根据大量史籍论证《左传》作者应为左丘明，并兼论及其姓左名丘明而非其他的依据。

姚曼波．从汉初学坛探考"孔春秋"——兼考"春秋三传"．文献，1995（3）

【解题】从汉初称引孔子《春秋》来考察，认为孔子所作《春秋》乃"传"——即今《左传》之蓝本，本身即包含"经"与"传"两部分。孔壁"古文经传"即孔子所作之《春秋传》，司马迁大量称引其史料，尽管与《左传》相同，但每每称《春秋古文》《春秋》，而从不称引《左氏》，原因即在此；《淮南子》《新语》《春秋繁露》亦大量引用"春秋传"史料（同于《左传》），亦只提孔子《春秋》而从不提左氏，原因亦在此。今按，谬论也。

曲德来．《正考父鼎铭》非伪托说．古籍研究，1998（1）

【解题】就郭沫若关于《正考父鼎铭》的说法提出反驳，认为其由《左传》表而述之，又经《庄子》征引，《史记》亦采其文，不可能为后世伪托。刘歆并没有窜改《史记·孔子世家》以伪造《左传·昭七年》关于"正考父鼎铭"的文字；刘歆也没有伪造和改窜《国语·鲁语》关于正考父的文字，正考父辅佐宋国的戴、武、宣三公绝不可能是宋襄公时代的人；“正考父鼎铭”并不是刘歆改窜《庄子》、模仿《檀弓》而伪托的，《庄子》所述正考父的情况，正是从《左传》而来，这为《左传》所述的“正考父鼎铭”的真实性增加了有力的证据；“正考父鼎铭”的铸制和内容都是符合时代“礼”的规范要求的，孟僖子称引了它，证实了它的可靠性。

姚曼波．也从虚词文法考《左氏春秋》的年代与作者——兼评高本汉“‘左氏’非鲁人”说．江苏教育学院学报，1998（1）

【解题】高本汉的最大失误在于，考察《左传》的虚词用法时完全忽视了对《春秋经》的考察，而恰恰是这部自古以来被公认是鲁人所修的鲁史中，“于”字用得最多，“于”“於”的比例是439：15。又对先秦典籍使用“于”与“於”的频率作了比较，发现时代越晚，作品用“于”的比例越小，推断《左传》的成书时代早于《国语》和诸子散文。又从“若”与“如”、“与”与“及”、“斯”与“乎”等的使用作了考察，认同胡念贻先生的结论：“《左传》是史书，它的文字要求典雅一点，所以它用的多是一些在经典中常用的助词，如用‘若’作‘假使’；用‘则、此’，少用‘斯’；不用‘乎’作‘放’；不用‘於’字作疑问词尾等，都是基于这种要求……《论语》和《孟子》多是对话记录，语言可以通俗活泼一些，所以它用只见于《国风》的‘乎’作‘於’，用不见于古书的‘与’字作疑问语尾等，都体现了这种特色。《左传》产生的时代略早于《论语》，也是用字有所不同的一个原因。”《左传》一方面承《书经》时代的古虚词，用“若”“及”“于”，同时又开战国之先，兼用了“如”“与”“於”。另一方面，又很少用或不用盛行于战国的“斯”“乎”和疑问词尾“与”，这证明了《左传》成书于春秋、战国之交，故其文风也承春秋之余韵而开战国之先声。

姚曼波．从《论语》考孔子作《春秋》——三证孔子作“春秋传”．文献，1999（1）

【解题】《左传》作者“好恶”同于《论语》而异于左丘明的《国语》，对同一史料的改写中《左传》更突出地表现出异于《国语》而同于《论语》的倾向，《左传》用语、修辞也同于《论语》异于《国语》，认为《左传》在思想倾向、细节描写、语言风格、措辞用字等方面大多盖有孔子的烙印，进而推断《左传》主体部分为孔子所作。

寇养厚．关于“《春秋》三传”的两个问题．殷都学刊，1999（3）

【解题】对“《春秋》三传”的作者、成书过程，以及在汉代的出现，和汉代君主对“三传”的不同态度，做了些考查，对其中的一些问题，提出自己的看法。

孙开泰．从《左传》的史学思想看其作者．史学理论研究，1999（4）

赵长征．20世纪《左传》研究概述．文史知识，2000（10）

姚曼波．“《春秋》笔削义法”新说——突破“春秋学”千年误区新探．江西社会科学，2000（10）

【解题】考先秦至汉初典籍，凡称名皆“孔子作《春秋》”，而所征引《春秋》皆出自《左传》。《左传》乃左丘明“因孔子史记具论其语”而成，与左丘明所撰《国语》思想倾向、语言风格皆截然不同。显然《左传》主体即“孔子史记”，也即孔子所“笔削”的《春秋》，“笔削义法”即存于其中。今按，其说不能成立。

姚曼波．孔子作《春秋传》史实考．江苏教育学院学报，2001（4）

【解题】孔子作《春秋》非“春秋经”，乃“春秋传”即《左传》蓝本。综观孔子生平，其周游历国，学《易》序《书》、删《诗》正《乐》、征《礼》考《时》，传《五帝德》《帝系姓》《礼记》《夏小正》，无一不是与作《春秋》密切相关。孔子自鲁司寇辞官以后，“作《春秋》”就成了他的奋斗目标，他借此完成了“行道”立功立德立言，垂名后世的宏志大愿。今按，其说难以成立。

牛鸿恩．厌弃《春秋》尊《左传》——姚曼波女士《左传》“蓝本”作于孔子说驳议．聊城大学学报，2002（1）

【解题】自1993年以来，姚曼波在多种刊物连续发表六篇系列文章，认为孟子、司马迁所说“《春秋》”是指《左传》，孔子所作《春秋》非“经”而是“传”——即《左传》之蓝本。姚文的思想方法、论证方式和论点论据都值得商榷。具体分析了《孟子》《史记》对孔子作“春秋”的论述，并比较了《论语》和《左传》在思想观点、语言运用方面的不同，论定孔子从未有作《左传》之事。姚文的观点没有任何站得住的论据，其论证方式不是对相关资料作具体、客观的分析，往往不顾及原文条理脉络，而东摘西寻，按既定方向，作主观的发挥，并大胆改铸事实，对不利于自己的证据，或忽略不计，或避而不谈，其主观随意性实可与康有为《左传》出于刘歆说相比。

姚曼波．再论孔子作《左传》蓝本——驳牛鸿恩先生之“驳议”．聊城大学学报，2002（6）

【解题】文章首先论列牛鸿恩的论点、论据及论证方法之谬误20条；其次以史实为据，指出汉代名家硕儒所共同称道的孔子《春秋》之中“弑君三十六，亡国五十二”，是孔子作《左传》蓝本的不可否定的铁证之一。

姚曼波．孔子“修《春秋经》”之说乃“乌有之谈”——二驳牛鸿恩先生之“驳议”．江苏教育学院学报，2002（7）

【解题】着重以“一经三传”的事实，指出“孔子修《春秋经》”说查无实据；《春秋经》“书法”不一，未经“笔削”；《春秋经》与孔子思想不合。最后认为“修《春秋经》”说是“乌有之谈”，是汉儒经生名符其实的“圣化”造伪。今按，结论难以成立。

姚曼波．《春秋》考论．南京：江苏古籍出版社，2012

【解题】该书提出了一系列的新观点：一、孔子所作《春秋》，不是《春秋经》，而是独立的著作，是今之《左传》的蓝本；《左传》的真正作者是孔子。二、孔子《春秋》的原貌——是记载着“弑君三十六、亡国五十二”史实的纪事本末体。三、左氏割裂孔子《春秋》，加入逐条解经语而形成编年体。四、《左传》主体即“孔子史记”，也即孔子所“笔削”的《春秋》，其“笔削义法”亦存于其中。五、《左传》全书史实翔实之国（除了小部分得自《国语》外），恰恰正是孔子游历之国，这说明其史料主要得自孔子的十四年游历各国搜集的“史记旧闻”；孔子后半生治学——传《书》、删《诗》特别是五十多岁开始学《易》，皆与其作《春秋》息息相关。今按，结论难以成立。所谓创新多为妄论。

王和．《左传》的成书年代与编纂过程．中国史研究，2003（4）

【解题】分《左传》中的“君子曰”问题、《左传》史料取材逐国析略、《左传》成书年代考、关于《左传》原书的体裁、《左传》的改编过程五个专题来考察。《左传》的成书年代应在公元前375年至公元前360年。《左传》在成书之初原为纪事本末体，以后经过后人改编，才变为分年附于《春秋》的编年体，成为后人所谓的“《春秋》三传”

之一。《左传》在编纂上经历了三个主要阶段：（一）战国前期鲁人左氏所作纪事本末体史事汇编，这是《左传》的原貌。（二）由后代经师改编为编年体，用它来解释《春秋》。这一过程大约是在战国中后期进行的，至迟在战国末叶之前必已完成。改编后的《左传》最初并不是立即依年附经，与《春秋》合为一部；而是经自经，传自传。（三）晋杜预将《左传》依年附于《春秋》，这就是今天我们所看到的经传合集的形式。

牛鸿恩．“弑君三十六，亡国五十二”考实——兼驳“孔子所作《春秋》非‘经’而是‘传’说”．聊城大学学报，2003（5）

牛鸿恩．“弑君三十六，亡国五十二”考实（续）——兼驳“孔子所作《春秋》非‘经’而是‘传’说”．聊城大学学报，2003（6）

【解题】此二文是对姚曼波女士《再论孔子作〈左传〉蓝本》的回应，作者认为春秋二百四十二年间“弑君三十六，亡国五十二”，是汉代《左传》研究者通数《春秋》《左传》二书的结果，且“五十二”是指“绝祀”而言；并指出姚文对“弑君”“亡国”的论证没有界定，并且背离《左传》的相关论述，一再随意取舍，拼凑数据，论证草率。

黄觉弘．“孔子作《春秋传》说”辨议．聊城大学学报，2004（3）

【解题】“孔子作《春秋传》说”首见于清人张沐《春秋疏略》，再见于清人许伯政《春秋深》，三见于近人毛起《春秋总论初稿》，非始于姚曼波。姚曼波《春秋考论》的考证推论充斥着穿凿附会、武断臆测。

刘丽文．左丘明与《左传》《国语》关系考论．聊城大学学报，2004（3）

【解题】《左传》作者是否为左丘明至今仍有争议，争议的主要原因是左丘明生活年代与孔子同时而《左传》却成书在公元前403年之后。左丘明当是《左传》的始撰写者，其弟子据自己亲眼所见对预言及某些内容按照左丘明的思维轨迹进行了调整增删，最后的定稿人至少活到了公元前403年。编撰《国语》是撰写《左传》的必经步骤，但是左丘明编撰之《国语》今已不传了。

赵伯雄．春秋学史．济南：山东教育出版社，2004

【解题】第一章为“先秦《春秋》学的形成与分化”，分八节：第一节，《春秋》的性质；第二节，孔子与《春秋》的关系；第三节，《春秋》学的形成；第四节，《左传》与《春秋》左氏学（一、《左传》的作者与时代；二、《左传》的编撰过程；三、左氏处理史料的方式；四、《左传》的传经方法；五、《春秋》学中的一个家派）；第五节，《公羊传》的出现与《春秋》公羊学（一、从“口说”到“著于竹帛”；二、《春秋》的公羊之义）；第六节，《穀梁传》与《春秋》穀梁学（一、《穀梁》与《公羊》的先后次序；二、《穀梁》所发挥经义的特点；三、《穀梁传》的“日月时例”）；第七节，《春秋》三传之同源异流；第八节，孟、荀《春秋》学之比较（一、孟子论《春秋》之作意；二、荀子的《春秋》观及荀子与三传的关系）。

姚曼波．孔子作《左传》“蓝本”的史实否定不了——再驳牛鸿恩之“驳议”．聊城大学学报，2004（3）

【解题】该文是对牛鸿恩《“弑君三十六，亡国五十二”考实》的回应。“五十二”不当是灭国数，而是指孔子《春秋》所书的亡国事件，而且主要是反映“诸侯不能保社稷”的情况而言。牛文认为“亡国”当作“灭祀”解，然考《春秋经》及三传，灭祀者无一符合“五十二”之数。据顾栋高统计，灭祀者多达九十余。所以无论从哪方面说，作亡国事件解较说得通。

姚曼波．左丘明“因孔子史记具论其语”考．中国古代文学文献学国际学术研讨会论文集，南京：凤凰出版社，2006

【解题】孔子《春秋》原不按编年来写，分割编年乃左氏所为。作者归纳左氏“具论其语”的“凡例”有五：一、按照《春秋经》的编年体例，分割孔子《春秋》；二、在分年的基础上，依《经》立文，插入解经语；三、“肢解”孔子《春秋》，按照《经》之记事为序，重新排列史料；四、插入解《传》语；五、插入“仲尼曰”“孔子曰”之类的议论。此外，《左传》中还有部分叙事，特别是襄、昭公之后，有出自左氏或后人增补之笔。

姚曼波．孔子《春秋》复始．典籍文化研究，沈阳：万卷出版公司，2007

【解题】孔子《春秋》原貌的主要特点：一、孔子《春秋》“重行事”，以叙事为脉络，不编年，不以解经为体，且与经文有着截然不同的创作宗旨和思想倾向，也迥然有别于以解经为目的以编年为体的《左氏传》。二、孔子《春秋》以总结政之得失、国之兴亡、礼之兴衰为宗旨，以弑君亡国之事为重点，以“贬天子退诸侯讨大夫”，总结批判统治集团内部的腐败而导致灭亡的历史教训为核心，内容涉及各国内部的政治矛盾、各统治势力之间的斗争，国与国之间的矛盾与战争，诸侯与周王室之间的矛盾与战争，还有各国的文化思想、道德伦理、礼仪制度以及军事战略战术等。

邢子民．左丘明与《左传》关系考．山东师范大学硕士学位论文，2005

【解题】以左丘明身份考、《左传》作者考、《左传》成书考三部分来研究左丘明与《左传》的关系。从《左传》记事的截止时间、《左传》的内容与文风特点以及春秋末期的史官设置等角度来推论《左传》成书于春秋末期；再从先秦引文、孟子评论及《墨子》引古《春秋》来考证《左传》原为鲁史《春秋》；最后在辨析《左传》作者诸多不同观点的同时，结合左丘明的史官身份来确定左丘明著作《左传》（即鲁史《春秋》）。孔子出于对史学的钟爱和教学的需要而修订了《春秋》，他所依据的史料底本就是左丘明编著的鲁史《春秋》。鲁史《春秋》在“官学下移”的趋势下流传民间，战国、汉初学者多对部分后代史事以及预言进行添加，后来在刘歆等经古文学家的努力下，鲁史《春秋》竟然成为孔子《春秋》的解经之作，从而造成了孔《春秋》在前，左《春秋》晚出的假象。鲁史《春秋》的名称也就经历了春秋末期的《春秋》到战国、汉初的《左氏春秋》而成为今《春秋左氏传》——《左传》了。

梁涛．20世纪以来《左传》《国语》成书、作者及性质的讨论．邯郸学院学报，2005（4）

【解题】20世纪以来，学术界关于《左传》成书的讨论，一个最大的成果是否定了刘歆伪造说，而肯定其成书于战国时期，部分学者甚至认为成书于春秋末年。在研究方法上则体现出“走出疑古时代”的倾向，一些出土文献如马王堆帛书《春秋事语》等受到学者关注。关于《左传》的作者，学术界提出左丘明、子夏、吴起、鲁国左姓人等不同说法，但多数学者倾向认为是左丘明，同时又指出《左传》的编撰经历了一个过程，左氏后人和孔门后学可能都参与了编撰，这种研究方法明显体现出“释古”的特色。关于《左传》是否传《春秋》，学术界也进行了深入讨论，提出了“一次成书”说、“二次成书”说等不同观点。学术界关于《左传》的讨论往往和《国语》联系在一起，学者围绕《国语》与《左传》是否同为左丘明所作，《国语》成书时间在《左传》之前还是之后等问题展开了深入讨论。

牛鸿恩．先入为主的主观体认——三驳所谓“孔子作《春秋》传”．聊城大学学报，2006（1）

【解题】姚曼波所作“考证”充满主观臆断：董仲舒“引经文而称孔子”，则认为董“偷天换日”“移花接木”，把《左传》调包为《春秋》，这是连当时的皇帝都无法做到的事；又曲解《史记》，声称《史记》“以孔子作《传》”，实则望风捕影，把自己的成见强加于司马迁。批评对方自以为“廓清了千年迷雾”，实则制造了混乱；指出评价历史、人物而没有历史观点，必定陷于谬误。

黄觉弘．《左传》成书上下限推考．南昌大学学报，2006（1）

【解题】《左传》成书战国说至少在史事叙述、天文记载、群籍称引、辞令、预言等方面有比较坚实的理致和证据。《左传》于卫嗣君五年（前320）仍未写定，这是《左传》成书时代的上限。纯集疏《左传》卜筮事的《师春》既在魏襄王殉葬物之列，则资其抄集的《左传》至迟亦当在襄王卒年（前296）写定亦甚明。《左传》成书于前320年至前296年之间。《左传》作者最大可能是鲁人，还应与魏国有着深切的关系。

黄觉弘．《左传》成书秦汉说及代有增益说综考．中华文化论坛，2006（3）

【解题】北宋郑獬可能是《左传》“秦汉说”的最早提出者，南宋魏了翁亦疑《左传》乃秦汉初人所作，明嘉靖年间季本最早明确提出《左传》成于汉初张苍之手，近人洪业继之，然此数说无甚影响。真正产生了巨大影响的是“刘歆伪作说”。从历史渊源来看，此说远在西汉末刘歆挑起今、古文经学之争时就已埋下了伏笔。清刘逢禄《左氏春秋考证》的问世，标志着刘歆伪作说的正式兴起。近世以来，大凡今文经学派和受今文经学派影响较深的学者多持刘歆伪作说，但现今此说已难见持论者了。“代有增益说”调停春秋说、战国说及秦汉说三派之间，以顾炎武的表述最为简明扼要，徐中舒对此说亦有所申论。

黄觉弘．《左传》成书战国说综考．江汉大学学报，2006（6）

【解题】啖助疑《左传》成于后代学者之手，赵匡则指出左氏非丘明，乃战国左氏；两宋承啖、赵绪余，“战国说”更趋流行，代表人物是叶梦得、郑樵和万见春，元明两代也继续做了一些探索；入清以后，虽然康熙御定左丘明作传说，但“战国说”仍然得到一些学者的申持；民国以后，“战国说”以其理据逐渐占据了学界的主导地位，其论证的方法手段都有不少新拓展，并通过各自的研究，得出了同属“战国说”而具体年代与作者互有歧异的种种结论。

姚曼波．孔子传《易》与作《春秋》的关系新论．周易研究，2006（5）

【解题】孔子传《易》，直接出于作《春秋》的需要（孔子所作《春秋》，不是《春秋经》，而是《左传》蓝本），孔子传《易》之“窃义”，与其作《春秋》的“窃义”，异曲同工。孔子传《易》与作《春秋》，相互促成，共同形成了儒学的“天道—性命—道德”三位一统的道德本体学说体系。

刘佳男，杨丽丽．《左传》作者管见．科学大众，2007（2）

【解题】《左传》的初创者是与孔子同时代人左丘明，最后完成者是战国前期人吴起。

龚文菊．从《左传》中宾语前置句来看《左传》作者．天府新论，2008（S2）

【解题】从《左传》中宾语前置句的角度来探讨《左传》的作者，结论是《左传》不应是一个人完成，而是经过很多人的修改才完成。

黄觉弘．《左传》成书春秋说综考．重庆师范大学学报，2008（2）

【解题】《左传》"春秋说"以左丘明作传说为主流，最早出于司马迁《史记·十二诸侯年表序》，此后左丘明作传说成为正统观念；但自中唐啖助、赵匡后，这一正统观念开始动摇，清季以后渐趋退隐。清康熙年间张沐倡言《左传》成于孔子之手，这大概是历史上最早提出孔子作《左传》说的，乾隆年间许伯政踵继张沐之说，但其论证实已远较张沐为详，近人毛起说又与张沐、许伯政略合。元郝经认为《春秋》三传皆出于曾参，左丘明乃学于曾参者。此外，值得注意的是，对"左丘明"三字到底姓名如何，长期以来也众说纷纭。

刘佳男．《左传》成书年代问题的多视角考察．辽宁师范大学硕士学位论文，2008

【解题】从《左传》的思想倾向考察，推论《左传》的主体部分成书当在春秋末至战国中期以前；从《左传》的史料来源考察，推论《左传》主体部分的成书年代当在春秋末年之后；从《左传》中的预言来考察，判定《左传》成书年代下限当在公元前4世纪的50年代之前；进而得出"《左传》主体部分的成书年代当在公元前4世纪的五六十年代"的结论。

姚曼波．为"孔子作《春秋传》说"再辨．南京师范大学文学院学报，2008（4）

【解题】就黄觉弘《"孔子作〈春秋传〉说"辨议》一文称作者"孔子所作《春秋》，非《春秋经》，而是《左传》蓝本，即左丘明编纂《左氏传》时所依据的'孔子史记'"的观点为"前人的陈词滥调"，并彻底否定孔子作《春秋》的论点，提出申辩。

孔祥军．驳杨伯峻"孔子不作《春秋》"说．中国经学（第3辑），桂林：广西师范大学出版社，2008

刘丽文．《左传》成书下限最晚在公元前392年考证．沈阳师范大学，2009（3）

【解题】就《左传》"秦之不复东征"的预言进行探讨，认为尽管秦献公（前384—前362）时有相当一段时期没有东征行动，但彼时乃是秦国势较为稳定的上升期，"秦不复东征"预言不应是指献公时期；而是指自秦躁公时开始到秦惠公中期，即公元前442到公元前392年前后，秦国不仅国家内忧不断，而且外事上亦屡屡失利，几乎全打败仗，自顾尚且不暇、更谈不上东征的衰弱期；此后，自公元前391年起到田氏被正式承认为诸侯的公元前386年为止，这四五年间，秦曾有连续"东征"等对外行动，并且多获胜。因此，《左传》成书时间下限最晚只能在公元前392年了。

姚曼波．孔子《春秋》及其"《春秋》大义"辨正．2009年两岸四地《春秋》三传与经学文化学术研讨会

【解题】司马迁《史记·太史公自序》中明称孔子作《春秋》"文成数万"，而《春秋经》文仅一万余，字数显然不合；《春秋经》中弑君仅二十六，亡国仅三十四，其所载史实显然不合；《春秋经》之思想倾向与孔子《春秋》思想倾向不合；《春秋经》记事过于简单，褒贬不明，与孔子自称的"见之于行事深切著明"不合；《春秋经》与孔子《春秋》是性质不同并有着不同学术承传的两部书，因此论定孔子所作《春秋》非《春秋经》。又通过多方面的考证，论定：孔子《春秋》本是"文成数万"、记载"狱君三十六，亡国五十二"史实的纪事本末体；左氏的"具论其语"是在真实保存孔子《春秋》

文本的前提下，依《经》立文，插入解经语，而成编年体的《左氏春秋》。进而指出孔子《春秋》大义，构建了以理性宇宙观及其道德本体论为基石、体系完备的儒家理论。今按，谬论也。

陈铟铟．《左传》作者考证．考试周刊，2012（31）

【解题】质疑啖助、赵匡的观点和郑樵的“八明验”，论证《左传》的作者应为左丘明。

张春海．浙大楚简或“终结”《左传》真伪之争．中国社会科学报，2012.5.2

【解题】浙江大学藏战国楚简中公布的竹简《左传》经碳—14测试，年代约为公元前340年。楚简字数在3100字以上，与目前流传的《左传》内容基本一致。有学者据此推断《左传》的成书时间至少在战国，这批楚简将成为结束《左传》为晚出伪书论争的关键证据之一。

刘佳男．从《左传》中的预言看其成书年代．牡丹江师范学院学报，2013（5）

【解题】《左传》的作者记载这些预言，本意是渲染预言者的高明和占卜的灵验，因此作者实际上是看到了这些预言和占卜的实际结果。《左传》应该成书于发生这些实际结果之后，而《左传》中几个没有应验的预言，则是因为作者没有看到这些预言的实际结果。作者据此推断《左传》的成书不会早于公元前365年，同时也不晚于公元前4世纪的50年代。

乔治忠．《左传》《国语》被刘歆窜乱的一项铁证——历史年代学家刘坦之说申论．北京师范大学学报，2016（3）

【解题】运用历史年代学家刘坦对星岁纪年的研究成果，分析《左传》《国语》内出现的岁星纪事，可以找到刘歆窜乱二书的铁证。刘歆《三统历》制定了十二星次的新名称体系，是此前各种书籍文献所无，《史记·天官书》仍采用先秦石氏“星经”的名称，即为明证。而新的“星纪”“大梁”等十二次名目，其思路和来源，只有刘歆才可能设定，他出于构建新学术体系之目的，加之政治投机需要，遂采取书籍文献上作伪、掺假的行为，结果身败名裂，这是学术史上的一大教训。今按，此说难以成立。

穀梁传·公羊传

张西堂．《穀梁》真伪考．北京：景山书社，1931；台北：明文书局股份有限公司，1994

【解题】崔适《春秋复始》《五经释要》以为《穀梁传》是西汉末刘歆伪造的古文经，该书继之，以为《穀梁》本杂取传记以造者。考厥取材，约有六类：一、其袭取《公羊》之文为最多；二、其次则为《礼经》《礼记》；三、又其次者《左氏》《国语》；四、又其次者为《荀子》；五、又其次者为《毛诗传》；六、再其次者，如齐人伐山戎，传本《管子》。进而论断《穀梁传》其成书年代则在西汉之末，造伪者为刘歆。今按，结论大谬。

金德建．瑕丘江公作《穀梁传》的推测．人文杂志，1957（3）；司马迁所见书考，上海：上海人民出版社，1963

【解题】《穀梁传》的著作年代是在西汉的中期，大约就是跟淮南王刘安同时的汉武帝时候的博士瑕丘江公所著作的书。今按，结论不能成立。

李曰刚．《穀梁传》之著于竹帛及传授源流考．师大学报，1969（6）

陈恩林．关于《穀梁传》的源流及其真伪问题．古籍整理研究学刊，1987（4）

【解题】《穀梁春秋》从战国到西汉一直流传不绝，时为人们所称引，与《公羊春秋》一样可以直称《春秋》，汉人亦以《穀梁》义为《春秋》义。《汉书·艺文志》说《春秋》有公、穀二传是不容怀疑的。崔适、张西堂说《穀梁传》是刘歆伪造的古文经学，其成书在西汉之末云云，是不能成立的。

谢金良．《穀梁传》的真伪和写作时代问题考辨．福建论坛，1996（2）

【解题】《穀梁传》不是刘歆伪作，而是源于子夏所传的《春秋传》，经穀梁子删定成书后又遭秦火，至迟在汉初用今文著于简帛。

杨德春．《春秋穀梁传》的作者为穀梁子．重庆师范大学学报，2009（3）

【解题】真正意义上的《春秋穀梁传》当始于穀梁子，穀梁子从传说的子夏所传之笼统的《春秋》阐释之学中分离出来，形成了《春秋穀梁传》。穀梁子对于《春秋穀梁传》的开创之功是不可抹杀的，可以说穀梁子是《春秋穀梁传》的第一作者，《春秋穀梁传》最初的古文文本的写作年代当在战国中期。

杨德春．论《春秋穀梁传》的产生与成书先于《春秋公羊传》．辽东学院学报，2011（3）

【解题】穀梁子是《春秋穀梁传》学派的创始人，也是《春秋穀梁传》的最早的作者。《春秋穀梁传》的产生先于《春秋公羊传》，荀子对《春秋穀梁传》学术特色之形成起了决定性作用，其间当对《春秋穀梁传》多有损益。《春秋穀梁传》在先秦时代即有古文文本流传，成书明显先于《春秋公羊传》。

潘重规．《春秋公羊疏》作者考．学术季刊，1955（1）

金德建．《公羊传》述作当在董仲舒辨——徐彦所引《戴宏序》说质疑．管子学刊，1993（2）

【解题】历来提起《公羊传》的述作，大都信奉戴宏的说法，直到汉景帝时公羊寿和胡母子都开始“著于竹帛”，才有书本的《公羊传》。作者以《史记·儒林传》为依据，认为汉初只有董仲舒一家能够“明于《春秋》”，胡母子都只是“言《春秋》”，《公羊》学传授当出于董仲舒，而且述作完成于董仲舒。董仲舒初为博士在景帝时，其后专精述作，历时不短，《公羊传》始得最终写定，估计应当在武帝时期，比《穀梁传》成书要再推迟一段时间，戴宏的说法不可靠。

黄开国．《公羊传》的形成．齐鲁学刊，2009（1）

【解题】《公羊传》是《春秋》齐学的经典，以《公羊》出于子夏或是曾子等说，皆非定论，当出于子夏、曾子等人。《公羊传》六次出现的鲁子，非曾子之误，而是对鲁地传《春秋》齐学者的统称。将《公羊传》著于竹帛的是公羊寿与胡母子都，但其书却是传《春秋》的齐学先师的共同成果。《公羊传》以公羊为名，其实却是《春秋》齐学，后人不知名实之异，而有关于《公羊传》传承的各种误说。

黄开国．补论《公羊传》的形成．齐鲁文化研究，2011

【解题】《公羊传》不只与七十子及其后学、齐学有直接关系，也与孟子、荀子的思想有紧密联系。孟子关于孔子作《春秋》的论述，成为后来《春秋公羊》学关于孔子著《春秋》的基本理论；而重视对《春秋》之“微”的发明，是荀子对《公羊传》形成的最大影响。此外，《公羊传》为口传之说，不仅有历史的依据，而且在传中也有内证。

春秋繁露

徐复观．《春秋繁露》的真伪问题．两汉思想史，台北：学生书局，1976；上海：华东师范大学出版社，2001

【解题】从阴阳五行演进的历程，论证《春秋繁露》只有残缺，无杂伪。

［日］斋木哲郎．《春秋繁露》の伪书说について．汲古16号，1988

黄朴民．春秋繁露的真伪与体例辨析．齐鲁学刊，1990（2）

【解题】《春秋繁露》与《汉书》本传所反映的董仲舒思想相一致或基本近似，完全可以视作为董仲舒新儒学思想的集中体现，它不可能是后人所依托的东西。

黄朴民．《春秋繁露》传本的真伪问题．天人合一，长沙：岳麓书社，1999

江新．《春秋繁露》五行诸篇真伪考．河北师范大学学报，2011（4）

【解题】《春秋繁露》五行诸篇中，《五行对》第三十八、《五行之义》第四十二是董仲舒的作品；《五行五事》第六十是宣、元之季的《尚书》学者所作；《五行相生》第五十八、《五行相胜》第五十九、《五行顺逆》第六十、《治水五行》第六十一、《治乱五行》第六十二、《五行变救》第六十三六篇和《汉书·五行志》《说苑》相似，并且只用《尚书》而非《春秋》说灾异，应为刘向的作品。

江新．《春秋繁露·三代改制质文》真伪考．信阳师范学院学报，2012（1）

【解题】《春秋繁露·三代改制质文》篇首以刘歆《世经》的五德相生顺序排列五帝，篇中的“四法说”与董仲舒对策及其他有关董仲舒的文献相矛盾，篇末的“圣人预言说”出自纬书，这些都说明此文不可能出自董仲舒之手，而是两汉之季的公羊后学发挥公羊先师董仲舒的“春秋改制说”，综合在此之前流行的“三统论”“五德终始论”“文质论”等历史哲学理论混合而成的。

江新．《春秋繁露〈求雨〉、〈止雨〉》作者考．中国哲学史，2012（1）

【解题】《春秋繁露》中《求雨》篇的内容和《神农求雨书》相似，是魏晋南北朝时的作者根据董仲舒求雨指令、《神农求雨书》以及其他相关求雨材料按照五行学说整编而成；《止雨》篇由三个相互独立的段落组成，最后两个段落是董仲舒为江都王时下达的止雨指令，我们没有理由怀疑其真实性，然而第一段记载的止雨日期、止雨时所穿衣服的颜色和最后两个段落不一致，说明其不是董仲舒的作品。

黄朴民．董仲舒《春秋繁露》考辨．衡水学院学报，2014（6）

【解题】从文献学的角度对《春秋繁露》的真伪进行了较为全面的分析，指出其书非后人所依托，而当为董仲舒本人所著，是我们今天讨论董仲舒学说的最基本资料。《春秋繁露》一书的体例虽然杂芜，内容也不纯醇，但是依然有其内在逻辑可以寻绎。

［日］庆松光雄，杨宪霞，张亮，邓红．《春秋繁露》五行诸篇伪作考——和董仲舒的阴阳、五行说的关联．衡水学院院报，2015（5）

【解题】作者一直对《春秋繁露》中有关五行的几篇文章出自董仲舒之手这一说法抱有疑问。众所周知并得到广泛承认的说法是，现行《四库全书》收入的十七卷八十二篇（其中第三九、四〇、五四等三篇欠缺）的《春秋繁露》，并非原来的体裁，也不是董仲舒亲自著作。

［日］斋木哲郎．关于《春秋繁露》的伪书说．衡水学院院报，2015（5）

【解题】考察《春秋繁露》伪书说的来源，质疑其学说上的可能性。

邓红.《春秋繁露》五行说辨. 管子学刊，2018（1）

【解题】对董仲舒只讲阴阳不讲五行，而《春秋繁露》大讲五行，所以《春秋繁露》并非董仲舒所作，至少《春秋繁露》中的“五行诸篇”有问题的说法在哲学上和逻辑上进行了辩论，认为在讨论《春秋繁露》的文献问题上，一直存在着一种以思想理路论真伪，以逻辑推断代替文本考证的倾向。单纯的文献考证也存在自己的问题。

孝经类

张孟劬，姚步康.《孝经》作者问题的讨论. 光华期刊，1929（5）

【解题】由张尔田的致书和姚步康的答书构成，张尔田以为“《孝经》称经，其由来已久；与《论语》撰于后学者微有不同。古人本无著作之权，传者、述者浑而为一，亦恒有之事。又古时重口说，凡一代大师其书行于世，大都为其弟子所结集。时代先后，最难凭断……不必一一求其人以实之。西人治学，喜以字法、文法互相比较，然此种方法亦只能证明某书大概为某时代出品耳。若再以此方法考据作者，则鄙意认为未能确定，或切殊有危险”。姚步康于信末反对姚际恒《古今伪书考》所谓《孝经》是汉儒作品的说法，认为《吕氏春秋》就有好几处引用《孝经》，其余如《韩诗外传》等书也有；至于“经”字，战国时墨家有《墨经》，《荀子》上引有《道经》，《韩非子》上有《内、外储说》之“经”，不能凭此而断其不是先秦古书。

李源澄.《孝经》出于阴阳家说. 庠声，1933（20）

【解题】《孝经》一书多阴阳家言，当为七十子后学染于阴阳家者所为书也。其托于曾子，盖与《大戴礼记·天圆篇》相类，或为曾子后学所作，亦未可知。

王正已.《孝经》今考. 古史辨第四册，北京：朴社，1933

【解题】《孝经》的内容很接近孟子的思想，当是孟子门弟子所著的，其成书年代在战国末年，早不过庄子的时代，晚亦不出《吕氏春秋》的成书时代；古文《孝经》乃刘向前无名氏托今文而作。该书目录如下：

第一章　绪言

第二章　《孝经》的今古文考

（一）今文《孝经》的沿革

（二）古文《孝经》的沿革

（三）今、古文《孝经》文字的差异

（四）今、古文《孝经》字数的差异

（五）今、古文《孝经》的真伪问题

（1）古文《孝经》孔氏传之伪

（2）古文《孝经》之伪

（3）古文《孝经》的作者

（4）现今《孝经》的三种本子

第三章　今文《孝经》作者考

（一）主张《孝经》是孔子作的

（二）主张《孝经》是孔子门人记录的

（三）主张《孝经》是曾子作的

（四）主张《孝经》是曾子门人记录的

（五）主张《孝经》是子思作的

（六）主张《孝经》是齐鲁间陋儒作的

（七）主张《孝经》是孟子门人作的

第四章 孝经成书年代考

徐英．《孝经》为西汉今文家伪撰略说．安大季刊，1936（4）

【解题】汉儒改制托古，乃谓孔子为汉制法，而《春秋》《孝经》之说，尤为今文家所操持，以为国宪民则也。征之文体义理，考其传授，《孝经》不出于孔子也，此汉世今文纬家之所为。今按，此说不能成立。

蔡汝堃．今文孝经成书年代考．古史辨第六册，北京：朴社，1938

龚道耕．《孝经郑氏注》非郑小同作辨．志学，1942（6）

【解题】该文指出《孝经郑氏注》非郑小同作，并列“八验”以证之。

汪馨．孝经著者考．中日文化，1942（8）

【解题】先秦却有《孝经》，惟因其文简义浅，传诵者尠，经秦火或遂告绝亡。汉初儒者杂采先秦各书，糅合伪纂，以成今本《孝经》。

潘任．《孝经郑注》考证．学海，1944（1）

【解题】该文于严可均证《孝经郑注》为郑玄所注的基础上，又得十五证以广证之。

田良．《孝经》的著作时代与作者考．新铎声，1961（35）

金德建．曾参作《孝经》的推测．司马迁所见书考，上海：上海人民出版社，1963

【解题】《孝经》是曾参的儿子曾申和曾参的弟子乐正子春辈共同撰述的；又由《孝经》里称用“仲尼”可追溯到《左传》，可知《孝经》是传授《左传》的曾申辈所著述的书。

胡平生．日本《古文孝经》孔传的真伪问题．文史，1984（23）

【解题】日本古抄本系统的《古文孝经》系自我国传去，时代约在隋唐，它正是刘炫讲于人间，立于学官的“刘炫本”，时代远较司马光之“指解本”为早，文字也比“指解本”可靠；清人与近人指责日本《古文孝经》为近世日本人所伪造，是完全错误的。“刘炫本”的《古文孝经》经文，现在已经找到了文字的依据（“康本”），可以证明非刘炫伪撰。通过对日本发现的《孝经述议》的研究，可以断定刘炫决不是《古文孝经》孔传的伪造者。

黄中业．《孝经》的作者、成书年代及其流传．史学集刊，1992（3）

【解题】以《孝经》系孔子所作，皆出自汉代及以后儒者的说法，源于俄纬之书。从《孝经》一书的文体上看，它同成书于春秋战国之际的典籍相对照，文体迥然不同；从《孝经》的用词、用语来看，所谓“先王”“明王”“士民”“至德要道”“以孝治天下”等，都是春秋战国之际的人们所很少使用或不曾使用的，多见用于战国后期和西汉初年；从《孝经》的思想内容看，它同孔、曾论孝的某些观点有抵牾之处；从《孝经》编著者的学术派别上看，其同战国时期儒家学派中的孟、荀学派有着密切的渊源关系。从《孝经》同《礼记》《大戴礼记》《吕氏春秋》《孟子》《荀子》诸书的关系来看，《孝经》原是先秦礼书的一部分，成书于战国末年的孟、荀学派之手，成书时间当在《荀子》的成书之后。孔壁《古文孝经》，应是秦始皇焚书前的本子，从时间上判断，这个本子即是战国末年最初问世的《孝经》。《今文孝经》是由汉初儒者再次编著而成的，但自刘向校定本《孝经》问世后，《今文孝经》便逐渐不再流传，今本《孝经》是今古文孝经的合编本。

伏俊连．《孝经》的作者及其成书时代．孔子研究，1994（2）

【解题】《孝经》出自孔子，而成于孔门后学，为曾参的弟子最有可能（理由是：《孝经》全为孔子同曾参的对话，而对曾参全部称“子”，且在孔子的学生中，曾参以孝道著称），春秋末年已基本成书，魏文侯作《孝经传》是《孝经》成书于春秋战国之交的最直接证据。关于《孝经》论孝与《论语》论孝的不同，孔子之后的八派儒学所传的孔子学说，取舍不同，甚至有因不同而互相攻击者，《孝经》的思想与《论语》有违，并不是否定《孝经》传自孔子的强有力例证；《论语》中多次讲到“孝”“悌”问题，其基本思想同《孝经》所宣扬的孝是一致的，这是《孝经》传述孔子学说的最好说明。关于《孝经》中袭用《左传》《荀子》《孟子》中的一些成语的说法，《左传》虽非左丘明所手著，但它传自左丘明，而成书于战国初年，这一段时间左氏门人传述左氏之学，而曾子门人受其影响而袭用其中论孝的句子，那是完全可能的；至于《孝经》袭用《荀子》中的语句，在没有确切证据之下，倒不如说是《荀子》袭用了《孝经》中的句子；而《孝经》和《孟子》的相近，只是思想的相近，而不是句子的袭用，更不能断定《孝经》抄袭了《孟子》。关于文章体裁，从《论语》的语录体，发展到《孟子》的借问答的形式论述问题，再到《荀子》文章的左右援引、坐而论道的长篇大论，这是合乎人类思维逻辑的发展规律；《孝经》的问答体形式，和《孟子》相近，而又未能像《孟子》那样铺得开，其成书在《论语》和《孟子》之间，是完全合乎散文文体发展规律的。

张涛．《孝经》作者与成书时代考．中国史研究，1996（1）

【解题】《孝经》的著者为曾子弟子，他们假托孔子与曾子对话，宣传了曾子论孝的基本思想，但也有自己的一些新的观念。其成书时间为战国初年魏文侯在位之时，即公元前445—前397年。

彭林．子思作《孝经》说新论．中国哲学史，2000（3）

【解题】《缁衣》《中庸》《坊记》《表记》出自《子思子》，已由郭店楚简的发现得到证明。《孝经》与《缁衣》等四篇好在“子曰”之后引《诗》《书》，风格相同，当属同一时代，同一作者的作品。《论语》中孔子多言《诗》《礼》而罕言《书》，与《子思子》判然有别，用《诗》《书》发挥孔子思想，应是子思的创造。孟子受业于子思之门人，“退而与万章之徒序《诗》《书》，述仲尼之意”，继承了子思学派的传统。《孟子》原有《说孝经》等“外书四篇”，《史记》等都曾引用。《说孝经》当是《孝经》成书于孟子之前、孟子论述其师门所传《孝经》的证据。郭店楚简内多处论孝，与《孝经》相表里，表明“孝”是子思学派讨论的热点之一。

朱明勋．《孝经》成书说述论．重庆师院学报，2001（1）

【解题】对《孝经》的产生年代及作者问题的八种观点（孔子说；曾子说；曾子门人说；七十子之徒说；孔、曾作《孝经》后儒篡杂说；子思说；汉儒说；孟子门人说），从文献材料出发并结合有关社会背景加以比较分析，认为“七十子之徒说”较合理，一则肯定了《孝经》为先秦古籍，二则在无确切资料可凭时而未凭臆断人为规定此书为某一个人或某一派弟子所作，只界定其为孔门后学所为。

侯希文．《孝经》作者曾参考．西藏民族学院学报，2002（1）

【解题】《孝经》是先秦就有的古书，《吕氏春秋》曾引用，魏文侯《孝经传》是其最早的注本，其主要部分与曾参的孝道思想是一致的，其作者当为曾参。

李文玲．《孝经》为子思撰新考．管子学刊，2002（2）

【解题】魏文侯作《孝经传》，说明《孝经》至迟于战国初年魏文侯时已成书，此前对孔子称“仲尼”者仅《孝经》和《中庸》，《缁衣》《坊记》《表记》《中庸》取自《子思子》，为子思所作，已由郭店楚简的出土得到证明，四篇中对孝的论述与《孝经》相近似，而且此四篇与《孝经》在“子曰”之后引《诗》《书》，体例相同。郭店楚简《缁衣》的出土，为这一体例的存在提供了有力的佐证。《孝经》当是战国初期魏文侯时子思将其祖孔子、其师曾子论孝的对话编撰整理而成的。

骆承烈，沈效敏．曾子与《孝经》的关系．曾子与《孝经》，济南：山东文艺出版社，2004

【解题】《孝经》的主要作者是曾子。

舒大刚．日本《古文孝经》辨伪．中国哲学史学会2004年年会暨中国传统哲学当代价值学术研讨会论文集，2004

【解题】结合出土文献和传世资料回顾《孝经》今古文问题，对日传《古文孝经》经文的造假问题、日传《孔传》传文的作伪问题、敦煌遗书是否存在《古文孝经》的问题，以及近时学人论证日传《古文孝经孔传》为真的证据，进行全盘清理和讨论，推翻了至今仍有汉孔安国作传的《古文孝经》传世的错误结论。

杜娟．1978年以来《孝经》研究综述．中国史研究动态，2008（3）

【解题】从“《孝经》的作者及成书年代”“《孝经》的版本、流传及其真伪”“《孝经》的思想内容”“《孝经》的地位及评价”“历代《孝经》之学”“唐玄宗《孝经注》的研究”六个方面综述《孝经》的研究概况。

赵静．《孝经》孔传与《尚书》孔传非一人所作．语文学刊，2008（18）

【解题】通过《古文孝经》和《古文尚书》内容上的对比，从训诂学角度，考证其并非一人所作。且两本孔传在训释风格上，皆训注详审，经义阐明通达，无疑与汉儒释经简略，有疑则缺的风格大相径庭，故有晚出的嫌疑，应非孔安国所作。

肖永明等．近年来《孝经》研究综述．云梦学刊，2009（3）

【解题】对21世纪以来《孝经》研究涉及成书、版本、历代《孝经》之学、《孝经》思想等方面的论文做了番梳理，同时希望以后的《孝经》研究不要局限在对其“孝道”思想的阐释和翻译上，只有结合具体的历史情境和学术背景，才能对《孝经》思想以及对中国文化的影响有较全面的认识和理解。

陈以凤．今本《古文孝经》孔传成书问题考辨．孝感学院学报，2009（5）

【解题】今本《古文孝经》孔传流传过程曲折复杂，非日本人伪造，应是魏晋时期所流传的注本，即《家语后序》中所云“孔安国传”本。从对史籍的记载著录、文本的体例风格等方面分析，此书非孔安国个人所著；考诸孔安国后人对《孝经》的传习，关于《古文孝经》训说的史载及其和《孔子家语》《古文尚书》两书序言的联系，该书最可能成于孔家学者众人之手，当与汉代孔氏家学有密切关系。

王昆鸟．关于《孝经》作者的考辩．濮阳职业技术学院学报，2011（2）

【解题】从“孝行”“孝治”和“孝道”三个方面对《大戴礼记》中关于曾子论孝和《孝经》中的思想做了一些比较，发现《大戴礼记》中的《曾子十篇》关于曾子对孝道的论述和《孝经》中的思想总体是一致的，在《孝经》成书的一百多年间，孝道思想与《孝经》思想保持如此高度一致的只有曾子一人。因此，无论是从时间上，还是从思想上来说，曾子都应该是《孝经》的作者。

常佩雨．《孝经》作者新论．孝感学院学报，2012（1）

【解题】关于《孝经》作者，约有九说：孔子自撰说，曾子所录说，子思所作说，七十子之徒遗书说，齐鲁间儒者附会说，孟子门人所著说，汉儒所作说，折中说，曾子门人编录说。从先秦古书成书体例、思想内容、出土文献旁证等方面考察，认为曾子门人编录说较妥当，具体而言，当是乐正子春。

舒大刚．《孝经郑注》真伪诸说平议．儒藏论坛，成都：四川大学出版社，2012

【解题】历代对于《孝经郑注》的争议，大致经历四个时期：（一）南朝到唐代的怀疑期，这一时期的怀疑以陆澄和刘知幾为代表，陆澄从“注文不类他经”立说，刘知幾以“不见著录”为论，但是他们都忽略了许多反证，举证不全面，因而没有说服力。（二）从清初至乾隆时，朱彝尊、余萧客、王漠、陈鳣、臧庸、袁钧等人，依据古注旧疏，广泛辑佚，使学人初识《孝经郑注》；与此同时，日本学人也对《孝经郑注》的辑佚和恢复作出了努力，并取得多项成绩。（三）嘉庆初年，日本冈田挺之从《群书治要》辑出的《孝经郑注》传入中国，引起中国学人对日传《孝经郑注》真伪的热烈讨论。在相持不休的状况下，一批中国学人，如黄奭、洪颐煊、严可均、孙季咸、皮锡瑞、龚道耕等人，又回过头来综理旧文，他们在前人辑佚基础上，继续旁征博引，钩稽沉溟，使《孝经郑注》辑佚工作达到当时最高水平。但是由于资料仍然是一鳞片爪，证据不足，《孝经郑注》真伪和是否郑玄所撰，仍然处于疑信之间。（四）清末敦煌遗书发现后，在尚残存的30余件《孝经》文献中，赫然发现了10余件郑氏《孝经》及其《序》《注》，为《孝经郑注》的恢复提供了最原始也最为完整的祖本。以此为依据，日本专家林秀一、中国学人陈铁凡皆奋起校录，分别撰成《孝经郑注》复原专著，终于使《孝经郑注》原貌得到最大限度的重见，《孝经郑注》作者问题也得到彻底解决。现在关于《孝经郑注》校好的辑本有五种：一是严可均辑本，二是皮锡瑞疏本，三是龚道耕辑本，四是林秀一《孝经郑注复原研究》、五是陈铁凡《孝经郑注校证》。不过，此五本的主要功夫仍然在于恢复《孝经郑注》原貌、论证“郑注”真实上，对于抉发《孝经郑注》之孝悌思想，以为《孝经》推广普及之助，则有待于来学。

曾祥芹．维护曾子在《孝经》和《大学》中的主著权．山东图书馆学刊，2013（3）

【解题】在骆承烈、沈效敏《曾子与〈孝经〉》一书关于《孝经》作者问题讨论的基础上，又从文章阅读学、写作学、版本学、文章本体学、文章主体学等视角考察，认为《孝经》的主要作者是曾子。

许刚．《孝经》作者考论．国学而立集，武汉：华中师范大学出版社，2013

【解题】对《孝经》作者的九种说法（孔子说；曾子说；孔子门人说；曾子弟子说；后人、齐鲁间陋儒附会；子思说；汉人伪托说；七十子之徒说；孟子弟子说）作了检讨，认为《孝经》大义原自孔子，草稿成于曾子，定稿成于子思。

张东徵．《孝经》作者非曾参管见．红河学院学报，2013（6）

【解题】从人名称谓不符、思想内容相悖及先秦孝道观发展流变等角度出发，认为《孝经》最早源于孔子向其弟子们讲孝，可能是零散、无系统的，他的学生把这些议论记录下来，归纳整理成听课笔记，再加工、润饰。最初做这项工作的可能是曾参，再后来曾参讲学又授于其弟子以此相传，因此文中曾参被尊称为“曾子”。从这个意义上讲，孔子、曾子和曾派弟子都是《孝经》的广义作者。

舒大刚．中国孝经学史．福州：福建人民出版社，2013

【解题】该书相关章节目录如下：

第二章　先秦“孝道”观念与《孝经》的形成

第一节　上古“养老”传统与“孝道”观形成

第二节　《孝经》形成诸说

第三节　对《孝经》作者诸说的审察

第四节　孔子与《孝经》

一　孔子作《孝经》是西汉相传师说

二　孔子作《孝经》是汉唐学人之公论

三　孔子思想与《孝经》内容一致

第三章　《孝经》在周秦时期的传播与研究

第一节　先秦儒学概观

第二节　孔门的《孝经》传授

一　孔门论孝

二　闵子骞“善事父母”

三　有子以“孝弟”为仁之本

第三节　曾子与《孝经》

第四节　子思与《孝经》

第五节　战国诸儒的《孝经》传授

一　乐正子春与《儒家者言》

二　魏文侯与《孝经传》

三　孟子与《孝经》

四　荀子与“孝道”

第六节　不绝如缕的秦人《孝经》学

一　秦人“非孝”与《孝经》失传

二　《吕氏春秋》与《孝经》

袁青．《孝经》成书时代新辨．齐鲁学刊，2014（5）

【解题】《魏文侯孝经传》应视作魏文侯《孝经》之传，与前人所理解的魏文侯《孝经传》有所不同，《吕氏春秋》所引“《孝经》曰”并非注文误入原文；又以《魏文侯孝经传》及《吕氏春秋》为突破点，认为《孝经》的成书上限当为魏文侯之时，下限当为《吕氏春秋》成书之时。

佟大群．论唐代的文献辨伪与官方学术——以《孝经》孔、郑注真伪之辩为中心．陕西学前师范学院学报，2014（6）

【解题】《孝经郑注》和《孝经孔传》渊源有自，却在流传过程中颇遇波折，经、注早失体统，已非原貌，不可据隋、唐文本之真伪，定两汉事迹之有无。刘知幾、司马贞等人围绕《孝经郑注》和《孝经孔传》等问题，展开激烈论辩，其实质就是以《孝经》孔、郑注为代表的“南北学”之争及“今古文”之辩的继续。同时，这也向以唐玄宗为首的关陇贵族，昭示了继续大力推进文化发展、统一经术的必要性和紧迫性。唐玄宗基于不纠结于“小疵”而发挥“异说”，不纠缠于“门派”而弘扬“大义”的考虑，诏令搁置真伪之论而并立学官，后又在诸儒所论的基础上，广采众说，两次亲注《孝经》，从而在推进经术统一、“以孝治国”的道路上，迈出了坚实的一步。

徐正英，常佩雨．《孝经》的成书时代、作者及版本考论——以出土文献“郭店简”“上博简”“定县汉简”等为参照．国学研究（第33卷），北京：北京大学出版社，2014

【解题】从文本的名称、传播、体裁、思想源流、衍生形态等方面推测，《孝经》当成书于战国早期；又从先秦古书成书体例、思想内容、出土文献旁证等方面考察，认为曾子门人编录说较妥当，具体而言，当是乐正子春。历史上《孝经》版本至少有七种系统，从国家图书馆藏《孝经》善本看，该书的传播流传经历“元典定型——广泛诠释——文献衍生”的文献传播一般过程。

其他

欧阳萦雪．《孝经直解》作者考．濮阳职业技术学院学报，2012（12）

【解题】民国二十一年《重修滑县志》卷六靳一玉《滑州重修学记》透露了金人撰有《孝经直解》一书的信息，由此考证出作《孝经直解》者为河平军节度使奥屯忠孝。金朝为少数民政权，与南宋对峙了一百多年，凭的不只是军事上的优势，奥屯忠孝“王道之基，莫先教化；教化之源，始于学校；学校不立，何以化人”的重教主张便是一个明证。金代关于《孝经》的著述，仅白贲《孝经传》一种；《滑州重修学记》关于《孝经直解》的记述，为辽、金《艺文志》的著录增添了新的内容。

刘增光．刘炫《孝经述议》与魏晋南北朝《孝经》学——兼论《古文孝经孔传》的成书时间．复旦学报，2015（3）

【解题】《孝经述议》在《孝经》学史上综合了南北思想，成为走向唐代经学统一时代的先导，可谓是《孝经》学发展的一大转折点。《古文孝经孔传》对《孝经》的解释有着浓重的法家色彩，将《孝经》解释为饱含刑名治术之书，此正与曹魏时期的名理之学及博通风气相合，同时亦与曹魏以重典治国相应，以此为线索可推测该书之成书当在曹魏时期。而《孝经述议》对颇富法家意味的《古文孝经孔传》不但未予以批评，反而能予以高度认同，也正是因为两者均成书于从分裂走向统一、需要强调法治以整合社会的历史时代。魏晋南北朝时期正是律法儒家化的时期，儒、法关系与当时的忠孝之辨、仁孝之辨紧密结合在一起，成为三大主题；《孝经》本身论述忠孝关系，且有专门关涉律法的《五刑章》，故成为当时士人关注的重要典籍。刘炫对这三大主题都做了回应，他主张忠先于孝、仁大于孝，此正与其主张不孝之罪在三千刑律之内的立场一致，而刘炫的解释也凸显出历史上对《孝经》的解释呈现出礼仪化和刑法化两种不同的趋向，这体现出了法律的儒家化和儒家经学对法家思想的吸收之两重面向。

司领超．日传本《古文孝经孔氏传》考．天津师范大学硕士学位论文，2017

【解题】日本学者太宰纯于享保十七年（1732）刊行《古文孝经孔氏传》（以下简称《孔传》），随后此书由鲍廷博好友汪鹏在日本长崎购得并带回国内。日传本《孔传》的回传，引起了清代学者对《孔传》真伪问题的讨论：有人认为此书是中国久已失传的古籍，如卢文弨、王鸣盛；有人怀疑此书为日本人伪作，如阮元、孙志祖；有人认为此书虽是中国古籍，但怀疑其作者非孔安国，如郑珍认为此书是刘炫伪作，丁晏认为是王肃伪作。关于这一问题的争论，至今仍众说纷纭，莫衷一是。然而《孔传》并非日本人伪作，确为中土古籍，这一点由隋代刘炫《孝经述议》可得证实。刘炫推崇《孔传》，曾作《孝经述议》以解《孔传》。因《述议》与《孔传》之间关系密切，本文欲利用《孝经述议》，证明今日传本《孔传》为中国古籍，非日本人伪作，同时对《孔传》非刘炫伪作这一观点进行补证。又据现存文献资料，从词汇辨析、术语溯源的角度看，《孔传》中各别用语经考察皆晚出，并非汉孔安国时代所有。由史书得知，《古文孝经》与《古文尚书》同出于孔壁，然而两书“传序”所及之相同问题却有不同的记述，这表明两书并非出自同一作者，众多可疑之处皆论证了《孔传》非汉孔安国所作，乃后人所伪作一事。再则，我们还可利用《孝经·序》与《尚书·序》对相同问题的不同记述的比较，来推测《孔传》成书的大致时间。

舒大刚等．日本《古文孝经孔传》真伪再考察．济南大学学报，2018（4）

【解题】日本传《古文孝经孔传》自乾隆年间传入中国，其真伪就一直是争论不休的问题。肯定者以为汉孔安国本“失之中国得之东瀛”为稀世珍宝；否定者则从引文、著录和语言等角度加以证伪，其中以《四库提要》、郑珍所撰文最具说服力。近时，由于敦煌遗书的发现，证实了历史上同样有争议的《孝经郑玄注》的真实性，于是又有学人试图引以证明孔传的真实身份。通过审核梳理各家的证据，发现并不周延；复审日本传本的经传文字，发现经文承袭了南宋学人合编玄宗注、司马光指解和范祖禹说时造成误注的错误；其传文又与汉唐传孔传遗文并不一致，说明并非中国汉唐所传孔安国本《古文孝经孔传》。

高亮．隋代《古文孝经》发现者辨．中华文史论丛，2018（1）

【解题】宋邢昺《孝经疏》述及古文本《孝经》发现过程，是辨别《古文孝经》真伪的重要史料，但因其间文字不详，致使部分内容叙述事迹不明，弱化了其史料价值。今就其中所言购得古本并呈送王劭之“秘书学生王逸”者究竟何人，稍作考索，试还其真。梳理隋代学人，发现有一位王孝籍颇符合《孝经注疏》的记载。

五经总类

周予同．“六经”与孔子的关系问题．复旦学报，1979（1）；周予同经学史论著选集，上海：上海人民出版社，1983

【解题】“六经”绝非一人作于一时一地，孔子对不同传本的典籍进行了整理，其整理有一定的标准，现存的五部“经书”不完全是孔子整理后的原书。

金景芳．孔子与六经．金景芳古史论集，长春：吉林大学出版社，1991

【解题】“六经”是当时孔子为了教学所编的教科书，孔子对《诗》《书》所做的加工是“论次”，对《礼》《乐》所做的加工是“修起”，对《易》则是做《易传》，对

《春秋》则是另成新著。

林庆彰.《五经大全》之修纂及其相关问题探究.中国文哲研究集刊创刊号，1991

王世伟.岳氏九经三传与岳珂无涉.读书，1985（7）；图书馆学文献论丛，上海：上海书店，2000

【解题】岳氏九经三传为元初所刊，荆溪家塾当指义兴岳氏，与岳珂无涉。

汪绍楹.相台岳氏刊九经三传考.文史，1987（28）

【解题】刊九经三传者，属相台岳氏；此岳氏或即岳珂支裔，刊于元而绝非宋。

崔富章.《刊正九经三传沿革例》作者非岳珂辨.古籍整理出版情况简报，1989（205）

王玉良.关于岳刻九经以及《刊正九经三传沿革例》的作者问题.图书馆学通讯，1990（2）

张政烺.读《相台书塾刊正九经三传沿革例》.中国与日本文化研究论集，北京：中国大百科全书出版社，1991

【解题】从岳珂、岳浚籍贯生平、《沿革例》内容及史料记载等几个方面，认为相台本九经乃元初宜兴岳浚据廖莹中世彩堂本校正重刻，与岳珂无涉。

陈植锷.从疑传到疑经——宋学初期疑古思潮述论.中国经学史论文选集（下），台北：文史哲出版社，1993

张文彬.《经义述闻》作者之商榷——兼驳刘盼遂“《述闻》系王引之窃名”之说.国文学报，1980（9）

【解题】驳斥了刘盼遂《经义述闻》系引之窃其父之作的论断。

杨新勋.《六经奥论》作者与成书考辨.淮北煤炭师范学院学报，2006（4）

【解题】《六经奥论》为改编署名“二郑”的《六经雅言图辨》而成，编定时间大致在宋末；《六经奥论》夹行小注中标注出处和所指部分元初已有，其阐明原因和意义的部分盖出于明初危邦辅祖父之手，其内容确与郑樵有关，但也有许多并非郑樵的言论。

四　书　类

大学

冯友兰.《大学》为荀学说.古史辨第四册，北京：朴社，1933

【解题】荀子为战国末年之儒家大师，后来儒者多出其门；荀子又多言礼，故大小《戴记》中诸篇，大半皆从荀学之观点以言礼；其言学者，《大戴记》中直抄《荀子·劝学篇》，《小戴记》中之《学记》，亦自荀子之观点以言学；盖当时荀学之势力，固较汉以后人所想象者多多也。《学记》以“知类通达，强立而不反”“足以化民易俗，近者悦服而远者怀之”，为“大学之道”；《大学》亦以“格物，致知，正心，诚意，修身，齐家，治国，平天下”，为“大学之道”；二者之主要意思相同，《大学》中所说“大学之道”，当亦用荀学之观点以解释之。

徐复观.先秦儒家思想的综合——大学之道.中国人性论史·先秦篇，台北：中央书局，1963；上海：上海三联书店，2001

【解题】《大学》成于秦统一天下之后，西汉政权成立以前；《大学》的内容受孟子思想系统之影响为主。

赵泽厚.《大学》的作者问题.大学研究，台北："中华书局"，1972

【解题】就关于《大学》作者的几种学说逐一进行探讨，认为《大学》非孔子、曾子、曾子门人所作，亦非子思或荀子作；《大学》似为董仲舒所作，即使非本人，但作者之思想亦与董氏极有关系。

胡止归.《大学》之著作时代及其与《中庸》之思想同异比较研究.续伪书通考，台北：学生书局，1984

【解题】《大学》所言较《学记》具体而致密，当为继《学记》编著之后，故篇首即以"大学之道"发端，其成书年代当与《学记》同时代或稍后。

劳干.《大学》出于孟学说.续伪书通考，台北：学生书局，1984

【解题】《大学》成书于孟子之后，荀子以前；其学说与《孟子》相近，似出于孟子之徒。

罗华文.《大学》成书时代新考.孔子研究，1996（1）

【解题】《大学》的成书大体在孔子、曾子之后，孟子、荀子之前的战国前期，即公元前5世纪左右，系出于曾氏之儒一派的纯儒家作品；它的出台是曾氏之儒向思、孟氏之儒转化的一个极为重要的环节；然其文"多用排语"，且思想逻辑甚强，似乎有经战国中、后期儒者润色的痕迹，但不能由此将它的成书时代下移。

梁涛.《大学》早出新证.中国哲学史研究，2000（3）

【解题】近年来出现的《大学》晚出的各种理由均不能成立，《大学》应成于曾子或其弟子之手；通过与帛书《五行》经、传的对比，认为传统分《大学》为经、传两个部分不能成立，《大学》应为独立的一篇，程颢修订的《大学》最接近原貌。

黄芸."《大学》早出新证"献疑.中国哲学史，2006（1）

【解题】该文系对梁涛《〈大学〉早出新证》一文而发，认为今天所知的古代作品（尤其是先秦作品）有着"逆生成"的共同特点，与其根据某些段落讨论整部作品的形成时间及与其他作品的渊源关系，不如讨论特定段落的形成时间及相关思想的发展，可能更为合适。

纪文晶.《大学》成书公案与流传.曲阜师范大学硕士学位论文，2008

【解题】《大学》的最初成篇时间当为战国初期，即孔子、曾子之后，孟子、荀子出现之前。

胡治洪.论《大学》的作者时代及思想承传.陕西师范大学学报，2008（5）

【解题】《大学》为特重德性德行亦即内圣外王之道的曾子学派的作品，其文本完成于战国中前期至西汉初期二三百年间。《大学》秉承了二王三代圣贤一以贯之的实践和学思传统，由此具备了上升为儒家经典的思想基础。经过董仲舒、韩愈，特别是朱熹、王守仁的阐扬，《大学》在中国历史社会中发生了愈益重大的思想影响。

金建州.《大学》的作者研究.语文建设，2012（20）

【解题】该文基本参考赵泽厚《〈大学〉研究·〈大学〉的作者问题》而来。

刘光胜.《大学》成书问题新探——兼谈朱熹怀疑《曾子》十篇真实性的内在思想根源.文史哲，2012（3）

【解题】将《曾子》十篇、郭店儒简与《大学》比较后，发现《大学》内外贯通的治国理路、正心诚意的修身路径、忠恕内省的推仁方法，在《孟子》之前都已出现，因此《大学》成书晚于《孟子》的说法不能成立。朱熹对《大学》和《曾子》十篇均持怀疑的态度，但怀疑的内容不同：朱熹怀疑《大学》，是担心《大学》文本与自己学说扞格不通之处并未完全解决；他怀疑《曾子》十篇，是疑其不伪，影响自己对《大学》圣经贤传的论定。

中庸

杜钢百．《中庸》伪书考．实学，1926（1—3）

【解题】《中庸》不但非一篇也，亦不似出于一手者，其义有极精粹者，有平平无奇者，间亦有可疑者，即所引孔子之言亦不伦，参差不齐，其非一人作明甚。今按，此说难以成立。

王维集．《中庸》新考．留京潮州学会年刊，1926（2）

【解题】《中庸》不是子思作的，而是汉儒伪造的。今按，此说不能成立。

冯友兰．《中庸》的年代问题．古史辨第四册，北京：朴社，1933

【解题】《中庸》首段自“天命之谓性”至“天地位焉，万物育焉”，末段自“在下位不获乎上”至“无声无臭至矣”，多言人与宇宙之关系，似就孟子哲学中之神秘主义倾向加以发挥，其文体亦大概为论著体裁。中段自“仲尼曰君子中庸”至“道前定则不穷”，多言人事，似就孔子之学说加以发挥，其文体亦大概为记言体裁；由此点推测，则此中段似为子思原来所作之《中庸》，即《汉书·艺文志》儒家中之《子思子》二十三篇之类。首末二段乃后来儒者所加，即《汉书·艺文志》“凡礼十三家”中之《中庸说》二篇之类也，“今天下车同轨”等言皆在后段，更可见矣。《中庸说》之作者，名其说为“中庸说”，必系所谓“子思之儒”；但其中又发挥孟子之学说，则又为所谓“孟氏之儒”；盖二派本来相近，故《荀子·非十二子》以之为一派也。

徐复观．《中庸》的地位问题．学术与政治之间（乙集），台北：中央书局，1957；台北：学生书局，1985

【解题】钱穆所说《中庸》之说本于《庄子》不正确，《中庸》当出于庄子之前。

胡止归．《中庸》章句渊源辩证．大陆杂志，1958（7）；续伪书通考，台北：学生书局，1984

【解题】《礼记》一书，其思想多渊源于荀子，《中庸》为《礼记》之一篇，实亦未能例外。“中庸”“中和”“诚化”“慎独”等实为《中庸》之重要思想，而考其语源实出于《荀子》。今按，此说难以成立。

胡止归．《中庸》著作年代辩证．大陆杂志，1961（5）；续伪书通考，台北：学生书局，1984

【解题】《中庸》当作于董仲舒《对策第一》（前134）以后，以迄刘向卒年（前6）以前作品。今按，此说不能成立。

徐复观．从命到性——《中庸》的性命思想．中国人性论史·先秦篇，台北：中央书局，1963；上海：上海三联书店，2001

【解题】该文基本观点与《〈中庸〉的地位问题》一文没有大改变，但作了补充修正。相关目录如下：一、《中庸》文献的构成及其时代；二、第二十章的问题；三、《中庸》上篇思想的背景与结构；十二、下篇成篇的时代问题；十三、上下篇的关联。

金德建．子思作《中庸》的推测．司马迁所见书考，上海：上海人民出版社，1963

【解题】《中庸》成书于孟子以前，当出于子思所作。

金德建．论子思作《中庸》于宋地．司马迁所见书考，上海：上海人民出版社，1963

【解题】《史记·孔子世家》说子思“尝困于宋，作《中庸》”，且《中庸》书中也有浓厚的宋国地方原有思想，故知子思作《中庸》于宋地。

张学波．《中庸》作者及其哲理研究．孔孟月刊，1967（7）

陈兆荣．《中庸》作者的研究．中庸探微，台北：正中书局，1975；续伪书通考，台北：学生书局，1984

【解题】《中庸》是子思的作品，但是有一部分是后人增添上去的。

刘玉国．《中庸》著成年代平议．联合学报，1987（4）

洪家义．《中庸》思想的形成及其产生的历史根源．江海学刊，1987（4）

徐克谦．浅论《中庸》基本思想的产生年代．齐鲁学刊，1989（2）

【解题】通过《中庸》里“诚”这一重要范畴的考察，认为《中庸》不仅产生在孟子之后而且产生在荀子之后，至早也只能是在战国末年完成的。《中庸》关于“诚”的重要思想，是在综合了孟、荀有关论述的基础上进一步发展起来的，把《中庸》仅仅看成是所谓“思孟学派”的思想材料也是不恰当的。今按，此说难以成立。

廖焕超．《中庸》作者是子思吗．营口师专学报，1989（1）

廖焕超．《中庸》作者献疑．孔子研究，1990（2）

【解题】该文与其说是考定《中庸》的作者，毋宁说是考定《中庸》产生的时代；否定“子思作《中庸》”，正是要肯定《中庸》出自秦汉间人手。作者从《中庸》的一些提法如“今天下车同轨，书同文，行同伦”等确定其写作年代外，还从孟子、荀子与子思的关系来考察：孟子师事子思，荀子批评子思，但二人都未提《中庸》，也未褒扬或批评《中庸》内容；《孟子》与《中庸》都谈到“中”“诚”“仁者人也”，但据其思想内容看，是《中庸》抄袭并发展《孟子》而不是相反。此外，作者还认为《史记·孔子世家》中“子思作《中庸》”一语，是后人所增窜的。今按，此说难以成立。

邹玉现．关于《中庸》的作者及著作年代．山西大学学报，1990（1）

【解题】从《论语》《孟子》《中庸》三书关于鬼神、天道观念的论述，《中庸》与《大学》和《易传》的思想联系，先秦诸子的文体风格和语言特点三个方面来考察《中庸》的作者及著作年代，认为《中庸》不可能作于战国前期，而只能作于战国中期以后，其作者只能是战国中期以后的思孟学派的后学者，而不可能是战国前期的子思。

郭沂．《中庸》成书辨正．孔子研究，1995（4）

【解题】今本《中庸》除汉人杂入的文献外，由两部分组成：第一部分为原始《论语》佚文，第二部分才是子思所作的《中庸》，但绝非如徐复观先生所言：“可以说是对所引的孔子的话所作的阐发及解释，也可以说是一种传注的性质。”

杨朝明．《中庸》成书问题新探．河南科技大学学报，2006（5）

【解题】今本《中庸》本来应有四个部分：通过与上博竹书《从政》篇的对比，看出朱熹分章的第二章到第九章应为原始本的《中庸》；通过与《孔子家语·哀公问政》等的比较，看出“子路问强”和“哀公问政”原来分别为一个部分；今本第一章和“博学之”以下是一个部分，可能属于原来《子思子》中的佚篇。既然今本《中庸》至少有两部分出自《子思子》，《孔子家语》又与子思有密切关系，再考虑到子思著作本来就有专门记述孔子遗说的内容，不妨仍然将今本《中庸》的作者归于子思。

李文波.《中庸》成书再辨正.南京社会科学，2005（6）

【解题】《中庸》的成书时间不会晚于公元前300年，甚至更早，一开始或是零散的篇章文字，是并无统一结构的断片排列组合，但其核心思想大体无出其外；至于其编写成书则当在稍后一段时间，可能迟至战国中晚期，甚至秦汉之际，特别是秦火之后经汉儒重新编定成书的可能性还是存在的，只不过由汉人重新编选的《中庸》，究竟是否完全根据原始典籍所定，抑或在多大程度上进行了删补，这都还是难以断言的问题。如果说《中庸》为子思单独所作尚嫌论据不足够不直接的话，至少《中庸》部分出自子思的推论存疑不大，由古书传承性来看，子思所作《中庸》极可能构成了《中庸》文本内在的核心要义。“诚明”部分应为子思所原创，“子曰”部分极可能是子思（及门人）所记孔子语。对《中庸》的研究不仅要从其文本被解释的历史去探讨，还应该将孔子及《论语》纳入《中庸》研究的参照体系之内，将孔子及《论语》作为研究中庸所必须的背景与焦点问题来深入考量。

邹憬.《中庸》成书公案与今本《中庸》的流传与升格.曲阜师范大学硕士学位论文，2008

【解题】“《中庸》的作者和成书年代”一节认为，子思曾作《中庸》是可信的，《史记》《孔丛子》不会凭空伪造这一事实，只是经过长期的历史流传，戴圣编集《礼记》时所收入的《中庸》，已经不是子思所作《中庸》的本来面目了。虽然今本《中庸》之内容有可能全部或者至少部分为子思所作，但是它并不是一个整体，而是包括了两个或更多的部分。

张卉，舒大刚.《中庸》成书新探——从范畴诠释的角度.孔子研究，2014（3）

【解题】《中庸》之“天命”与“性”“慎独”“中和”“诚”等重要范畴，在郭店简之《性》《五行》《教》等篇中得到了丰富和发展，且都与子思及其学派相关。因郭店简是战国中晚期的作品，故《中庸》应在此之前，当为战国早期的作品，子思所作，文本中明显不是战国时期的个别表述，这并不影响《中庸》主要意义的表达。《中庸》以及郭店简、上博简代表了战国时期子思学派的思维方式，即超越了日常道德训诫，而上升到哲学和心性本体的高度，儒家心性哲学体系当是由子思学派开启的。

杨少涵.“子思作《中庸》”辨疑.光明日报，2015.12.4

黄效.《中庸》考辨.广东技术师范学院学报，2016（10）

【解题】《中庸》历来是一篇充满争议的文献，其作者和成书问题非常复杂。由于特殊的历史形态，它不能算是一篇成于一人一时之手的文献。它是儒家学派思想累积而成的，只不过是大部分经子思之手而已。所以它只能算是一篇历经了几代人、成于一个学派的文献，且其中还包含着被秦汉人篡改的成分。正是如此，《中庸》的文本也体现出先秦文献的四个基本特性：作者的集体性；成书的历时性；文献的学派性及传播的篡改性。

张培高.《中庸》作者考辨.中共宁波市委党校学报，2016（2）

【解题】考辨《中庸》的作者，首先要厘清《史记》之《中庸》、《子思》之《中庸》与《礼记》之《中庸》的关系。其实《史记》之《中庸》、《子思》之《中庸》与

《礼记》之《中庸》不是一回事，《礼》之《中庸》只是《史记》之《中庸》或《汉志》之《子思》的一篇而已。要证明今本《中庸》的作者，可以从“检讨主张《中庸》非子思所作的立论根据”“辨析《礼记》与《古记》的关系”“分析《中庸》与《孟子》的关系”等方面分析。无论从哪个方面分析，都可以确定《礼记·中庸》为子思所作。

论语

方景略.《论语》孔注辨伪.真实半月刊，1936（2）

【解题】孔安国未尝传《古论语》，《论语》孔注与《孔子家语序》《尚书传》实为一手所造之书，造伪者为王肃，其传自郑冲。今按，此说难以成立。

陈少铭.《论语》篇目辨.云大特刊，1937

【解题】撰《论语》时所列篇章之次序，非有理智之成分也，必当时圣门各派之材料，先行搜获，即列之先，后来者，则列之后；编纂者之初意，只求孔子言行之多量搜集，使之行远传久也。

赵贞信.《论语·尧曰章》末二章探源.史学集刊，1937（3）

顾颉刚.《论语·尧曰章》辨伪.古史辨第七册，上海：开明书店，1940

【解题】《尧曰章》早则出于战国之末，迟则当在秦汉之交，乃后人采邹衍学说而成。今按，此说难以成立。

赵贞信.《论语·尧曰章》作于墨者考.中德学志，1943（1—2）

【解题】墨家学说之混入儒家，远在孟子之时，到战国末年已成源远流长，根深蒂固，凡是墨家好的部分和儒家相同，而不同的部分则均系儒胜于墨，两《戴记》中墨家言论很多，就是儒家采取墨学的成绩。《论语·尧曰章》实为墨者言论，其所引用之材料最迟亦为战国晚期材料，再由“万方”二字之使用来看，其成篇当在秦统一天下之后。因《论语》一书在汉以前本无成书，文帝时始由博士就四方收集得来一大堆记载孔门言行之竹简中选择其比较纯粹之若干零篇单简编纂而成；《论语·尧曰章》盖此时杂入其中，而编之末章。今按，此说不能成立。

赵贞信.《论语》究竟是谁编纂的.北京师范大学学报，1961（4）

【解题】《论语》最初编成于文、景的时候，而编撰人是当时任博士职的齐、鲁大师。

赵贞信.《论语·尧曰章》来源的推测.北京师范大学学报，1962（3）

【解题】前人对《论语·尧曰章》有三种看法（含有深意说、断简残篇说、《论语》后序说），其中“断简残篇说”最近情理，因为古书大都单篇别行，而传其书者，续有所得，则附之于篇末，因此醇疵不等，文体互异；而且古人校编古书，往往可信的排在前面，不太可信的排在后面，最不可信的排在最后。《论语·尧曰章》被列为末篇，实缘于编纂《论语》的人对这篇的内容最不信任，不过不忍使它遗失，姑且把它附在最后的。《论语·尧曰章》前数节是《墨子·兼爱篇》的引文，被收入《论语》，是因为晚起的学人好兼采各家，秦汉之际，一方面儒、墨各有自己独立的系统，另一方面更有混合儒、墨的学者，儒家言可以羼入墨家的书中，墨家言也可以混进儒家的书中，《尧曰章》既杂入于传记（《论语》在汉代是属传记类的），又被认为是圣人之言，故被编入。

胡止归.《论语》编撰源流考.大陆杂志，1965（6—8）；论语辩证，台北：联经出版事

业公司，1978；续伪书通考，台北：学生书局，1984

【解题】《论语》之初编年代，当在孔子卒后三十一年乃至四十三年以上，然当时尚无“论语”之名。其续编年代当在孟子卒后，且《孟子》一书经其弟子编集完成之后，其距孔子卒后已近二百年以上；当时《论语》之上、下《论》，两者或当别行；所谓《鲁论》本与《齐论》本，其同异之别，乃当于此中求之；至此《论语》一书，迄汉宣帝时犹名曰“传”。其再编年代，亦即《论语》之鲁、齐《论》（或即上、下《论》）合订本之编集时期，当在张禹为博士（前49）之后，而完成于成帝即位（前44）之前，其距孔子卒后已近430年以上，此时《论语》一书之名乃告成立。

覃适芝．《论语》内容的怀疑．自由报，1970.9.26

张学坡．《论语》之编纂及其篇章真伪略考．孔孟月刊，1978（11）

杨伯峻．《论语》的作者和编著年代．论语译注，北京：中华书局，1980

【解题】《论语》一书乃成于众手，最后或为曾子弟子编纂而成，其著笔时间为春秋末期，成书在战国初期。

顾洪．皇侃《论语义疏》释文辨伪一则．文史，1985（25）

刘诚．《论语·乡党篇》辨伪．湖南师范大学社会科学学报，1986（2）

【解题】从孔子生平、日常物品、语言体制三方面来考察，发现《乡党篇》的思想内容和语言形式，同《论语》其他各篇对照，龃龉之处很多，所记载的某些物品是春秋时代不能有的，或者不常见的，均与孔子无关，可能是西汉人杂采“三礼”删削而成的，以西汉末的张禹的可能性最大。今按，结论不能成立。

张信．论《论语》的主要作者．内蒙古师范大学学报，2002（5）

【解题】关于《论语》主要作者三种主要观点的基本分歧在于：（1）是孔子弟子还是再传弟子为《论语》作者的主体？（2）在《论语》创作过程中，是经历了群贤录写、主要人物编辑成书、曾门增补三个阶段，还是群贤录写、曾门编定两个阶段？作者在肯定弟子主体说和三阶段说的基础上，力图通过建构更为完善的理论模式来确定主要作者；经过几个参量形成的考证体系的量化结果，认为子贡、子夏、子张、子游、曾参是《论语》的主要作者，而他们正是《子张第十九》的纪言主体，弟子专篇原是《论语》主要作者的一种特有的标志方式。今按，没有区分作者与述者，前提都不能成立。

杨朝明．新出竹书与《论语》成书问题再认识．中国哲学史，2003（3）

【解题】竹书材料证明《论语》的材料来自孔门众多弟子，而由子思具体纂辑完成，有一定的思想主旨，有内在的严密逻辑，有“正实而切事”的突出特征。

梁涛．定县竹简《论语》与《论语》的成书问题．管子学刊，2005（1）

【解题】根据定县竹简《论语》认为崔述等人依据文体、称谓所作关于《论语》成书的种种判断难以成立。《论语》由孔子弟子统一组织，集体编纂，经历从孔子弟子到再传弟子的较长时间。

论语笔解

王明荷．《论语笔解》试探．中国经学史论文选集（上），台北：文史哲出版社，1992

查屏球．韩愈《论语笔解》真伪考．文献，1995（2）

【解题】《论语笔解》非伪书，又非韩愈原本，而是宋人对“韩愈《论语注》十卷”

的整理本，此书真实性是可信的。
黄爱平．《论语笔解》真伪考补．远东通识学报，2007（1）

孟子・孟子外书

佚名．《孟子》一书作者是孟子．文汇报，1988.12.20
金受申．《孟子外书》考．亚洲文化论丛，1942（1）
杨伯峻．《孟子译注》导言．孟子译注，北京：中华书局，1960

【解题】孟子并非子思弟子，生于周安王十七年（前385）前后；《孟子》一书为孟子所著，其弟子万章、公孙丑参与了编纂。

林庆彰．《孟子外书》辨．丰坊与姚士粦，台北：东吴大学硕士学位论文，1978
屈万里．《孟子》七篇的编者和《孟子外书》的真伪问题．续伪书通考，台北：学生书局，1984

【解题】今本《孟子外书》出于姚士粦的伪托。

吕涛．《孟子》的作者．孔子研究，1986（3）

【解题】认同司马迁的观点："（孟子）退而与万章之徒序《诗》《书》，述仲尼之意，作《孟子》七篇。"

杨泽波．《孟子》作者新证．济南市社会主义学院学报，1999（4）

【解题】在前人基础上概括了《孟子》行文的七大特点（文字一体；文章长展，文风浩然；没有关于孟子容貌的记载；自称为子；除万章、公孙丑外，门人皆称子；所见诸侯称谥；文中有史实之误）。《孟子》一书是孟子为了使自己的思想和事迹不致于失传，从而有意识地师法《论语》，在与万章、公孙丑等讲学过程中，口授自己经历和观点，并让弟子记录下来，然后自己加以整理删定的结果，当然其间也不排除孟子自己写作一部分，以及汇集其他弟子平日所记的可能。今按，结论仍然是猜想性质的。

张荷群．《孟子外书》考述．临沧教育学院学报，2006（4）

【解题】从目录学、作者以及先秦时期著作体列等角度进行了考证，认为汉代曾经有过以《孟子外书》命名的作品，然赵岐所见，已谓非真，且已遗亡，宋人所谓的《孟子外书》均为伪作。

俞林波．《孟子注疏》作者考论．文学遗产，2011（6）

【解题】《十三经注疏》之《孟子注疏》（即《孟子正义》）是否为北宋孙奭所作，学界向有争论。从《孟子注疏》找到一条内证，证明《孟子注疏》非孙奭所作。

四书评

崔文印．李贽《四书评》真伪辨．文物，1979（4）

【解题】《四书评》不是李贽早年的著作，而是叶昼伪托李贽之名的赝品。

崔文印．《四书评》不是李贽著作的考证．哲学研究，1980（4）

【解题】《四书评》即《四书第一评》，为叶昼假名李贽的伪作。

刘建国．也谈李贽《四书评》真伪问题．贵州社会科学，1983（3）

【解题】周亮工所说的叶昼伪造《四书评》的意见，不是他亲眼所见，也不是亲自考证，而是抄自盛于斯的传闻，而盛于斯之说是不符合史实的；叶昼编《四书眼》时曾参考过《四书评》而不可能伪造《四书评》，如果说《四书评》是叶昼伪造的，那时李贽的好友焦竑和学生汪本钶等人还活着，必然揭露叶昼的伪造行为，且李贽自己也曾反复说明过写作《四书评》的过程。从《四书评》的思想倾向来看，不但不与李贽的思想倾向相抵牾，而且与他的思想倾向相一致，恰恰证明《四书评》是李贽的著作；从《四书评》中所用的批、评与李贽其他著作中的批、评来看，两者的文字风格是完全一致的，足以证明《四书评》亦出自李贽之手；《四书评》并不是李贽早年的著作，也不是向反儒过渡时的著作，而是晚年的著作，是向尊孔思想倒退时的著作。

任冠文．《四书评》辨析．文献，1999（1）

【解题】盛于斯对叶昼伪造《四书评》的记载并不可靠，不能成为《四书评》是伪书的依据；周亮工《书影》是在牢狱中撰写的传闻与读书回忆录，有许多内容不一定完全可靠。进而对《四书评》的思想内容进行分析，认为它应该是李贽晚年的作品。

乐　类

古今乐纂

郑祖襄．一段伪造的音乐史料——《古今乐纂》"隋代汉乐坐部"记载辨伪．音乐艺术，2008（1）

【解题】《玉海》所载徐景安《乐书》引用到一段《古今乐纂》文字，提到了"隋汉部坐乐"问题，这一记载与《隋书》《旧唐书》《新唐书》有关记载完全相悖，又与徐景安书原文不相吻合，这是一段伪造的史料，它出现在何文广《古今乐纂》，是北宋初面临与外民族矛盾为突出华夏音乐文化而造的伪。其先被陈旸《乐书》所引用，又加以重新诠释，后又被人渗入徐景安《乐书》，实与唐代坐立部的历史没有关系。

王小盾．关于《古今乐纂》和音乐文献的辨伪．文艺研究，2008（11）

【解题】对《古今乐纂》一段佚文作详细考证，阐释其中蕴含的音乐史信息，进而确认其真实性。通过对"《古今乐纂》伪造说"的分析，提出音乐文献辨伪的原则和方法：一、读懂文献，正确标点；二、对相关史料作客观比较，避免先入为主的成见；三、"多闻阙疑"，用充分考据的方式和保留沉默权的方式处理疑点；四、以"同情的理解"批判对象，尊重其时代属性和表述习惯；五、注意个别现象与制度化现象的区别，以及事物名称在广义与狭义上的区别，避免比附；六、作判断时寻找系统的证据，不立孤证，更不立臆说；七、正视不利于己说的证据，不故意回避；八、考查著录之时要做到资料完备并和推究征引相结合；九、正确理解同书异名、同名异书等情况，分清名实；十、提升修养，达到"知"的境界。

郑祖襄．二辨《古今乐纂》"隋代汉乐坐部"记载之伪——与王小盾教授商榷．文艺研究，2009（5）

【解题】《玉海》载徐景安《乐书》所引《古今乐纂》"隋代汉乐坐部"这一记载与诸多隋、唐史籍所载同类史实不相符合，且文字自身不能释通，不是出自唐代的《古今乐纂》，而是北宋何文广的同名著作，是北宋"排夷"历史背景下产生的一条伪造的史料。不了解音乐，不了解音乐史，见了这条记载就以为隋代有坐部伎，并作牵强附会、强词夺理的解释，这样的研究是不可取的。

王小盾．再论音乐文献辨伪的原则和方法．文艺研究，2010（5）

【解题】通过分析《古今乐纂》辨伪的实例，对音乐文献辨伪的原则和方法作了概括，认为音乐文献辨伪是一项严肃的工作，它要求懂得著录和征引，以确认作为研究对象的古书的传承；要求广罗证据，以探明各项记录的历史真实性；要求多闻阙疑，不以空话、假话掩盖真实；要求以科学的态度论证，谨慎避免混淆概念、虚假推定、以偏概全、望文生义等逻辑错误。技术不可或缺，态度更为重要。

董晓明．再谈《古今乐纂》"汉乐坐部"史料中的问题．文教资料，2012（17）

【解题】《古今乐纂》"汉乐坐部"史料中有概念及逻辑上的严重错误，其史料价值不高。《古今乐纂》原书今已不存，其原文如何现不可考，《古今乐纂》史料孑遗均为辑佚。因此前人的"真""伪"之辩，都缺乏最重要的立论基点。理论立足点的模糊，使得"真""伪"之断均失其实。"汉乐坐部"文字上的粗朴，在史源学角度看，有原始史料的特点，但问题较多，不能轻信。

太和正音谱

曾永义．《太和正音谱》的作者问题．续伪书通考，台北：学生书局，1984

洛地．《太和正音谱》著作年代疑．江西社会科学，1989（2）

黄文实．《太和正音谱》曲论部分与曲谱非作于同时．文学遗产，1989（6）

【解题】《太和正音谱》为曲论和曲谱两部分，前人依据序言及序尾印章考，定其成于洪武三十一年。《太和正音谱》的曲论部分的撰写晚于洪武三十一年，又把朱权曲论中表现的思想与他的人生经历相比照，认为曲论部分应作于朱权的晚年。

周维培．《太和正音谱》成书考论．南京大学学报，1990（4）

【解题】从内证、外证两个方面对朱权《太和正音谱》成书于洪武三十一年的说法提出质疑，指出该书有朱权封藩大宁时的初刻本和改封南昌后的增补本。

姚品文．《太和正音谱》写作年代及"影写洪武刻本"问题．文学遗产，1994（5）

【解题】《太和正音谱》写作年代在永乐五年（1408）或稍前，没有所谓的"洪武本"；即令有所谓"洪武本"，也绝不可能是今存的"艺芸书舍本"这个面目。

车美京．《太和正音谱》成书时间考．大陆杂志，1998（6）

冯燕群．《太和正音谱》成书年份及两个相关问题．四川戏剧，2006（2）

【解题】《正音谱》当作于永乐四五年，并在写成之后朱权从未作过修订，因为只有如此，我们才可解答以下两个问题：一、朱权为什么在《太和正音谱》中异乎寻常地鄙弃佛家；二、朱权为什么对朱有燉采取不应有的忽略。

小　学　类

尔雅

张最初．《尔雅》作者考．尚友书塾季报，1925（3）

【解题】郭璞序谓兴于中古，其说最通，盖既非一人，又非一时，故概之曰中古；

非专家之著述，为学者之记注，故不曰作而曰兴；递相增益，先后不等，毛前毛后，皆不足怪。

姚步康.《尔雅》成立时代之研究.徐中，1934（7）

【解题】《尔雅》绝非先秦产物，其成书时期甚长，或在东汉之后，亦未可知。今按，结论难以成立。

吕思勉.论《尔雅》谁作.群雅，1940（3）

【解题】《尔雅》成书较晚，然其中有一篇最古，其余为后来所增益；平帝元始五年，尝征通《尔雅》者，则民间固有通其学者，通其学必有其书，今之《尔雅》盖此等人所纂集。

吴继辉.《尔雅》作者及其年代之推测.文学研究，1940（4）

【解题】就《尔雅》成书上说，其当初时先成一部分，以后次第有所附益。最先出的《释诂》一篇，殆出于孔子中年以后或距于七十子不远的时代；《释言》次之，当在七十子晚年至孟子以前的时代；《释训》又从而在其稍后，或同一时编；《释亲》《释宫》《释器》《释乐》《释天》，当为战国礼学盛行以后的作品；战国末期新起一种地理学说，风行天下，因而《尔雅》又有《释地》《释丘》《释山》《释水》诸篇出世；《释草》以下至《释鸟》诸篇，其大部分是解释《诗经》中的草木虫鱼鸟兽的名称和种类，参有《楚辞》的解释不少，考《楚辞》之学在汉初极为风行，此是其受影响结果的必然；《释畜》篇末的部分和《周易·说卦》关系密切，因《易》在汉初最晚立于学官，故《释畜》当在田何之世才出现。故《尔雅》成书从孔子中年起，至文景之间止，约六百余年，始告编成。

何九盈.《尔雅》的年代和性质.语文研究，1984（2）

【解题】从先秦训诂学发展的历史、《尔雅》名义、《尔雅》内容、《尔雅》的结构和体例四个方面论证《尔雅》成书于战国末年，为齐鲁儒生所编撰。

李开.关于《尔雅》的作者.中国语文，1989（1）

王玉芬等.《尔雅》名辨及其作者和成书年代.北方论丛，1989（3）

【解题】《尔雅》成书在秦前、战国末期当属无疑。

吴礼权.《尔雅》古今研究述评.古籍整理研究学刊，1993（5）

【解题】就古今《尔雅》研究中关于《尔雅》书名的意义、成书年代与作者、篇数、体例、注本、性质、价值七个方面，作了简要的述评。

胡奇光等.《尔雅》成书时代新论.辞书研究，2001（6）

【解题】《尔雅》初稿当成于《吕氏春秋》问世以后、秦始皇焚诗书之前，到西汉初期，经全面修改而定稿，其时间当在叔孙通"稍定"《礼记》之后，汉文帝置《尔雅》博士之前。

窦秀艳.关于《尔雅》的成书时代和作者问题研究评述.东方论坛，2005（3）

【解题】对从古至今关于《尔雅》的成书时代和作者问题的各种论说进行了总结性研究和评述，分析了各种论说产生的原因，指出"战国末期成书说"以一定的事实作为依据，因而较为可信，但同时《尔雅》也有在秦朝初年成书的可能。

冯玉涛.论《尔雅》的作者和成书年代.宁夏师范学院学报，2007（5）

【解题】从"先秦的训诂状况奠定了词书的训诂内容和方式""文字的统一奠定了形

成雅言的基础”“正名和名学思想的提出与发展奠定了形成一部同义类聚词典的思想文化背景”“读书的要求为一部词典的产生提供了社会需求”四个方面，证明《尔雅》最迟当在战国中期产生，其作者为齐、鲁一带的孔门传人。

冯华．从古文字材料看《释亲》及《尔雅》的时代．汉字文化，2008（2）

【解题】从古文字材料出发，推断《释亲》成于战国中晚期。《尔雅》成书时代下限应早于秦代，而成书时代上限不能早于《释亲》的时代，且在秦代也没有逃脱“焚书”的厄运，后来在汉初重出于世，可能经过当时学者的整理，尤其是在汉文帝将其立于学官之时，定要经过一番整理的。

陈东辉．梁启超、蒋伯潜《尔雅》出处说质疑．中国典籍与文化，2011（2）

【解题】梁启超、蒋伯潜关于“《尔雅》本为《礼记》百三十一篇中之一篇或数篇”的观点值得商榷，而蒋伯潜对《尔雅》之评价过低，亦不妥当。

王璐．20世纪《尔雅》文献学研究．黑龙江大学硕士学位论文，2012

【解题】“《尔雅》成书年代研究”一节认为，名学的发展对语言学产生了很大的影响，使得战国末年，词汇的逻辑语义分类理论成熟，这就为《尔雅》的产生提供了基础条件；战国末期很多典籍的编写体例日渐成型，并有一定的系统性，为《尔雅》的成书提供了编写典范；《尔雅》中很多记载内容，如地理或天文等，是战国末期所特有的，种种迹象都表明《尔雅》成书于战国末期的可信性；《尔雅》虽成书于战国末年，但当时并不完善，只是初稿，后经秦汉儒生补充完整。

杨一波．《尔雅》成书考．曲阜师范大学硕士学位论文，2014

【解题】全文共分六章：第一章“《尔雅》成书问题诸观点之文献考述与批判”，介绍了古今《尔雅》成书问题十种观点，并分析诸说不当之处，进而指出《尔雅》成书问题尚未得到解决。第二章“《尔雅》成书问题之研究基础”，通过分析《尔雅》之结构体例，否定其“非一人一时而成”之论断；凭借首章之研究，辅以次章之分析，判断《尔雅》之成书早于秦代，且其作者当为齐鲁之人。第三章“从《尔雅》之名义看《尔雅》之成书”，作者认为《尔雅》之名义为“近正”，“正”即正统之言；而春秋至战国时期，“雅”字之义由政治意义向容貌与道德义转变，故《尔雅》存在成书于春秋时期的可能性。第四章“从春秋时期之政治风气看《尔雅》之成书”，作者认为，春秋时期具有显著的“赋诗言志”之政治风气，研习《诗》义为时代之要求，且《尔雅》释《诗》之词条，无论就深度或广度而言，俱较释它书为多，故《尔雅》可能成书于春秋时期。第五章“从《大学》看《尔雅》之成书”，《大学》释《淇奥》之文取自《释训》，即可证《大学》晚于《尔雅》成书，又《大学》成书于战国早期，故《尔雅》至少成书于春秋时期。第六章“从《大戴礼记·小辨篇》看《尔雅》之成书”，《大戴礼记·小辨篇》孔子“《尔雅》以观于古”之言诚为可信，且此“尔雅”作书名解，故《尔雅》之成书必早于孔子生活之年代。

杨一波．《尔雅》成书时代新考．古籍整理研究学刊，2016（4）

【解题】《尔雅》之成书时代，历来众说纷纭，莫衷一是。以其名义察之，《尔雅》可能成书于春秋时期；以《大戴礼记·小辨篇》所载孔子之言察之，孔子之言可以取信，且孔子所语“尔雅”当解作书名，故《尔雅》之成书当早于孔子生活之时代。

小尔雅

迟铎．《小尔雅》初探．陕西师范大学学报，1985（4）

【解题】《小尔雅》同《尔雅》一样，并非一时、一地、一人所著，乃是自先秦始，经历了两汉以至魏晋这个漫长的历史时期，集中了不少学者的聪明才智和辛勤劳动，采用了《尔雅》的训释方式，陆续增广、补充《尔雅》而成书的。当然，也不排斥其中有孔鲋、王肃诸学者的心血。

彭林．《小尔雅》．古籍整理研究学刊，1986（2）

赵伯义．戴震"《小尔雅》非古小学遗书"说质疑．宁夏大学学报，1986（3）

【解题】从论据上反驳戴震的观点，认为戴氏列举的三条根据（四个误例、错误不胜枚举、汉代大儒不取其说）都不可靠，因此他提出的《小尔雅》"非古小学遗书"之说也就不能成立。今按，反驳有理。

郭全芝．《小尔雅》产生时代初探．淮北煤炭师范学院学报，1996（1）

【解题】从辞典编撰史角度、《小尔雅》的方言词、《小尔雅》的句式三个方面考察，认为今存《小尔雅》即《汉书·艺文志》所载旧本，产生于西汉，后经魏晋人润色，作者系楚人，其他情况不详。

杨琳．《小尔雅》考实．文史，2002（2）

【解题】《小尔雅》非一人一时之作，其主体部分纂辑于西汉，东汉至宋元递有增益。

梁红．《小尔雅》述评．辽宁师范大学硕士论文，2003

【解题】"《小尔雅》成书时代及其作者"一节从汉代经学的发展、《小尔雅》的训释、某些汉代新生词语和词义的收录、某些词语的写法、《小尔雅》的释义方式五个方面考察，认为《小尔雅》的成书时代应在西汉，至于其作者，由于没有确切的史料证据为佐证，还无法得到确切的结论。

刘鸿雁．《小尔雅》综论．宁夏大学硕士论文，2003

【解题】"《小尔雅》成书时代及其作者"一章认为，《小尔雅》收录了先秦的古语，同时还记录了其成书时代的词汇，从其所记录的词汇以及后人征引的内容，可以推知《小尔雅》成书应在西汉；《小尔雅》所解释的方言词中称引最多的是楚方言，其作者可能是楚人；《小尔雅》词语的编排及其体例非常统一，不杂乱，当是出自同时代一些人之手，最初的作者可能是西汉时的楚人。

刘鸿雁．《小尔雅》补证．延安大学学报，2005（6）

【解题】《小尔雅》的内容是可靠的，成书年代应是西汉时期，作者可能是楚人。

孙少华．《小尔雅》成篇时代与作者及其与《孔丛子》之关系．广西师范大学学报，2009（2）

【解题】从文献学角度对《小尔雅》的成篇时代、作者及其与《孔丛子》之关系进行考察，认为《小尔雅》最早成书于秦汉之际，最早的作者为孔鲋，其后历汉、魏、晋又经后人增益、改定；《小尔雅》最早于秦汉之际被附于《孔丛子》，魏晋之前被辑出单行，而非后人以为先单行后被采入《孔丛子》。

屈王静等．《小尔雅》考述及辨正．山西大同大学学报，2015（3）

【解题】对前人的考证工作予以概述，并对其中个别观点加以辨正。着重从《小尔雅》的源流演变、前人征引《小尔雅》的情况、《小尔雅》的真伪、作者及成书时代的考述等几方面进行探讨，认为其书当是古小学遗书。至于对于其作者的考证，作者认为在目前条件尚不成熟的情况下，应谨慎对待。

冯娟．《小尔雅》成书时代管窥．文学教育，2015（11）

【解题】《尔雅》立于学官后，不便再加增删，但确有《尔雅》未收的词或词义，故补其未备而有《小尔雅》，所以《小尔雅》成书当在《尔雅》立于学官后，且《尔雅》得到全面普及后不久，应该在武帝之后的几十年，始作于元帝、成于成帝之时，或者直接说成书于成帝时代。

切韵指掌图

赵荫棠．《切韵指掌图》撰述年代．辅仁学志，1934（2）

【解题】从版本上考察，认为《切韵指掌图》非司马光所作，它是淳熙三年（1176）以后与嘉泰三年（1203）以前的产物。

许世瑛．证司马光不作《切韵指掌图》．中国留日同学会季刊，1943（4）

【解题】《切韵指掌图》异于《广韵》而同于《集韵》者甚多，足以证明其所列字必据当时方音，非若《广韵》之综合古今南北之音也；又考《切韵指掌图》与《集韵》《类篇》不合之处，为数亦多，足证其纯以当时方音为主，而非若守旧者强今以从古也；故《切韵指掌图》非司马光所作。

董同龢．《切韵指掌图》中的几个问题．中央研究院历史语言研究所集刊（第十七本），1948

【解题】《切韵指掌图》或为南宋江西僧人所著，并非专依《广韵》《集韵》而作。

黄典诚．糅合唐宋的韵图——《切韵指掌图》，《切韵》综合研究．厦门：厦门大学出版社，1994

【解题】司马光果有《切韵指掌图》之作，必载《传家集》中，必为儒林所共悉，今二者俱无，故为可疑；司马光所继者乃纂修《类篇》之职，非续为《集韵》之编，今序乃云“讨究《集韵》之暇，而有《切韵指掌图》之作”，可见其伪。作者推测，可能是番禺董南一把杨中修的《切韵类例》改为《切韵指掌图》，又把孙觌的序改为司马光的序。

正字通

丁锋．关于《正字通》作者．宜春师专，1981（2）

丁锋．《正字通》著者是廖文英．辞书研究，1984（1）

胡迎建．《正字通》著作者应为廖文英．文献，1989（1）

【解题】查《豫章丛书》中张自烈著书目录，知其以治史见长，仅有《字汇辨》是论文字的，字不满千，大概研究文字非其所长，何能作《正字通》？认为《四库提要》据丛谈杂史，以为是张自烈作而廖文英购之，改署己名，实误。

喻剑庚．张自烈和《正字通》．江西大学学报，1989（3）

【解题】《正字通》一书旧本或题明张自烈撰，或题清廖文英撰，或题张自烈、廖文英同撰。确为张自烈撰。

喻剑庚．《正字通》作者考．南昌大学学报，1994（4）

【解题】从《正字通》一书作者的籍贯、生平、治学方向、版本互异、售版始末，以及该书的编排体例、凡例、正文内容与明代梅膺祚《字汇》的关系诸方面，认为《正字通》是为补正《字汇》而作，作者为张自烈；《字汇辨》或即是《正字通》的原稿，因售稿，廖文英将其更名。

古屋昭弘．《正字通》版本及作者考．中国语文，1995（4）

【解题】《正字通》最早的版本是白鹿书院本，并非弘文书院本，后来印行的刘炳补修本和清畏堂本基本上都使用白鹿书院本的版本；张自烈在明崇祯年间编的字典叫《字汇辨》，经过张氏自己的增订后，改名为《正字通》，而廖文英只有出版的功劳。

董琨．《正字通》一书及其作者．辞书研究，1996（3）

【解题】在康熙九年庚戌之前（也许就是康熙六年），廖文英或出资五百金，或答应给张自烈养老送终，而张则将所著《字汇辨》稿本彻底奉送给廖。廖又花费了三年左右的时间，对《字汇辨》加以修订增补，粗成定本，易名为《正字通》，于康熙九年以自己作为唯一作者的名义付梓刊行。而张在承认廖为《正字通》唯一作者的同时，还从自己的文集中删去与此有关的记载，只留下一篇与《正字通》似乎没有直接联系的《字汇辨序》。他们俩就这样地完成了对《正字通》一书的著作权转移。

喻剑庚．《正字通》为张自烈所辑考．中国典籍与文化，2001（3）

【解题】《正字通》最初应叫《字汇辨》，是对《字汇》的补充和订正；《字汇辨》即是《正字通》的原稿，廖文英更其名，作者应是江西宜春人氏张自烈。早在崇祯年间，张自烈就在开始编辑《字汇辨》，于清顺治十六年（1659）写了序文，欲“合侵问世”，因缺乏资金而未能付梓；但一直未停止修订工作，直到清康熙四年（1665）全书才全部杀青。后因答应为亡友刊刻文集，无资付梓，就把《正字通》手稿售给廖文英。

萧惠兰．张自烈著《正字通》新证．湖北大学学报，2003（5）

【解题】《正字通》是张自烈所著，作者通过对“带巴楼本”的考察，以及与现存诸本的比较，认为从带巴楼本、弘文书院本、白鹿书院本，依次反映出廖文英逐步改变《正字通》著作权的过程。清人顾景星为订正《正字通》而作的《黄公说字》，书前有赵嶷《黄公说字序》，该序将《字汇辨》何以易名《正字通》，《正字通》书名题解，廖文英如何改序更例而使原撰著者姓字泯没交待得一清二楚。

段晓华．《正字通》著作权考辨——兼论张自烈、廖文英之关系．南昌大学学报，2007（2）

【解题】张自烈甘愿将自己的著作权交予廖文英，不只是为了疗贫，很大程度上是为了报恩，所以包括其弟在内的张氏后人，绝不会向廖家讨要原稿，更不会透露实情的。廖文英得到稿本刊刻时，根据当时社会语言普及和书市流通的需要，在书前加了满文12字母。廖文英对《正字通》的贡献，在于资助刊行，而著作权理应归张自烈，廖文英署名当冠为“刊梓”或“刊行”。

刘泽民．《正字通》作者问题补证．中国语文，2010（6）

【解题】就古屋昭弘《正字通》反切音系带有赣方言色彩的观点，在以下方面作了补充论证：（一）古屋用反切系联法总结《正字通》音系特点，该文采取数据库统计法进行论证；（二）对廖文英的方言背景作更深入探讨，论证廖氏方言为连州土话，而非客家话；（三）古屋只将赣语宜春话与《正字通》音系进行比较，论证尚欠严密，该文将比较扩大到宜春话、连州土话、连州客家话和明末南系官话；（四）揭示了《正字通》与宜春话一个共同的新的音系特点，即知二和庄组相混、知三和章组相混。《正字通》整体音系还是可以看出张氏宜春话的影响，而看不到廖氏方言的影响，是知《正字通》是张自烈所著。

方子昭．张自烈与《正字通》．江西广播电视大学学报，2011（1）

【解题】张自烈心甘情愿把自己的《正字通》著作权送给廖文英，有三全其美：其一，耗尽心血编成的字典，总算得以见天日，能为天下学子所用，无论署谁的名并不重要；其二，在有生之年，总算兑现了自己的诺言，可“告慰亡友之灵”；其三，报答廖氏对自己的关照。

董琨．《正字通》及其作者．述学集，北京：商务印书馆，2012

【解题】主要观点与作者之前发表的《〈正字通〉一书及其作者》一文无太大变化。

其　他

漆永祥．俞樾《古书疑义举例》系袭江藩《经解入门》而成．中国语文，1999（1）

【解题】此文观点已被证实为错误，《经解入门》乃抄袭他人著作而成。

司马朝军等．俞樾《古书疑义举例》系袭江藩《经解入门》而成吗．中国语文，1999（5）

【解题】《经解入门》乃后人托名江藩的作品，其成书在《古书疑义举例》之后，因此决非俞樾袭用了江藩之说，而只能是《经解入门》抄袭了《古书疑义举例》。其证有六：（一）《经解入门》的版本来历不明；（二）《经解入门》的阮序系模仿、抄袭《国朝汉学师承记》阮元序而成；（三）《经解入门》多记江氏身后人、事；（四）《经解入门》多与江氏殁后著述雷同；（五）《经解入门》与《国朝汉学师承记》多相矛盾；（六）《古书疑义举例》与《经解入门》条例不尽相同。

伏俊琏．俞樾《古书疑义举例》不是袭《经解入门》而成．古汉语研究，2000（2）

【解题】从江藩的生平著述以及《经解入门》的序和正文等方面考证《经解入门》不是江氏所作，并根据顾颉刚的回忆误定此书为崔适所作。

周德美．戴震《〈尔雅文字考〉序》考伪．文献，2003（3）

【解题】任基振《尔雅注疏笺补》自序与戴震文集内的《〈尔雅文字考〉序》雷同，从《古训》的修改状况和它作为自序所序对象及其所显示的成书过程、作者经历、学术观点等方面的情形，结合相关材料进行分析，判定它是任氏《尔雅注疏笺补》自序的改定稿。大概是孔继涵从戴氏其他文稿中发现“古训”一篇属于研治《尔雅》的自序，且上有戴震改乙的手迹，就同手头的《尔雅文字考》联系起来，误认作该著自序初稿，因而替换掉原有的书名，改题《〈尔雅文字考〉序》，收录集中。

陈鸿森.《经传释词》作者疑义. 中华文史论丛，2006（4）

【解题】《经传释词》一书其实多出王念孙之手，假托其子所撰。

史　　部

正 史 类

史记

程金造．《史记会注考证》新增正义的来源与真伪．新建设，1960（2）

【解题】日人泷川资言发现的一千三百余条（正义》佚文，“只有十分之一二是可靠的，绝大部分是读者的杂抄和注解”“解释离奇，疑非中国学人所为者，此类占全部一半以上”“《史记会注考证》对《正义》千二百多条的补苴，绝大部分是鱼目混珠，以伪为真的”。1985年，程氏出版《史记管窥》，收入此文，易题《史记会注考证新增正义之管见》，内容有所补充，观点未变。

金德建．司马迁所见书考．上海：上海人民出版社，1963

余嘉锡．太史公书亡篇考．余嘉锡论学杂著，北京：中华书局，1963

【解题】力证《史记》有十篇亡佚。

史念海．《史记》周公封于曲阜事质疑．天津民国日报副刊，1947.6.9

张大可．《史记》残缺与补窜考辨．兰州大学学报，1982（3）

李长之．《史记》解题及其读法．续伪书通考，台北：学生书局，1984

龚维英．《史记》“庄周传”不可信据．徽州师专学报，1988（4）

贺次君．日本《史记会注考证》增补《史记正义》的真伪问题．文史，1982（14）

李若晖．《史记会注考证》所辑《正义》真伪辨．武陵学刊，1995（4）

郑之洪．《史记》补窜．《史记》文献研究，成都：巴蜀书社，1997

袁传璋．程金造之“《史记正义佚存》伪托说”平议．台大历史学报，2000（25）

袁传璋．《史记会注考证新增正义的来源和真伪》辨正——程金造《史记》三家注研究平议之三．河南大学学报，2000（2）

【解题】对程金造列举的"十项举证"逐一驳正，认为程氏对《史记会注考证》新增《正义》的怀疑是不能成立的，泷川资言不愧为张守节功臣。

尤德艳.《史记正义佚存》真伪辨.南京师范大学文学院学报，2001（2）

【解题】20世纪初，日本学者泷川资言搜辑了一千多条《史记正义》佚文，后水泽利忠又辑有二百多条，一时轰动史学界。对于从日本传入的这些《史记正义》佚文真伪的讨论，国内学者主要有两种观点：一是以程金造先生为主的否定派，认为这一千多条《史记正义》佚文除去原注文转录的可信外（而这部分不能算佚文），其他的都不可信；一是以袁传璋先生为主的肯定派，认为这些佚文完全可信。作者通过从宋人著作中搜寻的《史记正义》佚文，经过比勘、考证，认为泷川资言、水泽利忠二人的《史记正义》佚文绝大部分是可信的。

丁致中.《史记·孝景本纪》辨伪补证.文教资料，2003（2）

【解题】《史记》景帝以前十本纪，对天象异变、自然灾异不作专门记录，或有记载，亦多与统治者政治举措有关；但《景帝本纪》对天象异变、自然灾异却逐年逐件大事记式实录，迥异于本纪之述史体例，可证此篇非司马迁原著。

陆平.《史记菁华录》作者献疑.渭南师范学院学报，2013（7）

【解题】纠正姚祖恩就是《史记菁华录》作者苧田氏之误，推测其作者是范甫霑。

汉书

顾颉刚.班固窃父书.史学史研究，1993（2）

【解题】班彪著述已成，且已流通，班固不但不举其书，且不言其有作史之意，假使《后汉书》不言之者，直将无迹可寻，其为贪伎，宁可言说。

曾小霞.《汉书》"抄袭"说辨析.安康学院学报，2013（1）

【解题】史书著作不同于文学创作，它可以"述而不作"，可以在前人之书的基础上进行加工。因此，《汉书》无论是因袭《史记》，还是因袭班彪书、刘歆书，一如《史记》因袭前人之书，均无可厚非，不应视为"抄袭"。今按，此说不合学术规范矣。

编　年　类

竹书纪年

王国维.《古本竹书纪年》辑校.王国维遗书第7册，上海：上海书店出版社，1996

献玖.《竹书纪年》真伪辨.史地丛刊，1923（23）

鲁实先.《今本竹书纪年》辨伪.复旦学报，1947（3）

范祥雍.《古本竹书纪年》辑校订补.上海：上海人民出版社，1957

【解题】为王国维《〈古本竹书纪年〉辑校》的改进之作。

柏荫培.《竹书纪年》考异.文史学报，1964（1）

吴玙.《竹书纪年》系年证伪.台湾省立师范大学国文研究所集刊（第9号），1965

吴玙.六十年来《竹书纪年》之考订.六十年来之国学（第3册），台北：正中书局，1974

屈万里．谈《竹书纪年》．书目季刊，1975（2）

谢德莹．《竹书纪年》辨伪．女师专学报，1977（9）

方诗铭．《古本竹书纪年》辑证．东岳论丛，1980（4）

【解题】《古本竹书纪年》有两种本子，即荀勖、和峤的初编本和束皙的重订本，前者起自黄帝，后者起自夏、殷、周。经过荀勖、和峤所主持整理的《古本竹书纪年》，当时为杜预所亲见，以后束皙又据以重订，都是起自夏、殷、周三代的。

方诗铭，王修龄．《古本竹书纪年》辑证．上海：上海古籍出版社，1981

范祥雍．关于《古本竹书纪年》的亡佚年代．文史，1985（25）

【解题】《古本竹书纪年》宋代存残本，元代亡佚，《今本竹书纪年》最早刊于明初；《今本竹书纪年》的沈约注和夹注，是后人并入。

陈力．今本《竹书纪年》研究．四川大学学报丛刊（第28辑），成都：四川大学出版社，1985

【解题】自钱大昕、崔述、王国维等及《四库全书总目》皆证今本《竹书纪年》为明人伪作，似成定论。从今本《竹书纪年》的流传、体例、注文、讹脱及辑文等方面探索今本《竹书纪年》的真伪，提出新的结论：今本乃唐十四卷《竹书纪年》之残本而经后人加以补辑而成，虽有讹脱及后人补辑，然其渊源有自，体例、内容无不与宋以前古本相合，并非宋以后人所造伪书，编定成书不得晚于元代；"明人伪造"说可以休矣。

盛冬铃．出自地下的古史《竹书纪年》．文史知识，1985（1）

吴汝煜．司马贞《史记索隐》与《竹书纪年》．史记论稿，南京：江苏教育出版社，1986

夏含夷．也谈武王的卒年——兼谈《今本竹书纪年》的真伪．文史，1988（29）

【解题】论证了《今本竹书纪年》并不像一般近代史学家所认为的那样是一部宋代以后的伪作，不足作为历史资料；相反，此书中至少一段四十字（即一条竹简上的文字）是与西晋武帝泰康元年（280）汲冢出土墓本的《竹书纪年》一脉相传的。

方诗铭．《竹书纪年》古本散佚及今本源流考．纪念顾颉刚学术论文集下册，成都：巴蜀书社，1990

吴浩坤．《竹书纪年》的发现年代及其学术价值．文博研究论集，上海：上海古籍出版社，1992

夏含夷．《竹书纪年》与武王克商的年代．文史，1994（38）

【解题】论定公元前1045年为武王克商之年。

邵东方．《今本竹书纪年》诸问题考论——与陈力先生商榷．崔述与中国学术史研究，北京：人民出版社，1998

吴晋生，吴薇薇．《竹书纪年》非伪书辨．文史哲，1996（2）

【解题】对《竹书纪年》伪书说提出了辩驳，认为朱右曾、王国维、范雍祥等人的怀疑毫无道理。

陈力．今古本《竹书纪年》之三代积年及相关问题．四川大学学报，1997（4）

【解题】《竹书纪年》自西晋后即有不同的整理本，而它们之间有相当大的差异，从表面上看，其原因似乎在于整理方法的不同，但实际上在许多方面特别是关于夏商西周的年代问题上，乃是因整理者出于不同的历史观或经学思想而对汲简重新编排所致，这中间自然有一个有意无意改篡汲简原文的问题；同时，如何以历史的眼光客观、全面地认识古籍所引《竹书纪年》即所谓“古本《竹书纪年》”原意，亦值得我们深思。由于所谓“古本《竹书纪年》”系后人从各种唐宋以前古籍中所辑出者，各条记载是否属于同一系统？有无文字的讹脱？有无前人误引？凡此种种，今皆难于考定，因此我们在使用这些资料时应该特别审慎；而今本《竹书纪年》所载史事特别是关于夏商西周年代的记载与唐宋以前学者所引多相符合，首尾基本完具且自成体系，较之只言片语的“古本《竹书纪年》”更具参考价值。

杨朝明.《今本竹书纪年》并非伪书说.齐鲁学刊，1997（6）

【解题】《今本竹书纪年》绝非王国维等人所说“杂陈”各书，其材料即使不是直接采自汲冢原简，也会取自散佚之前的古本《竹书纪年》。《今本竹书纪年》可能是西晋的和峤在杜预等人所说的本子之外，根据汲冢的《竹书纪年》原简另行写定，后由人进行了整理；或是有人鉴于杜预等人所说的本子存在一些问题，便据而重新改编；与一般所谓的伪书有根本不同。

吴晋生，吴薇薇.夏商周三代积年考辨——兼评《竹书纪年》的失误.天津师范大学学报，1998（1）

【解题】经过大量详尽的考证，从内容上论述了《竹书纪年》正文的可靠性，反驳了自清代以来对该书的种种误解与歪曲，对“三代纪年”与公元纪年的关系也作了重新订正，维护了《竹书纪年》的信史地位。

邵东方.从思想倾向和著述体例谈《今本竹书纪年》的真伪问题.中国哲学史，1998（2）

【解题】从《今本竹书纪年》的思想倾向上不当为战国魏国史官所作，从体例上也与所传时代不合，应当为伪书。

杨朝明.沈约与《今本竹书纪年》.史学史研究，1999（4）

【解题】《今本竹书纪年》的整理者是沈约。

杨朝明.《今本竹书纪年》中的鲁国纪年.齐鲁学刊，1999（3）

【解题】《今本竹书纪年》中的鲁国纪年决不是凭空伪造的，尤其是鲁献公的在位年数最能说明问题；《今本竹书纪年》于厉公多出2年、武公多出1年，说明倪德卫的“双元年”说值得重视。《史记·十二诸侯年表》中鲁国真公、武公的纪年是错误的，传统的历史年表也应作相应改动。

王占奎.《古本竹书纪年》与西周年代.考古与文物，1999（4）

吴晋生.新标公历《竹书纪年》年表——为国家“夏商周断代工程”提供八个年代基点.江海学刊，1999（1）

张培瑜.《大衍历议》与今本《竹书纪年》.历史研究，1999（3）

【解题】关于夏、商、周历代各王的在位年数及干支，今本《竹书纪年》较古本增加了很多记载，所增数值主要取自唐代的《大衍历议》。由于《大衍历议》与今本《竹书纪年》所记三代积年是完全不同的两套系统，今本《竹书纪年》的编者不谙历数，误用《大衍历议》的岁名干支，故而扞格难通。

邵东方.《今本竹书纪年》周武王、成王纪谱排列问题再分析——与夏含夷教授商榷.中国史研究，2000（1）

【解题】广泛征引先秦两汉的资料，并结合周初历史实际的背景，对夏含夷《今本竹书纪年》中周武王、成王纪谱有“四十字”的错简是西晋整理者有意误排的假设中的消极证据和积极证据进行了全面的论析，提出了充分的驳议，从而证明了所谓“四十字”错简说，无论是从文献的考证，还是从逻辑的推理来说，都是难以成立的。

曹书杰．《古本竹书纪年》西周年代的五个时段及年数推求．古籍整理研究学刊，2002（3）

【解题】根据《古本竹书纪年》佚文并参考其他可靠资料，推求《古本竹书纪年》所记西周年代的5个时段的年限：（1）文王受命—武王伐商18或20年；（2）武王克商—昭王80或82年；（3）穆王—恭王66或64年；（4）懿王—厉王58年；（5）共和以后71年，以及未知王年诸王的大概年限，为进一步研究确定西周诸王王年提供了一个参考系。同时据鲁公年数加以参证，并对《史记·周本纪》所记厉王王年提出质疑；再将《古本竹书纪年》与《今本竹书纪年》所记的西周王年加以比较，发现《古本竹书纪年》不仅所载诸王王年与《今本竹书纪年》十分接近，而且西周年数比《今本竹书纪年》也仅少2年或4年，这是否也可以说明《今本竹书纪年》所载西周王年决非空穴来风，必有所本。

蒋南华．《竹书纪年》真伪考．贵州教育学院学报，2004（1）

刘仲华．雷学淇及其《竹书纪年》研究．唐都学刊，2006（6）

曹书杰．《竹书纪年》综论．历史文献研究第26卷，武汉：华中师范大学出版社，2007

张富祥．今本《竹书纪年》纂辑考．文史哲，2007（2）

【解题】今本《竹书纪年》的原本出于唐代，是开元间整理国家藏书时，由当时所保存的古本《竹书纪年》不完本及历来所积存的一些附录性注释资料，统加整理、改编和增补而纂辑成书的。其年历主要依据僧一行的《大衍历》推排确定，并加入了干支纪年。此即《旧唐书·经籍志》和《新唐书·艺文志》所著录的《竹书纪年》14卷本，而全书实未有定稿。宋代尚存此本，南宋乾道间编制的《中兴馆阁书目》著录为《竹书》，而已复有残缺。至明代，整理者合并其卷次，又将原本的附录材料散入本文之下，遂成今本《竹书纪年》2卷。今本的史料多有增改，年代亦多有错误，但它的大部分内容条目还是承古本《竹书纪年》而来的，且并未完全突破古本原载的夏、商、西周年代框架，因此在古史研究和上古年代学上仍具有不可忽视的价值。

倪德卫．“今本”《竹书纪年》与中国上古年代研究——《〈竹书纪年〉解谜》概观．北京师范大学学报，2009（4）

【解题】《〈竹书纪年〉解谜》一书讨论了“今本”《竹书纪年》对研究中国上古年代的重要性，任何恢复准确年代的企图都必须从分析“今本”《竹书纪年》开始，而此却被夏商周断代工程完全忽略了。书中以“今本”《竹书纪年》为基础，结合古代天文和历法的研究成果，提出《竹书纪年》记载的在位年数通常是从完成对先君的服丧期之后算起的假设，确定克商的具体时间为公元前1040年4月18日，并提供了夏商周三代的具体编年。接着对断代工程做了评论，表明断代工程的方法和结论并不完全可靠。最后，重构了《竹书纪年》原始文本的前303条竹简，讨论分析了商周递嬗之际的年代，并认为“今本”《竹书纪年》是战国时魏人对真实年代篡改的结果。附录提供了更多的资料，对断代工程在确定商代后期事件时间的问题上提出质疑。

邵东方.《竹书纪年》研究论稿.北京：高等教育出版社，2011

【解题】该书集结了邵氏研究《竹书纪年》的十篇文章，深入探讨《竹书纪年》版本的内容及其时代背景，系统而全面地从直接史料中搜寻一切相关的证据，对于“今本”《竹书纪年》的真伪问题、“古本”和“今本”的不同思想倾向、《竹书纪年》的史实考证、标点句读以及英译探讨等问题，均提出有力的文献佐证和商榷意见。

张健，张培瑜.古本今本《竹书纪年》的天象记载和纪年.天文学报，2012（2）

【解题】对《竹书纪年》记载的天象和纪年进行了初步的分析研究，认为今本《竹书纪年》中新增的天象如日食等，并非汲冢出土佚书的原有内容，而为宋元以后学者所加。

倪德卫，解芳.《〈竹书纪年〉解谜》后记.北京师范大学学报，2015（1）

【解题】近两百年来，学者皆视今本《竹书纪年》为伪作。但在1979年，作者则证实了今本《竹书纪年》并非伪造。赞成作者之观点的一派中，后来又衍生出两种意见。一种是作者的意见，另一种是夏含夷（Edward L. Shaughnessy）的意见。夏含夷的意见，大抵针对作者之观点而发。在作者看来，今本《竹书纪年》完好保存了公元280年左右出土之《竹书纪年》竹简的原貌。该竹简古书，约成书于公元前4世纪。除结尾几处散乱外，均编排有序。以“岁”记之日期，乃后人加入，属微调，无碍全局。大体上，作者以今本《竹书纪年》作底本，重订了夏、商两代的纪年（第1节至第3节），并倚赖天文学发现，对简文加以修复，以使其更加准确。经修复的今本《竹书纪年》简文，现已数量过半（第4节及第7节）。夏含夷与作者看法相悖。他认为，竹简出土时，已杂乱无章。晋代学者整理、编辑竹简，必然加以重组、改写甚或杜撰。于是，他断言道，作者所作之纪年研究，除周代部分，余皆毫无依据，不值一提（第6节至第7节）。此处有一关键问题。即，夏含夷发现之错简究竟发生于何时？又为何有人将周代成王纪年位处中段的一支竹简错置于武王纪谱结尾处，致使武王在周克商后的在位年份增添三年？夏含夷以为此举乃晋代学者所为，目的在于使乱简看起来有序、合理。作者认为，错简在魏国时期，即竹简古书遭埋藏以前，必已造成。魏国时人之所以如此举动，乃是要支持魏惠成王在公元前335年宣言称王。据作者观察，竹简排列有序，且作者研究所得结果，亦可拿来与甲骨文、金文作对照（第5节及第13节）。夏含夷发现之错简，必在移动前即已存在。且要使错简成立，必得把成王纪年中有关周公去世、丧葬年份往前倒退十年。结果，周公死后所举行的禘祭竟然发生在他去世以前。这种改动，当然也就不可能发生在晋代，而属于魏国专家有意为之（第5节、第7节及第15节）。在第11节中解释了夏帝仲康五年九月朔之日食。要对此加以解释，就不得不假设战国时代对远古纪年作错误调整的人采用了章蔀置闰法，并据此要找到一个九月朔日时太阳位置在房的年份。他发现公元前428年恰是这样一个年份，且该年九月朔日为庚戌日。于是，他推断从公元前428年往前推1520年，即公元前1948年，情形也必相同。除此无法解释他提出的“1948”和“庚戌”的说法。可是若他用此推断法，他必得掌握一千五百年前历史的确切记载。因为他得知道确切的夏朝起始年和确切的日食年份，才能加以推断。这样，我们就可以推断，战国时代编写原本《竹书纪年》的人大抵相同：均掌握确切的历史记载，并对此记载加以“修正”（见第3节）。我们必须找到他们的动机和误解，才能对现存的《竹书纪年》加以利用，并推断出远古的真实年代和日期。

张文涛．史学史视野下的《竹书纪年》辨析．郑州大学学报，2016（6）

【解题】战国时期的魏国改革起步较早，意识形态领域虽杂取儒家文化、法家政治和兵家军事思想且颇有成效，但各派思想既冲突又有交互影响，使魏国一时成为政治、文化各种矛盾的焦点。这是《竹书纪年》产生于魏国的社会背景。从史学史角度考察，《竹书纪年》是在晋、魏史乘编年记事的基础上，追溯西周、商、夏乃至远古，然后按时代顺序排纂的编年体史籍，内容有意择取了与儒学相悖的古史传说，是迄今发现最早完成历史体系构建的、通贯各时代的史书。有些学者将此书夏代之前编年不能完整的内容作为附录，甚至将之分为《纪年》《纪令应》和《杂事》三类，这是错误的，因为战国时期的史籍不可能具有这种甄别内容、分类记载的认识水平。有些学者认为明代出现的《今本竹书纪年》"并非伪书"，更是颠倒是非，因为对于《今本竹书纪年》的辨伪，已经形成无法撼动的成体系的证据链。

王奥．古本《竹书纪年》成书与流传考．文化学刊，2016（5）

【解题】《竹书纪年》是战国时魏国史官所编撰的一部编年体通史，西晋初年出土于战国魏古冢中。秦始皇焚书，除《秦纪》外，列国史书均遭焚毁，而当时此书埋藏地下，躲过一劫。古本《竹书纪年》在西晋、南北朝流传过程中即出现多种版本，约在宋代亡佚。本文便主要针对《竹书纪年》的出土、成书、整理、流传四方面展开论述。

高行之．今本《竹书纪年》作者及成书年代考．管子学刊，2018（2）

【解题】程平山《百年来〈竹书纪年〉真伪与价值研究述评》比较全面地总结了近百年来学术界对古、今本《竹书纪年》的研究成果，以及由此形成的各种观点争论，文章建议跳出"《竹书纪年》本身以及将《竹书纪年》条文分离地和其他文献比较"的思维模式局限，作"在翔实数据下的系统研究"。倪德卫认为今本"完好保存了""约成书于公元前 4 世纪"的竹简古书的原貌，以此来重订了夏商两代的纪年，并欲作更进一步的研究；也有部分学者认为古、今本《竹书纪年》没有价值者，盖因其所记载的舜继尧位、太甲杀伊尹和益启之争等与传统记载不符，从而判定系后世伪作。显然，如果能够确定今本《竹书纪年》的作者及其成书年代的话，不但对研究本身更加具有指导意义，而且可以使研究更加务实而简捷。因此，今本《竹书纪年》的作者和成书年代之确定就显得尤为重要和迫切。本文把今本与古本的主要不同总结为在纪年方式、舜继尧位和益启之争、"帝王之崩皆曰陟"的表述三个主要方面，其中"帝陟"的表述是今本最大、最显著却又一直没有被研究者所注意的一个特点，而前两者则反映了今本作者强调道统的思想。本文从"陟"的释义和使用切入，深入剖析韩愈《黄陵庙碑》一文，发现"帝陟"的表述与韩愈有着分不开的关系。种种迹象表明，韩愈就是今本《竹书纪年》最初的原创作者。今按，结论不能成立。

元经

张新民．《元经》考辨．古籍研究，1997（1）

【解题】《元经》所谓阮逸伪撰，实只续经与续传一卷，其余均为薛收原本。

杨直．《元经》考论．东北师范大学硕士学位论文，2017

【解题】通过对于《元经》的考证及前人对《元经》的诸多考证来讨论《元经》的真伪问题。共分为三个部分，第一部分是对《元经》的真伪进行讨论，从辨伪学的几个基本方法入手，包括文献流传、避讳、版本等几方面，力图说明断言其为真或为伪的说法均不完全可靠。第二部分是从其文献本身入手，通过与正史的比较研究《元经》的史料价值。第三部分是对《元经》的体例、思想的研究。本文研究的重点是对于《元经》的真伪问题的讨论。

纪事本末类

明史纪事本末

徐泓．《明史纪事本末》的史源、作者及其编纂水平．史学史研究，2004（1）

【解题】《明史纪事本末》大多抄自《明史纪事》，张岱、徐倬、张坛等参编，但编纂水平并不高。

胡益民．张岱卒年及《明史纪事本末》作者问题再考辨．复旦学报，2004（5）

【解题】通过对大量第一手材料的比勘、互证，并运用张岱手稿，确证张岱卒于1680年，时年84；又从张岱的生平游历入手，并将《石匮书》与《明史纪事本末》细加比勘，认为张岱只是参加写作者之一，所谓谷书“窃自张书”的说法并不成立。

别 史 类

逸周书

顾颉刚．《逸周书·世俘篇》校注写定与评论．文史，1963（2）

刘重来．关于《逸周书》的一桩悬案．西南师院学报，1983（1）

缪文远．周史珍贵须细读：《逸周书》简介．文史知识，1988（7）

赵光贤．《逸周书·世俘》篇并拟武王伐纣日程表．历史研究，1986（6）

赵光贤．《逸周书》略说．河北师院学报，1987（1）

黄怀信．《逸周书》时代略考．西北大学学报，1990（1）

【解题】71篇《周书》，系周人于孔子删《书》之后，取其所删余篇，以及传世其他周室文献，又益以当时所作（如《太子晋》等篇），合为篇70，依《书》之体，按时代进行编次，并对旧篇进行了程度不同的解释、加工或改写，篇名附上“解”字，又仿《书序》作《序》一篇，合订而成。其时代当在春秋晚季的周景王末世（前532—前520）。

汪受宽．《逸周书·谥法解》成书年代与作者蠡测．中国历史文献研究（3），武汉：华中师范大学出版社，1990

【解题】《谥法解》由楚国儒生纂成于公元前370年至前321年。

赵光贤．《逸周书·作洛》篇辨伪．文献，1995（2）

李学勤．《尚书》与《逸周书》中的月相．中国文化研究，1998（2）

【解题】主张月相定点说。

刘俊男．《古文尚书》与《逸周书》源流考——兼与刘起釪先生商榷．山东师范大学学

报，2003（2）

【解题】《古文尚书》百篇基本未失，多保存在后世的不同版本的书中，《逸周书》当属《古文尚书》。

薛金玲．《逸周书·谥法》时代辨析．西安石油学院学报，2003（3）

【解题】依据古文献和社会历史发展的规律，对《逸周书·谥法》时代进行了辨别、分析和考证，最后得出结论：现存《逸周书·谥法》是春秋初期在周初《谥法》的基础上增益、修改而成的。

张怀通．由“允哉”看《逸周书》相关篇章的制作时代．史海侦迹——庆祝孟世凯先生七十岁文集，广州：新世纪出版社，2006

唐元发．《逸周书》成书于战国初期．南昌大学学报，2006（6）

【解题】就相关史料及是书内容，再次作了进一步的探讨，并从词汇发展史的角度，对书中几个常用词的使用情况作了历时的考察，初步推断《逸周书》的成书年代宜在战国初期。

张洪波．《逸周书》各篇章的思想与著作时代质疑．三峡大学学报，2009（2）

【解题】详细考察《逸周书》各篇体现的思想观念，其中有关于王霸之辨的思想，有成熟的中道论和人性论，因此反对黄怀信除其中可信为西周时代的各篇外，都成于春秋以前的观点，认为其中体现贵族宗法政治的诸篇章则似可断定成于春秋时代。

王连龙．《保训》与《逸周书》多有关联．社会科学报，2010. 3. 11

王连龙．《逸周书》研究．北京：社会科学文献出版社，2010

【解题】该书第一编“《逸周书》源流考辨”章目如下：

第一章　《逸周书》原生形态问题

　第一节　先秦《逸周书》存在形态考察

　第二节　《逸周书》成书问题

第二章　汲冢“《周书》”问题

　第一节　汲冢“《周书》”相关问题通考

　第二节　汲冢“《周书》”为《六韬》考

第三章　晋人对《逸周书》的整理

　第一节　《周书序》

　第二节　“解”

　第三节　整合篇章

第四章　西晋后《逸周书》流传问题

　第一节　隋唐时期《逸周书》的流传

　第二节　唐后《逸周书》的流传

第五章　《逸周书》流传问题中的个案研究

　第一节　《月令》异名问题

　第二节　《世俘》篇来源问题

附录二　最近二十年来《逸周书》研究概述

附录三　对姜广辉先生《〈保训〉“十疑”》一文的几点释疑

附录四　再谈姜广辉先生对《保训》篇的疑问

麻爱民.《逸周书·祭公》新证.古籍整理研究学刊，2010（4）

【解题】采用“二重证据法”，将《逸周书·祭公》篇与西周铜器铭文、《尚书》《诗经》等西周文献比对，支持《祭公》篇为可靠的西周文献的观点，并纠正了其中断句、讹误、脱漏等错误。

罗家湘.《逸周书·器服解》是一份遣策.文献，2011（2）

【解题】根据出土遣策与《逸周书·器服解》进行对比，论证《逸周书·器服解》亦为遣策。

李学勤.清华简与《尚书》《逸周书》的研究.史学史研究，2011（2）

【解题】清华大学藏战国竹简中，有《尚书》《逸周书》和佚书20多篇，其中清华简《金縢》能和伏生所传今文《尚书》直接联系。从清华简来看，现在不能证明，也不能反对孔子编百篇《尚书》之说，但是清华简足以说明东晋以后的古文《尚书》没有历史根据。清华简中《尹诰》《尹至》篇有很多的用词和语法同今文《尚书》中的《夏书》和《商书》是一样的，清华简里没有《尚书》和《逸周书》的差别，因此我们对《逸周书》里面若干篇书的估价，还应该提高。

牛鸿恩.论《逸周书》写作的时代与地域——兼与刘起釪、李学勤先生商榷.励耘学刊，2012（1）

【解题】《逸周书》除作于西周史官的宝贵史书（其中少数篇有后人修饰）以外，其余四十余篇均为战国人所作，汉代作品三数篇，时代难以明指者两三篇。其与《管子》《周礼》等齐国作品思想、文体的相似性，说明这些作品应当作于齐国稷下，明显受到战国中期秦法家、齐法家及齐五行家、黄老家思想影响；从文体上看，以数为纪、顶真修辞格亦盛行于战国；改《六韬》等书之“太公”为周公，更是《逸周书》出于田齐的铁证。

杨栋.何簋与《逸周书·度邑》篇.中国典籍与文化，2012（3）

【解题】新见《何簋》铭文“陕殷”一词与《逸周书·度邑》篇相合，再结合《何尊》《天亡簋》及其他西周文献，可考定《度邑》确为周初文献。

张志云.《逸周书·克殷篇》真伪考辨.延安大学学报，2013（6）

【解题】《逸周书·克殷》篇记载了武王克商的经过，它记录了周武王对自焚而死的商纣王实施了“箭射、剑刺、斩首、悬旗”等残酷行为；古代很多学者认为上述记载不实，系后人伪造。汉代之前的许多文献对此事都有类似记载，该篇所载内容为真实史实，质疑该篇系伪造的论据并不充分。

大金国志

崔文印.《大金国志》初探.史学史研究，1982（4）

崔文印.《大金国志》新证.史学史研究，1984（3）

赵葆寓.关于《大金国志》的成书年代问题.黑龙江文物丛刊，1984（3）

邓广铭.再论《大金国志》和《金人南迁录》的真伪问题——与崔文印君商榷.纪念顾颉刚学术论文集，成都：巴蜀书社，1990；邓广铭治史丛稿，北京：北京大学出版社，1997

【解题】《大金国志》和《金人南迁录》均为伪书，前者纯属子虚乌有内容多出杜撰，后者多抄宋代文献。

都兴智．《大金国志》及其作者．辽宁大学学报，1990（2）

【解题】《大金国志校证》提出的观点——“现在的《大金国志》出自两人之手，卷一到卷十五、记载典章仪制的诸卷、开国功臣传是宋人宇文懋昭于端平元年（1234）著成，卷十六到卷二十六、文学翰苑传是另一个人入元后续成”难以成立。

刘浦江．再论《大金国志》的真伪兼评《大金国志校证》．文献，1990（3）

【解题】《大金国志》为杂抄旧史而成的伪书，并对《大金国志校证》一书的错误提出批评。

李秀莲．试析《大金国志》资料来源及其史料价值．绥化学院学报，2006（2）

【解题】对《大金国志》的资料来源进行梳理，并从史料的不同层面具有不同的价值入手，进行具体地分析，重新、客观地评价，认为其对史学史研究、社会史研究、文化史研究有多重价值。

苗润博．《中华再造善本》所收杭世骏《金史补阙》辨伪．史学史研究，2016（2）

国语

孙海波．《国语》真伪考．燕京学报，1934（16）

孙海波．《国语》真伪续考．文哲月刊，1937（10）

徐宝成．浅谈《国语》作者．延边大学学报，1980（2）

王树民．《国语》的作者和编者．文史，1985（25）

【解题】《国语》非成于一时一人之手，也非左丘明所编定。

谭家健．关于《国语》的成书时代和作者问题．河北师院学报，1985（2）

石千．私家史乘亦为《国语》材料来源．华中师院研究生学报，1985（1）

彭益林．《国语·晋语》校读记．华中师范大学学报，1986（5）

沈长云．《国语》编撰考．河北师院学报，1987（3）

唐弘嘉．《左传》的编次、传授系统及其与《国语》的关系．河北师院学报，1988（3）

李坤．《国语》的编撰．史学史研究，1988（4）

【解题】《国语》是在编者特定的政治思想和历史观指导下精心编撰成的有其较为严密的内在逻辑、固定体裁、自成体系的一部史学早期的“语体”史书。

李坤．关于《国语》思想的若干探讨．中学历史教学，1988（4）

王文才．《国语》作者小考．青海师范大学学报，1990（2）

谭家健．历代关于《国语》作者问题的不同意见综述．中国史研究动态，1994（7）

【解题】《国语》是先秦时期的一部著作，其文字在《韩非子·说疑》中已被利用，但只云“记曰”；《礼记·柝弓下》和贾谊《新书·礼容下》也引用过，但没有标明书名；司马迁第一次提出《国语》的书名和作者，《史记·太史公自序》和《报任安书》都提到“左丘失明厥有《国语》”；刘歆曾引《国语》的话，而称之为《春秋外传》；东汉班彪进而指出：“定哀之间，鲁君子左丘明论集其文，作《左氏传》三十篇；又撰异同，号曰《国语》，二十一篇”；而后其子班固《汉书·艺文志》正式将《国语》著录为“左丘明撰”；但历代对《国语》作者的看法并不统一。综观自汉迄今各种意见，主要不外四种（《左传》《国语》同出左丘明之手；二书非出一人；《国语》成书在《左传》之前；《国语》成书在《左传》之后），目前讨论尚在继续中。

邵毅平．《国语》的作者与时代．图书馆杂志，2004（4）

【解题】《国语》作者似应是战国前期人，在编纂过程中利用了各国的史料档案；《国语》成书应在战国前期，与《左传》约略同时代。

张富祥．《国语·周语下》伶州鸠语中的天象资料辨伪．东方论坛，2005（3）

【解题】《国语·周语下》所记伶州鸠语中的天象资料是晚出的伪史料，大率出于后世兵家言，并非周初原始观测的记录。

张居三．《国语》的史料来源．哈尔滨学院学报，2006（12）

【解题】《国语》是编撰者杂取周王室及各诸侯国"春秋"史料而成。除了"春秋"一类的史料外，尚有诸如"诗""礼""乐""令""故志""训典"以及瞽矇口述历史等多种文献为其成书提供史料，这些文献不但丰富了《国语》的史学和文学的内涵，而且增加了《国语》的审美价值。

饶恒久．《国语·越语下》作时献疑．绍兴文理学院学报，2010（5）

【解题】《越语下》当是战国前期的作品。作者针对"《越语》不为《史记》所取，故作于其后"的说法，指出《史记·越王句践世家》对《越语下》主要部分几乎全文照引，说明至少司马迁时代《越语下》已经成篇；针对"《越语下》记年与《左传》不合"的说法，对王引之的观点进行了细致考辨，认为王氏对韦昭注的理解有偏差；针对《越语下》文体风格及思想流派与《国语》不类的说法，指出这不能作为《越语下》晚出的依据。

马振方．《国语》《左传》的虚拟成分与文类辨析．中国典籍与文化，2011（2）

【解题】《国语》《左传》不同程度上夹杂着虚拟叙事，这些虚拟的内容或为传说，或为今之小说或小说成分，并分别从人物长话、造作预言、鬼神怪梦、悖理牴牾、不可知处几个方面进行论述。

张居三．《国语》与《越绝书》《吴越春秋》的关系．文艺评论，2012（8）

【解题】《国语》的贡献不能轻视：它不仅仅是先秦时期一部用来教育贵族世子的教科书，也不仅仅是提供执政者以鉴戒的"语"书，而且是一部重要的历史著作；从编撰学的角度看，它为后世修史者提供了经验，启发着他们再创造的思路；它的内容与《左传》相媲美，被包括《史记》在内的史籍大量引用，有的引文甚至只字不改；《越绝书》和《吴越春秋》的编撰者也从多方面吸收《国语》的营养，创作出具有地域特色的史志，丰富了我国古典文献的类别。

李佳．《国语》编纂析论．史林，2014（2）

【解题】《国语》透过历史上的善恶成败事迹，向执政者进谏，使之从中得到经验教训，从而更好地修身治国。这一编纂目的是借该书所采用的劝谏性的四段式，和具有预言性的三段式结构达成。这种首尾呼应的篇章结构，有效地服务于该书鉴察往事，警戒将来的编纂目的。另外，该书所记史实多有出入，亦可证明其并非以实录历史为目的，而善恶兼记的特点则可证"明德"说的不足。此外，《晋语》中有连续三篇所载内容相似，但是三篇字数的多寡，内容的繁简，以及篇章的结构等都很不相同，通过比较分析，不难发现三篇的内容显然存在着由简到繁的衍变过程。总之，《国语》的写作是作者在明确的编纂目的指导之下，将各国语书资料选择、充实、润色，虽未尽统一，却具有清晰的内在系统性。

张永路．《国语》非史料汇编论辨．理论界，2015（2）

【解题】《国语》是先秦时期的一部重要文献。“《国语》是一部史料汇编”的观点没有注意到《国语》本身的系统性和完整性，《国语》自始就是一部有着鲜明主题、精心布局和统一体例的完整著作。

戎辉兵．《国语》作者、成书时代考论．南京师范大学学报，2018（2）

【解题】通过对前人意见、《国语》及与之相关的传世文献和出土文献的考辨，《国语》作者是左丘明、成书时代大致在春秋末期至战国前期的汉魏旧说应该是可信的。

战国策

罗根泽．《战国策》作于蒯通考．学文，1931（4）；古史辨第四册，北京：朴社，1933

罗根泽．《战国策》作于蒯通考补正．古史辨第四册，北京：朴社，1933

李菊田．《战国策》之时地考．存诚月刊，1935（6）

金德建．《战国策》作者之推测．厦门图书馆声，1932（11）；古史辨第六册，北京：朴社，1938

罗根泽．《战国策》作者之讨论．厦门图书馆声，1936（1—3）；古史辨第六册，北京：朴社，1938

李菊田．《战国策》时地作者考略．人民世纪，1947（5—6）

齐思和．《战国策》著作时代考．燕京学报，1948（34）

潘辰．试论“战国策”的作者问题．光明日报文学遗产版，1956（135）

罗根泽．潘辰先生试论“战国策”的作者问题商榷．诸子考索，北京：人民出版社，1958

程百让．《战国策》的作者及其古、今本问题．郑州大学学报，1963（4）

【解题】晁公武《郡斋读书志》认为《战国策》出于学纵横者所著，从而不认为《战国策》是史书，而把它列在子书类中；清代乾隆年间牟庭提出蒯通著《战国策》之说；后来罗根泽认为《战国策》只是蒯通一家之言，金德建也曾著文提出《战国策》作者为蒯通、主父偃等人，从而既否定其史书性质，又否定其为汉以前的古籍。结论：《战国策》基本上是一部先秦古书，不是一人一手之作，其大部分内容是战国时人的作品，而最后成书于刘向。《战国策》的古本到北宋已残，今本乃经曾巩补辑而成；今本虽有残缺，而残缺不算太多；虽有窜补，而窜补实属有限；古本之大体仍然保存着，其史料的原始性与丰富性实不容过分贬损。

徐中舒．论《战国策》的编写及有关苏秦诸问题．历史研究，1964（1）

【解题】《战国策》出于战国、秦、汉间，是当时游说之士世代传习、随时增益和编录的总集，其中所保存的史料也有不尽可信的。现存《战国策》是经过刘向据中秘所藏校录的。

孙家洲．《战国策》记事年限与作者考析．中国人民大学学报，1993（5）

【解题】刘向《书录》所载《战国策》记事起讫年代，可考订为前455—前203年。唐以前的《战国策》纪事下限止于汉初，司马贞《史记索隐》中所说的《战国策》载有蒯通说韩信之辞，必非讹谈。《战国策》的编定是一个较长的历史过程，在这个过程中，蒯通只是一个重要中介人。

邵毅平.《战国策》的作者与时代.图书馆杂志，2004（7）

【解题】从《战国策》的形成史来看，它应有其每一篇的原始作者，有作为其前身的早期结集本及结集人，然后才有了刘向的编辑整理。作者综合学者们的各种研究，并作了一番梳理和介绍。

程小诗.《战国策》部类归属问题之争议.成都纺织高等专科学校学报，2006（4）

【解题】《战国策》一书乃刘向杂采多本“中书余卷”汇编而成，当时非信史就已经存在于《战国策》之中了。可以说是刘向给了非信史的《战国策》史的形制、史的规模，从而引发了这千年公案。

董常保.《战国策》资料来源及编订体系考辨.忻州师范学院学报，2006（6）

【解题】根据刘向《战国策书录》所述，对《战国策》的“国别者八篇”和六种“中书”资料进行分类考辨，进而参照《战国策集注汇考》和《战国策考辨》，对其编订体系进行简略考辨。

程小诗.《战国策》部类归属问题再探讨——拟托篇章之考辨.重庆师范大学学报，2007（3）

【解题】《战国策》一书乃汉刘向杂采多本“中书余卷”汇编而成，非信史在刘向汇编时已存在于其中了。这些非信史中很大部分是学纵横之术的后来者模拟前辈高人的依托之作，或是一种用于传授的教材脚本。且存在于理不合、地理不合、时世不合、史实不合、套括故智、抵牾、杂抄缀辑、多种不合等类。由此可见，《战国策》既非全信史，又非一家之书，也不尽是纵横家之言。

董常保.《战国策》的书名及编著者考辨.阿坝师范高等专科学校学报，2007（4）

【解题】《战国策》的书名是刘向依据书中内容所定，而《战国策》的编著者，从时间跨度上讲，它不是出于一时；从内容的纷繁复杂上讲，不是出于一人之手；从书名的多样性讲，是多人著写，多人编订；而《战国策》的最后编订，则是由刘向统筹而编订成书的。

赵争.《史记》与《战国策》关系新论.史学月刊，2012（12）

【解题】对于古书成书，应摒弃以往那种不是你袭取我就是我割取你的“非此即彼”的线性思维方式，对古书成书与流传的复杂情况应有较为充分的估计和认识。《史记》《战国策》存有互见材料的情形很可能既非《史记》采《战国策》，也非《战国策》割取《史记》，而主要是其所据的“战国权变材料”具有“同源异流”的文本形态使然。

张海明.《史记·荆轲传》与《战国策·燕太子丹质于秦》关系考论.清华大学学报，2013（1）

【解题】战国史料中并不存在一个司马迁在其基础上“增益”以作《荆轲传》，且为刘向编入《战国策》的文本；唐人所见《战国策》已非刘向古本原貌，今本《战国策·燕策三·燕太子丹质于秦》章乃后人据孔衍《春秋后语·燕语》之荆轲刺秦部分补入，时间当在隋、唐之际。

宋健.《战国策·齐策六·燕攻齐取七十余城章》辨伪.宁夏社会科学，2013（2）

【解题】鲁仲连射书解围在田单复齐之时，但《与燕将书》今已散佚，好事者伪造之，并将之与射书解围的史实相连缀，这就是《战国策·齐策六·燕攻齐取七十余城章》

的由来与构成。历代注家皆对该章首尾有关射书解围之事，持怀疑甚至否定态度，却视伪出的与燕将书为实录。作者通过文献对比和考证，确定鲁仲连射书解围事迹的真实性；又通过多方面举证，还原《与燕将书》出自伪托的真面目。

夏德靠．《战国策》文的来源及其编纂．中国文学研究，2014（4）

【解题】《战国策》是在“中书六种”及“国别者八篇”的基础上整理、编纂而成。“国别者八篇”的编纂方式沿袭《国语》的特征，很可能出自战国史官之手。“中书六种”可分为三类：《国策》《国事》一类，《事语》一类，《短长》《长书》《修书》为一类。《国策》的命名源于先秦史官的策书文献，“国别者八篇”与《国策》《国事》都属于史官文献，它们的区别在于《国策》《国事》缺乏条理性，在材料来源上较“国别者八篇”更为原始。《短长》《长书》《修书》的命名与纵横术有关，这三种文献很可能是教授或学习揣摩纵横术的人所编纂的。《事语》的命名同样源于先秦史官的语类文献，但其编纂是出于史官还是教授或学习揣摩纵横术之人则难以肯定。游士说辞是中书及《战国策》的原始文献，但这些说辞文献存在真实与拟托之分。刘向只对中书做了“因国别者，略以时次之，分别不以序者以相补”及“除复重”的工作，经其整理的《战国策》属于史著文献。《战国策》的文体涵括对话体与事语体两种形态，《国语》已存在对话体，因此《战国策》对话体的意义并不大；《战国策》的文体价值主要体现在“事语体”，它对后世史著中的“列传”或“传记”的书写发生非常显著的影响。

隆平集

叶建华．《隆平集》作者考辨．史学史研究，1999（2）

【解题】在余嘉锡的研究基础上，论证《隆平集》确为曾巩所撰。

熊伟华．《隆平集》的作者问题再考证．古籍整理研究学刊，2012（2）

【解题】进一步确定了《隆平集》的作者当为曾巩。

王瑞来．《隆平集》释疑．辅仁历史学报，2012

【解题】在余嘉锡的研究基础上，进一步论证《隆平集》不伪。

杂 史 类

穆天子传

丁谦．《穆天子传》纪日干支表．地学杂志，1915（12）

刘师培．穆王西征年月考．中国学报，1916（2）

童书业．穆天子传疑．禹贡，1936（3—4）；中国古代地理考证论文集，北京：中华书局，1962

【解题】从西王母之人化、膜拜礼之晚出、皇后一名可疑、纪事与《史》《汉》之体例同四个方面的疑点，认为《穆天子传》为晋人杂集先秦散简，附益所成，虽有古代材料，但大部分为杜撰。

顾颉刚．《穆天子传》及其时代．文史哲，1951（2）

【解题】“自从到了‘积石南河’，作者就开始采用《山海经》的名词”“与《山海经》不同的一点，就是他不取神话”“把一切现实化了”，以大量穆王巡行的日常活动稀释并溶解了传说的故事性，使作品成了穆王西征的“一部排日的游记”。

常征．《穆天子传》是伪书吗？——《穆天子传新注》序．河北大学学报，1980（2）

【解题】《穆天子传》非晋人伪造，非汉人伪文，亦非战国时人作品，纯粹为西周作品。

孙致中．穆王西征与《穆天子传》．齐鲁学刊，1984（2）

【解题】《穆天子传》即使不是穆王的史官，也必是西周的史官所作，不可能是战国作品。

王贻梁．燕戈“七萃”及《穆天子传》成书年代．考古与文物，1990（2）

【解题】运用相关的金文资料，并结合文献进行考证，认为《穆天子传》必是战国时人的作品。

史为乐．穆天子西征试探．中国史研究，1992（3）

【解题】考察穆天子西征的几个具体问题，并认为《穆天子传》应是战国时代魏襄王二十年（前299）以前的作品。

李崇新．《穆天子传》成书时代考．西北史地，1994（4）

【解题】历史上的周穆王并未西征，《穆天子传》乃后人假托之作，其成书时代当晚在战国之际，成书的历史背景极可能和赵武灵王的经略西北有关。《穆天子传》的内容对于研究春秋战国时代的中西交通以及当时中国西北以远地区的山川地理形势和部族邦国的分布等方面具有重要的史料意义。

李崇新．《穆天子传》西行路线研究．西北史地，1995（2）

马振方．大气磅礴开山祖——《穆天子传》的小说品格及小说史地位．北京大学学报，2003（1）

【解题】《穆天子传》为小说之祖，不依附于任何子书与史书而自成一体，且篇幅曼长，结构严整，在先秦可称小说者中绝无仅有。其语言与文风，较战国中后期出现的包含小说或小说成分的诸多子史之作更古朴、更粗糙，少有对话与铺陈，因此，其成书时间虽不能确定，多应早于那些子史之作。又认为《穆天子传》用了较多的《山海经》中地名，又与其方位不甚相契，正显示出小说家的某种无奈和随意性；如果忽略其小说性质，定要按图索骥，处处落实，难免胶柱鼓瑟之弊。

常金仓．《穆天子传》的时代和文献性质．周秦社会与文化研究——纪念中国先秦史学会成立20周年学术研讨会论文集，2002年；社会科学战线，2006（6）

【解题】从《穆天子传》的文本记载出发，结合历史文献记载和最新考古成果，提出了18个比较有力的证据，从各个方面论证了《穆天子传》成书于战国时期，是方术家的作品。

尹兴国．《穆天子传》的成书时间、性质和价值．西北师范大学硕士学位论文，2004

杨宪益．《穆天子传》的作成时代及其作者．译余偶拾，济南：山东画报出版社，2006

顾晔锋．《穆天子传》成书时间研究综述．长春理工大学学报，2007（4）

李少波．《穆天子传》成书非西周说举证商榷．青海社会科学，2014（1）

【解题】《穆天子传》成书的年代，虽然目前学术界多倾向于战国说，但并未能圆满地说明文本中相互矛盾的证据；一方面是由于目前人们所能掌握的材料有限，同时也与研究者考察问题的途径、方法和手段不尽相同有关。目前否定《穆天子传》成书于西周的证据远未达到证据确凿的地步，而在这样的前提下以假说为基础对《穆天子传》的时间、性质、作者做出的种种推论，自然难以有效推动研究深化，其学术意义也是极为有限的。

容斋逸史

吴企明．《容斋逸史》补证．中华文史论丛，1979（1）

【解题】对《四库提要》之说提出三点补证，肯定《逸史》是洪迈之作。

陈得芝．关于方腊的所谓“漆园誓师”．南京大学学报，1979（2）

【解题】怀疑《逸史》为洪迈所作，认为容斋是否就是洪迈，还是值得研究的问题。

杨渭生．《容斋逸史》献疑．历史研究，1979（9）

【解题】认为《容斋逸史》为后人假托，但其中不乏真实史料，应具体分析，去伪存真。

陈振．《〈容斋逸史〉献疑》质疑．历史研究，1980（2）

【解题】肯定《逸史》为洪迈所作，认为《献疑》一文缺乏足够的根据。

潘天祯．《容斋逸史》的作者订补．江苏图书馆工作，1982（1）

【解题】洪迈自号容斋，与《逸史》的题名相同，其著作虽多散佚，但有确实材料证明他曾纂修包括方腊起义时期的《四朝国史》，对方腊起义史料十分熟悉。《容斋随笔》中反映的政治观点，与《逸史》作者的观点一致；而《逸史》描写花石纲之扰的文字与《容斋续笔》和以《四朝国史》为稿本的《宋史・朱励传》文又多同；这些对“《逸史》为洪迈所作”之说是相当有力的佐证。如果没有确凿的反证，不宜否定。至于《逸史》所载方腊起义的“鼓动词”，当有所据，亦不宜否定其史料价值。

吴泰．《容斋逸史》“伪作”说质疑．中国史研究，1982（2）

【解题】就《逸史》为洪迈所作之说提出佐证，认为《逸史》可能为洪迈散佚之文，政治观点与洪迈一致，书中有成段文字为洪迈作。

筹海图编

李致忠．谈《筹海图编》的作者与版本．文物，1983（7）

【解题】《筹海图编》实出胡宗宪幕僚郑若曾之手，而为胡氏后人掠美。

汪向荣．《筹海图编》的版本和作者．读书，1983（9）

【解题】嘉靖初刻本的署名，并没有胡宗宪字样，在所有序跋，包括在发行时因胡宗宪出事而撤去的胡宗宪序中，也都说《筹海图编》是郑若曾之作，根本与胡无涉。

宋克夫等．论胡宗宪在《筹海图编》编撰中的重要作用．中南大学学报，2011（6）

【解题】现行《筹海图编》的编撰过程以郑若曾入胡宗宪幕府为界分为两个阶段。郑若曾在未入幕府之前已经完成了《筹海图编》前七卷部分内容的编撰，而前七卷的大部分内容及后六卷完成于胡宗宪幕府之中。在《筹海图编》第二阶段的编撰中，虽然郑若曾仍然担任着资料收集和执笔撰写等主要编撰工作，但幕府主人胡宗宪在这一阶段编撰中也发挥了重要的作用。他不仅组织其幕府成员共同辅翼郑若曾完成《筹海图编》的编撰，并促成了此书最终的出版刊行，而且还为《筹海图编》后期编撰特别是《筹海图编》的后六卷内容的编撰贡献了自己的思路。因此，在不否认郑若曾为《筹海图编》主要编撰者的前提下，胡宗宪的编撰功绩不应该被埋没，同时"胡宗宪辑议"这种署名方式也是有一定的道理的。

陈平平．为《筹海图编》正名．郑和研究，2014（1）

【解题】陈亚昌以为《筹海图编》只有一种版本，不知有多种版本；不知其真正作者是郑若曾，不是胡宗宪；不知胡氏后人欺世盗名，先后窃取他人成果为已有的历史事实；不知有郑若曾《筹海图编》真本的存在，康熙郑本最善，其相应条目有郑和二字；不知岐岛历史地理名称的沿革；没有认知基本的事实，就公然以胡批郑、以伪打真，以臺批壹，指对为错。

庚申外史

陈高华．《庚申外史》作者权衡小考．元史论丛第四辑，北京：中华书局，1992

李鸣飞．《庚申外史》作者再考．中国典籍与文化，2012（2）

【解题】就《庚申外史》与《庚申帝大事纪》的关系展开讨论，认为《庚申帝大事纪》为刘夏根据畅忠之所言史事加以修改补充而作。

西魏书

袁行云．谢启昆《西魏书》等书为胡虔代撰．文史，1982（14）

其他

崔文印．谈《史纲证要》的真伪问题．文物，1977（8）

臧嵘．《平巢事迹考》为茅元仪所著考——兼及茅元仪著作．文献，1982（1）

【解题】《平巢事迹考》作者并非宋人，而是明人茅元仪，因曹溶、陆烜以假乱真导致误会。

传　记　类

段亚利．《孔子编年》编纂考略．内蒙古农业大学学报，2012（1）

【解题】《孔子编年》的作者，史书记载有四种（胡存、胡舜俞、胡仔之父胡舜陟、胡仔），该文认为从《孔子编年》内容来看，其《序》应该在成书之前就已完成，故《孔子编年》应该晚于"绍兴八年壬子"所编，当由胡舜陟父子共同拟定年谱大纲，最后成书于胡仔。

李伟敏．徐乾学《明史列传》辨伪．文献，2008（4）

【解题】《明史列传》并非徐乾学所撰，至于该书确由何人所撰，为何与万斯同《明史》、王鸿绪《明史稿》存在如此之多相同或基本相同的诸臣传，又是如何由坊间流传至今等问题，尚有待深入挖掘史料作进一步的考证。

载 纪 类

越绝书

陈桥驿．关于《越绝书》及其作者．杭州大学学报，1979（4）

【解题】赞同余嘉锡关于《越绝书》为“战国后人所为，汉人附益”之论。

黄苇．关于《越绝书》．复旦学报，1983（4）

【解题】《越绝书》草创与先秦，充实于秦汉，成于东汉。

徐奇堂．关于《越绝书》的作者、成书年代及其篇卷问题．广州师院学报，1990（2）

【解题】《越绝书》绝非成于一人之手，也非为战国时所作，它实际上是由东汉初年会稽人袁康将他以前古籍中所载有关吴越史实的篇段收集、编纂并加以补充而成；到东汉末年，会稽人吴平又对其文字进行了一番加工润色的功夫；稍后，又有无名氏对是书加以附益，并在此书首尾各置一篇序、跋，对书名及作者加以解释和说明，并对是书的主旨加以发微，最终才形成《越绝书》内经八、外传十七，共十六卷、二十五篇的面目。

晁岳佩．也谈《越绝书》的作者及成书年代．山东师范大学学报，1991（5）

【解题】今本《越绝书》的作者及成书年代问题应分为两部分，袁康在两汉之际著成原《越绝》即今本内篇，吴平又在东汉初年辑成外篇，形成今本《越绝书》。此外，作者还对比了同为吴越史著作的《吴越春秋》和《越绝书》，从内容上看，今本《越绝书》的内外篇，基本上全部见于《吴越春秋》，凡仅见于二书者，文字完全相同；又见于前人著作者，《吴越春秋》往往同于原书，而《越绝书》则多有改写痕迹，《吴越春秋》又明显多出许多篇章；从体例上看，《越绝书》虽有内经外传之别，其实只是在原《越绝》和辑录作品之间的划分，与内容无关，各篇相互独立，在时间和空间上都缺乏必然联系，只是一连串历史故事的并联；《吴越春秋》在时间上分别以两国君主的在位时间系统纪年，把各种本无确切纪年的历史故事分别系于某君某年，尽管排列未必可信，但在体例上却体现为系统的编年体史书，在空间上内吴外越，绝无错杂，又是典型的吴越国别史；《吴越春秋》在内容和体例方面都明显优于《越绝书》。

刘雪河．对《关于〈越绝书〉的作者、成书年代及其篇卷问题》一文的异议．九江师专学报，1995（2）

【解题】战国时期就已有《越绝》一书的存在，是记述越王勾践统治时期的事迹，而《越绝书》是在此基础上，将所记史事续至建武28年。汉代以前的史籍中之所以没有关于《越绝书》的记载，是因为《越绝》是小作品，加上吴越独处东南一隅，当时简牍书写不便，书籍传抄困难，故不能流布于世，独存于吴越少数人之手，自然不见史载。直到东汉，会稽人袁康、吴平二人对《越绝》修订增补而成《越绝书》之后，才流传开来。从体例形式上看，在《越绝书》前亦当有《越绝》存在，战国秦汉时期，一书分为内外篇者颇多，内篇多是前人所作，外篇则是后人附益仿作，《越绝书》也不例外；从文字上看，内传诸篇文字深奥难懂，且云之事大多为道家、阴阳五行家治国之术，外传诸篇则采取问答和驳辩形式，文字通俗易懂，内、外诸篇显然是不同时期作品，内篇为《越绝》

之原有篇目，外篇为袁、吴二人所作。今按，其说难以成立。

李步嘉．《越绝书》研究．上海：上海古籍出版社，2003

【解题】该书第五章“《越绝书》的成书时代与作者”认为，《越绝书》成书当在东汉之末袁术进据淮南以后，称帝之前；《越绝书》增补改编当在孙吴统治时期，今本《德序》篇为该书叙录。其书已较前书有所增加，除了原有的内篇以外，或增加了不少外篇的内容；西晋初年《越绝书》又进行了一次全面调整，主要是淘汰累赘文辞，与完成今本大部分篇目的最后编订，其人为吴国入晋之逸民。

张仲清．《越绝书》作者考辨．绍兴文理学院学报，2005（4）

【解题】《篇叙外传记》末段的隐语文字可能是宋代以后文人所加，《越绝书》“成非一人”。

王志邦．《越绝书》再认识．中国地方志，2005（12）

【解题】《越绝书》非一人之作，是在东汉初年郡国之书编纂之风兴起的历史背景下编辑成册的，是郡书的一种，是方志源流之一。它的问世，还与当时儒生“尊古卑今”历史社会观有关。

仓修良．《越绝书》江浙两省共有的文化遗产——兼论《越绝书》的成书年代、作者及性质．江苏地方志，2006（4）

贺双非．《越绝书》的作者、版本及价值．图书馆，2008（4）

【解题】《越绝书》是一本地方志史书，并非一时一人所著。

刘畅．《越绝书》书名与著者问题研究综述．安徽文学，2010（7）

【解题】讨论了《越绝书》的“绝”字有“断灭不继”“绝笔获麟之绝”两说；作者有“子贡说”“伍子胥说”“袁康、吴平说”“成非一人说”四说。

谢峰梅．《越绝书》版本、作者研究状况述略．宜宾学院学报，2011（1）

王铁．《越绝书》末篇末章释读——论《越绝书》的编者与成书年代．古籍整理研究学刊，2012（6）

【解题】袁康、吴平确有其人，他们生活于两汉之际。吴平是袁康的学生，死于袁康之前，更始年间就已去世。袁、吴二人把前人传下来的《越绝书》及相关资料加以搜集整理，成为定本。文字工作，即所谓“文属辞定”，是由吴平承担，吴平是此书的主要撰定者，这一工作，从时间上推算，应完成于莽新末年至更始初年，即吴平去世前，所以全书基本不避汉讳，偶有避讳，如多数用“邦”而偶然用“国”，也是抄录旧文献时回改未尽。《篇叙外传记》中这节文字是袁康在吴平去世后不久所撰。书中内容，此后还有零星的增补和附益，应是出于袁康或后人之手。此外，作者还提出了一点推论：袁康、吴平是《春秋》学家，从其书中多引《公羊传》，可知袁康、吴平是《公羊》学家。今按，其说难以成立。

乔治忠．《越绝书》成书年代与作者问题的重新考辨．学术月刊，2013（11）

【解题】《越绝书》撰于《吴越春秋》之后，起因是试图抵消《吴越春秋》贬抑越王勾践的影响。在此认识的基础上，确切解读《越绝书·篇叙外传记》的隐语和文义，可辨明作者是袁康、吴平相继牵头的一个群体，成员为会稽当地怀有乡土情结的人士。吴平“年加申酉，怀道而终”，透露出他乃卧病、逝世于汉安帝庚申、辛酉两年，此间编纂工作大体完成。其弟子继而于一二年间撰成《篇叙外传记》，全书告竣。

赵雅丽.《越绝书》材料来源考略.齐齐哈尔大学学报，2014（5）

【解题】《越绝书》非一人所做，乃由多人编写而成，其材料有的来源于《史记》《国语》和《左传》中的相关内容，有沿袭前史和踵事增华两种形式；有的前史中未著录，带有想象虚构的色彩。

吴越春秋

曹林娣.关于《吴越春秋》的作者及成书年代.西北大学学报，1982（4）

【解题】今传本《吴赵春秋》始作者为东汉赵晔，曾经杨方刊削，皇甫遵则斟酌于晔、方之间，重新作了编定，今本已非晔书完帙。

梁宗华.论《吴越春秋》的作者和成书年代.苏州大学学报，1999（3）

【解题】赵晔主要生活于东汉前期，约为公元35—90年，《吴越春秋》成书于赵晔晚年。赵晔著史凸显着东汉前期的时代风尚，而其今文经师身份则是造成《吴越春秋》非信史特征的重要因素。

贺双非.《吴越春秋》的作者版本及价值.图书与情报，2004（2）

【解题】《吴越春秋》为赵晔作，虽大部分抄自古代史书，但也有不少内容是作者搜集的民间传说与遗闻逸事，能补正史记载之不足。

十六国春秋

李永明.屠本《十六国春秋》史源研究.贵州师范大学学报，1989（3）

邱敏.《十六国春秋》史料来源述考.西北第二民族学院学报，1991（1）

冯君实.屠本《十六国春秋》史料探源.古籍整理研究学刊，1992（1）

【解题】屠本之书的基本史料不出常见史书，虽有错误但仍有很高史料价值。

吕丹丹.屠本《十六国春秋》（前、后赵）史料探源.东北师范大学硕士学位论文，2008

娄冬梅.屠本《十六国春秋》史料探源（后秦、夏及成汉）.东北师范大学硕士学位论文，2008

郭娜.屠本《十六国春秋》（前秦）史料探源.东北师范大学硕士学位论文，2008

汤勤福.关于屠本《十六国春秋》真伪的若干问题.求是学刊，2010（1）

【解题】屠本《十六国春秋》是依据残本、大量搜集相关史料而成的辑补本，不是杜撰的伪书。判断崔书是否亡佚有三个重要的标准，一是历代书目是否载录，二是历代著作征引情况，三是屠本与其他著述内容异同比较中找出证明残本存在的根据。崔鸿《十六国春秋》可能亡佚于明末清初，并未亡于北宋，直至明代中期仍然没有亡佚，现可找出其流传的基本线索，屠氏正是利用此残本辑补成书的。就屠本内容分析，其中部分内容未见其他典籍保存，这是残本保存至明中期，并是屠氏使用残本辑补的明证。

高然.屠本《十六国春秋》“四燕录”史料探源.古籍整理研究学刊，2013（3）

【解题】屠本《十六国春秋》基本出自《晋书》《资治通鉴》《太平御览》《魏书》《北史》《水经注》《古今刀剑录》《初学记》《小名录》《北堂书钞》等书，所涉史籍近二十种。通过屠本“四燕录”与其他史籍对读，可知屠本是一部内容有据的史书，而且它将纷繁的史籍、史料集为一书，为学者们研究“四燕”史乃至十六国史提供了极大方便。

地 理 类

山海经

何定生.《山海经》成书之年代.国立中山大学语言历史学研究所周刊第二集，1928（20）

顾颉刚.论《山海经》书.国立中山大学语言历史学研究所周刊第二集，1928（21）

何观洲.《山海经》在科学上之批判及作者之时代考.燕京学报，1930（7）

蒙文通.略论《山海经》的写作时代及其产生地域.中华文史论丛，1962（1）

【解题】《大荒经》以下五篇约作于西周前期，或为巴国作品；《海内经》四篇在西周中叶，或为古蜀国作品；《五藏山经》和《海外经》四篇为春秋战国之交作品，或为接受巴蜀文化的楚国作品。

袁珂.《山海经》写作的时地及篇目考.中华文史论丛（第7辑），上海：上海古籍出版社，1978

【解题】《大荒经》四篇和《海内经》一篇成于战国初期或中期；《五藏山经》和《海外经》四篇是战国中期作品；《海内经》四篇成于汉初《淮南子》成书以前；作者都是楚人，即楚国或楚地之人。《五藏山经》和《海外经》原是一部著作的两个部分，而《海内经》则是模仿《海外经》而成，刘秀把这两部书取来合为一书，故于一部书校完以后标一校尽款识，《大荒经》以下五篇是刘秀校书以后加进去的，因而没有这种款识。

袁行霈.《山海经》初探.中华文史论丛，上海：上海古籍出版社，1979（3）

【解题】《山海经》原为巫觋方士之书，它是综合了各地的材料和传说写成的；可能出自黄帝、炎帝二族，二族本来都发祥于西北，后来占据了中原河洛一带，故论地则河洛为中、为详，叙事却仍保留了许多早在西北时的材料；这些材料由于长期口耳相传，神话色彩愈来愈重，距离真实也愈来愈远。《五藏山经》五篇是《山海经》中最早写定的部分，时代大概在战国初期或中期；秦汉之际又附益《海外经》和《海内经》共八篇（其中包括今传《大荒经》以下部分）；汉成帝时尹成将《山经》五篇，《海外经》和《海内经》八篇校定为《山海经》十三篇；哀帝时刘秀另据三十二篇本重行校定、删汰，改编为十八篇，被他删去的部分仍以别本流传，称《大荒经》和《海内经》；晋郭璞注《山海经》时，又将它们收入一并注释，这就是今传《山海经》的祖本。

吕子方.读《山海经》杂记.中国科学技术史论文集，成都：四川人民出版社，1984

孙致中.《山海经》的作者及著作时代.贵州文史丛刊，1986（1）

李行之.《山海经》作者考.求索，1989（6）

沈海波.论《山海图》产生的时代.上海大学学报，2002（1）

【解题】《山海图》的创作时代当在春秋中晚期，而《海经》的写作时代则在战国。《山海经》的文字只是《山海图》的衍生物，所以从研究《山海经》的文字开始，进而研究《山海图》，才是我们研究这部古籍的最终目的。

张步天.20世纪《山海经》作者和成书经过的讨论.益阳师专学报，2001（1）

唐世贵.《山海经》作者及时地再探讨.宜宾学院学报，2003（6）

【解题】从考古学、语言学、文献学角度对《山海经》的比较分析中，论证了其作者应是定居巴蜀的楚国贵族后裔，其成书于战国中期，秦汉时代又有穿凿附会。

周广曾等．也谈《山海经》的成书．九江师专学报，2004（2）

安京．《山海经》与《逸周书·王会篇》比较研究．中国边疆史地研究，2004（4）

【解题】《山海经》（特别是《海经》），主要从《王会篇》采集素材，但也从其他文献中采集素材，从而合成了新的著作；《山海经》是以隐晦的方式曲折地反映了《王会篇》的内容，否则就没有必要揭示其本来面目了，因而两篇著作的同时存世，是完全可以理解的。

金荣权．《山海经》作者应为巴蜀人．贵州社会科学，2004（6）

【解题】《山海经》一书，当为春秋战国之际生活在北方或深受中原文化影响的巴蜀人所作。其理由主要是：作者将西南地域作为后世主要文化集团的发源之地，帝俊、伏羲、颛顼、夏后启、炎帝、祝融都与巴蜀之地有深厚的渊源关系；《山海经》极力突出巴蜀地区文化地理的中心位置，具有明显的重西南的倾向；有意将西南纳入华夏中心地带，并且称为天地之中；西南是《山海经》作者眼中的长生之地和快乐之乡。此外，作者对西南地区的风土民情、神话传说、远古部族、奇人异物描述尤详。

杨兴华．从原始宗教意识看《山海经》作者的楚人身份．衡阳师范学院学报，2005（2）

【解题】从宗教文化环境、整理典籍的文化能力，特别是《山海经》中表现出来的战国时楚人特有的崇日、崇凤、尊帝俊等原始宗教意识看，《山海经》虽非一人一时之作，但当为楚人整理成书。

唐世贵．《山海经》成书时地及作者新探．辽宁师范大学学报，2006（4）

【解题】《山海经》巴蜀图语本成书于西周前期、战国初中期，华文本《山海经》由定居蜀地的楚国贵族后裔综合图语本、口头流传，再加入楚地神话以及中原、海外历史地理知识编写而成。

丁振宗．《山海经》地貌应属的年代．福建师大福清分校学报，2006（3）

【解题】虽然《山海经》记载的地理状况与中国现代的地貌相差很远，但从地质学的角度去考虑，它并非错误的地理记录。按照经文里所提供的数据，把东海、西海和北海的相对位置计算出，并与远古各年代的亚洲地貌比较，发现此经所记载的状况，符合印支运动与燕山运动之间，尤其是晚侏罗世时的亚洲地貌；经文里的西海该是特提斯海，而北海应该是覆盖了从贝加尔湖至北冰洋整个地区的北方海。作者希望地理学家们能谨严看待这一研究结果，并对《山海经》重新评估及作进一步的研究。

李川．《山海经·荒经》成书问题谫论．中国社会科学院研究生院学报，2009（1）

【解题】《山海经·荒经》以下五篇是否在《汉书·艺文志》所载《山海经》13篇之内，向是研治此书的学者聚讼纷纭的焦点。该文从五个角度可以证明《山海经·荒经》不在《汉书·艺文志》所记13篇之列，而其资料应是来源于远古，宋人依据王室文献裒集整理而成。

沈海波．论《山海经》的篇目问题．福建师大福清分校学报，2010（4）

【解题】《山海经》的篇目问题颇为复杂，历代著录多有不同，自清代开始，学者们为此聚讼不已。该文对古本32篇的问题、13篇和18篇的问题、《大荒经》以下逸在外的问题进行了考证。

王永.《山海经》的性质与成书.贵州大学学报，2012（6）

【解题】《山海经》是一部先有图册，后有文字的著作，商周时代的职方氏是《山海经图册》最早的绘制者，训方氏则是《山海经》释图性文字的最早著作者。从最初的来源、作用乃至具体的文字结构上看，《山海经》应该是一部由宫廷传播开来的具有地理性质的释图类著作。《山海经》经历了一个漫长的成书过程，它大致属于先秦古籍。《山海经》所载大多为先秦时期人们所熟知的历史掌故或对天下地理的普遍认识，其中多有对于出铁之山的记载，同时充斥着大量的神仙方术、长生不死等思想，是知《山海经》既非成书于夏代，也非秦汉以后的著作，其大致当是产生于商周至于春秋、战国时代。

万群.从汉语史角度看《山海经》的成书年代.中国典籍与文化，2013（2）

【解题】通过全面考察《山海经》中的基本词汇、语法特点，根据有断代价值的语言现象在汉语史中所属的历时点，认为《山经》成书年代最早，在战国中晚期，处于《墨子》至《吕氏春秋》成书之间；《海经》成书在战国末秦汉初，在《荀子》成书之后，《淮南子》成书之前；《荒经》成书也在战国末秦汉初，与《韩非子》成书时间接近。

唐志辉.从东周秦汉典籍引用看《山海经》的成书.兰台世界，2014（8）

【解题】从《楚辞》《吕氏春秋》《淮南子》等早期典籍涉及《山海经》的内容和引用程度推论出《山海经》成书的过程，认为《山经》与《荒经》成书于《吕氏春秋》之前，而《海内四经》《海外四经》成书于《吕氏春秋》之后，《淮南子》之前。

其他

何清谷.《三辅黄图》的成书及其版本.文博，1990（2）

杨世灿.杨守敬《水经注疏》稿本辨伪.宜昌师专学报，1995（4）

【解题】对《水经注疏》诸稿本之源流及关系进行了清理，并在此基础上以大量事实证明“李子魁补疏本”系伪本，从而澄清郦学研究中所谓“誊清正本”之讹。

谢元鲁.《岁华纪丽谱》《笺纸谱》《蜀锦谱》作者考.中华文化论坛，2005（2）

【解题】根据内容、文字及官职、政区沿革来分析，认为《岁华纪丽谱》《笺纸谱》和《蜀锦谱》三本书应是宋代文献，不可能是元代费著的作品；其直接出处可能来自编纂于南宋王刚中的《续成都古今集记》和袁说友的庆元《成都志》，而其间接文献来源可能上承北宋赵抃的《成都古今集记》。

郭声波.《历代地理指掌图》作者之争及我见.四川大学学报，2011（3）

【解题】从文风、内容、版本等方面进行全面考察，进一步肯定了《历代地理指掌图》旧题苏轼为伪托说；作者还从四川地方文献中找到一些材料，证明真正作者是北宋巴县人税安礼。

胡玉冰.宁夏（民国）《豫旺县志》辨伪.北京民族大学学报，2013（2）

【解题】传世的1925年朱恩昭修纂6卷本《豫旺县志》是抄撮之作，编纂者直接把（民国）《朔方道志》中与同心县前身镇戎县有关的内容抄撮出来，参考《朔方道志》的体例，再杂以（光绪）《平远县志》的部分内容，汇集为一编，取名《豫旺县志》行世。

韩中慧．旧志辨伪方法论——以甘肃、宁夏旧志为中心．中国地方志，2018（4）

【解题】在对旧志进行整理与研究时，有时需要对其真伪进行辨明。可以说，辨伪是旧志整理过程不可或缺的环节。旧志在编纂和流传过程中，会形成部分伪志。伪志现象主要分为两大类：一类是旧志原书作伪，一类是旧志影印本作伪。前者系旧志编纂者所为，后者则系旧志出版者所为，两者的作伪动机、作伪手法不同。甘肃、宁夏两地个别旧志的作伪情况在一定程度上具有代表性。旧志辨伪，需要以传统辨伪学理论与方法为基础，再结合旧志自身的编纂体例，从古今目录著录的对比再到序跋、内容、体例等方面进行考察，揭示出作伪痕迹，并合理认定伪志的文献价值，以期为全国其他各省、自治区、直辖市旧志整理者提供思路和经验。

政书类

汪庆红．《元丰官志》“州县官额”辨伪．杭州文博，2015（1）

【解题】从《元丰官志》抄本文字表述和内容载录分析，认为该抄本“州县官额”部分并非原本之组成部分，而实为后人所添附，其文字全部来自《文献通考》“职官考”或《宋史》“职官志”，并且文字错讹百出，对宋代官制研究产生了较为严重的误导。因此，《元丰官志》“州县官额”部分不应成为宋代地方官制研究的史料依据。

目录类

书目答问

陈垣．《艺风年谱》与《书目答问》．图书季刊，1936（1—2）

【解题】《书目答问》为张之洞自撰，缪荃孙仅是对《书目答问》作了订补。

甘孺．《〈艺风年谱〉与〈书目答问〉》一文的补充．史学集刊，1984（1）

【解题】对陈垣之文进行补充，指明张之洞将《书目答问》刊本再次请缪荃孙订正之事。

卢中岳．《书目答问》作者问题讨论综述．广东图书馆学刊，1985（4）

【解题】《书目答问》是一部颇有影响的目录著作，其作者却是近代学术界的一桩公案：一说为张之洞自撰（或张之洞自撰，缪荃孙助理）；一说为缪荃孙代作；一说依据书坊旧本而成。该文对历年来的讨论作了综述，认为《书目答问》虽是一部目录书，但同样反映着作者的政治思想学术观点，结合当时的社会历史条件，与作者的整个政治思想学术观点联系起来考察，作者当为张之洞。

其他

刘建臻．《里堂书品》辨伪．文献，2006（1）

【解题】《里堂书品》一书既不见于焦循的记述，题为“廷琥手录”却又不是焦廷琥笔迹，所载文章旨趣也远离于焦循的学术思想，加上多载焦循身后之事，当是一部托名焦循的伪书。至于由何人据何书伪托，则有待进一步的考订。

司马朝军.《里堂书品》真伪考.学鉴（第5辑），武汉：武汉大学出版社，2012

【解题】《里堂书品》中的123篇完全袭自《四库全书总目》，《里堂书品》的这一部分原是《四库全书总目》的早期节抄本，其最大的特点就是改变了原书的体例，由提要体变成了随笔体。即使它不是真出焦循之手，其时代也比较早，因而其价值也不能完全否定。

王媛.北京师范大学图书馆藏《历代经籍考》辨伪.图书馆杂志，2012（11）

【解题】北师大图书馆藏明正德十三年刘氏慎独斋刻明王琏撰《历代经籍考》二十四卷乃取明正德刊《文献通考·经籍考》残本重加编纂，并篡改题名、作者、校阅者信息而成，属于版本造伪。

子　　　部

儒　家　类

荀子

钱穆．《荀子》篇节考．求是学社社刊，1928（1）
张西堂．《荀子》真伪考．史学集刊，1937（3）；台北：明文书局股份有限公司，1994
张西堂．《荀子·劝学篇》冤词．古史辨第六册，上海：开明书店，1938
杨筠如．关于《荀子》本书的考证．古史辨第六册，上海：开明书店，1938
龙宇纯．《荀子》真伪问题．荀子论集，台北：学生书局，1987
廖名春．《荀子》各篇写作年代考．吉林大学社会科学学报，1994（5）

【解题】该文将荀子著作分为三个时期，一是公元前286年游学于齐前的作品，可考定的只有《不苟》篇；二是公元前279年以后至公元前255年以前荀子在稷下的作品，它们是《王霸》《王制》《正论》《天论》《劝学》《修身》，还可加上《解蔽》《荣辱》《正名》《性恶》《礼论》《乐论》；三是荀子公元前255年以后居于兰陵时的作品，它们是《非相》《臣道》《君道》《非十二子》《成相》《赋》，还可加上《富国》《致士》《君子》。《议兵》《疆国》《儒效》反映的都是荀子公元前255年以前之事；《大略》反映的事则各个时期都有；《仲尼》篇的前半篇反映的可能是荀子在稷下时的思想，后半篇反映的可能是其在兰陵时的思想。

张小平．《荀子·赋篇》的真伪问题及研究．江淮论坛，1996（6）

【解题】《赋篇》的民间“隐语”特点以及各篇相对独立的杂凑性质，显示了它可能出自众多的民间无名氏之手。到了汉初，有人把它杂凑而成，托名荀子以行世，所以刘向收入“书录”。也许出于对作者归属问题的疑虑，刘向置《赋篇》于“书录”之末座，以暗示其取舍态度。

郑良树．《荀子·非十二子》“子思、孟轲”条非附益辨．诸子著作年代考，北京：北京

图书馆出版社，2001

【解题】推翻王应麟等人的说法，《非十二子》的确将子思及孟轲并列于其他十子，而加以批评；后代学者为儒家讳而作的解说，皆一厢情愿，并非事实。

张小苹．《成相篇》非荀作考．浙江社会科学，2011（5）

【解题】《成相篇》提及春申君之死（前238），但《荀子》其他各篇所记历史事件大致起于齐匡章伐燕（前314），而终于邯郸解围（前257）；荀子激烈抨击禅让说，而《成相篇》却积极称许禅让说；荀子激烈批判墨学，而《成相篇》却极其赞许兼爱说。《成相篇》应该是荀卿弟子所作。

王冉冉，张涛．《荀子·尧问》篇与《荀子》成书问题．理论学刊，2012（6）

【解题】《尧问》的思想内容及其末章与《荀子》成书及真伪问题关系密切，通过重新审视这些文字和梳理有关问题，可以发现《荀子》材料可靠、渊源有自，它们应是荀子引述过的材料，后被其弟子整理成篇并编入《荀子》书中。

颜世安．荀子人性观非"性恶"说辨．历史研究，2013（6）

【解题】"性恶"说只见于今本《荀子·性恶》，其他各篇关于人性观的论述或无"性恶"的内涵，或重在从正面肯定情欲。各篇偶尔有近于性恶的说法，但不能代表荀子的基本人性观。荀子政治思想的基础不是性恶说，而是儒家传统的性善意识及荀子正面肯定情欲的独特观点。《性恶》游离于各篇之外，不是荀子人性观的最终总结，其目的在于确立一个与性善说相对立的异说，作者可能是荀子后学。

周炽成．《非十二子》之非子思、孟轲出自荀子后学考．国学学刊，2014（3）

【解题】《非十二子》中之非子思、孟轲部分，不出自荀子本人之手，而是其后学之所为。文字结构、字数、所示意义、后世的引用等，都可证明这一判断。荀子本人并不反对孟子，而对孟子思想多有肯定和吸收。荀子学派和孟子学派对立之形成，是一个很长的历史过程。不应忽视荀子后学对《荀子》一书的贡献，应从动态的角度考察荀子学派和孟子学派的关系。

廖名春．由《荀子》"伪"字义论其有关篇章的作者与时代．临沂大学学报，2015（6）

【解题】《荀子》三十二篇中，"伪"字共四十二见，其涵义有三：一是读为"为"，义为"行为"的，有两见。二是义为"诈伪"的，共五见。三是具有理性之"人为"义的，有三十五例。其中《性恶》篇最多，占了二十七例；其余《正论》篇有一例、《礼论》篇有五例、《正名》篇有两例。这种具有理性之"人为"义的"伪"，先秦秦汉文献"前无古人，后无来者"，为《荀子》书所特有，是荀子作品的区别性特质之一。以此来看，如果《性恶》篇不是荀子的作品，否定荀子"伪"有理性"人为"义，那就得将《正论》《礼论》《正名》篇也排除出去。只要我们承认《正论》《礼论》《正名》篇为荀子所作，也得承认《性恶》篇属于荀子的作品。由此可见，那些以"莫须有"证据，否定《性恶》篇为荀子所作的说法是完全不能成立的。

牟琪．《荀子》疑伪篇考论．贵州大学硕士学位论文，2017

【解题】西汉刘向校订《荀卿新书》，荀子作品集结成书。后经唐杨倞二次系统整理并改名为《荀子》。由于史料有限，且文辞古奥，时至今日，《荀子》一书仍有诸多疑问需要解答。其中，关于《荀子》篇目的真伪问题就一直被学界关注，且争议不断。如《荀子·赋篇》的《佹诗》与《韩非子·奸劫弑臣》部分内容同时出现于《战国策·楚第四·客说春申君》，因此引发了学者对《客说春申君》中荀子书信的作者问题的争论。通过对战国时期客卿制度的社会背景与荀子生平行历、荀子与学生韩非子的关系等方面的研究，以及探寻“客”“卿”二字在上古音与中古音的演变轨迹，可以推断出荀子为荀子书信的作者，并将之作为判断《荀子·赋篇》非伪篇的有力佐证。另外，有学者认为《荀子·哀公篇》“东野驾车”的故事情节抄自《庄子·达生》。通过考证该故事中的关键人物在相关文献里的联系后，可得出《荀子·哀公篇》较《庄子·达生》版本更为真实可靠的结论。此外，由于《荀子》中对《易》引用较少，而《荀子·大略篇》作为《荀子》为数不多引用《易》的篇目之一，被很多学者认为是伪作。从荀子和《易》的关系，《易》与《礼》的关系，以及《荀子·大略篇》文本三方面入手分析，得出《荀子·大略篇》为荀子思想体系一部分的结论。通过探究涉及《荀子·赋篇》《哀公篇》《大略篇》真伪的问题，可以管窥《荀子》疑伪篇的研讨状况，并为《荀子》相关问题的进一步研究打下基础。

廖名春．由《荀子》书“伪”“綦”两字的特殊用法论《荀子·性恶》篇的真伪．邯郸学院学报，2017（1）

【解题】《荀子·性恶》篇之“伪”字皆具理性人为义，《荀子·性恶》篇“綦”字又为“极”之假借，这两种现象是其他先秦秦汉文献所没有的，而仅见于《荀子》一书，当为荀子作品的区别性特征。由《荀子》书“伪”“綦”两字的这种特殊用法看，否定《性恶》篇为荀子之作是没有理由的，《性恶》篇当为荀子的代表作。

王泽春．《性恶》非荀子所作新证．中国哲学史，2018（2）

【解题】《性恶》中有四处“孟子曰”的引文，不见于《孟子》七篇，而属于出现在司马迁之后的《孟子外书》。由此可以说明《性恶》非荀子所作。

文中子

丁景垚．文中子考及其学说．文科学刊，1928（2）

汪吟龙．文中子考信录．上海：商务印书馆，1938

【解题】分人考和书考两部分，收集材料最为广博，有坚实的文献考证作基础，结论也较公允。

王立中．文中子真伪汇考．上海：商务印书馆，1934

【解题】承认有王通其人，但于其书所持态度与《四库提要》同。

王丹岑．文中子人与书之研究．安徽政治，1944（5）

王叔岷．书文中子中说后．说文报，1946.9.2；《慕庐论学集》（一），北京：中华书局，2007

陈成真．文中子新考．大陆杂志，1968（1）

刘巧玲．文中子《中说》考述．辅仁大学硕士学位论文，1972

王冀民，王素．文中子辨．文史，1983（20）

【解题】根据大量有关王通的史料加以考察，认为所摘录的王通行事，除《新唐书》与《资治通鉴》外，都出于北宋以前人手，班班可考；谓文中子并无其人乃谬误，然谓皆可信亦不可。

尹协理，魏明．王通论．北京：中国社会科学出版社，1984

【解题】全面剖析王通其人其书的各个侧面，以详实的材料论证王通其人的真实性，《中说》基本代表王通的思想。开篇为“王通与《中说》真伪考辨”，辨证颇见功力。

段熙仲．王通王凝资料正伪．文史，1986（27）

骆建人．文中子研究．台北：台湾“商务印书馆”，1989

【解题】偏重于文献方面的研究，于版本的搜集较为全面，考证时所用原始材料较多。

邓小军．唐代文学的文化精神．台北：文津出版社，1993

【解题】第一章用大量的篇幅来研究文中子。

张新民．文中子事迹考辨．文献，1995（2）

【解题】考察文中子籍贯为龙门，生于开皇四年，卒于大业十三年；并述其拒仕、讲学、门人等。

陈启智．王通生平著述考．东岳论丛，1996（6）

【解题】《文中子》“所记王通议论行迹，并非模拟圣人言动的伪作，除个别传抄讹误外，基本上是真实可信的”。隋唐盛行经学，而王通之学乃子学，故“不为诸儒称道”。迨至中晚唐，疑经之风起，子学渐兴，于是《文中子》亦受到重视；其实《文中子》在渐被儒者接受的同时，亦长期受到责备。

徐朔方．王通门人辨疑．浙江大学学报，1999（4）

【解题】从三个部分对历来众说纷纭的王通门人问题作了考辨，认为：史载王通门人可分为正式入门弟子、受教于王通但未正式入门也可以弟子视者及曾偶或就教或请益于王通者三类；《中说》非阮逸作，《中说》自有其失，但其中也有不少论者以为其误而实未必误之处；杜淹《文中子世家》为文不富，时有阙失，但若因此文不周而疑及王通及《中说》，斯亦过矣。

李小成．文中子考论．西北师范大学博士学位论文，2005；上海：上海古籍出版社，2008

【解题】主要针对文中子研究中几个疑点作以考辨和论述。首先，以文献著录为切入点，时段上选取距文中子生活时代较近的唐宋时期文献，通过文中子弟子、家人及学者们对其人其书的著录与评论，在一种客观的描述中来反映文中子人与书的真实性。其次，从书目文献对文中子其书的记载，可以看出《中说》及《元经》的文献学价值。

罗维明．王通及其《文中子》辨析．台州学院学报，2006（1）

【解题】在历代有关《文中子》研究的基础上，从王通其人其书两个侧面对其真伪问题进行辨证，认为唐人基本肯定，宋以来两种对立的观点相持不下；20 世纪 80 年代以来，众多学者对否定者进行了否定之否定；经过漫长的探讨，终于有了答案，王通其人实有，《文中子》一书大体可信。

邓小军．沁州出土薛收《文中子碣铭》刻石考元好问诗所述．中国文化，2012（1）

黄清发．王通生平著述新证——以新出《王勴墓志》为中心．晋阳学刊，2012（3）

【解题】据新出《王勴墓志》可知王通确曾官蜀郡司户书佐一职，此前不载此事乃有意之隐瞒，其目的是为了刻画王通的隐士形象；同时可知王通确曾撰《元经》并亲自整理，今存本有后人增附篡改之处，但恐不能完全疑伪。

孔子家语

胡朴安．孔子家语证伪及孔子家语疏证．国学周刊，1924（39）
张绵周．《孔子家语》序．孔子家语，郑州：中州古籍出版社，1991
张固也．《孔子家语》补校．金景芳九五华诞纪念文集，长春：吉林文史出版社，1996
王连生．从《孔子家语》看孔子思想价值的嬗变．辽宁师范大学学报，1997
王承略．论《孔子家语》的真伪及其文献价值．文献学研究的回顾与展望，台北：学生书局，2002

【解题】王肃注本为对刘向校本的“增加”，但并非所有“增加”都出王肃手；且王肃篡改范围不大，今本《孔子家语》尚保持刘向校本原貌，不可完全视为伪书而否定。

李传军．《孔子家语》辨疑．孔子研究，2004（2）

【解题】利用考古资料，通过对文献的梳理和对勘，对《孔子家语》的文献来源、成书年代和学术价值进行考察和分析，认为《孔子家语》为王肃所编撰的传统观点是可信的。

廖名春，张岩．从上博简《民之父母》“五至”说论《孔子家语·论礼》的真伪．湖南大学学报，2005（5）

【解题】从“五至”说的比较来看，认为《孔子家语·论礼》“子夏侍坐于孔子”章与《礼记·孔子闲居》及楚简《民之父母》所据祖本不同，《论礼》所记更真实，更符合原意，并非抄袭《礼记》而来。

杨朝明．读《孔子家语》札记．文史哲，2006（4）

【解题】《孔子家语》与包括《礼记》《大戴礼记》在内的传世文献以及新出土文献都有相同或相通之处，细心将《孔子家语》与之比较，不难发现它的确应该是孔子弟子记录的汇编，其基本的、主要的内容还应当是原始面貌的保留。

张固也等．《孔子家语》分卷变迁考．孔子研究，2008（2）

【解题】从分析敦煌本《孔子家语》残卷的分卷方法入手，对汉唐时期《孔子家语》分卷变迁作出合理的解释，证明今本确系源自孔安国所编27卷本，不过经过六朝、唐代的两次卷目合并，绝非王肃重编的伪书。

张固也．西汉孔子世系与孔壁古文之真伪，史学集刊，2008（2）

【解题】考察西汉孔子世系，认为《孔子家语》孔衍序较为可信，且序文中关于孔安国生平的记录也是较为可信的。

宁镇疆．读阜阳双古堆一号木牍与《孔子家语》相关章题余札．中国典籍与文化，2008（2）

【解题】阜阳双古堆汉墓木牍章题虽然有些与今本《孔子家语》可以对应，但实际上它们与《说苑》更为接近，而《孔子家语》则存在不少重组、改动痕迹。《孔子家语》由于在材料来源上与《说苑》等书接近，故其中孔子言论往往出于依托，并非尽是实录。今本《孔子家语》确是经孔安国整理才成书，并非王肃向壁虚造。《汉志》二十七卷本系民间所传，与经孔安国整理定型的今本《孔子家语》属不同版本。从出土文献看，早期《孔子家语》在篇章形态上应该与今本《孔子家语》有明显差异。

宁镇疆．“层累”非“作伪”——再论今本《孔子家语》的性质．学术界，2009（5）

【解题】将今本《孔子家语》与出土简牍及传世文献比较，发现《孔子家语》的章句结构组织是经“历时性”的梯次推进形成的，因此完全可以借用“层累”作为解释模型。有证据表明，这样的“层累”是出于有意识的“整理”，但这不等于“作伪”。《孔子家语》虽有比较早的材料来源，但其中孔门师生言论并非尽出实录。夸大《孔子家语》一书在研究先秦史事特别是孔门师生言论、行事中的地位，是有欠妥当的。

杨朝明等.《孔子家语》“层累”形成说考辨.古籍整理研究学刊，2009（1）

【解题】在学术界逐渐摒弃《孔子家语》“伪书”说的同时，仍有学者认为《孔子家语》是由《说苑》等文献经孔安国等人之手“层累”而造成的。作者认为，通过对比分析《说苑》与《孔子家语》两者互见的材料，将有助于我们对该问题的再认识；但此类研究方法也混淆了后人主观作伪与客观整理之间的区别。

张固也等.从《孔子家语·后序》看其成书过程.鲁东大学学报，2009（5）

【解题】《孔子家语》所附两篇后序都是可信的，今本《孔子家语》前四十篇相当于孔安国所说“吕氏之所传”，后四篇相当于“诸国事、七十二弟子之言”，这四篇原来不在《孔子家语》之内。《孔子家语》确为先秦流传下来而由孔安国最后编定的古书，所谓王肃伪作的说法和时下比较流行的“汉魏孔氏家学的产物”之类说法都是不正确的。

乔建锋.《孔子家语·致思》篇分章考信.曲阜师范大学硕士学位论文，2009

杨朝明.《孔子家语》通解.济南：齐鲁书社，2009

巫雪如.《民之父母》《孔子闲居》及《论礼》若干异文的语言分析——兼论《孔子家语》的成书问题.汉学研究，2010（4）

汤海鹏.《孔子家语》词汇语法现象专题研究——试从词汇、语法角度探讨《孔子家语》语言的时代特征.曲阜师范大学硕士学位论文，2011

王化平.由《孔子家语》与《礼记》《说苑》诸书的关系看其价值.古籍整理研究学刊，2011（1）

【解题】分析了《孔子家语》与《礼记》等典籍的三段异文，认为《孔子家语》的某些篇章确实要比其他典籍文从字顺，虽然难以判断《孔子家语》与《礼记》诸书的时间关系，但可以肯定书中的有些篇章存在明显的割裂、拼合现象。与《礼记》等书相比，它在整理过程中的主观性改动更多，这使它的整体价值不太可能高于《礼记》等书。

马振方.《孔子家语》《孔丛子》之小说考辨.文艺研究，2011（3）

【解题】《孔子家语》大批章节抄自战国、秦、汉之书，为圣化孔子，以文学的虚拟手段夸张、渲染圣言圣迹，从而有意无意收采并杜撰了一批早起小说；《孔丛子》为宣扬孔子及其后代言行事迹，羼入多章虚拟和仿改之作，也造成了古小说。

郝虹.《孔子家语》是否王肃伪作问题新探——从汉魏思想史角度的辨析.孔子研究，2011（1）

【解题】《孔子家语》应是一部很早就有了基本原型的书，并未经两汉官方意识形态的规整，因此其内容中的某些思想倾向与东汉官方意识形态不仅很疏离，而且其被王肃推上历史前台，恰是因为有反东汉官方意识形态且与汉魏之际思想解放潮流的几大主题如重人事轻天命、抑君申臣、反思礼情关系和教刑关系等相符的东西，但是此书是否被王肃改动过尚不能确论。

邬可晶.《孔子家语》成书时代和性质问题的再研究.复旦大学博士学位论文，2011

【解题】《孔子家语》乃魏晋时人杂采古书、参以己意编纂而成，与《汉书·经籍志》所载古本《孔子家语》并非一事；“伪书”一说，不能轻易否定。今按，其说难以成立。

王化平．论王注《孔子家语》两篇“后序”是魏晋时人伪撰．西南大学学报，2013（3）

【解题】通过出土文献可证《孔子家语》并非伪书，但书后的两篇“后序”仍有一些不可忽视的疑点，如《孔安国序》误将“诸子书”列入不禁之列，有违汉代人的常识；《后孔安国序》所载孔子家族世系与见于《史记》《汉书》者有明显出入，且误将跟从刘邦征战的孔藂及其儿子孔臧拉入孔子家族；所谓孔安国之孙孔衍又不被其他文献载录，且其奏书不明西汉著述惯例、误解《别录》体例，这些错误与孔衍经学博士的身份太不相称。此外，王肃通注《孔子家语》，却对两篇“后序”不置一词，在序文中也不提此书曾经孔安国整理，由这两点可以推测王肃其实没有见过两篇“后序”，它们可能是在流传过程中被附益上去的。综合各种情况，可以推测两篇“后序”可能是魏晋时期的王学拥趸伪撰的。

刘续兵．《孔子家语》：从“典型伪书”到“孔子研究第一书”．社会科学报，2014. 2. 13

【解题】该文梳理了《孔子家语》流传辨伪过程。

刘巍．从群经注疏看《孔子家语》伪书公案之缘起．人文杂志，2014（3）

【解题】群经之疏中既记载了马昭等对《孔子家语》的质疑初声，也反映了唐宋学者对此歧见迭出，故渺不为定论。由于马昭为郑学之徒，所以他的指控涉及经学史上的“郑、王之争”，这是《孔子家语》案涉及的第一个学术公案。

刘巍．唐宋学者有关《孔子家语》伪书理论之演成．社会科学研究，2014（2）

【解题】颜师古《汉书·艺文志》注“非今所有《家语》”是《孔子家语》伪书说的第二个理论来源。其实颜氏本意未必是质疑今传《孔子家语》文本的可靠性，宋代的王柏却将颜注发展为“古《家语》”“今《家语》”文本两分的看法，并提出了王肃托名于孔安国伪造《孔子家语》说。王柏此说的根源在于批驳朱子借证于《孔子家语》校正《中庸》，从而为他提出将《中庸》分为二篇的创说扫清道路。这是《孔子家语》案涉及的第二个学术公案。

刘巍．积疑成伪：《孔子家语》伪书之定谳与伪《古文尚书》案之关系．近代史研究，2014（2）

【解题】在对王肃人品心术的怀疑上，在辨伪方法之挪用上，在将文本一析为二的思路上，在“一手”伪书说之运用推演上，学者对《孔子家语》的研究，普遍存在一种类似于伪《古文尚书》案一样的《孔子家语》伪书案锻炼成狱之心理趋向，产生了机械移植、推论过度、疏而不证、笼统混淆、牵强附会等问题。其间所滋生的王肃伪造五书之说，又成为近代康有为的刘歆“遍伪群经”说之肇端，影响广远。

魏玮．传抄与传承，辨伪与存真——从《孔子家语》“三序”说起．孔子学刊，2014

蔺小英．《孔子家语》与《说苑》关系考论．孔子学刊，2014

【解题】通过选取两书中有代表性的相关材料进行逐字逐句的比勘，从字词、行文、篇章结构等多方面考察二者关系，认为《孔子家语》比起《说苑》是更加忠实于原材料的，《孔子家语》是孔安国在汉初编辑完成的，而不是由王肃在魏晋时伪造。传统的认为《孔子家语》为王肃割裂群书而成的说法，纯属无稽之谈，所谓“层累形成”也不存在。

杨朝明，崔海鹰.《孔子家语·执辔》篇与《周礼》可靠性问题.济南大学学报，2015（3）

【解题】《执辔》一篇透露出关于《周礼》成书年代及可靠性的重要信息，该篇以执辔驾车作譬喻，形象地阐述了孔子德主刑辅思想；特别是关于“古之御天下者，以六官总治”的论述，更与《周礼》六官的设置密切相应，可以视为孔子对后者的总结、阐释。由此可以推证，《周礼》具有极高的可靠性，其成书一定远在孔子之前，极有可能为周公所作。

邬可晶.《孔子家语》成书考.上海：中西书局，2015

【解题】主要围绕传世古书、出土文献中与《孔子家语》中相同或类似内容的比较展开，注意考察《孔子家语》与理应出自一源的传世古书之间彼此的亲疏关系，查找《孔子家语》和与之相同或类似的材料，何者更接近原貌，彼此之间是否存在因袭关系。此外，还深入地探讨了所谓孔安国《序》、后《序》的真伪问题。

周恩帅.《孔子家语》“真伪”研究综述.历史文献研究，2015（1）

【解题】《孔子家语》的成书过程和真伪问题，历代学者争论不休，疑之者多以为王肃为了驳倒郑玄之学，假借孔子的名义，伪造了《孔子家语》等书。自20世纪七八十年代以来，随着相关出土文献的研究，为《孔子家语》的成书和真伪问题的探究提供了新的证据。《孔子家语》“伪书说”并无确凿的理论依据，《孔子家语》的大部分内容是切实可靠的，且具有不可替代的文献价值。

崔富章等.《四库全书总目·孔子家语》篇发疑.文献，2015（4）

【解题】《孔子家语》是先秦文献，汉初孔安国重编，四十四篇，魏王肃注解，传承至今。《汉书·艺文志》著录“孔子家语二十七卷”，唐初颜师古注“非今所有家语”，他的意思是说，这个二十七卷本已经失传，从《七略》《别录》揭示其篇目看，它不是传世今本《家语》之全部。颜师古、孔颖达、司马贞、张守节诸唐人皆不以“今本”为伪。北宋末刊《孔氏家语》十卷四十四篇王注本，卷十含孔安国叙录、孔衍上汉成帝书两篇重要文献。孔安国述本书要领，叙世本源流，至孔子第十三代孔安国（亦称十二世孙）止，其中记载多代多人事迹，为《史记·高祖本纪》《史记·高祖功臣侯者年表》所佐证，足可补正《孔子世家》阙讹。安国之孙孔衍诉刘向删减《孔子家语》篇目，可破解二十七卷（篇）本成书之谜。南宋朱熹言：“《家语》虽记得不纯，却是当时书。”并据以校正《中庸》。南宋末年，王柏虚拟“古家语”“后家语”“今家语”名目，谓“今之《家语》十卷凡四十有四篇，意王肃杂取《左传》《国语》《荀》《孟》《二戴》之余绪，混乱精粗，割裂前后，织而成之”。全无实证，不足为训。明人搜寻、传承宋本，功不可没。清乾隆年间，范家相撰《家语证伪》，孙志祖协同，渐成小气候。《四库全书总目》顺应王柏“怪变”之论，撮空演绎，迹近荒唐，影响深远，有必要逐条分析，正本清源。

石瑊.从“郑王之争”看清人论证“《孔子家语》王肃伪作”的动机与实质.文史，2016（4）

胡玉尺.《孔子家语》曾子“藜烝出妻”疑伪考论.名作欣赏，2016（4）

【解题】《孔子家语》所载的曾子“藜烝出妻”典故在古代影响极大，现代也有很多人信以为真。实际上，“藜烝出妻”的典故是通过糅合并扭曲《白虎通》与《韩诗外传》的相关记载而炮制出来的伪说。此伪说的炮制，是为了迎合当时察举制对极端孝行的需要，此伪说在历史上产生了极坏的影响，有必要予以揭穿，加以证伪，还其本来面目。

黄耀明．“受屈”探源——兼论《孔子家语》《孔丛子》《列子》的成书时间．中国语言文学研究，2017（2）

【解题】比辞书首例早的“受屈”用例当有7条，其涉及的《孔子家语》《孔丛子》《列子》成书时间学界多有分歧。梳理各家观点可知，多数人认为三书编成于魏晋时期，当非“受屈”之源。再结合语境与古文字字形分析，推断其本义为获得蜷曲的动物，且本义与《史记》用例相合，故知“受屈”源自《史记》。由词义演变推测，《孔子家语》《孔丛子》《列子》三书均写成于西晋。

李海霞．《孔子家语》的成书及版本流传．商丘师范学院学报，2017（8）

【解题】《孔子家语》古有传本，与《论语》并时，互不重合。《孔子家语》的最初整理者是孔门弟子，最早的编辑者是西汉早期的孔安国，至王肃作注时已定型。《孔子家语》随着社会文化的几次巨大变化而发生演绎，其版本流传具有某一类书的标本性质。

李海霞．从出土文献看《孔子家语》的真伪．安阳师范学院学报，2017（3）

【解题】阜阳双古堆1号汉墓和八角廊汉墓40号墓出土的木牍、竹简，内容都涉及孔门师生言行。从时间、内容等方面把出土文献和《孔子家语》进行对比分析，可以为推翻《孔子家语》“伪书说”提供极有说服力的证据。

陈以凤．《孔子家语》“孔安国序”考辨．古籍整理研究学刊，2018（5）

【解题】今传本《孔子家语》所附“孔安国序”之真伪，多为学界关注探究，迄无定论。通过校勘《四库全书》《文献通考》《西汉文纪》《家语证伪》以及日本的太宰纯本、冈白驹本六个版本之“孔安国序”，可知其间所存异文多系辗转传抄所致，不关乎其真伪判定。考而辨之，序言本身的内容并无不合史实的谬误之处，多有传世文献的记载印证，且与迄今所见的出土文献暗合，个中细节非亲历其事者不能描述，当为西汉孔安国所作。

冯丽娜．基于词频统计的《孔子家语》真伪度分析．黑龙江大学硕士学位论文，2018

【解题】自宋代以来学术界对《孔子家语》真伪问题的探讨一直争论不休，但是近年来部分出土文献的相继问世貌似已经为其“伪书”的“罪名”翻案，其学术价值越来越受到人们的重视和肯定，甚至有学者称其为“孔子研究第一书”。须知，“部分出土文献”“残卷”“不早于唐朝”这一系列客观事实未必能确切证明王肃所注《孔子家语》一定为“真书”。为此，秉持客观评价《孔子家语》真伪的态度，辅以《论语》及《史记·孔子世家》进行对勘，并将图书情报学领域的词频分析方法引入古典文献辨伪学领域，通过词频统计及知识图谱展示的方式将《孔子家语》《论语》《史记·孔子世家》内容以客观、清晰的方式呈现出来，并结合部分定性史料对其进行真伪度辨析，最终揭开《孔子家语》的“真实”面目：《孔子家语》成文体系存在“实伪”“拟伪”和“实真”“拟真”四种可能，其内容上存在50%的伪和50%的真。今按，结论难以成立。

石瑊．真伪与醇疵：《孔子家语》的悬疑．文汇报，2018.2.9

禹菲．王肃《孔子家语》注本作伪新证．哲学研究，2018（10）

【解题】王肃是否“增加”、改编《孔子家语》，是一桩历史公案。本文以《圣证论》中所载王肃学派与郑玄学派的争论为线索，来看王肃学派所依据的《孔子家语》，考辨其与其他文献的关系，发现《孔子家语》抄袭、改编其他文献以“造伪”的重要例证，如伪造《孔子家语·郊问》篇、改编《大戴礼记·本命》篇等。通过比较分析，具体确定了哪些文字是伪造内容。最后又通过清人孙志祖《家语疏证》得以印证。古今一揆，非偶然也。

孔丛子

孟森．臧三耳辨——为《孔丛子》书作伪之证．古史辨第四册，北京：朴社，1933

罗根泽．《孔丛子》探源．古史辨第四册，北京：朴社，1933；诸子考索，北京：人民出版社，1958

黄怀信．《孔丛子》的时代与作者．西北大学学报，1987（1）

【解题】包括《诘墨》在内，《孔丛子》的前十八篇除《小尔雅》外，均应看作孔鲋手笔。其书旧题孔鲋撰，并非伪托，只不过另有后人附益，而且加进了《小尔雅》。《小尔雅》是西汉晚期的作品，而且被作为有机的一篇，说明今书是经后人重编的；既经重编，文字上或有部分改造，也就不无可能。

付亚庶．《孔丛子》伪书辨．东北师范大学学报，1994（5）

【解题】该文从诸家之说中剔出具代表性的几种说法，分别从其立论角度、立论依据、考证方法、古人撰述体例及习惯等几方面进行辨析，为《孔丛子》翻案，以证其不为伪书，以期恢复此书在中国古代文献典籍中应有的地位。

郑良树．论《孔丛子·诘墨》的写作背景及成书时代．诸子著作年代考，北京：北京图书馆出版社，2001

杨军．《孔丛子》考证．苏州科技学院学报，2005（4）

赵东栓，孙少华．《孔丛子》成书旧说及其考察．白城师范学院学报，2005（4）

【解题】《孔丛子》最后编修时间当在魏黄初二年左右为宜，这应当是《孔丛子》的最后成书时间；而孔美当为《连丛子》下的作者及《孔丛子》全书的最后编定者。总之，《孔丛子》的成书并非出于孔氏子孙一人之手，而是历经孔氏历代子孙的编辑或附益。

李健，孙少华．《孔丛子》的真伪问题．渤海大学学报，2005（4）

孙少华．《孔丛子》真伪辨．古典文学知识，2006（6）

【解题】对《孔丛子》一书的真伪问题由来、历代真伪观点进行了整理，但未提出自己的观点。

李新民．东汉孔氏家学及《孔丛子》伪书公案．曲阜师范大学硕士学位论文，2007

孙少华，高洪民．《孔丛子》体现的战国学者品格及其时代性质．内蒙古民族大学学报，2008（6）

【解题】《孔丛子》一书的确带有战国时代的学术特色，其中反映的战国时代的学者皆具有自高、自贵的学术品格，与《孟子》等书的记载是一致的；而“时移世异”观念，应该是前者的特殊外化。这两种学者品格与战国时期的时代特征是一致的。

王钧林．论《孔丛子》的真伪与价值．齐鲁文化研究，2009

【解题】《孔丛子》实际包括《孔丛子》《连丛子》《小尔雅》三部各自独立的书，它们绝不是一位作者所撰，根本就不存在一个全书的作者问题。《孔丛子》和《连丛子》

对于了解从公元前6世纪到公元2世纪二十几代孔子世系的传承与排列，以及孔子世家的特殊继承制度，有着极为重要的史料价值；两书记载的孔子后世子孙的言语行事也有着珍贵的思想价值。

陈以凤．《孔丛子》中孔臧四赋二书的真伪考辨．西华大学学报，2009（6）

【解题】通过考察辨析四赋二书的文本内容和学者提出的"伪据"，认为其为东晋时孔家后人所作之说不能成立，当确为西汉孔臧所作。今按，其说难以成立。

李健胜．从所载子思言行看《孔丛子》的伪书本质——兼说疑古派观点的价值与意义．史学月刊，2010（6）

【解题】《孔丛子》所载子思言行，都系杜撰而来，不能当作信史看待。杜撰此书时，作者也可能有所依凭，但这终不能改变《孔丛子》的伪书本质。今按，其说难以成立。

席慧娟．《孔丛子》真伪诸说考证．文学界，2010（5）

【解题】孔丛子述及孔氏数代子孙言行事迹，其间相隔几百年，在其成书过程中，定有后人不断对其进行编纂、改动和增补，有关学者对其内容的考证也证明其有可靠的先秦史料，同时作为孔氏"家学学案"其记载也基本真实可靠。

卢婧．《孔丛子》作者及其成书过程研究．剑南文学，2012（10）

傅亚庶等．再论《孔丛子》的成书与真伪．兰州学刊，2013（1）

【解题】在梳理《孔丛子》成书年代的基础上，以诸家"伪书"说为对象，分别从其立论角度、立论根据、考证方法、古人撰述习惯及文献流传特点等几方面进行辨析，论证《孔丛子》不伪，此书历代流传，经久不没，实乃为一部思想内容丰富，且具有较高史料价值的传世文献。

晏子春秋

高亨．《晏子春秋》的写作时代．文史述林，北京：中华书局，1980

【解题】运用对勘互比的方法，探究《晏子春秋》与《古文琐语》《墨子》《荀子》《吕氏春秋》的前后关系，认为《晏子春秋》作于战国时期。今按，其说难以成立。

吴则虞．《晏子春秋集释》序言．晏子春秋集释，北京：中华书局，1962

【解题】否定《晏子春秋》为晏子本人所作、墨子门徒假托、六朝人伪造三种观点，认为其成书年代在秦始皇统一六国后一段时间。

吴则虞．试论《晏子春秋》．光明日报，1961.6.9

董治安．与吴则虞先生谈《晏子春秋》的时代．文史哲，1962（2）

【解题】《晏子春秋》成书时代当在秦统一前的战国时期。

金德建．晏子的年代与《晏子春秋》的产生时代．司马迁所见书考，上海：上海人民出版社，1963

【解题】《晏子春秋》成书的时代当在战国中期以后。今按，其说难以成立。

金德建．《晏子春秋》的流传．司马迁所见书考，上海：上海人民出版社，1963

【解题】刘向《校录叙》所说的"定著八篇"以及《汉志》著录的八篇，应当就是今存本的八篇，一线流传下来的，其间并不曾有过亡佚。

陈维德．《晏子春秋》归属问题之商榷．女师专学报，1973（3）

王更生.《晏子春秋》研究.台北：文史哲出版社，1976
陈瑞庚.《晏子春秋》考辨.台北：长安出版社，1980
谭家健.《晏子春秋》简论——兼评《晏子春秋集释前言》.北京师范大学学报，1982（2）

【解题】《晏子春秋》语言风格与《国语》比较接近，没有战国后期的风气，与《墨子》也有相近之处，成书应在《国语》《墨子》之后，《战国策》《韩非子》之前。

马赫.试论《晏子春秋》的成书时代及其在小说史上的地位.邵阳师专学报，1983（3）
徐立.《晏子春秋》略论.西南师院学报，1983（4）
凌迅.晏子与《晏子春秋》.文史知识，1984（12）
吕斌.淳于髡著《晏子春秋》考.齐鲁学刊，1985（1）
涂以楠.《晏子春秋》研究综述.语文导报，1987（11）
骈宇骞.银雀山汉墓竹简《晏子春秋》校释.北京：书目文献出版社，1988
孙绿怡.《晏子春秋》——中国最古老的传说故事集.文史知识，1989（3）
董治安.说《晏子春秋》.先秦文献与先秦文学，济南：齐鲁书社，1994
毛曦等.《晏子春秋》的成书时间与思想特征.人文杂志，1997（6）

【解题】《晏子春秋》成书于西汉，作于西汉初期齐地人或久居齐地之人之手。今按，其说大谬。

吴显庆.《晏子春秋》并非成于西汉初年.黑龙江社会科学，2000（6）

【解题】主要根据以往研究没有运用过的材料，特别是根据银雀山汉墓出土的竹简本《晏子》与今本《晏子春秋》、竹简《孙膑兵法》、汉墓帛书《经法》四篇古佚书、《战国纵横家书》的比较，根据《晏子春秋》自身的时代特征以及它与《左传》和《孟子》的关系来论证，认为《晏子春秋》不是写成于一时，书中多处抄录《左传》的有关资料和文字，吸收孟子的思想，应在战国中后期之间陆续完成，而今本在长期的流传过程中又有相当多的变动和损益，但其主要思想内容、结构形式和多数文字基本未变。

马振方.《晏子春秋》的虚拟成分与文类辨析.国学研究（第18卷），2006

【解题】从时序错位、内容荒诞、有悖晏子人格、彼此抵牾、仿拟之作、夸而无节、悖逆事理七个方面辨析《晏子春秋》虚拟成分，认为全书主体的文类品格应是民间传说与早期小说的集合体，是我国叙事散文最早的积累型作品，其中的晏子不仅是理想化了的文学形象，也是我国小说箭垛式人物之祖。从《晏子春秋》中诸多重复、仿拟和抵牾可知，它不是一人一时之作，自然也就不是个人作伪的产物；在刘向以前，并没有一种全本《晏子春秋》，刘向校录的定本应是各本《晏子春秋》的集大成者；由最早成书至于秦汉的漫长岁月里，为数不少的作者将自己对于晏子的爱戴热忱倾注于文字，甚至将同一人物、同一主题、同一事件或同一传说用大同小异或小同大异的文字一写再写，不厌其烦，居然达于二百多章，这在汉代以前的历史上是仅见的。

郑良树.论《晏子春秋》的编写及成书过程.诸子著作年代考，北京：北京图书馆出版社，2001

【解题】从《晏子春秋》的成书、材料来源多元化、衍生与改写、编订几方面对其编写和成书进行论述，认为此书最早的部分出现于春秋末期，或《左传》成书前的战国初期，由多人多时多地集体参与编写，又经过后人的改写，最终经过刘向整理而成。

延娟芹．《晏子春秋》的成书情况与流传过程．吕梁高等专科学校学报，2002（3）

【解题】《晏子春秋》成书有一个长期积累和演化的过程，到战国中后期基本定型，至刘向校雠整理后，内容始固定下来，汉后各代史志著录篇目不合，乃是由于章数分合不同所致。

杨亚蕾．《晏子春秋》的成书年代．文山师范高等专科学校学报，2004（4）

【解题】从《晏子春秋》的文体渊源出发，对其在文学发展的进程中适当定位，根据其文体特征，运用比较的方法推断出《晏子春秋》的成书年代大约在战国初期稍后、中期以前。

王绪霞．《晏子春秋》成书考论．西北师范大学博士学位论文，2006

【解题】梳理了晏婴生平，大约出生于公元前586年，约卒于公元前507年；很多地方《左传》材料笼统而《晏子春秋》具体，因为《晏子春秋》使用了来自齐国史官的第一手资料，还杂采当时各种书面材料，有大量伪托内容；此书约成于战国中期，编者（淳于髡可能性较大）以齐国史料为基础，杂采当时各种书面材料、口头传说和民间故事，并由编者以伪托晏子与景公、叔向问答的形式，加入大量阐发个人政治理念的材料，又虚构和改造了一些故事性内容，共同构成了汉代刘向校书前《晏子春秋》的面貌。

谢祥娟．从词汇角度看《晏子春秋》的成书年代．中南大学学报，2011（4）

【解题】在考察多部先秦典籍的基础上，通过对《晏子春秋》一书进行全面调查，发现此书中诸如“布衣、诚信、夫子、酣、枯槁、履、身体、声名、树木、睡、学问”等一系列词语具有鲜明的时代特征，即这些词语本身或其某个义项始见于战国中后期，“夫子”一词的用法也与战国中后期文献相符，由此断定《晏子春秋》一书很可能成书于战国中后期。

谢祥娟．《晏子春秋》战国中后期成书说补证——从一组常用词的演变着眼．管子学刊，2011（1）

【解题】通过考察《晏子春秋》中的“酣、履、睡、布衣、诚信、夫子、枯槁、身体、声名、树木、学问”等常用词所体现出的时代特征，支持前人关于《晏子》成书于战国中后期的论断。今按，此文与前文大致相同。

武晓佳．《晏子春秋》考论．山东大学硕士学位论文，2012

车录彬．汉墓竹简本《晏子春秋》文献价值初探．历史档案，2012（1）

刘文斌．再论《晏子春秋》的著作性质．南京师范大学文学院学报，2013（2）

【解题】通过对《晏子春秋》材料逐章分析，发现其材料共来自三个方面——古史、民间传说和编订者自己的思想理念；又通过深入探讨最初人们记录事件、传播人物轶事的动机，论定《晏子春秋》既非“历史小说”，也不是“传说故事集”，而是一部我国最早的独具特色的历史人物传记。

刘文斌．再论《晏子春秋》的著作属性——从《列女传》《新序》《说苑》采录材料的性质说起．沈阳师范大学学报，2013（4）

【解题】《晏子春秋》是“中国最早的独具特色的历史人物传记”，从刘向《列女传》《新序》《说苑》三部著作所采录的《晏子春秋》材料的性质来看，也证明《晏子春秋》是一部由后人搜集，通过大量古史和民间传说材料，反映重要人物生平和历史贡献的人物传记。

郭庆林．《晏子春秋》成书年代再议．新乡学院学报，2013（4）

【解题】《晏子春秋》的成书当在战国中期之前，其年代晚于《国语》，早于《墨子》。

杨明．《晏子春秋》成书、流传及学派归属考论．曲阜师范大学硕士学位论文，2013

袁青．《晏子春秋》是稷下学者所作吗？——兼与赵逵夫等先生商榷．学术界，2015（8）

【解题】“淳于髡作《晏子春秋》”之说是站不住脚的，《晏子春秋》根本就不可能是稷下学者所作的，而是由反对田齐政权的齐学者陆续成书的，最后经过某人或某些人的润色，它后来对以淳于髡为代表的稷下先生产生了一定的影响。

周云钊．《晏子春秋》论．曲阜师范大学博士学位论文，2015

【解题】《晏子春秋》的成书年代，至今有春秋说、春秋末至战国初期说、战国说、秦代说、汉代说、六朝说等，后三种说法认为《晏子春秋》非先秦古籍，汉代说、六朝说更是将其看作伪书。经过学者们的艰苦努力，借助出土文献资料，伪书说已被推翻，其为先秦古籍已成学界主流观点。根据《晏子春秋》成书年代上、下限，以及《晏子春秋》书中所记的建筑制度、词汇语义和思想观念等特征，其成书在春秋末至战国初期。联系时代背景，《晏子春秋》当成书于春秋末期；编纂者有可能是齐国太史子馀，其材料来源于齐史或晏婴家史。到战国时期，以淳于髡为代表的稷下先生们对《晏子春秋》作过加工整理，从而带有他们各自学派的一些痕迹，并搜集民间流传的晏子故事以充实之。至刘向，始去其重复，定著八篇。

苏金侠．《晏子春秋》辨伪方法述评．图书馆理论与实践，2018（3）

【解题】《晏子春秋》是记录春秋时代齐国晏婴言行和思想的一部典籍。文章以古籍辨伪理论为基础，从《晏子春秋》的文本内容、体现的作者思想、与其他古籍的关系和佚文四个方面，介绍了历代学者对《晏子春秋》一书的考辨情况，以期理清学者对《晏子春秋》辨伪过程的来龙去脉。

新语

胡适．陆贾《新语》考．古史辨第四册，北京：朴社，1933

张西堂．陆贾《新语》辨伪．古史辨第四册，北京：朴社，1933

罗根泽．陆贾《新语》考证．学文，1930（1）；古史辨第四册，北京：朴社，1933；诸子考索，北京：人民出版社，1958

孙次舟．论陆贾《新语》的真伪．古史辨第六册，上海：开明书店，1938

金德建．《新语》的流传和产生时代．司马迁所见书考，上海：上海人民出版社，1963

【解题】司马迁所见《新语》片段为今本《新语》所无，可见今本非司马迁所见本。

梁荣茂．陆贾《新语》研究．台湾大学硕士学位论文，1964

徐复观．《新语》的问题．两汉思想史，台北：学生书局，1976；上海：华东师范大学出版社，2001

【解题】在余嘉锡等人的基础上，增补《至德第八》中的一段话，以证明陆贾所言《春秋》之义，确本于《穀梁传》。

苏诚鉴．陆贾《新语》的真伪及其思想倾向．中国古代史论丛，福州：福建人民出版社，1981（1）

【解题】今本《新语》乃经过一再增删窜改的残书，决非陆贾的原著；但就其内容说，则保留了不少陆贾的原意；所以书是原书，事（内容）有真有伪。

贾谊新书

魏建功等．关于贾谊《新书》真伪问题的探索．北京大学学报，1961（5）

徐复观．《新书》的问题．两汉思想史，台北：学生书局，1976；上海：华东师范大学出版社，2001

【解题】在余嘉锡“《新书》非伪”的基础上作补充论证，认为《新书》58 篇全部出自贾谊。

王洲明．《新书》非伪书考．文学遗产，1982（2）

【解题】今本《新书》与古本《新书》当同出于一个系统，当出自贾谊之手。今本《新书》保存了贾谊的绝大部分作品，可以作为研究贾谊的依据。作者通过将《汉书》与《新书》的有关章节对比，发现不少地方《新书》较《汉书》更加详细，并非抄袭《汉书》而成；又从其中所引《诗经》与汉代传诗进行考察，断为汉初作品。

张超．《新书》的真伪及版本．安徽文学，2007（12）

【解题】对《新书》的真伪及版本进行简单的分析，并对《新书》版本的流传和系统进行了辨析。

方明智．贾谊《新书》的真伪考证及其流传情况探究．大众文艺，2011（14）

【解题】采用比较分析法、史论结合法、文献分析等方法，从贾谊《新书》的真伪及版本流传两方面进行探究，认为从汉代到清代一直都在流传，流传中名称时有变化，卷数或篇数各异，归属也不相同，但《新书》的基本内容和架构并无多大变化。

新序

罗根泽．《新序》《说苑》《列女传》不作始于刘向考．图书馆学季刊，1930（1）

蒙传铭．刘向《新序》之重新考察．图书馆学报，1965（7）

梁荣茂．刘向与《新序》之著作问题．孔孟月刊，1971（10）

徐复观．《新序》《说苑》的问题．两汉思想史，台北：学生书局，1976；上海：华东师范大学出版社，2001

【解题】《新序》《说苑》皆为刘向自撰。

张白珩．试论刘向《新序》成书之体例．四川师院学报，1980（3）

王苏凤．刘向《新序》著作性质考辨．河北师范大学学报，2000（3）

【解题】反对“序”非“撰”“著”的观点，认为“序”自有“叙述”“撰述”之意，有别于“整理篇次”，应理解为刘向在综合多种史料基础上，加上自己的见解并进行分类编撰而成。

邢培顺．刘向《新序》《说苑》《列女传》材料来源及加工取舍方式探索．滨州师专学报，2004（1）

贾冬月．刘向《新序》《说苑》《列女传》的小说特征．绥化学院学报，2006（6）

【解题】刘向的三部书处于向小说过渡的阶段，它本身已经初步具备小说的因素，情节完整，人物形象也鲜明，注重人文环境的描写，对后世的小说有很大启发。但是我们同时也应认识到其中的小说因素并不多，并非有意虚构故事，人物性格仅写一个侧面，不够典型，它们还不是严格意义上的小说，所以不能将之冠上“小说”之名。

马振方.《新序》《说苑》之小说考辨.文艺研究，2008（4）

【解题】《新序》与《说苑》大都是传写先秦各国君臣大夫的言行事迹，只有部分内容见诸尚存的史书典籍，更多内容的真实与否较难确定，自觉的虚构之作就更难辨明，因此两书的部分篇章属于早期小说作品，不能笼而统之地谓为史实与传说。

王守亮.《新序》《说苑》《列女传》为刘向编撰——兼谈刘向三书的小说史价值.浙江海洋学院学报，2011（3）

【解题】全面解读《说苑叙录》《汉书》刘向本传和《汉志》著录，认为应是刘向编撰，《论衡·超奇篇》所说刘向“抽列古今，纪著行事……累积篇第”，以及三书收录西汉当代故事，都表明了这一点。刘向三书是唐前规模最大的短篇历史故事集，开魏晋六朝志人小说先河，创立了魏晋六朝小说分门别类的编撰体例和模式，为汉魏六朝小说的发展做出了重要贡献，是古代小说史研究中不应也不能忽略的。

其他

王玉德.论《忠经》的成书年代及与《孝经》之异同.中国典籍与文化，2002（4）

【解题】推测《忠经》成书于宋代，并与《孝经》比较，认为两书在伦理上讲是一致的，在内容上《忠经》较为宽泛，在借鉴价值上也较高。

杨欣.《女孝经》作者及产生时代考.中国俗文化研究，2010

【解题】《女孝经》的内容与《进书表》中所言之册立王妃的情况是完全符合的，其作者应为郑氏无疑；如果永王系玄宗子李璘，则《女孝经》成书于玄宗、肃宗时期应无疑。

王博凯.《忠经》成书时代及相关问题研究.陕西师范大学硕士学位论文，2016

【解题】《忠经》旧题东汉马融撰、郑玄注，是一部系统阐释古代忠德思想的文献。该书宋前公私目录均未著录，明末以后始被学者怀疑是后儒伪作，清代针对该书的成书时代问题展开了一系列探讨，但至今争议仍存。当前学术界对该书的研究多关注其当代社会价值和内容的解读，对其成书时代问题及与该书相关的目录学归属、版本和价值等问题鲜有深入探讨者。鉴于此，本文的研究理路为考证《忠经》一书的成书时代，在前贤研究的基础上从多个视角对其成书时代问题作一考证，提出较为合理的断代依据，纠正当前学界的一些不科学说法，并对当前研究较薄弱的《忠经》的几个相关问题展开探讨。分为上下两篇，上篇考证《忠经》的成书时代。《忠经》的成书时代问题，学术界主要形成三种说法：东汉说、唐代说、宋代说。争论集中于唐、宋两个时期，《忠经》的作者学界亦有分歧，有东汉马融说、唐居士马融说、海鹏说三种看法。通过综合分析认为其书成于宋初的可能性最大。

道家类

老子

张煦.梁任公提诉《老子》时代一案判决书.晨报副刊，1922.3.22—24

【解题】对梁启超《评胡适之中国哲学史大纲》所言《老子》书著于战国之末观点予以反驳，认为梁启超所提出的六点证据不能证明《老子》作于战国。

胡怀琛．《老子》书之真假问题．国学周刊，1923（30）

顾颉刚．论《诗经》经历及《老子》与道家书．古史辨第一册，北京：朴社，1926

张寿林．老子《道德经》出于儒后考．晨报副刊，1927（74）

【解题】征引毕沅、汪中、崔述的成果，和卫聚贤“于”“於”用作介词统计表，断定《老子》作于孔子之后，孟子前后。今按，其说难以成立。

黄方刚．《老子》年代之考证．哲学评论，1928（2）

【解题】根据《孔子家语》《列子》《战国策》《吕氏春秋》《淮南鸿烈》《韩非子》《庄子》所引《老子》语来考察，认为《老子》最迟在庄子生时已传于世，作者是老聃，即老彭，非李耳，长于孔子。

梁启超．论《老子》书作于战国之末．古史辨第四册，北京：朴社，1933

【解题】又名《评胡适〈中国哲学史大纲〉》，文章列出六大疑点，认为老子为战国末人。今按，其说不能成立。

钱穆．关于《老子》成书年代之一种考察．燕京学报，1930（8）；古史辨第四册，北京：朴社，1933

【解题】就《老子》“道”与“名”而论其思想系统，认为庄子言道乃孔、墨与《老子》的过渡，庄子言“名”乃调和儒、墨两家之不同，至《老子》时调和矛盾已非主要任务，故《老子》晚于《庄子》。今按，其说不能成立。

胡适．与钱穆先生论《老子》问题书．清华周刊，1932（9—10）；古史辨第四册，北京：朴社，1933

【解题】针对钱穆《关于〈老子〉成书年代之一种考察》一文，认为思想线索不可靠，以此得出《老子》晚出之论亦非完全可靠。

顾颉刚．从《吕氏春秋》推测《老子》之成书年代．史学年报，1932（4）；古史辨第四册，北京：朴社，1933

【解题】《吕氏春秋》内容与《老子》有很多相似之处，但没有引用《老子》痕迹，因此《吕氏春秋》著作时代，还没有今本《老子》，其成书当在《吕氏春秋》与《淮南子》之间；《老子》提出的一些理论皆有针对性，如“绝仁弃义”应在儒家仁义理论之后，老聃应是战国中叶之人。今按，此说不能成立。

张荫麟．《老子》的年代问题．古史辨第四册，北京：朴社，1933

【解题】《老子》写作时间在《淮南子》之后，但老学产生于庄子、孟子之前，老学的创始人以老聃之名写的《道德经》已经亡于秦火。今按，此说不能成立。

胡适．与冯友兰先生论《老子》问题书．古史辨第四册，北京：朴社，1933

【解题】反对冯友兰老子晚出之说，并对其提出的三个证据一一反驳。

罗根泽．老子及《老子》书的问题．古史辨第四册，北京：朴社，1933

【解题】证老子即太史儋，误老莱子为老子乃张守节之误；除“兵者不祥之器”为注文窜入，其他皆为老子作。

武内义雄．《老子》原始．先秦经籍考，上海：商务印书馆，1933

【解题】《老子》乃魏晋以后作品。今按，此说大谬。

张觉人．《老子》年代考．学艺，1933（8—9）
高亨．《史记·老子传》笺证．北强，1934（1）；古史辨第六册，上海：开明书店，1938
高亨．《史记·老子传》笺证．北强，1934（2）；古史辨第六册，上海：开明书店，1938

【解题】老子为楚人，名耳，字聃，姓李氏，孔子问礼于老聃乃真事，《老子》为老聃作，老聃与老莱子、太史儋皆非一人，太史儋为老子后代。

叶青．从方法上评《老子》考．文化建设，1935（6）；古史辨第六册，上海：开明书店，1938
李源澄．论《老子》非晚出书并质钱宾四先生．制言，1936（8）
罗根泽．再论老子及《老子》书的问题．古史辨第六册，上海：开明书店，1938

【解题】老子即太史儋，在孔子后百余年，《老子》为太史儋所著。今按，此说不能成立。

罗根泽．历代学者考证《老子》年代的总成绩．古史辨第六册，上海：开明书店，1938

【解题】梳理了历来关于《老子》年代的考辨观点。

孙次舟．跋《古史辨》第四册并论老子之有无．古史辨第六册，上海：开明书店，1938

【解题】否定老子存在过，认为乃庄周之徒捏造，现行的《老子》书为传庄学者假托。今按，此说大谬。

胡适．评论近人考据老子年代的方法．古史辨第六册，上海：开明书店，1938

【解题】评近人考据《老子》的方法，将其证据分为两类，一是从思想系统和思想线索上，一是从文字、术语、文体上，并且针对顾颉刚的考据方法专门论述其不合理。

冯友兰．读《评论近人考据老子年代的方法》答胡适之先生．古史辨第六册，上海：开明书店，1938

【解题】此文为对胡适《评论近人考据老子年代的方法》的答辩，认为“一件一件不充分的证据，合起来成了一个系统，就成一个很强有力的证据”。今按，其说不能成立。

马叙伦．辨《老子》非战国后期之作品．古史辨第六册，上海：开明书店，1938

【解题】《老子》非战国后期作品：一是列子问学关尹子，列子与子产同时；二是《庄子》《战国策》等引《老子》文；三是文体上《老子》与《易》《诗》《论语》类似。

钱穆．再论《老子》成书年代．古史辨第六册，上海：开明书店，1938

【解题】通过《老子》对政治社会所提出的各种理论推测，此书似乎是战国晚期的作品。今按，此说不能成立。

张福庆．对钱穆先生“从文章的体裁和修辞上考察《老子》成书年代”的意见．古史辨第六册，上海：开明书店，1938
熊伟．从先秦学术思想变迁大势观测老子的年代．古史辨第六册，上海：开明书店，1938
唐兰．老子时代新考．古史辨第六册，上海：开明书店，1938

【解题】老聃与孔子同时，《道德经》为老聃遗言，但成书在战国时期，约在《墨子》《孟子》撰成之时。今按，其说难以成立。

刘坦．老子《道德经》作于周国考．东方杂志，1938（8）
张默生．老子传及老子书的问题．文化先锋，1943（20）
陈贵兼．老子其人与其书．中原月刊，1944（3）

金兆梓．《老子》辨伪．学艺，1947（1—3）
张一庵．《老子》作者为李耳论证．新中华，1947（13）
周绍贤．老子的生平及《老子》书的问题．大陆杂志，1954（7）
金景芳．老子的年代和思想．史学集刊，1956（2）
钱穆．《老子》书晚出补正．民主评论（香港），1957（9）
严灵峰．辨《老子》书不后于《庄子》书．大陆杂志，1957（9—11）
钱穆．老子的年代问题．中华日报，1957. 12. 24
钱穆．再论《老子》成书年代．庄老通论，香港：新亚研究所，1957

【解题】列举十证以证《老子》后于《庄子》。今按，其结论不能成立。

钱穆．三论《老子》书之年代．人生，1960（10）
徐复观．有关老子其人其书的再检讨．东海学报，1961（1）
金德建．论老子年代问题与老子书问题．司马迁所见书考，上海：上海人民出版社，1963

【解题】老子是战国中期的人，大约在庄周以前，年纪比庄周稍微大几岁。老聃与太史儋是为一人，老莱子是另外一个人，他著书十五篇，与老聃无涉。今按，其说不能成立。

李弘祺．《道德经》的成书年代．出版月刊，1967（25）
劳思光．《老子》其书．中国哲学史，香港：中文大学崇基学院，1971
谢秀文．从《老子》韵推证《老子》成书之时代．建设，1975（1）
詹剑峰．老子其人及其道论．武汉：湖北人民出版社，1982
何先．探索与创新：读詹剑峰著《老子其人及其道论》．华中师院学报，1984（5）
吴光．老子其人其书刍议．人文杂志，1984（5）
段景莲．老子人与《老子》书在孟子之后吗．社会科学论坛，1994（4）
陈鼓应．论《老子》晚出说在考证方法上常见的谬误——兼论《列子》非伪书．道家文化研究（第4辑），上海：上海古籍出版社，1994

【解题】该文就《老子》的辨伪方法提出自己看法，认为有逻辑思维错误，又加上意识形态影响，导致考证的谬误；并认为《列子》亦非伪书，乃先秦作品。

刘笑敢．《老子》早出说之新证．道家文化研究（第4辑），上海：上海古籍出版社，1994
李学勤．申论《老子》的年代．道家文化研究（第6辑），上海：上海古籍出版社，1995

【解题】提出战国秦汉简帛材料的证据，老子长于孔子，《老子》之书先成之说可靠。今按，是也。

尹振环．《老子》作为《尚书》的继续．中国文化研究，1997（3）

【解题】《老子》主要是言治道，把《尚书》与《老子》作一比较，即可看出两者之相通，及后者对前者的继承、改造、发挥；作者推测《老子》是《尚书》的春秋部分，只是它没有可献之君，也未经君王认可，故而只能流传民间。

冯广宏．以“主线法”重论老子时代．中华文化论坛，1997（3）
刘笑敢等．一条断定《老子》年代问题的新途径．黄淮学刊，1998（4）

【解题】断定《老子》年代的方法是建立在对已知时代的著作的语法和韵律结构的比较基础上，该文通过深入细致的比较研究，发现《老子》中的一些韵文段落的韵律形式和韵律风格与春秋时代末期的《诗经》相似，而不与战国中期的《楚辞》相似，这为断定《老子》的产生年代找到了一条新途径。

郭沂．从郭店楚简《老子》看老子其人其书．哲学研究，1998（7）

【解题】简本《老子》是一部完整的《老子》传本，虽然只有今本的五分之二；简本内容皆见于今本，这说明今本将简本悉数纳入。《老子》奠基者是李耳老聃，总其成者是太史儋；楚简《老子》出于老聃，帛书、今本《老子》出于太史儋。今按，其说难以成立。

徐洪兴．疑古与信古——从郭店竹简本《老子》出土回顾本世纪关于老子其人其书的争论．复旦学报，1999（1）

【解题】就1993年10月在湖北荆门郭店出土的战国中期楚墓竹简中甲、乙、丙三组《老子》抄本，结合1973年冬在湖南长沙马王堆出土的帛书《老子》，对20世纪二三十年代在“古史辨”思潮影响下，学术界关于老子其人其书的时代、真伪等问题展开的那场聚讼，进行了回顾与反思。论述了聚讼的缘起、过程；论辩双方的立场、观点；以及由于地下出土新资料而引出的新结论。最后，文章总结了一些研究方法上的经验教训：(一) 在对古代历史和文化进行研究时，盲目信古固然不足取，但疑古太甚同样有害；“古史辨派”在其研究中，往往是“大胆怀疑”有余，而“小心求证”不足，武断片面的地方颇多，由此造成了不少“冤假错案”。(二) 在哲学史、思想史研究中，不能为了构建自己的解释体系而牺牲历史事实；仅仅根据自己一厢情愿的理解，来解释哲学的历史或思想的历史，尽管或可把自己的解释体系说圆说通了，但其代价却是把历史说歪了。

高晨阳．郭店楚简《老子》的真相及其与今本《老子》的关系——与郭沂先生商讨．中国哲学史，1999（3）

【解题】在简本与今本关系上，存在着与郭文所说的全然不同的另一种可能性：今本《老子》属春秋末期的作品，为老聃所著；简本源于今本，是一个选编本。简本确实是至今所见到的有关《老子》的最古老的资料，文字也有优于今本之处，它可以弥补今本的某些不足，仅此而已。

解光宇．郭店竹简《老子》研究综述．学术界，1999（5）

尹振环．楚简与帛书《老子》的作者和时代印记考．学术月刊，2000（4）

【解题】《老子》非作于一人，出于一时，非道家一本大杂脍书，而是出于思想巨人之宏篇巨著，为其奠基者是李耳老聃，总其成的是太史儋。作者先从20世纪二三十年代之“早出说”与“晚出说”谈起，认为各有所见有所蔽，惟独司马迁既见于早出又似乎见于晚出，即肯定了老聃又未否定太史儋；之后又列六证以证其简本非节选本，列九证讨论简帛本认识上的渐进性、过程性、时代性。今按，其说难以成立。

陈广忠．从简、帛用韵比较论《老子》的作者——与郭沂商榷．安徽大学学报，2000（4）

【解题】郭店竹简和马王堆帛书《老子》，用韵完全相同，同为一人所作；把简、帛《老子》说成是老子、太史儋所作，是没有任何根据的。

郑良树．《金人铭》与《老子》．诸子著作年代考，北京：北京图书馆出版社，2001

【解题】该文考定《老子》与《金人铭》文字相同之处，认为贵柔思想已经见于《金人铭》，《老子》不但引用《金人铭》，还推崇《金人铭》为教父、圣人。今按，其说难以成立。

熊铁基，刘筱红．论二十世纪二三十年代老子年代争论背后的思想分歧．三峡大学学报，2001（5）

【解题】旨在揭示20世纪二三十年代关于老子其人其书的年代疑案的争论背后所关涉的思想分歧。在当时特定的时代背景下，关于老子其人其书的年代问题，表面上看是一个史实的考证，深层次中却透露了不同的文化理想，其间既有文化自由主义者为打破儒学独尊专制文化局面的努力，也有文化保守主义者为维护中国文化传统、坚守中国文化本位的主张的论争，还有唯物史观反对文化专制主义的斗争。

孙以楷．今本《老子》的作者是太史儋吗．学术界，2002（1）

【解题】老子学说的基本范畴道、无、有、自然和基本命题"道生万物""道法自然"，在简本、今本中是一致的，简本、今本的著作权应都属于老子。即使今本《老子》对简本《老子》有所增益，但也没有任何理由剥夺老子的著作权把它交给一个毫不相干的纵横家阴谋权术之士太史儋。

聂中庆．《老子》其书作者刍议．江汉大学学报，2003（1）

【解题】老子并非姓李名耳，《老子》作者为春秋末的老聃，老莱子、太史儋与《老子》一书并无干系；郭沂提出的楚简《老子》作者是老聃，今本《老子》的作者是太史儋的观点难以成立。

孙海辉．《史记·老子列传》中的老子世系考辨．管子学刊，2003（4）

【解题】根据《史记·老子列传》中的老子世系并结合先秦及汉代史料，不能推导出太史儋为老子的结论。老子世系并非为太史儋所有，即使太史儋确实是五千言《老子》的作者。

孙以楷．太史儋与《老子》无关——与郭沂先生商榷．安徽大学学报，2003（4）

【解题】第一部分对郭沂所提出的太史儋作今本《老子》的证据一一予以辨析否定；第二部分探讨了《老子》书的演变，以太史儋之前文献中出现的属于今本《老子》中的文字证明今本《老子》非太史儋所为；最后一部分以李水海对今本《老子》中楚语考证为据，坐实今本《老子》决非周人太史儋所能为。

孙以楷．也谈郭店竹简《老子》与老子公案——与郭沂先生商榷．学术界，2004（2）

【解题】针对郭沂先生竹简《老子》作者是老聃，今本《老子》作者是太史儋的观点和简本《老子》未曾被盗是足本→简本《老子》与今本《老子》在理论上有根本差别→简本《老子》与今本《老子》作者不是一人的逻辑思路，提出了完全相反的看法，认为：简本《老子》可能被盗→简本《老子》是节选本→简本《老子》与今本《老子》的理论没有根本差别→简本、今本的作者都是老聃。

陆建华．读《〈老子〉非成于一时，作于一人之自证》有感——兼为孙以楷先生一辩．学术界，2006（2）

【解题】对尹振环证明简本《老子》非节选本、《老子》不是成于一时一人的二十六条证据提出疑义，在此基础上，说明简本《老子》是残本，《老子》的作者是老子（老聃）。

陈文采．"老子年代"问题在民初（1919—1936）论辩过程的分析研究．台南科大学报，2007（26）

伏俊琏，王晓鹃．《老子》的作者及其成书时代．求是学刊，2008（2）

【解题】《老子》非一人一时一地写成，是经过后学多次补充、加工、阐释、整理而成；《老子》最初由老聃口述大义，其后学整理成最早的传本，老莱子和太史儋是在流传过程中的整理和再次加工阐释者；《老子》初稿成于春秋末，最后写定在战国末或汉初；李耳是汉人对老聃的另一称谓。今按，其说难以成立。

喻几凡．老子不是李耳——老子考辨之一．湘潭大学学报，2008（2）

【解题】无论是从李姓起源的时间与由来、先秦称人名书之例以及《老子传》中所载李耳与孔子后裔代数的差距来看，还是从先秦主要典籍中都无有关李耳的记载，更无老子、李耳互见的文献来看，都可以肯定，老子并不是李耳。

喻几凡．老莱子即老子——老子考辨之三．求索，2009（5）

【解题】无论是从其人其书称谓的所以然、孔子对他的评价和先秦旧籍中所引他与老子的言论对照来看，还是从其著作的内容、特征和应有的价值与亡佚的可能性原因来分析，都可以得出同样的结论：他就是老子，老莱子只是其自号，而老子则为他人尊称，先是并行，后被误分；其书则因版本差异而分行，后在增益本大行的情况下亡佚。今按，其说难以成立。

陈博．老子及其著述辨伪．唐都学刊，2009（1）

喻几凡．汪中《老子考异》是非辨——老子考辨之四．湘潭大学学报，2013（3）

【解题】针对清人汪中的《老子考异》提出的“关于孔子问礼的是老聃；为关尹著书的是太史儋；家于苦县，也曾教过孔子，并且也曾被称为老子的是老莱子；三人之间并没有联系”的三疑五证，认为其三疑并不难作出解释，而其五证则有得有失，并不能成为定论，同时也并非完全没有可取之处。

庄子

顾颉刚．论《庄子》真伪书．古史辨第一册，北京：朴社，1926

周闻章．《庄子·天下篇》之管见．文学丛刊，1929（1）

王先进．庄子考证．励学，1933（1）

孙道升．《庄子·天下篇》的作者问题．正风半月刊，1935（16）

包笠山．《庄子·天下篇》研究．青年学术研究会季刊，1935（2）

罗根泽．庄子外杂编探源．燕京学报，1936（19）；诸子考索，北京：人民出版社，1958

叶国庆．庄子研究．上海：商务印书馆，1936

傅斯年．谁是《齐物论》之作者．中央研究院历史语言研究所集刊（第六本），1936

【解题】《齐物论》的作者是慎到，其论据为王应麟以为“齐物论”应为“齐‘物论’”，《天下篇》谓彭田慎“齐万物以为首”，《史记》说“慎到著十二论”。

胡芝薪．庄子考证．文学年报，1937（3）

罗倬汉．《庄子·天下篇》作于荀子后考．语言文学专刊，1940（1）

王利器．庄子三十三篇本成立之时代．真理杂志，1944（3）；现代学报，1947（6—7）

孔令谷．庄子年代的试探．新中华，1946（23）

李衍隆．庄子著作之分期及其师承．新中华，1948（5）

王昌祉．《庄子·天下篇》作者及其评庄老优势．大陆杂志，1960（12）

任继愈．《庄子》探源——老子探源之二．哲学研究，1961（2）

【解题】《内篇》不代表庄周思想，而是汉初后期庄学的作品，主要依据为司马迁所肯定的《庄子》篇目都不在《内篇》。

关锋．《庄子》外杂篇初探．哲学研究，1961（2）

【解题】内七篇是庄子作品，外、杂篇是战国至汉初这个时期的、汉人称为“道家”的一部总集，其中有一部分是庄子后学所作，有的是老子后学左派之作，有的是杨朱后学之作，也有宋尹后学之作，也有混入的与“道家”毫不相干的作品。

冯友兰．论庄子．人民日报，1961. 2. 26

【解题】研究庄子哲学应打破内、外、杂篇成见，以《逍遥游》《齐物论》为主，延及外、杂篇中与这两篇观念相似的，都是庄子的思想，其他的则是庄子后学或道家别派的思想。

杨荣国．庄子思想探微．哲学研究，1961（3）

徐复观．老子思想的发展与落实——庄子的“心”．中国人性论史·先秦篇，台北：中央书局，1963；上海：上海三联书店，2001

【解题】第一节“与《庄子》有关的问题”论及《庄子》真伪。

严灵峰．论《庄子·天下篇》非庄周自作．大陆杂志，1963（1—3）

杨庆仪．《庄子》三十三篇真伪问题．台湾大学硕士学位论文，1964

夏靳．《庄子》三十三篇本成立之时代．大陆杂志，1965（11）

严灵峰．再论《天下篇》非庄周自作．大陆杂志，1972（5）

余嘉锡．《庄子》“内外篇”寓名凿解．“国立编译馆”馆刊，1977（1）

张恒寿．论《庄子·天下篇》的作者和时代．中国哲学第四辑，北京：三联书店，1980

刘笑敢．《庄子》内篇早于外杂篇之新证．文史，1983（18）

【解题】以古汉语先有单音词再有复合词为据，内篇只出现单音词，外、杂篇使用了复合词，由此认为内篇为庄周所作，外、杂篇晚出。

程宜山．关于庄子的著作．中国哲学史论丛第一辑，福州：福建人民出版社，1984

刘笑敢．《庄子》成书年代考．中国哲学史研究，1984（4）

王发国．从《吕氏春秋》《韩非子》等书推测《庄子》之成书年代．西南民族学院学报，1986（3）

【解题】不管是内篇、外篇还是杂篇，其编写年代都应在《吕氏春秋》《韩非子》之前，而有的篇章更在《荀子》之前。

刘笑敢．庄子哲学及其演变．北京：中国社会科学出版社，1988

王景琳．《庄子》内篇孔、颜形象考论——兼谈《庄子》的成书时间．孔子研究，1991（3）

崔大华．《庄子》考论．庄子研究，北京：人民出版社，1992

李仁群．关于《老子》和《庄子》的结构与成书．安徽大学学报，1993（1）

朱锋．《庄子》真伪的考论与思想系统的划分．复旦学报，1995（5）；北方论丛，1996（6）

【解题】有关庄学研究的争论大多囿于对《庄子》文本真伪的考论，从古代司马迁与苏轼到现代任继愈，以内篇为庄子自著，外、杂篇为后学所著的观点的对立，再到刘笑敢的统计法对传统考据法的更新，都说明了他们是带着“先见”去着手考据的，这种带有主观性的考据不能作为庄子思想研究的起点，《庄子》思想研究应从文本出发。作者从文本中的矛盾入手划分出四个思想系统，并以此作为切入点对这些思想系统进行研究，避免了庄学研究中因考证结论的不同而引出的《庄子》思想研究的争论。

王葆玹．试论郭店楚简的抄写时间与《庄子》的撰作时代——兼论郭店与包山楚墓的时代问题．哲学研究，1999（4）

【解题】郭店楚简抄录了《庄子·胠箧》已是可以肯定的，而《胠箧》在外、杂诸篇当中又为时较晚，则抄写者一定是处于《庄子》外、杂篇初期流行的时期。进而考订《胠箧》当作于齐襄王“有齐国”或白起拔郢之后，齐襄王中期以前，是公元前278年至公元前274年的作品；早于《胠箧》的内七篇当撰于齐襄王元年以前，完成于齐宣王、湣王的时期，其为齐湣王时期作品的可能性应是最大的；外、杂篇的绝大多数，时代应与《胠箧》接近，都作于齐襄王时期；外、杂篇中也有些为时较晚，如《盗跖篇》提到周武王“后世绝灭”，则不得早于秦昭襄王五十二年（前255）。文章还由郭店楚简《老子》甲本的“绝智弃辩”“绝伪弃诈”，到通行本《老子》的“绝圣弃智”“绝仁弃义”，对孔子和儒家的态度的变化，联想到《庄子》内篇对孔子持温和态度，而外、杂篇激烈反孔，认为内篇应代表庄周本人的思想立场，外、杂篇当是庄周后学者的手笔。

王运生．《庄子·天下篇》的真伪及学术价值．昆明师范高等专科学校学报，2000（3）

【解题】根据《庄子·天下》篇本身所表现出来的不批评儒家学派、批评墨家学派却持儒家观点而非道家观点、自我批评说明庄子思想实质、置身老子一派等疑窦，断言《天下》篇不是庄子作品，应是后人伪作。但也肯定它在论述先秦学术方面的历史价值，并就其论道的观点加以讨论。

王玉哲．评傅斯年先生《谁是〈齐物论〉之作者》．古史集林，北京：中华书局，2002

廖群．庄子与老子关系的新审视——以《庄子·内篇》和简本《老子》为据．理论学刊，2005（11）

【解题】《内篇》作者庄子之所以不称引《老子》，并非没有见过《老子》书，而是他并不以老子为师。通过对照简本《老子》和《庄子·内篇》认为庄子吸收了《老子》书中的一些基本概念，但在许多方面都对《老子》有所超越，或迥异于《老子》，庄子是独立不倚的思想家。今按，其说难以成立。

马振方．《庄子》“寓言”辨析．国学研究（第20卷），2007

【解题】现存《庄子》三十三篇既非一人之作，也非一时之作，旨趣与形式也多种多样。其中《说剑》和《渔父》，都是全篇自成一体、首尾完整的单一叙事，自觉虚构性与非寓言性显而易见，是地道的寓意小说。

康庆．二十世纪关于《庄子》作者的考论．辽宁行政学院学报，2007（6）

简光明．《庄子》辨伪始于韩愈说之检讨．诸子学刊，2011（1）

聂麟枭，聂中庆．《庄子·让王》篇形成年代考略．西部学刊，2015（5）

【解题】考察《让王》篇发现其中大部分文字又重出于《吕氏春秋》，认为是《让王》篇袭自《吕氏春秋》，由此推断《让王》篇形成的年代不会早于《吕览》形成的年代。今按，其说难以成立。

庄子注、庄子序

王利器．今本《庄子》郭象序非出子玄所撰考．图书季刊，1947（3—4）
严灵峰．为郭象《庄子注》辩诬．中央时报，1968. 9. 26
黄锦鋐．关于《庄子》向秀注与郭象注．淡江学报，1970（9）
王利器．《庄子》郭象序的真伪问题．哲学研究，1978（9）
余敦康．关于《庄子》郭象序的真伪问题．哲学研究，1979（2）
韦政通．向郭注庄的疑案．中国思想史．台北：大林出版社，1979
胡江源．论向秀、郭象两家《庄子注》的关系．成都大学学报，1981（2）
杨明照．郭象《庄子注》是否窃自向秀检讨．燕京学报，1940（28）
王晓毅．从郭象《庄子注》看《庄子序》的真伪问题．文史，2002（4）
黄圣平．所谓《庄子》郭象《序》作者辨正．中国哲学史，2003（2）
李耀南．难"《庄子序》非郭象所作说"——兼与王晓毅和黄圣平二位先生商兑．中国哲学史，2005（2）
韩国良．也谈《庄子序》的真伪问题——兼论郭象"独化论"在当时缺乏回应的原因．咸阳师范学院学报，2007（3）
姜龙翔．郭象《庄子序》真伪问题续探．国文学报，2010（48）

【解题】在《宋会要辑稿》所载北宋初年对郭象《庄子序》真伪存废的一段争论记录，并从序文与注文思想要点上的不同基础上，借由比较《庄子序》最后一段文字与《世说新语》注引戴逵《竹林七贤论》评向秀之语之间的异同，论证今本《庄子序》乃脱胎于戴逵之文字，从而得出《庄子序》当为东晋晚期之后的作品，并非郭象所作之结论。

李耀南．难"《庄子序》非郭象所作"说．华中国学，2015（1）

【解题】王利器据《宋会安辑稿》的一条记载否定《庄子序》为郭象所作。王晓毅和黄圣平分别在《文史》和《中国哲学史》上撰文，或将史料与学理相结合，或专就学理分析以证《庄子序》非郭象所作。然就已有的史料否定《庄子序》为郭象所作，其根据殊不充分；就学理而言，《庄子序》与郭象的《庄子注》并未存在二文所指出的那些矛盾。故此郭象是为《庄子序》的作者，这一点依然无法否定。

列子

马叙伦．《列子》伪书考．国故，1919（1—3）；古史辨第四册，北京：朴社，1933
陈旦．《列子·杨朱篇》伪书新证．国学丛刊，1924（1）
陈文波．伪造《列子》者之一证．清华学报，1924（1）；古史辨第四册，北京：朴社，1933
刘清于．《列子》伪书考．沪江大学月刊，1930（2）
武内义雄．《列子》冤词．先秦经籍考，上海：商务印书馆，1931
陈鲁成．《列子》考伪．沪江大学月刊，1934（1—2）
汪儒静．《列子》伪书考．中央日报，1947. 11. 7
施之勉．《列子》非晋人伪作．东方杂志，1948（2）

岑仲勉．《列子》非晋人伪作．东方杂志，1948（1）
杨伯峻．从汉语史的角度来鉴定中国古籍写作年代的一个实例——《列子》著述年代考．新建设，1956（94）
岑仲勉．再论《列子》的真伪．安徽大学学报，1957（1）
季羡林．列子与佛典．中印文化关系史论丛，北京：人民出版社，1957；季羡林学术论著自选集，北京：北京师院出版社，1991
严灵峰．《列子新书》辨惑——辨《列子》书不后于《庄子》书．大陆杂志，1959（11—12）．
朱守亮．《列子》辨伪．台湾师范大学国文研究所集刊（第6辑），1962
徐复观．道家支派及其末流的心性思想．中国人性论史·先秦篇，台北：中央书局，1963；上海：上海三联书店，2001

【解题】第二节“杨朱及《列子》中的《杨朱篇》”论及《列子》真伪，认为《列子》为秦汉之际治黄老者所纂辑而成，其中有先秦的材料，也有汉初的材料。

陈玉台．《列子》一书之真伪及其思想考述．学粹，1973（2）
杨伯峻．列子集释．北京：中华书局，1979

【解题】该书附录有关辨伪的章目录于下：

（十六）陈三立《读列子》

（十七）梁启超《古书真伪及其年代》（摘抄）

（十八）马叙伦《列子伪书考》（节录）

［附］日本武义内雄《列子冤词》（节录）

（十九）顾实《汉书艺文志讲疏》（摘抄）

（二十）吕思勉《列子解题》

（二十一）刘汝霖《周秦诸子考》（摘抄）

（二十二）陈旦“列子杨朱篇”伪书新证（节录）

（二十三）陈文波伪造“列子”者之一证（节录）

（二十四）杨伯峻“列子”著述年代考

刘禾．从语言的运用上看《列子》是伪书的补证．东北师大学报，1980（3）
陈连庆．《列子》与佛教的因袭关系．社会科学战线，1981（1）
振亚．从语言的运用角度对《列子》是托古伪书的论证．四平师院学报，1982（2）
严灵峰．《列子》辨诬及其中心思想．台北：时报文化出版事业有限公司，1983
严北溟，严捷．《列子》真伪及其思想价值平议．中华文史论丛，1985（2）
牟钟鉴．对《列子》再考辨与再评价．文史哲，1986（5）

【解题】《列子》是魏晋人所托，含有先秦古《列子》及秦汉的若干思想资料，而思想体系是属于魏晋时期的，并对多年来的《列子》研究存在的问题进行了阐述。

罗漫．《列子》不伪和当代辨伪学的新思维．贵州社会科学，1989（2）
周绍贤．《列子》探微．台北：文津出版社，1990
马达．火浣布·皇子·魏文帝——兼论《列子》非魏晋人所作．衡阳师专学报，1990（5）

【解题】《列子·汤问篇》末章有关于火浣布的记载，最早出于《周书》；《列子》

和《博物志》所记都本于《周书》，西晋的张华和东晋的张湛都看到过这部《周书》。此外，记载火浣布的古籍还有很多，其中特别引起学术界注意的是《搜神记》《抱朴子》《颜氏家训》，不断有人将其与《汤问》篇末章对照比附，定《列子》为后出伪书。其实，《汤问》篇言火浣布，不但不能像俞正燮所说的那样，推知"《列子》晋人王浮、葛洪以后书也"，恰恰相反，只能由此证明《列子》确是战国时人所作。

许抗生．《列子》考辨．道家文化研究（第1辑），上海：上海古籍出版社，1992

王强模．《列子》及作者考略．贵州师范大学学报，1993（2）

严灵峰．《列子》辩诬及其中心思想．台北：文史哲出版社，1994

马达．《列子》"辨伪文字辑略"匡正．衡阳师专学报，1995（2）

【解题】对有关《列子》一书的"辨伪文字辑略"的唐宋元明部分，根据柳宗元、朱熹、高似孙、叶大庆、黄震及宋濂的论述，逐一予以匡正，从而得出《列子》并非伪书的结论。今按，其说难以成立。

马振亚．《列子》中关于称数法的运用——兼论《列子》的成书年代．东北师大学报，1995（2）

马达．魏文不信火浣布《列子》真伪．常州工业技术学院学报，1995（3）

【解题】魏文帝不信火浣布事，根本不是事实，《列子·汤问篇》言火浣布，不但不能推知《列子》是魏晋人所作的伪书，恰恰相反，只能由此证明《列子》确是战国时人所作。今按，其说难以成立。

马振亚．从词的运用上揭示《列子》伪书的真面目．吉林大学社会科学学报，1995（6）

【解题】从汉语史及词汇角度来考察，认为《列子》中出现的"兰""住""憾"三个字所使用的词义，实乃晋代以后才出现的词义，足证《列子》乃东晋的伪作，而非先秦典籍。

胡家聪．从刘向的叙录看《列子》并非伪书．道家文化研究（第6辑），上海：上海古籍出版社，1995

陈广忠．为张湛辩诬——《列子》非伪书考之一．道家文化研究（第10辑），上海：上海古籍出版社，1996

陈广忠．列子三辨——《列子》非伪书考之二．道家文化研究（第10辑），上海：上海古籍出版社，1996

陈广忠．从古词语看《列子》非伪——《列子》非伪书考之三．道家文化研究（第10辑），上海：上海古籍出版社，1996

马达．从汉语史的角度论《列子》非魏晋人所伪作（下）．枣庄师范专科学校学报，1996（4）

【解题】从汉语史的角度鉴定中国古籍的真伪及其写作年代，只能在一定范围、一定程度上使用，滥用这种方法是不可靠的，甚至是有害的。以上二文对杨伯峻《从汉语史的角度来鉴定中国古籍写作年代的一个实例——〈列子〉著述年代考》一文所举证明"除掉得出《列子》是魏晋人的赝品以外，不可能有别的结论"的五例逐一加以检核，认为这五例都是错误的，其结论也是不能成立的；反而通过核检，从反面有力地证明了《列子》决不是魏晋人所伪作而是先秦古籍。

马达．论《列子》非张湛所伪作．湖南教育学院学报，1997（1）

【解题】《列子》一书从南宋开始就有人怀疑是伪书，近现代学者多认为它是魏晋人所伪造，主张是张湛伪造者尤多。作者从四个方面（张湛误注《列子》；张湛不懂《列子》中的某些词义与典故；张湛纠正《列子》中的用字；张湛对《列子》原文有质疑与批判）推断其非湛伪造，进而认为《列子》可能不是伪书。

马达．《列子》与《周易乾凿度》——马叙伦《列子伪书考》匡正之一．常州工业技术学院学报，1997（1）

【解题】张湛活动的东晋时期，纬书的地位虽然不如东汉时那样显赫，但仍然受到尊崇。张湛还没有认识到《周易乾凿度》是托名孔子的伪书，认为书中托名孔子的话都是圣训。孔子先于列子，张湛就据此认为《周易乾凿度》先于《列子》了。所以他说《天瑞篇》“昔者圣人因阴阳以统天地”，“此一章全是《周易乾凿度》也”。他没有想到纬书会大量伪造孔子的话，更没有想到《周易乾凿度》会剿窃《列子》，并把列子的话说成是孔子的话。因此，张湛此注不仅不能证明《天瑞篇》抄袭《周易乾凿度》，反而可以看出张湛决非《列子》的伪造者，他注《列子》是非常慎重、严谨的。

马达．论《列子》书先于《吕氏春秋》——马叙伦《列子伪书考》匡正之一．张家口师专学报，1997（2）

【解题】通过对《列子》与《吕氏春秋》基本相同、一部分相同、只是极少部分相同者，实事求是地逐一进行比较研究之后，匡正马叙伦《列子伪书考》认为《列子》是魏晋以来好事之徒聚敛了包括《吕氏春秋》在内的诸家之言而成这一论点，得出《列子》书先于《吕氏春秋》的结论。

马达．论《列子》书先于《淮南子》——马叙伦《列子伪书考》匡正之一．常州工业技术学院学报，1997（3）

【解题】《列子》先于《淮南子》，《列子》确系先秦著作；张湛《列子序》中说《淮南子》“多称其言”，是完全符合事实的；马叙伦《列子伪书考》认为《列子》是魏晋以来好事之徒聚敛了包括《淮南子》在内的诸家之言而成的伪作的论断，只是毫无根据的臆说。

马达．张湛《列子注》与《列子》在义理上的矛盾．北方工业大学学报，1997（4）

【解题】将张湛《列子注》与《列子》原文加以对照，发现张湛在《列子注》中所体现的思想与《列子》原文的思想差别很大，有的注文与原文没有丝毫关系甚至截然相反。张湛《列子注》与《列子》原文在义理上即在思想上有这样大的矛盾，这是《列子》书不是张湛所伪造的内证。

马达．“儒生之名”与“颜渊之寿”考异——马叙伦《列子伪书考》匡正二题．张家口师专学报，1998（1）

【解题】马叙伦《列子伪书考》对《列子》一书提出二十条质疑以确证其伪书，而作者认为这二十条都经不起历史文献和事实的检验，并对“儒生之名”和“颜渊之寿”两条进行匡正。

谭家健．《列子》书中的先秦诸子．管子学刊，1998（2）

张永言．从词汇史看《列子》的撰写时代——为祝贺季羡林先生八十华诞作．语文学论集（增补本），北京：语文出版社，1999

胡家聪．《列子》是早期的道家黄老学著作——兼论稷下黄老学之兴起高潮．管子学刊，

1999（4）

马达．刘向《列子叙录》非伪作．河南大学学报，2000（1）

【解题】清以前无人怀疑过刘向《列子叙录》为伪作，康熙年间姚际恒怀疑《列子叙录》非刘向所作，以后持此观点的还有马叙伦、顾实、吕思勉、陈旦。经作者一一考证，认为以上五家的怀疑，或是只凭想当然的猜测，或是以偏概全，攻其一点，不计其余，其理由皆不能成立。结论：刘向的《列子叙录》绝非伪作。

马达．从寓言文学史的角度论证《列子》非魏晋人伪作．常州工业技术学院学报，2000（3）

【解题】《列子》一书主要由寓言组成，魏晋时代没有哪一位作家或玄学家能写出列子寓言，魏晋时代不可能出现列子寓言，也就是说，魏晋时代没有哪一位作家或玄学家能够伪造出《列子》。从寓言文学发展史的角度看，《列子》只能是战国时代的作品，绝对不可能是魏晋时代的作品。

郑良树．从重文的关系论《列子·黄帝》的流传．诸子著作年代考，北京：北京图书馆出版社，2001

【解题】该文认为《黄帝》在《庄子》之前，已以单篇的形式流传开来，为士林所共见，也许它是《列子》八篇中最早的一篇。

郑良树．论《列子·汤问》的成篇时代．诸子著作年代考，北京：北京图书馆出版社，2001

【解题】《列子·汤问》篇除第十七段“火浣布”疑为张湛临时抄入以足篇幅之外，其他十六段都应是战国末、西汉初的文字。

郑良树．从重文的关系论《列子·说符》的流传．诸子著作年代考，北京：北京图书馆出版社，2001

【解题】《列子·说符》的下限最迟应该是西汉早期《淮南子》写作的时代。

郑良树．《列子》真伪考述评．诸子著作年代考，北京：北京图书馆出版社，2001

【解题】《列子》真伪及成书时代的复杂，过去的辨伪方法无法细致地、周全地应付，因而引起莫大的争议，而得到的结论也分歧特大；晚近数十年来，由于地下材料的出土，使我们对古籍的资料来源及成书过程有更深一层的认识，因而启发了我们对古书真伪、成书年代考订方法的更新。《列子》篇章各有特色，恐非出于一手，不能因一两处或一两篇就判定全书为伪；在研究其成书时代时，应该以篇为单位，逐章逐篇地分析和研究，并逐章逐篇地作判断，才能缩窄争议，得出比较公允的结论。

郑良树．《列子》成书时代研究管窥．诸子著作年代考，北京：北京图书馆出版社，2001

【解题】《列子》一书固然有后人附入的材料，却也保存了至少是刘向定本前的文字，甚至更原始的材料。古籍的编集及流传是一个很复杂的过程，像《列子》这样的奇书，经过时人的“污染”，又经过张府多人的整理，其复杂更是意料中事。根据书内几个词语的用法就判定全书为伪，与过去学者根据书中几个问题就否决全书实在没有差别，随着越来越多的地下材料的出土，这种以偏概全的考证方法，越来越无法令人信服。个别篇章及个别段落的考虑，应该是探讨《列子》及其他古籍真伪课题的上策。今按，此论甚正大。

郑良树．从成书过程论古籍真伪的考订——以《列子》为例．王叔岷先生学术成就与薪

传研讨会论文，2001
权光镐. 从语言文字方面看《列子》真伪问题——对《列子》是魏晋人伪作观点的质疑. 山西大学学报，2002（4）

【解题】《列子》基本上是一部先秦著作，杨伯峻《从汉语史的角度来鉴定中国古籍写作年代的一个实例———〈列子〉著述年代考》列举“数十年来”“舞”“都”“所以”“不如”五个语词，就因此断定《列子》是魏晋人的伪作，这种观点是不正确的。

管宗昌.《列子》中无佛家思想——《列子》非伪书证据之一. 大连民族学院学报，2004（2）

【解题】大胆质疑《列子》伪书说，分析伪书说的一些重要论据，指出其诸多纰谬，认为《列子》与佛教并无关系，《列子》中无佛家思想。

管宗昌等.《列子》研究综述. 大连民族学院学报，2006（2）

【解题】对《列子》研究的形式、阶段和特点进行了全面的总结考察，并试图指出《列子》在未来的研究方向：对伪书应该有全新的认识，不必视为洪水猛兽，全盘否定的方式是不可取的；伪书只是我们对古籍的一种界定，即便是伪书也是古籍，它承载着古籍的价值，在这一层面上，我们完全可以进行正常的研究和利用；对于《列子》思想和价值的开掘完全可以打开思路，暂且不顾虑其真伪问题，在研究的过程中充分开掘材料的价值，通过对文本的深入研究把握《列子》的时代、思想承继、与其他史料的参照等基本问题，这也无疑是进行考辨最具说服力的证据。

管宗昌.《列子》伪书说述评. 古籍整理研究学刊，2006（5）

【解题】“《列子》伪书”诸说的证据大体上可以分为两大类：一是从与《列子》的外围入手考察其时代背景、创作流传，二是从《列子》的文本入手考察其文句、用语、具体名物制度等。该文爬梳了历代伪书说立论的最为重要的七个环节性问题（一、今传《列子叙录》中列子的年代有疑问；二、太史公不为列子立传；三、《列子》书中表现了不可能出现于先秦时代的佛家思想；四、《列子》中出现了晚于列子的人物；五、《列子》剽窃了其他古籍；六、对刘向《列子叙录》的怀疑；七、对张湛注前序文表示怀疑），认为许多伪书说论者存在先入为主的态度，在某一观念下有选择的寻找“证据”，牵强附会，缺乏系统深入地论证和具体的论据，很多结论往往是感受性的或者是直接得出的；在方法上也存在越级思维、自相矛盾、偷换概念、循环论证等一系列问题。总之，对于古籍的考辨在态度上要平实，在方法上要严密，在论证上要周备，在论断上要谨慎，这样才能真正得出合理的结论，才能还古籍以本来的面目。此外，对伪书也应该有全新的认识，打开思路、灵活地、最大限度地开掘古籍的价值。

李彬源.《列子》考辨三题. 福建师范大学硕士学位论文，2006
张永言. 从词汇史看《列子》的撰写时代. 汉语史学报（第6辑），上海：上海教育出版社，2006

【解题】从汉语词汇史的角度，就《列子》在用字、用词上的某些特殊现象，特别是书中所见晚汉魏晋时期的新词新义，进行探讨，来补充前人关于《列子》是出于晋人之手的伪书的论证。

郑良树. 论近世古籍真伪学的两个趋势——以《列子》为例. 南方学院学报，2006（2）
吴万和. 从中古汉语词汇语法现象看《列子》是托古伪书. 江西省语言学会2007年年会

论文集，2007

程水金，冯一鸣．《列子》考辨述评与《列子》伪书新证．中国哲学史，2007（2）

【解题】今本《列子》既非成书于先秦，亦非《汉志》著录之旧，实乃东晋张湛所伪造。今按，难以自圆其说。

李春艳．列子其人其书真伪之我见．白城师范学院学报，2008（1）

【解题】列子属于先秦诸子中的道家，崇尚清虚无为，顺性体道。其书在汉初盛行，汉武帝“独尊儒术”而散落民间，西汉末刘向校理群书时，将其整理定著八篇，因其学说在当时影响不大而散佚。今本《列子》因晋人张湛注得以流传于后世，辗转流传中杂有魏晋人增补的成分，因此引发后人对其书的真伪之辨。其书在内容上以先秦《列子》原书为本，保存着许多已经亡佚的珍贵史料，又含有魏晋的哲学思潮，使得其书兼具先秦及魏晋的双重思想价值。

安东．刘向《列子叙录》真伪考辨．井冈山学院学报，2009（2）

【解题】学界对张湛注《列子》所附《列子叙录》存有质疑，认为非刘向所作，是后世伪造。该文对历代质疑进行一番考辨后认为，流传至今的《列子叙录》确实出自刘向之手。

陈亚琳．谈《列子》为魏晋时伪书．安徽文学，2009（6）

【解题】在《列子》中发现了一些晚汉魏晋时期的新词新义，为张永言《从词汇史看〈列子〉的撰写时代》考察的词语补充例证。

吴万和．从词汇语法角度考辨《列子》伪书实质．江西师范大学硕士学位论文，2009

王东．从词汇角度看《列子》的成书时代补证．古汉语研究，2009（1）

【解题】从词汇的角度论证《列子》中有一些晚汉魏晋时期的词语，如“空中”“倒错”“阳光”“百口”“慰喻（谕）”“设令”，证实《列子》为晋人伪作。

马振方．《列子》寓意文体辨析．北京大学学报，2009（5）

【解题】虽然《列子》作伪的论证实例虽多，却都只能证明其局部之伪，迄今还无法证明全书都是魏晋人的伪造，因为：（1）《汉书·艺文志》道家类载《列子》八篇，张湛注的《列子》是否保有《汉志》旧篇，谁也无法断言。（2）由于张湛对其所注《列子》既有不解，又有反驳，从而基本排除了注者自作的可能性；而张序所述《列子》系由三家书凑合而成就属可信，这就大大增加了真伪混杂的可能性。（3）《列子》全书135章，除去辨伪者指出的很大一部分出于《庄子》等魏晋以前之书，还有大半不与现存的他书重复、雷同者，它们既可能是魏晋人的作伪，也可能出自先秦两汉已佚之书，还可能是《汉志》所载《列子》的旧篇，更可能是其中二者或三者兼而有之。由于《列子》真伪问题有其自身的复杂性，论辩至今还在继续，辨伪与辩诬很难达成共识和结论。该文研讨《列子》叙事之文的诸种文体，在明确寓意小品、寓意小说与寓言区别的基础上，辨析三者特别是前两者的具体文本和多种形式，以明了《列子》非古寓言集，乃继《庄子》之后又一部含蕴多种寓意文学之子书，与《庄子》构成我国早期寓意文学的双璧。

王东．从词汇角度看《列子》的成书时代再补证．许昌学院学报，2010（4）

【解题】《列子》是晋人的伪作，然而从语言史的角度提供的证据仍显不足。作者从词汇的角度考论可知书中有“播迁”“弥广”“不可称计”“毙”“清贞”“乞儿”“不可胜言”“儿童”“消灭”等晚汉魏晋时期的词语，为前贤的观点补充一些论据。

杨孟晟．从《列子》天人观念看其思想所属时代．文教资料，2010（31）

【解题】《列子》的哲学观念不同于魏晋玄学家，更近于早期的原始道家；从其天人观基本倾向来看，《列子》一书的思想渊源很古老，与后世的思想观念不相符合；今本《列子》一书文气简劲宏妙，思想首尾一贯，自成一家之言，不是后人所能凭空伪造。

徐曼曼，王毅力．从词汇史看《列子》的成书年代补略．西南交通大学学报，2011（2）

【解题】对《列子》"播迁""放生""附（抚）膺""孩抱""积年""解颜""居产""难色""穷毒""邻居""呻呼""施为""晓悟""意虑""稚齿""经涉"等16个中古时期的新兴词语进行考察，结果证明《列子》成书于东汉以降、魏晋时期。

刘林鹰．《列子》抄袭佛经论三个硬据之驳议．文史博览，2011（4）

【解题】《列子》抄袭佛经论的三个硬据（即偃师木人例、后箭射中前箭例、赵简子"放生"例）皆不能作为证据而成立，因此不能以《列子》抄袭佛经为据而推断《列子》之为伪作。

左福生．内观、自忘、安时与纵欲：《列子》求乐释忧的四种范式——兼论《列子》一书的真伪问题．重庆师范大学学报，2012（3）

【解题】在构筑无忧无闷的人生之境问题上，《列子》给出的内观、自忘、安时与纵欲四种范式，对比儒家重人伦、守道义的求乐思想，其求乐释忧的方式显得旷达而近于理想化，与老庄虚无保真思想近于一路。这四种范式互为表里、彼此呼应，在本质上呈现精神旨趣的一致性和哲学思理的逻辑性，因此《列子》一书的思想主体来源于列子，而乐生观便是贯穿其思想体系的一条红线。

刘佩德．列子学研究．华东师范大学博士学位论文，2013

巩玲玲．从年龄称数法探微《列子》的真伪．齐齐哈尔大学学报，2013（2）

【解题】运用定量分析的方法，对《列子》一书中十五例年龄称数法进行归纳、总结，并与先秦时期汉语中的年龄称数法及《世说新语》中年龄的称数法进行比较，在前人基础上，补证《列子》非先秦作品而是魏晋之人托古。

姚怡君．民国《列子》"伪书说"之探究．写作，2016（7）

【解题】民国对《列子》的研究主要集中在真伪考辨上，学界普遍认为它是魏晋人伪托之书。本文将从"伪书"的定义出发，探讨《列子》真伪考在民国兴盛的原因；并认为《列子》"伪书说"需重新审视，以及我们后代要正确认识《列子》的古书价值。

范子烨．"机关木人"与"愚公移山"：季羡林《列子》成书于西晋说续貂．中国文化，2016（1）

冯广宏．《列子》真伪疑辨．文史杂志，2016（2）

周书灿．再论中国古典学重建问题——以列子时代考订与《列子》八篇真伪之辨为例．浙江社会科学，2017（8）

【解题】1935年5月冯友兰陆续阐发的"信古、疑古、释古"说，曾在中国学术界引发长期的争议，并直接影响到20世纪90年代以来中国古典学理论的建构。从中国学术史上有关列子时代考订和《列子》八篇的真伪之辨，可以清晰地看出，除了明清民国时期，存在极端疑古的不良倾向外，总体而论，从信中有疑到考而后疑与考而后信两种倾向并存，"信"与"疑"始终没有呈现出绝对的分离状态。简单地将"信"和"疑"对立起来，注定很难准确揭示出纷繁复杂的古史、古书的历史实际，自然也很难谈到在真实可信的史料基础上进行古典学重建问题。新时期学术界关于浙大简、清华简、北大简真伪的激烈论辨，为新时期中国古典学的重建问题提出一极有价值的启示：对古史古书的审查，是重建古典学的基础，不对新旧史料进行科学的“澄滤”，曲解与割裂信古、疑古、释古之间的关系，必会将中国古典学重建引向新的误区。

刘群栋．从《文选》李善注看《列子》并非伪书．中州学刊，2018（10）

【解题】《列子》是先秦道家典籍，是列子门人记录列子思想的著作。《列子》在流传过程中经过后人整理附益，增加了一些晚出的内容，因而导致部分学者怀疑《列子》是伪书，“伪书说”者多认为魏晋人作伪。从《文选》李善注引用《列子》条目来看，《列子》在两汉魏晋直至南朝宋齐梁期间一直流传有序，西汉、东汉、曹魏、西晋、东晋很多作家都曾引用过《列子》，其中尤以张衡、曹植、嵇康、左思、张协、潘岳、陆机引用次数较多。结论：从西汉到东晋《列子》一直流传有序，魏晋间有人作伪之说难以成立。《列子》既然不是伪书，其价值和地位也应该重新评价。今按，此种思路值得肯定。

刘固盛等．老学史中的杨朱思想——兼论《列子》书非伪．湖南大学学报，2018（1）

道德指归论

严灵峰．辨严遵《道德指归论》非伪书．大陆杂志，1964（4）

王利器．道藏本《道德真经指归》提要．中国哲学（第4辑），北京：三联书店，1980

郑良树．从帛书老子论严遵《道德指归论》之真伪．文字学研究（第10辑），北京：中华书局，1982

郑良树．论严遵及其《道德指归》．老子论集，台北：世界书局，1983

严灵峰．严遵《老子指归》中总序与说目的真伪问题．大陆杂志，1982（2）

李学勤．严遵《指归》考辨．历史文献研究（北京新6辑），北京：北京师范大学出版社，1995；古代文献丛论，上海：上海远东出版社，1996

【解题】严遵《指归》一书原非注体，另有其《老子注》二卷，亡于陈、隋之际。《指归》十四卷，谷神子注本不单计序文，为十三卷；此书北宋尚全，南宋初已甚罕见。至南宋晚年，前六卷已佚，有人据残本加以“说目”“总序”；明代又有人将缺去末卷之本改为一至六卷，又伪续“说目”注文为“谷神子序”，可称是残本的残本。

樊波成．《老子指归》当为严遵《老子章句》——严遵《老子注》的发现以及《老子指归》的性质．中国典籍与文化，2013（1）

樊波成．道藏本《老子指归》序、目真伪重探——兼论西汉严遵本《老子》的上下经次序．文献，2014（2）

严一钦．《老子指归》的伪书问题．通化师范学院学报，2015（1）

【解题】《老子指归》的作者旧题为严遵。自从明清以来，常有学者认为现存《老子指归》是伪书。在综合前人研究的基础上，逐条详细辨析前代学者指出该书是伪书的论点，最后得出前人指证该书是伪书的论点是不能成立的结论。另外，还试图从思想文化以及《老子指归》上下篇顺序的角度，旁证现存《老子指归》作者当为严遵。

文子

诸祖耿．文子考．苏中校刊，1934（95—97，99）

祖耿．文子篇目考．振华季刊，1934（3）
唐兰．马王堆出土《老子》乙本卷前古佚书的研究．考古学报，1975（1）
艾力农．《文子》其书．光明日报，1982.5.22
江世荣．先秦道家言论集、《老子》古注之一——《文子》述略．文史，1983（18）
吴光．文子新考．河北师院学报，1984（2）；古书考辨集，台北：允晨文化实业股份有限公司，1989
李定生，徐慧君．论文子．《文子要诠》卷首，上海：复旦大学出版社，1988
卢仁龙．《文子》其书．文史知识，1989（2）
王三峡．《文子》韵读所显示的方言时代特点．荆州师专学报，1993（1）
李定生．《文子》非伪书考．道家文化研究（第5辑），上海：上海古籍出版社，1994
李学勤．帛书《道原》研究．马王堆汉墓研究文集，长沙：湖南出版社，1994
李学勤．《老子》与八角廊简《文子》．中国哲学史，1995（3—4）
河北省文物研究所定州汉简整理小组．定州西汉中山怀王墓竹简《文子》释文．文物，1995（12）
河北省文物研究所定州汉简整理小组．定州西汉中山怀王墓竹简《文子》校勘记．文物，1995（12）
河北省文物研究所定州汉简整理小组．定州西汉中山怀王墓竹简《文子》的整理和意义．文物，1995（12）
李学勤．试论八角廊简《文子》．文物，1996（1）
张岱年．试谈《文子》的年代与思想．张岱年全集（第7册），石家庄：河北人民出版社，1996
陈广忠．今本“文子”抄袭论——竹简《文子》研究之二．学术研究，1996（7）
张杰等．《文子》古今本成书年代考．管子学刊，1997（4）
谭家健．《文子》成书时代琐议．长沙电力学院学报，1998（2）

【解题】《文子》的主体部分在战国后期已成书，是道家后学托名文子而作。从思想体系和文化背景看，该书以“道”为核心而又承认仁义道德，对“道”的解释当在黄老帛书《道宗》之后，《淮南子·宗道训》之前，其君权起源论继承《墨子》《管子》，影响《淮南子》；其著作体裁属于语录加问对，当在孟子之后，荀子韩非子之前；今传本补充修改了竹简本，当在东汉之后，定稿可能要到六朝。

张丰乾．试论竹简《文子》与今本《文子》的关系——兼为《淮南子》正名．中国社会科学，1998（2）

【解题】竹简《文子》与今本《文子》以及它们与《淮南子》的关系问题，涉及先秦和两汉两个时代的哲学格局，不得不察。竹简《文子》的出土证明《文子》原书当出于战国后期，或者更晚；今本《文子》确有来源，但二者从形式到内容相去甚远，不可混为一谈。对比二者的异同，不难发现今本必晚出于竹简本，且今本的出现不会早于东汉前期，《淮南子》不可能抄袭今本《文子》，它和竹简《文子》也没有多少直接联系；古本《文子》在流传过程中散佚严重，是后人大量抄袭《淮南子》以做补充，而非《淮南子》抄袭《文子》。搞清这些问题是进一步研究《文子》的基础，我们固不能疑古过勇，但也不要轻言某书是“先秦古籍”或“西汉已有”，“走出疑古时代”的脚步应坚实一些。

张丰乾．关于“韩非读过《文子》”及其他．管子学刊，1999（4）

朱大星．试论敦煌本《文子》诸写本之写作时代及其价值．文献，2001（2）

王慕湘，张固也．也谈《文子》竹简本与传世本的关系．古籍研究，2002（2）

宁镇疆．从出土材料再论《文子》及相关问题．华东师范大学学报，2002（2）

【解题】利用新出土的文献材料，从引《老子》、用《老子》的角度，论证古本《文子》当成书于公元前300年到公元前233年。今本《文子》与《老子》的关系，可用“两次抄袭”的模型来解释：在早期，是《淮南子》抄袭《文子》（古本）；而后来，倒是《文子》（今本）抄袭《淮南子》。《文子》传《老子》绝不是单向的接受，而是双向的“互相发明”：一方面是《文子》在引《老子》、用《老子》，另一方面《老子》本文在流传的过程中，也因《文子》的影响而发生着改变。

王三峡．从竹简《文子》看“传本”《文子》．武汉大学学报，2002（5）

【解题】竹简《文子》四次称引的“传曰”，当指早于竹简的“传本”《文子》。“传本”《文子》与今本《文子》经说体部分有着一致性。“传本”《文子》的撰作时代约在战国中期前后，广泛流行于战国晚期至西汉中期。九篇本《文子》是“传本”《文子》与竹简《文子》的合编本。

朱大星．《文子》敦煌本与竹简本、今本关系考论．敦煌研究，2003（2）

【解题】通过比较敦煌本、竹简本、今本《文子》的异同，并结合有关史籍加以考察，认为《文子》一书经历了相当长的演变过程，三种版本之间有密切联系，敦煌本是竹简本向今本演变的过渡本。

王三峡．竹简《文子》新探．孔子研究，2003（2）

【解题】《文子》残简四次称引“传曰”，当指早于竹简的传本《文子》。传本《文子》与今本《文子》非问答体部分有着一致性。《越绝书》《淮南子》所称引的“传”正是指传本《文子》。九篇本《文子》即由传本《文子》和竹简问答体《文子》汇编而来，今本《文子》乃是承袭九篇本而来。今本《文子》与《淮南子》互见部分有共同来源，即传本《文子》。

葛刚岩．由出土竹简《文子》看今本《文子》的成书祖本．古籍整理研究学刊，2004（1）

【解题】通过比较《文子》今本与简本之间的差异以及对今本中不见于简本文字来源的考索，从三个方面论定今本《文子》确是据一种残本《文子》增补而成。

葛刚岩．《文子》成书及其思想．西北师范大学博士学位论文，2004

葛刚岩．韩非子读过《文子》吗？——兼谈《文子》的成书与流传．图书与情报，2004（6）

【解题】从多个方面对《韩非子·内储说》中一条关于“文子”的载录加以辨析，认为《韩非子·内储说》中的“文子”应是人名而非书名，此文子的身份也难以确认，更不能依此为据而断言战国后期的韩非子曾经读过《文子》。

徐文武．《文子》在楚国成书的新线索．江汉论坛，2005（3）

【解题】从竹简本《文子》中找到与文子对话的“平王”为楚平王的新内证，为《文子》在楚国传播和增益的情形找到了新的线索。根据这些新的证据可以得出结论：

《文子》一书的作者为与楚平王同时的楚人，《文子》成书后在战国产生广泛影响并被增益。

刘群栋．《文子》成书研究．郑州大学硕士学位论文，2007

刘群栋．《文子》撰作年代考．中州学刊，2007（6）

【解题】以竹简本为代表的古本《文子》成书在汉初以前，大约在公元前4世纪中期至公元前3世纪初之前（前350—前300）。竹简本《文子》中对"仁义"的态度符合早期《老子》的态度，《文子》中的"仁义""圣智"等思想与郭店楚简中的《老子》思想一致。《文子》的体裁特征与《论语》相似，从文体发展史上看，其成书年代应与《论语》接近，而在《孟子》之前。竹简本《文子》所引用的《老子》版本早于汉初流行的帛书本，与郭店楚简《老子》比较接近。这些都充分说明，《文子》的最早成书年代不会晚于郭店楚简下葬的年代，即不晚于公元前4世纪中期至公元前3世纪初。

王艳，郑杰文．竹简本《文子》成书年代再考．管子学刊，2008（2）

【解题】对简本《文子》中运用的称谓用语的考证，可知其书成书年代上限在齐平王时期；从对简本《文子》文本本身的考证，可知其书成书年代的下限在秦前；从简本《文子》与甲本《老子》的对照，可知其书是《老子》在政治上的运用发展。简本《文子》与《黄帝四经》《淮南子》《吕氏春秋》之间的关系是黄老学派兴盛的标志；而在齐平王和秦之间，《文子》已有两种版本的流传。

孟鸥．《文子》新探．山东大学博士学位论文，2011

刘群栋．传世本《文子》成书年代考．语文知识，2011（3）

【解题】传世本《文子》的定本时间在汉以后至东晋时期，其中的问答体部分在竹简本中能找到对应文字，论说体部分也并非汉以后人所伪作或添加，而是有比较早的可靠来源，很多内容应该是西汉之前本来就有的。后来的加工者主要是把问答体中文子和平王的问答变成了文子和老子的问答，把论说体中大部分"文子曰"改为"老子曰"。至迟在东晋张湛注《文子》的时代，《文子》已经是今天的传世本模样，而且竹简本到传世本的转变已经基本定型。

高新华．文子其人考．文史哲，2012（4）

【解题】近代以来有学者认为文子可能是文种。鉴于文种与计然在言语、思想、行事以及时代、地缘、人物关系等方面的诸多相似，其思想与后来的黄老之学可谓丝丝入扣、无不相合，推断文种与计然是一个人，亦即《文子》一书依托的对象。今按，其说难以成立。

黄湛．竹简《文子》年代考、五兵说及0198号竹简研究．大众文艺，2012（15）

苏晓威．《文子》与《淮南子》关系再认识——以《文子》古文书写系统为中心．中国国家博物馆馆刊，2013（1）

【解题】今本《文子》某些文字仍保留着古文写法，如壄、是、眎等，而同样写法的字在《淮南子》中，则未曾见到。即便是《文子》误作的"害众"二字，仍有可能是后人不识古文"周鼎"的写法转写致误。同时，汉人识读、转写古文的能力极为薄弱，不太可能仍然用古文创作或书写《文子》，所以今本《文子》一书当在秦始皇统一文字之前已经出现。

王廷洽．《文子》作者考证．上海师范大学学报，2014（2）

【解题】探讨了《文子》自身的信息，如战国后期的时代语言、文物制度等，以及它与《庄子》的关系问题，认为《文子》成书于《庄子》之后，作者是著名的战国四公子之一的孟尝君田文，田文在《战国策》《韩非子》等书籍中确实被称为文子。

韩文涛．竹简《文子》新探．西藏民族学院硕士学位论文，2014

张彦龙．《文子》考．社会科学论坛，2014（3）

【解题】考证了文子其人、今本《文子》真伪、简本《文子》的年代以及今本《文子》与简本《文子》的关系等一些重要问题，认为今本《文子》可以作为研究文子思想的主要依据。

苏晓威．《文子》与《淮南子》关系再认识——以其与《淮南子》相同故事内容的研究为中心．中国典籍与文化，2015（4）

【解题】今本《文子》中的叙述性语句在《淮南子》里为故事型材料，这些故事型材料存在着对话者的时代不一、史实张冠李戴、文字不准确等错误；同样见于二者的语句，也见于先秦其他古书，并非只有这两书中才能见到；由此可知，今本《文子》不是抄袭《淮南子》而成书那么简单。

姜李勤．再辩《文子》与《淮南》——由文本解析推测抄袭关系．荆楚学术，2017（4）

【解题】传世本《文子》大半篇幅与《淮南子》雷同，但核心观点的阐述有明确的分歧乃至互为否定，若以文本传抄的客观因素解释，实在勉为其难，真实情形或为对某一底本的改造与发挥。依据文本解析的方法，考察此类明确的主观因素使然的文本差异，可以对两文本的关联提出逻辑层面的支持，并且有助于认识思想的演化与发展历程，而纯粹的考据学方法往往将此类差异概括为客观因素，如此则对思想演变的议题视而不见。

白奚．《文子》的成书年代问题——由“太一”概念引发的思考．社会科学，2018（8）

【解题】根据“太一”概念在先秦诸子书中的流变情况及其涉及的问题，论证《文子》当成书于战国晚期。“太一”在较早的道家文献中主要是一个表示终极存在的哲学概念，在《文子》中则转为主要应用于政治问题，并与最成功的“帝者”相匹配，是为“帝者体太一”。战国中期以来流行的士人争当王者师友的情况，在《文子》中已不复存在，反映了战国晚期君主专制的强化和士人政治地位下降的历史事实。

关亚婷．今本《文子》抄袭《淮南子》手法探析．华中师范大学硕士学位论文，2018

【解题】今本《文子》和《淮南子》都是古代重要的文献。因两本书的相似程度很高，加之《文子》的作者和著作时间不明，古今本篇数不同，因此历来被认为是一本伪书，并且众多学者都认为《文子》抄袭了《淮南子》。20世纪70年代，河北定州八角廊汉墓出土了竹简《文子》，有些学者由此断定《文子》非伪书而是先秦古书。但在1995年竹简《文子》释文公布后又引起了戏剧性变化。竹简《文子》与今本《文子》相同重合的只有九章内容，其他大部分不相同，并且大多也不见于《淮南子》。这又引起学者对《文子》和《淮南子》的关系问题的大讨论。目前学界有三种观点：多数学者认为《文子》抄袭了《淮南子》（其中陈广忠的论文直接以《今本〈文子〉抄袭论》为题），部分学者认为《淮南子》抄袭了《文子》，还有部分学者认为《文子》与《淮南子》只是因为有共同的思想来源，并不存在相互抄袭问题，是各自独立存在的。但这两书相同或相似文字达三万余字，其间必有相互抄袭的关系，故后一种貌似通达的新说最不可信。前两种说法主要都是依据两书对应文字的比较分析，而结论却各执一词，针锋相对，说明文字比较的方法本身存在缺陷，没有绝对的说服力。张固也对竹简《文子》加以复原，证明竹简本就是《汉志》九篇的完本，刘向之前不存在与《淮南子》有大量对应文字的今本《文子》，并以《从竹简〈文子〉看今本的伪造手法》为题，对这一问题作出论述。参考陈广忠的"《文子》抄袭"说和张固也"今本的伪造手法"说，进一步对今本《文子》抄袭《淮南子》的手法作一探析。首先将两个文本的篇目进行对比。《文子》共12篇，《淮南子》有21篇，最后一篇为《要略》，即对全书的总结，实际内容为20篇。通过列表直观地观察《文子》的各章所对应《淮南子》的篇目以及对应情况，归纳其各篇的抄袭规律。中心部分从相似或对应的章节、段落、语句出发，寻找其抄袭手法。通过统计《文子》章节所对应的《淮南子》同一篇目的内容、相似段落的整理改造、相似语句的改动，并列举相关的例子加以说明，归纳出《文子》抄袭《淮南子》的手法主要有：删除事例，保留叙述句；将对话形式改编为说理性叙述；将具体人名虚化为概括性名称；语句多用辞赋骈俪风格；句式力求简练，语句言简意赅等。附带从思想史角度指出，今本《文子》不见于《淮南子》的资料才是《文子》本书思想的精髓，反映了《文子》与《淮南子》不同的思想。虽然今本《文子》作为一本伪书，是因袭《淮南子》而成，但是其作为东汉以来重要道家文献，并在唐代成为道家四大经典之一，仍然是不容忽视的道家思想文献。今按，此说难以成立。

鹖冠子

王叔岷．书《鹖冠子》后．中央日报，1945.2.11

林政华．何以要辨别书的真伪——以《鹖冠子》的作伪动机为例．幼狮，1973（2）

张金诚．《鹖冠子》笺疏．师大国文研究所集刊，1975（19）

李学勤．马王堆帛书与《鹖冠子》．江汉考古，1983（2）

【解题】鹖冠子为楚人，庞援（或作煖）的老师，其书为道家学派之作，以黄老刑名为本，又重视阴阳术数、兵家等学，马王堆帛书证实了《鹖冠子》的可信性。

吴光．《鹖冠子》非伪书考辨．浙江学刊，1983（4）；古书考辨集，台北：允晨文化实业股份有限公司，1989

曹旅宁．《鹖冠子》述评．青海师范大学学报，1988（4）

高伯正．鹖冠子当是战国时人——兼指新《辞源》一误．中医药学报，1988（5）

孙以楷．鹖冠子淮河西楚人考．安徽大学学报，2001（4）

【解题】鹖冠子，战国末期道家学者，隐居不仕，著有《鹖冠子》一书；《汉志》及历代学者都说他是楚人，当代学者还从《鹖冠子》与《黄帝四经》文字的比较证明他是楚人。进一步从《鹖冠子》与《庄子》的比较，鹖冠子与弟子庞煖的关系、鹖冠子的鸟、鸠图腾意识论证鹖冠子是西楚淮南人。

徐文武．鹖冠子籍贯与生平事迹考略．南通大学学报，2005（2）

【解题】从《鹖冠子》一书的文本内部可以找到诸多鹖冠子为楚人的证据，由此否定了鹖冠子为赵人一说；又从《鹖冠子》涉及的相关史实，推断《鹖冠子》的最后成书应该是在楚迁都寿春之后（前241）、被秦国灭亡（前223）之前。终其一生，鹖冠子早年研究军事，随着楚国政治的没落和国力的衰竭，他选择了弃武学道的道路，后来成为道家的著名学者。

潘俊杰．《鹖冠子》为先秦杂家著作考．延安大学学报，2007（3）

【解题】虽然吕思勉、李学勤、吴光、孙以楷等已确证《鹖冠子》非伪书，但也并非如许多学者所言为黄老著作，而应该是先秦杂家的著作。对《鹖冠子》的重新定位研究，对于认识战国秦汉之际南北文化的交流、中国哲学以及整个文化思想学术的发展，都有极其重要的意义和价值。

杨兆贵．鹖冠子其人与其思想新探．管子学刊，2008（3）

【解题】从现存资料很难证明鹖冠子必定是楚人或是赵人，但他和赵、楚、秦、齐诸国的思想文化有密切的关系，生活在战国晚前期；他的弟子是庞煖，而非庞焕，庞煖与庞焕并非同一人；他的思想虽属于黄老学，但兼容儒、法、阴阳、兵诸家，有自己特色的理论，如水火相生说、天神地形说、五正说、成鸠氏理想统治说等；然其思想卒未条贯一体，在天道观和理想政治论上有明显的矛盾之处。

杨兆贵．《鹖冠子·世兵》篇非抄袭贾谊《鹏鸟赋》辨．中国文学研究，2009（3）

【解题】从文体研究、编纂者的思想背景、撰写手法三方面来论证《世兵》篇与《鹏鸟赋》都引用先秦秦汉的典籍，不能证明《世兵》篇抄袭《鹏鸟赋》；相反，两者所反映的思想却有共同的时代背景，且思想重点不同。另外，《世兵》篇前部分记载曹沫一事，与后部分内容无涉；作者通过考证曹沫一事，推论本篇写成于战国末期与汉初之间。

杨兆贵．《鹖冠子·泰鸿》的政治理念及成篇年代初探．石家庄铁道学院学报，2009（3）

【解题】《鹖冠子·泰鸿》从本体泰一出发，来阐述为政之道，提高圣王的地位，使他与本体直接沟通；并认为圣人施政，要效法自然规律，立法制，设官职，用音乐，兼以仁、和教化天下，兼容了儒、道两家的思想。《鹖冠子·泰鸿》泰一的含意继承了先秦汉初诸子的看法，并提高了它在宇宙生成中的地位，成为气、地位最高的神、本体相合者，应成篇于汉代景武时期。

赵子抄等．《鹖冠子》的归属问题．长江大学学报，2009（4）

【解题】《鹖冠子》自从被柳宗元斥为伪作以后，就很少受到关注，直到马王堆帛书《黄帝四经》的发现，才得到公正的评价，但其在先秦诸子中的归属仍颇有争议。该文从目录著作和《老子》《黄帝四经》《鹖冠子》中“道”的一脉相承的联系两方面考察，认为《鹖冠子》当属于道家。

杨兆贵．与葛瑞汉商榷《鹖冠子》书．陕西理工学院学报，2015（4）

杨兆贵等．论《鹖冠子》与管子、《管子》的关系．管子学刊，2018（1）

【解题】《管子》是管子及其后学思想所汇集的作品集，由齐国学者编纂而成。管子、《管子》一些思想观念与《鹖冠子》相同。通过比较《鹖冠子》一些篇章与《管子》思想，发现《鹖冠子》在君主修养、施政、政治、军事等方面的思想观念，与《管子》有不少相同之处。可见，《鹖冠子》与《管子》、齐国思想文化的关系极密切，《鹖冠子》应受《管子》影响。

关尹子

戚淑娟．《关尹子》研究．华东师范大学硕士学位论文，2004

许海华．《关尹子》研究．山东师范大学硕士学位论文，2018

【解题】关尹子姓关名尹，是先秦道家的重要人物，曾为函谷关令，邀老子著《道德经》五千言，因此为老子思想的流传做出了贡献。庄子称关尹子为“古之博大真人”，他的主要思想包括三个方面，在宇宙观上主张“太一”，在为人处世上要“濡弱谦下”，提出了养气、存气的养生观，他的思想丰富了中国思想史的内涵。史传关尹子阅《道德经》后有所感自著书一部名《关尹子》，《汉书·艺文志》中列有《关尹子》九篇。后此书失传至唐宋之际才又重现于世，后人多怀疑重出世之书是伪书，因此研究者较少且多集中在辨伪上。今本《关尹子》约成书于唐末宋初之际，其版本流传多且有注本、评点本等形式流传于世，在思想内容上融合了儒释道三家的思想，体现了当时儒释道三家融合的趋势。本文对关尹子其人其书分四章进行探讨：第一章通过分析史书记载以及后人研究成果，可证关尹子确为先秦时人，姓关名尹，曾著《关尹子》一书。《汉书·艺文志》中收录有《关尹子》一书，后直到宋朝才又在史志目录中出现，据此可知关尹子所作之书汉后失传，今本《关尹子》是假托关尹子之名所作，约成书于唐末宋初之际。第三章分析《关尹子》的主要思想内容，共分为两节，第一节是《关尹子》传承的道家思想，主要分为三个方面：其一，在认同老子“道”的思想基础之上，又结合儒家之“道”，对道提出了新的认识，“道”是圣人的至高境界，是明哲保身的至上法则；其二，关尹子认同老子所主张的“圣人无为而治”的观点；其三，与老子强调要保存肉体又从容面对生死的生命观相一致。第二节是《关尹子》对儒、释、阴阳家思想的吸收融合，作者引用儒家的仁、义、礼、智、信的观念，运用阴阳五行思想说明万物间相互转化的观念，引入佛教识转智的思想。《关尹子》一书的思想内容体现出当时儒释道三家相互融合的趋势，为我们研究唐宋时期三教合一的情况提供了材料。

鬻子

刘建国．《鬻子》伪书辨正．长白学刊，1994（2）

陈自力．逄本《鬻子》考辨．广西大学学报，2000（1）

【解题】在耙梳前人有关论述逄本《鬻子》的真伪的基础上重加考辨，认为逄本《鬻子》既非后世伪造的赝本，亦非小说家《鬻子说》之残本，而是《汉书·艺文志》所录道家《鬻子》之残帙。此外，对《新书》、伪《列子》《文选》等书所引“鬻子”佚文的真伪归属，也做了逐一考证，并指出胡应麟关于《汉志》小说家著作“亦杂家者流”的论断实不可信。

王齐洲．《汉志》著录之小说家《伊尹说》《鬻子说》考辨．武汉大学学报，2006（5）

【解题】《伊尹说》为秦汉间道家所传，东汉后期仍存，魏晋以后失传。《鬻子说》与道家《鬻子》为二书，现传逄行注本《鬻子》为道家《鬻子》残本，其成书当在秦汉以前；小说家《鬻子说》则产生在西汉初年黄老道家盛行之时，六朝时亡佚。

潘铭基．《鬻子》与贾谊《新书》互文考．古籍整理研究学刊，2010（2）

【解题】前人论断《鬻子》真伪，多据其与贾谊《新书》之互见关系，指出《新书·修政语下》七条“鬻子曰”不见今本《鬻子》，又以《列子》及《新书》所引“鬻子曰”不见于今本《鬻子》为证，推断今本《鬻子》为伪。《鬻子》与《新书》实有互见重文关系，因《鬻子》罕人研习，渐告散佚，只剩今本《鬻子》残书十四篇；而隋末唐初类书亦多征引《鬻子》，可证今本《鬻子》成书当早于六朝，黄云眉以为成于唐代，其说并不可信。《列子》及《新书》所引“鬻子曰”不见今本《鬻子》；然《新书》不题曰“鬻子”者，却有五处文字与《鬻子》可作逐字排比对读，岂非标明“鬻子曰”者方为《鬻子》旧文，暗用其文者则不足称？《四库全书总目》所谓“谊书所引，则无一条之偶合”，其说未必尽然。

赵嘉.《汉书·艺文志》中小说家类中“伪托”之意.河北北方学院学报，2011（3）

【解题】通过翻检前人的著述以及对《汉书·艺文志》中序言的解读，认为班固所言“伪托”和今之“伪托”当为两个不同的含义，有可能与在道家类中的同名的《伊尹说》《鬻子说》为一书两分，而不是伪托之作。

马晨雪.《鬻子》真伪考.现代语文，2014（6）

【解题】《鬻子》确为先秦典籍，非后世伪作；汉以后《鬻子》亡佚，今本《鬻子》即《逢行珪注鬻子》，为《汉书·艺文志》道家类《鬻子》真书残篇。

刘佩德.《鬻子》篇目考.古籍整理研究学刊，2015（1）

【解题】通过对文献书目所载及今存各种《鬻子》传本的比较，认为《鬻子》在流传过程中有所亡佚，且十四篇本乃是后人强分篇目所致。

列仙传

王青.《列仙传》成书年代考.滨州学院学报，2005（1）

【解题】《列仙传》这类著作是在一个长期的流传过程中逐渐丰富起来的，前人所见东汉中期以前的《列仙传》较之今本有较大的不同，今本《列仙传》的基本定型最早不能早于顺帝永和五年（140），至迟可在西晋太安二年（303），并在以后的传播中，某些条目上还屡有增饰。

陈洪.《列仙传》成书时代考.文献，2007（1）

【解题】从文献学的角度，通过对《楚辞》王注、《汉书》古注和《文选》古注引用《列仙传》情况的详加考辨，认为《列仙传》可能存在“古本”，或产生于东汉末年；在曹魏时期已经形成基本定型的本子，很可能就是“鬷续”本。关于古本、续定本（或称鬷续本）和今本之间的关系问题，通过作者考证，明确属于古本的只有应劭注文两条，可能属于古本的有两条（所谓王逸注引巨鳌条、如淳注引彭祖条），因此，古本与续定本之间有一定的联系和区别，其中文宾与木羽、负局先生、赤斧等六条很可能是续作的；明确见于续定本的至少有二十二条或二十七条，其中大都见于今本，只有巨鳌一条不见，因此，续定本与今本的关系极为密切，今本大体上应是续定本的延续，但也删去了如巨鳌这类的条目。

程亚恒.今本《列仙传》成书时代问题.长江学术，2011（2）

【解题】《列仙传》一书大约在魏晋以前已经出现，今本是在原本基础上增补而成的一个本子。又从文献征引和作品本身的语言角度综合分析，认为今本最终成书时间应该不早于唐代。

夏冬梅等.《列仙传》赞语成文与作者考论.文艺评论，2014（4）

【解题】《列仙传》两种赞语作者都不是刘向，篇后的总赞语作者是郭元祖；每一则传记之后的赞语作者存在孙绰和郭元祖二人，而我们今本所见的赞语则是郭元祖在孙绰的赞语基础上改编而成。

阴符经

陈进国．李筌《黄帝阴符经疏》的真伪考略．中国道教，2002（4）

【解题】《阴符经集注·李筌注》和《阴符经疏》当是李筌作品，将《阴符经疏》附之注、疏断为二人著，似不合情理；《阴符经疏》比《集注·李筌注》内涵更为丰富，代表着李筌较为成熟的思想。至于为何张果多引《集注·李筌注》文，可能跟他作注的体例有关，疏文乃陈其周细，而非举其纲宗。

杨燕．《阴符经考异》作者非朱熹、蔡元定蠡测．泉州师范学院学报，2009（1）

【解题】通常所说的朱熹《阴符经考异》，最初名为《阴符经注》，它既不是朱熹作的，也不是蔡元定作、朱熹校正的。

陈茉．《黄帝阴符经疏》是李筌作还是袁淑真作之考证．宗教学研究，2015（2）

【解题】赞同陈进国先生的看法，认为李筌是《黄帝阴符经疏》的作者，并补充三点证据：（1）在《道藏》分三章且有三章名称的注解本中，只有李筌、袁淑真注本将第二章题为"富国安人演法章"；（2）《黄帝阴符经疏》中明确提到安禄山、史思明的名字，并称他们为"篡逆悖乱之臣"；（3）由李《疏》与袁《集解》中在"神仙抱一演道章"后的两段话比较来看，该段为李筌所著。

王宗昱．李筌和袁淑真《阴符经》注疏关系考辨．宗教学研究，2017（3）

【解题】作者不同意学术界长期流行的见解，认为《正统道藏》署名李筌的《黄帝阴符经疏》不是抄袭署名袁淑真的《黄帝阴符经集解》。通过考察两个注本的传抄失误和有意改写，可知这些差异不能支持流行见解。而相关目录资料显示李筌本的记录比较早，袁淑真本的记录是南宋初年，袁淑真的署名则值得进一步考察。论文注意到骊山老母神话的影响和《阴符经》注本的复杂性，这两个本子来源于同一个祖本，且都经过修改。今天我们看到的远非原始面貌，但是还保留着珍贵的信息，其章末结语和附录经注都证明这两个本子经过多次改动。

枕中书

石衍丰．《枕中书》及其作者．宗教学研究，1986

【解题】现存《枕中书》（又名《元始上真众仙记》）是《真书》和《真记》两本书的拼合，《真书》部分即《枕中书》，《真记》部分即《元始上真众仙记》。《真记》非葛洪所作，乃葛洪之后的人所撰；而《枕中书》出现的时间当在刘宋之前，旧本题作者是葛洪之说，不能轻易否定。

刘仲宇．葛洪《枕中书》初探．中国道教，1990（4）

【解题】《枕中书》与《元始上真众仙记》不是一部书，宜分清二者，将《枕中书》著作权还于葛洪；《枕中书》是葛洪神仙理论的最后修改与补充，它的写作也与其时的佛道论争有关；《枕中书》对道教哲学、神仙理论有重要贡献，在道教理论的发展史上有一定地位。

墉城集仙录

罗争鸣．《墉城集仙录》采自《列仙传》篇目探析——兼论杜光庭对房中术之态度．古籍

整理研究学刊，2003（3）

【解题】《墉城集仙录》采自《列仙传》的女仙传记有八篇左右，其中辑自《三洞群仙录》的《江妃解佩》很可能直接采自《韩诗外传》。对这八篇仙传，杜光庭从内容和形式上均作了颇具匠心的修改润饰，从所作的增删改易中，可以看出杜氏仙道类传记对前代仙传进行文学化和道教化的加工过程，另外也可看出杜光庭在特殊背景下对房中术所持的保守和慎重态度。

曹建国．纬书中的西王母故事辨证——兼论道藏本《墉城集仙录》的真伪问题．长江学术，2014（3）

【解题】汉代纬书中有大量关于西王母的叙事，对于研究汉代文化与汉代文学有很大的价值，对研究道教及道教文学与谶纬的关系也有重要的意义。但纬书文献残缺严重，后世辑佚也多有舛误，故需仔细辨别。纬书辑佚中的西王母材料也存在误引问题，尤其是《纬书集成》引自《墉城集仙录》的《尚书帝验期》材料。又通过辨证《墉城集仙录》所引《尚书帝验期》材料真伪，以考证道藏本《墉城集仙录》真伪，认为元代焚毁《道藏》时，《墉城集仙录》原书不存，后来编纂《道藏》者取众书《墉城集仙录》佚文，甚或是另起炉灶编纂删节本《墉城集仙录》，不仅文本非杜光庭原书之旧，内容亦有变乱。

其他

王明．论《太平经钞》甲部之伪．中央研究院历史语言研究所集刊（第18本），1948

唐文播．河上公《老子章句》作者考．东方杂志，1943（9）

黄永锋．《至游子》考析．中国道教，2003（5）

何春根等．《集仙传》同名异书辨析．九江学院学报，2014（4）

【解题】《集仙传》是一本久佚之书，自唐以来一直真伪莫辨，究其原因，是由于此书存在同名异书现象。《集仙传》至少可见五种不同的版本，分别为唐前本、《太平广记》本、王太虚本、曾慥本和四库本，这几种各不相同的《集仙传》彼此之间基本上是相互独立的。

刘海涛．明代庄子学著述伪书相关问题考论．中华文化论坛，2014（10）

【解题】对署名黄洪宪的《南华经文髓》、陈懿典的《南华真经精解》《新锲南华真经三注大全》三部伪书进行考证。

法 家 类

管子

罗根泽．管子探源．上海：中华书局，1931；诸子考索，北京：人民出版社，1958

黄汉．《管子》为战国时代作品考．安徽大学月刊，1935（6）

郭沫若．宋鈃尹文遗著考．青铜时代，北京：人民出版社，1954

马非百．关于《管子·轻重篇》的著作年代问题．历史研究，1956（12）

【解题】《管子·轻重篇》和《管子》的其他各篇，不是一个时代和一个人做的，它是一部专门讨论财政经济问题的书，是西汉末年王莽时代的理财学家的作品。
刘节．《管子》中所见之宋钘一派学说．古史考存，北京：人民出版社，1958
唐兰．马王堆出土《老子》乙本卷前古佚书的研究．考古学报，1975（1）
容肇祖．驳马非百《关于〈管子·轻重篇〉的著作年代问题》．历史研究，1958（1）
【解题】马非百《关于〈管子·轻重篇〉的著作年代问题》一文证据不够而加以主观臆断，故列十点以驳其粗疏。《管子·轻重篇》或出于齐，作者或不止一人，时代大约在战国末以至汉初。
李勉．管子其人及其书．成功大学学报，1975（10）
马非百．《管子·轻重篇》新诠．北京：中华书局，1979
苏凤捷．《管子·轻重》成文时期辨识．安徽大学学报，1981（3）
胡寄窗．试论《管子·轻重篇》的成书年代问题．中国经济问题，1981（4—5）
胡家聪．《管子·轻重》作于战国考．中国史研究，1981（1）；管子新探，北京：中国社会科学出版社，1995
金良年．对《管子·轻重》作于战国考的一点意见．中国史研究，1982（2）
牛力达．《管子》成书年代之我见．中国经济问题，1982（3）
胡家聪．《牧民篇》并非管仲遗著．文史，1985（24）
李存山．《内业》等四篇的写作时间和作者．管子学刊，1987（1）
陈连庆．《管子·问篇》的创作年代．社会科学辑刊，1988（5）
杜正胜．关于《管子·轻重》诸篇的年代问题．“中央研究院历史语言研究所”集刊（第59本第4分），1988
徐汉昌．《管子》书作者．管子学刊，1989（1）
沫兰．关于《管子》断代及其作者．社会科学快报，1989（12）
李学勤．《管子·心术》等篇的再考察．管子学刊，1991（1）；古文献丛论，上海：上海远东出版社，1996
李学勤．《管子·轻重》篇的年代与思想．道家文化研究（第2辑），上海：上海古籍出版社，1992
骈宇骞．帛书《春秋事语》与《管子》．文献，1992（2）
胡家聪．《管子》中“王、霸”说的战国特征：兼论《管子》并非管仲遗著．管子学刊，1992（3）
李曦．三论《牧民》为管仲遗著．管子学刊，1993（3）
孙开泰．关于侯外庐先生论《管子·白心》等篇著者问题的一次谈话．晋阳学刊，1994（1）；中国哲学史，1994（3）
罗以迪．试论《管子》作者．管子学刊，1994（2）
胡家聪．再论《管子·轻重》不作于汉代而作于战国：兼论考证的类比法之必然性．社会科学战线，1994（3）
李曦．《版法》为管仲所作考．管子学刊，1995（1）
赵宗正，陈启智．《管子·轻重》篇的著作年代．管子学刊，1995（3）
郭沫若．稷下黄老学派的批判．十批判书，上海：东方出版社，1996
胡家聪．论《管子》书系学派著作．管子学刊，1997（3）

白奚．也谈《管子》的成书年代与作者．中国哲学史，1997（3）

【解题】《管子》是齐宣王、愍王时期稷下学宫中一批佚名的齐地土著学者依托管仲编集创作而成，目的是为了保持齐学的本土特色，高扬齐学精神，发展齐地固有之思想文化，从而同外来学者们争夺在稷下学宫中的主导地位。《管子》是在受到异国学术大批涌入稷下的外来刺激后产生的，这样的作品只能是稷下学宫鼎盛时期的产物，而不可能是学宫初创时期和衰落时期的产物（当然并不排除学宫后期有所增益的情况）。它的作者是学宫中推崇管仲的部分佚名齐人学者，因而说它是"稷下先生的论文集"或"著作总集""稷下丛书"恐怕是过于笼统了。

吴显庆．论《霸言》《五辅》《君臣上》《形势解》篇的成书年代和学派倾向——与《管子新探》作者商榷．南京师范大学学报，2000（2）

【解题】《霸言》篇可能是完成于齐襄王时期，而不是"写于田齐强盛之时"；是具有儒家倾向的谋略学说，而不是"齐法家的政治、军事作品"。《五辅》篇可以从一般地定为"作于战国"，进一步确定为作于公元前318年至公元前283年之间；它不是"齐法家之作"，而是吸收了法家思想的儒家理论。《君臣上》篇不是"齐法家著作"，其主导思想是儒学。《形势解》篇并不是"无疑属于齐法家学派"，而是吸收了法家、道家思想的儒学作品。

胡家聪．《管子》新探．北京：中国社会科学出版社，2003

翟江月．试论《管子》中的作品完成在《吕氏春秋》成书之后．管子学刊，2004（3）

【解题】从《管子》和《吕氏春秋》的编纂时间、地域、背景以及流传情况来判断，《管子》有受《吕氏春秋》影响，成书当在其后。

张固也．《管子研究》．济南：齐鲁书社，2006

【解题】该书目录如下：

第一章 《管子》研究的新思路（一、《管子》早期流传考；二、《管子》分组之义蠡测；三、《管子》古本之推测；四、《管子》应作分组研究）

第二章 论《经言》为管子学派之早期经典（一、《经言》为管子学派之经典；二、《经言》著作年代商榷；三、从《经言》论管仲思想特征）

第三章 论《外言》与管子学派之初步发展（一、《外言》承前启后之地位；二、《外言》著作年代之推测；三、《外言》为齐法家形成之标志）

第四章 论《内言》为桓管历史之述论（一、论"三匡"；二、论《霸形》《霸言》；三、论《问》篇所反映的时代特征；四、《戒》篇非战国末叶之作）

第五章 《短语》之分类研究（一、《地图》《参患》《制分》；二、《君臣》上下、《小称》《四称》；三、论《侈靡》篇；四、论《心术》等四篇的著作年代；五、《水地》《四时》《五行》；六、《势》《正》《九变》）

第六章 从《区言》看齐法家思想之发展（一、"三法"说质疑；二、《区言》中的法家思想；三、《区言》受秦晋法家思想之影响）

第七章 读《杂篇》札记（一、《封禅》略说；二、《小问》中的桓管问答；三、《七臣七主》为战国晚期法家作品；四、《禁藏》错简新考；五、《九守》与形名法术之学；六、《度地》作于战国；七、《地员》与"相地衰征"）

第八章 论《管子解》（一、《管子解》的文体特征；二、《管子解》为战国晚期齐

法家作品；三、从《管子解》看齐法家兼融儒家思想）

第九章　论《管子轻重》的著作年代（一、《轻重》作于汉代之前——从文献上证明；二、《轻重》作于战国中期以前——从理论上证明；三、《轻重》为管子学派早期作品——从与《经言》等篇的关系证明）

潘秋平．《管子》韵语及成书年代初探．语言研究，2007（1）

【解题】从词汇、语法和语音三个方面对《管子》的语言现象进行全面和透彻的考察，《管子》的成书年代较为靠近战国。

孙开泰．《管子·轻重》成书当在战国时代．管子学刊，2007（2）

【解题】从时代背景、从封君与“乡州”地方政府以及郡县制度、从战国田齐政权“王天下”与春秋齐桓公时“尊王攘夷”的政治形势不同、从田齐货币、从田齐“釜、钟”等量具、从租金形式等方面来考察，《管子·轻重》著作年代在田齐威、宣王或稍后的战国时代。

巩曰国．从“疑古”到“走出疑古时代”——《管子·轻重》著作年代研究百年回首．管子学刊，2008（3）

【解题】《管子·轻重》是我国古代经济史上的重要文献，其著作年代的研究，是近百年来学界广泛关注的课题之一。20世纪80年代以前，“汉代说”占主流地位；80年代以后特别是90年代以来，学界逐渐倾向于“战国说”。“汉代说”的流行，无疑受到“疑古”思想的影响；近年来“战国说”得到普遍认可，与“走出疑古时代”的学术思潮密切相关。

张连伟．《管子·地员》新探．农业考古，2010（1）

王东．《管子·轻重篇》成书时代考辨．郑州大学学报，2010（4）

【解题】从词汇角度来考察，发现《管子·轻重篇》中存在的一些汉代以降通行的词语如：丁壮、树枝、治生、腐朽、游客、客舍、钱币、游子、役使等，可为“汉代说”提供语言学上的某些证据。

张连伟．《国语·齐语》与《管子·小匡》辨析．安徽省管子研究会2011年年会暨全国第六届管子学术研讨会交流论文集，2011

邓加荣，张靖．《管子》作者及年代考．博览群书，2011（11）

燕生东．从盐业考古新发现看《管子·轻重》篇．古代文明，2013

杨帆．《管子》成书问题研究综述．学行堂文史集刊，2014（1）

郭丽．论《管子·大匡》的材料来源——以出土文献资料为例．管子学刊，2015（1）

【解题】考察了20世纪70年代之后出土的简帛文献，认为马王堆帛书《春秋事语》与《管子·大匡》相关的两章，当是齐国太史记载的早期档案文献；根据上博简（五）《鲍叔牙与隰朋之谏》，可知齐国文献战国时已流传到楚国，而齐国文献流传中只有少数在其他地域保存，本国的原始文献则已遭到毁弃；银雀山汉简《王兵》乃摘录《管子》的《七法》《地图》《参患》诸篇中的文句而成，证实了《管子》的资料是真实全面的。《管子》是齐国管仲时期的治国之书，有治理国家的总体哲学思考，又有国家建设的具体方略，还有民族精神的张扬；研究者称《管子》书颇杂，这个“杂”字，正好体现了《管子》的特点。作为治国之书，《管子》从多个方面讲述管仲时期齐国的政治方略和经济方针，及农业商业和对外政策，这些密不可分的内容，使《管子》成为完整一体；因为管仲是齐桓公时政策的主要制定者和实施者，《管子》论述的齐国政策多与管仲有关。《管子》经言部分当是管仲时期齐国国家政策；外言部分包含了齐国早期法家的思想；《管子解》是对于《管子》经言部分的解说；轻重诸篇是经济政策的实施；《弟子职》当是春秋时期齐国官学盛大情况的记录；《地员》《水地》诸篇，许多学者认为是齐国稷下学宫中的农家者言，但如果把《管子》看作是“治国之书”的话，包含这样的篇章也在预料之中。《管子》书中涉及国家管理和政策的各个方面，又具有齐国政治管理独有的特点，如“渔盐之利”的经营，“轻重”政策的实施，这些政策对于汉代的经济产生了很大影响。《韩非子》说“藏《管》《商》之法者，家有之”，至少证明《管子》书中的法家者言，在战国末年流传甚广，则其成书时间至晚在春秋末年到战国初年这段时间。《管子》书中的材料最早当是管仲为政时期的政策文献记录，后来管仲学派将这些政策措施与解说内容整理成书，而其书的形成有一个很长的累积过程，不能全部以最后形成定本的时段来断代；其中《经言》《外言》《内言》《短语》部分在春秋末年已经存在，其他部分在战国时期也已经完成，这些文献早期大多以单篇或者分类的形式流传，直到汉代刘向校订《管子》，今本的形态才基本确定。

法经

张警．《七国考》《法经》引文真伪析疑．法学研究，1983（6）

蒲坚．《法经》辨伪．法学研究，1984（4）

李力．从几条未引起人们注意的史料辨析《法经》．中国法学，1990（2）

【解题】从几条鲜为人注意的文献史料出发，并利用近年出土的秦、汉简，对《法经》作了新的考察，《法经》在汉以前就失传了，到曹魏明帝至《晋书·刑法志》作者之时，才发现有关材料；《法经》之称，并不是李悝之法的原名，而是后人对它的惯称，其原名可能为“某法”；东汉桓谭《新论》中根本没有引用过《法经》，明末董说《七国考》所引《法经》是伪造的。

殷啸虎．《法经》考辨．法学，1993（12）

何勤华．《法经》新考．法学，1998（2）

廖宗麟．李悝撰《法经》质疑补证．河池学院学报，2006（1）

阮啸．《法经》再辨伪．法制与社会，2007（7）

【解题】该文认为《法经考释》与它的底本——黄奭在《汉学堂丛书》所辑的《李悝法经》都是伪书。

夏阳．《法经》论考．法制与经济，2008（5）

【解题】《法经》确实存在，但并非李悝所撰，也非魏人所撰；商鞅没有受之以相秦；《法经》是秦朝人所撰，是秦法的一部分，其撰写时间当在商鞅死后、秦始皇统一六国之前这一段时期；“户、兴、厩三篇”也是秦的律，汉时将这三篇与《法经》结合成为九篇，是汉法的一部分；做这项工作的（即制九章律）不是萧何，可能在汉武帝执政前后。

陈梦竹等．《法经》论考．法制与社会，2009（22）

【解题】在现阶段没有充分证据的情况下，我们无法证明《晋书·刑法志》的记载是错误的，更何况从现阶段发现的出土秦汉竹简来看，我们有理由相信《法经》确实存在，而且影响了秦汉的立法。

段俊杰．《七国考》中《法经》引文真伪再辨．求索，2015（1）

【解题】结合传世和出土文献，利用秦汉律二级分类的理论进行分析，认为《法经》引文的篇目和体例结构具有合理性，学界对这段引文的内容的质疑不能成立，应该重视这段引文的史料价值。

商君书

罗根泽．《商君书》探源．国立北平图书馆馆刊，1935（1）

容肇祖．《商君书》考证．燕京学报，1937（21）

熊公哲．《商君书》真伪辨．政治大学学报，1964（9）

詹秀惠．释《商君书》并论其真伪．淡江学报，1974（12）

宋淑萍．论《商君书》的成书时代．书目季刊，1979（1）

詹剑峰．《商君书》辨伪．争鸣，1982（3）

徐勇．《商君书·徕民篇》的成书时代和作者蠡测．松辽学刊，1991（2）

【解题】《商君书·徕民篇》作成于公元前242年至公元前230年之间，很可能是尉缭人秦后与秦王政谈话的记录，似可作为《尉缭子》的一篇佚文对待。

张林祥．《商君书》研究．西北师范大学博士学位论文，2006

张林祥．《商君书》的成书与命名考辨．古籍整理研究学刊，2007（2）

【解题】《商君书》的成书上限应为前260年，而下限则难以断定；编者当为商鞅后学或商鞅学派无疑，后又经刘向手校，编定为二十九篇。它最初应无名，至刘向校定，始以《商君》为其书名，后又变为《商君书》《商子》。

仝卫敏．《商君书·徕民篇》成书新探．史学史研究，2008（3）

【解题】采取内、外考证相结合的方法，从本篇的具体内容及主旨入手，同时参考相关出土简牍材料，认为《商君书·徕民篇》的成书应在秦昭王后期，作者是一位商鞅后学。

仝卫敏．《商君书·更法篇》成书刍议．东北师范大学学报，2010（3）

【解题】《更法篇》最初出自秦国史官之手，在后人汇集编纂商鞅言论时被编入《商君书》中，并最终定本。

孙向军．《商君书》的形成与流传．安徽文学，2010（3）

【解题】《商君书》是商鞅后学或者法家学派编订而成，直至汉代仍未编订成书，还是以单篇形式在社会上流传，经汉代刘向校理群书时，定为二十九篇。

仝卫敏．《商君书·垦令》篇发微．历史文献研究（第30辑），上海：华东师范大学出版社，2011

韩非子

刘仲英．《韩非子·初见秦篇》辨证．潮州留京学会年刊，1923（1）

雷金波．《韩非子·初见秦篇》之管见．现代评论，1927（112）

容肇祖．韩非的著作考．国立中山大学语言历史学研究所周刊，1927（4）；古史辨第四册，北京：朴社，1933

容肇祖．《韩非子·初见秦篇》考．国立中山大学语言历史学研究所周刊，1928（59—60）；古史辨第四册，北京：朴社，1933
邓思善．读容肇祖先生《韩非的著作考》志疑．国立中山大学语言历史学研究所周刊，1928（24）
刘汝霖．《韩非子·初见秦篇》作者考．古史辨第四册，北京：朴社，1933
容肇祖．韩非子考证．上海：商务印书馆，1936
曾繁康．《韩非子·初见秦篇》作者之推测．责善半月刊，1940（1）
郭沫若．《韩非子·初见秦篇》发微．说文月刊，1944（4）
严灵峰．论《初见秦》篇乃韩非所自作．幼狮学志，1966（1）
潘重规．韩非著述考．香港大学五十周年纪念论文集（二），香港：香港大学出版社，1966
郑良树．论《韩非子·初见秦篇》出自《战国策》．大陆杂志，1975（5）
邓廷爵．关于《韩子·初见秦》的作者与韩非之死．学术月刊，1982（3）
郑良树．《韩非子·十过》篇辨伪．汉学研究，1989（2）
邹旭光．《韩子·初见秦》作者新考．东南文化，1990（4）
郑良树．《韩非子》研究的回顾．文献，1993（2）；诸子著作年代考，北京：北京图书馆出版社，2001
周勋初．《十过》的真伪问题．周勋初文集，南京：江苏古籍出版社，2000

【解题】《十过》十个故事中有五个故事是有问题的，其中不但夹杂着一些明显错误的历史事实，与其他篇中的故事或其他史书上的记载不合，而且思想上也有完全对立的地方，应当是一篇夹杂进《韩非子》中去的他人的作品。

马世年．《韩非子》的成书及其文学研究．西北师范大学博士学位论文，2005；上海：上海古籍出版社，2011

【解题】《韩非子》的编集是一个较长的过程，大致经历两个阶段：韩非去世之后，已有门徒整理师说汇为一编，因为秦朝对韩非思想的重视，这个本子受秦火影响不大，这是《韩非子》编集的第一阶段；汉初研习韩非学说的人也很多，其中能见到宫廷内府藏书中秘书者，又将《初见秦》《存韩》等档案文书编入韩非著作集中，这个过程应该是在武帝建元元年罢黜申、商、韩非诸学说之前完成的，这是编集的第二阶段。司马迁所见就是这个本子，其面貌已与今本很接近。司马迁之后，始有"《韩子》"之书名；至刘向校书时又为《韩非子》作了《书录》，此后便再无大的变化。又从史实，与其他典籍的重复、语言特点等方面考证《韩非子》55篇的真伪，认为《初见秦》《有度》《十过》《问田》《人主》《饬令》以及《存韩》之"李斯上秦王政书""李斯上韩王安书"不是韩非之作；《忠孝》《心度》《制分》疑为后学之作；其他篇目则都是韩非的作品。相关章节目录如下：

第二章　《韩非子》的编集与版本研究

　　第一节　《韩非子》的编集与成书

　　第二节　《韩非子》的版本源流概述

　　附：《韩非子》版本源流简表

第三章　《韩非子》篇目真伪考论

第一节　关于真伪考辨的方法论思考
第二节　《韩非子》各篇真伪考略（上）
第三节　《韩非子》各篇真伪考略（下）
附：《韩非子》篇目真伪表

马世年．先秦子书的编集与“轴心时代”的经典生成——以《韩非子》成书过程为例．文史哲，2013（1）

【解题】以《韩非子》成书大致经历两个阶段为个案，考察“轴心时代”的经典生成，此时期的“精神导师”，更多是就文化元典的创制者而言，他固然主要指学派创始人，却也与整个学派相关。

寇志强．《韩非子·初见秦》产生在秦庄襄王时期考．苏州教育学院学报，2014（1）

【解题】根据《韩非子·初见秦》中的避讳现象以及所使用的一些名称，并结合当时的国际形势等进行分析，认为该篇应产生在秦庄襄王时期。

贺钢．《韩非子·初见秦篇》作者新议．西安石油大学学报，2017（6）

【解题】《韩非子》第一篇《初见秦》是否为韩非所做，这一问题历来受到学者的关注。考察史籍当中所记载的白起的思想，并梳理了白起在秦国各场战争中的经历，认为白起与《初见秦》的作者思想、经历相同，由此推测《初见秦》的作者应为白起。《初见秦》中提及的战争不仅都与白起有着直接或间接的关系，而且其集中力量攻灭一国和反对攻打赵国的主张也与史籍白起的主张相同。

名家类

公孙龙子

阮廷卓．论今本《公孙龙子》出现的年代及其真伪．大陆杂志，1959（12）；续伪书通考，台北：学生书局，1984

杜国庠．论《公孙龙子》．杜国庠文集，北京：人民出版社，1962

【解题】作者主“全真说”。

庞朴．《公孙龙子》辨真．文史，1965（4）

【解题】作者主“全真说”。今本《公孙龙子》正是古本，不可据《汉志》“十四篇”怀疑此六篇。

何启民．有关《公孙龙子》其书真伪之争论．公孙龙与公孙龙子，台北：学生书局，1976

杨芾荪．《公孙龙子》非伪作辨．哲学研究，1981（4）

【解题】《公孙龙子》并非伪书，最早的官修典籍皆有记载；不能因为《隋志》所无，就认定它是伪书。公孙龙的思想受到春秋战国各家直接批评，难以说是伪作，且书中讨论的问题并非两晋思想界重视的问题。

周骏富．《公孙龙子》文例．台湾省立师范大学国文研究所集刊，1958（2）；续伪书通考，台北：学生书局，1984

董英哲．《公孙龙子》真伪考辨．西北大学学报，1995（3）

【解题】对《公孙龙子》一书的真伪进行考辨，认为今本并不“全真”，也非“全伪”，而是“残真”，其完本应为《汉书·艺文志》著录的十四篇。

郑良树．论《公孙龙子·迹府》的成书时代．诸子著作年代考，北京：北京图书馆出版社，2001

【解题】《迹府》的作成时代应该是在《吕氏春秋》之后，最迟在西汉初期以前。

何杨．《白马论》真伪考述评．图书馆杂志，2011（7）

【解题】评述了《白马论》真伪双方所给出的主要论据，并指出现有之论据尚不足以鉴定《白马论》之真伪。

周昌忠．“白马论”：实质的语言分析哲学思想——兼论今本《公孙龙子》作为残真本．自然辩证法通讯，2017（3）

【解题】不仅从逻辑学的观点，更重要的还要从语言分析的观点出发，唯有如此才能真正把握《公孙龙子》提出的“白马论”的真谛——实质的语言分析哲学思想，走出历来目之为诡辩和形而上学的迷思。“白马论”是相当精致而又完备的语言分析哲学，尽管缘于中国传统哲学而只是实质的思想。“白马论”作为知识的方法论，成为中国传统哲学留下的唯一具有科学意义的文脉。无论从文化史根据，还是从目录学考据，以及从义理的观点来考量，都可以确定，今本《公孙龙子》是残真本。

邓析子

周述政．《邓析子》辩证．国学丛刊，1929（1）

罗根泽．《邓析子》之真伪及年代考．河北大学文学丛刊，1931（5）；诸子考索，北京：人民出版社，1958

孙次舟．《邓析子》伪书考．古史辨第六册，上海：开明书店，1938

陈正荣．《邓析子》辨伪．淡江文学，1978（9）

朱泽安．论今本《邓析子》不伪．重庆教育学院学报，1995（2）

【解题】《邓析子》不伪，其书基本上反映了邓析的思想，它是由邓析的学生根据邓析生前的言论整理成书的。

卢芸蓉．伍非百对今本《邓析子》的辨伪．贵州工程应用技术学院学报，2017（6）

【解题】《邓析子》一书虽历来被认为是伪书，但缺乏系统的论证。伍非百在其著述《中国古名家言》中以大量的历史记录与评价为依据，判定今本《邓析子》的言语风格、思想内容以及对“无厚”等具体问题的理解皆与史料记载不相符，提出了今本《邓析子》一书为伪书的详细理由，可信度较高。

兵　家　类

六韬

徐培根．太公兵法之研究——本文主为研究太公《六韬》一书而作．东方杂志，1976（9）

张烈．《六韬》成书及其内容．历史研究，1981（3）

刘宏章．《六韬》初探．中国哲学史研究，1985（2）

王欢等．《六韬》真伪述议．军事历史研究，1987（4）

【解题】《六韬》为托名姜尚所作，成书时间战国末期，但不能因是托名即判为伪书。《六韬》非出自一人之笔，它的形成是有一个过程的：姜尚与文王、武王之间所言之“阴权”与“兵事”，最初只是为世代口耳相传，后由史官记言、记事，从铸于金版到著于竹帛，再又经史官或兵家的不断加工整理，内容越来越丰富，便有了一个雏形，最后由战国末某人（或兵家或史官）把以往的成果全部辑录起来，进行系统地编纂，于是形成了《六韬》这部具有独立体系，规模宏大，内容丰富，时代特点鲜明的兵书。

陈青荣．《六韬》作者及其成书年代．姜太公新论，北京：燕山出版社，1993

刘庆．《六韬》与齐国兵学．姜太公新论，北京：燕山出版社，1993

李石．关于《六韬》成书时代的七种说法．历史教学，1994（1）

吴显庆．《六韬》成书年代及作者新论．学习探索，1996（1）

【解题】《六韬》成书于秦代的可能性较大，作者或是《史记·留侯世家》中所记下邳圯上老人，理由如下：（1）《六韬》反复强调“天下非一人之天下，乃天下之天下也”，这一基本观点只能形成于秦代；（2）《六韬》关于“圣人务静”的主张，可能是针对秦始皇的个人专断而言；（3）《六韬》的成书时间晚于《尉缭子》；（4）《六韬》对各派思想的吸收和运用水平高于《吕氏春秋》，它的成书可能要比后者更晚一些；（5）推定《六韬》成书于秦代，与《庄子·徐元鬼》中提到《金版六弢》并不矛盾；（6）下邳圯上老人授张良的《太公兵法》可能就是《六韬》；（7）授书老人可能是逃亡的秦博士。

张林川．《六韬》的作者及其流传考．文献，1998（3）

【解题】《六韬》是西汉前的作品，其题太公为假托。

徐勇．《六韬》的成书、著录及其军事思想．历史教学，1998（6）

【解题】对《六韬》的成书时代和述作者、著录和版本、主要内容及其军事思想等问题进行考证。

仝晰纲．《六韬》的成书及其思想蕴涵．学术月刊，2000（7）

【解题】今本《六韬》与原始的《金版六韬》《周史六韬》在语言表述上已多有不同，但并不能据此断定《六韬》为伪书。《金版六韬》《周史六韬》《太公六韬》《太公兵法》《太公》、今本《六韬》都是同一本书在不同时期的不同称谓，其主要内容是周代史官著录在金版上的姜太公与周王有关军事的对话，虽然在流传过程中文字表述有所变异，但其主体内容没有多少变化。虽非姜太公亲著，却源于周代史官对姜太公与周王对话的真实记录，是目前我们能见到的研究姜太公的最重要的一部书。

韩立森．定州西汉中山怀王墓竹简《六韬》的整理及其意义．文物，2001（5）

【解题】定州竹简《六韬》大部分仍能释读，且内容比今本《六韬》丰富，这证实了《六韬》绝非伪书。

杨朝明．关于《六韬》成书的文献学考察．中国文化研究，2002（1）

【解题】从《六韬》书名的演变和与其他文献进行对比，认为其确为周初兵家著作，出于当时史臣应无问题。

解文超．《六韬》的文献著录与版本流传．图书与情报，2005（1）

解文超，崔宏艳．《六韬》真伪考．青海师范大学学报，2005（2）

【解题】通过对存世文献与地下出土资料的考证，认为《六韬》确为先秦之作无疑。

王路清．驳《六韬》伪书论．陇东学院学报，2010（3）

【解题】根据殷墟骑士墓等考古材料，结合史料，认为骑兵最晚产生于殷商，《六韬》中所言的“骁骑”是可以冲锋的重甲骑兵，有可能是人与马皆披甲，与赵武灵王的骑射无密切联系，骑射的产生时代不能作为中原王朝骑兵的产生时代，更不能用来否定《六韬》的真实性。简帛在先秦、两汉之时昂贵，只能死记硬背，等有机会再默写出来，先秦诸子的每一部经典都是经过了士大夫不断的雕琢修饰，硬要说是谁完全创作是不可能的；《六韬》蕴含了太公思想的结晶，后世之人饮水思源，故冠以太公之名。

徐勇．《六韬》成书时代之我见．中国社会科学报，2010. 3. 24

【解题】《六韬》作成于战国中晚期的齐国，其述作者是齐威王、宣王在位时的稷下大夫们。

王珏．太公望与《六韬》．管子学刊，2018（4）

【解题】《六韬》作为一部先秦时期的集大成之作，对中国古代军事思想影响深远。关于太公望与《六韬》的关系、《六韬》的成书年代及流传版本，历来聚讼纷纭，争议颇多。在现有文献资料的基础上，考证太公望与《六韬》的关系，对《六韬》的成书阶段进行分期，梳理《六韬》的主要流传版本，并探讨其学术价值，对于太公望与《六韬》的深化研究将大有裨益。

杨青．银雀山汉简《六韬》的整理新发现．孙子研究，2018（3）

【解题】1972 年，银雀山汉墓竹简《六韬》的出土，为研究《六韬》的篇章结构、流传情况、成书年代提供了新的资料。通过文献对读以及核查图版，对相关文字考释、编联等几处问题进行了补正。

孙膑兵法

陈克明．略论《孙膑兵法》．社会科学辑刊，1981（6）

魏汝霖．对大陆汉墓出土《孙膑兵法》之研究．东方杂志，1976（10）

银雀山汉墓竹简整理小组．临沂银雀山汉墓出土《孙膑兵法》释文．文物，1975（1）

杨伯峻．孙膑和《孙膑兵法》杂考．文物，1975（3）

【解题】以兵法随葬与秦末兵书盛行的情况符合，并据此书推测孙膑活到八十以上；此书成于孙膑门人之手，时间在孙膑死后；孙轸可能是先轸。

尚英等．关于《孙膑兵法》成书的研究．菏泽师专学报，1997（3）

【解题】通过对大量文献资料的潜心研究，认为《孙膑兵法》并非出自孙膑及其弟子之手，其成书也不在孙膑时代，是汉初某位爱好兵书的文人或孙膑军事思想研究者假托孙膑之名撰写的一部军事著作。

王晓雪．《孙膑兵法》的流传、失传及研究价值初探．管子学刊，2008（3）

邱义．《孙膑兵法》研究．山东师范大学硕士学位论文，2018

【解题】孙膑是“兵圣”孙武的后裔，是战国中期重要的军事家。《孙膑兵法》代表了战国中期我国军事理论的最高成就。大约在东汉末至隋唐间的某个时期，《孙膑兵法》不幸失传。宋代疑古之风兴起后，《孙膑兵法》的真实性受到了一些学者的怀疑。特别是因为孙膑与孙武的血缘关系，以及《孙子兵法》的流传对比《孙膑兵法》的失传，孙武事迹的不清晰对比孙膑事迹的相对清晰，一些持怀疑论的学者主要怀疑的方面就是《孙子兵法》与《孙膑兵法》、孙武与孙膑的关系。1972年在山东临沂银雀山汉墓发现大量与兵家有关的竹简，其中同时出现了《孙子兵法》和《孙膑兵法》。至此，聚讼千年的悬案终于有了定论：孙武与孙膑为两人并各有著述。因为没有传世本，所以目前银雀山竹简本《孙膑兵法》就是《孙膑兵法》的唯一文本。《孙膑兵法》被重新发现后，学界大受震动，随即掀起研究热潮。学者们在文本释读、思想阐释方面都取得了一定的成就。本文以银雀山汉墓出土竹简为主要研究对象，在前辈学者研究的基础上，重点研究了三个方面。第一，重新审视孙膑本人的生平事迹，以探讨其军事思想形成的渊源。第二，补充了一些对《孙膑兵法》文本的见解，以更精确地理解其军事思想。第三，从《汉书·艺文志》中"兵四家"的角度对《孙膑兵法》的军事思想进行了梳理，系统地展示了《孙膑兵法》作为"兵权谋"家的思想特点。

孙子兵法

齐思和.《孙子》著作时代考.燕京学报，1939（26）

刘仲平.《孙子》的作者考辨.建设，1955（6）

树人.《孙子》十三篇的时代和作者.文汇报，1962.7.5

余空我.关于《孙子》十三篇的作者问题.文汇报，1962.8.3

金德建.论《孙子》十三篇作于孙膑考.司马迁所见书考，上海：上海人民出版社，1963

简蒙聪.《孙子》一书真伪考辨.训练通讯，1979（198）

遵信.《孙子兵法》的作者及其时代——谈谈临沂银雀山一号汉墓《孙子兵法》竹简的出土.文物，1974（12）

李零.关于银雀山简三《孙子》研究的商榷——《孙子》著作时代和作者的重议.文史，1979（7）

郑良树.论《孙子》的作成时代.竹简帛书论文集，北京：中华书局，1982

【解题】《孙子》十三篇的成书时代为公元前496年阖闾卒至公元前453年《吴问》之间。

蓝永蔚.《孙子兵法》时代特征考辨.中国社会科学，1987（3）

【解题】从军事史的角度，联系《孙子兵法》所反映出来的社会和阶级状况，对它的时代特征与版本源流作了进一步的考辨，认为《孙子兵法》成书年代当在春秋末期。就思想倾向而言，《孙子兵法》曾被目为诈变权术之宗，"为不仁之学"，而"仁"在其中占有十分重要的地位，与孔子的仁学有相通之处，是同一时代的产物；作为《孙子兵法》哲学思想基础之一的"五行说"，也具有春秋时代的特点。就战略思想而言，它所阐发的战略同政略融为一体的战略概念，它所提出的速决的进攻战、回避攻城、集中兵力以及有关战场选择等方面的主张，同样具有鲜明的春秋末期的时代特征。就其所反映的军制特征而言，从《孙子兵法》有关军队规模、作战方式、兵种组成的论述中可以看出，这些军事行动的状况与发生的地点很接近于春秋末期的战场情况。

吕效.汉简《孙武兵法》八十二篇张氏家传手抄本序.报刊之友，1996（5）

【解题】该序作于1996年7月，系受张联甲子女之托。序称全书共141709字，又称竹简背面有楚王韩信于西汉五年二月多处批注的文字和定简符号。

耿翔等．《孙武兵法》八十二篇发现记．报刊之友，1996（6）

王树林，薛耀晗，来明等．收藏者出面说原委与会者当场亮观点——《孙武兵法》八十二篇座谈会在西安召开．报刊之友，1996（6）

何诚．《孙武兵法》八十二篇被发现．贵州文史天地，1997（1）

褚良才．《孙武兵法》八十二篇答问．报刊之友，1997（12）

褚良才．银雀山汉简与《孙武兵法》八十二篇校略．报刊之友，1998（1）

褚良才．《孙武兵法》八十二篇新论．报刊之友，1998（2）

褚良才．《孙武兵法》八十二篇析评．报刊之友，1998（3）

褚良才．《孙武兵法》八十二篇问对．报刊之友，1998（4）

褚良才．《孙武兵法》八十二篇形音义探略．报刊之友，1998（5）

褚良才．《孙武兵法》八十二篇文化考略．报刊之友，1998（6）

褚良才．《孙武兵法八十二篇研究本》笺理．报刊之友，1999（1—2）

褚良才．《孙武兵法》八十二篇校议．报刊之友，1999（3—5）

褚良才．《孙武兵法》八十二篇叩酬．报刊之友，1999（6）

黄朴民．《孙武兵法》八十二篇的真伪．文史知识，1997（1）；贵州文史天地，1997（2）

【解题】通过考察有关报道所提供的内容，以及所谓《孙武子全书》中所收录的八十二篇部分篇章，认为这一新“发现”实在是漏洞百出，不足置信。

黄朴民．《孙子》真伪及价值．烟台大学学报，1997（3）

王玉哲．我对抄本“《孙武兵法》82篇”的看法．历史教学，1997（3）

【解题】手抄本“《孙武兵法》82篇”是真是假，完全要看手抄本的来源——残存的27支“竹简”的鉴定结果。今按：这是一场闹剧，本书详细著录正反双方的文章，是为了立此存照。

张景贤．“《孙武兵法》82篇”作伪的破绽．历史教学，1997（3）

【解题】所谓《孙武兵法》82篇为伪作。今按，迄今为止，我们也没有见到伪作原文。

罗澍伟．“《孙武兵法》82篇”系托古伪书．历史教学，1997（3）

【解题】“（《孙武兵法》）82篇”即《吴孙子兵法》82篇显系附会。自班固之后从无人言及此82篇之事，何以事经一千七八百年忽然出现？其流传经过又无从查考，所谓“光绪三十二年以重金购于陕西”云云，不过是此书来历不明之遁词。退一步讲，即使确有能“装满一架子车”的“汉简”，亦必为赝品无疑。

罗澍伟．再说“《孙武兵法》82篇”系托古伪书．历史教学，1997（10）

达甲．辨“兵法”真伪，明事实真相——中国孙子兵法研究会部分专家驳疑“抄本《孙武兵法》八十二篇”．西安教育学院学报，1997（1）

吴九龙．《孙武兵法》八十二篇考伪．寻根，1997（1）

【解题】《辑本》声称《孙武兵法》“82篇”，实际收录84篇，绝大部分是抄录历年来发表的银雀山汉墓竹简的简文，但又擅自改换篇题，任意合并篇章；纯系伪造的只有8篇和一些段落，以及零星文字。作伪者窜乱银雀山汉墓竹简于前，宣扬《孙武兵法》82

篇是“重大发现”，是“我国目前版本最古老、规模最大的兵法”等于后，实在是十分恶劣的行为。

吴元栋．“古简孙武兵法”报道为何发生如许风波．新闻记者，1997（2）

中国孙子兵法研究会．真与假的较量：“《孙武兵法》八十二篇”风波大透视．天津：天津古籍出版社，1998

亦史．文化打假的檄文：《真与假的较量——“《孙武兵法》八十二篇”风波大透视》出版．历史教学，1999（2）

齐思和．孙子著作时代考．中国史探研，石家庄：河北教育出版社，2000

刘剑康．对《孙子兵法》产生时间及作者的再审视．湖湘论坛，2000（4）

【解题】《孙子》十三篇在军事上的影响，比《韩非子·五蠹》和《史记·孙子吴起列传》所揭明的时间更早，可追溯到与孙武生活的同时代；《孙子》十三篇之文多存古义，其中涉及齐国旧制尤多，适足以说明其成于孙武之手；银雀山汉简《孙膑兵法·陈忌问垒》中“明之吴越，言之于齐。曰知孙氏之道者，必合于天地”一语，不能用作否定孙武手定十三篇的证明（“明之吴越”指孙武用兵之法在春秋时的吴、越就已大为彰明，这主要就《孙子》十三篇而言；“言之于齐”指孙子之学流传到战国时，由孙膑在齐国予以阐扬，这主要指《孙膑兵法》；下文合称孙武、孙膑之学为“孙氏之道”，在于说明孙武、孙膑二人的相承关系及其特点，并不是说孙膑在齐国整理了十三篇兵法）；《孙子·作战》篇言“凡用兵之法，驰车千驷，革车千乘，带甲十万”，《用间》篇称“兴师十万”“相守数年以争一日之胜”的用兵规模，基本上合乎春秋末期的实际情况；《孙子》十三篇中尚奇使诡的军事理论，是春秋时社会风尚转变的典型反映。作者由此推断《孙子》十三篇确是孙武所手定，但在流传过程中可能也有后人的窜入。《汉书·艺文志》兵权谋类著录“《吴孙子兵法》八十二篇，图九卷”，说明班固之时，《孙子兵法》除十三篇外，另有其文附于十三篇而行世。八十二篇本内容，除今本十三篇外，银雀山出土残简中的《吴问》《四变》等五篇，还有诸书所征引的吴王阖闾与孙武的问答之辞（多见于《通典》《太平御览》和何氏《孙子注》中），都可看作是十三篇的相应注解，可以作为研究孙子及其军事思想的有价值的材料。

郑良树．孙子军事思想的继承和创新．诸子著作年代考，北京：北京图书馆出版社，2001

刘春志．《孙子兵法》的作者之争．当代学生，2008（10）

吴春生等．《孙子兵法》成书年代补说．中南大学学报，2015（3）

【解题】《孙子兵法》主体部分成书应不早于战国中期、不晚于战国末年，最迟不晚于汉初。

赵文彬．《孙子兵法》十三篇与八十二篇源流考．孙子研究，2017（5）

司马法

金德建．司马兵法的真伪与作者．厦门图书馆声，1932（12）

金德建．司马兵法的真伪与作者．厦门图书馆声，1933（1）

仝晰纲．《司马兵法》的成书和流传．学术交流，1999（4）

【解题】《司马兵法》并非伪书，而是齐景公时司马穰苴对古《司马法》的发挥和阐释，由齐威王时齐国士大夫们将二者追论杂糅而成。在流传过程中，兵家往往只注重其主旨大意，并不完全拘于原文原句，因此今本与辑本在文字表述上有所出入，但并不能以此来否定二者的一致性。

王震．《司马法》成书及版本考述．古籍整理研究学刊，2007（6）

【解题】今本《司马法》5篇应该是齐威王时齐国大夫追述的古司马兵法和穰苴军事思想的混合体，它来自宋代刊定的《武经七书》，有三卷本和一卷本两个版本系统。

将苑

华赴云．伪书《将苑》管见．教学与研究，1981（3）

徐勇．《将苑》小议．历史教学，1999（1）

黄石公三略

徐文助．《黄石公三略》研究．国文学报，1982（11）

张家栋．《黄石公三略》作者试探．工程兵工程学院学报，1987（4）

刘景云．西凉刘昞注《黄石公三略》的发现．敦煌研究，2009（2）

【解题】《俄藏敦煌文献》Дх17449《黄石公三略》是目前所见最早的手抄夹注残卷孤本，是史书所载北魏、西凉刘昞注《黄石公三略》注本，较之传世的南宋孝宗、光宗年间刻本早800余年，为我国古代军事文献史上的重大发现。

尉缭子

何法周．《尉缭子》初探．文物，1977（2）

【解题】结合银雀山汉墓出土的兵书残简和有关史料对《尉缭子》进行考察，认为远在《史记》《汉书》成书之前，《尉缭子》一书就早已存在，并广泛流传，深有影响；在后来的长期流传过程中，篇章虽可能有所散失，文字虽可能有所增删修改，但它是先秦古籍无疑；《汉书》附注中关于“六国时”著作的说法是可靠的，伪作之说不攻自破。

银雀山汉墓竹简整理小组．银雀山简本《尉缭子》释文（附校注）．文物，1977（2）

钟兆华．关于《尉缭子》某些问题的商榷．《文物》，1978（5）

何法周．再论《尉缭子》．河南师大科学讨论会论文集，1980

袁宙宗．《尉缭子》时代考．中华文化复兴月刊，1980（1）

张烈．关于《尉缭子》的著录和成书．文史，1980（8）

龚留柱．《尉缭子》考辨．河南师大学报，1983（4）

徐勇．今本《尉缭子》原为二十二篇．历史教学，1984（11）

徐勇．《尉缭子》的成书、著录及其相关问题．中国哲学史研究，1986（1）

何法周．尉缭子与互著法——三论尉缭子．史学月刊，1986（2）

郑良树．近代学者《尉缭子》争论述评．诸子著作年代考，北京：北京图书馆出版社，2001

张申．《尉缭子》作者及成书年代考．咸阳师范学院学报，2015（3）

【解题】通过对全书进行综合分析考察，今本《尉缭子》是梁惠王（魏惠王）时的尉缭所著。

李靖问对

蓝永蔚．《李靖问对》伪辨．安徽大学学报，1979（1）
黄朴民．《唐太宗李卫公问对》考论．求是学刊，1997（4）

【解题】唐太宗李卫公《问对》一书当是无名氏所作，其成书年代大致应在唐代晚期以至五代时期。到了宋代，鉴于李靖的诸多兵书皆已散佚，世无全书，而神宗熙宁年间对李靖兵法校正、分类、解释的工作又未取得十分理想的结果，故在元丰年间最终编定《武经七书》时，遂决定根据《兵法七书》已收录《问对》的固有情况，仍将《问对》收入《武经七书》之中，列为将校必读的武学经典之一。

于汝波．关于《李靖问对》的成书时间及主要理论建树．军事历史研究，1998（3）

【解题】《问对》不是贞观时的作品，书中多处内容与史实不符，"右军""左军"、唐太宗庙号皆为可疑之点；《问对》是宋神宗下令组织编写的一部反映唐太宗、李卫公军事思想的著作。

周兴涛．《唐太宗李卫公问对》四题．山东图书馆季刊，2007（4）
张固也，王斌．阮逸伪托《李卫公问对》说质疑．中国典籍与文化，2010（1）

【解题】《李卫公问对》一书实为唐太宗、李靖晚年论兵言辞之辑录，并非伪造之书。

王斌．《李靖问对》早期流传之线索．语文教学通讯，2011（Z1）
王斌．《李卫公问对》真伪问题研究述评．作家，2012（2）

素书

罗凌．《素书》非张商英伪撰考述．图书馆理论与实践，2008（5）

【解题】从文献传承以及文本本身内容的角度予以考察，认为尽管张商英曾经为《素书》作注，但不能由此归属其伪撰者为张商英，而是另有其人。

美芹十论

蔡义江，蔡国黄．辛弃疾《美芹十论》作年考辨．杭州大学学报，1979（3）

【解题】该文认为《美芹十论》作于乾道四、五两年。

刘浦江．辛稼轩《美芹十论》作年确考．古籍整理研究学刊，1990（2）

【解题】经过对《美芹十论》从内外两个方面进行客观的分析论证之后，《稼轩集抄存》标题的"乾道乙酉进"是完全正确的，《美芹十论》之属稿应始于隆兴二年秋冬之际，而完成和奏进则在乾道元年。关于乾道四、五年间进于建康府通判任上的说法，是完全错误的。

辛更儒．《美芹十论》的确切作年再考．浙江学刊，1997（2）

【解题】辛稼轩作《美芹十论》时，宋金关系既不处于交战状态，也不处于议和之后，而正在战和尚未明朗的胶着状态下，所以《美芹十论》各篇反复讨论的乃是宋金的和、战前途问题，而这正是隆兴二年十一月前局势的反映；此外，又举四例以证其作于隆兴二年，并对作于乾道元年及以后诸说进行驳难。

医 家 类

难经

秦伯未.《难经》之研究.中国医学院院刊，1928（1）
何爱华.我对《难经》著作年代问题的商榷.上海中医药杂志，1958（4）
李今庸.《难经》成书年代考.河南中医学院学报，1979（4）
何爱华.评《〈难经〉著作年代考》.湖南中医学院学报，1985（3）
万方.再谈关于《难经》著作年代的几个问题——兼与何爱华先生商榷.湖南中医学院学报，1986（4）
姜少灏.《难经》成书年代小议——从“诊籍”看《难经》成书年代.湖南中医学院学报，1987（1）

【解题】《难经》的成书年代，在“诊籍”之后，而且二者之间有较长的年代差距。如果把从西汉墓中发掘出来的所有医学资料中没有任何有关《难经》记载这一点作为佐证的话，似又可以推论《难经》的成书年代当在东汉，其作者决不是扁鹊。

张瑞麟.《难经》作者之我见.中华医史杂志，1995（2）

【解题】从《难经》本身的学术观点及其发展变化史迹考察，提出两点有力的内证，又从两汉时期的文献推敲，得到三个方面的佐证，从而认定《难经》是战国时期的作品，其作者是秦越人。

张瑞麟，张勇.略论《难经》成书于战国时期的内证.中医文献杂志，2000（3）

银海精微

来雅庭.《银海精微》成书年代及作者考.河南中医，1988（4）
张弛.《银海精微》作者小考.成都中医学院学报，1991（3）
高健生.《银海精微》成书年代考.中国中医眼科杂志，1996（4）
干祖望.《银海精微》——伪书话题之二.江苏中医，2001（5）
范玉兰.《银海精微》的成书时间、学术渊源、学术成就研究.成都中医药大学硕士学位论文，2007
和中浚，范玉兰.《银海精微》成书时间诸说考辩.中华中医药学会第九届中医医史文献学术研讨会论文集萃，2006
章红梅.《银海精微补》作者及版本考.江西中医学院学报，2012（6）

【解题】据多部典志、史志、方志的记载，对《银海精微补》作者赵双璧的籍贯、履历及版本进行考证，认为其号景陵，是以籍贯为号；为康熙初年武探花，后任安东卫守备；当生于清顺治时期，卒于康熙年间。经实地调研考察，其唯一版本为清康熙十三年（1674）奉天府安东卫刻本，非此前中医文献工具书中的“朝鲜安东卫”刻本；同时对其刊刻时间，序文作者姓名进行了勘误。

素问病机气宜保命集

金寿山．关于《素问病机气宜保命集》的作者问题．上海中医药杂志，1963（8）
傅再希．《素问病机气宜保命集》的作者问题．江西中医药，1981（1）
程宝书．《素问病机气宜保命集》著者之考辨．中医药学报，1984（4）
陈克正．对“《素问病机气宜保命集》著者之考辨”一文的补充和商榷意见．中医药学报，1985（5）
鲍晓东．《素问病机气宜保命集》的作者辨析．浙江中医学院学报，1991（5）
边文静．《素问病机气宜保命集》作者与学术思想研究．河北医科大学硕士学位论文，2011

疮疡经验全书

干祖望．谈中医外科伪书之一——《疮疡经验全书》．上海中医药杂志，1957（7）
干祖望．《疮疡经验全书》——伪书话题之三．江苏中医，2001（6）
王一童等．《疮疡经验全书》作者及成书考．中国中医基础医学杂志，2018（8）

【解题】《疮疡经验全书》旧题著者为窦汉卿，但系伪托其名，故该书历来被认为是伪书。从该书早期版本的序文、跋文、文中夹注所透露出的作者、成书过程、时间节点等诸多细节着手，并结合《锡山窦氏宗谱》中的宗族传承关系进行分析，认为此书系窦梦麟以家传善本及父亲窦楠的试效方为基础，在其友人的协助下校勘、增补而成。同时对序文及夹注中提及时间节点的分析，认为该书的辑著至晚于嘉靖四十三年（1564）开始，至早于隆庆三年（1569）完成。通过对该书作者及成书过程的考辨，以期为更深入地探讨该书的学术价值提供参考。

其他

尚启东．华氏《中藏经》辨伪．安徽中医学院学报，1982（2）
何高民．《傅青主女科》是托名傅氏的“伪书”吗．陕西中医，1983（5）
赵国华．《褚氏遗书》真伪之我见．吉林中医药，1987（2）
张同君．《崔真人脉诀》辨伪．中医杂志，1990（10）
王大淳．滑寿《麻疹全书》系伪书考．成都中医药大学学报，1997（1）

【解题】针对近年来中医史界依据滑寿《麻疹全书》的记载而提出“元代已经确立麻疹病名，明确地将痘（天花）与疹（麻疹）区分开来，并撰成专书”的观点，对该书详加考证，结果发现书中大量引述明清以后医书的内容；所用地名及“十九行省”之名数，均为清代所有；使用的药物，如西河柳、樱桃核等均为明代中晚期以后才见记载。所谓元滑寿撰《麻疹全书》实为后人假托的伪书，作伪时间可确定在光绪九年至三十一年之间，而此前据该书所作出的有关推论均不能成立。

闵宗殿．从葡萄的历史谈到《神农本草经》的成书年代——读《神农本草经辑注》笔记．中国农史，1997（4）
张芙蓉，周益新．对《大小诸证方论》顾炎武序的质疑．中医文献杂志，2005（4）

【解题】《大小诸证方论》抄本，何高民认为是傅山之作，其主要依据为傅氏友人顾炎武之序。但从顾氏的治学精神、为文风格、作序宗旨及避讳知识等方面来分析，顾序作伪的可能性较大。

李具双.《本事方续集》辨伪.中医文献杂志，2006（1）

【解题】通过梳理许叔微同年代及其以后书目文献学家的记载，自许叔微去世后的近700年间，中国的书目文献家没有提到《本事方续集》一书；通过与《普济本事方》学术观点的比较，《本事方续集》疑为后世俗医所作而托名叔微。

吴征镒等.胡麻是亚麻，非脂麻辨——兼论中草药名称混乱的根源和《神农本草经》的成书年代及作者.植物分类学报，2007（4）

【解题】从清朝《植物名实图考》和作者吴其濬对中国植物学的贡献谈起，引出胡麻在中国历史上混淆的状况。通过对中国古籍文献中记载的两种植物的形态性状、地理分布等证据的对比，并把医药各类问题放在历史发展和阶级分化的背景下考察，指出中国历史上最早记载的胡麻当为 Linum usitatissimum，这名称在种植区的民间一直沿用至今，巨胜应为 Sesamum indicum。中草药名称混淆的根源在于其性味功能相似而古人不重视其形态地理差别所致；《神农本草经》是陶弘景在《本草经集注》中的托古之作，该书确定以性味功能归类是导致之后中药名称混淆的根本原因。

葛红.顾炎武《大小诸证方论·序》辨伪.世界中西医结合杂志，2009（1）

【解题】该文以道光五年（1825）刘朴庵《产门方论·序》为关键证据，同时参阅《日知录·医师》相关内容，采用非正常分段、拼凑组合方式，分辨对比三者之间相互雷同的段落章节，获得不容置疑的可量化结果。所谓的1673年“康熙癸丑仲秋东吴顾炎武拜序”的《大小诸证方论·序》，实际上是清末道光五年（1825）以后一般民间文人的伪托抄袭之作。

钱超尘.《医学切要》亟需辨伪与整理.中医药文化，2009（4）

钱超尘.《傅青主女科》辨伪.第十二届全国中医药文化学术研讨会，2009

荆丽娟.《素问六气玄珠密语》版本流传情况及与王冰《玄珠》真伪辨疑.中华中医药学刊，2010（10）

【解题】详细梳理了《素问六气玄珠密语》流传过程中各种版本的情况及特点，介绍了历代藏书家对《素问六气玄珠密语》是否为王冰之《玄珠》的辨疑及所持观点。将《素问六气玄珠密语》与《素问》“七篇大论”内容比较，发现两者在五气经天、基本概念、交司时刻、五音建运等方面有很大不同，该书应非王冰《玄珠》原书，或是后人附托，或为运气学说其他流派的传世文献。

刘景超，李具双.王好古《此事难知》成书年代考证.中医文献杂志，2012（3）

【解题】从王好古现存著作的成书年代、其他著作对王氏著作的引用情况及同门师兄弟的生卒年代诸方面入手，考证《此事难知》一书的成书年代当为1232年。

钱超尘，赵怀舟.傅山《临产须知全集》辨伪.中医文献杂志，2013（2—3）

【解题】《临产须知》非傅山所撰，对考证署名傅山的诸多医书如《产科四十三症》《产后编》《大小诸症方论》《傅青主女科》之伪托真相皆具有重要意义。

范崇峰.《修龄要指》作者、版本及内容考.中医药文化，2014（4）

【解题】明代养生著作《修龄要指》应是冷谦总结前人养生经验，结合自身养生体会汇编而成的。冷谦为修道之人，擅长音律、绘画等，身世扑朔迷离，在世活动的时间从元末至明初约一百五十多年。《修龄要指》现存两种刻本，共一卷九篇，养生方法涉及养性和养命两方面。

赵晨．《华氏中藏经序》的作伪问题略考——以语言学为考察视角．牡丹江师范学院学报，2016（6）

【解题】《华氏中藏经序》是为旧题汉华佗所撰《中藏经》一书所作的序言，共计412字。这则仅有四百余字的序言中，竟然出现了助词“道”、动词“摧塌”等宋元时期的俗语。从语言学角度分析，《华氏中藏经序》很可能是宋元时期的伪作，甚至有出自元代人之手的可能。

赵晨，沈红．《中藏经》成书时代考述．语文学刊，2017（3）

【解题】旧题东汉华佗所撰的《中藏经》中，有不少语言现象是东汉所无的。这些新兴的语言现象同时始见于《中藏经》一书的可能性不大。《中藏经》并非东汉华佗所撰，而是后人伪托的作品。该书反映的语言时代为宋代，且主要是北宋。把《中藏经》看作宋代成书的医学典籍应该是比较可靠的。

天文算法类

九章算术

陈直．《九章算术》著作的年代．西北大学学报，1957（1）

邹大海．秦汉量制与《九章算术》成书年代新探——基于文物考古材料的研究．自然科学史研究，2017（3）

【解题】考察了前人关于量制单位斛的使用不早于新莽的证据和论证，指出其中存在的问题，从出土文献和传世文献两个方面证明新莽以前就有斛的使用，同时也证明了一些被认为是新莽时代特有的数字表示法是早已有之的。论文还分析新莽容积（体积）计量系统的继承与变化；证明《九章算术》反映了时代更早的容积（体积）系统的特征，它很可能是斛取代石的过程中之重要一环，而新莽铜嘉量的颁行则是这一过程中的里程碑，但并非终曲。论文证明《九章算术》中石和斛分工、分别表示重量和体积（容积）很可能是耿寿昌所为，这为刘徽关于《九章算术》最后成书于耿寿昌的记载提供了新的证据。

数术记遗

周全中．《数术记遗》辨真．齐鲁珠坛，1994（5）

周全中．汉徐岳《数术记遗》“三才算”辨真．齐鲁珠坛，1995（4—5）

周全中．汉徐岳《数术记遗》“八卦算”辨真．齐鲁珠坛，1997（3）

周全中．汉徐岳《数术记遗》“九宫算”辨真．齐鲁珠坛，1997（4）

王为桐，王世玉．与《数术记遗》“八卦算”辨真者商榷（一）．齐鲁珠坛，1998（1）

周全中．《数术记遗》是汉献帝时徐岳写的真书．齐鲁珠坛，2002（1）

李培业．关于《数术记遗》的创作年代．珠算与珠心算，2003（1）

周全中．汉徐岳《数术记遗》“五行算”辨真．齐鲁珠坛，2003（1）

周全中．汉徐岳《数术记遗》“了知算”辨真．齐鲁珠坛，2003（3）

甘石星经

钱宝琮．《甘石星经》源流考．国立浙江大学季刊，1937（1）

蔡克骄等．《甘石星经》是一部伪书考辨．自然辩证法通讯，2002（5）

【解题】《甘石星经》被错误地写入大学历史教材和中学历史课本的“战国时期的科学成就”一节，向广大青少年错误地讲授了二十余年。该文通过对现传本所谓《甘石星经》与《史记》《汉书》《后汉书》所引甘德、石申原文相比较，对所谓《甘石星经》中的地名的考证，对历代古人关于《甘石星经》记载的考证，证明了《甘石星经》是一部唐、宋人伪托甘、石之名编写的伪书。

其他

董杰．《理法器撮要》的作伪意图及其价值探析．古籍整理研究学刊，2013（5）

【解题】通过与同样摘抄梅文鼎《平三角举要》的数学著作进行比较，《理法器撮要》是有意作伪，以牟财射利；并推测《理法器撮要》的出现与阮元搜集四库未收书籍有关，也从侧面表明明清传入中国的西方天文、数学知识，经由清初中算家的会通与阐释，此时已经逐渐被士人阶层所掌握，从而促使社会科学素养的提升。

术 数 类

葬书

许文芳等．《葬书》作者及成书时代考辨．伊犁教育学院学报，2005（4）

【解题】《葬书》的成书时代应该在北宋后期。

袁方明．《葬书》的作者真伪考证．康定民族师范高等专科学校学报，2007（2）

【解题】《葬书》是后人伪托郭璞所作，大约成书于唐宋年间，其书的理论思想和郭璞的“生气论”等有直接的渊源关系，是中国文化史上托古以传道的文化现象。

袁津琥．试论《葬书》的作者及其成书的年代．中国俗文化研究，2013（8）

【解题】从文献、音韵的角度加以考证，指出《葬书》最后写定的年代当在晚唐末年或北宋初年，其作者已不可考。

余格格．郭璞《葬书》伪书考．浙江学刊，2016（5）

【解题】题为郭璞所撰的《葬书》，关于其成书时间及作者，历来聚讼纷纭。通过早期文献著录郭璞《葬书》的情况，以及相地术内在的发展理路，论证郭璞《葬书》实际上是宋代南方人士托名所作的伪书，为托古改制而托名于相地行业先师郭璞。其成书上限不早于北宋《地理新书》成书之时，下限不晚于南宋绍兴年间。而书中论及的择葬依据，一反隋唐以来主流的五音姓利法，为宋以后相地理路的发展构建了新的理念与方式，亦映证了此书成书之晚。

其他

陈久金．《浑天仪注》非张衡所作考．社会科学战线，1981（3）

李远国．《正易心法》考辨．社会科学研究，1984（6）

艺 术 类

续画品

施杰．《续画品录》别考．美苑，2002（4）
唐朝晖．再探《续画品》著作者．美术大观，2009（1）

山水论

韩刚．王维《山水论》证实．特殊与一般——美术史论中的个案与问题．第五届全国高校美术史学年会会议论文集，2011
韩刚．王维《山水论》非伪托考．美术观察，2012（3）
李慧国．王维《山水论》仍疑伪托——与韩刚老师商榷．南京艺术学院学报，2012（6）
韩刚．王维《山水论》非伪托考补证——兼答李慧国《仍疑伪托》一文．南京艺术学院学报，2013（2）

【解题】主要运用文献考古层位法对李慧国《王维〈山水论〉仍疑伪托》之商榷意见作出答复，同时补证作者《王维〈山水论〉非伪托考》，重申《山水论》乃王维为当时“画工”而作之着色山水培训教程。

张玉金．正本溯源——王维《山水诀》《山水论》真伪辨．美术学报，2017（3）

【解题】从画论本体文意与该作者本体综合修养二者契合度，以及该画论作者所传世绘画作品风格与所做画论关联度，来考证画论著作权的归属及真伪，是直接和科学的考据方式。画论《山水诀》契合王维的综合修养及其退隐山林之心境，也和他传世水墨作品风格技法相吻合，应该非伪。但《山水论》为伪托之作，应该还荆浩《山水赋》以著作权。

荆浩

徐复观．荆浩《笔法记》的再发现．中国艺术精神，上海：华东师范大学出版社，2001

【解题】为《中国艺术精神》第六章，章节目录如下：

第一节 荆浩著作的著录情形
第二节 《山水诀》《山水论》《山水赋》的混乱
第三节 另一部《山水诀》的问题
第四节 荆浩的《山水诀》即《笔法记》
第五节 《笔法记》校释

其他

余绍宋．书画书录解题．北京：北平图书馆，1932；杭州：浙江人民美术出版社，2012

【解题】本书卷九专论伪托。论及书目如下：

一、书部

笔阵图一卷、笔势论一卷、草书百韵歌一篇、书评一卷、笔髓论一卷、欧阳率更书三十六法一篇、张长史笔法十二意一卷、九品书一卷、别本书断四卷、论篆一卷、冰阳笔诀一卷、续书品一卷、春雨杂述一卷、东溪书法一卷

二、画部

山水松石格一卷、后画录一卷、续画品录一卷、画学秘诀一卷、山水论一篇、豫章先生论画山水赋一卷、笔法记一卷、山水诀一卷、画论一卷、纪艺一卷、华光梅谱一卷、宣和论画杂评一卷、画山水诀一卷、赵氏家法笔记一卷、管夫人墨竹谱一卷、唐六如画谱三卷、绘妙一卷、湖州竹派一卷、芥子园画传四集四卷、烟云供养录一卷

三、书画部

铁网珊瑚二十卷、蕉窗九录无卷数、书画总考二卷

徐复观．逸经地位的奠定——《益州名画录》的研究．中国艺术精神，上海：华东师范大学出版社，2001

王伯敏．李嗣真《续画品录》辨．美术研究，1979（4）

徐清．20世纪中国书学疑古考辨之研究．浙江大学博士学位论文，2004

凌利中．董其昌《各体古诗十九首卷》辨伪及作者考．上海博物馆集刊，2005

徐清．20世纪中国书法文献辨伪综论．图书馆理论与实践，2007（2）

张东方．谢赫《古画品录》成书年代问题考辨．四川大学硕士学位论文，2007

彭德．书画古籍辨伪．中国书画，2009（4）

彭德．书画古籍辨伪．中国书画，2009（5）

乔光辉等．《宣和牌谱》瞿佑作辨伪．中华文化论坛，2009（1）

【解题】《宣和牌谱》并非瞿佑作品，而是后人伪托之作。

李慧斌等．宋代的书法辨伪及其学术意蕴．辽宁省博物馆馆刊，2009

杨亮．《篆学指南》辨伪．图书馆杂志，2010（2）

潘猛补．王稚登《弈史》辨伪．图书馆杂志，2012（12）

【解题】《弈史》内容乃与王世贞《弈旨》《弈问》完全相同，实为书贾假托王稚登之名，乃造伪之作。

林圭．从蔡襄《郊燔帖》辨伪说到古代书法鉴定的方法问题．中华书道，2012（78）

葛敬生．傅山草书《题书自笑八韵》辨伪（上）．文物鉴定与鉴赏，2013（5）

葛敬生．傅山草书《题书自笑八韵》辨伪（下）．文物鉴定与鉴赏，2013（6）

易善炳，徐兆轩．关于萧绎《山水松石格》与王维《山水诀》再探讨．新疆艺术学院学报，2014（1）

【解题】萧绎《山水松石格》与王维《山水诀》行文开端格调基本一致，描写内容如出一辙，与同期画论作比较，文法迥异，但两者相比较，确有不谋而合之处，甚至感觉两者的篇名可以互换。故而推断这两篇画论系同一人所作伪，可能系北宋初期之前的山水画家所作。

韩刚．梁元帝《山水松石格》证实．南京艺术学院学报，2017（4）

【解题】立足回归原境之方法论原则，在对前贤所谓《山水松石格》伪托内容进行较详细辨正之同时，主要从中古画论生长史角度，通过整体内容、四六句书启文体、开篇处形上之思、篇幅、墨法、色彩心理感受、比例问题与证据链等方面之考察，证实该篇当

为梁元帝萧绎撰。

刘玉龙．《山水松石格》考征．文艺研究，2018（2）

【解题】今传梁元帝萧绎《山水松石格》与历代文献著录的《画山水松石格》《松石格》实为同篇异名。萧绎原著有《画山水松石格》一文，当是他为后人传授绘画笔法的书启，或为萧绎本人撰写，或为其传授主旨思想，托付他人秉笔。无论撰者为谁，其首次刊印，当署名“梁孝元皇帝”“湘东殿下”或“梁元帝”。是篇在辗转传抄中出现缺损、舛讹，后世多认为其文辞鄙俗，且萧绎无传世山水、松石，而视其为伪书。然考其内容，十之六七类六朝人语，且精言要义出于《画山水松石格》原著无疑。

杂家类

墨子

张尔田．原墨篇．中国学报，1916（3）；古史辨第四册，北京：朴社，1933

胡适．墨辩与别墨．中国哲学史大纲，上海：商务印书馆，1919；古史辨第四册，北京：朴社，1933

梁启超．《墨子》年代考．古史辨第四册，北京：朴社，1933

朱希祖．《墨子·备城门》以下二十篇系汉人伪书说．清华周刊，1929（9）；古史辨第四册，北京：朴社，1933

张煊．《墨子·经说》作者考．古史辨第四册，北京：朴社，1933

杨宽．墨子各篇作期考．学艺，1933（10）

孙次舟．《墨子·备城门》以下数篇之真伪问题．古史辨第六册，上海：开明书店，1938

栾调甫．墨子书之传本源流与篇什次第．古史辨第六册，上海：开明书店，1938

罗根泽．墨子探源．国立中央大学文史哲季刊，1943（1）；诸子考索，北京：人民出版社，1958

严灵峰．现存墨子诸篇内容之分析及其作者的鉴定．幼狮学志，1967（3）

李渔叔．墨经真伪考．墨辩新注，台北：台湾“商务印书馆”，1968

【解题】墨经上下四篇（即《经上、下》《经说上、下》），当为墨子自著，或至少亦系及门弟子亲承教授记录而成。

朱志凯．墨经作者辨析．学术月刊，1984（9）

【解题】墨子出于组织发展和学术传承的需要，特作《经上》《经下》，以“经”为篇名，赋之以“经”的形式，用来统率墨家组织，这完全是可能的；在《经上》《经下》没有说到“墨者”“子墨子”曰等，亦可作为《经上》《经下》是墨子自著的佐证。

陈孟麟．关于《墨辩》作者问题——和台湾师范大学李渔叔教授商榷．山东师范大学学报，1996（1）

【解题】从哲学社会科学方面，较之墨子，《墨辩》无论认识论、逻辑学和政治理论，都进入一个新的高度，这都是在墨子思想基础上继承、批判和发展的结果。故《墨辩》六篇（即《经上》《经下》《经说上》《经说下》《大取》《小取》）不可能为“墨子自著”。

邹大海．《墨经》不应为墨子所自著——从詹剑峰先生关于《墨经》四篇著作时代的论述说起．安徽史学，2003（4）

【解题】20世纪80年代以来，由于考古发现给对古书年代的估定带来了新的认识，反对《墨经》成于战国后期，主张《墨经》为墨子所自著的学者渐渐多起来。该文通过细致的分析，认为墨子自著说的各项论据皆非充分条件，而其中作为墨子自著《墨经》最强证据的"墨子献书楚惠王"一事，则因其内容与《墨经》不合而其实并无力量；又据《庄子·天下》篇等材料，推定《墨经》成于墨子晚年至公元前4世纪中叶墨家分裂以前这段时间之内。

李光辉．《墨子》成书年代及著者考证综述．殷都学刊，2006（4）

【解题】对《墨子》全书的结构作一分析，考证各篇的成书年代及著者，是系统研究墨学的一个重要内容。学术界对这一问题的考证众说纷纭，分歧一直很大。《墨子》是墨家的一部著作总集，各篇成书大致在战国至汉初这一期间。

徐华．今本《墨子》前七篇新考．古籍整理研究学刊，2009（2）

【解题】通过对今本《墨子》前七篇的分析和研究，推断《亲士》《修身》二篇当属墨子早年自著，而《所染》至《三辩》五篇则应为其早期门人弟子所记。

丁四新．《墨语》成篇时代考证及墨家鬼神观研究．人文论丛，北京：中国社会科学出版社，2010

【解题】《墨语》诸篇（特别是前四篇）不是墨子早期思想的材料，而是孟、庄并时及其后之墨者言论的汇集，主要反映了墨家后学的思想；篇中所谓"子墨子曰"者，主要为依托之言，或系对儒者的呵斥，或系对"弟子"的释疑，或系对诸侯大夫的劝说。

张学君．《墨子》前七篇作者考．吉林师范大学学报，2011（2）

【解题】《墨子》前七篇基本为墨子自著，它就是学术史上向来没有落实的所谓"墨经"。

姜宝昌．析《墨经》当出后期墨家之手．武汉大学学报，2013（5）

【解题】《墨经》所述内容、撰写体例与《墨子》的兼爱、非攻等十大主张的有关篇章的内容论述形式和撰写体例是完全不同的；《墨经》应为后期墨家所作。

李锐．先秦古书年代问题初论——以《尚书》《墨子》为中心．学术月刊，2015（3）

【解题】先秦古书的年代问题，一直是研究古代学术思想的基础，深受重视。近些年出土的简帛古书，不仅直接揭示了一些古书的形成年代，更使我们对过去的观念和方法有了反思。但是国际汉学界对有关问题的看法却并不统一，其中与中国学界差别较大的是今文《尚书》和《墨子》"十论"中一些篇章形成年代的问题。汉学界关于《墨子》以及相关子书的一些讨论之所以不足信，一个很大的原因是所用的方法——从"思想系统"上或"思想线索"上来讨论问题，用文字、术语来替古人著作做"凡例"，根据词汇分析学派、年代的方法，这些方法都存在问题；他们都想通过某种方法，把《古书通例》所讲的师弟子不分的学派集体著作，作线性的早晚发展分析，仍然是在进化论的观念指导下的线性思维，把古书的形成简单化。作者主张应利用古书形成过程中的"族本"观念来解释有关问题："族本"系统是文本的源头；"族本"之下，每一个写成文字的文本便成为此一流传系统的"祖本"，每个系统之下是同源异流的文本流传系统，同源异流的文本流传系统之中，最极端的是源流一线传递的文本流传系统；"族本"之间，同源异流的文本之间，虽然可以用词汇法等判断早晚，但这只是文本写定时代的早晚，只具有参考意义，并不是文本来源的早晚，只有源流一线传递的文本流传系统内的文本，判定其早晚才是可靠的。如《墨子》“十论”诸同文之间，虽然从文辞、词汇、故事等看出早晚之别，但是这只具有参考意义，并不足以作为思想早晚的根据，其思想来源是相同的；而今日流传的各种《墨子》，如道藏本、四库本等，则各自成为一流传系统，其时代虽有早晚之别，但这只具有参考意义，在选用底本、校勘时，有一定作用，但这种时代早晚，并不代表道藏本与四库本之来源本的早晚。

张懋学．《非儒》成篇年代考．齐齐哈尔大学学报，2015（6）

【解题】将《非儒》与《墨子》《孟子》《孔丛子·诘墨》三者进行比较，并结合墨家的思想演变来考辨，认为《非儒》成篇大约在孟子之后与秦焚书前的70年之间，可能作于荀子之时或稍后。

马越．“自著还是编著”：《墨子》成书问题新探．职大学报，2017（6）

【解题】《墨子》“十论”或晚于《墨经》成书。《墨经》为墨子在吸收前人成果基础上的编著而非完全自著。“十论”或为墨子弟子对《墨经》的阐释。《墨经》是以墨子为代表的工匠阶层在劳动实践中的“工作记录”，而“十论”则是对这一记录的“理论总结”。了解这些，让我们对《墨子》的成书和作者问题有了新认识，对《墨经》的性质也有了新界定。

鬼谷子

萧登福．《鬼谷子》真伪考．中华文化复兴月刊，1983（11—12）

金德建．《鬼谷子》述作考．管子学刊，1988（1）

【解题】今本《鬼谷子》系战国苏秦以及西汉司马迁、东汉服虔所见的旧物，的确是一部先秦古书，并非后世伪造。《鬼谷子》虽然是苏秦的书，却不能当成是苏秦写作，除《鬼谷子》中《揣》《摩》应该是苏秦自著外，其他大多是鬼谷先生遗留下来的。《鬼谷子》成于齐地，大约为战国中期的后半以及晚期之初，是齐、秦争强期阶段的产物。《鬼谷子》学问是传承齐地吕尚学问流衍而来；其述作者与《周礼》述作者有契合关系，可能是齐地稷下学者中黄老派倾向的人物。

陈蒲清．关于鬼谷子和《鬼谷子》．湖南教育学院学报，1991（4）

李学勤．《鬼谷子·符言》篇研究．中国史研究，1994（4）

【解题】以新出简帛为材料进行论证，《鬼谷子·符言》显系古书，对《鬼谷子》即《汉志》所载《苏子》的论证还是值得考虑的。

麻天祥．清代学者对《鬼谷子》研究的贡献．文献，1996（3）

【解题】《鬼谷子》长期被诬为伪作，主要是其与“正统”相悖离，被正统文人借题发挥。先秦实有鬼谷其人，为纵横家苏秦、张仪之师，《史记》记述虽简，言之凿凿。俞樾为《鬼谷子》研究的集大成者，肯定该书为先秦纵横家所存之书，既集碑史、传说以考其变迁，又兼取真伪说以资比较，考证之详，远迈前古。

陈炎．鬼谷子．古典文学知识，1998（6）

郑杰文．《鬼谷子》哲学与《老子》哲学．齐鲁学刊，1999（1）

【解题】《鬼谷子》把《老子》的“阴阳化生”学说运用到社会科学领域，并依此来分析社会事件的阴阳属性和变化发展，发挥人的能动作用，促使社会事件阴阳转化；又把《老子》的“弱用之道”发展为游说、操纵君主决策的种种权术，在社会事件阴阳变化的“几微之动”中用这些权术使其朝着有利于己的方面发展，成为纵横捭阖斗争的哲学指导，并为后人提供了一种以弱胜强的方法论借鉴。

杜勇.《鬼谷子》著作时代刍议.天津师范大学学报，2003（6）

【解题】《鬼谷子》在《汉书·艺文志》中未见著录，因此长期被认为是一部伪书；但近年大量简帛佚籍的出土，说明《汉志》所录并非当时旧籍的全部。从汉儒称引《鬼谷子》文句看，它应是一部先秦旧书；书中遣词造句常取古义、多用韵语的特点，体现了战国时期的文体风格，从一个侧面说明《鬼谷子》的作者不是东汉或六朝的好事者，而是战国时期的鬼谷先生。

陈蒲清.《鬼谷子》写作年代考证.长沙大学学报，2005（1）

【解题】《鬼谷子》内篇是先秦著作，其中的前11篇是鬼谷子原作，而《符言》是从《管子》混入的，外篇是唐朝人的作品。

许富宏.《鬼谷子》真伪及文学价值.西北师范大学博士学位论文，2004

【解题】主要涉及《鬼谷子》的真伪问题、作者问题、成书问题等。（1）分别从文献学考察、与出土文献及传世文献作比较、先秦思想史、语言发展史五个方面，对真伪问题进行全面分析论证，认定《鬼谷子》不是伪书，应是战国中期作品。（2）从用韵特点看，《鬼谷子》的第一部分《捭阖》等六篇、《符言》篇、《本经阴符》，其作者应为鬼谷子本人；《揣》等五篇，其作者当为鬼谷先生的弟子中纵横家一派；《持枢》《中经》，其作者可能是鬼谷先生的门人或后学。他早年可能曾传授孙膑、庞涓兵法，后入齐国，做过齐稷下先生，并在齐地传授苏秦、张仪纵横捭阖之学，晚年隐居于鬼谷著述，并教尉缭兵法，世称鬼谷先生。后世有人称其王栩、王禅、刘务滋等均不可靠。关于成书问题。根据今本《鬼谷子》的残缺情况，将其分为三组，通过分析得出这三组作品非一人所作，而是鬼谷先生的三个不同派别的学生把老师鬼谷先生的作品放在前，把自己的述作放在后而形成的。《捭阖》等六篇为鬼谷先生作，《揣》等五篇是其弟子中纵横家一派所作，其纵横家弟子作了编辑工作。这次的编辑，形成今本《鬼谷子》的一个源头；《符言》为鬼谷先生所作，《转丸》等两篇已遗失的作品，当为其弟子中道家一派所作，他们把鬼谷先生的作品放在前，把自己的述作放在后，形成今本《鬼谷子》的另一个源头；《本经阴符七术》为鬼谷先生作，《持枢》等为其弟子中其他学派中的人所作，这些弟子或门人把鬼谷先生的作品与自己的述作放在一起，形成今本的第三个源头。前两个源头被刘向整理编辑成一个本子，这是《鬼谷子》的第一次成书；第三部分在西晋之前也被编入《鬼谷子》中，从而形成《鬼谷子》三卷本，这是《鬼谷子》第二次成书。

许富宏.《鬼谷子》研究.上海：上海古籍出版社，2008

【解题】该文相关部分目录如下：

上编　《鬼谷子》真伪考辨

第一章　《鬼谷子》伪书说辨正

第二章　从出土文献看《鬼谷子》的真伪

第三章　从传世文献看《鬼谷子》的真伪

第四章　从思想史的角度看《鬼谷子》的真伪

第五章　从汉语史的角度看《鬼谷子》的真伪
中编　《鬼谷子》作者与成书
第六章　《鬼谷子》的成书过程与作者
第七章　鬼谷子的生平与时代
第八章　《鬼谷子》的学派归属

冯立.《符言》篇为《鬼谷子》原有篇章考.语文知识，2009（1）

【解题】《鬼谷子·符言》篇的真伪，学术界历来争议很大，多数人认为是伪作；有学者根据《符言》篇的成文与《管子·九守》篇的相似性，进一步认定是从《管子》中羼入的，这种观点几成定谳。但近年随着出土文献的研究和先秦黄老思想的进一步解读，越来越多的证据佐证《符言》并非从《管子》中羼入的，而是《鬼谷子》原有篇章。从出土文献研究和传世文献解读出发，综合前人研究成果，力证《符言》篇为《鬼谷子》原有篇章。

孙兴国.鬼谷子其人及其书的考辨.现代语文，2009（10）

【解题】通过对《鬼谷子》思想内容的分析和历代著录文献的考辨，考证鬼谷子其人应是纵横家神秘其道的产物，而《鬼谷子》一书则是魏晋间人在周秦纵横学著作的残篇遗意的基础上加工、整理而成的，其书不全伪。

许富宏.《鬼谷子》集校集注.北京：中华书局，2010

阮素雯.《鬼谷子》苏秦伪作质疑.郑州大学学报，2010（5）

【解题】对学界苏秦著录《鬼谷子》一说不敢苟同，理由：《汉书·艺文志》独载《苏子》而不录《鬼谷子》；《苏子》其文与《鬼谷子》不类；马王堆帛书对《鬼谷子》和《苏子》并行于世提供了佐证；苏秦生平没有亲笔著述。结论：《鬼谷子》不是《苏子》，亦非苏秦伪作。

康晓玮.《鬼谷子》真伪考略.郑州大学硕士学位论文，2012

【解题】主体部分考证《鬼谷先生事略》《〈鬼谷子〉真伪考》并非俞樾著作，而出自俞棪《中国政略学史》，并综合多家观点，将《鬼谷子》与《说苑》《隋书·经籍志》《战国纵横家书》分析对比，结合前人相关研究，认为今本《鬼谷子》原貌为二卷，并进一步论证俞棪“述师说”的合理性。

蔡瑶.《鬼谷子》文献研究.沈阳师范大学硕士学位论文，2015

【解题】《鬼谷子》作为先秦时期流传下来的唯一一部纵横家的理论著作，是对纵横家的权谋策略和游说技巧的总结。论文分为三个部分进行论述：第一章分为两节主要写《鬼谷子》一书的真伪和注本。第一节内容主要是《鬼谷子》伪书说的由来、依据以及真伪辨别。首先介绍伪书说的由来以及其认为是伪书的依据，然后通过对其依据进行分析，找到其荒谬和不合情理之处，从而得出《鬼谷子》一书确为先秦旧作这一结论。

尹文子

唐钺.尹文和尹文子.清华学报，1927（1）

【解题】第一部分考证尹文的学派、国籍、年代，第二部分考证《尹文子》。

罗根泽.《尹文子》探源.文哲月刊，1936（8）；诸子考索，北京：人民出版社，1958

蒙传铭.《尹文子》辨证.台湾师范大学硕士学位论文，1959；台湾师范大学国文研究所

集刊，1960（4）

金德建．宋銒、尹文三论．先秦诸子杂考，郑州：中州书画社，1982

【解题】论宋銒、尹文不属于稷下学派，又释宋銒、尹文“君子不为苟察”说，并考察宋銒、尹文所著《枢言》《心术》《白心》《内业》等篇与《庄子·天下》篇对宋銒、尹文记载的贯通性。

周山．《尹文子》非伪析．学术月刊，1983（10）

【解题】对《尹文子》一书的“伪托”之说作了分析，认为《尹文子》为后人伪托，并无根据；应该重视《尹文子》中“名理”思想的研究。

胡家聪．《尹文子》与稷下黄老学派——兼论《尹文子》并非伪书．文史哲，1984（2）

【解题】《尹文子》乃是战国时代在齐国都城临淄稷下学宫讲学的道家学者尹文及其学派的遗著，对于探讨稷下道家黄老学派及其学说颇为重要。

董英哲．《尹文子》真伪及学派归属考辨．西北大学学报，1997（3）

【解题】《尹文子》虽残而真，并非伪书，应属名家。

邵蓓．尹文及《尹文子》．中国史研究，1999（2）

【解题】今本《尹文子》留有鲜明的战国时代印记，其内容与尹文出身齐国、游学稷下的背景一致，应是战国后期出于齐稷下的作品。但今本已并非战国的原本，其中有后人窜入的部分，在研究时需要辨别清楚。

程水金．《〈尹文子〉序》之写作年代论略——以公孙龙的学术史资料为观照背景．长江学术，2015（3）

【解题】汉唐以迄明清之际，学者皆以《史记》所载孔门弟子公孙龙与六国辩士公孙龙为一人，从而形成一种谬误的历史话语体系。因此，与辩者公孙龙相关的一切学术史料均与孔门弟子公孙龙发生年代误植。《〈尹文子〉序》称尹文与宋銒、彭蒙、田骈同学于公孙龙，正是这一年代误植所衍生的学术话语。而历来辨伪诸公不明是理，既据此年代误植而以《尹文子》为伪书，又以序文自署“仲长氏”为仲长统，进而定序文出于伪托。年代误植，其来有自，不足以定《尹文子》为伪书，“仲长氏”亦非仲长统，乃仲长统家族晚辈。其序文写作年代当在魏晋易代之际。今存《尹文子》既非伪书，其序文亦非伪托。

慎子

罗根泽．慎懋赏本慎子辨伪．燕京学报，1929（6）

罗根泽．慎懋赏慎子传疏证．国学丛编，1931（4）

严挺．慎懋赏本慎子辨伪补．光华大学半月刊，1933（3）

金德建．慎子流传与真伪．厦门图书馆声，1933（5）

方国瑜．慎懋赏本慎子疏证．金陵学报，1934（2）

子华子

寿普暄．子华子考．师大学刊，1942（1）

晁福林．子华子考析．史学月刊，2002（1）

【解题】子华子是老庄之间道家别派的重要人物，今本《子华子》为宋代伪撰。

王献松．《子华子》研究．武汉大学硕士学位论文，2013

【解题】论文分为三部分：第一部分主要回顾此前学者对《子华子》一书的研究概况，分南宋至清代和近百年以来两个时段，古代学者的研究主要集中在对《子华子》真伪争论上，近百年以来学者们开始关注该书的思想内容。第二、第三两部分主要从文献辨伪和思想研究两个方面展开。第二部分检讨古代学者在《子华子》辨伪工作中的缺陷和不足，并指出部分有价值的内容；通过辨证刘建国《〈子华子〉伪书辨正》一文，说明其中证明《子华子》为真书的证据并不可信；在前人辨伪基础上，结合一些新的发现，通过直接证据和辅助证据对《子华子》进行系统辨伪，以证明《子华子》确系伪书，且判定此书作伪于元丰三年（1080）至绍兴二十一年（1151）之间的70余年间。第三部分主要针对作伪者伪造部分的内容，从宇宙论、政治哲学和中医养生学说三个方面展开，宇宙论一节主要分析宇宙的概念、宇宙生成学说、宇宙运动及其动力，以及人与宇宙本源（道）的关系等，政治哲学一节主要从“祸乱起于欲善而违恶”的主张和“以道治国”及其图景两个方面阐述其无欲、无为的施政方针，中医养生学说一节主要从五行五脏说、养生贵在养气、医药理论三个方面进行论述。最后又综合书中的主要思想，结合前人对《子华子》典籍分类的观点，认为《子华子》在目录分类上应归属于道家类。

刘硕．《子华子》斠疏．东北师范大学硕士学位论文，2017

【解题】论文由两大部分组成。第一大部分为绪论，其中包括四个方面的内容。一是《子华子》其书的研究综述。主要分为南宋、金元、明、清、近代和中华人民共和国成立以来六个阶段，分析了自《中兴馆阁书目》以来对于《子华子》一书真伪讨论的方法和结论，明晰了研究的逐渐深入程度，为后来的研究做了较为充分的基础工作。二是对于“子华子”与“程本”其人的考辨，主要包含姓氏和国别的讨论，结论认为在证据不充分的情况下，不能仅仅依靠其中的一种可能性来对“子华子”其人的国别进行判断，而应该秉持“多闻阙疑”的态度，罗列出更多的可能性。三是《子华子》一书的版本概述。《子华子》的版本有全本、注本和节选本，在这里都进行了介绍和罗列。本文所用来校勘的主要是全本的《子华子》。四为《子华子》伪书性质的考辨。此部分以第一部分为基础，对于前人已经阐述较为详尽的内容不加以赘述，主要通过史源学的方法查考《子华子》一书中的史料来源。之后以此进行详细的对照与比勘，来论证《子华子》其书真伪的性质。这种类似“异文”的情况可大致有四种类型。第二大部分是本文的主体。即以正统《道藏》本为底本，主要通过本校、对校和他校的方法来进行校勘。校勘的内容包含了伪刘向《〈子华子〉序》和《子华子》十章。《子华子》的疏证部分，其中以查考其引用书目的内容为主，并加以注释。注释的方法主要依据古注和今人注说，并案以己说。

尸子

孙次舟．再评《古史辨》第四册（上）论《尸子》的真伪．古史辨第六册，上海：开明书店，1938

张西堂．《尸子》考证．《穀梁》真伪考附录，北京：景山书社，1931

金德建．《尸子》作者与《尔雅》．厦门图书馆声，1933（6—7）

郭强．《尸子》真伪考辨．绥化学院学报，2014（5）

【解题】《尸子》确为先秦典籍，至南宋全书散佚，幸后人载录并辑佚，才得窥其大概，非伪书也。

寇志强．《尸子》成书年代考．江苏开放大学学报，2015（1）

【解题】辑佚本《尸子》与商鞅思想矛盾之处甚多，又多涉及战国末年学说及避讳现象，当非尸佼所作，而是另有其人，其成书年代当在秦庄襄王即位之后，秦始皇统一天下之前。

胡鹏．《尸子》成书年代辨正——与寇志强先生商榷．四川职业技术学院学报，2016（4）

【解题】寇志强《〈尸子〉成书年代考》一文提出《尸子》并非尸佼所作，其创作年代在秦庄襄王即位之后、秦统一天下之前的观点。考其文，四个主要论据"其书与商鞅思想矛盾之处甚多""多涉及尸佼身后之事"、涉及"避讳现象"和"战国末年学说"等均存在问题，不仅无法支撑其论点，反而更加能够证明《尸子》的著作权主要应归属于尸佼，其成书年代当在秦庄襄王即位之前。

寇志强．《尸子》成书年代再考．天中学刊，2018（1）

【解题】《尸子》本为先秦诸子著作之一，刘向《别录》与班固《汉书·艺文志》都著录为战国中前期尸佼所作，然该书中多有尸佼身后之信息，又与商鞅学派思想不合，必非尸佼所作，而当为战国末年的另一尸子所作。通过《尸子》与《吕氏春秋》的比较，可看出二者可对读之处颇多，且《尸子》又比《吕氏春秋》融合诸子百家程度更深，故应产生在《吕氏春秋》之后。通过对新发现一则《尸子》佚文的考辨，可得出《尸子》最终完成当在秦始皇二十八年（前219）到三十四年（前213）之间。

於陵子

林庆彰．《於陵子》考辨．丰坊与姚士粦，东吴大学硕士学位论文，1978

林志鹏．《於陵子》成书时代平议．中国典籍与文化，2010（2）

【解题】今本《於陵子》既非先秦古籍，亦非明人所伪，乃南北朝文士杂缀陈仲言行而成。

吕氏春秋

王启才．关于《吕氏春秋》辨伪问题的文献爬梳．阜阳师范学院学报，2013（3）

【解题】《吕氏春秋》在成书之前曾有系统之构思、规划，不韦宾客人手又众多，迁蜀后著书的可能性不大，司马迁《史记·吕不韦列传》明言"号为《吕氏春秋》"的包括三大部分，那么一次成书的可能性就很大。至于书中纪、览、论三部分，由于其定稿时被刻在竹简上很可能是相对独立的，所以其顺序很容易被翻乱，后人也可以根据需要和兴趣置放，但不管哪部分居前，其体例的不同，甚至有部分的错简与重文，较之于原书，可视为"窜乱"，但不能因该书体例、结构的变化，就判断整部书为伪。

论衡

容肇祖．《论衡》中《无伪篇》考．大公报·史地周刊，1936（91）

刘子新论

杨明照．《刘子》理惑．（燕山大学）文学年刊，1937（3）；学不已斋杂著，上海：上海古籍出版社，1986

王利器．文心雕龙校证序．文心雕龙校证，上海：上海古籍出版社，1980

林其锬，陈凤金．《刘子》作者考辨．《刘子集校》附录二，上海：上海古籍出版社，1985

林其锬，陈凤金．再论《刘子》作者问题．中华文史论丛，1986（4）

郑韶．刘勰与《刘子》．百科知识，1986（9）

程天祜．《刘子》作者辨．吉林大学学报，1986（6）；文心雕龙学刊（第5辑），济南：齐鲁书社，1988

杨明照．再论《刘子》的作者．文史，1988（30）

程天祜．《刘子》作者新证——从《昔时》篇看《刘子》的作者．吉林大学学报，1990（6）

曹道衡．关于《刘子》的作者问题．中国社会科学院研究生院学报，1990（2）

【解题】运用“史源学”方法爬梳史料，对若干传统看法提出质疑，否定《刘子》为刘勰或刘昼所作，《刘子》的作者当为一名刘姓学者。

刘跃进．《刘子》作者．中古文学文献学，南京：江苏古籍出版社，1997

【解题】该文为《中古文学文献学》下编第三章第七节。

李政林．《刘子》作者为刘勰之说商榷．南昌大学学报，1999（3）

【解题】关于《刘子》的作者，自唐以后无有定论，主要有刘勰和刘昼之说。从后世的著录情况看，很难证明《刘子》的作者为刘勰；从此书内容及风格来看，思想倾向于道家，与崇佛的刘勰不同；语言风格与《文心雕龙》亦有很大差别。而从刘昼生平事迹来考察，其为《刘子》作者的可能性很大。

朱文民．把《刘子》的著作权还给刘勰——《〈刘子〉作者考辨》补证．齐鲁文化研究，2006

【解题】《刘子》作者是谁，学界一直有不同说法。林其锬、陈凤金先生《刘子作者考辨》发表后产生了一定影响，是《刘子》刘勰说的具有代表性的观点。本文根据林、陈两先生文章发表后刘昼说的再质疑，并结合刘勰公认的所有著作和刘昼生平及《刘子》一书的内容，尤其把刘勰及其著作放到六朝玄学思潮大背景下综合考虑，从七个方面对《刘子作者考辨》予以补证，进一步辩驳刘昼说的论据，并试图厘清《刘子》作者由刘勰到怀疑刘勰，再到否定刘勰的过程，还刘勰一个公道，主张把《刘子》的著作权还给刘勰。

陈志平．《刘子》作者和创作时间新考．古籍整理研究学刊，2007（4）

【解题】将《刘子》的文字、思想和刘勰、刘昼生平进行比对，论证此书并非此二人所作。又通过对《隋书·经籍志》记载的仔细分析，判定《刘子》为晋人作品。《刘子》所载“天子亲耕于东郊，后妃躬桑于北郊”，乃晋武帝太康九年（288）前的祭仪；且该书还提到曹操的庙号；进而判定《刘子》创作于220年至288年，作者为魏晋间人。

周绍恒．《刘子》作者问题辨．文心雕龙研究，2007（8）

陈应鸾．《刘子》作者补考．文学遗产，2008（3）

【解题】通过考察《刘子》的文风、用典、用词，以及书中用事、用语的错误，为其作者系刘昼说提供了诸多内证。

陈祥谦．《刘子》作者新证．武汉科技大学学报，2008（5）

【解题】通过耙梳史料，辨析考证，认为《刘子》作者乃梁朝之刘遵。今按，其说难以成立。

陈志平．《刘子》研究．长春：吉林人民出版社，2008

朱文民．再论《刘子》的著作者为刘勰．鲁东大学学报，2009（1）

【解题】用避讳法来否定《刘子》为刘勰所著，坚持刘昼说，反而更否定了刘昼说；以"《刘子》中有法家思想，《文心雕龙》尊儒反法"作为否定《刘子》刘勰著的理由是不合史实的，因为《文心雕龙》对法家给予了很高的评价；以此"《刘子》的语言特色与《洛阳伽蓝记》《水经注》同"为据来肯定《刘子》作者是刘昼也是不妥的，因为这些著作，即使在南朝，一般也用散文来写。而从《刘子·贵农》篇反映的时代特征看，与梁代社会现实相符，也与刘勰"利民"之志相合，且《刘子》讲"托附"、论"因显"、说"韬光"，这不符合刘昼的学术经历、思想品行和性格特点。因此，两《唐志》和郑樵《通志》对《刘子》作者的著录是不易撼动的。

周绍恒．关于《〈刘子〉作者补考》的一点商榷．文学遗产，2010（3）

【解题】对陈应鸾《〈刘子〉作者补考》一文进行商榷，认为说《刘子》作者称"段干木"为"干木"、"朱泙漫"为"朱泙"是"犯了常识性错误"不妥。

林其锬．《刘子》作者综考释疑——兼论《刘子》的学术史意义．文史哲，2014（2）

【解题】《刘子》为刘勰著，南宋以前直接可见的公私著录均无疑义；分歧始自南宋出现的《刘子》袁孝政注本及刘克庄引文。作者通过考证认为：袁孝政注本乃宋人伪托，刘克庄引文亦无的据；无论外证还是内证，都充分证明《刘子》著作权当属刘勰。

梁德华．《刘子》成于东晋时人说献疑．诸子学刊，2014（1）

【解题】通过讨论《文心雕龙》与《刘子》在词汇风格上的差异，证明《刘子》非成于刘勰之手；又检讨学者质疑"刘昼说"之论据，并与"《刘子》成于东晋时人"说进行商榷，认为现阶段只能推测"刘昼说"较为可信。

韩湖初．《刘子》应为刘勰撰——《刘子》作者争论评述．中国文论，2015（2）

【解题】关于《刘子》作者，主要有刘勰与刘昼两说。直至南宋初年史籍记载为刘勰撰，其后始有刘昼说，继而愈演愈烈。今人林其锬、陈凤金指出，刘昼说源于对宋人题署的错误解读，原是仍沿旧题以存疑之意，并举《宋志》近万部书目加"题"字者16部无不如此。但后人断章取义，变成对作者的确认，却无人深究，由疑变是，几成定局。又针对刘昼说的主要两条证据指出，其一是袁孝政的《刘子注》序，通过对照版本体例证实该书乃是南宋人伪造。且来历不明，所说有乖事理。其二是唐人张鷟《朝野佥载》所载《刘子》为刘昼撰，因无位故窃刘勰之名，世人莫知。但这条材料是后人根据刘克庄文集的记载补辑的，此外别无他证。而且该书是唐人小说，不应视为信史引录。再者，我国隋唐文献和流传日本的《刘子》已有明确记载，以及从刘勰、刘昼与佛家关系，均可证刘勰说。林、陈此举在学术界掀起轩然大波，反对者阵容鼎盛，支持者不乏其人。该文赞成刘勰说。

物异考

方勇.《物异考》著作权归属考.河北图苑，1993（4）

【解题】《物异考》作者为明代昆山方凤，而非宋浦江方凤。

方勇.《物异考》为明昆山方凤所著.东南文化，1995（2）；文献，1996（1）

古今注

郑祖襄.《古今注》“横吹曲”史料真伪谈.中央音乐学院学报，1994（4）

【解题】《古今注》横吹曲史料虽未见于汉代文献，但《古今注》确为可信之书。

王朝客.《古今注》小考.贵州文史丛刊，2001（3）

【解题】分源流篇与关系篇，判定《古今注》渊源有自，实非伪书。

王欢.《古今注》研究.陕西师范大学硕士学位论文，2014

【解题】依托文献史料及出土材料，考证崔豹的生平行事，推翻《古今注》伪书一说，判断《古今注》的成书时间大致在东晋中期。

东坡志林

章培恒，徐艳.关于五卷本《东坡志林》的真伪问题——兼谈十二卷本《东坡先生志林》的可信性.南京师范大学文学院学报，2002（4）

【解题】出现于明代的五卷本《东坡志林》实系真伪杂糅之书。其伪的部分，情况也极复杂：有的根本不出于苏轼；有的虽出于苏轼，但不出于《东坡志林》；有的在同一条中真伪交杂。至于十二卷本，不仅出于五卷本之后，且将五卷本中除“论”的一卷外的绝大多数文章收入，也是一部真伪杂糅的书，其较五卷本多出的部分，有些当出于辑佚，但是否全都为辑佚所得，仍是有待进一步探考的问题。

李乐凝.《东坡志林》考论.文化创新比较研究，2017（5）

【解题】苏轼《东坡志林》向来作为一部笔记作品而为人熟知，但现存《东坡志林》版本已是明代结集刊印，并非苏轼亲自编定，且从苏轼本人的一些书信资料来看，《东坡志林》原本应非如此。经过对一些史料及前人著述的研究，可推知东坡本计划完成两部著作，即笔记性质的《手泽》和史学著作《东坡志林》，但由于种种原因，《东坡志林》未能完成且成篇较少，而在大量遗稿中，作者又没有留下关于两部书结集方面的明确区分，因此造成两部著作的混杂，进而形成现有的《东坡志林》。

春雨杂述

颜廷军.《春雨杂述》真伪辨.文献，2014（1）

【解题】《春雨杂述》的内容来自于嘉靖本《解学士文集》，并非伪托之文，也无需“存疑”。在解缙生前未曾有此篇名，乃明代万历后期被辑入《宝颜堂秘笈》时所加，其冠名依据是解缙有“春雨”斋号，又辑入解缙文集中“杂述”类的内容，合为“春雨杂述”，并非余绍宋所言“漫题为杂述耳”。

卧游录

谭钟琪.《四库总目·卧游录提要》辨正.图书与情报，2005（4）

【解题】《卧游录》为南宋理学家吕祖谦晚年所编，“明人依托”说没有根据。

杜海军.《四库全书存目丛书》收录《卧游录》问题商榷.广西师范大学学报，2007（3）

【解题】吕祖谦《卧游录》流传有内容截然不同的两种版本，难辨真伪。《四库全书存目丛书》的纂辑者收一弃一，似乎有所肯定，这种做法会影响人们对吕祖谦学术取向甚至水平的认识。若真出于保留文献的考虑，莫善于将两本兼收并蓄。

事物纪原

张志和.《事物纪原》成书于明代考.东方论坛，2001（4）

【解题】关于《事物纪原》的成书年代与作者，《四库全书》所收本及具有权威性的工具书《中国丛书综录》均题为“宋·高承撰”。生活于明正统年间的阎敬在为该书所作的序言中，谈到该书的来历并说“作者逸其姓氏不可考”；又从该书引用的材料来源看，其中有相当多的内容出自《宋会要》，且叙述语气亦明显是宋朝以后的人；该书的两次刊刻出版都在明中叶，由此可以证明该书的成书时间应在明代。

朱仙林，曹书杰.《事物纪原》初本成于宋代考.历史文献研究，2012

【解题】《事物纪原》是一部价值较高的类书，其作者旧时多以为“宋·高承”，近年来有学者认为是书成于明代。作者考查与《事物纪原》相关的文献发现，其最初的编纂者当是北宋高承，经后世递修增补而成，今本的最后完成可能在明代，故而其多有高承初本之后的文字和内容，但绝非“其作者只能是明代人”如此简单。

琅嬛记

薛洪.《琅嬛记》的作者究竟是谁.社会科学战线，1997（2）

【解题】据《琅嬛记》末尾一条隐语及其内容与《琅嬛福地记》相同，推断作者为张岱。

罗宁.明代伪典小说五种初探.明清小说研究，2009（1）

【解题】《诚斋杂记》《琅嬛记》一向被认为是元代的小说和笔记，常常误导研究者使用其中的材料。其实它们以及《女红余志》《古琴疏》《缉柳编》等书都是明代人的伪造，时间大约在万历初。这几部书的出现与隆庆时伪典小说《云仙杂记》《清异录》的刊刻关系密切，系模仿其手法而造作成书。它们杜撰故事和代名，一方面解释过去诗文中的典故，一方面也期望书中的典故和代名将来为人所使用，这正是伪典小说写作的手法和动机。

沈梅.《琅嬛记》考证.合肥学院学报，2009（6）

【解题】《琅嬛记》确是一部伪书，作者、成书时间及所引书目都所言非实；它与《清异记》《云仙散录》一样都可称为“伪典小说”。

学海类编

吕双伟.《四六金针》非陈维崧撰辨. 中国文学研究，2006（4）

【解题】自康熙间《学海类编》收录陈维崧的《四六金针》，后来清代目录书和当代骈文研究专家都将《四六金针》视为陈维崧所作。《四六金针》乃抄袭补缀元代陈绎曾的《文筌·四六附说》而成，不是陈维崧所作，这从该书内容、历代目录记载和陈维崧作品等之中都可以得到证明；且《学海类编》收录多伪书，不可轻信。

龙野. 现存《学海类编》本《诗问略》非陈子龙撰考. 文献，2012（2）

【解题】现存《学海类编》本《诗问略》与国图藏清抄本《诗问》为同一书，二者内容完全一致；吴肃公是该书作者的可能性很大；而《学海类编》本《诗问略》署名陈子龙，有必要作出修正。

陈瑞赞. 四库存目著录《学易居笔录》证伪. 图书馆杂志，2013（6）

【解题】《学海类编》本《学易居笔录》一卷，题为元俞镇著，《四库全书总目》子部杂家类存目予以著录，而齐鲁书社出版的《四库全书存目丛书》更据此收入。《学易居笔录》系割裂明人侯一元的《读书记》而成，是明末清初书贾所造的伪书。

其他

杜泽逊. 明刊《福寿全书》辨伪. 文献，1996（3）

程杰. 元贾铭与清朱本中《饮食须知》真伪考——《我国南瓜传入与早期分布考》补正. 闽江学刊，2018（3）

农家类

齐民要术

柳士镇. 从语言角度看《齐民要术》卷前《杂说》非贾氏所作. 中国语文，1989（2）

【解题】通过分析《齐民要术》卷前《杂说》中出现的一些魏晋南北朝期间尚未产生的语言现象，从汉语史的角度，推断其成于这一时期之后，并非贾思勰所作。

阚绪良.《齐民要术》卷前《杂说》非贾氏所作新证. 安徽广播电视大学学报，2003（4）

【解题】研究《齐民要术》的学者公认该书卷前的《杂说》非贾氏所作，并有学者从语言学的角度证成这个观点，该文则又提供了一条语言学上的证据。

汪维辉.《齐民要术》卷前“杂说”非贾氏所作补证. 古汉语研究，2006（2）

【解题】从词汇史角度为《齐民要术》卷前“杂说”非贾思勰所作提供新的证据，用内部比较法考察了“杂说”中的11个词语，认为它们不可能出自贾思勰之手，为进一步推定此文的写作时代提供参考。

王社坤.《齐民要术》卷前《杂说》非贾氏所作例证零拾. 语文知识，2008（2）

南方草木状

刘昌芝．试论《南方草木状》的著者和著作年代．自然科学史研究，1984（1）

【解题】嵇含没有到过岭南，《南方草木状》为东晋至刘宋初徐衷作，较为可信。

芶萃华．也谈《南方草木状》一书的作者和年代问题．自然科学史研究，1984（2）

【解题】今本《南方草木状》是在嵇含原本的基础上逐步增补、发展而来的。

缪启愉．《南方草木状》的诸伪迹．中国农史，1984（3）

【解题】《南方草木状》并非嵇含之书，是后人根据类书和其他文献编造的，其时代当在南宋。

梁家勉．对《南方草木状》著者及若干有关问题的探索．自然科学史研究，1989（3）

【解题】《南方草木状》为嵇含所撰可信。

张宗子．对《南方草木状》作伪于南宋时期之质疑．中国科技史料，1990（4）

【解题】通过对唐代虞世南《北堂书钞》中所载《南方草木记》内容之考证，并以唐代杨倞《荀子注》引汉代刘向《列仙传》已有刘涓子之名、唐代苏敬《新修本草》与《南方草木状》所载文字相同、唐宋诗人所引典故等史例为依据，对《南方草木状》为南宋时期伪作的说法进行了辨证。

靳士英等．《南方草木状》作者、版本与学术贡献的研究．广州中医药大学学报，2011（3）

【解题】《南方草木状》为嵇含所作，现存《南方草木状》为宋人辑佚之作，非后人伪作。

其他

张固也．《园林草木疏》辨伪．中国典籍与文化，2009（1）

【解题】宛委山堂本《说郛》所收《园林草木疏》大部分内容抄自《酉阳杂俎》，是伪书。

李凌杰．农业古籍辨伪述略．安徽农业科学，2010（2）

【解题】该文主要依据《四库提要》作进一步阐述。

类　书　类

眭骏．《卓氏藻林》辨伪．古籍整理研究学刊，2005（5）

【解题】《卓氏藻林》实攘夺吴兴王良枢《藻林》而成。

辛更儒．有关《永嘉先生八面锋》的几个问题．宋史研究论文集，上海：上海人民出版社，2008

郭宝军．《文选类林》的三个问题．汉语言文学研究，2011（3）

【解题】杭世骏等对《文选类林》一书编纂者是否为刘攽的怀疑缺乏有力的证据，《文选类林》的编纂者仍当归于刘攽；通过对《文选类林》条目的取样与其前的《文选》版本比对，可以肯定刘攽依据的《文选》版本为五臣注本，最大可能是平昌孟氏本。

刘冰．《四六膏馥》考述．图书馆学刊，2011（5）

【解题】对《四六膏馥》藏本、著录、版本、内容四个方面进行考述，以明晰《四六膏馥》编刊等情形；同时对其内容真伪进行考察，认为是书系伪托之书。

李致忠.《锦绣万花谷》编者为谁再探讨.新世纪图书馆，2013（5）

【解题】《锦绣万花谷》一书的编者，自南宋陈振孙《直斋书录解题》以降，几乎所有的书目著录都付阙如；而明清之后，有书目将此书编者著录为“万详”或“萧赞元”等。经作者考证，二说皆误，编辑此书者当是宋代卢襄的子孙。

崔凯.《锦绣万花谷》编者与卢襄关系考.古籍研究，2017（1）

小说家类

燕丹子

罗根泽.《燕丹子》真伪年代之旧说与新考.古史辨第六册，上海：开明书店，1938

霍松林.《燕丹子》成书的时代及在我国小说发展史上的地位.文学遗产，1982（4）

【解题】《燕丹子》一书，《隋书》以前何以不见著录，现在还难于作出圆满的答案；但从有关材料看，它却是早已存在的，不是“割裂诸书燕丹、荆轲事杂缀而成”的伪作。

李学勤.论帛书白虹及《燕丹子》.河北学刊，1989（5）

【解题】今本《燕丹子》并非先秦古书，而是编订于秦汉间。

刘跃进.燕丹子传.中古文学文献学，南京：江苏古籍出版社，1997

【解题】该文为《中古文学文献学》下编第一章第二节。

孙晶.《燕丹子》成书时代及其文体考.古籍整理研究学刊，2001（2）

【解题】从史料记载、材料来源、成书的时代氛围以及语言风格上考察了《燕丹子》的成书时代和文体问题，认为《燕丹子》成书于秦末汉初，其文体并非严格意义上的小说，应属历史故事一类。

马振方.《燕丹子》考辨.浙江大学学报，2010（1）

【解题】《燕丹子》与《史记·刺客列传》的写作过程不同，它不是一人一时之作，而是在漫长的民间传说中产生和成熟的，文人的写作只是成书的重要环节，成书之后在传说中还会有种种新的发展和新的版本；而《燕丹子》与《史记·刺客列传》那些难得契合的文字，应是前者承袭后者的产物。至于其成书年代，虽不能确知产生的特定年代，但下限不当晚于三国时期。

何亮.《燕丹子》成书年代补议.昌吉学院学报，2010（2）

【解题】从时间词语“须臾之间”“三时”及时点标志词“时”的使用，以及被动句式的选用上考察，认为《燕丹子》的成书时代应在西汉之后。

王守亮.《燕丹子》成书时代问题述考.广东技术师范学院学报，2012（5）

【解题】元明以来，《燕丹子》的成书时代问题一直众说纷纭，出现了六种不同意见（战国说、秦代说、秦汉之间说、两汉说、宋齐说、隋代说）。该文在总结、概述和评议古今诸说的基础上，根据西汉初年流传的荆轲刺秦王传说材料，对《燕丹子》的成书时代予以考论，认为《燕丹子》成书于秦汉之际，在内容上则为《史记·刺客列传》所本。

西京杂记

劳干．论《西京杂记》之作者及成书时代．“中央研究院历史语言研究所”集刊（第33本），1962

洪业．再说《西京杂记》．“中央研究院历史语言研究所”集刊（第34本下册），1963

刘跃进．倪豪士论《西京杂记》作者为萧贲．文学遗产，1992（2）

【解题】摘录倪豪士《再论〈西京杂记〉的作者》一文中对该书作者为萧贲的考证。

程章灿．《西京杂记》的作者．中国文化，1994（1）

【解题】余嘉锡《四库提要·西京杂记辨证》首倡《西京杂记》为葛洪编集之说，该文进一步补充论证《西京杂记》是葛洪利用汉晋以来流传的稗史野乘、百家短书抄撮编集而成的，故意假刘歆《汉书》以自重。今按，其说难以成立。葛洪亦为大家，何必借重刘歆之恶名？

袁津琥．从语法词汇看《西京杂记》的成书年代．绵阳师范高等专科学校学报，1995（2）

【解题】关于《西京杂记》的作者及成书年代，归纳诸家之说，大致有三种意见：一是认为《西京杂记》的作者是西汉的刘歆，此说始于晋朝的葛洪，信从者较多；二是认为作者其实就是葛氏本人，葛洪说是刘歆，殆故作狡狯耳，此说出自唐人段成式、张彦远，后人多疑之；三是认为作者是萧梁时的吴均，此说亦出自段成式，然与吴均同时之殷芸在奉敕编纂《小说》一书时，已多次征引到《西京杂记》，假如《西京杂记》是吴均所撰，殷芸不会不知道，故后人多不取此说，但王力先生赞成之。以上三种意见虽各有所据，却皆无确证。作者从语法词汇的角度加以考察，认为《西京杂记》写成于西汉以后，但它并不是全出杜撰，而是以一种或一些西汉旧籍为蓝本进行创作的；至于成书于西晋还是萧梁，抑或是其他的什么朝代，尚有待于进一步的考证。

丁宏武．《西京杂记》非葛洪伪托考辨．图书馆杂志，2005（11）

【解题】葛洪《西京杂记跋》所言真实可信，《西京杂记》确系刘歆草创，经后汉三国时期的漫长流传，至葛洪始编集成书。

丁宏武．考古发现对《西京杂记》史料价值的印证．文献，2006（2）

【解题】《西京杂记》是否为刘歆所作尚难定论，但近年的考古发现可印证，此书确依据汉代史料编集而成。

李文娟．《西京杂记》“葛洪说”补证．安徽文学，2008（3）

【解题】在余嘉锡、程章灿研究的基础上，进一步对《西京杂记》“葛洪说”予以补证。

丁宏武．从叙事视角看《西京杂记》原始文本的作者及写作时代．图书馆杂志，2010（4）

【解题】《西京杂记》文本明显的《史记》型叙事视角和选材取向，显示其原始文本的写作时代应该就在西汉后期，葛洪关于《杂记》文本源自刘歆的说法能够成立。

王守亮．《西京杂记》作者问题述考．临沂大学学报，2012（2）

【解题】《西京杂记》是作于刘歆而经葛洪抄录整理的作品。

孙振田.《西京杂记》伪托刘歆作补论二则.图书馆杂志，2012（6）

【解题】葛洪《西京杂记跋》于理不通、疑点重重，不可作为论证《西京杂记》为刘歆撰的依据；“辨《尔雅》”条与刘歆的小学观相矛盾，也说明《西京杂记》当为托名于刘歆之所撰。

神异经

王国良.《神异经》研究.台北：文史哲出版社，1985

【解题】最迟在《西晋》末年，《神异经》即已问世，并稍见流通。

周次吉.《神异经》研究.台北：文津出版社，1986

【解题】《神异经》产生于汉以后。

陈建樑.《神异经》成书年代平议.古籍整理研究学刊，1995（3）

【解题】未有充分证据的情况下，不应抹杀服虔已引用《神异经》的事实，《神异经》产生于汉代可作为定谳。

海内十洲记

吴从详.《海内十洲记》成书新探.广西社会科学，2009（10）

【解题】今本《海内十洲记》非一时一人之作，其形成经历了逐渐增补的过程：东汉之前十洲部分地理博物记载已形成，东汉末奇闻轶事被补入，魏晋之后补入仙岛、昆仑、十洲部分神仙叙述以及全书叙述框架。

汉武故事

刘化晶.《汉武故事》的作者与成书时代考.沈阳师范大学学报，2006（2）

【解题】《汉武故事》原本应为西汉成帝时文人所为，在西汉末年、东汉初年有文人对其进行了增补和续书；流传过程中内容有所散佚，其传本至少有三个：秦汝操本、陈文烛本和今本（即世传本），三个传本内容互异，且前两个传本今已不见。

王守亮.《汉武故事》作者与成书时代辨析.山东师范大学学报，2008（5）

【解题】自唐代始，班固、王俭为《汉武故事》作者两说并行，然两说均难以成立。自宋以来，刘等据《汉武故事》中“今上元延”之语断定其作者为西汉成帝时人，此说亦非；盖“今上元延”之谓乃《汉武故事》抄引前人著作原文的遗迹。从《汉武故事》中“汉有六七之厄”“代汉者当涂高”的谶语和潘岳《西征赋》化引《汉武故事》典故等情况综合分析，《汉武故事》的成书时代应在东汉献帝时期，其作者是一位看到汉家气数已尽、对汉家江山仍有些许留恋的文人，而非亲曹派的文人。

李占锋，黄大宏.《汉武故事》的作者考述.襄樊职业技术学院学报，2009（4）

【解题】对于《汉武故事》作者的研究历年来存在分歧，其主要原因在于传播过程中古籍散佚，更有甚者一些文人对其进行随意的更改和删减。该文在前人研究的基础上进行简要的总结，并对其版本进行分析，认为传世本《汉武故事》当为汉成帝时的方士所作。

穆晓华.《汉武故事》作者考辨及汉武帝故事的文献整理.重庆与世界，2010（11）

【解题】综合各方材料及各家观点的合理处，认定《汉武故事》作者当为西汉成帝时的民间文人。

师婧昭.《汉武故事》的作者及文本考辨.中共郑州市委党校学报，2013（5）

【解题】《汉武故事》最初的故事内容由西汉成帝时民间文人写出，但在流传过程中其文本内容或增或删，已非最初写定时的原貌；今天我们看到的版本，是大众智慧的结晶，而非一时一人之作。

汉武帝内传

丁宏武.《汉武帝内传》非葛洪之作补证——兼论逯钦立辑录五首葛洪佚诗的真伪.文史哲，2011（4）

【解题】《抱朴子·内篇》和《神仙传》对西王母会汉武帝的传说只字不提，《抱朴子·内篇》无一语涉及佛理，对所谓仙药的认识和等次划分与《汉武帝内传》也明显不同等文本方面的证据，可以推断《汉武帝内传》不是葛洪所作，逯钦立辑录的五首佚诗也不是葛洪之作。此外，《汉武帝内传》的诗文用韵反映了魏晋时期的吴语特征，因此陈国符关于“《汉武帝内传》韵文于汉代出世”的结论也值得商榷。

汉杂事秘辛

朱国伟.“《汉杂事秘辛》明杨慎作伪说”考辨.明清小说研究，2012（3）

【解题】从文字语汇、“造语”、小说结构、礼制、美女的审美类型等方面进行考辨，认为《汉杂事秘辛》非杨慎作伪，而是产生于中晚唐的小说，应是依托《汉杂事》而作。

飞燕外传

王建堂等.《飞燕外传》的问世与流播.晋东南师范专科学校学报，2002（4）

【解题】《飞燕外传》曾被明胡应麟论定为“传奇之首也”，但其何时问世，至今仍无定论。《飞燕外传》最晚也在中唐问世，尔后在一个特定的文化圈里流播，然其“传奇之首”的地位是不可动摇的，且堪称中国古代“艳情小说”的开山作之一。

世说新语

周一良.《世说新语》和作者刘义庆身世的考察.中国哲学史研究，1981（1）

【解题】刘义庆处在宋文帝刘义隆对于宗室诸王怀疑猜忌的统治之下，为了全身远祸，于是招聚文学之士，寄情文史，编辑了《世说新语》这样一部清谈之书。

郑学弢.《世说新语》的思想倾向与成书年代.徐州师院学报，1984（4）

【解题】当刘义庆受到文帝信任，居上游重镇，颇有用世之志的时候，编集了《徐州先贤传》《世说新语》等书；当他受到文帝猜忌疏远，企图全身远祸的时候，就供养沙门，编写了《宣验记》《幽明录》等书。《世说新语》以陈仲举“登车揽辔，有澄清天下之志”冠全书，也许体现了他招集文士编撰《世说新语》时的心情。《世说新语》不是专写清谈名士的书，对名士也并非一概采取赞赏的态度；它体现了儒道杂糅的思想，在政治上把维护纲常名教放在第一位，而哲学思想则取道家崇尚自然之说，冲破了东汉谶纬之说的迷雾和东晋以迄刘宋弥漫于士族社会的宗教气氛。

王能宪.《世说新语》研究.南京：江苏古籍出版社，1992

曹之．《世说新语》编撰考．河南图书馆季刊，1998（1）

【解题】从刘义庆的经历和交游、《世说新语》的内容、社会风气等方面分析其成书过程，认为《世说新语》成于众手而由主编负责。

陈瑜．《世说新语》的成书与叙事．洛阳师范学院学报，2005（3）

【解题】《世说新语》的成书情况十分复杂，它不同于一般著述的地方在于：成于众手而由主编决定规范，源于群书而文字多相异。这种特殊的成书情况给文本叙事带来一定程度的影响，主要体现在《世说新语》的集体性叙事与互文性叙事两个特点上。

翟秀丽．《世说新语》编撰研究——以《世说新语》对《语林》《郭子》的采录为中心考察．河南大学硕士学位论文，2010

魏世民．《世说新语》及《注》成书年代考．常州师专学报，2002（3）

【解题】《世说新语》成书于宋元嘉九年至元嘉二十一年（432—444），而刘孝标的《注》则成于梁天监元年至普通二年（502—521）。

邹朝斌．《世说新语》作者考辨．湖北文理学院学报，2015（6）

【解题】从文献层面考察，《世说新语》的作者为刘义庆，自其产生之初开始并无异议，《南史·刘义庆传》及历代史志目录、官私目录等也有明确记载；从情理层面看，刘义庆具有充足的文学才能与时间精力撰写此书；从文本层面看，《世说新语》内容风格较为统一，无疑为刘义庆独自编撰而成。

搜神后记

王国良．《搜神后记》作者考辨．搜神后记研究，台北：文史哲出版社，1980

白广明．《搜神后记》的作者是陶潜吗．晋阳学刊，1996（2）

【解题】《搜神后记》并非陶潜所作。

蔡彦峰．《搜神后记》作者考．九江师专学报，2002（3）

【解题】《搜神后记》旧题十卷本，陶潜作；明代此书重新出现时，却存在一卷本和十卷本两个版本系列，一卷本不见于目录书，其原因是一卷本其实相当于十卷本的第一卷。该文从书中出现的年号，唐人类书的引用，以及书中所反映出来的作者的思想来看，考定一卷本确为陶渊明所作，而十卷本则是后人撰辑的。

李剑锋．谈陶渊明创作《搜神后记》的三种可能性．九江师专学报，2004（4）

【解题】陶渊明创作《搜神后记》有三种可能性：（1）《搜神后记》（《搜神录》）署名陶潜撰产生的年代几乎与萧统编撰的《陶渊明集》同时；（2）陶渊明有读到《搜神记》的机缘；（3）陶渊明心好异书奇文是为了“自娱”和“导达意气”。

宫震．简谈《搜神后记》的作者及其理想社会的成因．科技视界，2012（5）

【解题】《搜神后记》极有可能为陶潜所撰，采用以“鬼神事”来写“人间事”的方法，来表达他对社会不公的批判及对美好生活的向往。

陶明月．《搜神后记》研究．兰州大学硕士学位论文，2012

【解题】《搜神后记》的作者是陶渊明，只是后来散佚，后人在整理过程中误辑了许多不属于原书的条目，所以书中才会有他死后的事，并从陶文中独有的一些特点分析此书系陶渊明所撰。

韩延汝．《搜神后记》研究，东北师范大学硕士学位论文，2013

【解题】通过对《搜神后记》形成的社会历史背景及作者的考证，认为其作者应是魏晋南北朝时期包括陶渊明在内的一批文人雅士，但原本已散佚，今本乃由明代文人辑佚而成。

大唐新语

吴冠文．关于今本“《大唐新语》”的真伪问题．复旦学报，2004（1）

【解题】署唐人刘肃撰的书籍，今传世者有《唐世说新语》和《大唐新语》两种，但二者内容相同，显是同书异名，一般均认为《唐世说新语》为《大唐新语》的异名。现所存显然是《唐世说新语》，而《唐世说新语》实是明人伪造的一部书，并非刘肃原撰的《大唐新语》。

潘婷婷．今本《大唐新语》非伪书辨——与吴冠文女士商榷．南京大学学报，2005（2）

【解题】宋代类书《太平广记》《太平御览》等所征引的《大唐新语》在今本中几乎都保存下来了，并没有有意删削的痕迹；今本《大唐新语》与《何氏语林》中所引《大唐新语》不一致，是因为何良俊在引书过程中的删改和失误所形成的；今本《大唐新语》中有与刘肃之后所出书《唐书新语》相同的文字内容，应当是《唐书新语》采用了《大唐新语》，或二者同出一源。因此，没有任何证据表明今本《大唐新语》是伪书。

吴冠文．再谈今本《大唐新语》的真伪问题——对《今本〈大唐新语〉非伪书辨》一文的异议．复旦学报，2005（4）

【解题】今本《大唐新语》是以明代中、后期出现的《唐世说新语》为底本并更改其书名而成，今本《大唐新语》与唐代以来至明代前期所流传的《大唐新语》（即《大唐新语》旧本）并非一书。

杨光皎．今本《大唐新语》“伪书说”之再检讨．南京大学学报，2006（3）

【解题】在关于《大唐新语》真伪问题的讨论中，吴冠文女士前后两篇文章所提出的“伪书说”是非理性的。通过具体考辨可以发现，《大唐新语》与《唐书新语》有直接的渊源关系：《唐书新语》采用了《大唐新语》，或者二者实际上就是同一种书。从宋代及明代前期文献称引《大唐新语》的情况不难看出：《大唐新语》的今本与古本在条目和文字上都有着相当的一致性，今本《大唐新语》中找不到一条可指认为别书的文字。《唐世说新语》只是《大唐新语》流传中的一个异名，所谓今本《大唐新语》为明人伪造之说，完全不能成立。

吴冠文．三谈今本《大唐新语》的真伪问题．复旦学报，2007（1）

【解题】在作者前二文的基础上进一步论证《大唐新语》为伪书。

陶敏，李德辉．也谈今本《大唐新语》的真伪问题．山西大学学报，2007（1）

【解题】全面考察了《何氏语林》所引《大唐新语》《澹生堂藏书目》关于《大唐新语》的著录、今本《大唐新语》中所谓“伪文”以及“佚文”，指出吴冠文《关于今本〈大唐新语〉的真伪问题》一文判定今本《大唐新语》为明人伪造的理由不能成立，且违背了“孤证不为定说”“不隐匿反证”等学术规范，不是实事求是的态度。

大业拾遗记

章培恒．《大业拾遗记》《梅妃传》等五篇传奇的写作时代．深圳大学学报，2008（1）

【解题】进一步阐述鲁迅“《大业拾遗记》等系宋代作品”的观点。

李剑国.《大业拾遗记》等五篇传奇写作时代的再讨论.文学遗产，2009（1）

【解题】主要针对章培恒的质疑，进一步论证《大业拾遗记》等传奇为晚唐作品。

海山记

郭绍林.旧题唐代无名氏小说《海山记》著作朝代及相关问题辨正.洛阳师专学报，1998（1）

【解题】《海山记》未见两《唐书》著录；不避唐讳；歌颂宦官不合唐代世情；《望江南》词是北宋才有的双调；故绝不是明代《说郛》及后来《唐人小说》所认为的唐人作品，而是北宋作品，首见于北宋《青琐高议》，且未题何代何人撰。其情节、人物、制度、政治面貌多与隋史违离，并非照顾小说创作所致，可判定作者文化层次不高；所谓隋代易州牡丹20种品名，完全是北宋人在作伪乱真。

谈薮

黄大宏.隋《谈薮》及其作者阳玠考.文学遗产，2011（1）

【解题】考定阳玠的《谈薮》完成于隋初，是一部以南北朝易代、分治及交往的历史为背景，广泛记录上层统治阶级轶事的“世说体”琐言类志人小说。

龙城录

稗秋.《龙城录》不是柳宗元所作.社会科学战线，1997（4）

【解题】《龙城录》的成书不会早于天汉二年，这便远在柳宗元身后了；苏轼等人在诗中引用《龙城录》的梅仙事，也在王铚前；所以既非柳宗元所作，亦非两宋之际王铚的托名之作。

陶敏.柳宗元《龙城录》真伪新考.文学遗产，2005（4）

【解题】《龙城录》并非柳宗元所作，但作伪者也不是王铚或刘焘；此书的编造大约是在北宋前期，即宋太祖至仁宗前期这大约六七十年中。

薛洪绩.罗列《龙城录》考辨.社会科学战线，2005（5）

【解题】《龙城录》旧题柳宗元撰，或曰宋人王铚托名柳宗元伪作。二说都未必正确，并以新的证据论证是五代后期至北宋前期佚名氏作品。

罗宁.《龙城录》是伪典小说.文学与文化，2011（1）

【解题】罗列《龙城录》内容错谬且非唐代小说的六点证据；还论述了它的伪典小说性质，其目的部分是为解决韩愈、秦观、苏轼等人的诗文典故问题而作；也为王铚伪造说提供证明。

尹占华.《龙城录》再考辨.盐城师范学院学报，2011（6）

【解题】从五个方面证明《龙城录》确为柳宗元所作：一、书中的人事可证为柳作；二、韩愈《答道士寄树鸡》诗仍然可证其是柳作；三、苏轼等人的诗及《续前定录》可证其非刘焘或王铚伪作；四、与史实出入不足以证其非柳作；五、文笔不类等也不足以证其非柳作。

剑侠传

罗立群.《剑侠传》的版本、作者及其意义.华南师范大学学报，2014（5）

【解题】余嘉锡《四库提要辨证》考定《剑侠传》为明人王世贞编撰。四卷本《剑侠传》的编辑者是王世贞的说法，还不能成为定论。其一，目前还没有任何文献可以证明张庵居士是王世贞的别号，也没有文献记录王世贞与履谦子有过交往。其二，隆庆三年王世贞还健在，声望极显，若四卷本《剑侠传》出自其手笔，履谦子在跋中应该谈及，更应以此为号召促其行销，为何只字不提？其三，王世贞《艳异编》大约编定于明嘉靖四十五年，履谦子在隆庆三年本《刻〈剑侠传〉跋》中讲明是翻刻，说明此书有旧版。如果四卷本确为王世贞编辑，那么当与《艳异编》的编辑差不多同时。《艳异编》设有“义侠部”，十三篇中有七篇与《剑侠传》重复，而其中四篇篇名不同；更重要的是《艳异编》将“红线传”“聂隐娘”等剑侠小说与“乐昌公主”“柳氏传”等非剑侠题材合在一起，而四卷本《剑侠传》选编者有明确的“剑侠”概念，统一的选编标准；同一位选编者，差不多同时编辑的作品，为何会出现如此不同？

杨伦.《剑侠传》篇目来源考.贵州师范大学学报，2014（5）

【解题】王世贞编撰的文言小说集《剑侠传》主要取材对象是《太平广记》《夷坚志》等作品集，但在成书过程中较多地借助了《艳异编》《新编分类夷坚志》等其他选本的编辑和校订工作；由于编辑态度的粗疏，留下了大量的文句错讹。

周秦行纪

王梦鸥.《周秦行纪》与《周秦行纪论》的作者问题.中外文学，1972（2）

王伟.《周秦行纪》作者及其相关问题考论.西北大学学报，2011（6）

【解题】《周秦行纪》的作者当系唐代京兆韦氏京兆房族员韦瓘，他自幼与李德裕亲善，于牛李党争中属李党骨干，《周秦行纪》是其对牛党党魁牛僧孺的构陷之作。从内容和接受情况看，《周秦行纪》成文于牛李两党竞争最为激烈的文宗开成年间。现存版本有三，以《顾氏文房小说》本为善。

刘宾客嘉话录

唐兰.《刘宾客嘉话录》的校辑与辨伪.文史，1965（4）

【解题】今本《刘宾客嘉话录》已非原书，其间多为后人以他书搀入。

罗联添.《刘宾客嘉话录》校补及考证.幼狮学志，1963（1—2）

王伟.韦绚及《刘宾客嘉话》考论.西北大学学报，2009（2）

【解题】运用文献分析方法，对唐代文学家韦绚生平进行重新考辨，并在此基础上对其著作《刘宾客嘉话》进行深入研究。认为韦绚生于唐德宗贞元十四年（798），卒于唐懿宗咸通七年（866）；所著《刘宾客嘉话》后世以多个版本流传并致错乱，今以唐兰校本最为精善；《刘宾客嘉话》对于保存唐代文史资料、研究刘禹锡文学思想及语录体在唐代的发展均有重要价值。

云仙杂记

曹之.《云仙杂记》真伪考.古籍整理研究学刊，1992（4）

【解题】从原书序敬、征引书目、内容文字等方面看，《云仙杂记》确实是一部伪书，该书关于玄类“印普贤像”的记载是不足为训的。今按，其说难以成立。

程毅中.《云仙杂记》的版本问题.古籍整理研究学刊，1993（3）

【解题】曹之的《〈云仙杂记〉真伪考》考证结论是正确的，但引用资料不够确切，不免影响了论证的科学性。《云仙杂记》的前身是《云仙散录》，《云仙散录》原书不分卷，《云仙杂记》则分十卷，前八卷基本上照抄《云仙散录》，也略有更改，后两卷则又补抄了许多出自宋以后诸书的片断文字，所以十卷本的《云仙杂记》才是“一个伪而又伪的本子”。今按，结论难以成立。宋本《云仙散录》不伪，后两卷附益部分系窜入。

陆音.宋刻本《云仙散录》考略.东南文化，2003（5）

【解题】考察了《云仙散录》的宋刻本情况，并对其他版本进行了简要评述。

曹之，郭伟玲.《云仙散录》作伪小考.图书情报知识，2011（6）

【解题】《云仙散录》是由宋人伪造的，其作伪时间当在北宋哲宗元祐元年（1086）至南宋高宗绍兴十八年（1148）之间。今按，《云仙散录》并非由宋人伪造，详见拙著《〈云仙散录〉详考》。

续世说

张固也.《续世说》的作者李垕是宋人.文献，1998（1）

【解题】《续世说》作者李垕确非唐人，然提要目为“明代伪书”亦疑之过甚，应为宋人李焘次子李垕（字仲信）所撰。

蕉窗九录

翁同文.项元汴名下《蕉窗九录》辨伪探源.故宫季刊，1983（4）

其他

樊树志.《致身录》与《从亡随笔》是伪书么.东方早报，2013.1.20

【解题】钱谦益以“仅见于野史”“无《实录》可考”，断定《从亡随笔》为“伪书”，过于武断；若能够证实建文帝于建文四年自焚而死，则《致身录》与《从亡随笔》毫无疑问是伪书，但迄今为止未能证实，且钱谦益《建文年谱序》也不认为建文帝自焚而死，故而无法证明二书为伪书。

温庆新.《枣窗闲笔》辨伪论.贵州大学学报，2010（2）

【解题】《枣窗闲笔》提到的与曹雪芹有关的信息是自相矛盾的；《枣窗闲笔》的作者与“脂评本”中的“脂砚斋”在说话口气、表达习惯等如此相似；他们都推崇八十回本《红楼梦》，提出“程高续书说”，但从《枣窗闲笔》的诸多自相矛盾的话及目的意图看，此书是为迎合“新红学派”观点而造，不具备文献价值。

张京华.《说郛》本陆龟蒙《零陵总记》辨伪.中国典籍与文化，2010（4）

【解题】北宋陶岳所撰《零陵总记》为最早记载旧零陵境内名胜风物的专书，宋明学者解唐人诗句多援引为据。其书已佚，仅存辑本。明代另出现又一种《零陵总记》，题唐陆龟蒙撰，在陶宗仪编《说郛》中，共十八条，内容与陶著辑本不同。作者通过考证，认为其十七条均杂录唐宋人五种笔记而成，惟有首条出处不同，另有部分文献依据。

吴航．明清间伪书《致身录》考论．淡江人文社会学刊，2010（43）

邵颖涛．《〈冥报记〉补遗》辨伪五则．长江学术，2011（3）

【解题】中华书局1992年版方诗铭辑校《冥报记》，有对唐临《冥报记》所作的“隋宝实寺”“唐柳俭”“唐赵文信”“唐刘弼”“唐赵文若”五条补遗。经作者考察，此五条实为唐初萧瑀所作，见于《金刚般若经灵验记》。

罗宁．《开元天宝遗事》是伪典小说．文学研究，2015（2）

【解题】旧题五代王仁裕的《开元天宝遗事》是一部较重要的古代小说，在唐代文史研究中常被使用，但实际上这是一本伪书，其成书时间约在北宋嘉祐至元丰期间。从文字风格、书籍体式等方面来看，《开元天宝遗事》是与《云仙散录》《清异录》同类的伪典小说，其内容大部分是不可信的。今按，“伪典小说”是罗氏杜撰的一个名词，与“伪书”是不同性质的概念，不可混淆。

集　　部

楚 辞 类

楚辞

郑沅.《招魂》非宋玉作说.中国学报，1913（9）

【解题】《招魂》宜据司马迁说，定为屈原所作。

刘大白.宋玉赋辨伪.小说月报，1927（17）

【解题】宋玉作品除《楚辞》中《九辩》《招魂》二篇外，尚有十篇赋传世，《风赋》《高唐赋》《神女赋》《登徒子好色赋》四篇见于《文选》，《笛赋》《大言赋》《小言赋》《讽赋》《钓赋》《舞赋》六篇见于《古文苑》，这十篇赋都是后人托古之作，没有一篇是真的。今按，其说难以成立。

方书林.《九章》的真伪谈.国立中山大学语言历史学研究所周刊，1928（43）

【解题】怀疑《九章》这个名称在东汉时才有，是刘向辑《楚辞》时所加，或是一班托古家。今按，其说难以成立。

刘永济.《九辨》通笺.国立武汉大学文哲季刊，1935（4）

朱东润.《离骚》的作者.光明日报，1951.3.31

郭沫若.评《离骚的作者》.光明日报，1951.5.26

沈知方.对于《离骚》作者的商榷.光明日报，1951.6.9

胡念贻.宋玉作品的真伪问题.文学遗产增刊（第1辑），北京：作家出版社，1955

【解题】只有《九辩》被公认是宋玉所作，没有异辞。除《对楚王问》可以确定非宋玉所作而外，对于《招魂》和《文选》所载的其余四篇，虽然可以找到一些怀疑的理由，但是要用这些怀疑的理由来断定它们是伪作，却还是很不够充分。《古文苑》所载的六篇，找不出较古的材料证明它是宋玉的作品，它们的内容和风格也不能显示出它的可靠性，只好存疑了。

马茂元．《离骚》关于时代问题的商榷．文学遗产增刊（第3辑），北京：作家出版社，1956

孙作云．论《国殇》及《九歌》的写作时代．开封师范学院学报，1956（1）

孙作云．《大招》的作者及其写作年代．文史哲，1957（9）

【解题】《大招》的作者是屈原，是屈原为招楚怀王之魂而作，其写作年代在楚襄王三年（前296）春。

陈朝璧．关于《招魂》的作者和内容的商榷．文学遗产增刊（第6辑），北京：作家出版社，1958

【解题】《招魂》的作者是屈原。

金德厚．关于"《离骚》中窜入的文字"．文学遗产增刊（第6辑），北京：作家出版社，1958

苏雪林．《天问》是否为屈原所作．台湾新生报，1959. 5. 29

张宗铭．试论《远游》仍当为屈原所作．文学遗产增刊（第11辑），北京：中华书局，1961

陈子展．《卜居》《渔父》是否屈原所作．学术月刊，1962（6）

【解题】《卜居》《渔父》都是屈原所作。

汤炳正．《楚辞》编纂者及其成书年代的探索．江汉学报，1963（10）

【解题】《楚辞》一书是由战国到东汉这一漫长的历史时期中经过很多人的持续编纂增补而成的；至于刘向，不过是纂辑者之一，而且不是重要的纂辑者，他只是增补了四篇作品；对屈原作品搜集最多的是淮南王或其宾客，经过这次纂辑，已奠定了《楚辞》一书的基础，此后不过是零星增补而已。

张寿平．《九歌》之名称、性质、时代及其作者．大陆杂志，1966（10—11）

【解题】《九歌》是屈原所作，是九篇濮獠民族的祀神歌辞。

李宝强．《远游》篇作者问题商榷．南洋大学学报，1967（1）

郑良树．屈赋与《淮南子》．大陆杂志，1976（6）

汤炳正．关于《九章》后四篇（《思美人》《惜往日》《橘颂》《悲回风》）真伪的几个问题．四川师院学报，1977（4）

陈子展．论《卜居》《渔父》为屈原所作．中华文史论丛（第7辑），上海：上海古籍出版社，1978

陈化新．也谈宋玉作品的真伪问题．延边大学学报，1980（1）

龚维英．屈原赋辨伪．南京师院学报，1981（4）

【解题】《九章》中《涉江》《悲回风》《惜往日》是伪作。

姜昆武等．《远游》真伪辨．文学遗产，1981（3）

【解题】《远游》为屈原所作，并非伪作。

曹明纲．宋玉赋真伪辨．上海师院学报，1984（2）

袁梅．宋玉和他的《九辨》．文史知识，1985（5）

李世刚．宋玉及其《九辨》．辽宁教育学院学报，1985（4）

成绩．从曾侯乙墓的竹笛看宋玉《笛赋》的真实性．江汉论坛，1985（7）

【解题】《笛赋》为宋玉所作，并非伪作。

袁梅．宋玉辞赋今读．济南：齐鲁书社，1986

龚维英．宋玉作《招隐士》考辨．江汉论坛，1986（3）

【解题】《招隐士》的作者就是屈原后辈宋玉。

朱碧莲．宋玉辞赋真伪辨．宋玉辞赋译解，北京：中国社会科学出版社，1987

李生龙．近十年来关于宋玉赋真伪问题研究综述．文史知识，1989（4）

陈子展．楚辞直解．南京：江苏古籍出版社，1988；上海：复旦大学出版社，1996

汤漳平．《古文苑》中宋玉作品真伪辨．江海学刊，1989（6）

谭家健．《唐勒赋》残篇考释及其他．文学遗产，1990（2）

廖名春．从《唐勒赋》的出土论宋玉散体赋的真伪．求索，1991（4）

【解题】从出土的《唐勒赋》来看，相传为宋玉的散体赋，大部分应是宋玉所作。

汤漳平．宋玉作品真伪辩．文学评论，1991（5）

【解题】传世的宋玉赋作，均由来已久，二千年来，它们已和宋玉的名字紧紧相连；由于历代的战乱和古代作品以手抄本的形式加以流传，使这些作品在不同古籍载录中产生一些文字上的差异，《文选》中所载的作品与李善注引用的《宋玉集》文字，均有不同，《古文苑》所载录的也与《艺文类聚》中的有所不同，这是我国古代作品流传过程中必然产生的一种正常现象，并非宋玉作品特殊；在现存的宋玉赋作中，可能会有个别篇属后人作品被误收入《宋玉集》中，但不能以点带面，轻易地将观存宋玉作品一概加以否定；至于刘大白在否定宋玉作品时，列举了大量所谓周秦古韵来与宋玉赋比照，认为宋玉赋中有大量不合韵的地方，这一点，胡念贻的文章已反驳得十分有力。

朱碧莲．宋玉辞赋真伪辨．楚辞论稿，上海：上海三联书店，1993

廖名春．宋玉散体赋韵读时代考．古汉语研究，1993（2）

张德育．论《招隐士》为招刘安生魂之作．北方论丛，1995（4）

力之．《宋玉作〈招隐士〉考辨》驳议——兼说《文心雕龙·辨骚》．江汉论坛，1997（8）

【解题】《招隐士》绝不可能是宋玉之作。

杨琳．《登徒子好色赋》的语文学证伪．文献，1998（4）

【解题】《登徒子好色赋》是后人伪托于宋玉名下的，其写作时代应在王逸之后，阮籍之前，即约在公元2世纪三四十年代至3世纪初。

高秋凤．宋玉作品真伪考．北京：文津出版有限公司，1999

陈学文．《橘颂》当为屈原晚年所作．文史知识，2001（3）

莫道才．《大招》为战国时期楚地民间招魂词之原始记录说．云梦学刊，2001（5）

【解题】《大招》产生时期应早于《招魂》，当为战国时期民间招魂词之原始记录。这可以从三个方面得到确认，一是从《大招》之“大”的意义看其产生时间；二是从语词“只”看《大招》之地域性和民间性；三是从《大招》的错简误读看其原始记录的特性。

吴广平．20世纪宋玉研究述评．中州学刊，2002（1）

刘刚．《宋玉集序》考与宋玉对问体散文的真伪．中国楚辞学，北京：学苑出版社，2003（1）

金荣权．屈宋论考．北京：中国文史出版社，2005

刘刚．宋玉辞赋考论．沈阳：辽海出版社，2006

吴广平．宋玉著述真伪续辨．长江大学学报，2005（5）；中国楚辞学，2007（1）

【解题】宋玉著述的真伪，是中国文学史研究中的一桩公案。20世纪初期，受疑古主义思潮的影响，宋玉的著述几乎全部被断定为伪作。20世纪末期，随着宋玉散体赋《御赋》的出土，怀疑宋玉散体赋为伪作的推断自然不攻自破，从而使人们对宋玉著述的真伪有了全新的认识。经历了一个否定之否定的过程后，可断定传世的19篇宋玉作品中，《报友人书》《对友人问》《对或人问》三篇为伪作，《高唐对》《郢中对》两篇为《高唐赋》和《对楚王问》的异文，《舞赋》疑为东汉傅毅《舞赋》的摘录；而《楚辞章句》所收的《九辩》《招魂》两篇，《文选》所收的《风赋》《高唐赋》《神女赋》《登徒子好色赋》《对楚王问》五篇，《古文苑》所收的《笛赋》《大言赋》《小言赋》《讽赋》《钓赋》五篇，《文选补遗》所收的《微咏赋》，加上银雀山出土的《御赋》，共14篇作品，则都确是宋玉所作；而《隋书·经籍志·小说类》所载署名宋玉所撰的《宋玉子》一书当是后人从民间收录的有关宋玉的逸事和言行的著作，其作者不可能是宋玉。

龚俫．关于《楚辞·招隐士》的几个问题．苏州科技学院学报，2007（1）

【解题】王逸《招隐士序》其义明顺，它强调的是淮南小山在共时性的心理时空平台下招屈的创作依据；代屈原而“章”其“志”是《招隐士》得入《楚辞》而《吊屈原赋》等与屈原相关的作品不得入之重要原因；从屈原幽隐山中的悲凄身世和时人对隐士的认识与接受等角度考察之，屈原被称为“隐士”没有任何问题，《招隐士》所招对象为屈原不容置疑；以《文选》《艺文类聚》等否定淮南小山的著作权，似得而实失。

曹亮．《招隐士》作者诸说述评．九江学院学报，2008（2）

蒋丽霞．关于《悲回风》真伪问题的一点意见．文教资料，2008（17）

【解题】从《悲回风》文本出发，详细论述了其为伪作的证据：一是《悲回风》中出现了大量叠字甚至是叠字对，这在确为屈原所著的作品中比较少见；二是根据自叙性文学作品“自我称颂”的显著特点，《悲回风》出现了明显的谦逊之语。

李美清．宋玉作品真伪考辨——以《古文苑》中所收宋玉六赋为例．贵州大学硕士学位论文，2008

【解题】《笛赋》《讽赋》《钓赋》《大言赋》《小言赋》是宋玉的作品，而《古文苑》中所收的《舞赋》是宋玉作，《文选》中所收录的《舞赋》则是傅毅衍宋玉赋而成。

萧振豪．《古文苑》所收“宋玉赋”韵读及真伪问题重探．中国楚辞学（第17辑），北京：学苑出版社，2009

王伟琴．《文选》所收宋玉五赋真伪考．中州学刊，2009（1）

【解题】最早见于南朝梁萧统所编《文选》的《风赋》《高唐赋》《神女赋》《登徒子好色赋》《对楚王问》五篇宋玉赋，确是宋玉所作。

金荣权．百年宋玉研究综论．江汉论坛，2009（2）

【解题】20世纪以来，经过几代学者的反复争论与深入探讨，在宋玉研究领域取得了三大标志性成果：确定了宋玉赋作的真实性，充分肯定了宋玉作品的文学价值和宋玉在文学史上的地位，不断完善了《宋玉集》。但在宋玉研究领域，还有诸多方面需要再认识、再讨论、再深入和再加强，其中包括对宋玉全部作品归属的确认，宋玉在文学史上的正确定位，宋玉生平经历的科学探讨，宋玉相关研究资料的收集与整理，宋玉作品的深入解读，宋玉研究者的合作与交流等。

黄英．浅论宋玉大小言赋之真伪．中国校外教育，2009（S2）

【解题】大小言赋当为宋玉所作的真品，并且是宋玉最早的文赋作品。

任强，潘啸龙．屈原《九章》真伪问题探讨．淮北煤炭师范学院学报，2010（5）

【解题】宋人李壁开始怀疑《惜往日》《悲回风》为屈原所作，当代有众多研究者又从许多方面来寻找《九章》有非屈原之作的证据。其中，怀疑者认为最有力的证据之一是“贞臣”“蔽壅”“弗”等词语的使用；另一有力证据是有些作品对伍子胥的称颂。从词语使用方面来看，《惜往日》这篇在《九章》中最被人们怀疑的作品，不仅同最典型的屈作并无区别，而且在用词上也同它们有着直接的联系，恰恰证明此诗是屈原的作品；从思想感情等方面，很难说《惜往日》等作品，与被认为是屈原作的《离骚》《涉江》《哀郢》《怀沙》等，有什么根本性的区别，它们在思想上恰恰是一脉相承的；从目前所能考见的史料来看，尚无任何一条证据，能够真正证明《九章》中有非屈原作品。在无任何确凿证据的情况下，《九章》中所有的作品还都应看作是屈原所作。

胡小林．宋玉《舞赋》真伪补考．襄樊学院学报，2010（7）

【解题】《舞赋》并非宋玉所作：（1）除唐人无名氏所编类书《古文苑》之外，自战国晚期至清朝的文献典籍中，未见宋玉曾撰写《舞赋》的记载；且《古文苑》将《舞赋》作者题为宋玉，并未被后世学者所接受。（2）《舞赋》记载的《激楚》《结风》是汉代初年方才在楚地流行的舞曲，宋玉不可能是其创作者。（3）《舞赋》所记载的“材人”，亦称“才人”，即宫中女官名，多为妃嫔的称号，最早设置于西汉汉文帝时期。因此，所谓宋玉《舞赋》，实为后汉傅毅《舞赋》的摘录。唐代类书欧阳询《艺文类聚》、徐坚《初学记》二书均将所收《舞赋》的作者题为傅毅，当确凿可信；而唐代总集《古文苑》成书时间较晚，其编者将所收《舞赋》作者题为宋玉，实为在传抄时失察而造成的讹误。

单良．宋玉《舞赋》真伪问题的研究方法与历程．鞍山师范学院学报，2011（1）

【解题】宋玉《舞赋》真伪问题的研究方法呈现出多元化的趋向，代表性的研究方法有：（1）运用历史考证的方法，从宋玉生平事迹的层面对其作品的真伪加以考论；从文献考论的角度思考《舞赋》的相关问题；（3）在舞文化视野里研究《舞赋》；（4）从音韵的角度论说《舞赋》。并提出：未来的《舞赋》研究似应有必要在更加深广的层面继续下去；可以从《舞赋》接受的角度来思考相关问题；可将《舞赋》研究放置在一个深厚的楚地文化或东汉文化氛围之中进行审视。

金荣权．关于宋玉作品真伪问题的共识与分歧．职大学报，2011（1）

【解题】经过百年来的争论与探讨，关于宋玉作品真实性的问题取得了突破性的进展，《九辩》《风赋》《高唐赋》《神女赋》《登徒子好色赋》《对楚王问》《大言赋》《小言赋》《讽赋》《钓赋》10篇当为宋玉所作，而《高唐对》《郢中对》不能单独成篇；《招魂》《笛赋》《舞赋》《御赋》《微咏赋》五篇真伪问题学界争论仍较大。

刘刚．南宋与明清宋玉作品真伪学案与其对宋玉批评的影响．鞍山师范学院学报，2011（1）

【解题】宋代的疑古思潮和《宋玉集》在南宋的佚失引发了宋玉作品真伪之学案，即《古文苑》所收宋玉六篇真伪学案与《文选补遗》所收《微咏赋》真伪学案。南宋与明清的宋玉作品真伪学案影响了宋玉研究领域对被质疑的宋玉七篇的内容与艺术的深入研究，影响了宋玉批评领域对宋玉作品的全面把握与整体评述。

金荣权．宋玉《微咏赋》真伪辨．襄樊学院学报，2011（3）

【解题】结合战国时代楚人宋玉和南朝宋人王微的生平经历以及《微咏赋》（或《咏赋》）的内容、形式等来考察，认为《文选补遗》《广文选》中所载旧题宋玉的《微咏赋》当为南朝宋人王微的《咏赋》。理由是：从文献记载来看，此赋出现甚晚；从题目和内容来看，赋名原为《咏赋》而非《微咏赋》；此赋与宋玉诸赋形式相比极大不同；从遣词造句来看，是赋非先秦作品而当为汉代以后人所作。

莫道才．宋玉赋的作者问题及其文学史处理的思考．中国韵文学刊，2011（4）

【解题】署名宋玉的作品流传和影响后世，应该以“宋玉赋”的专有名词介绍，而不是以“宋玉的赋”的题目介绍，这样才不会因为作者的争议问题影响了对作品文本的评价。

刘刚．明代宋玉作品的真伪考辨与辑佚及其对传播的影响．鞍山师范学院学报，2011（5）；纪念杨公骥教授诞辰九十周年学术论文集，北京：学苑出版社，2011

【解题】宋玉作品的真伪考辨与辑佚在明代都有突出的表现：在真伪考辨方面，有关于《微咏赋》《舞赋》的真伪辨争，有关于《九辩》《招魂》作者所属的讨论；在辑佚方面，既有补《文选》之不足的辑佚，又有宋玉专集的问世。其所取得的阶段性成果为宋玉研究的深入与宋玉作品的传播都做出了不可忽视的贡献。

江柳．《文选》所录《舞赋》系宋玉所作考论．湖北大学学报，2011（5）

【解题】从审美观而论，傅武仲所持的是儒家审美观，在情感上他是否定和排斥“郑卫之音”的，而《文选·舞赋》却是热情赞美“郑舞”的，因此从创作主体意识上讲，傅武仲创作《舞赋》是绝不可能的。再从才情而论，傅武仲艺术才情平庸，文笔笨拙，他也不可能创作《舞赋》。《文选·舞赋》在行文格式及语言风格上与宋玉的其他作品是相同的，由此可以判定可能系宋玉所作；而《古文苑》所载《舞赋》，系流传过程中被人任意删削的残篇断简。

李美清．《钓赋》为宋玉所作说．青年文学家，2011（18）

蔡一纯．宋玉研究史中作品真伪问题综论．东北师范大学硕士学位论文，2013

【解题】《楚辞章句》中所收《九辩》《招魂》，《文选》中所收《风赋》《高唐赋》《神女赋》《登徒子好色赋》《对楚王问》，皆是宋玉所作。《古文苑》中所收《笛赋》《大言赋》《小言赋》《讽赋》《钓赋》《舞赋》，除《舞赋》应存疑外，其他皆为宋玉所作。此外，《微咏赋》应存疑，《高唐对》《郢中对》《报友人书》是被误引的文字或异文，不能视为宋玉的作品。

金荣权．宋玉主要作品完成于楚国迁都淮阳之后．湖北文理学院学报，2014（4）

【解题】宋玉步入文坛在屈原即死之后，当时楚人迁都于陈（河南淮阳），随后又迁至寿春（今安徽寿县），这个时期也是宋玉创作高峰时期，其主要作品都创作于这一时期，有些作品中的故事可能发生在楚襄王时期，但作品的最后定型却是在考烈王时代。

马军峰．《卜居》《渔父》作者探析——以宋玉骚赋考察为主．铜仁学院学报，2015（5）

【解题】《卜居》《渔父》是作者存疑的楚辞作品之一，而宋玉是与屈原同时代或稍于其后能追步屈原辞赋者，世称“屈宋”。从辞赋发展史看，将屈宋作品对比观照，对于判定和证成《卜居》《渔父》的作者有重要参考价值和意义。而通过对屈宋作品的对比观照以及《卜居》《渔父》思想情感的探析，其作者定为屈原较为允当。

张树国．论《楚辞·远游》文本的组成．杭州师范大学学报，2016（5）

【解题】围绕《楚辞·远游》作者是否为屈原问题，一直存在着很大争议。近年来出土大量楚地竹书，为这个问题的解决提供了一些富有启发性的材料。竹书篇卷体例中的“附益”现象对《远游》文本的解释具有启发意义。《楚辞·远游》以文中“重曰”二字为界，分为上、下两部分：上部为淮南王刘安原作《远游》，下部为扬雄《广骚》，为扬雄早年模拟《离骚》《大人赋》而成的集句式的“百衲体”，不是很成功的作品，但因为被附益在《远游》之下，因而使《远游》充满了争议。这些史料线索原本在“扬雄自序”（即《汉书·扬雄传》）中有明确说明，但后人囿于《远游》为屈原所作的成见，往往意气用事，对既有史料视而不见并曲为之说。《远游》与《广骚》分别对中国诗歌的游仙诗与玄言诗产生很大影响，占有很高地位。

王德华．《远游》作者之争与数术方技文化认知——兼论《楚辞》研究领域的开拓与方法论问题．中国诗歌研究，2016（1）

【解题】自清代以来，在《远游》作者问题上形成“屈作派”与“非屈作派”两大阵营。两派论争的焦点主要在仙道思想产生的年代与地域认识上的差异，以及对《远游》仙道思想与屈原主体情感之间关联的不同认知。数术方技文化在先秦知识体系中占有重要的历史地位，数术方技文化中表现的天道与人道的关联思维对诸子思想的形成以及对诸子时代哲学突破都产生重要的影响。由于受疑古思潮的影响，“非屈作派”的论证方法体现出“默证”的不当，而学科分类过细则导致对数术方技文化认知的支离破碎与不当评价，致使两派争论过程中，很难走近《远游》书写的知识场景，也未能细心体会《远游》文本本身所表达的思想世界与精神指向。《远游》作者之争与数术方技文化的关联，揭示了当今包括《楚辞》学研究在内的人文学科领域，迫切需要文献、文化与文本这三者之间的融通。

周春艳．《九辩》乃“宋玉代屈原设言之作”辨——从《楚辞》成书之体例出发兼论“整体观照”之重要．贵州大学学报，2018（2）

【解题】关于《九辩》之作者，前贤时彦多有考辨且说法不一。或从东汉王逸说，主宋玉作；或从明代焦竑说，主屈原作；或否定以上二说，认为作者乃汉代人。以上诸说，以王、焦二说最为常见，又王逸说乃学界主流看法，焦竑说则因证据不足而难以立论。然鉴于焦说不仅曾产生过不小影响，且进入本世纪后尚时有从之者，故此论题仍有继续研讨之必要。就《楚辞》成书之体例出发进行整体观照，足证王逸之说无疑。《九辩》只能是宋玉之作，且只能是代屈原设言之作，否则，无以解释其何以入选《楚辞》。

其他

陈胜长．读戴震《屈原赋注》——兼论湖田草堂藏初稿残本与《经考附录》之真伪问题．考证与反思：从《周官》到鲁迅，台北：东大图书股份有限公司，1995

【解题】将《屈原赋注》与戴震其他早年著述相比论，以探其立意之旨；稽诸王逸以来之说《楚辞》者，明戴《注》参伍因革之跡；复以本书内证，见《音义》发明戴《注》之所必不可无者，确出戴氏之手；至若《屈原赋注》稿本内容，疑或非戴氏本真，因辨戴氏著作义例，合以当时学风，以证此所谓“稿本”与《经考附录》俱出好事者所依托。

陈炜舜．归有光编《玉虚子》辨伪．汉学研究，2006（2）

【解题】在四库馆臣的基础上举证补充，论析《玉虚子》之注文抄自王逸《楚辞章句》、洪兴祖《楚辞补注》、朱子《楚辞集注》及陈深《屈子品节》，而108条评语（包括眉批与总评）中有100条是剿袭、黏合《屈子品节》、题焦竑《屈子品汇》及其他古籍，伪托明朝贤达为之。全书校勘草率，论点前后矛盾，实为坊贾射利之本。

许子滨．戴震《屈原赋注》成书考——兼论《安徽丛书》本《屈原赋注初稿三卷》为伪书说．古典文献研究，2013（16）

【解题】陈胜长《读戴震〈屈原赋注〉——兼论湖田草堂藏初稿残本与〈经考附录〉之真伪问题》判《屈原赋注》为伪作，虽足以证明《初稿》未尽精当，有待改善，但不足以充当伪书说的直接证据。《初稿》注释体例，沿典前代注家之处颇为明显，从草创的角度来看，理固宜然，不必牵涉真伪之辨。

张伟．辨伪与论证——《远游》与《大人赋》的关系考辨．三峡大学学报，2014（4）

【解题】《远游》与《大人赋》存在语言、结构和思想方面的相似性。陆侃如认为《远游》有抄袭《大人赋》的嫌疑，郭沫若则认为《远游》可能是《大人赋》的初稿，其中郭沫若的看法影响深远。此后《远游》的作者归属众说纷纭，《远游》被排除在屈赋之外，经典性大打折扣。从逻辑学角度来说，陆、郭二位从两者的相似关系推导出模仿关系，从思想成分证明《远游》非屈原所作，实乃循环论证，结论无法成立。又通过耙梳和整理司马相如的生平、《史记·封禅书》的相关描述、《大人赋》的具体文本和楚文化的习俗，认为《大人赋》其实是司马相如为了保全家人而对汉武帝的献媚之作，而《远游》则是楚文化的产物；后者并非前者初稿，而尽管词句不同，但司马相如的遗札无论从主题、意图还是功能均与《大人赋》相似，因此《大人赋》的“初稿”有可能是遗札。

总 集 类

孔雀东南飞

刘大白，马彦祥．《孔雀东南飞》底时代问题．民国日报·黎明，1926（15）

刘大白．《孔雀东南飞》底时代问题（二）．民国日报·黎明，1926（16）

张为骐．《孔雀东南飞》年代祛疑．国学月报：述学社刊物之一，1927（11）

胡适．《孔雀东南飞》年代的讨论．国学月报：述学社刊物之一，1927（12）

胡适．《孔雀东南飞》的年代．现代评论，1927（149）

张为骐．论《孔雀东南飞》致胡适之先生．现代评论，1928（165）

张为骐．再论《孔雀东南飞》答胡适之先生．现代评论，1928（180）

伍受真．论《孔雀东南飞》．现代评论，1928（182）

陆侃如．《孔雀东南飞》考证．国学月报汇刊，1928（1）

【解题】《孔雀东南飞》大致是公元424年至公元583年之间，齐梁时所作。

黄节．《孔雀东南飞》之讨论．国学月报汇刊，1928（1）

【解题】此诗盖汉人所作，而经六朝人增改润色。

王越．《孔雀东南飞》年代考．国立中山大学文史学研究所月刊，1933（2—3）

洪作新．《孔雀东南飞》的检讨．江苏学生，1935（6）

陈嘉会．《孔雀东南飞》为程子枢妻李氏作．船山学报，1935（7）

孙望．从《孔雀东南飞》的地理背景谈《孔雀东南飞》．光明日报，1954. 9. 7

熙仲．《孔雀东南飞》是何时写定的．光明日报，1954. 9. 7

【解题】《孔雀东南飞》在晋代由南方人写定。

王运熙．论《孔雀东南飞》的产生年代思想艺术及其他问题．语文教学，1956（12）

游国恩．论《孔雀东南飞》的思想性及其他．乐府诗研究论文集，北京：作家出版社，1957

徐复．从语言上推测《孔雀东南飞》一诗写定的时代．学术月刊，1958（2）

【解题】这首诗里有些词汇是三国以后才通行的，有些诗句又像六朝人的口吻。

徐铭延等．对徐复的“从语言上推测《孔雀东南飞》一诗写定的时代”一文的商榷．学术月刊，1958（12）

方师铎．从用韵推定《孔雀东南飞》诗的时代．东海中文学报，1979（1）

张晋发等．《孔雀东南飞》“序”质疑．学习与探索，1979（4）

【解题】《孔雀东南飞》并非“汉末建安中”的作品，而是产生于南朝时期，且诗确实产生于“交广”地区，而非“庐江府”。

费秉勋．关于《孔雀东南飞》的“序”——与张晋发、孙景梅二同志商榷．学习与探索，1980（6）

【解题】不能根据“交广”“青雀白鹄舫”“青庐”“龙子幡”等名物，推翻原序所确定的“汉末建安中”的创作时代。诗中的“交广”一句不但不是提供了故事发生的地点，恰好证明故事不可能发生于交广。

孟保青．也谈《孔雀东南飞》“序”——与张晋发、孙景梅二同志商榷．河北大学学报，1981（1）

【解题】《质疑》一文还没有充分的理由推翻诗序所提供的《孔雀东南飞》诗的产生年代，其中《孔雀东南飞》“具有浓厚南国风味的地方特色和风土人情”的观点不能成立，因而也就不能否定诗序“庐江府”的说法。

袁伯诚．关于《孔雀东南飞》的写作年代浅见．固原师专学报，1981（1）

蒋逸雪．关于《孔雀东南飞》的写作时代问题．教学与进修，1981（4）

孙续恩．《孔雀东南飞》产生时代补证．湖北师范学院学报，1985（2）

【解题】《孔雀东南飞》的时代，自20世纪20年代梁启超提出“起于六朝，前此却无有”的看法以后，经多方探讨，现在学者们基本上定为建安时期；但直接的证据除《玉台新咏》收录此诗时的小序而外，没有更早的了。该文补充一条证据，说明《孔雀东南飞》三国以前就有了，韦昭所见比《玉台新咏》早三百年。

王刘莉．《孔雀东南飞》是汉代乐府吗．江汉大学学报，1989（2）

【解题】《孔雀东南飞》及序，早见于南朝梁陈时代徐陵编的《玉台新咏》，该序说这是“汉末建安中”发生在“庐江”地方的故事，因“时人伤之，为诗云尔”，故流传下来；序称汉献帝建安年为“汉末”，可见序的作者不是汉朝人，也就是说，序是汉以后的人增写的。鉴于徐陵生活的时代距汉末已有三个多世纪，此诗在如此漫长的民间传诵过程中，不见朝野任何著述有只语片言提及，徐陵是从何处辑得全诗并序的呢？再说，诗、序并传也相当困难，因为篇幅之大绝非一般人所能轻易掌握。从这些方面来看，序文很可能是徐陵或其同时代人假托。

祝宗武．《孔雀东南飞》成诗年代刍议．宜春师专学报，1993（6）

魏培泉．论用虚词考订《焦仲卿妻》诗写作年代的若干问题．"中央研究院历史语言研究所"集刊（第62本），1993

纪永贵．《孔雀东南飞》时代考综述．池州师专学报，1999（4）

【解题】《孔雀东南飞》最早收录在南朝末年徐陵编定的《玉台新咏》中，前有小序记该诗本事发生在"汉末建安中庐江府"，后人皆信以为真。20世纪20年代，梁启超首先质疑，认为"或为六朝之作"，后有陆侃如、张为骐、盛瑞裕等人附和；而黄晦闻、萧涤非、余冠英、王运熙等人坚持为汉诗，这一观点至今日似成定论；胡适不赞成"六朝论"，也否认"汉诗论"，认为《孔雀东南飞》产生于魏晋。该文据诸家学者提供之证据，认为《孔雀东南飞》诗应产生于公元220年至320年间。

范富安．从《孔雀东南飞》的文化特征看其产生时代．宁夏大学学报，2002（3）

【解题】从诗歌中我们能体会到汉代察举制度、儒学和礼教等汉代特有的文化对人物的思想和行为方式的深刻影响，因此《孔雀东南飞》是一首典型的产生于汉末建安时期的乐府诗。

章培恒．关于《古诗为焦仲卿妻作》的形成过程与写作年代．复旦学报，2005（1）

【解题】通过对《艺文类聚》所载的一首关于焦仲卿妻的诗和《古诗为焦仲卿妻作》的比勘和相关的考证，认为该诗实为在漫长历史时期里逐步形成的《古诗为焦仲卿妻作》的一种较原始的汉代文本；是以《古诗为焦仲卿妻作》虽发端于东汉（很可能为建安时期），但其主要部分则完成于魏晋至南朝。

曾奕渊．《孔雀东南飞》成诗年代考论．现代语文，2012（2）

【解题】《孔雀东南飞》的成诗年代历来有两种意见：一为建安说，一为六朝说。就文学与社会的关系而言，建安说不成立；因为诗中所反映的是和平安定、繁荣富足的社会，而建安年间的庐江则连年战争、政权更迭、土匪劫掠、屠城迁徙，两者互相矛盾，所以其成诗年代无疑是六朝。

木斋等．论《孔雀东南飞》的作者和写作背景．山西大学学报，2012（3）

【解题】《孔雀东南飞》并非一向所说的乐府民歌，曹植应为其主要作者；《艺文类聚》和《玉台新咏》的两个不同版本，正应该是曹植分别写作于建安时期以刘勋休妻为原型的抒情诗和黄初后期以甄后之死为原型的叙事诗；两个版本不同的序所载的时间说法不同，前者为"后汉"，后者为"汉末建安中"，留下了不同时间写作的时代痕迹，两作从序到诗作正文，无不吻合于两个不同的题材背景。

巩玲玲．《孔雀东南飞》中称谓词的时代特征．长江大学学报，2013（4）

【解题】"新妇""姥""妾""君""卿""阿（母、兄）"等几个称谓词的使用情况，充分反映了魏晋时期语言的特征；魏晋时期的《世说新语》《搜神记》等文献中称谓词的使用情况能与之相互印证，从而可以推断《孔雀东南飞》的成诗年代是魏晋时期。

赵洁．《孔雀东南飞》主体部分的产生时间之考察．理论界，2014（10）

【解题】《孔雀东南飞》的产生过程和时间长期悬而未决，我们从诗歌的拟作和焦仲卿和刘兰芝之间的称呼“卿”和“君”两方面探讨可以推测其主体部分写定时间大约在南朝宋齐之间。

汪钰．论《孔雀东南飞》并非曹植所作——兼与木斋、尚学鸿先生商榷．湖北文理学院学报，2018（4）

【解题】木斋与尚学鸿在《论〈孔雀东南飞〉的作者和写作背景》中认为《孔雀东南飞》是曹植所作，并且与曹植和甄后的所谓“隐情”高度关联。其实，收在《玉台新咏》与《艺文类聚》中详略不同的两个版本的《孔雀东南飞》只不过是《艺文类聚》节选引用所致。从“考史”与“考生平”“考版本”“作品的本体性验证”几个方面可以得出，《孔雀东南飞》并非曹植所作；至于其具体作者，因为资料所限，可能已经无考。

木兰辞

张为骐．《木兰诗》时代辩疑．国学月报：述学社刊物之一，1927（4）

曲滢生．《木兰诗》的时代．历史与考古，1937（4）

罗根泽．《木兰诗》产生的时代和地点．光明日报，1954.4.20

郭明忠，罗根泽．《木兰诗》产生时代和地点的讨论．光明日报，1954.7.18

徐朔方．评罗根泽先生关于《木兰诗》的两篇考据文章．文学遗产增刊（第1辑），北京：作家出版社，1955

萧涤非．从杜甫、白居易、元稹诗篇看木兰的时代．文学遗产增刊（第1辑），北京：作家出版社，1955

齐天举．关于《木兰诗》的著录及其时代问题．文学遗产增刊（第14期），北京：中华书局，1964

【解题】《木兰诗》作于北朝说的提出，分作两个步骤：（一）提出“智匠著录”的记载，至于这一条是怎么来的，是否可靠，似乎是用不着怀疑，也不容怀疑的；（二）根据郭茂倩把《木兰诗》编入《梁鼓角横吹曲》，而《梁鼓角横吹曲》原为北朝乐府民歌，《木兰诗》的内容看上去与北朝民歌仿佛等疑似之迹，断《木兰诗》为北朝作品。就这样，把复杂的问题给以简单化，从此事实真相被掩盖了。

游国恩．《木兰辞》非唐人作．文史，1978（5）

刘兴汉．关于《木兰诗》的评价问题．古典文学论丛（第1辑），济南：齐鲁书社，1980

【解题】《木兰诗》所反映的拓跋与北方柔然的战争是抵御异族的反掠夺的正义战争。

许可．关于《木兰诗》的时代．北京师范大学学报，1981（5）

【解题】《木兰诗》所产生与所反映的时代，大致在北朝二百年间，最可能是北魏前期。

许善述．也谈《木兰诗》的时代和主题．安庆师院学报，1982（1）

宋抵．《木兰辞》所反映的时代特征．东北师大学报，1982（3）

于正．谈《木兰诗》产生的历史背景兼与刘兴汉同志商榷．广西师范大学学报，1983（1）

齐天举．《木兰诗》的著录及时代问题续证．文学遗产，1984（1）

【解题】郭茂倩《乐府诗集》中的《木兰诗》题注较各本题注溢出的五个字，多半是讹误所致；其题注的“《古今乐录》曰”一语不足据，《木兰诗》是初唐时代的作品。

赵从仁．《木兰诗》的著作及其时代问题．中州学刊，1985（5）

【解题】对齐天举《关于〈木兰诗〉的著录及其时代问题》《〈木兰诗〉的著录及其时代问题续证》二文否定郭茂倩《乐府诗集》中有关的按语、题注的可靠性，否定《古今乐录》对《木兰诗》的著录，进而得出该诗产生于唐代的结论，不敢苟同。作者认为《木兰诗》确实是一首古诗，它至少成熟于南北朝时期；当然，也不能否认，《木兰诗》经过唐人的修改，打上唐代的一些烙印。

赵从仁．《木兰诗》题注源流辨．信阳师范学院学报，1986（1）

唐长孺．《木兰诗》补证．江汉论坛，1986（9）

【解题】《木兰诗》为唐人所作。今按，其说难以成立。

齐天举．结论应来自可靠的材料——就《木兰诗》的著录及时代问题再答赵从仁先生．信阳师范学院学报，1987（1）

【解题】《古文苑》本题注可信，《乐府诗集》本题注不可信；《木兰促织》同郭《乐府》本《木兰诗》是母本和子本的关系；郭本代表的是宋本，宋本是在《木兰促织》的基础上加工润色而成；郭本的文字同其他宋代的传本纂本一致，而同唐本相去甚远；因此郭《乐府》本《木兰诗》根本不可能是录自比《木兰促织》更原始的所谓《古今乐录》本。

黄震云．《木兰诗》作者考．徐州教育学院学报，1988（4）

【解题】《木兰诗》是唐代诗人韦元甫所作。今按，结论难以成立。

王增文．《木兰诗》的产生时代、本事和作者考辨．河南教育学院学报，1994（3）

【解题】《木兰诗》产生于隋末唐初；《木兰诗》的本事当与诸多方志书中所记载的隋代营廓镇魏木兰代父从军的故事有关；《木兰诗》的第一作者当是魏木兰本人。今按，结论不能成立。

任芬．试论《木兰诗》的时代背景．中华女子学院学报，1996（4）

李雄飞．《木兰辞》是十六国时期陕北地区的民间叙事诗．西北民族学院学报，1999（1）

【解题】从民间文化的遗留、文学作品的认识、毗邻地名的更替、文献方志的记载作为推论的对象、线索、背景、依据来看，《木兰辞》是十六国时期陕北地区的民间叙事诗。

贺玉萍．《木兰辞》创作时代与作者之探究．洛阳大学学报，2004（1）

【解题】从历史背景与文化思想两方面入手，认为《木兰辞》成诗时代应在北魏孝文帝改革之后。

王文倩等．20 世纪《木兰诗》成诗年代、作者及木兰故里研究综述．华北水利水电学院学报，2006（4）；商丘师范学院学报，2007（1）

【解题】《木兰诗》成诗年代有北朝说、隋唐说两种；作者有韦元甫作、木兰本人或北方女子作、民间或集体创作三说；木兰故里有黄州黄陂县说、陕西说、虞城营廓说三种。

张雯虹，孙文采．《木兰诗》应该是蒙古族古代民歌．西北民族研究，2007（3）

【解题】从时代背景、地名、民俗、语言四个方面考证出《木兰诗》是蒙古族古代民歌。今按，其说难以成立。

吕冕.《木兰辞》成诗年代刍议.郑州航空工业管理学院学报，2008（1）

力高才.《木兰诗》始于北魏平城末期京畿考.山西大同大学学报，2009（2）

【解题】从北朝与北方少数民族强敌柔然的战和关系与双方的势力消长看，从北魏平城时期与洛阳时期对柔然军事斗争的情况看，从明堂制度的变迁以及北朝只有北魏平城末期在平城南郊建成明堂的实际看，《木兰诗》都只能是始作于北魏平城末期迁都洛阳之前的作品。

王颋.《木兰诗》作者和写作年代新证.中华文史论丛，2009（4）

【解题】宋、元时期脍炙人口而今家喻户晓的《木兰诗》，应该就是中唐人韦元甫将"原始"作品分拆后增加词句所"续入"的二首姊妹篇之一；而其"原始"作品，盖南宋人祝穆所录、题为"晋木兰"所作的"古乐府"。值得注意的是，除生活年代晚于韦元甫者，无人提及那首已被"精炼"的作品。实际上，当拓跋鲜卑君临北中国之际，女子以女妆出入营垒的现象十分普遍，只有在唐统一后，军队中才没有女性。到了后世，兵威不振的宋和崇尚武功的元，从各自的感观出发，都对木兰有着许多的赞美。

黄震云等.汉魏石刻画中的丁兰和《木兰诗》的形成与写作时代新证.中国政法大学学报，2009（4）

【解题】汉代和北魏的石刻画像中描绘的丁兰侍亲传说有侍奉母亲和父亲两种，而侍奉父亲在早，侍母为后出；名字有丁兰和丁兰父两称，又实为一人。到北朝时期，侍奉母亲的丁兰又变成女性，丁兰的丁表示身份，就是汉代的丁奴婢；《木兰诗》的传说由此产生，诗歌的写作时间也就应该在北魏时期。在文化层面上，故事由孝提升到了忠，最后成为忠孝两全统一的典范；后来木兰为了体现性别差异又变成了花木兰，花木兰就是木兰。元代以后，丁兰是二十四孝之一的主角，孝顺侍奉的对象不再为一个人，而是父母双亲，一事分合变化凡三次。今按，其说难以成立。

刘子立.《木兰诗》本事及创作年代略考.柳州师专学报，2010（1）

【解题】《木兰诗》的下限在唐前，且《木兰诗》可能为南人所作。

胡卓学等.《木兰诗》时代考论.中国韵文学刊，2011（3）

【解题】根据郭茂倩《乐府诗集》关于梁鼓角横吹曲的解题，陈释智匠编纂的《古今乐录》并没有辑入《木兰诗》，也没有"录其题"；依据《木兰诗》文本，从兵制、名物、语言、音韵诸方面的大量文史资料，可以得出《木兰诗》是初唐产生的民歌；从诗歌史着眼，拿《木兰诗》和《木兰歌》的内容同初唐的战争史实对照，可得出《木兰诗》产生的具体时代是初唐高宗或稍后的结论。

宁稼雨等.20世纪以来《木兰诗》成诗年代及木兰故里研究述评.河北师范大学学报，2013（3）

陶智.从词汇史看《木兰诗》的语言年代.嘉兴学院学报，2015（3）

【解题】从语言上看，《木兰诗》非北朝时所产生，很可能成诗于唐代前期；《木兰诗》中的很多词语都可见于唐代文献，如"鞍鞯""点兵""惊忙""儿""地""爷娘"等；这些唐代新词在诗中出现比例较高，是该诗成诗于唐代的较好注脚。

刘亮.也谈《木兰诗》研究中的几个问题.乐府学，2015（2）

【解题】《古今乐录》等较早的四种著录《木兰诗》的文献都不支持"隋唐说"，

“隋唐说”是宋代在《文苑英华》和朱熹、刘克庄等人的影响下才出现的。宋代尽管有部分文人诗学家提倡或赞同“隋唐说”，但并非“多数”。而且严羽、苏轼、黄庭坚等人相关论述及《古文苑》等材料在当代的《木兰诗》研究中往往遭到误会和曲解，容易被误用作“隋唐说”的佐证。文学研究中的“内证法”存在局限性，仅仅通过“内证法”来推定《木兰诗》其成诗年代是不可靠的。作为乐府民歌，《木兰诗》在长期流传过程中经过了较大规模的改写，很难像文人诗歌作品那样去确定具体的成诗时间。

汉梓．《木兰诗》关键存疑再探．中华读书报，2017. 6. 28

胡笳十八拍

郭沫若．谈蔡文姬的《胡笳十八拍》．光明日报，1959. 1. 7

【解题】《胡笳十八拍》为蔡文姬所作，理由有二：(1) 没有那种亲身经历的人，写不出那样的文字来；(2) 唐开元年间诗人李颀《听董大弹胡笳声》一诗就说“蔡女首造胡笳声，一弹一十八有拍”，证明李颀以前早有“十八拍”的琴谱，而且是蔡琰把胡笳谱为琴调的。

郭沫若．再谈蔡文姬的《胡笳十八拍》．光明日报，1959. 3. 20

刘大杰．关于蔡琰的胡笳十八拍．光明日报，1959. 6. 7

【解题】该文提出了与郭沫若针锋相对的看法，从作品本身（主要是从风格体裁和地理环境方面）论证该作品非蔡琰所为，是后人作的。

郭沫若．三谈蔡文姬的《胡笳十八拍》．光明日报，1959. 6. 8

刘开扬．关于蔡文姬及其作品．光明日报，1959. 6. 8

【解题】该文赞成刘大杰说。

李鼎文．《胡笳十八拍》是蔡文姬作的吗．光明日报，1959. 6. 14

【解题】该文赞成刘大杰说。

王达津．《胡笳十八拍》非蔡琰作补证．光明日报，1959. 6. 14

【解题】该文赞成刘大杰说。

郭沫若．四谈蔡文姬的《胡笳十八拍》．光明日报，1959. 6. 21

郭沫若．五谈蔡文姬的《胡笳十八拍》．蔡文姬，北京：文物出版社，1959

王运熙．蔡琰与《胡笳十八拍》．光明日报，1959. 7. 5

【解题】该文赞成刘大杰说。

高亨．蔡文姬与《胡笳十八拍》．光明日报，1959. 7. 12

【解题】该文同意郭沫若说。

王竹楼．《胡笳十八拍》不是蔡文姬作的吗．光明日报，1959. 7. 12

【解题】该文同意郭沫若说。

郭沫若．六谈蔡文姬的《胡笳十八拍》．光明日报，1959. 8. 14

谭其骧．蔡文姬生平及其作品．学术月刊，1959（8）

【解题】该文赞成刘大杰说。

刘大杰．再谈《胡笳十八拍》．文学评论，1959（4）

李西戎．谈《胡笳十八拍》的作者问题．山西师范学院学报，1959（4）

文学遗产编辑部．《胡笳十八拍》讨论集．北京：中华书局，1959

萧涤非．《胡笳十八拍》是董庭兰作的吗．《胡笳十八拍》讨论集，北京：中华书局，1959

【解题】该文同意郭沫若说。

胡念贻．关于《胡笳十八拍》作者的争论问题．《胡笳十八拍》讨论集，北京：中华书局，1959

【解题】该文同意郭沫若说。

黄诚一．从诗韵的角度谈《胡笳十八拍》的时代问题．《胡笳十八拍》讨论集，北京：中华书局，1959

【解题】该文同意郭沫若说。

叶玉华．蔡文姬《胡笳十八拍》四论．《胡笳十八拍》讨论集，北京：中华书局，1959

【解题】该文同意郭沫若说。

刘凌沧．中国画里的"胡笳十八拍图"．文物，1959（5）

沈从文．谈谈《文姬归汉图》．文物，1959（6）

王去非．关于摹《胡笳十八拍》的一些问题．文物，1959（6）

卞孝萱．谈蔡琰作品的真伪问题．《胡笳十八拍》讨论集，北京：中华书局，1959

【解题】该文赞成刘大杰说。

王树村．民间年画里的《胡笳十八拍》．文物，1960（2）

郭沫若．为"拍"字进一解．文学评论，1960（1）

萧涤非．再谈《胡笳十八拍》．山东大学学报，1960（3—4）

张德钧．再谈《胡笳十八拍》的商兑．文学评论，1960（1）

【解题】该文同意郭沫若说。

段熙仲，金启华．再谈《胡笳十八拍》的作者问题．南京师院学报，1962（1）

张耶．蔡文姬与《胡笳十八拍》．北京日报，1978.6.20

曹水．蔡文姬和《胡笳十八拍》．吉林日报，1979.9.23

顾平旦．蔡琰作《胡笳十八拍》的一个佐证．西南师范大学学报，1981（3）

吴鹭山．杜甫《同谷七歌》与《胡笳十八拍》的关系．文献，1981（7）

黄瑞云．《胡笳十八拍》的作者问题．黄石师院学报，1982（2）

【解题】该文赞成刘大杰说。

杨宏峰．论蔡文姬被虏与《胡笳十八拍》．宁夏大学学报，1983（1）

【解题】以"地理环境不合"来否定《胡笳十八拍》是蔡文姬所作的观点是不能成立的。

李毅夫．由用韵看《胡笳十八拍》的写作时代．语文研究，1985（3）

【解题】《胡笳十八拍》的用韵概率、韵部构成、文献记载与社会背景，都交叉在五代。

陈书录等．关于《胡笳十八拍》作者问题的讨论．文史知识，1986（12）

王小盾．琴曲歌辞《胡笳十八拍》新考．复旦学报，1987（4）

【解题】现存的两组琴曲歌辞《胡笳十八拍》都是唐五代人的作品，它们辞式不同，段落内容不同，乃因为它们配合的是两支不同的琴曲。刘商辞是盛唐成型的《小胡笳》的产物，骚体辞是五代成型的《小胡笳十八拍》的产物。它们产生的条件，是《胡笳曲》

的大曲化、故事化、乐谱化。因此，在唐以前不可能有《胡笳十八拍》辞。此外还指出：琴师的托古附曲，在每一时代的琴曲文献中都有表现，其方法有二：一是将作品时代托于作品中的故事人物的时代，二是将歌辞创作时代托于琴曲创作的时代。说《胡笳十八拍》为蔡琰作，是前一种托古附会；说《胡笳十八拍》辞为董庭兰作，是后一种托古附会。凡读古代琴歌，对此也是需要格外留心的。

卢兴基．蔡琰和《胡笳十八拍》的作者．建国以来古代文学问题举要，济南：齐鲁书社，1987

游国恩．论蔡琰《胡笳十八拍》．游国恩学术论文集，北京：中华书局，1989

王小盾．《胡笳十八拍》和琴歌．古典文学知识，1995（5）

【解题】旧题为蔡琰的骚体《胡笳十八拍》的谱与辞的作者当是南唐人蔡翼。

马勤勤．蔡琰与《胡笳十八拍》．浙江大学硕士学位论文，2009

【解题】从诗歌史和音乐史出发，考辨《胡笳十八拍》曲辞和曲乐的源流与发展情况，认为：《胡笳十八拍》的曲辞和曲乐是在漫长的历史时期内，后人根据蔡琰原作改变润色而成的；在这个过程中，诗与乐之间的互动起了重要的作用。此外，通过性别分析和话语分析等方法，也可以证实这个结论。

杨传中．关于琴歌《胡笳十八拍》作者的思考．宿州学院学报，2011（4）

【解题】从音乐学角度旧话重提，对自唐代至今文学界各家观点和音乐史学界当下对这一问题的认识加以归纳，对琴歌《胡笳十八拍》的作者问题提出质疑，从作品名称、文辞特征和曲调情绪等角度，分析其作者绝非出自蔡氏或董氏哪一位名家之手，而是千百年来中国历代琴人在传承过程中不断加工，赋予新的技法和内涵，从而形成不同版本与不同风格，流传至今的作品已经是集体智慧的结晶。

马勤勤．不能“终结”的《胡笳十八拍》真伪之争——与王小盾教授商榷．文学与文化，2012（3）

【解题】王小盾的《琴曲歌辞〈胡笳十八拍〉新考》《〈胡笳十八拍〉和琴歌》被研究者认为是“代表了新时期这一问题的最重要研究成果”“预示了《胡笳十八拍》真伪之争的终结”。王文所征引史料的关键词及断句、得出结论的关键性前提，以及最后的结论，均存在不同程度的问题。若要继续讨论这个命题，需要真正确实可靠的证据与更加严谨周密的论证；目前这个问题仍以存疑为妥。故而，《胡笳十八拍》的真伪之争尚未终结。

马勤勤．蔡琰《胡茄十八拍》新考．中国典籍与文化，2013（4）

【解题】从敦煌文献中的刘商《胡笳十八拍》小序出发，对署名蔡琰的《胡笳十八拍》的作者问题进行了再探讨。蔡琰归汉后，翻“胡笳”声以入琴曲，创造了既有曲辞也有曲乐的《胡笳曲》；刘商《胡笳十八拍》是拟蔡琰《胡笳曲》的；今存署名蔡琰的《胡笳十八拍》是后人根据蔡琰原作《胡笳曲》改编润色而成，时间约在晚唐五代之时。因此，可以把《胡笳十八拍》的部分著作权归属蔡琰。今按，结论难以成立。

武莺歌．千古绝唱《胡笳十八拍》的作者考证分析．兰台世界，2014（8）

苏李诗文

沈光．李陵《答苏武书》是一篇“赝品”．海滨，1935（8）

马雍．苏李诗制作时代考．上海：商务印书馆，1941

【解题】从《昭明文选》中辑录苏武、李陵诗为之疏证，考其真伪，并判断五言诗成体之时代，包括苏李诗之著录及论辨、前人对苏李诗之考证、苏李诗作于魏人证3章。

郑文．李陵《答苏武书》探源．文史杂志，1946（1）

李淑如．李陵《答苏武书》辨伪．台北工专学报，1973（6）

雷树田．试论李陵及其几首五言诗的真伪．西北大学学报，1981（3）

【解题】《文选》中李陵赠苏武诗肯定应是李陵的作品。

郑文．论李陵与苏武三首诗的假托．甘肃师大学报，1981（4）；汉诗研究，兰州：甘肃民族出版社，1994

【解题】要弄清五言诗的起源，必须弄清三个关键性的问题：是否起源于枚乘，是否起源于李陵，是否起源于班婕妤。

曹道衡．“苏李诗”和文人五言诗的起源．文史知识，1988（2）

刘国斌．李陵《答苏武书》真伪辨．黄石九江电视大学学报，1989（2）

胡大雷．苏李诗出自代言体说．柳州师专学报，1994（3）

【解题】通过汉魏文人代人立言风气的梳辨，指出汉代李陵、苏武诗系东汉末年文人代言。

刘跃进．有关《文选》“苏李诗”若干问题的考察．文学遗产，1996（2）

【解题】驳斥“庾信伪作”说，认为《文选》中所收的七首“苏诗”早在庾信之前即在世间流传，材料累累，斑斑可考，毋庸置疑。

刘跃进．苏李诗文辨伪．中古文学文献学，南京：江苏古籍出版社，1997

【解题】见《中古文学文献学》第五章第一节。

王清淮．苏李诗文辩难．四川师范大学学报，1998（2）

【解题】至刘宋始，不时有人认为苏李诗为伪作。今总其诘难，约有五：一曰西京不主五言，二曰诗多夫妻燕婉语，三曰“盈”字触汉讳，四曰“中州”为东京人语，五曰汉与匈奴不隔山海。该文一一辩驳，认为苏李诗文非伪。

章培恒，刘骏．关于李陵《与苏武诗》及《答苏武书》的真伪问题．复旦学报，1998（2）

【解题】《文选》所收《与苏武诗》及《答苏武书》是我国文学史上的重要作品，但因曾有人怀疑它们的作者不是李陵，中华人民共和国成立后所出的《中国文学史》都不予承认，甚或根本不提。该文对它们的真伪问题重加考辨，认为判定它们为后人拟作或假托的证据都不能成立。

王琳．李陵《答苏武书》的真伪．山东师范大学学报，2006（3）

【解题】汉魏六朝书信体文章中，与《答苏武书》文风相似的作品在汉末魏晋时期才较多涌现，作为一个在《汉书》本传记载中仅能撰作质朴楚歌歌辞的武士，李陵不可能写出情采并茂的书信，《答苏武书》当系汉末魏晋人拟托之作。六朝人论文、选文大力标榜“情采”，自汉至梁同情李陵的声音绵绵不绝，是《答苏武书》在六朝及后世受到注重的主要原因。

范春义．《李少卿答苏武书》真伪考略．古典文献研究，2006（9）

【解题】《李少卿答苏武书》首见于《文选》卷四一，迄唐刘知幾就其真伪问题提出疑问，后苏轼接受是说并广衍之；受疑古观念影响，《李少卿答苏武书》为伪文说被大家广泛接受；近年亦有部分学者提出反证。结论：《李少卿答苏武书》为伪说成立，其当产生于公元前54年之后，其下限，由于材料所限，尚难有比较确切的答案。

刘国斌．《答苏武书》的几则证伪材料及其辨析．学习月刊，2008（20）

武平英．“苏李诗”真伪研究综述与辨析．学理论，2010（29）

【解题】目前在没有新的文献资料证明的情况下，《文选》中所选的“苏李诗”是不能轻易否定的。

陈小韦．“若有知音赏，不辞唱遍阳春”——“苏李诗”研究．浙江大学硕士学位论文，2011

刘国斌．关于李陵《答苏武书》的讨论与判断．湖北师范学院学报，2011（5）

【解题】历来认为李陵《答苏武书》是后人伪托，但在具体的讨论中，诸家的说法又存在着明显的抵牾冲突之处，悬想颇多而缺乏实际证据。结论：就文风而言，李陵离开西京正值文辞灿烂的时代，行文当然沾染了西京文风；就作伪时代而言，魏晋南北朝时代、东汉末年以及班固时代均不具备《答苏武书》的作伪土壤；同时，不能以班固《汉书》不保存这篇文章为理由来认定它系伪作。唐初修史之风引发的史学评论、古籍整理和古典辨伪，过分地依赖早期史籍经典，带有明显的辨伪扩大化倾向，并以此流传，这是导致《答苏武书》被认为伪书的一个主要因素。

丁宏武．李陵《答苏武书》真伪再探讨．宁夏大学学报，2012（2）

【解题】《文选》卷四十一所收《答苏武书》应为李陵的可信之作，其具体作时在汉昭帝始元六年（前81）九月。作为特殊情境下的特定产物，此信不仅全面展示了李陵晚年矛盾纠结的悲伤情怀，而且深刻体现了汉代非主流文学的精神诉求，对于深入了解汉匈文化交融背景下李陵的文学风格以及汉武帝时期的士人心态有重要的文献价值。

孙尚勇．论苏李诗文的形成机制与产生年代——兼及《汉书·苏武李陵传》的成篇问题．文艺研究，2012（3）

【解题】结合敦煌遗书所见与苏武、李陵相关的写本文献，参考前人的研究，认为苏李诗与传世苏李书信文一样，最早都是依托于某一敷衍苏武、李陵故事的表演艺术节目。这些作品在流传过程中，脱离了苏李故事而得以写定，于是出现后来的苏李诗。唯其如此，传世苏李诗文在文本上表现出来的诸多疑问才能够得到合理的解释。通过对苏李书信文的进一步分析，可以推测，苏李诗和苏李书信文所依托的苏李故事产生于西汉末年，《汉书·苏武李陵传》的成篇当与此故事之流行相关。

木斋．论苏李诗应主要为曹植甄后送行别离之作．郑州大学学报，2013（5）

【解题】曹操于建安二十五年正月死于洛阳，曹植在二十四年岁末从邺城赴洛，所谓《苏李诗》，应主要为该年甄后与曹植送行于南山淇水之作；如果以曹操死前一个月的建安二十四年十二月为研究始点，来研究曹植这一年时间的行踪及其诗作，不仅能使曹植个人人生履历这一段时间的空白得到弥补，更能使失去作者姓名的所谓“苏李诗”有可能的真实背景浮出水面。

丁宏武．“苏李诗文出自民间演艺节目”说平议．西北师范大学学报，2016（2）

【解题】《文选》等载录的苏李诗文真伪混杂，非一时一地之作，探讨其形成机制和产生年代，必须具体作品具体分析，不可混为一谈。稽诸史籍，汉魏两晋时期没有敷衍李陵事迹的民间故事或演艺节目的任何记载，孙尚勇先生提出的“苏李诗文皆附属于某一敷衍苏李故事的演艺节目”“其编创者出于民间”“其产生年代在西汉后期”等论断，值得商榷和反思。

古诗十九首

梁启超．《古诗十九首》之研究．实学，1926（2）

贺杨灵．《古诗十九首》之研究．上海：光华书局，1927

【解题】分“《古诗十九首》的作者问题”“《古诗十九首》所著之时代考”“《古诗十九首》艺术上的鉴赏”“《古诗十九首》与各家之拟作”四部分。

隋树森．《古诗十九首》考证．古诗十九首集释，上海：中华书局，1932

【解题】《古诗十九首》中大多是东汉的篇什，但也不能说其中绝对没有西汉的产物。

陈开瑀．《古诗十九首》研究．大夏学报，1933（24）

胡怀琛．《古诗十九首》志疑．学术世界，1935（4）

包笠山．读《古诗十九首》考证．青年学术研究会季刊，1936（1）

卢重华．《古诗十九首》之研究．民钟季刊，1936（2）

徐冰泠．《古诗十九首》考．河南大学校刊，1936（133—134）

潘圣予．《古诗十九首》论证．进德月刊，1937（5—6）

罗根泽．《古诗十九首》之作者及年代．读书通讯，1941（31）

邓茂元．《古诗十九首》的作者和时代．古诗十九首探索，北京：作家出版社，1957

叶嘉莹．谈《古诗十九首》之时代问题——兼论李善注之三点错误．现代学苑，1965（4）

李炳海．《古诗十九首》写作年代考．东北师范大学学报，1987（1）

【解题】《古诗十九首》的写作年代应在公元140年到160年这20年中，写于后十年的可能性更大。

张茹倩等．《古诗十九首》创作时代新探．贵州民族学院学报，1990（4）

赵敏俐．论班固的咏史诗和文人五言诗的发展成熟问题——兼谈当代五言诗研究中流行的一种错误观点．北方论丛，1994（1）

【解题】关于文人五言诗成熟的时代问题，几十年来在文学史研究中有一种观点已成定论。该文对这种观点的依据重新考察辨析，提出文人五言诗的成熟应在东汉初年。当代研究者多引钟嵘《诗品序》中一段话为主论依据，其实钟嵘并没有文人五言诗到班固时代并不成熟的看法，他说班固《咏史诗》“质木无文”是他对班固诗风的批评，并不涉及五言诗是否成熟的问题；班固的《咏史诗》从内容表现、体裁方面看实际已很熟练，其写的“质本无文”，与他的文学观念有关。要探讨汉代文人五言诗成熟问题，关键在于弄清西汉文人五言诗的创作情况。

木斋．初论《古诗十九首》产生在建安曹魏时代——从五言诗形成历程角度的探寻．山西大学学报，2005（2）

【解题】五言诗成熟的标志主要有：（1）实现由散文体的五字诗向五言音步的五言诗的转型；（2）实现由言志诗向抒情诗的转型；（3）其特质是“指事造形，穷情写物”；

（4）五言诗作者的群体写作和相当数量的成熟五言诗作品。秦嘉的五言诗是两汉五言诗中的特例，其中疑点颇多，《古诗十九首》的产生应在建安曹魏时代。

吴金香．《古诗十九首》写作年代研究综述．株洲师范高等专科学校学报，2005（4）

木斋．略论《古诗十九首》的产生时间和作者阶层．山西大学学报，2005（4）

【解题】《古诗十九首》应是建安十六年（211）至魏明帝景初年间（约239）之间的作品，其作者不可能是东汉下层文人。

木斋．《古诗十九首》"东汉"说质疑．中华文化论坛，2006（2）

【解题】《古诗十九首》的产生时间，古人主要为建安说和西汉说，现当代以来才渐次形成东汉说这第三种说法。西汉说之衰落，是东汉说与建安说合力的结果；在西汉说被彻底否定之后，学术界才有可能开始进行东汉说和建安说这一细致的辨析。西汉说质疑的十九首中有使用非太初历的问题，在建安曹魏说中反而可以得到圆通；五言诗体的成立，在建安、黄初之间，作为五言诗冠冕的十九首，应该是建安、黄初及其之后的作品。

木斋．论《古诗十九首》与曹植的关系——兼论《涉江采芙蓉》为曹植建安十七年作．社会科学研究，2009（4）

【解题】《古诗十九首》是曹睿于景初中对曹植文集"撰录"的结果。曹、甄之爱，发生于建安十六年（211）暑期，写于建安十七年七月的《离思赋》，为曹植之思甄之作；《涉江采芙蓉》为曹植于建安十七年十月随父出征孙权时于长江北岸所作，与曹植《离友·其二》为同一主题的不同体裁之作。翌年正月于江边归程中写作的《朔风诗》，再次证明了《涉江采芙蓉》为曹植思甄之作。

傅璇琮．《古诗十九首》研究的首次系统梳理和突破——评木斋的汉魏五言诗研究．山西大学学报，2009（2）

欧明俊．《古诗十九首》百年研究之总检讨．社会科学研究，2009（4）

【解题】应改变视"十九首"为"汉诗"、为"组诗"的思维定势，将其置于诗歌发展史大背景下考察；"十九首"只是汉魏诗歌中的一小部分，其题材、主题、语言、风格、手法等，多与汉魏时其他诗歌相同相似，应一起比较，论定其史的地位。

赵东栓，孙少华．《古诗十九首》的时代作者与文体来源．中国社会科学院研究生院学报，2010（2）

【解题】《古诗十九首》应为分隔南北两地的夫妻唱和之作，时间大致在王莽地皇三年（22）孟冬至更始三年（25）孟冬之间；《古诗十九首》成篇时代较晚，曾受到骚体、赋体甚至枚乘、苏李等诗的影响，是有可能的；但其体出于《诗经》，较为可信。

欧明俊．《古诗十九首》作者、作年问题再检讨．中国社会科学报，2010.3.20

袁济喜．"说诗者，不以文害辞，不以辞害志"——木斋先生《古诗十九首》主要作者为曹植说商兑．中国文化研究，2013（4）

【解题】分别就曹植与甄后"隐情"、魏明帝重编《曹植集》与《古诗十九首》之关系以及应该如何认识《古诗十九首》作者问题，对木斋《论〈古诗十九首〉与曹植的关系》一文中相应观点展开批评。

于国华．汉灵帝时代能否产生《古诗十九首》——以蔡邕为中心．琼州学院学报，2014（1）

【解题】蔡邕是汉灵帝时代文坛最具代表性的人物，他对鸿都门学的批判，表明当时的创作环境仍处于经学笼罩时期，不可能产生个人体验为中心的文人诗。作为当时文学创作最高水平的代表，蔡邕自身的诗歌创作并未达到《古诗十九首》的成就。同时，假设《古诗十九首》产生于汉灵帝时代，诗歌作者不可能遗失姓名，因此直至汉灵帝时代都不可能产生《古诗十九首》。

张丽锋．《古诗十九首》作者身份分析．石家庄学院学报，2014（4）

【解题】《古诗十九首》多采用通过身体的生理感受来表达内心情感的写作方式，女主人公多为倡者身份，居江南一带，游子多为活动在洛阳不得志的士人；从二者彼此的畅通联系看，作品创作时间为汉灵帝时期；此期的京城能够符合游子身份的，唯有出身寒族、凭借大量带有民间文学气息的以“辞赋”入仕的数量众多的鸿都门学士；《古诗十九首》作者推定为鸿都门学士，这可从其流传中为清流世族所否定、诋毁而导致作品与作者分离，以及战乱导致其作品遗失方面得到印证。

董宏钰．《昭明文选》所收曹植五言诗与《古诗十九首》韵律对比——对木斋先生关于《古诗十九首》作者问题的音韵学考证．江西师范大学学报，2015（5）

【解题】以《魏晋南北朝韵部演变研究》和《广韵》为参照，将《文选》所收曹植22首五言诗和《古诗十九首》从语音系统和韵律的角度考察用韵情况，归纳出每一个韵脚字的音韵地位，清理出二者之间的联系，考察其是否都具有汉魏之际的语言特征，用韵特点是否相似等，来具体论证《古诗十九首》的写作年代、曹植五言诗与《古诗十九首》有何种关联等有关五言诗起源与发展的问题。

文选

许世瑛．《长门赋》真伪辨．中德学刊，1944（1—2）

许世瑛．司马相如与《长门赋》．学术季刊，1957（2）

简宗梧．《长门赋》辨证．大陆杂志，1973（2）

【解题】《长门赋》为司马相如所作，但赋序为后人依托。

费振刚．《长门赋》出现的意义——兼论其非托名之作及其他．光明日报，1982.11.2

力之．《长门赋》之作者考辨．钦州学刊，1998（2）

【解题】怀疑《长门赋》为司马相如作之理由主要有二：（一）陆厥已说“《长门》《上林》殆非一家之赋”；（二）司马相如先于汉武帝死，而赋序开篇即说“孝武皇帝”。不过，据陆厥原文分析，“殆非”所说，本意为一家两赋，风格大异，几乎看不出原为同出；而对《文选》所录作品序文的情况进行研究，知《长门赋序》非司马相如作。

孟彦．《长门赋》确系司马相如所作．中华文化论坛，1999（3）

龙文玲．《长门赋》作者与作年．文学遗产，2007（5）

【解题】《长门赋》的创作时间，不在元光五年陈皇后被废之后，而是在建元六年相如入京不久，陈皇后被疏之初，卫子夫得宠未盛之时。

毕庶春．《〈长门赋〉作者与作年》献疑．文学遗产，2010（1）

蒋晓光．《长门赋》新论．古典文学知识，2011（5）

【解题】《长门赋》非为陈皇后作；《长门赋》当作于司马相如晚年由“尤为亲幸”“内定制度”的郎官迁为“案行扫除”的孝文园令任上。

熊伟业．《长门赋》真伪新论．广西社会科学，2012（7）

【解题】《长门赋》当作于司马相如为孝文园令之后，以陈皇后为蓝本，抒发离宫宫人之忧。赋文内容不违背西汉史实，构思朴拙，文辞古奥，押韵也合乎西汉和司马相如文章辞赋押韵规律，现有论据不足以否定司马相如的著作权。

力之.《文选》所录骈文名篇《六代论》之作者辨疑——兼论曹冏假托《六代论》于曹植说不足信.河南师范大学学报，2016（2）

【解题】昭明太子录《六代论》而署名“曹元首”没有问题，何焯之曹植作说则似密而实疏。从研究方法的层面上看，其最大的问题是忽乎辨别“虚”“实”之轻重。以“元首不以文章名世，安得宏伟至此”为证明作者的关键，未免过虚之嫌。刘盼遂先生之捍何说，以谢翱《西台恸哭记》内隐作者“危心遁辞”证《六代论》说及曹植身后事亦如此，乃百密一疏，失之更远。曹志说曹冏“以先王文高名著”而假托之，不足为信。学者以此作为古人假托之例，未达一间。

力之.《与嵇茂齐书》非吕安作辨及辨之方法问题——《文选》所录骈文名篇作者考辨之二.中山大学学报，2017（6）

【解题】破解《与嵇茂齐书》到底为谁所作这一难题，就今存文献言，关键在研究方法上。首先，影响这一研究的因素主要有四个方面：“今上”十分了解嵇康何以被诛；嵇康被诛之“可告人”者几天下读书人知之；嵇绍无法改变其父被诛之性质；干宝说产生于“时人误谓”后。此中，尤以前二者最为关键。其次，需将干宝说与嵇绍说作全面之观照。由此得出结论：嵇绍之“赵景真《与从兄茂齐书》，而时人误谓吕仲悌与先君书”说可信；而干宝说乃轻信“误谓”者所致，公孙罗、李周翰等以干宝说为是者，则是越说越似，却越偏离真相。

玉台新咏考异

隽雪艳.《玉台新咏考异》为纪昀所作.文史（第26辑），1986

张蕾.“《玉台新咏考异》为纪昀所作”说补遗.文献，2008（2）

其他

杨胜宽.《全唐诗外编》所收沈亚之逸诗逸句的真伪问题.社会科学，1986（3）

【解题】《沈警》一篇不是沈亚之的作品，《全唐诗补逸》所收入的逸诗逸句，是名实不符、似是而非的。

胡可先.《全唐诗外编》辨伪.贵州文史丛刊，1988（3）

【解题】该文考证《全唐诗续补遗》中诗篇伪作。

费君清.论《江湖小集》非陈刻《江湖集》.文学遗产，1989（4）

【解题】从四个方面论证《江湖小集》与《江湖集》是两本不同的著作：（1）从诗集内容看，《江湖小集》常不见《江湖集》中的作品；（2）从诗集序跋或写作的时间看，《江湖小集》中不少诗集要比《江湖集》所收的为晚；（3）从诗人的取舍看，《江湖小集》与《江湖集》也不甚一致；（4）从编刻者和卷帙上看，《江湖小集》也与《江湖集》不符。

吴艳玲.汲古阁一卷本《宋遗民录》伪书考.绍兴文理学院学报，2004（2）

【解题】明末汲古阁刊一卷本《宋遗民录》，先后两次为《四库提要》所著录。从文字内容和刻印版式来看，乃从嘉靖初刊刻程敏政编十五卷本《宋遗民录》胡乱摘割接凑而来，纯系伪书，并非明初何人所撰，考察历史上一代遗民事迹撰录之始，不能以此为据。

王书才．梁章钜对《文选旁证》的著作权难以否定．甘肃社会科学，2005（3）

【解题】《文选旁证》一书屡有否定梁章钜自撰的说法；一些学者认为原撰者为程同文或陈寿祺。首先依据程、陈二人传记资料及其学术取向，论述二人不可能撰写此书；然后又依据该书梁氏《自序》言其幼承家传选学之语和文中多处引录其父、其叔父关于《文选》校勘训诂的条目内容等，论证该书撰者非梁章钜莫属，他人假称不得。

李永贤．《文选旁证》著者考辨．中州学刊，2006（4）

王晓东．潘岳赋作辨伪．北京教育学院学报，2007（1）

【解题】严可均《全晋文》所辑录的潘岳赋作中，《河阳庭前安石榴赋》窜入了潘尼《安石榴赋》中的文字，《秋菊赋》与《朝菌赋并序》亦出自潘尼之手；至于《寒赋》一则，实为《寡妇赋》中文字；程章灿《先唐赋辑补》所辑潘岳赋三题四则，也存在着误辑或出处纰谬的问题。

王辉斌．建安七子作品辨伪．阜阳师范学院学报，2008（1）

【解题】以中华书局2005年版俞绍初《建安七子集》为底本，对存在于建安七子作品中的有关伪作，进行了逐一考察与甄别。同时，还以“辨正”的形式，对《建安七子集》中的有关作品所存在的诗题或文题等方面的问题，择其要者，对其进行了辨订，以利于参考。

陆林．《文章辨体汇选》“四库提要”辨误——兼论“施伯雨”撰《水浒传自序》的来源．文学遗产，2008（3）

【解题】《四库全书总目》对《文章辨体汇选》编选者贺复征的生平、家世缺乏了解，有关“提要”多有不当之处；复征自撰文所涉“先宪副”和“先宫保”，是指其父纳贤和同宗叔伯世寿，并非如“四库提要”所云“官阶、年月俱不相合”者。“提要”所谓该书收录范围“下逮明末”之说，亦不足信。根据贺世寿的卒年，可证明《文章辨体汇选》迟在顺治八年（1551）尚未成书，应视为清代著述。此书序文“词曲类”收录的“元施伯雨”撰《水浒传自序》，根据现有史料分析，应源自《第五才子书》所收落款“东都施耐庵”的“贯华堂所藏古本”的“自有序”，“伯雨”当属编者杜撰之名。贺复征将李贽著名的《杂说》一文先后取名《序拜月西厢传》和《论曲》，分别收入序文和杂文两类，也大大降低了其学术严谨性和分类科学性的公信度。

王小婷．《文选旁证》著作权问题之争．东岳论坛，2009（7）

张佳．《唐百家诗选》著作权争议的祛蔽与坐实——《唐百家诗选》的编选者“非为王安石而是宋敏求”考辨．江南大学学报，2011（2）

【解题】《唐百家诗选》究竟是王安石还是宋敏求编选的，一直以来众说纷纭，而把它的著作权归为王安石基本上已成为“定论”和主流观点。以新发现的一则材料，即与宋敏求同称“熙宁三舍人”的苏颂元丰二年（1079）给宋敏求写的一篇《龙图阁直学士修国史宋公神道碑》为直接依据，对捆绑在这种著作权争议问题上的各种宋代证据一一剖析，认为这个选本的著作权应重新还给宋敏求。

刘兴超．皮日休《襄州孔子庙学记》辨伪．钦州学院学报，2011（5）

【解题】《襄州孔子庙学记》实为中唐程浩所作。

殷祝胜．旧题李攀龙《唐诗选》真伪问题再考辨．河南师范大学学报，2013（1）

【解题】旧题李攀龙《唐诗选》一书真伪问题，国内学界大体认可《四库提要》的说法，以此书为明末坊贾所伪托；日本学界则大体接受森濑寿三的说法，以此书确出李攀龙之手，凌濛初在《唐诗广选序》中提出，此书乃王世贞家的“馆客某者”从王氏携归的李攀龙《古今诗删》原稿中的唐诗部分摘抄而成的伪书。作者考察现存相关文献，认为：后一说的史源最为直接，可以较为圆满地解释《唐诗选》的内容，抵牾最少，最为接近真相。

李杰荣．《全元文》所收赵孟頫《跋所临马和之毛诗图》辨伪．古籍整理研究学刊，2013（3）

【解题】《全元文》所收赵孟頫《跋所临马和之毛诗图》，据款识可判定其伪文；这篇伪文是将陆师道为张凤翼所藏马和之《邶风七篇图册》所题的画跋，改头换尾，生硬地拼凑成文的。

罗争鸣．中唐党争与文坛风尚：《毛仙翁赠行诗》的真伪、价值及相关问题考论．云南大学学报，2013（4）

【解题】《毛仙翁赠行诗》是一部小型诗集，涉及韩愈、白居易、元稹、牛僧孺等中晚唐22位重要作者，关涉问题极广。诗集内容为杜光庭伪造的可能性不大，纂集者也不是杜光庭，杜只是在集后缀写了一篇《毛先翁传》；诗集是否伪托，难有定论；该集很可能纂辑于晚唐五代，但可以肯定，至迟在北宋初已开始流行，有重要的文献价值。

萧楚敏．建安七子诗辨伪述略．语文学刊，2014（19）

【解题】依据俞绍初编《建安七子集》，结合众多学者的研究，简叙并讨论建安七子诗的辨伪状况，其中阮瑀《琴歌》和《诗渊》中王粲的两首逸诗可以确定非其所作，其余五首均缺乏足够证据，存疑。

别 集 类

后出师表

谢宫礼．《后出师表》辨伪．现代文学，1933（1）

郭挺之．漫谈诸葛亮《后出师表》的真实性．湘潭师范学院学报，1980（1）

【解题】前后两《出师表》和盘托出诸葛亮的政治和战略思想，相互贯通，又各有重点，无疑都是诸葛亮的作品。

王秀芝．《后出师表》真伪辨．台北师专学报，1980（8）

马植杰．《后出师表》的作者问题．文史（第17辑），1983

【解题】《后出师表》绝非诸葛亮所作。

庞怀清．论《后出师表》非作伪．人文杂志，1983（2）

【解题】《后出师表》中有些内容涉及军情机密（如“今贼适疲于西，又务于东，兵法乘劳，此进趋之时也”；“丧赵云……等……七十余人……散骑、武骑一千余人，若复数年，则损三分之二也”；“今民穷兵疲，而事不可息”等），显然不宜公开宣布，所以当世人不易见到原件。待到后来流传出来的文本，由于辗转传抄（或口传默写）就难免错讹。后人在传抄转载时，对原件作过某些增删改易的情况，也不是没有可能的。尽管如此，还是应该肯定诸葛亮是《后出师表》的原作者，并非伪托之作。

贯井正．论《后出师表》应系诸葛亮所作．晋阳学刊，2001（2）

【解题】对于《后出师表》，自清朝以来有部分史学家认为其风格与语调都与前表有较大差异，所以不是诸葛亮所作，而是他人伪作。对其内容及产生背景进行了研究分析，并通过查阅历史文献，参考前辈学者专家的研究成果，《后出师表》确为诸葛亮所作。

卿三祥．《后出师表》真伪考释．成都大学学报，2007（6）

【解题】《后出师表》虽不载于《诸葛亮传》，但见于《诸葛恪传》；《后出师表》不是张俨、诸葛恪伪造；《后出师表》用语与诸葛亮习惯用语符合；《后出师表》立意与诸葛亮行为一致。结论：《后出师表》是诸葛亮的作品。

黄瑞云．《后出师表》非诸葛亮所作．职大学报，2008（2）

【解题】所谓《后出师表》，诸葛亮传和诸葛亮集不载，许多内容与史实不符，文辞格调与《前出师表》不类，足证此表不是诸葛亮所作，而属于他人创作的艺术作品。

刘慧儒．《后出师表》的尴尬．读书，2009（9）

【解题】《后出师表》与诸葛亮的伐魏可谓有异曲同工之妙，内里藏着不可道破的玄机。从这点看，此表也许诚为诸葛亮所写；若系伪作，则作者对诸葛亮的尴尬处境和内心活动把握之准，令人叹绝。

赵熠．《后出师表》真伪之我见．黑河学刊，2012（2）

【解题】就能查阅到的资料来分析，《后出师表》应系他人伪作，并非真正出自诸葛亮之笔。

刘莉莉．20世纪以来《后出师表》真伪论争述评．金陵科技学院学报，2012（2）

【解题】根据不同的论争点如《后出师表》的出处问题、感情基调与用语问题、涉及的历史人物等提出自己的观点，即《后出师表》确实出自诸葛亮之手。

柏梁台诗

王荣曾．《柏梁台诗》真伪及其拟托时代之推测．大夏，1935（9）

逯钦立．《柏梁台诗》辨．现代学报，1947（4—5）

游国恩．《柏梁台诗》考证．国学季刊，1950（1）；游国恩学术论文集，北京：中华书局，1989

丁邦新．从音韵论《柏梁台诗》的著作年代．中国语言学论文集，北京：中华书局，2008

陈直．汉诗真伪问题．文史考古论集，天津：天津古籍出版社，1988

刘跃进．《柏梁台诗》真伪．中古文学文献学，南京：江苏古籍出版社，1997

王晖．《柏梁台诗》真伪考辨．文学遗产，2006（1）

【解题】从《柏梁台诗》的用韵字、诗句排序看，《柏梁台诗》可以肯定是西汉时代的作品；从《柏梁台诗》诗句所附的官职、作者及诗句内容等情况来看，《柏梁台诗》就是汉武帝时代所作，绝非伪作。

孙正军．《柏梁台诗》成篇时间新论——基于文本出处和官职描述的综合考察．中华文史

论丛，2018（2）

【解题】《柏梁台诗》是中国古代诗歌史上的名篇，长期以来被视为七言诗或联句诗之始，不过其成篇时间却仍存争议。本文在梳理前人论述的基础上，通过辨析《柏梁台诗》最早出处的《东方朔别传》与《汉书·东方朔传》及东方朔故事流传的关系，指出《东方朔别传》虽非《汉书》蓝本，但其成书却不晚及东汉，由此确认《柏梁台诗》成于东汉之前。进而以《柏梁台诗》中若干“另类”叙述为线索，推测《柏梁台诗》并非如序文所说作于西汉武帝元封三年（前108），而是成篇于平帝元始五年（5）以后，七言诗体的发展为此提供了文体背景。

蔡琰《悲愤诗》

张少弓．蔡琰《悲愤诗》辨伪．东方杂志，1945（7）

余冠英．论蔡琰《悲愤诗》．汉魏六朝诗论论丛，上海：棠棣出版社，1952

宋升．关于蔡文姬悲愤诗的真伪问题．山西师范学院学报，1957（2）

张少康．蔡琰《悲愤诗》本事质疑．文史哲，1958（3）

张舜徽．从曹操问题谈起兼论“悲愤诗”“胡笳十八拍”的真伪．长江日报，1959.6.29

叶庆炳．蔡琰《悲愤诗》二首都是真的．有关中国文学史的一些问题，联合报，1972.4.28—30

苏者聪．蔡文姬和她的《悲愤诗》．长江日报，1979.6.23

黎洪声．蔡文姬和她的《悲愤诗》．紫琅，1979（5）

戴君仁．蔡琰《悲愤诗》考证．戴静山先生全集第三册，台北：戴顾志鹤印行，1980

蔡义江．史载蔡琰《悲愤诗》是晋宋人的拟作．北方论丛，1983（6）

丁三省．蔡琰《悲愤诗》新探兼与蔡义江同志商榷．信阳师范学院学报，1985（4）

刘文忠．蔡琰《悲愤诗》二首的真伪及其写作年代新考．古典文学论丛（第4辑），济南：齐鲁书社，1986

张炳森．亦说五言《悲愤诗》非为蔡琰作．河北大学学报，1990（4）

【解题】《悲愤诗》是否为蔡琰作，自苏东坡提出否定意见后，学者或肯定或否定，一直争论了几百年。经过数百年的争论，迄今，除个别学者外，多数学者意见已基本趋于一致，即认为五言《悲愤诗》为蔡琰作，骚体《悲愤诗》非蔡琰作。结论：骚体《悲愤诗》非蔡琰作，五言《悲愤诗》亦非蔡琰作。

张晓兵．《悲愤诗》的写作时代考．聊城师院学报，1994（4）

王寄瀛．舍彼其谁？——论蔡琰名下五言《悲愤诗》兼向宇文教授所安请益．琼州学院学报，2015（1）

【解题】第一部分以回应美国汉学家宇文所安对五言《悲愤诗》作者身份的质疑为重点，第二部分在第一部分的基础上从内容、主题、韵部等几个方面加以讨论，再将其和丁廙《蔡伯喈女赋》进行比对，认为五言《悲愤诗》确为蔡琰作。

李白

吴征铸．李白《菩萨蛮》《忆秦娥》词考．斯文，1940（2）

詹瑛．李白《菩萨蛮》《忆秦娥》词辨伪．真理杂志，1944（1）

詹瑛．李诗辨伪．东方杂志，1945（41）
唐圭璋．论李白《菩萨蛮》《忆秦娥》词．中国文学，1945（5）
杨宪益．李白与《菩萨蛮》．新中华，1945（10）
俞平伯．今传李太白词的真伪问题．文学研究，1957（1）

【解题】《菩萨蛮》《忆秦娥》二词并非李白所作。

张琬．《菩萨蛮》及其相关之诸问题．大陆杂志，1960（1—3）
杨胤宗．李白《菩萨蛮》《忆秦娥》考．大陆杂志，1960（12）
詹瑛．李白作品辨伪．李白诗论丛，香港：文苑书屋，1962
吴企明．试论李白诗的考辨工作．江苏师院学报，1978（2）
吴企明．论李白《别内赴征三首》的真伪问题．江苏师院学报，1979（4）

【解题】《别内赴征三首》既不是李白应诏入京时的作品，也不是李白下庐山从军时的作品；它们是李白集中的伪诗，或为好事者所伪托，或为他人诗误入。

黄瑞云．李白三首诗的系年及真伪考辨．四川大学学报，1980（1）
吴企明．李白《清平调》词三首辨伪．文学遗产，1980（3）

【解题】韦叡《松窗录》记李白撰《清平调》词一事，谬悖史实、乐理，事伪，词亦伪；《清平调》三首，实出自小说家韦叡之手而托名李白。

吴孟复．关于李白词两首的真伪问题．安徽大学学报，1980（3）
郁贤皓．黄锡珪《李太白年谱》附录三文辨伪．学林漫录初集，北京：中华书局，1980
吴企明．《草书歌行》是李白写的吗．江苏师院学报，1980（1）
吴企明．《论文苑英华》中的李白诗．文学评论，1981（2）
李廷先．李白《清平调》词三首辨伪商榷．文学遗产，1981（4）

【解题】韦叡《松窗录》所记李白进《清平调》词三首一事，是可信的，事不伪，词亦不伪。

黄刚．李白两首词真伪之我见．浙江师范学院学报，1982（2）
罗元贞．李白《菩萨蛮》《忆秦娥》词是伪作．晋阳学刊，1984（5）
闻元馨．李白词二首的真伪问题讨论综述．温江师专学报，1985（2）
刘继才．李白作《菩萨蛮》《忆秦娥》新证．辽宁师范大学学报，1985（5）
周泳先．李白忆秦娥词的作者及本事说．词学，1986（5）
安旗．李白词二首之我见．西北大学学报，1987（1）
刘友竹．《僧伽歌》非伪作辨．天府新论，1987（5）
胡迎建．李白一首佚诗辨伪．文献，1988（3）
黄翼．李白二词“非伪托”说订补．汕头大学学报，1988（3）
詹瑛．《李太白诗集》严羽评点辨伪．河北师院学报，1988（4）
陶敏．李白《送贺监归四明应制》诗为伪作．李白学刊，1989（2）
吴企明．李白词辩证稿．李白学刊第二辑，上海：上海三联书店，1989
何世华．李白词的真伪及其成就．中国文学研究，1989（4）
章尚正．李白词真伪问题研究综述．文史知识，1990（2）
刘崇德．李白《猛虎行》《草书歌行》新考．文学遗产，1992（3）

【解题】《猛虎行》是李白至德元年于溧阳酒楼宴别楚人张旭时所作，《草书歌行》

是李白乾元二年于零陵作。

启功．“太白仙诗”辨伪．传统文化与现代化，1996（2）

何林天．李白诗辨伪．山西师大学报，1997（1）

郁贤皓等．李白诗的辑佚与辨伪．唐研究（第3卷），北京：北京大学出版社，1997

郁贤皓等．漫议李白诗的辑佚与辨伪．唐代文学研究，1998

罗漫．从几种新证据看李白《菩萨蛮》词的真实性．唐代文学研究，2002

吴艳玲．《菩萨蛮》词是否为李白作．绍兴文理学院学报，2003（2）

【解题】“菩萨蛮”词牌出现于李白身后，词成熟于中唐，李白作品早期版本未收录该词，诗人终其一生从未到过该词首次被发现的公共场所——“鼎州沧水驿楼”，该词所呈现的“气象”亦与李白的个性及其诗歌的艺术风格相去甚远，因此《菩萨蛮》（平林漠漠烟如织）不是李白的作品。

王辉斌．李白词真伪证说．襄樊学院学报，2003（6）

【解题】传世的李白词，除争议颇大的《菩萨蛮》（平林漠漠烟如织）、《忆秦娥》（箫声咽）二词外，另外十五首词中，只有《清平调》三首及《秋风清》为李白所作，余十一首虽为词，但皆系后人托李白之名而传世。《清平调》三首虽属李白的作品，但其是三首“披乐”咏唱的声诗，而非词；《秋风清》在宋蜀刻本《李太白文集》中，其题则为《三五七言诗》，亦非词。

王辉斌．李白《菩萨蛮》辨伪——兼及词的起源问题．乐山师范学院学报，2003（8）

【解题】词的平仄声律在盛唐时期尚未建立起来，至中唐才为文人所重视；传世的《菩萨蛮》（平林漠漠烟如织）一词，并非李白所作；被目为今云南彝族先民的“天菩萨”，并非唐玄宗时的女蛮国人“菩萨蛮”；《湘山野录》的记载不可信，而咸淳本《李翰林集》中的《菩萨蛮》《忆秦娥》二词，乃后人据《湘山野录》等所妄加；魏夫人的《菩萨蛮》三首与传为李白之作的《菩萨蛮》毫不相关。

李子龙．李华《故翰林学士李君墓志并序》辨伪．文学遗产，2004（2）

【解题】今存李白集载有署名李华的《故翰林学士李君墓志并序》一文，列于碑志之首。这是一篇伪作，始出于北宋元丰三年七月之后。理由是：（一）李白墓元和十二年（817）由龙山迁往青山，范传正所撰《李公新墓碑》因李白没有墓志而感叹，说明原无李华所撰墓志。（二）此墓志称“姑熟东南，青山北址，有唐高士李白之墓”，前二句所指正是青山李白新墓的方位，后一句既称“有墓”，意在青山墓出现之后，故而此墓志当在范传正迁墓之后撰写。（三）南宋陈振孙的“家藏本”《李翰林集》是目前所知最早收进李华墓志的版本，此本刻于北宋末期。

吴冠文．《李白〈上安州裴长史书〉考伪》质疑——兼考蜀称“江汉”的由来．中华文史论丛，2006（3）

张福庆．谈李白词及其真伪之争．名作欣赏，2006（7）

黄冬红．略论李白《菩萨蛮·平林漠漠烟如织》的真伪．文教资料，2006（29）

【解题】李白《菩萨蛮·平林漠漠烟如织》一词当属中晚唐人所托。

子娟．李白《清平调》词三首的是是非非．文史杂志，2009（2）

木斋．论李白词的真实性及与敦煌曲词的关系．词学，2010（1）

徐拥军．李白词真伪考论．中国文学研究，2012（2）

【解题】今人多以《尊前集》作为李白存词的有力证据，然宋人所见《尊前集》并未载李白《清平乐》，也未载其《菩萨蛮》词；从李白词作本身来看，传为李白应制的《清平乐》词，不类应制之作的体制，用语也与当时史料不合，而且佳、灰韵合用，与李白近体诗中皆单独使用此两部韵的惯例不符；《菩萨蛮》词系宋人据耳闻所得，无相关材料印证。因此今本《尊前集》所载的李白《清平乐》词四首，《菩萨蛮》词二首，以及最早见于明本《尊前集》的李白《连理枝》词皆不应定为李白所作。

赵逵夫．李白《菩萨蛮》理乱．文史知识，2012（3）

木斋．舍尔其谁也——李白词真实性验证．陕西师范大学学报，2015（2）

【解题】从诗歌史、音乐史、词体发生史的演变历程，以及版本、作者背景、作品等诸多方面综合考察，认为李白词可以确认为真实的存在。《宫中行乐词》八首、《清平调》三首、《清平乐》四首，三组作品均为李白在天宝二年（714）于宫廷应制写作，分别写作于该年早春、仲春和暮春，在题材和写法上顺承而下，清晰显示了词体诞生之际的蜕变痕迹和发生历程。《菩萨蛮》《忆秦娥》在李白临别宫廷的诗作中也可以一一得到对应和验证："玉阶空伫立"，是李白"玉阶生白露，夜久侵罗袜"与"结桂空伫立"的重新组合与词体表达，玉阶专指宫廷，较早见于陆机《班婕妤》；如"西风残照，汉家陵阙"，在李白同期诗作《灞陵行送别》中字字对应。

张之为．音乐形态、写作方式与词体的定型——兼及李白《菩萨蛮》辨伪．云南大学学报，2016（6）

【解题】词律的起源是词体发生问题的核心与重点。还原词发生初期词乐配合的原初状态，可发现"词的文本形态来源于音乐形态"这一传统观点有失允当。词的写作方式有依乐填辞、依辞写辞两种，这不但是乐工辞与文人辞的分野，也代表了词体发展的两个阶段。词获得稳定的文体形态是在文人辞阶段，高度趋向一致的词律是在文人的重复性、摹拟性写作中形成的，在这一过程中，文人的群体活动、知识结构起到了关键性作用。结论：《菩萨蛮》"平林漠漠烟如织"非李白作品，其制辞时代为宋代。

马执斌．从风格看李白《草书歌行》决非伪作．中华读书报，2016. 2. 3

【解题】中华书局1977年版《李太白全集》卷之八有《草书歌行》一首，是李白赞扬怀素草书创新的。北宋大文学家苏东坡认为，它"决非太白所作，乃唐末、五代效禅月（前蜀僧人贯休别号）而不及者，且訾其'笺麻绢素排数厢'之句，村气可掬"。但苏东坡没有举出一件令人信服的证据。

王辉斌．再论《菩萨蛮》非李白作．铜仁学院学报，2017（11）

【解题】从版本学与文献学的双重角度来重新考察《尊前集》《湘山野录》、宋咸淳本《李翰林集》录载的"李白《菩萨蛮》（平林漠漠烟如织）"，结果表明，三部著作对于此词之所收所载，均不可靠，即其均不足以证实此词为李白所作。明人胡应麟首倡"伪作说"，今人胡适、詹锳等人踵武其后，其结论皆可接受材料的检验，所以，李白不是《菩萨蛮》的作者。

杨栩生．《游谢氏山亭》是否李白之作的几点疑问．绵阳师范学院学报，2017（10）

【解题】《李太白全集》中有《游谢氏山亭》一诗。此诗是否为李白之作颇为可疑：一、作年之疑。此诗无论是作于乾元元年、上元二年还是宝应元年，都与诗中"再欢天地清"之背景和李白暮年行踪不相吻合。二、"谢氏山亭""西池"之疑。据诗所写，

“西池”应是谢公池。谢公池乃谢灵运温州所建，但李白暮年足迹未达温州。三、诗题之疑。诗题为“游谢氏山亭”，而诗却写的是游“西池”。四、“稚子”之疑。“遥欣稚子迎”之“稚子”非时年已二十六七的伯禽，故“遥欣稚子迎”者非李白。

张培锋．《夜宿乌牙寺》诗为李白所作考．古典文学知识，2018（3）

【解题】李白有一首轶诗，一直未收入其诗文集中。清人王琦注《李太白文集》，始据宋人赵令畤《侯鲭录》卷二等的一则记载，将其收入《诗文拾遗》中，名为《题峰顶寺》：“夜宿峰顶寺，举手扪星辰。不敢高声语，恐惊天上人。”（王琦《李太白全集》，中华书局 1977 年版）王琦并引用了若干史料，对此诗是否为李白所作存疑。当代几种有影响的李白诗注本基本倾向认为此诗为宋人所作而伪托李白。

邵杰．李白《望庐山瀑布》绝句“伪作说”析论．殷都学刊，2018（1）

【解题】目前关于李白《望庐山瀑布》绝句著作权的怀疑，四个方面的论证皆存在疏失：一、该首七绝对于同题五古的因袭，是正常的文学现象，不意味着其出自别人；二、此诗未载唐人李诗抄本及选本，亦未见时人引及，至多说明此诗在当时流传未广，不能据此否定李白的著作权；三、诗中“生紫烟”主要指庐山香炉峰生机焕发的吉祥景象，不能简单以烟雾遇阳光而消散的物理来刻舟相绳；四、七绝与五古风格的差异，是由于诗人的创作视角、情绪及时间的差异所致，不能证明七绝为伪作。七绝与五古各有优长，二者是具有互文性的篇章。

杜甫

程会昌．杜诗伪书考．杜诗王原数注辨伪，斯文半月刊，1941（4）；古诗考索，上海：上海古籍出版社，1984

吴孟复．杜甫《过洞庭湖》诗辨伪．合肥师范学院学报，1962（3）

张熙侯．读吴孟复《杜甫〈过洞庭湖〉诗辨伪》札记．合肥师范学院学报，1962（3）

陈尚君．新发现杜甫佚诗证伪．草堂，1984（1）

何林天．杜甫诗辨伪．山西师大学报，1998（2）

莫砺锋．杜诗“伪苏注”研究．文学遗产，1999（1）

【解题】杜诗“伪苏注”的产生时代是南宋绍兴十五年前后，其后的三十多年是它广为流传的时期。

吴明贤．杜甫《江南逢李龟年》著作权不容否定．杜甫研究学刊，2005（4）

【解题】针对南宋胡仔《苕溪渔隐丛话》及其他否定《江南逢李龟年》为杜甫所作的观点比较详细地进行了考察辨析，认为《江南逢李龟年》所记历史与杜甫生平经历相合，诗的意旨及风格与杜甫此时期诗歌的内容及总体风格一致，此诗的历史记载与版本收录皆为杜甫，因而此诗为杜甫所作毋庸置疑。

聂巧平．从《十家注》到《百家注》集注的发展演变看宋代杜诗之伪注．唐代文学研究，桂林：广西师范大学出版社，2006

陈颖．清代杜诗辨伪学史研究．河北大学硕士学位论文，2013

杜律虞注

罗鹭．伪《杜律虞注》考．古典文献研究，南京：凤凰出版社，2004

【解题】《杜律虞注》是一部杂抄张伯成《杜律演义》和《集千家注杜工部诗集》而成的伪书，它的解题部分完全抄自《杜律演义》，而注释部分则主要抄自《集千家注杜工部诗集》。

冯小禄．伪《杜律虞注》补说．杜甫研究学刊，2007（2）

【解题】结合古今人对伪《杜律虞注》的考证，将前人已见和未见的明人材料冶于一炉，按时间先后顺序分别说明各自在证伪上的作用；并指出古今人多有误读杨士奇《杜律虞注序》者，以致相沿成讹，以为杨士奇就怀疑《虞注》；对《虞注》的作伪者、版本变化和注释风格等历史遗留问题也做了探讨。

汤婷婷．《杜律虞注》辨伪考评述．怀化学院学报，2013（8）

【解题】元代虞集的《杜律虞注》早已在明代时就已经被肯定是一部伪书，并判定与元代张性的《杜律演义》有着很大的关系，明代有许多学者文人都对《杜律虞注》的有关情况进行了记载。

柳宗元

梁容若．《柳宗元集》中的伪作．国语日报，1965. 5. 5

马国云，范宁羽．《龙城录》的“宗唐思想”——兼论《龙城录》作者．柳州职业技术学院学报，2018（4）

【解题】《龙城录》是一部记述隋唐时期帝王将相、文人士子事迹的笔记小说。关于其作者，自宋代以来颇有不同看法，有人认为是唐柳宗元，也有人认为是宋时王铚。文集中所记载之事非常明显地体现了作者的“宗唐思想”，在唐时的诸多文集中，这种思想也有较多体现；而在宋人，对李唐王朝的态度则比较公允，如若出现“宗唐”则有悖事理。故从《龙城录》所体现的“宗唐”思想看，此书的版权该属于柳宗元。

王维

韩维钧．王维现存诗歌质疑．文学遗产增刊（第13辑），北京：中华书局，1963

【解题】将王维诗分为五类：（一）《王右丞集笺注》中杂有业经前人考定不是王维的作品，计32题48首；（二）各本虽皆收录，但均有异议，而韩维钧认为并非王维所作者，有《送元中丞转运江淮》《叹白发》《寓言》（之二）3首；（三）在诗题下虽注为某人所作，但在这作者集中却无该诗，经考察乃为王维所作者，如《过香积寺》《赠刘蓝田》等；（四）题注为某人所作，该作者集中亦收此诗，而韩维钧认为应该定为王维所作者，如《酬比部杨员外暮宿琴台朝跻书阁率尔见赠》《寄河上段十六》等；（五）《王右丞集笺注》收录之诗而为他本所未收，或他本所收之诗而《王右丞集笺注》反无者。经考察，认为第一、第二类的51首诗并非王维所作，其他三类是王维所作。

陈铁民．王维诗真伪考．文史（第16辑），1982

【解题】考证清代赵殿成《王右丞集笺注》中42首诗的真伪。

孟浩然

王辉斌．孟浩然诗歌辨伪．襄樊学院学报，2001（1）

【解题】以徐鹏《孟浩然集校注》为底本，对其中的有关非孟浩然诗进行了具体考订与甄别。

陈才智.《孟浩然集》中两首诗作者辨析.广西右江民族师专学报，2003（5）

【解题】《孟浩然集》中的《卢明府早秋宴张郎中海园即事得秋字》《同卢明府早秋宴张郎中海亭》这两首诗，前首为孟浩然作，后首当为张愿（张郎中）所作。

陋室铭

于北山.《陋室铭》非刘禹锡作补正.教学与进修，1979（3）

陶敏.《全唐诗中重出了刘禹锡诗甄辨》续补.文史（第28辑），1987

吴小如.《陋室铭》作者质疑.文学遗产，1996（6）

【解题】今所见《陋室铭》实不类唐人作品。如确信其为唐人手笔，则宁信其作者为崔沔，亦不宜属之刘禹锡。

段培丽.《陋室铭》作者辨析.文史知识，1996（6）

颜春峰，汪少华.《陋室铭》的作者不是刘禹锡吗.寻根，1996（6）

卞孝萱.《陋室铭》非刘禹锡作.文史知识，1997（1）

【解题】作者早在1963年出版的《刘禹锡年谱》中已提出，《陋室铭》非刘禹锡作。

段培丽.再谈《陋室铭》及其作者.陕西师范大学学报，1998（1）

【解题】《陋室铭》作者确非名噪一时的刘禹锡，而是一位名不见经传，但却才华横溢，堪称“文章之哲匠”的盛唐文臣——崔沔。

王鹤，李晓丽.《陋室铭》作者祛疑.古典文献研究，南京：凤凰出版社，2012

【解题】《陋室铭》为刘禹锡所作有可靠的文献依据，并且这篇铭及其体格，与刘禹锡的文格、文风、为人以及他在和州期间的生活状况、思想状态和交友状况并无特别矛盾之处。

孙思旺.《陋室铭》作者问题释证.文史哲，2017（1）

【解题】《陋室铭》虽不列于梦得文集传世刻本，但古今学人一向视为刘氏遗篇。自20世纪70年代以来，于北山、卞孝萱、吴小如等先生纷纷撰文，断为伪托，遂使其作者问题渐有演为公案之势。今考诸家之说，颇拾宋僧孤山智圆遗绪，以人品文风之好恶臆断真伪，殊不足取。所欲论者有三：其一，传世刘集可以为《陋室铭》提供一系列文本内证；其二，唐人的陋室之咏集中产生于刘禹锡的交游群体；其三，被辨伪者援以为据的唐观音寺界碑实系伪刻，抄撮村言俗语说并不成立。

王淑梅.千古谜团《陋室铭》——再论《陋室铭》的作者及褒贬纷争相关问题.徐州工程学院学报，2018（1）

【解题】传世名篇《陋室铭》的作者千年以来争讼不已。最早唐人颜真卿提到崔沔作《陋室铭》，而民间则流行刘禹锡作《陋室铭》说，南宋后期的《古文集成》首次把今传《陋室铭》文隶于刘禹锡名下，直到清代《古文观止》，刘禹锡作《陋室铭》说终于演为定论。事实是早在北宋前期，释智圆已对俗传予以了驳斥，同时刘昫、欧阳修等编史书时均未采信，只字未提刘禹锡作《陋室铭》，而且今存刘禹锡集诸刻本均不载《陋室铭》，足以说明刘禹锡说之不经。梳理作者纷争的起因及始末过程，结合崔沔的生平际遇，《陋室铭》当为崔沔所作。

李贺

刘衍．李贺佚诗辨伪．中国文学研究，1994（3）

【解题】今传《杪秋登江楼》非李贺诗，《全唐诗续补遗》辑李贺佚诗二首，亦不是佚诗；李贺现传诗歌并不完整，辑佚、考佚、考辨工作还大有可为。

鲁慧．《昌谷集注》宋琬序作者新考．学术交流，2017（1）

【解题】《昌谷集注序》是李贺研究中极为重要的一篇文献，大部分谈及李贺的论文都会援引此篇。自清人王琦《李长吉歌诗汇解》将此篇收录后，后人一直沿用，认为此篇的作者即宋琬。《昌谷集注序》并非宋琬本人亲自创作，而是清初散文名家王猷定的代笔之作，王猷定乃《昌谷集注序》的真正作者。

刘明．陈清华郇斋旧藏蒙古本《歌诗编》小识——兼及李贺诗集的编刻及“集外诗”的真伪．古典文学知识，2018（5）

杜牧

朱易安．《清明》诗是杜牧作的吗．河北大学学报，1981（1）

【解题】《清明》诗并非杜牧所作。

胡可先．《忍死留别献盐铁裴相公二十叔》诗非杜牧作考辨．徐州师范学院学报，1982（1）

张金海．樊川诗真伪补订．武汉大学学报，1982（2）

于一．杜牧行踪考辨与《清明》诗．延安大学学报，1986（3）

【解题】《清明》诗随《千家诗》问世以来，千载传唱，因其风格与杜牧诗风浑然一体，人们认可为杜牧诗。最近有人以《樊川集》中未收此诗，怀疑为他人伪作。怀疑当然可以，但不足为据。因为古代历史资料中，长期佚失而偶有发现的现象是不少的；《樊川集》中没有，应该允许《千家诗》的编者发现；如果没有可靠的历史资料来确证《清明》诗非杜牧作，仅凭怀疑、推测是不能服人的。

郭文镐．《樊川外集》诗辨伪．唐都学刊，1987（2）

谢明仁．杜牧的一首伪诗考辨．文学遗产，1990（2）

文伯伦．《清明》诗非杜牧所作略说．文史杂志，1995（1）

纪永贵．重审杜牧《清明》诗案．池州学院学报，2010（2）

【解题】今日的杏花村文化现象都与托名杜牧的《清明》诗有直接的因果关系。其实，杏花村意象是杏花意象在唐宋文学中的诗意延伸。“杏花村”词组在今存唐诗中出现过3次，在宋诗中出现过17次，在宋词中出现过4次，“杏村”在宋诗中出现过3次；这27个杏花村除了南宋方回诗中一个“杏村”是实指外，其余全是虚称，则《清明》之中的“杏花村”也当是虚指。有学者从目录学、诗韵学、诗歌风格学等角度曾经怀疑过杜牧对《清明》诗的著作权，此外，若从诗意传承的角度去看，《清明》诗也不可能为杜牧所作，它只能产生于两宋之间。南宋以来的个别词选中录有一首署名北宋宋祁的已经化用了《清明》诗意的词《锦缠道·春游》，但至少有四点理由可以认为这是一个以讹传讹的结果。

顾农．“清明时节雨纷纷”是杜牧所作吗．中华读书报，2016.3.23

王永平．关于杜牧《清明》诗的两点想法．晋阳学刊，2018（5）

【解题】杜牧《清明》诗是一首脍炙人口的七言绝句。但是，自近代以来，围绕着这首诗的作者、诗中描写的情景和地点等问题展开了热烈的争论。经过梳理争论焦点，形成几点看法：其一，不能轻易否定杜牧是《清明》诗的作者；其二，应该避免意气之争，认真对待每一条有价值的史料，而不是只选择对自己有利而无视对自己不利的资料。

戴叔伦

洪素野．戴叔伦《怀李贺》诗质疑．学术研究，1980（6）

【解题】据权德舆所作戴叔伦墓碑铭，戴是德宗贞元五年（789）死的，而李贺则是贞元六年（790）生的；戴叔伦《怀李贺》当是伪作，或是所怀李贺长吉另有其人，总之不是诗人李贺。

心予．戴叔伦《冬日有怀李贺长吉》作者及诗题辨误．求索，1980（4）

【解题】《冬日有怀李贺长吉》并非戴叔伦所作，可能是杜甫或李白之妻宗氏，所怀之人也不是李贺，而是李白；此诗也可能是李白的佚诗。

赵昌平．戴叔伦作者真伪及其有关行事商榷．文史，1985（25）

蒋寅．戴叔伦作品考述．中华文史论丛，1985（4）

【解题】王闿运《湘绮楼唐诗选》所选戴叔伦诗六首，其中三首非戴作；中国社科院文学所编《唐诗选》所选戴叔伦二首，其中七绝《苏溪亭》是明初汪广洋（1329—1380）之作；《唐诗鉴赏辞典》所选《过柳溪道院》亦是明初刘崧（1321—1381）之诗。

熊飞．戴叔伦诗杂考．唐都学刊，1994（3）

【解题】《全唐诗》收录的戴叔伦诗近三百首诗，窜伪情况极为严重；其中《过贾谊旧居》《早春曲》《白苎词》3首为明人苏平作品窜入者。

佐宏．《折杨柳》作者小考．宜宾学院学报，2005（4）

【解题】《折杨柳》作者应为杨巨源。

方孝玲．今传戴叔伦集误收苏平诗补证．古籍研究，2006（1）

【解题】《白苎词》《早春曲》《拟过贾谊宅》三首诗并非戴叔伦所作，而是出于明代诗人苏平之手。误收的原因有二：（一）明铜活字本《戴叔伦集》因商家以图“速售”“旁取他人之作入之”，而《全唐诗》编订者为贪多求全，真伪一并纳入，致使讹误更加严重。（二）苏平喜欢拟唐人之作，其诗歌语言以及风格又确与戴叔伦诗有许多相似之处，戴诗“含蓄蕴藉，情韵悠然”“语言是平淡的，但却淡得自在、有味、有情”，苏诗亦如此。

王佃启．戴叔伦若干诗作辨伪补正．中国社会科学院研究生院学报，2006（3）

【解题】戴叔伦是中唐著名诗人，现存诗集系明人编订，窜伪者甚多。今人岑仲勉、傅璇琮、富寿荪、蒋寅等学者先后对此作了专门考订，共考证出戴集中非戴所作及与他人重出的诗作近百首。该文在前人考订的基础上，对前人未发现的戴叔伦集中的伪作及重出作品或已发现非戴所作但未考明出处的若干诗作进行了考订辨正。

苏轼、苏辙

顾吉辰，俞如云．苏轼《王大年哀辞》质疑．文史（第16辑），1982

孔凡礼.《艾子》是苏轼的作品.文学遗产，1985（3）；孔凡礼古典文学论集，北京：学苑出版社，1999

【解题】《艾子杂说》是苏轼所作。

刘尚荣.苏轼佚诗真伪辨——关于苏轼的补编诗互见诗及其真伪的研究与评介.宝鸡师院学报，1990（4）

刘石.苏东坡词辑佚和辨伪的历史考察.文献，1992（3）

金诤.苏轼散文编年、辨伪拾补.四川教育学院学报，1998（4）

邹同庆等.苏词辨伪.郑州大学学报，1995（1）；中州学刊，1996（2）

【解题】考辨了"他人词误作苏轼词"数首，《鹧鸪天》（西塞山边白鹭飞）、《满庭芳》（北苑龙团）、《满庭芳》（北苑春风）应为黄庭坚作；《虞美人》（落花已作风前舞）、《永遇乐》（天末山横）应为叶梦得作；《意难忘》（花拥鸳房）应为程垓作；《蝶恋花》（玉枕冰寒消暑气）应为晏殊作；《浣溪沙》（晚菊花前敛翠蛾）应为朱敦儒作；《浣溪沙》（楼依江边百尺高）应为张先作。

卿三祥.《东坡诗集注》著者为王十朋考.宋代文化研究，成都：四川大学出版社，2003

【解题】通过对王十朋《梅溪集》和《王状元集百家注分类东坡先生诗》（《东坡诗集注》原题）等书的细致考查，证明王十朋的确是《东坡诗集注》的著者。

力之.《东坡外集·蔡使君传》即《南史·蔡道恭传》辨.黄冈师范学院学报，2004（1）

【解题】《蔡使君传》最早见于《东坡外集》，李寅生先生已证其非出东坡手；然《蔡使君传》并非节自《梁书》卷十的《蔡道恭传》，而是原原本本地抄自《南史·蔡道恭传》。

钱建状.《东坡词》误收之《青玉案》作者考.文学遗产，2004（5）

【解题】《东坡词》中所收《青玉案·和贺方回韵送伯固归吴中故居》非苏轼所作，胡仔《苕溪渔隐丛话》、陈善《扪虱新语》以为姚进道作，亦误。

王宗堂，邹同庆.苏词编年与辨伪.中国苏轼研究（第1辑），北京：学苑出版社，2004

刘友竹."苏东坡谪惠州诗二首"辨伪.成都大学学报，2004（3）

【解题】现存"苏东坡谪惠州诗二首"不是"遗珠"而是赝品，诗中所指地名既不符合当时地理区划命名，诗文手法也平庸粗糙，缺乏灵性和余蕴。

王宗堂，邹同庆.混入东坡诗集的唐人作品.中国苏轼研究（第2辑），北京：学苑出版社，2005

胡建升.苏轼佚诗辨伪.社会科学论坛，2008（3）

【解题】通过对《苏轼诗集》和《全宋诗·苏轼诗集》中的苏轼佚诗《秋日寄友人》进行考辨，认为此首诗歌不是苏轼的佚诗，应是北宋初期张咏所作。此外，吴宗海所辑佚的《苏轼佚诗三首》都已收入《苏轼诗集》，仅是诗题不同而已，属于重复辑佚。

胡建升等.苏辙佚诗辨伪.古籍整理研究学刊，2009（5）

【解题】通过对《苏辙集》和《全宋诗·苏辙诗集》中的苏辙佚诗进行考辨，发现《初春游李太尉宅东池》《益昌除夕感怀》《除夕》《过豫章》《诗一首》等五首佚诗不是苏辙所作，分别属于张方平、唐庚、黄庭坚、苏轼等人所作。

李晓黎.因为"睫在眼前长不见"——王十朋为《百家注东坡诗》编者之内证.中国韵

文学刊，2012（2）

【解题】王十朋确是《王状元集百家注分类东坡先生诗》的编者。《百家注》中有五十条王十朋的注释，其中的十一条注释，是王十朋对不同的两首诗中内容相同、可以互见互注的注文，充分说明了他对《百家注》整体结构的把握；另有一条注释是王十朋以编者的身份决定对赵次公注的去取。

安熙珍．《艾子杂说》作者质疑．中国苏轼研究（第2辑），北京：学苑出版社，2016

周瑾．《艾子杂说》研究．兰州大学硕士学位论文，2017

朱熹

束景南．新发现朱熹佚文辨伪．古籍整理研究学刊，1992（6）

【解题】考证近年发现的朱熹佚文《隐相堂序》《康塘三瑞堂记》《康塘百琴楼歌》，《咏青溪》《过许由山》《半月》三诗以及《温陵刘氏宗谱》中所载有朱熹所作诗与序二篇、《吴氏族谱序》等，皆非朱熹所作，而是后人伪作。

束景南．朱熹佚文辨伪考录．朱子学刊，合肥：黄山书社，1996

【解题】考证旧题朱熹所作之《偶成》《梅二首》《山茶》《心经赞》《项氏重修宗谱旧序》《鹰山书院》《书邵子尧夫游伊洛四首》《沛国朱氏世系源流序》以及朱熹诗条幅、《凤麓春荫》等，皆是他人之作。

郭齐．朱熹诗作六篇辨伪．中国文学研究，1997（3）

【解题】以朱熹行实及宋人文献为依据，对朱熹诗作六篇八首（《登阁皂山》二首、《送单应之往阁山》二首、《别陈讲师》《题赤城观》《寄陈讲师》《送李道士归玉笥》四首）进行考辨，认为这些诗作有极大可能出于伪托。

方建新等．上海图书馆藏朱熹撰《叶梦得墓志铭》辨伪．宋史研究论丛，2003

【解题】上海图书馆藏《叶梦得墓志铭》对叶梦得生平事迹、仕履不但遗漏甚多，且错误随处可见，结合朱熹对叶梦得的评价，不可能是朱熹所撰，而是一篇伪作。

李胜．《八琼室金石补正》石鱼朱子诗辨伪．重庆社会科学，2006（9）；北京大学学报，2006（1）

【解题】《八琼室金石补正》一书作为宋代涪州石鱼题刻收录的“朱子诗”，虽确为朱熹《观澜》绝句，但既非宋刻抑或朱子真迹，也不在石鱼所在地白鹤梁，而是大约在清代中期才刻于北岩石壁的作品，当地人称作《北岩题壁》。

石立善．《朱子全书》与《朱熹集》《全宋诗》《全宋文》所收朱子佚文十篇辨伪．宋史研究论丛，2014

【解题】就近人整理编辑《朱子全书》《朱熹集》《全宋诗》《全宋文》，指出所误收朱子佚诗文十篇：诗八篇为《夜叹》《复过盛家洲》《题汪氏快阁》《竹画诗》《题陶渊明小像》《右军宅》《方池》《红梅》；文二篇为《论讳》《四端说》。

陆游

孔凡礼．陆游著述辨伪．文史，1981（12）；孔凡礼古典文学论集，北京：学苑出版社，1999

【解题】《清尊录》为廉布撰，《山阴诗话》为李兼撰，而有误题陆游者；《避暑漫抄》并非陆游所辑，万历四十八年凌毓枏刻套印本《吕氏春秋》非陆游评；于北山《陆游年谱》引王士禛《居易录》谓陆游有《放翁诗话》，亦误；《圣宋名贤五百家播芳大全文粹》中《贺韩户书启》《贺洪枢使帅金陵启》并非陆游撰；栾贵明《陈亮集、陆游集辑佚》中所辑陆游《绝句十二首》并非陆游作。

高利华．陆游《钗头凤》是“伪作”吗——兼谈文本中“宫墙”诸意象的诗词互证．学术月刊，2011（4）

【解题】陈桥驿径指陆游《钗头凤》词为“伪作”；吴熊和以为该词“宫墙柳”一语不合沈园周边环境。陆游的确在沈园题壁，而且是为他的前妻唐氏，这有《剑南诗稿》大量诗作为证，其题壁的事件、地点、意象都与《钗头凤》词有呼应处；最早记录《钗头凤》为沈园题壁词的陈鹄是陆游生活圈内的人，目击《钗头凤》词题于沈园之壁，这应该是可信的；迄今为止，学术界对《钗头凤》词本事有质疑，所举的理由都还只是一种猜测或推论，不具备推翻原说的分量；在《钗头凤》词的解读过程中，应避免臆测，要重视《剑南诗稿》中诸多“沈园诗”的内证，这毕竟是陆游留给后人的第一手资料。

李成晴．陆游《避暑漫抄》系伪书考．浙江学刊，2015（2）

【解题】以《避暑漫抄》引录叶绍翁《四朝闻见录》一条材料为切口，论证《四朝闻见录》成书于陆游身后，陆游不可能纂抄及此，并进而对《避暑漫抄》全书的文献来源进行了调查，考明全书28则材料中有24则见于传世的唐宋笔记，《避暑漫抄》基本不改动地进行抄录，只是标注出处时以假乱真，或杜撰子虚乌有的书名。《避暑漫抄》实际是明人编纂的丛脞之书，为炫声价而伪托陆游，作伪者以陆楫的可能性为最大；然而书中史料非假造，所载“宋太祖誓碑”一事，极有可能也有宋代笔记文献的依据，可以作为一条宋代的真史料来引证。

心史

蒋逸雪．《心史》辨伪．东方杂志，1944（23）

姚从吾．郑思肖与《铁函心史》关系的推测．庆祝蒋慰堂先生七十荣庆论文集，台北：学生书局，1968

【解题】《心史》是宋亡后，东南一部分爱国志士们的集体创作，里边有郑思肖的作品，也有别人的作品。今按，其说不能成立。

刘兆祐．《心史》的著者问题．书目季刊，1969（4）

【解题】《心史》和郑思肖毫无关系，全是他人伪造。今按，其说不能成立。

姜纬堂．辨《心史》非郑所南遗作．文史（第18辑），1983

姜纬堂．再辨《心史》非郑所南遗作．学术月刊，1987（4）

鲁同群．《心史》是一部伪书．南京师范大学学报，1984（2）

杨玉峰．《心史》作伪论略．大陆杂志，1986（11）

赵铁寒．郑思肖及其诗文集——心史．幼狮，1975（2）

杨丽圭．郑思肖作品的研究——铁函心史．郑思肖研究及其诗注，台湾文化大学硕士学位论文，1977

李则芬．明人歪曲了元代历史．文史杂考，台北：学生书局，1979

辛智．《铁函心史》的真和伪．光明日报，1985. 2. 13

陈福康．论郑思肖《心史》绝非伪托——与姜纬堂先生商榷．学术月刊，1985（10）
杨讷．《中国历史大辞典·辽夏金元史卷》《心史》条．上海：上海辞书出版社，1986
姜纬堂．再辨《心史》非郑所南遗作——答陈福康同志．学术月刊，1987（4）
汪荣祖．《心史》固非吴井之藏．中国文化，1992（6）

【解题】《心史》并非郑所南之作，很可能是在苏州一带的复社诸君，为了警惕元朝灭宋的前车之鉴，特借郑所南之口，唤醒国魂，以免蹈覆辙，未必出诸一人，成于众手，亦未可知。今按，其说不能成立。

杨讷．《心史》真伪辨．元史论丛（第5辑），北京：中国社会科学出版社，1993

【解题】《心史》并非明遗民所作，他的作者就是郑所南。今按，是也。

张新民．“《心史》固非吴井之藏”质疑——与汪荣祖先生商榷．中国文化，1995（1）

【解题】与汪荣祖《〈心史〉固非吴井之藏》一文商榷，认为《心史》并非伪作。

陈福康．再论郑思肖《心史》绝非伪托——驳姜纬堂先生的“再辨”．学术月刊，1995（11）
陈福康．《心史》决不是伪书——与鲁同群先生商榷．南京师范大学学报，1996（2）
鲁同群．就《心史》真伪问题答陈福康先生．南京师范大学学报，1996（2）
陈福康．《心史》实是吴井之藏．学术集林（第8卷），上海：上海远东出版社，1996
陈福康．《心史》不可能是伪书．社会科学战线，1998（1）
陈福康．崇祯末《心史》刊刻经过及序跋者考．学术月刊，1998（12）

【解题】主要考证《心史》最初两种版本的刊刻过程及其关系，和这些刊本的二十几位序跋者的情况，由此可以进一步证明《心史》绝非伪造，并确认这些序跋本身的重要价值。

钟焓．《心史·大义略叙》成书时代新考．中国史研究，2007（1）

【解题】将讨论的问题集中在《心史》中叙事最为丰富同时也最易引起争论的《大义略叙》的时代性上，采取王国维“二重证据法”中的“取异国之故书与吾国之旧籍相互补正”的论证方法，即以《大义略叙》所记的若干细节与同其有关的非汉文史料和蒙古传说民俗来相互参证，结果发现它们之间有不少尚未见于其他汉籍的共同内容。因此，至少《大义略叙》可以确定为一篇史料价值很高的元代文献，它不可能出自明末遗民之手，而这一论证也有助于从新的角度来认识和发掘《心史》的史料价值。

卓洪艳．郑思肖《心史》研究．福建师范大学硕士学位论文，2008
陈福康．从钱锺书先生提到的厉鹗语说起——再论郑思肖《心史》绝非伪托．文学遗产，2010（6）

【解题】钱锺书先生阅批《宋诗纪事》云：“厉鹗知《心史》非伪撰。”该文从这段批语谈起，进一步论证《心史》非伪。言《心史》伪者，很大程度上是受全祖望的影响，仔细分析了全氏的说法，指出他否认《心史》的一则题词和一首诗只是其一时的“盲从”，不能仅以此而否认他在其他更多处的论述；又指出最早提出《心史》为伪的徐乾学、阎若璩，其实并非不知其不伪，其言绝不可信。

陈福康．评台湾学界的《心史》伪书说．东南学术，2014（3）

【解题】姚从吾、刘兆祐、李则芬、林清科、林庆彰、杨玉峰、李敖、汪荣祖等人认为《心史》是伪书。经过逐篇逐条辨析，论定台湾学界的《心史》“伪书说”一条也没有学理根据。

辨奸论

邓广铭．王安石．上海：上海三联书店，1953

【解题】文中认为"《辨奸论》冒称是北宋苏洵的作品，实际却是南宋初年的一个文人捏造的"，并认为伪作者即"北宋时代守旧党徒邵雍的儿子邵伯温"。今按，其说不能成立。

李清怡．试论"辨奸论"的真伪问题．光明日报，1957．3．17

【解题】从三个方面对邓文所持邵伯温伪作说进行了驳议：张方平《乐全集》中为苏洵所写《文安先生墓表》中载有《辨奸论》全文，墓表写于苏洵死后不久，其时邵伯温（1057—1134）尚幼；苏轼文集有《谢张太保撰先人墓揭书》；沈卓然氏所写《苏老泉年谱》中肯定《辨奸论》是苏洵作品。

吴小如．说"辨奸论"真伪问题．文汇报，1957．3．28

【解题】主要引述、归纳清人李绂《书〈辨奸论〉后二则》和蔡上翔《王荆公年谱考略》中证明《辨奸论》是伪作的四点理由：（1）明刻十五卷本苏洵《嘉祐集》无《辨奸论》；（2）《辨奸论》文笔不似老苏，宋人笔记中关于《辨奸论》写作年月及苏洵、王安石关系记载颇有出入；（3）《辨》中所论王安石各事与它书记载不符；（4）李、蔡二人认定"墓表"和"谢书"同为伪作的五点理由（"墓表"中"嘉祐初，党友倾一时"与事实不符；"墓表"引神宗熙宁二年命王安石为相的制词却系于仁宗嘉祐初；"墓表"中张方平称苏洵为"先生"，口气不类；"墓表""谢书"文笔语气多类，如出一人之手；张方平同时人欧阳修、曾巩等人文集中无《辨奸论》有关记载）。今按，其说难以成立。

张家驹．《辨奸论》的伪造为北宋末年党争缩影说．文汇报，1961．4．4

【解题】《辨奸论》《谢张方平书》（《谢张太保撰先人墓褐书》）皆为邵伯温伪作。今伪，其说大谬。

周本淳．《辨奸论》并非伪作．南京大学学报，1979（1）

【解题】主要针对李绂的两则跋语展开驳议，认为《辨奸论》并非伪作。

刘乃昌．苏轼与王安石的交往．苏轼文学论集．济南：齐鲁书社，1982

【解题】苏洵作《辨奸论》颇与情理不合，究竟出自谁手，仍属值得研究的一桩疑案。

曾枣庄．《辨奸论》真伪考．古典文学论丛（第15辑），成都：四川大学出版社，1982

【解题】分别从"历史背景""内容""始见何书""版本""流传过程"五个方面对李绂、蔡上翔以来的"伪作说"所持论据逐次驳议，申说《辨奸论》确为苏洵所作。

章培恒．《辨奸论》非邵伯温伪作．古典文学论丛，上海：上海人民出版社，1980；献疑集，长沙：岳麓书社，1993

【解题】李绂、蔡上翔从苏洵文集及《辨奸论》本文中找出的、欲以证明《辨奸论》出于伪作的各条证据，无一成立，因此《辨奸论》并非邵伯温伪作。今按，此为定论。

王保珍．从苏、王、邵三个家族来推论《辨奸论》之作者．宋代文学与思想，台北：学生书局，1989

【解题】从苏氏与王氏往来接触角度探讨《辨奸论》作者问题，在排比、分析有关史料后，得出以下结论："在传统的苏洵作《辨奸论》说法与李级等以邵伯温伪作《辨奸论》借苏洵名行世之说法之间，笔者采取存疑态度。"今按，其结论不可取。

邓广铭．《辨奸论》真伪问题的重提与再判．邓广铭治史丛稿，北京：北京大学出版社，1997

【解题】《辨奸论》的作者非邵伯温莫属。今按，其说不能成立。

王水照．《辨奸论》真伪之争．新民晚报，1997.2.5

【解题】从版本材料入手，据《铁琴铜剑楼藏宋元本书目》考为北宋麻沙本的《类编增广老苏先生大全文集》卷三收有《辨奸论》和宋刻孤本《东坡集》卷二十九收有《谢张太保撰先人墓碣书》，认定邵伯温"伪作说"难以成立。今按，所论甚是。

邓广铭．再论《辨奸论》非苏洵所作——兼答王水照教授．学术集林（第13卷），上海：上海远东出版社，1997

【解题】回应王水照《〈辨奸论〉真伪之争》提供的两条章培恒与邓广铭未及论述的材料，认为他据这两条材料而作出的论断，理据都不够确切，因而全部不能成立。

王水照．再论《辨奸论》真伪之争——读邓广铭先生《再论〈辨奸论〉非苏洵所作》．学术集林（第15卷），上海：上海远东出版社，1999

【解题】认为邓广铭"《辨奸论》绝非苏洵所作的问题"并非已成定谳，并进一步作出辨证。

王昊．近五十年来《辨奸论》真伪问题研究述评．社会科学战线，2002（1）

【解题】近五十年来《辨奸论》真伪研究中，"伪作说"长期占有主流地位，而近年来"肯定说"渐有抬头之势。"伪作说"存留着一些比较明显的疑点，如至少有以下二点对"伪作说"而言不能较圆满解释：（一）如认为（辨奸论》《谢张太保撰先人墓揭书》《文安先生墓表》三文皆出自邵伯温伪作，则分别羼入《老苏集》《东坡集》《乐全集》的时、地、人条件如何满足？（二）如果将《邵氏闻见录》著书的时间上限由作序的绍兴二年上推至北宋宣和间，才二十卷的《闻见录》创作过程是不是太长了一些？邵伯温的创作力是不是也差了一点？对于"肯定说"而言，《文安先生墓表》中王安石"其命相制"四字有鲁鱼之讹、系传抄之误的解释有很大的偶然性，因为苏轼在《乐全先生集叙》中曾说"独求其文集手校而家藏之"，如果这是个错误，他不该也没有发现。

张之洞家书

秦进才．《张之洞家书》辨伪．历史研究，2000（2）

【解题】通行本《张之洞家书》自问世即有人怀疑其真伪，但具体分析者少，因而至今仍在流传。本书从其虚构人物、违反制度、时间混乱、编造履历、使用后世语言等方面加以察考。

吴剑杰．文华斋版《张文襄公全集》中的"家书"真伪仍应存疑．近代史研究，2008（6）

【解题】20世纪30年代上海中央书店版及其他清代名人家书中的《张之洞家书》44封是伪托赝品，确凿无疑；张达骧所谓张厚谷"连夜伪造"张之洞家书一说有诸多不实之词，其可信程度值得怀疑。即使有充分的根据证明上海版《张之洞家书》等为张厚谷伪造，也还不能据以断定文华斋版《张文襄公全集》中的13封家书亦系伪造，真实性仍在疑似之间，应当存疑保留。今按，其说难以成立。

其他

岑仲勉．《白氏长庆集》伪文．中央研究院历史语言研究所集刊（第9本），1947

郑良树．王世贞《短长说》辨伪．大陆杂志，1974（4）

【解题】《短长说》不是刘向当年编订《战国策》所采用的《短长》，而是王世贞所伪造出来的一批假材料。

梁庚尧．刘爚《云庄集》的版本及其真伪．书目季刊，1974（2）

周全．《斜川集》考辨．东吴大学硕士学位论文，1976

湛之．《答陆澧》诗不是张九龄所作．文史（第7辑），1979

许逸民．《重刊周尚书二首》之二非庾信作．文史（第6辑），1979

邓小南．司马光《奏弹王安石》辨伪．北京大学学报，1980（4）

【解题】司马光并不曾写过《奏弹王安石表》，实际上是熙宁三年之后社会上一些反对王安石变法的保守派人物以司马光的名义伪造出来并加以扩散的。而迁延至南宋孝宗淳熙年间，受当时贬抑王安石及其新法、崇褒司马光等守旧势力的政治形势影响，司马光的从曾孙司马伋在整理、刻印《传家集》时，没有认真加以核实，即把此文收入集中，自己“为妄人所误”，同时亦贻误后人。

王瑶．李清照词真伪考．文史（第13辑），1982

于天池．《蒲松龄集》载《日用俗字》非蒲松龄原作．文史（第20辑），1983

【解题】《蒲松龄集》所载《日用俗字》不是蒲松龄原作，尽管我们还不能径直就认为全部是伪作，但窜入了后人的文字则是可以肯定的。

万联众．《明日歌》非钱鹤滩所作．文史知识，1983（12）

【解题】《明日歌》其实为明代文嘉所作，并非钱鹤滩所作，钱鹤滩只是抄录而已。

马美信．龚自珍佚札三篇辨伪．中国古典文学丛考（第1辑），上海：复旦大学出版社，1985

【解题】《故宫博物院院刊》1980年第1期《龚自珍致邓传密佚札系年校注》中公布的龚自珍三篇佚札实非龚自珍手笔，而是他人伪作。

曹汛．徐铉集内所收《贡院锁宿吕员外使高丽赠送》一诗作者考辨．文史（第25辑），1985

吴在庆．杜牧疑伪诗考辨．中华文史论丛，1985（1）

【解题】考证《樊川集遗收诗补录》《樊川诗补遗》《樊川别集》《樊川外集》等著作中未经前人考辨的伪托之作。

陈尚君．《班婕妤》非严武所作．中华文史论丛，1985（1）

何冠彪．戴名世临刑诗辨伪．中华文史论丛，1985（3）

【解题】《安徽历史上科学技术创造发明家小传·戴南山》中所载戴名世临刑诗并非戴名世所作，因为它与明初诗人孙蕡（1338—1393）所作《临刑口占》极为相似；然而，孙蕡也不是《临刑口占》的作者，因为它本是五代时江为的临刑诗。

隽雪艳．关于《赠中尉李彪诗》的作者．文史（第28辑），1987

【解题】《赠中尉李彪诗》是韩显宗所作，并非韩延之。

管订．从《文苑英华》看古代诗文主名的误乱问题．文史（第28辑），1987

刘文忠．刘琨与卢谌作品真伪小识．文史哲，1988（3）

曹汛．《石佛谷》非皇甫湜诗．文史（第29辑），1988

谢重光．再论《龙湖集》是后人伪托之作．福建论坛，1991（4）

【解题】《龙湖集》并非陈元光所作，而是出于明末以后人的伪托。

罗忼烈．史可法《复多尔衮书》作者考．两小山斋杂著，北京：中国和平出版社，1994

【解题】《复多尔衮书》并非史可法所作，而是明末清初学者彭士望好友王钢代笔之作。

王智勇．宋人文集误收诏令考．古籍整理研究学刊，1995（4）

【解题】考证《韩通赠中书令》当非刘敞作，《曹玮降授左卫大将军容州观察使知莱州制》非王安礼作，《夏竦制》《罢夏竦制》《夏竦枢密使制》《除韩琦制》非郑獬作，《除蔚昭敏特授节度使加食邑制》《除王守斌特授节度使加食邑制》非韩维作，《龙图阁直学士太中大夫知亳州王益柔可差知江宁府制》《承议郎直集贤院范育可权发遣凤翔府制》《朝议大夫守吏部尚书曾孝宽可资政殿学士知颍昌府制》非毛滂作，而皆误收于文集之中。

王利民．二程诗辨伪．江海学刊，2004（2）

【解题】宋潘自牧《记纂渊海》卷二《天文部》载程颢《秋月》诗，其实为朱熹于《晦庵集》卷二《入瑞岩道间得四绝句呈彦集充父二兄》之第三首；《全宋诗》卷七二四载程颐《陆浑乐游》诗，其实为欧阳修《文忠集》卷一《伊川独游》；皆是伪作。

周相录．《元稹集》辨伪与辑佚．古籍整理研究学刊，2005（4）

【解题】现行《元稹集》的主体是北宋宣和年间辑录刊刻的，南宋、明代及近现代续有辨伪补辑，但其中仍有一些伪作未经甄辨，也尚有一些作品未被辑录。经过考辨，发现疑伪之作9篇，未辑佚文9篇（包括残篇）。

余才林．重编《说郛》本《续本事诗》辨伪．中国典籍与文化，2006（1）

【解题】重编《说郛》本题名聂奉先的《续本事诗》所收15条诗事均见于《诗话总龟》前后集，其中14条见于前集，录文顺序与《诗话总龟》相同。此《续本事诗》源出元代以后的一百卷本《诗话总龟》，并非《直斋书录解题》所著录的聂奉先的《续广本事诗》，是明人伪造的一部伪书。

张福清．关于张祜诗歌注释、辨伪、辑佚的几个问题．中国韵文学刊，2006（2）

【解题】就张祜《石头城寺》《送法镜上人归上元》《题赠盐官池安禅师》《高闲上人》《赠贞固上人》《登金山诗》等诗注释作辨析和补充，就其真伪进一步寻找论据；又从《四库全书存目丛书》和《故宫珍本丛刊》中辑出张祜的两首佚诗，是当今所有张祜诗集中不曾收录的，值得研究者注意。

曾维刚，铁爱花．洪迈《野处类稿》辨伪．文献，2006（3）

耿传友．王次回《疑云集》辨伪．中国典籍与文化，2006（4）

【解题】王次回著有《疑雨集》《疑云集》。《疑云集》中的词竟全部见于清末俞廷瑛《琼华词集》，《疑云集》中的诗也有近二百首见于俞廷瑛《琼华诗集》，只不过个别文字略有差异而已。《疑云集》在相当大的程度上实为剽袭、窜改《琼华诗集》《琼华词集》而成。

钟书林．陶渊明诗《于王抚军座送客》辨伪考．固原师专学报，2006（5）

【解题】结合相关史料，从版本文字的差异甄辨、诗歌的文本文字比勘等方面详加辨考，以求证《于王抚军座送客》诗作之伪，并力求勾勒其间造伪的遗迹及其变化过程。

叶珠红．《天禄琳琅》续编本寒山、拾得诗辨伪．兴大人文学报，2006（37）

陈耀东．《永乐大典》中的《寒山诗集》——兼述丰干诗的真伪、优劣、分章．唐代文学研究（第11辑），桂林：广西师范大学出版社，2006

纪永贵．杨万里佚文《罗塘许氏族谱序》辨伪．文献，2007（1）

【解题】《罗塘许氏族谱序》是一篇冒署杨万里之名的伪作，序文思想浅显，内容空洞，文笔乏采，其中矛盾之处不在少数，根本不是什么“很有价值”的发现。

谢冬荣．《穆堂诗文抄》辨伪．文献，2007（2）

【解题】《穆堂诗文抄》是一部书名与著者皆伪、正文内容不伪的伪书，并非李绂所作，而是改其弟李纮《南园诗文抄》而来。

段海蓉．萨都剌诗歌辨伪管窥．中国社会科学院研究生院学报，2007（3）

【解题】以萨都剌名下互见咏物诗《鹤骨笛》的作者考述为例，对萨都剌互见诗情况之复杂及其考定这些互见诗对萨都剌乃至元诗研究所具有的作用及其意义作一个管窥。

罗鹭．《正思斋文集》辨伪．中国典籍与文化，2007（3）

【解题】国家图书馆藏有两部题为“夏天祐《正思斋文集》”的稀见元人别集。但《正思斋文集》是一部彻头彻尾的伪书，其作伪手法非常低劣，只是将元人郑元祐《侨吴集》的书名、作者和序换掉，正文内容则只字未改。

张国栋．张祜《石头城寺》诗非题石头城清凉寺及两首佚诗的辨伪——与张福清先生商榷．中国韵文学刊，2007（3）

【解题】张祜《石头城寺》一诗的诗题为“石城寺”之误衍，即《嘉泰会稽志》所载新昌县宝相寺。尹占华先生《张祜诗集校注》一书已经对此进行了考证，石头城寺并不能认为是“金陵石头城清凉寺”之省字。张福清先生据《四库全书存目丛书》与《故宫珍本丛刊》，认为从《唐诗韵汇》中辑出的张祜《登楼见白鸟》《洛阳感遇》两首佚诗也是伪作。

卞孝萱．《钟氏族谱》钟嵘序辨伪——从伪序看文化转型．六朝历史与吴文化转型高层论坛论文专辑，2007

【解题】《钟氏族谱》钟嵘序与钟嵘之生平家世、思想皆不合，还运用了钟嵘绝不可能知道的后世典故，足以说明它是冒名之伪作。

李先耕．《钟惺文抄》辨伪．文献，2007（4）

【解题】《四库禁毁书丛刊》第160册收录的上海图书馆所藏清人抄本《钟惺文抄》收文七篇（《纪盛诗序》《学政条约序》《节录款则七段》《江阴示诸生》《浣花溪记》《先师雷何思太史集序》《萧氏族谱序》），除《浣花溪记》《先师雷何思太史集序》外，其余皆他人作品。

林清科．宋代伪撰别集考辨．古典文献研究四编，台北：花木兰文化出版社，2007

张艮．尤袤文集首刻时间考及其诗文辨伪辑佚．古籍整理研究学刊，2008（1）

【解题】考察尤袤文集的版本流传情况，认为尤集首刻时间在尤袤当世，其文集在元、明两代尚有流传；同时介绍了尤袤文集的最新整理成果，以及辨伪、辑佚情况。

周明初．《汤显祖全集》中三篇文章辨伪．文献，2008（1）

【解题】考证《汤显祖全集》卷五十一《补遗》中所收《何母刘孺人墓志铭》《蕲春同知何平川先生墓志铭》《题叶氏重修宗谱序》三篇为伪作。

胡传淮．张问陶批点《杜诗论文》辨伪．四川职业技术学院学报，2008（4）

【解题】针对北京师范大学图书馆藏《杜诗论文》的张问陶批点辨伪，指出批语的署款时间、批点内容及书法风格等均有与实际不合之处，认为其批语是伪托张船山而作。

张清华．韩愈《与大颠和尚三书》真伪考．唐代文学研究，桂林：广西师范大学出版社，2008

【解题】今本《韩集》外集所存《与大颠三书》中，第一、二书是伪，第三书亦真亦伪，其中真中有伪，伪中有真。

杨镰．元诗文献辨伪．文学遗产，2009（3）

【解题】对《荻溪集》《月屋漫稿》《月屋樵吟》《屏岩小稿》《桃溪杂咏》《鲸背吟》《林屋山人漫稿》《沧浪轩诗集》（两种）、《成性斋集》《正思斋文集》等十余部作为善本著录的元人别集逐一辨伪，探讨其作伪规律。

朱绍侯．蔡邕《南阳叶氏大成宗谱源流序》辨伪．南都学坛，2009（5）

【解题】在叶姓文化研究中，对叶姓祖源沈氏有两种不同意见：一派主张沈尹戌乃楚庄王曾孙，属芈姓之沈氏；一派主张沈尹戌乃周文王后裔，属姬姓之沈氏。后者最主要的文献根据之一，就是所谓蔡邕的《南阳叶氏大成宗谱源流序》。结论：该序中有八处纰漏，证明系后世伪括的赝品，不足为据。

华喆等．《荣祭酒遗文》辨伪．国学研究（第24卷），北京：北京大学出版社，2009

【解题】题名元人荣肇的《荣祭酒遗文》，并非元人作品，而是出于清人之手（有清蒋氏别下斋抄本）。

王开春．林之奇诗辨伪——兼论《拙斋文集》的版本源流．合肥师范学院学报，2010（1）

【解题】据林之奇《拙斋文集》卷三，《全宋诗》收入其名下的29首诗并非林之奇的作品，是从《宋文鉴》他人作品中挑出，掺入其文集中的；《拙斋文集》大陆现存6部，考察这六个本子的源流及其关系，可知伪作出现的时间大体在元明之际。

杨光辉．关于卢琦《圭峰集》中与萨都剌等人相同作品的版权问题——兼论《圭峰集》的版本．复旦学报，2010（1）

【解题】元卢琦《圭峰集》所收诗歌与萨都剌、陈旅等人相同作品较多，历来皆认为《圭峰集》“误收他人诗作”。通过对《圭峰集》版本及所收相同作品集的著作版本的考证，论证这些相同作品的版权归属问题；同时指出万历本《圭峰集》“误收他人诗作”的观点不成立，而所谓的“传抄洪武本《圭峰集》”则是“有意作伪之书”。

刘君若．高启诗歌辨伪札记．厦门教育学院学报，2010（3）

【解题】高启诗歌在流传过程中从其自订的九百余篇增至二千余篇，其间伪作甚多。从诗歌版本流传过程出发，结合史实和作者生平，对其中《停君白玉卮》等八首诗略作考辨。

徐道彬．《善余堂文集》辨伪．中国典籍与文化，2010（4）

【解题】从公私文献著录、文体风格和思想内容上对该书的真伪情况做了翔实的考论，认为上海图书馆藏的《善余堂文集》并非全部都是江永的作品。

韩留勇．《六言诗》非孔融作考述．内蒙古电大学刊，2010（5）

【解题】孔融的作品原集久佚，其集中所收录的三首《六言诗》，自明清以来有两种不同的观点：其一认为是他人伪托之作，其二认为是孔融所作。该文据《六言诗》三首所载内容和思想倾向，同时结合孔融生平事迹，认为此三首《六言诗》非孔融所作，当是另有其人。

刘莹莹．唐彦谦诗歌辨伪．文教资料，2010（21）

【解题】《全唐诗》所收的唐彦谦诗歌混入许多他人之作。该文在前人研究的基础上，对《全唐诗》所收唐彦谦诗继续研究，考证出几首赝诗，同时对其中的互见诗也进行梳理考证。

徐拥军．《阳春集》辨伪献疑——与木斋先生商榷．广西社会科学，2011（2）

【解题】木斋先生关于冯延巳《阳春集》大部分词作皆为伪作，只有少部分阿谀颂赞之作的观点是不当的，首先对伪词的来源无法作出交代，其次所举的各种证据皆缺乏实质性的依据，因此在证据不足的情况下，仅以史书笔记缺乏记载或记之不详而否认词史上冯延巳的地位，甚至否认南唐出现类似冯词的词作可能性，是不合乎词史发展进程事实的。

李俊标．曾巩《游双源》辨伪．文献，2011（3）

【解题】《游双源》的作者应当是黄裳而非曾巩。

张明华．《蕊阁集》作者非辛弃疾确考．宋史研究论丛（第13辑），保定：河北大学出版社，2012

【解题】署名为“辛稼轩”的集句诗集《蕊阁集》是明人的伪作。理由为：（1）宋代尚未有“韵目诗”的出现，更不会有以韵目为序写成的集句诗集；（2）《蕊阁集》自序里提到的“四唐说”以及系统、成熟的集句诗理论，都是宋代不可能出现的，而只能出现在明朝中期以后；（3）该集使用了比辛晚一个半世纪的元人张翥的一句诗，这可以说是一个“铁证”。

徐艳等．萧统诗歌真伪及相关问题考论．兰州大学学报，2012（3）

【解题】现今常被学者使用的萧统文集只承认27首诗为萧统所作。以辑录于南宋初期的五卷本萧统文集、《艺文类聚》所收萧统诗歌为主要基础，参照《玉台新咏》《文苑英华》《类要》《乐府诗集》等类书总集，择其善本，一一考订现存萧统诗歌的真伪，认为：可确认34首为萧统所作，另8首存疑诗作，因有重要文献依据，也不能轻易否定；《古诗纪》等明代辑佚文集，因多淆乱，不宜作为主要文献依据；长期以来，人们将大量萧统诗轻易划归萧纲名下，不仅造成了对萧统诗歌特征的偏颇认识，也带来二萧诗歌风格具有重要差异的误解，并影响到相关的梁代文学派别、阶段的描述。

易水霞．《南涧甲乙稿》诗作辨伪及韩诗辑佚．上饶师范学院学报，2013（2）

【解题】韩元吉是南宋前期一位比较重要的作家，其集稿已散佚，四库馆臣从《永乐大典》中辑得《南涧甲乙稿》二十二卷。关于韩集中两首题巫山图诗，四库馆臣判断失误，其中一首实际上是范成大的作品，被误收了进来；另一首本为韩元吉所作，又被四库馆臣怀疑为他人作品。此外，作者还从一些方志中辑得韩元吉佚诗三首。

任文利．王阳明辑佚文字辨伪．中国哲学史，2013（3）

【解题】阳明文字辑佚近来成绩斐然，新编《王阳明全集》与《阳明佚文辑考编年》是其中的代表性著作。所辨析的焦点集中于上述两书中误以崔铣一疏为阳明佚文，认为崔铣此疏乃因灾异修省之诏，借灾异以弹劾时任首辅费宏，冠以阳明所作既于事实不符，亦于阳明政治心态有曲解。

俞晓红．曹雪芹“佚诗”辨伪的价值与方法论．文艺研究，2013（4）

【解题】曹雪芹的两句残诗兼具文学和史学的双重价值，其真伪问题是20世纪70年代学术界的一桩公案。佐之以敦诚笔记、敦敏题诗等材料，审视相关文学术语的意涵、文体特征及其文学史流变情况，考察敦诚《琵琶行》传奇的体制与关目，认为确为曹雪芹“佚诗”。

顾宝林．民间流传欧阳修之佚文《郭氏族谱序》辨伪．井冈山大学学报，2013（5）

【解题】民间流传署名欧阳修撰的《郭氏族谱序》一文，从某些内容和撰写时间上分析似有可能是欧阳修佚文；然而通过细微环节的比较考析，这篇署名欧阳修作的族谱序文在没有发现新的文献证据之前当是后人伪托之作。

王史心．孔融三首六言诗为伪说纠谬．石家庄职业技术学院学报，2013（5）

【解题】对孔融文集中三首六言诗真实性的质疑由来已久，前人主要集中在语言风格和对曹操的情感倾向两个方面，当今学人亦有从诗歌内容的角度确定其为伪作。作者经过仔细分析，认为：以上这些质疑或判断都缺乏依据；三首六言诗的内容与孔融生平和历史事实并无出入；诗歌语言平凡浅近有因可寻；诗歌称赞曹操功德，与孔曹之间的关系也不相矛盾。

陈鸿森．钱大昕陈鳣诗稿二种辨伪．中国文哲研究集刊，2013（43）

【解题】中国国家图书馆《乾嘉名人别集丛刊》中所收钱大昕诗稿《南阳集》六卷，与钱氏年代、事迹俱不合，其书绝非钱大昕之诗，而系后人据马曰璐《南斋集》《南斋词》变造为之。文物出版社近年影印《中国近代名贤书札》，中有《陈鳣诗稿册》一种，其诗风、题材与陈鳣现存之诗迥异其趣；其中《检乙未乡闱落卷，有怀房荐师萧公》一诗，乙未乡闱为道光十五年恩科，其时陈鳣卒已十八年，则此诗稿绝非陈鳣之诗，较然甚明；其原作者何人虽莫得而详，然可确证为道光、咸丰间人之作。

肖亚男．清代才女王贞仪《德风亭初集》三篇作品辨伪．励耘学刊，2014（2）

【解题】王贞仪《德风亭初集》有三篇作品与另一位清代才女胡慎容相关，胡慎容卒时王贞仪尚未出生，可断定其为伪作。

汪国林．《哀挽歌》作者考述．怀化学院学报，2014（4）

【解题】南宋类书《锦绣万花谷》将《哀挽歌》作者定为卢多逊，《全宋诗》卷十八也将其著作权系于卢多逊，这实属误收；其作者应是唐人卢延让，其本来诗名应为《哭李郢端公》。

郭一明．欧阳修《郭氏族谱序》辨析——兼对顾文剖正．寻根，2015（1）

【解题】《郭氏族谱序》确为欧阳修所作。

陈福康．辨今出《岂有此理》是一本伪书．学术月刊，2015（10）

谢文学．班婕妤生年及其《怨歌行》作年与真伪考辨．许昌学院学报，2017（4）

【解题】关于班婕妤的出生年代，大都据傅玄、李白《怨歌行》“十五”入宫，再据汉成帝竟宁元年（前33）即位，上推十五年，认为班婕妤当生于汉元帝初元二年（前47）。今据《汉书》与《资治通鉴》的有关资料，提出质疑。徐陵以为《怨歌行》作于班婕妤退居长信宫时，而郭茂倩《乐府诗集》亦持此种观点。长期以来不少学者以为《怨歌行》非班婕妤所作，是篇伪作。今据班婕妤生平事迹和有关史料加以辨析，考证《怨歌行》为班婕妤居增舍宫所作，并非伪作。

陈国代．四库本《云庄集》真伪之辨．中国典籍与文化，2018（3）

【解题】比对四库本《云庄集》与《西山文集》所收诗文，发现具有同题同文的性质，其中有大量发生在刘爚故后、由真德秀所撰写的诗文，由此判断《云庄集》是《西山文集》的删减本，并从版本学角度推论它源自明代坊刻之假托。

诗文评类

二十四诗品

陈尚君，汪涌豪．司空图《二十四诗品》辨伪．唐代文学研究（第6辑）——中国唐代文学学会第七届年会暨唐代文学国际学术讨论会论文集，1994；中国古籍研究（第1辑），上海：上海古籍出版社，1996

【解题】《二十四诗品》系明人依据《诗家一指》伪造。明末作伪者从不为世重的《诗家一指》中析出《二十四品》，托名于司空图，并以苏轼之语为证，艺术识见和作伪技巧均很高明。今按，其说难以成立。

张健．《诗家一指》的产生时代与作者——兼论《二十四诗品》作者问题．北京大学学报，1995（5）

【解题】同意陈尚君、汪涌豪所提出的《二十四诗品》非司空图所作及《二十四诗品》出自《诗家一指》的观点，但认为其所提出的明怀悦作《诗家一指》包括《二十四诗品》的观点是错误的。明初赵谦《学范》引用过《诗家一指》，较怀悦的时代早七十余年；《天一阁书目》著录怀悦编集《诗家一指》，并录怀悦叙，可证《诗家一指》非其所作。又考察了《诗家一指》的不同版本系统，认为史潜刊《新编名贤诗法》本题名为《虞侍书诗法》的本子更接近原貌，从而根据版本及有关材料认为《诗家一指》包括《二十四诗品》的作者有可能是元代的虞集。

汪涌豪．论《二十四诗品》与司空图诗论异趣．复旦学报，1996（2）

【解题】学界向以《二十四诗品》为晚唐司空图作，然其通篇充溢道家气息，与司空氏生平思想、人生理想明显异趣；司空氏晚年世界观是以儒为主，兼修佛道，且从其现存全部论诗杂著看，并无道释思想阑入；至考究其论诗由“韵味说”而及全工全美理论，并其诗论通常所取方式，与《二十四诗品》所论及所独有的理论形态区别也甚明显。论者不及细察，仅凭宋以降历代人成说定论，不免失之轻率。今按，其说难以成立。

汪泓．司空图《二十四诗品》真伪辨综述．复旦学报，1996（2）

祖保泉等．《诗家一指》与《二十四诗品》作者问题．安徽师范大学学报，1996（1）

【解题】以《诗家一指》与《虞侍书侍法》对照，认为《诗家一指》抄撮成书，而且错误多端，令人索解为难，但其中的《二十四诗品》录自“秘本”，值得珍视。苏轼

《书黄于思诗集后》中所说的“二十四韵”，指各用一个韵部的字押韵而成的二十四首组诗，实指《二十四诗品》。因此在没有可靠证据之前，不能轻易否定司空图是《二十四诗品》的作者。今按，所论甚是。

独孤棠．司空图《二十四诗品》真伪问题讨论述要．中外文化与文论，1996（1）

王运熙．《二十四诗品》真伪问题我见．中国诗学（第5辑），南京：南京大学出版社，1997

张少康．《二十四诗品》真伪问题我见．中国诗学（第5辑），南京：南京大学出版社，1997

王步高．《二十四诗品》非司空图作质疑．中国诗学（第5辑），南京：南京大学出版社，1997

汪涌豪．司空图论诗主旨新探——兼论其与《二十四诗品》的区别．中国诗学（第5辑），南京：南京大学出版社，1997

张伯伟．从元代的诗格伪书说到《二十四诗品》．中国诗学（第5辑），南京：南京大学出版社，1997

张健．从怀锐编集本看《诗家一指》的版本流传及篡改．中国诗学（第5辑），南京：南京大学出版社，1997

蒋寅．关于《诗家一指》与《二十四诗品》．中国诗学（第5辑），南京：南京大学出版社，1997

束景南．王晞《林湖遗稿序》与《二十四诗品》真伪问题我见．中国诗学（第5辑），南京：南京大学出版社，1997

陈尚君．《二十四诗品》辨伪追记答疑．中国诗学（第5辑），南京：南京大学出版社，1997

李祚唐．《司空图二十四诗品辨伪》献疑．学术月刊，1997（10）

【解题】《司空图二十四诗品辨伪》确有多处可圈可点，但仍存在论据欠确凿、论证欠严密之处，有些甚至存在于它自己所选定的关键部位。在失去了“二十四韵”即《与李生论诗书》所引二十四联、怀悦即《二十四品》的作者这两个根据之后，该文所作《二十四诗品》为明末人伪造的结论一时恐还难以确立。

大山洁．《二十四诗品》的著者和成书年代的考察——根据朝鲜本《诗家一指》《木天禁语》．东京大学中国语中国文学研究室纪要，1998（1）

大山洁．对《二十四诗品》怀锐说、虞集说的再考察——根据朝鲜本《诗家一指》《木天禁语》及日本江户本《诗法源流》．唐研究（第4卷），北京：北京大学出版社，1998

王步高．关于《二十四诗品》作者问题的争鸣．晋阳学刊，1998（6）

祖保泉．关于《二十四诗品》作者问题的讨论．司空图诗文研究，合肥：安徽教育出版社，1998

江照斌．《诗品》为司空图所作的可能性之一种探讨．中国诗学（第6辑），南京：南京大学出版社，1999

赵福坛．司空图《二十四诗品》研究及其作者辨伪综析．广州师院学报，2000（12）

【解题】陈尚君、汪涌豪提出《二十四诗品》作者不是司空图，而是明人怀悦，《诗品》内容出自怀悦的《诗家一指》，证据尚欠充足。张健指出《诗品》出自怀悦的“《诗家一指》是错误的”，言之有据，但他说《二十四诗品》作者可能是元人虞集似乎无充足理由可以肯定，而虞集所编的《虞侍书诗法》只收《二十四诗品》中的十六品。元、明有关《诗法》《诗家一指》之类的书，并非某作者所撰著，而是用以指导学诗的编集；宋人陈振孙《直斋书录解题》著录《一鸣集》所说的一段话，可证《二十四诗品》出自司空图之手。

姚大勇．近年《二十四诗品》真伪讨论综述．云梦学刊，2000（4）

张柏青．从《二十四诗品》用韵看它的产生时代与作者．文学遗产，2001（1）

【解题】近来学术界对《二十四诗品》的产生时代与作者发生争论，或曰明人怀悦作，或曰元人虞集撰，或坚持传统说法晚唐司空图著。该文考察《诗品》24 则用韵，其中 22 则皆合官韵押韵规定，另 2 则真文通押、支脂之微通押则超出规定范围；通检司空图诗文用韵，与《诗品》完全一致（用韵较宽；韵脚分布广；韵例相同；体例相似；韵字多出现），可证实《二十四诗品》确系晚唐诗人司空图所作。

李庆．也谈《二十四诗品》——文献学的考察．中国文学研究（第 4 辑），南昌：江西教育出版社，2001

【解题】司空图有《诗格》之作，在宋代的《直斋书录解题》就有记录。在南宋严羽以前的时代，《二十四诗品》的文字就存在。至少在明代成化二年以前，学者就认为严羽的《沧浪诗话》是出于包括《二十四诗品》文字的《诗家一指》的。在当时人的心目中，《诗家一指》就是《诗格》的一种，那是一种编纂性的资料。自明代还流传有若干司空图文集的本子，但现在，这些本子的详情已无法判明了。因此，为什么明末的郑曼、毛晋、费经虞、钱谦益等会把通行丛书本中《诗家一指》所收的《二十四诗品》认作是司空图所作，存在着各种可能性。现在无法断言，他们一定是由于“牟利”故意伪作说或都是误读苏东坡文意所致。从《诗家一指》中所说的“中篇秘本”《二十四品》到《四库全书总目》的“内府藏本”司空图的《诗品》，这一条线索的文献传承，现在由于资料有限，并不清楚，但决不应等闲视之。即使苏东坡《书黄子思诗集后》所说的《二十四韵》不是指《二十四诗品》，确实是后人搞错了，也不等于说，这就可以证明司空图未撰过诗话著作，未撰过《二十四诗品》。这二者之间，并没有必然的逻辑上的因果关系。总之，以现有的资料而言，虽说还没有明代以前的、被大家公认的、明确标明《二十四诗品》为司空图所作的证据，但要断定那“不是司空图所作”，证据更薄弱。因而肯定说和否定说都只是“可能性”，都没有决定性的证据。而在这两种可能性中，认为《二十四诗品》是司空图所作的可能性要更大一些，根据现在学界一般的原则，仍应说《二十四诗品》的作者为司空图。今按，当以此文为定论。

孙卓虹．《二十四诗品》作者论争小议．北京化工大学学报，2002（2）

陶礼天．司空图家世、信仰及著述诸问题综考．中国诗歌研究（第 1 辑），北京：中华书局，2002

祖保泉．答张灿校友问——讨论《二十四诗品》作者问题．安徽师范大学学报，2005（6）

【解题】苏轼所谓“二十四韵”应解作二十四首诗，那种“唐宋人不以一首为一韵”的说法是不符合实际的；南宋陈振孙《直斋书录解题》所谓司空图“《诗格》尤非晚唐诸子所可望也”，即指《二十四诗品》。没有足够的证据，不宜断然剥夺司空图对

《二十四诗品》的著作权。

张少康．《二十四诗品》的真伪问题辨析．司空图及其诗论研究，北京：学苑出版，2005

马茂军等．《二十四诗品》作者考．中国社会科学院研究生院学报，2006（2）

【解题】《二十四诗品》确非司空图所作，而是盛唐书画家、书画理论家李嗣真所作；两唐书《艺文志》著录有李嗣真《诗品》一卷，李嗣真《诗品》著作权的缺失，与其生平事迹记载的混乱有关；《诗品》超越时代的诗学意义来源于李嗣真书画家、书画理论家的独特身份和盛唐成熟的书画理论。今按，其说不能成立。

马茂军等．《二十四诗品》作者考论．唐代文学研究，桂林：广西师范大学出版社，2006

查屏球．《二十四诗品》的另一传本．唐代文学研究，桂林：广西师范大学出版社，2006

王步高．《诗品》真伪．司空图评传，南京：南京大学出版社，2006

【解题】《司空图评传》第六章，从六方面加以论述：（1）关于苏轼《书黄子思诗集后》；（2）从王官谷考察看《诗品》真伪；（3）论《诗品》之与司空图诗文用语句法之相似；（4）论所谓《诗品》用宋人诗文；（5）《诗品》乃《擢英集》赞语或引语之假说；（6）关于《诗品》真伪考的其他几个问题（包括虞集有无作《诗品》的可能性、从《诗品》的用韵来判断其真伪两段）。此外，该书第七章"《诗品》探微"从正面阐发其意义，也涉及司空图系《诗品》作者的举证。

杨芙蓉．由"韵"的词义探考《二十四诗品》作者．暨南学报，2007（3）

【解题】"韵"的本义为声音的和谐，引申为"韵部""韵脚"以及诗歌等义，唐宋文献中主要为"押韵"之"韵脚"义，也常借指诗歌；而"联"的意义通常用"句""联""秀句""句图"等表示，虽然也有用数词加"韵"表示类似"联"的用法，但必须有具体的语境、语义提示，而且"韵"的基本意义仍为"押韵"之"韵"义。再从文献流传方面看，司空图的《与李生论诗书》的联语数目在宋代是不确定的，苏轼的"二十四"只是与其中一种版本巧合而已。因此"二十四韵"解为"二十四首诗歌"更为圆融。

郭桂滨．破、立、存疑间前行——《二十四诗品》辨伪过程述论．中国诗歌研究，2007. 7. 15

【解题】对12年来的《二十四诗品》辨伪过程进行述评以及探讨《二十四诗品》研究的前进方向；并对苏轼的《书黄子思诗集后》不能作为一个铁证使用作了几点补证。

张柏青．《二十四诗品》用韵的个性特征与时代特征——司空图著《诗品》的佐证，国学研究（第21卷），北京：北京大学出版社，2008

郁沅．《二十四诗品》作者问题新谈．湖北社会科学，2010（6）

【解题】《二十四诗品》与司空图在文艺思想上的七个方面具有一致性；《二十四诗品》与司空图后期思想的主要倾向相吻合；因此《二十四诗品》的作者应是司空图。

陈尚君．《二十四诗品》伪书说再证——兼答祖保泉、张少康、王步高三教授之质疑．上海大学学报，2011（6）

【解题】《二十四诗品》的问世时间还没有突破14世纪初（即西元1300年）的上限，实乃晚出之作；苏轼所言"二十四韵"云云，是指《与李生论诗书》，而非指其他文字。

李欣鑫．《二十四诗品》作者之争的学术反思．燕山大学学报，2016（4）

诗格

许清云．现存唐人诗格著述初探．东吴大学硕士学位论文，1978

张伯伟．元代诗学伪书考．文学遗产，1997（3）

【解题】考证旧题杨载撰的《杨仲弘诗法》、旧题嘉禾怀悦编集的《诗法源流》、旧题范德机撰的《木天禁语》《诗学禁脔》、旧题明代怀悦所编《诗家一指》、旧题揭傒斯撰的《诗宗正法眼藏》、旧题傅与砺《诗法正论》等书皆为伪书。

《文心雕龙》隐秀篇

张严．《文心雕龙》五十篇编次及隐秀篇真伪平议．大陆杂志，1961（8）

王更生．文心雕龙成书年代及其相关问题．中华文化复兴月刊，1976（4）

詹瑛．《文心雕龙》的“隐秀”论．河北大学学报，1979（4）

【解题】第一部分“《文心雕龙·隐秀》篇补文的真伪问题”，认为《文心雕龙·隐秀》篇的补文四百多字并非伪作。《隐秀》篇的补文，在万历年间经过许多学者，藏书家和毕生校勘《文心雕龙》的专家鉴定校订过，而且补文当中还有避宋讳缺笔的字，显然是根据宋本传抄翻刻的。

杨明照．《文心雕龙隐秀篇补文》质疑．文学评论丛刊，1980（7）

【解题】《文心雕龙·隐秀篇》的补文是伪作。

王达津．论《文心雕龙隐秀篇》补文真伪．文学评论丛刊，1980（7）

【解题】《文心雕龙·隐秀篇》的补文确是伪作。

詹瑛．再谈《文心雕龙·隐秀》篇补文的真伪问题．河北大学学报，1982（1）

【解题】《文心雕龙·隐秀篇补文的真伪问题》在《文学评论丛刊》第2辑发表后，杨明照、王达津两位同志都写了商榷文章，表达他们的不同意见。杨文全部照抄我已经引用的资料，而并没有提供新的资料，只是他作了不同的解释。我觉得他作的解释不足以服人，而学术问题还是平心静气地讨论为好。现对杨、王二文再提出不同的意见。

周汝昌．《文心雕龙·隐秀篇》旧疑新议．河北大学学报，1983（2）

【解题】凡已有判定明人抄补的《隐秀》缺文是伪无疑的，察其论证，都不真正坚强有力。事情毕竟如何，还要深入细密研求才好断案。

刘跃进．《文心雕龙·隐秀》篇补文的真伪．中古文学文献学，南京：江苏古籍出版社，1997

【解题】见《中古文学文献学》第三章第六节。

王达津．再论《文心·隐秀篇》补文之伪．古籍研究，1997（1）

【解题】补文不符合刘勰的论隐秀的思想；《文心雕龙》体例很谨严，依体例看，作伪者学《诗品》，是与《文心雕龙》体格完全不合的。此外，在用语助词方面，伪补文有“奚能喻苦”一语，用了“奚”字，《文心雕龙》其他篇都不用“奚”字，这也是作伪之一证。

力之．《文心雕龙·隐秀篇》补文之真伪辨——兼论张戒引刘勰“情在”两语之文献价值问题．东方丛刊，2002（3）

【解题】《隐秀》之补文非刘勰所撰，且从版本学之角度，是难以证明补文是真的。

举人.《文心雕龙·隐秀》篇补文的由来与真伪.南京理工大学学报，2005（3）

【解题】经纪昀等人考证后（《四库全书总目》卷195《文心雕龙》条提要中提出的《隐秀》篇补文为伪作的理由有三：第一，其书晚出，别无显证；第二，其词不类，疑有所本；第三，考之《永乐大典》，亦有阙文），《文心雕龙·隐秀》篇补文为明人伪撰基本上成为定论。

廖建荣.《文心雕龙·隐秀》补文证伪.广东社会科学，2011（2）

【解题】《文心雕龙·隐秀》篇补文真伪问题的争论尚未有定论。纪昀、黄侃、刘永济等人从版本、语言似摭后人文章、缺《岁寒堂诗话》引文来否定其真实性，但詹锳和周汝昌一一辩驳。补文的诗文引用，违反了《事类》篇引用要注明出处、准确的标准；且补文对李陵和班婕妤的评价、偏好“滋味”、诗歌意象，和钟嵘的《诗品序》极其相近；这些都可证明补文为伪作。

陈珺.《文心雕龙·隐秀》真伪新议.语文学刊，2011（2）

【解题】《文心雕龙·隐秀》补文的真伪问题由来已久，以黄侃、范文澜为代表的一派认为补文为假，而以詹锳、周汝昌为代表的一派则力证补文为真（至少没有确认补文为假的证据）。该文试图从补文用词、比喻和用例等方面为“补文为假”这一观点补充新的证据。

张国庆.《文心雕龙·隐秀》篇补文真伪问题考论.文学遗产，2013（4）

【解题】《文心雕龙·隐秀》篇原缺一页约四百字，明万历年间此页文字被寻到、补上；补文的真伪问题随即产生，并为古今众多学者所一直关注、探讨和争论。该文汇聚前人相关的重要观点并详加评说申论，认为此页补文应属伪撰。此外，《隐秀》篇末段又有两处明代补文，其一为后来的学者们一致认为当补，其二则肯定与否定者皆有，作者则认为两者皆不当补；并据考定的《隐秀》残文，推测出其全篇原貌。

文章缘起

吴承学等.任昉《文章缘起》考论.文学遗产，2007（4）

【解题】自六朝至明代，《文章缘起》作者皆署任昉；至《四库全书总目》始认为任昉原本在隋代已亡佚，怀疑现传本为依托之书。该文对《四库全书总目》疑为依托的主要理由一一加以考辨，认为它们不能成立，其结论不可采信，并主张以慎审的态度尊重唐宋以来的传统说法。

杨赛.《文章缘起》的真伪问题.北京科技大学学报，2009（2）

【解题】四库馆臣说《文章缘起》为伪作的四条理由均不充分，后人因之附会的一些理由更不能成立。山堂考索本《文章缘起》是张绩的增补本，张绩对《文章缘起》作过个别注释，并可能从梁代的物原论中补入了三十四种文体。除非能够举出更有力的证据，否则，《文章缘起》中的大部分内容仍可认定为任昉所作。

俞芸.《述异记》及《文章缘起》真伪考辨.河南教育学院学报，2011（2）

【解题】《崇文总目》记载《述异记》及《文章缘起》为南朝（齐、梁时期）任昉所著。清代学者对此提出异议，《四库全书总目》疑今本《述异记》及《文章缘起》为后人伪托任昉之名所作。有学者认为，《四库全书总目》所提出的疑伪之说不足为信。今本《文章缘起》虽然对文体辨析有繁琐可议之处，在某些条文上有被后人羼入的可能，但在没有新材料发现的情况下，不可轻易判定今本《文章缘起》为伪作。

后山诗话

周祖撰．《后山诗话》作者考辨．厦门大学学报，1987（1）

【解题】《后山诗话》为陈师道所作。

李妮庭．《后山诗话》真伪辨析．书目季刊，2003（2）

谷建．《后山诗话》作者考辨．河南师范学院学报，2004（2）

【解题】《后山诗话》虽有疑点，但至今尚无翔实确凿证据以证其伪。

乐府古题要解

成明明等．吴兢《乐府古题要解》略考．文献，2004（4）

高山．《乐府古题要解》考．兰州文理学院学报，2014（1）

【解题】通过对《乐府古题要解》内容的解读及历代著录情况的梳理，认为今本《乐府古题要解》内容虽然是吴兢所作，但序却非原貌，乃是刘悚《乐府古题解》的序言，其作伪时间也应为南宋时期而非《四库全书总目》所认为的元代。

其他

程中山．伪书《厚甫诗话》成书考述——兼论清代广东诗话中“南来学者”的情意结．中国典籍与文化，2005（3）

【解题】现传清代江苏元和陈钟麟《厚甫诗话》是一本伪书，原为清代广东番禺方恒泰《橡坪诗话》，盖出于书商牟利所造成；伪书先后刊刻了两次，已湮没了原书的生存空间；伪书曾窜改了书名及作者之名，但原封不动地保留了原书的内容，露出了很大的破绽；书商作伪动机之一乃出于清代粤人推崇南来学者之故；清代广东诗话颇能体现出一种推重南来学者的情结。

余珊珊．《木天禁语》考辨．河北北方学院学报，2009（5）

【解题】旧题范梈的诗法著作《木天禁语》，后人对其真伪多有争辩。通过对《木天禁语》的版本对比、辨体、范氏的诗评特征等方面的探究，认为《木天禁语》一书乃前人假托范梈之名所著，却也较为典型地体现了元代诗学观念。在中国古代诗论中有许多托名之作，这大抵是为了便于流传。

词　曲　类

断肠词

缪钺．论朱淑真生活年代及其《断肠词》．四川大学学报，1991（3）

任德魁．朱淑真《断肠词》版本考述与作品辨伪．文学遗产，1998（1）

岳飞《满江红》词

夏承焘．岳飞《满江红》词考辨．浙江日报，1962.9.16

谷斯范．也谈岳飞的《满江红》词．浙江日报，1962.10.14

中一．岳飞的《满江红》．贵州日报，1962.11.25

学初．岳飞《满江红》词真伪问题．文史（第1辑），1962

【解题】余嘉锡考证岳飞《满江红》为伪作证据不足。

村愚．《满江红》确为岳飞作之一证．中国史研究，1979（2）

孙述宁．岳飞的《满江红》？——一个文学质疑．中国时报，1980.9.10

李安．潇潇雨未歇——岳飞的《满江红》读后．中国时报，1980.9.21

徐沁君．岳飞《满江红》词真伪问题新探．扬州师院学报，1980（2）

梁志成．《满江红》词非岳飞作又证．中山大学学报，1980（3）

邓广铭．岳飞的《满江红》不是伪作．文史知识，1981（3）

吴战垒．难以推倒的疑案——谈岳飞《满江红》词．文史知识，1981（3）

吴战垒．《满江红》词是岳飞作的吗？文史知识，1981（1）

张启成．"贺兰山"是实指还是借指？——也谈岳飞《满江红》的真伪．贵州社会科学，1982（1）

唐圭璋．读词续记．文学遗产，1981（2）

王瑞来．断语不可轻下——也谈岳飞《满江红》词的真伪．宁夏大学学报，1981（4）

李安．踏错贺兰山．中国时报，1982.1.6

邓广铭．再论岳飞的《满江红》不是伪作．文史哲，1982（1）；邓广铭治史丛稿，北京：北京大学出版社，1997

喻朝刚．也谈岳飞的《满江红》．中州学刊，1982（1）

王波清，司丙午．岳飞《满江红》词考的一个重要例证．河南师范大学学报，1982（2）

谷斯范．王越与《满江红》词无关．文史哲，1983（2）

夏承焘．岳飞的《满江红》词考辨．夏承焘集（第2册），杭州：浙江古籍出版社、浙江教育出版社，1997

马里千．贺兰山和岳飞《满江红》词中的贺兰山．中华文史论丛（第3辑），上海：上海古籍出版社，1984

秋枫．岳飞《满江红》词真伪研究综述．文史杂志，1985（2）

王克，孙本祥，李文辉．从"贺兰山"看《满江红》词的真伪．文学遗产，1985（3）

能迟．关于岳飞《满江红》词的真伪问题．文学遗产，1985（3）

李庄临等．岳飞《满江红》词新证．南开学报，1986（6）

【解题】公布了新发现的岳飞与祝允哲的两首《满江红》唱和词，为进一步探讨世传岳飞《满江红》词的真伪问题提供了新的重要文献。

王学大．岳飞《满江红》（怒发冲冠）的真伪问题．建国以来古代文学问题举要，济南：齐鲁书社，1987

周少雄．祝氏谱及岳飞《满江红》词考议．文学遗产，1988（5）

【解题】祝氏谱资料确有其可珍之处，至少它为我们提供了岳飞《满江红》早期流传的另一版本文字，有了这一异文，也许历来纠缠不清的岳飞词的"贺兰山缺"、自用典故之疑就可以冰释了。

杨佐义．八三年以来岳飞《满江红》词真伪问题研究综述．长春师范学院学报，

1995（2）
陈非.《满江红》（怒发冲冠）只能是岳飞的作品. 文史知识，1995（12）
冯铁金. 也谈《满江红》（怒发冲冠）词的作者问题. 温州师范学院学报，1997（1）

【解题】从三个新的角度论证了《满江红》不是岳飞的作品：（1）从宋人对“靖康事件”的评价来看，岳飞决不敢说出“靖康耻，犹未雪”这样的话；（2）汤阴岳王庙中署名岳飞的《满江红》词，实际上是明代的袁纯假托岳飞之名所作的；（3）岳飞写的一些不很有名的诗词，宋人多有记载征引，而千古传诵的《满江红》却无记载征引，可反衬该词不是岳飞所作。

郭光. 岳飞的《满江红》是赝品吗. 岳飞集辑注，郑州：中州古籍出版社，1997
朱仲玉.《满江红》词是岳飞写的吗. 语文世界，2001（1）
汪荣祖. 神化的岳飞及其《满江红》词的真伪. 历史月刊，2001（161）
王曾瑜. 岳飞《满江红》词真伪之争辩及其系年. 文史知识，2007（1）
王霞. 岳飞作《满江红》词“新证”辨析. 古典文献研究，南京：凤凰出版社，2009

【解题】认为《满江红》词出于伪托。

陈世杰.《满江红·怒发冲冠》词作者综论——兼与惠康祐同志商榷. 南阳师范学院学报，2014（4）

【解题】自从20世纪30年代著名学者余嘉锡在《四库提要辨证》一书的《岳武穆遗文》一篇中对《满江红》一词的作者提出质疑之后，疑者渐众，一般有三种怀疑：岳飞说、王越说和于谦说。通过考证史料，结合岳飞、王越、于谦的自身经历，认为此词的作者应为岳飞无疑，并进一步指出了其他观点的论证不周和失之严谨之处。

王晨轩. 关于《〈满江红〉作者应为于谦》一文的史源问题. 邢台学院学报，2018（4）

【解题】《〈满江红〉作者应为于谦》一文提出《满江红》的词作者应是明朝名臣于谦，观点与以往不同，但是所提出的证据不充分，在语言叙述上也有矛盾，并不能证明《满江红》的作者就是于谦。

西厢记

马玉铭.《西厢记》第五本关续说辩妄. 文学，1934（6）
魏复乾.《西厢记》著作人氏考正. 逸经，1936（19）
贾天慈. 关于《西厢记》的作者. 逸经，1937（24）
魏复乾. 关于《西厢记》的作者：再与贾先生商讨西厢记的作者. 逸经，1937（34）
退翁. 关于《西厢记》的作者：关于西厢记. 逸经，1937（34）
贾天慈. 关于《西厢记》的作者：再和魏先生商榷. 逸经，1937（34）
王季思.《西厢记》作者考. 国文月刊，1944（28—30）
周妙中.《西厢记》杂剧作者质疑. 文学遗产增刊（第5辑），北京：作家出版社，1957

【解题】《西厢记》杂剧可能与关汉卿、王实甫无关。

陈中凡. 关于《西厢记》创作时代及其作者. 江海学刊，1960（2）
陈中凡. 关于《西厢记》杂剧的作者问题. 光明日报，1961.1.29
陈中凡. 再谈《西厢记》的作者问题. 光明日报，1961.4.30
王季思. 关于《西厢记》作者的进一步探讨. 光明日报，1964.7.9

张清华．也谈《西厢记》的作者问题——向陈中凡先生请教．天津日报，1961.8.16

陈中凡．关于《西厢记》作者问题的再进一步探讨．光明日报，1961.10.22

董如龙．《西厢记》作者关、王二说辨析．上海社会科学院学术季刊，1985（2）

【解题】据元明两代大量材料辨析，得出关作说的可信性胜于王作说的结论。

吴金夫．《西厢记》应为关汉卿所作．西北大学学报，1985（4）

蒋星煜．《西厢记》作者考——《〈西厢记〉作者关、王二说辨析》之再辨析．河北师院学报，1988（1）

孔繁信．杂剧《西厢记》作者新探．东岳论丛，1988（4）

【解题】《西厢记》的原作者是关汉卿，今传本《西厢记》是"关作王修"。

陈绍华．关汉卿也创作过一本《西厢记》——兼论《西厢记》之王作关续说．扬州师院学报，1992（1）

【解题】通过对元曲创作实际和明清曲论中有关内容的研究，提出元代有《关西厢》与《王西厢》并存于世的看法，力图为解决明清以来一直争议不休的《西厢记》作者问题，寻找出一条新的路子。

徐子方．从关汉卿现存作品看《西厢记》作者问题．江海学刊，1995（5）

【解题】《西厢记》作者问题历来存在着王实甫作、关汉卿作、关作王修、王作关续四种说法，由于留存史料有限，迄今一无定论。该文意在另辟蹊径，从作品内证入手，以期说明无论是对《西厢记》本事的偏爱，还是情节安排的手法及语言运用的习惯，关汉卿都与《西厢记》创作有着密不可分的关系，作为《西厢记》的主要作者应当说是毋庸置疑的。

徐子方．《西厢记》"王作关续"说辨析．艺术百家，2001（4）

【解题】《西厢记》"王作关续"说本无可靠证据，后人则以讹传讹，故而属文以辨析。

邓绍基．王实甫的活动年代和《西厢记》的创作时间．文化遗产，2012（4）

【解题】前人关于王实甫的活动年代及《西厢记》的创作时间有多种说法，但多难取信。综合各种材料来看，实甫大约生于金亡之际，主要活动年代在至元到大德年间，或卒于大末、皇庆初。其代表作《西厢记》大约写于元成宗、元贞、大德年间。此外，《度柳翠》一剧可断定非王实甫所作。

琵琶记

朱建明等．论《琵琶记》非高明作．文学遗产，1981（4）

【解题】（一）《元谱》所辑《琵琶记》剧产生于元代中叶，是明清流行的通行本的祖本，原作已不见于人世，作者不详；（二）《九宫正始》中提到的高东嘉古本《琵琶记》剧，是天历至正间的本子，不是《元谱》辑曲的《琵琶记》剧，为东嘉高先生所编，高先生很可能是一位信奉道教的书会才人，但不是高明，更不可能是高拭；（三）高先生的古本是宋戏文《赵贞女》的改编本，或者还是《元谱·琵琶记》剧的整理本，因此，巾箱本和陆贻典本均有"编集"的字样；（四）明清流行的通行本则是在高先生古本基础上修订而成，它的修订者是谁，是传说中的朱教谕还是其他人，由于目前无资料可证，只能存疑。

徐朔方．《琵琶记》的作者问题．社会科学战线，1981（4）

【解题】《琵琶记》不是高明的个人创作，而是高明就民间流传已久的旧本所作的创造性改编和写作。

刘孔伏.《论〈琵琶记〉非高明作》质疑.内蒙古师范大学学报，1988（2）

【解题】《琵琶记》为高明所作，不容置疑。

其他

孙克强，张东艳.《词统源流》等四部词话伪书考.文学遗产，2004（5）

【解题】署名彭孙的《词统源流》《词藻》和署名李良年的《词坛纪事》《词家辨证》四部词话的真伪以及它们与徐釚《词苑丛谈》之间的关系一直是个悬案。唐圭璋曾指出四部词话乃书商由《词苑丛谈》割裂而成的伪作，王熙元则持相反的观点。该文进一步证实了唐圭璋的论断。

任德魁.《全宋词》滕甫作品辨伪.文学遗产，2008（1）

【解题】《全宋词》将《蝶恋花》二词辑入滕甫名下实为承袭《永乐大典》之误，二词中前一阕为华岳原作，后一阕为赵希蓬和作。

邵育欣.《杨太后宫词》辨伪.中国典籍与文化，2008（2）

【解题】在比勘明清几种版本的基础上，结合宋代历史与文献，对《宫词》中一部分诗句的写作内容和风格进行分类分析，从而认为30首本为伪作，而后来补入20首的50首本更为伪中作伪的伪作。

邹同庆，王宗堂.宋词辨伪例说.中国苏轼研究（第4辑），北京：学苑出版社，2008

刘永翔.传顾亭林《游庐山词》辨伪.传统中国研究集刊（第8辑），上海：上海人民出版社，2009

彭潔明.今传本《词林万选》辨伪.词学，2011（1）

韩立平.孔平仲《千秋岁》词辨伪.中国典籍与文化，2011（1）

【解题】吴曾所云“尝见诸公唱和亲笔”，不可遽信。孔平仲或曾有《千秋岁》词寄秦观，后散佚，只存前阕，好事者据李之仪《千秋岁》后阕窜改而补之，作伪者或即吴曾，或吴曾所见已为伪作。

付燕.黑水城文献《刘知远诸宫调》创作时期及作者考辨.西夏学，2013（2）

【解题】黑水城文献《刘知远诸宫调》自问世以来就备受争议，关于其创作时间更是学术界争论的焦点。该文辨析代表人物为龙建国、武润婷和王昊三人的争论所在，肯定龙建国之产生于北宋、改编于金代的说法更为可靠。并通过补正，认为相对于金代，北宋末年的山西更具备产生《刘知远诸宫调》文的天时、地利及人和因素，并推测其作者是孔三传这类山西本土的民间说书艺人；《刘知远诸宫调》文在西夏流传，反映出了西夏艺人润色和改编的印记。

明清小说类

西游记

胡适.《西游记》考证.读书杂志，1923（6）

【解题】小说《西游记》是淮安嘉靖中岁贡生吴承恩作的，与邱处机《西游记》完全无关；齐天大圣的原型来自印度最古的纪事诗《拉麻传》里的哈奴曼；《西游记》被这三四百年来的无数道士、和尚、秀才弄坏了，它的文学价值在于诙谐，能使人开口一笑，这一笑就把那神话“人化”了，而且这种诙谐里面还含有一种尖刻的玩世主义。

章培恒．百回本《西游记》是否吴承恩作．社会科学战线，1983（3）

【解题】明清的各种《西游记》刊本没有一部署名吴承恩，天启《淮安府志》虽有“吴承恩《西游记》”的著录，但并未说明《西游记》是通俗小说，且天启《淮安府志》的编者是否会著录一部通俗小说也是问题；《千顷堂书目》将其归入史部地理类，则吴作《游西记》当是游记性质的作品，大概是记述其为荆府纪善时的游踪的；书中方言，情况复杂，根据现有材料，只能说长江北部地区的方言是百回本以前的本子就有的，百回本倒是增加了一些吴语方言，不但不能证明百回本的作者是淮安人吴承恩，倒反而显出百回本的作者可能是吴语方言区的人；至于其他几条旁证，也都不能成立，有的甚至可作为非吴承恩作的旁证。

张静二．有关《西游记》的几个问题．中外文学，1983（5—6）

苏兴．也谈百回本《西游记》是否为吴承恩所作．社会科学战线，1985（1）

【解题】吴玉搢、阮葵生、丁晏以至鲁迅、胡适，都是把天启《淮安府志》卷十九《艺文志·淮贤文目》著录吴承恩《西游记》一事，与卷十六《人物志·近代文苑》介绍吴承恩“复善谐剧，所著杂记几种，名震一时”一段话对起来读，仔细思考，得出结论；天启《淮安府志·淮贤文目》著录的吴承恩《西游记》是指百回本小说。明刻《西游记》虽未署作者名，却由陈元之的序透露出作者是“八公之徒”，与吴承恩身份合；其校者华阳洞天主人是吴承恩友人李春芳，证明作者是吴承恩。

杨秉琪．章回小说《西游记》疑非吴承恩所作．内蒙古师范大学学报，1985（2）

【解题】判定吴承恩是章回小说《西游记》的作者的唯一根据是明天启《淮安府志》的著录，但明清两代的地方志书目都不收录任何章回小说，故吴氏的《西游记》不会是章回小说；而略后于吴氏的《千顷堂书目》已明白无误地判定它只是一篇记游性质的文言笔记。

彭海等．吴承恩写定百回本《西游记》的语言标志．贵州文史丛刊，1985（3）

【解题】《西游记》前七回与其后各回是相通的，也是出于吴承恩手笔。

谢巍．百回本《西游记》作者研究．中华文史论丛，1985（4）

【解题】吴承恩自隆庆二年至万历十年间的踪迹，没有远走西陲，也没有去过蕲州，更不会再去“屈就”荆府纪善，因此没有撰游记之类的《西游记》；《千顷堂书目》的著录有很多错误（有的并没有看到原书，或稍检读原书，仅凭书名著录；有的分类显然不当，随意设门，混杂不清），既能将小说家之书，如伍袁萃《林居漫录》、杨慎《山海经补注》、王崇庆《山海经释义》分入史部别史类和舆地类，那么将吴承恩作的小说《西游记》分入史部舆地类就不足为奇了。又考察吴承恩的行迹与亲友，认为他懂吴语的可能性很大，不能以此来否定吴承恩的著作权。

柳存仁．全真教和小说西游记．明报月刊，1985（9）

章培恒．再谈百回本《西游记》是否吴承恩所作．复旦学报，1986（1）

【解题】这是对苏兴《也谈百回本〈西游记〉是否吴承恩所作》一文提出的四个方

面分歧的回应。天启《淮安府志》的著录既不足以证明吴承恩《西游记》是百回本小说，从现存明清刊本《西游记》的署名、校者和方言等方面也找不到此书是吴承恩作的证据，《千项堂书目》的分类目前又还难以推翻，似百回本《西游记》与吴承恩《西游记》并非同一部书的说法更处于有利地位。

欧阳健．河阴知县吴承恩不是《西游记》作者吴承恩．许昌学院学报，1986（1）

苏兴．介绍、简评国外及我国台湾学术界对《西游记》作者问题的论述．东北师范大学学报，1986（3）

杨子坚．吴承恩著《西游记》详证．南京大学学报，1987（4）

【解题】《西游记》的作者为吴承恩，但并非吴承恩一人的功劳，而是群众创作和作家创作相结合的产物。

陈君谋．百回本《西游记》作者臆断．苏州大学学报，1990（1）

【解题】吴承恩不具备创作小说《西游记》的条件，他写的《西游记》是游记性质的作品；陈元之即华阳洞天主人，亦即百回本《西游记》的作者。

陈澉．吴承恩作《西游记》的内证．北方论丛，1990（2）

【解题】《西游记》中九十六、九十七回唐僧师徒被诬下狱与吴承恩任长兴县丞时所遭"冤狱案"极其相似，吴承恩的荆府纪善之任与书中"玉华王府"有直接、密切的联系，此二例恰是吴承恩作《西游记》的内证。

王兴亚．《西游记》作者吴承恩考辨．文史杂志，1990（3）

蔡铁鹰．关于百回本《西游记》作者之争的思考与辨证．明清小说研究，1990（Z1）

【解题】在对"是"与"否"双方的材料作了面上的逻辑思考，研究了《西游记》的方言之后，认为否定吴承恩为《西游记》作者的证据是不充分的，至少目前还不能对吴承恩的地位构成真正的威胁。

廉旭．《百回本〈西游记〉作者臆断》质疑．苏州大学学报，1991（1）

【解题】吴承恩无论是中年还是老年期间都没有西行的经历，不具备写游记性质《西游记》的条件；《千倾堂书目》将吴承恩的《西游记》归入"舆地类"是否是误载的问题仍有待考证；作者受历史的局限，其思想十分错综复杂，需要全面考察；陈元之不是订校者，起码不是作者。

吴圣昔．陈元之不可能是《西游记》作者——评《百回本〈西游记〉作者臆断》．苏州大学学报，1991（3）

【解题】陈元之的《西游记序》是可信的，陈元之极有可能就是华阳洞天主人，但他不可能是《西游记》作者；对吴承恩作《西游记》说，虽然一直有论者持怀疑态度，但似乎至今缺乏充足理由来加以推翻，更没有找到比吴承恩更具说服力的另一位作者真正写过《西游记》。

徐朔方．论《西游记》的成书．社会科学战线，1992（2）；小说考信编．上海：上海古籍出版社，1997

【解题】《西游记》是世代积累型集体创作，至迟在明初已经成书，它不是个人创作；吴承恩如果是写定者之一，论证还有待补充。

张秉健．一百回本《西游记》作者辨证．中南民族学院学报，1993（4）

刘振农．"八公之徒"斯人考．中国人民警官大学学报，1995（2）

李安纲．吴承恩不是《西游记》的作者．山西大学学报，1995（3）

【解题】吴承恩是一位儒生，45岁以前热衷科举，45岁以后著《禹鼎志》（该书序中说他少好奇闻，30岁以后搜罗更多，因为喜爱唐人传奇，所以“每欲作一书付之，懒未暇也。转懒转忘，胸中之贮者消尽。独此十数事，磊块尚存。日与懒战，幸而胜焉”。《禹鼎志》这种志怪小书的创作过程都如此艰难，更何况百回本《西游记》了），尽管能诗文、善杂记，但没有接触过玄门释宗，没有学过佛、修过道；从其诗文及文友诗文记载中看，从未说过写小说之事；从《西游记研究资料》所选录的吴承恩诗文看，他对金丹学、佛学等方面的了解与小说《西游记》有很大差异。《二郎搜山图》乃据元人李在的杂剧《二郎醉射锁魔镜》而创作，吴承恩《二郎搜山图歌》即为此图所作，绝非《西游记》的胚胎。鲁迅、胡适等人依据《淮贤文目》认为小说《西游记》作者是吴承恩，然文目当为文章或文集的辑目，不是书目，《西游记》收入《淮贤文目》之中，并未收入《淮人书目》之中，则收入文目之中的《西游记》，可能是一篇游记类的文章，而不是小说《西游记》。因此，吴承恩不是小说《西游记》的作者。

刘振农．再论《〈西游记〉的作者与性质》——兼评当前西游研究中的一种新说．中国人民警官大学学报，1997（1）

蔡铁鹰．《西游记》作者确为吴承恩辩．晋阳学刊，1997（2）

宋谋玚．是奥义发明，还是老调重弹？——评李安纲教授的《西游记》研究．山西师范大学学报，1997（2）

黄霖．关于《西游记》的作者和主要精神．复旦学报，1998（2）

【解题】吴承恩确实不像是百回本小说《西游记》的作者，其书原本可能出自端王朱观时期的鲁王府。《西游记》的写定者主观上想通过塑造孙悟空等艺术形象来宣扬“三教合一”化了的心学，但孙悟空在客观上成了有个性、有理想、有能力的人性美的象征，全书不自觉地赞颂了一种与明代中后期的文化思潮相合拍的追求个性和自由的精神。

李舜华．《西游记》作者问题的回顾与反思．古典文学知识，1999（4）

李安纲．为什么说吴承恩不是《西游记》小说的作者．河东学刊，1999（1）

李安纲．再论吴承恩不是《西游记》作者．唐都学刊，2000（4）

沈承庆．话说吴承恩：《西游记》作者问题揭秘．北京：北京图书馆出版社，2000

张燕，胡义成．《西游记》作者和主旨再探．甘肃社会科学，2001（1）

张燕，胡义成．追加《西游记》作者文——《西游记》作者和主旨再探．大理师专学报，2001（1）

胡义成．《西游》作者：扑朔迷离道士影．阴山学刊，2001（9）

【解题】从元初关中陇山道教文化区有关史实分析出发，认为《西游记》作者不是吴承恩，今本《西游记》之祖本《西游记（平话）》系全真教创始人之一丘处机麾下道士史志经等人所撰。把《西游记（平话）》的产生放在关中道教文化区（在明代包括陇山道教文化区，含陇东崆峒山道教文化区等）历史、民俗、地理等层面来理解，《西游记》研究中的一系列谜团也可进一步获解。孙悟空形象的产生确与党项西夏密不可分，它在关中陇山道教文化区的完善，与该文化区与宁夏邻近并吸取其文化成分有关。羌族祭祀“端公”的保护神即是“猴头祖师”，其中党项族的图腾恰是猴子，后来在宁夏建立西夏国。目前，不仅已经在宁夏发现了元抄本《销释真空宝卷》，它与《西游记〈平话〉》

情节极多重合；而且在甘肃安西榆林窟的西夏绘画中，也发现唐僧、猴行者和白马合作西行的形象。胡适等人认为猴行者形象可能是“进口货”，显然是对西北民族文化史和民俗不甚清楚的表现。

敦玉林．《西游记》及其作者与盱眙．明清小说研究，2001（4）

【解题】《西游记》是一位留迹盱眙且十分熟悉盱眙的自然风貌、深谙盱眙的历史人文（包括语言）且对盱眙怀有深厚感情的才俊之士所作。

曹炳建．回眸《西游记》作者研究及我见．辽宁师范大学学报，2002（5）

【解题】天启《淮安府志》著录小说《西游记》，系照抄吴承恩的好友陈文烛所撰《淮安府志》；吴承恩的《对酒》诗透出的信息，可看作吴承恩写作小说《西游记》的重要证据。

吴圣昔．究竟谁是造物主——《西游记》作者问题综考辨证录．明清小说研究，2002（4）

【解题】前世本由吴承恩改编，世本由华阳氏校定，对最后完成《西游记》版本发展的百回定格作出了重要贡献，他们当然都可称为作者。如果一定要找出具体人来代表《西游记》这一名著的创作者，在目前情况下，只能说是吴承恩和华阳氏他俩，或者说是吴承恩改编，华阳氏订定。

李洪甫．吴承恩的《西游记》成书与连云港花果山．淮海工学院学报，2003（1）

【解题】吴承恩的行迹和交游、吴氏家族与江苏连云港云台山（尤其是花果山）这一背景地，与吴承恩创作的《西游记》存在着千丝万缕的关联，尤其是结合书中所描绘的各种故事情节的发生景致与当时云台山各个景地之比较，包括书中各主要人物及大量运用的云台山地区民间民俗、文献、文物史料、乡老传说等的取材，可得出结论：连云港的花果山即为吴承恩小说《西游记》中花果山之原型。

胡义成．《西游记》定稿人与全真教关系考．杭州师范学院学报，2003（2）

【解题】从明代道教秘史等若干方面认定，今本《西游记》定稿人是明代嘉靖、万历年间居于江苏茅山乾元观的全真龙门派道士，其中阎希言（阎蓬头）师徒可能性最大。

薛梅．《西游记》作者研究的源起及讨论综述．水浒争鸣（第7辑），武汉：武汉出版社，2003

黄毅，许建平．百年《西游记》作者研究的回顾与反思．云南社会科学，2004（2）

【解题】《西游记》作者研究大体经历了无作者，推衍作者为丘处机、吴承恩；否定丘处机，考订作者为吴承恩；否定吴承恩，寻觅新作者的探索历程。新的探寻沿着3个方向展开：由作序者、校者“华阳洞天主人”寻找作者；将目光移向“王府”“八公之徒”；认定此书必为道士——丘处机之门徒所作。在不断否定中推进，思路愈开阔，偶有新资料发现，然距确定作者尚远。

宋克夫．吴承恩著《西游记》新证．明清小说研究，2004（2）

【解题】目前许多学者认为《西游记》与《吴承恩诗文集》不是出于吴承恩一人之手，而该文以《吴承恩诗文集》中的《赠张乐一》一诗为证，考查了《赠张乐一》与明代心学思潮在反对主体放纵、要求人格自我完善上的一致性及《赠张乐一》与《西游记》在思想和语言上的一致性，从而为吴承恩著《西游记》找到一条新的证据。

顾洁诚．《西游记》作者之我见．古典文学知识，2004（5）

杨俊．《西游记》作者之争的回溯与思考——兼与顾洁诚先生商榷．运城学院学报，2005（4）

杨俊．关于百回本《西游记》作者研究回顾及我见．淮海工学院学报，2005（4）；2006（1）

【解题】通过对近百年来关于百回本《西游记》作者研究的回顾，清理了这段历史公案的关键环节：天启《淮安府志》的记载、《千顷堂书目》的著录、淮安方言、华阳洞天主人等与作者的关联，力主解决这段公案须从《西游记》成书史、作品本身、作者所处时代及文学发展史的传承关系等多角度系统地来进行深层次研究，才能最终破解这一难题。并在诸多史料、考古资料的搜集整理基础上，认为学界前辈得出百回本《西游记》作者——江苏淮安吴承恩是站得住脚的。

杨俊．丘处机麾下全真道士不是《西游记》的最早作者——与胡义成先生商榷．唐山师范学院学报，2005（6）

【解题】针对近年来学术界否定吴承恩力主丘处机麾下全真道徒为百回本《西游记》最早作者的观点，从道教与《西游记》、茅山与《西游记》、虞集序真伪与《西游记》等关系正本清源，驳斥胡义成等立论及论据的错误，指出百回本《西游记》最早作者绝不是丘处机麾下的全真道徒。

杨俊．也论百回本《西游记》定稿人与全真教之关系——兼与胡义成先生商榷之二．广西师范学院学报，2006（4）

【解题】针对近年来学界有人否定吴承恩为百回本《西游记》作者而认定全真教徒是定稿人的观点，认为从虞集序真伪、句容茅山华阳洞天、闫希言师徒等方面来综合考察，均难以将全真教徒与百回本《西游记》定稿人直截了当地画等号。

杜贵晨．《西游记》与泰山关系考论．山东社会科学，2006（3）

【解题】百回本《西游记》描写原型为泰山独有的景观和可推断为泰山景观，以及可资联想到《西游记》故事的景观约有三十处，表明泰山景观是《西游记》地理环境描写的主要蓝本，《西游记》的神魔环境与“五岳独尊”的泰山景观，在很大程度上有摹本与原型的对应关系。泰山不仅是孙悟空“故里”，而且是大半部《西游记》故事的舞台背景，其作者必是一位久居泰安、熟悉泰山的文学家。

杜贵晨，王艳．四百年《西游记》作者问题论争综述．泰山学院学报，2006（4）

【解题】关于《西游记》作者，明清间“邱长春作”说曾流行一时，至今仍有信从者；近世“吴承恩作”说几定于一尊，却因证据薄弱，不断受到质疑和否定，不时有新说提出，使这一问题在《西游记》研究中日益突出。综述古今有关《西游记》作者各种主张与猜测为十一题十说，认为诸家根本分歧只在“出今天潢何侯之国”“邱长春”“吴承恩”“李春芳”“陈元之”五说之间。

胡义成．《西游记》作者：不是吴承恩是谁？——近年国内关于《西游记》定稿者及主旨讨论的述评．运城学院学报，2006（4）

【解题】自章培恒受日本学者太田辰夫等启发，在20世纪80年代挑战胡适、鲁迅所倡之《西游记》作者为吴承恩的旧说以来，国内学术界“否吴”已成大势。只是对于“否吴”后的代替者为谁，书的主旨究竟如何，仍在讨论中。其中，徐朔方、黄永年、沈承庆和张锦池等人对此各持新见；澳籍华裔学者柳存仁基本松动了“吴作”旧见，对

《西游记》与全真教的不解之缘，曾给出了多层次论证，在国内外产生了广泛影响；我国台湾全真人士陈敦甫等视《西游记》为全真教教义载体，坚持“丘处机为作者”论，成为另一极端；李安纲在探寻《西游记》的结构、故事框架、人名地名、诗词引文、回目术语等方面的“全真味”中新获得一系列重要发现和突破，但其原型分析基本只指找出《西游记》书的全真教“丹学”典籍“原型”，这是不规范的原型分析，存在缺漏。

郭健．道教内丹学与《西游记》作者研究．求索，2006（6）

【解题】《西游记》与道教内丹学有着密切的关系，其作者肯定熟悉内丹学；以内丹学为线索研究《西游记》，可以肯定其作者不可能是吴承恩、陈元之等人，而李春芳则值得进一步研究。

李良中．《西游记》的作者是一个群体．宜宾学院学报，2006（11）

【解题】《西游记》的作者应该是由不同时代、不同身份的许多人组成的一个群体，因而不存在某个具体作者的著作权问题，题署为“无名氏”著同样没有走出误区。

胡义成．《西游记》的作者肯定不是吴承恩——近年国外关于《西游记》定稿者讨论的述评．唐山师范学院学报，2007（1）

【解题】《西游记》的作者是吴承恩一说已被动摇，现在国内讨论的热点已是“《西游记》不属吴家属谁家?”日本学者太田辰夫、矶部彰和中野美代子等在探求《西游记》定稿人与全真教教义及其道士的关系方面进行了许多开拓性的研究，虽然他们限于一般道教知识而不太了解中国全真教地域性秘史，不太了解明代道教内部正一、全真两派的分歧斗争，但他们的开拓研究毕竟早于中国现当代论界数十年，应予借鉴。此外，美籍华裔学者夏志清也不坚持“吴承恩作”。

杜贵晨．从“钹”之意象看《西游记》作者为泰安或久寓泰安之人．明清小说研究，2007（3）

【解题】《西游记》写金铙即钹的意象与《水浒传》相通，是鲁西南俗谚之一的反映，为作者前文《〈西游记〉与泰山关系考论》结论的进一步证明，同时也是有关描写意义的确解。

李洪甫．《西游记》作者公案释疑．连云港师范高等专科学校学报，2007（3）

【解题】在简要回顾《西游记》著作权公案的形成和发展之后，从误解产生的根源上辨疑，如：云台山中的长春庵和吴庵园林遗迹的检索；吴承恩、邱处机之间的文脉关联及其同名著述的根本差异；吴承恩的家世、行迹和云台山风物存留以及《西游记》中的相关描述；作者的生活背景、思想胸襟、向往好恶等方面，认为孙猴子的原型里流淌着唐传奇中淮河水神无支祁的血液，吴承恩为自己起的号就是“淮海浪士”“淮海竖儒”；而《西游记》中太多的“倒踏门”故事也是吴承恩愤慨和叹惋的演绎。

杨俊．百回本《西游记》作者新探．学术月刊，2007（7）

【解题】百回本文本的署名“华阳洞天主人校、金陵世德堂梓行”透露了极大的信息：从对金陵世德堂的考证可知，《西游记》最早刻本是官刻本（区别于家刻本、坊刻本），它提示了《西游记》作者应是与朱明王朝的藩王府有着很深的关系；从对“华阳洞天主人”的考察则证明，他不仅难能作为否定吴承恩著作权的证据，却反证“华阳洞天主人”极有可能是吴承恩与百回本《西游记》刻者世德堂、序文作者陈元之为适应当时形势及其追逐读者市场的一个合谋的产物；对百回本《西游记》文化背景的整体分析，其条条线索都为坚持"吴承恩说"的观点提供新的证据。

杜贵晨．猪八戒三"妻"考议——兼及《西游记》非吴承恩所作．内江师范学院学报，2012（1）

【解题】早期西游文学文本以至百回本《西游记》中猪八戒之"妻"有三：裴海棠、卵二姐、高翠兰。这三个形象的设计分别植根于不同的文化渊源，具有各自的文化内涵，体现了不同作者或同一作者不同情况下的艺术匠心；但一贯地都主要服务于猪八戒典型形象的塑造，即作为猪八戒欲望的对象，以成就猪八戒为世俗"好丈夫""好女婿"形象，尤其是帮助突出了猪八戒"有顽心，色情未泯"之为"色"所累者的本性——这一本性是八戒修行学佛的最大障碍，却是他作为文学形象最根本的性格特点；而从《西游记》两写猪八戒"倒踏门"的无所顾忌甚或以为得意，可作为《西游记》作者非吴承恩的一个内证。

李安纲．吴承恩是《西游记》的作者吗．国学，2013（12）

曹炳建．《西游记》作者诸说考辨．淮海工学院学报，2014（3—4）

【解题】《西游记》的作者除了人们所熟知的吴承恩说之外，还有邱处机说、许白云说、宗泐说、鲁王府朱观熰说、周王府朱睦㮮说、樊山王府集体创作说、陈元之说、华阳洞天主人说、李春芳说、史真人弟子说、尹真人弟子说、唐新庵说、唐皋说、阎希言师徒说、胶东人蓝田说等。该文对这些说法一一考证，证明除吴承恩说之外，其他说法都因为缺乏有力的证据而难以成立。

李洪武．《西游记》作者是明代人的新证据．淮海工学院学报，2015（2）

【解题】从百回本《西游记》文本表现出来的大量明代信息（如书中的许多职务名称、办事机构、宫殿名和城门名都是明代所始有，还化用了朱元璋的一首诗，并大量引用了《增广贤文》中的许多名句）来看，《西游记》作者应该是明代人，吴承恩仍然是最可能的作者。

竺洪波．《西游记》作者考证的方法论问题．新疆教育学院学报，2017（4）

【解题】现阶段《西游记》作者考证有重大进展，提出了一些新人选；同时也存在诸多有违学理的乱象。文章提出若干《西游记》作者考证的方法论原则，试图对既往研究作一定的总结与反思，并着重对"吴著"说进行深入的辨析。

李春光．"谐剧"与《西游记》作者问题考辨．内江师范学院学报，2017（11）

【解题】《西游记》著作权问题的纷争由来已久，争论的一个重要症结在于能否用传统"文如其人"的论断，将《西游记》的著作权归于吴承恩。自《天启淮安府志》提出吴承恩"复善谐剧"的论断之后，学者们围绕"谐剧"提出了不少观点，这其中，"谐剧"即是"喜剧"的论断甚嚣尘上。但是，由于明清两代喜剧理论的相对匮乏，加之近代喜剧理论的驳杂性，把"谐剧"臆测为"喜剧"的观点还是值得商榷的。结合相关文献，将"谐剧"理解为吴承恩的一种"秉性"，可能更为妥帖。

竺洪波．《西游记》作者真的是吴承恩吗．文汇报，2017.4.28

【解题】邱处机是宋元之际人，如果是他创作的，《西游记》中怎么会有锦衣卫、司礼监、会同馆、东城兵马司等诸多明代的官制与官职？借用现代刑侦学术语，邱处机"没有作案时间"。《淮安府志》记录"吴承恩《西游记》"，并没有注明体裁及卷回篇幅。根据文史传统，小说未必能够入方志。

陈大康．《西游记》非吴承恩作别解．复旦学报，2018（4）

【解题】吴承恩为追悼父亲吴锐而撰写《先府君墓志铭》，由此文可发现，父亲的招女婿经历与自己为庶出是吴承恩无法排遣的隐痛。解析此文并与《西游记》中有关招女婿等描写相对照，可帮助判断《西游记》并非吴承恩所作。

金瓶梅

徐大风．《金瓶梅》作者是谁．茶话，1946（3）

【解题】《金瓶梅》作者虽不是王世贞，但因为王的修改，使《金瓶梅》更能扩大流传。

张鸿勋．试谈《金瓶梅》的作者、时代、取材．文学遗产增刊（第6辑），北京：作家出版社，1958

【解题】《金瓶梅》作者很可能是个中下层知识分子，且是一个很爱好民间文艺的人；其产生年代是在明代中叶前后，即嘉庆、万历年间。

郑振铎．《金瓶梅词话》的作者及时代的推测．中国文学研究，北京：作家出版社，1957

魏子云．《金瓶梅》的作者．金瓶梅探原，台北：巨流图书公司，1979

【解题】《金瓶梅》的作者应作两个阶段看：第一个阶段是袁中郎生前所见的那半部《金瓶梅》，可能是一部有关政治讽喻的小说，因乏实物可征，无从推论作者是谁；第二个阶段是流行于今日的《金瓶梅词话》，作者应是江南人。

朱星．《金瓶梅》的版本问题．社会科学战线，1979（2）

朱星．《金瓶梅》的作者究竟是谁．社会科学战线，1979（3）

朱星．《金瓶梅》被窜伪的经过．社会科学战线，1979（4）

【解题】以上三文，为作者《〈金瓶梅〉考证》系列作品，分别对《金瓶梅》的版本、作者、窜伪加以考察，认为明万历庚戌年在吴中的初刻本确无淫秽语，到再刻时改名《金瓶梅词话》，被无耻书贾大加伪撰，进一步肯定了前人对《金瓶梅》作者是王世贞的猜测。

张远芬．新发现的《金瓶梅》研究资料初探——兼与朱星先生商榷．徐州师范学院学报，1980（4）

徐朔方．《金瓶梅》的写定者是李开先．杭州大学学报，1980（1）

【解题】《金瓶梅》原书就有猥亵描写，它不是个人创作，而是在民间艺人中长期流传之后经作家个人写定的，写定者不是王世贞，而是李开先。

徐朔方．《金瓶梅》成书补证．杭州大学学报，1981（1）

【解题】《金瓶梅》和《水浒》都采用它们未写定的祖本即话本或词话系列的原文，因而产生两书重叠部分相同的一面；后来发展为两部各自独立的小说，势必分道扬镳，因而产生两书重叠部分的相异一面。又从《志诚张主管》与《金瓶梅》的关系来考察，认为《金瓶梅》不是个人创作，它的故事几经流传、变异，渊源很早。

张远芬．也谈《金瓶梅》作者的籍贯——对戴不凡“金华说”的考辨．徐州师范学院学报，1981（2）

张远芬．《金瓶梅》的作者是山东峄县人——再与朱星先生商榷．徐州师范学院学报，1981（4）

张远芬．《金瓶梅》作者新证．徐州师范学院学报，1982（3）

【解题】从生平经历、文学修养、世界观和精神气质、笔名以及与《金瓶梅》相照应的各种资料，初步证明了《金瓶梅》的作者是贾三近。

李时人．贾三近作《金瓶梅》说不能成立．徐州师范学院学报，1983（4）

李锦山．贾三近不是《金瓶梅》作者．文汇报，1983.5.30

黄霖．《金瓶梅》作者屠隆考．复旦学报，1983（3）

【解题】《金瓶梅》应为屠隆所作，写作时间在万历二十年（1592）前后。小说第五十六回《应伯爵荐举水秀才》中的《哀头巾诗》《祭头巾文》和明末《开卷一笑》（后名《山中一夕话》）卷五所载署名一衲道人的《别头巾文》相同，只有个别文字差异，而一衲道人是屠隆的别号；而此书的参订校阅者，一会儿题笑笑先生、哈哈道士，一会儿又题一衲道人屠隆，可知笑笑先生、哈哈道士、一衲道人、屠隆都是同一人。又据屠隆《由拳集·少司马屠公传》"避金难，始南迁句吴"，及其《鸿苞·舆图要略》"常州府，又名句吴""武进县，梁为兰陵"，《金瓶梅》署名兰陵笑笑生的"兰陵"二字可以由此得到解释。从屠隆的籍贯和习尚、万历二年前后的处境和心情、情欲观、创作《金瓶梅》的其他生活基础、文学素养和《金瓶梅》最初的流传情况六个方面来看，没有谁比屠隆更像《金瓶梅》作者。

魏子云．《金瓶梅》作者是屠隆说．中外文学，1983（4）

【解题】大体赞同黄霖《〈金瓶梅〉作者屠隆考》的观点，但认为屠隆应是《金瓶梅》的作者，不能概括到《金瓶梅词话》，并举十证加以论证。

魏子云．"《金瓶梅》作者是屠隆考"补说．古典文学（第5集），台北：学生书局，1983

黄霖．《金瓶梅》作者是屠隆．烟台师院学报，1984（1）

【解题】该文是作者前文《〈金瓶梅〉作者屠隆考》主要观点的概括。

黄霖．《金瓶梅》作者屠隆考续．复旦学报，1984（4）

【解题】关于《金瓶梅》的作者问题，必须从"山东人"的框框中跳出来，把目光重新投向浙江；"笑笑先生"为明人，还可于《遍地金》中得到验证；沈德符所说的"大名士"，袁小修所说的"绍兴老儒"，谢肇淛所说的"金吾戚里"其门客，都可以在屠隆身上找到影子。

徐朔方．《金瓶梅作者屠隆考》质疑．杭州大学学报，1984（3）

【解题】黄文的主要资料来自《开卷一笑》，此书很难作为一可信的史料看待，其出版年代究竟在明末，还是清初，也值得研究；屠隆曾以一衲道人为号，但以一衲道人为号的并不一定只有他；土鳖虫一名虾鳖虫，苏北宿迁、淮安、睢宁一带有此叫法，可见《秋蝉吟》不是屠隆作品，其他三篇，包括《别头巾文》在内，是否其作品也是有疑问的；三台山人才是《开卷一笑》的编者，国内以三台为名的山不下十来处，应以苏北宿迁和它的近邻萧县的三台山比较适合，这一带的方言恰恰称土鳖虫为虾鳖虫，三台山人比宁波的屠隆有更大的可能是这篇《秋蝉吟》的作者；屠隆别署娑罗馆，是因他从佛寺中移得娑罗树而得名，与"武进古有娑罗巷"无关；《金瓶梅》中找不出屠隆家乡所独有的任何方言词汇；屠隆迷信道佛，这与《金瓶梅》对待宗教的态度存在着分歧，也足以证明两者之间不会是作者和作品的关系。

朱沐．关于《金瓶梅》的作者问题．语文导报，1985（1）

黄霖．《金瓶梅作者屠隆考》答疑．杭州大学学报，1985（2）

【解题】盛鏸断言瞿杲为“康熙时人”不可信；历史上号一衲道人的未必就是屠隆，但是，中山大学藏本扉页刻着“屠赤水先生参阅”，中山大学、北京大学、台湾大学藏本第三卷都刻着“一衲道人屠隆参阅”，这个一衲道人当是屠隆无疑；屠隆所说的“虾鳖虫”，或许是指水蛋，越人也称水鳖虫，这类小虫的土名本就复杂，屠隆又有广泛的游历，仅以一个名目来断定《秋蝉吟》的作者不是鄞县人而是苏北人不妥；《金瓶梅词话》的作者是屠隆，一个重要的理由就是在这部描写山东故事的小说中出现了不少江浙方言；屠隆在《金瓶梅词话》中对释道中的败类丑行进行了辛辣的嘲笑和尖锐的批判，和《昙花记》《修文记》之类作品侧重在用比较严肃的态度正面颂扬佛道，其精神是相通的；明传奇《睟盘记》中的“万俟傅祭头巾”一节与《金瓶梅词话》及《开卷一笑》中的“祭头巾文”风马牛不相及。

海雁．《金瓶梅》作者为浙江鄞县人屠隆．浙江学刊，1985（3）

孙逊，陈诏．《金瓶梅》作者非“大名士”说——从几个方面“内证”看《金瓶梅》作者．上海师范大学学报，1985（3）

【解题】《金瓶梅》作者更像是中下层文人，特别是书会才人，而绝非上层“大名士”。

徐朔方．《金瓶梅作者屠隆考》质疑之二．杭州大学学报，1985（2）

【解题】该文是对黄霖《〈金瓶梅作者屠隆考〉答疑》一文的回应。

黄霖．《金瓶梅》成书问题三考．复旦学报，1985（4）

【解题】《金瓶梅词话》当成书于万历年间；《金瓶梅词话》当一次成于一人之手，词话本就是《金瓶梅》的原本；屠隆在塑造西门庆形象时，与刘承禧这位“金吾戚里”有关。

张远芬．笑笑先生何许人也？——论屠隆不是《金瓶梅》的作者．文史论坛，1986（6）

马森．《金瓶梅》的作者呼之欲出．文学报，1985. 7. 25

【解题】张远芬《金瓶梅新证》的“考证说服力很强，虽尚不能说是定论，但已使《金瓶梅》的作者呼之欲出矣”“所考证的贾三近的生平事迹，以及宦游处所、人生经历、习脾嗜好、著作目录等，使人觉得兰陵的贾三近实在是最接近兰陵的笑笑生的一个人物”。但亦提出不少商榷意见。

徐朔方．再论《水浒》和《金瓶梅》不是个人创作——兼及《平妖传》《西游记》《封神演义》成书的一个侧面．徐州师范学院学报，1986（1）

【解题】主要论证《金瓶梅》不是个人创作，既以它和《水浒》作为对照，又考察了《平妖传》和《水浒》，《西游记》和《封神演义》之间的对照，众多的例证揭示了它们两两之间由彼及此、由此及彼的双向因袭关系，它们具体生动地构成了世代累积型集体创作的中国古代长篇小说的创作背景。《金瓶梅》和《水浒》一样，都是民间说话艺人在世代流传过程中形成的累积型的集体创作，二者同出一系列《水浒》故事的集群，包括西门庆、潘金莲故事在内，并举十二例以证之。

蒋星煜．《西厢记》对《金瓶梅》的影响——兼谈《金瓶梅》的作者问题．华东师范大学学报，1986（1）

【解题】《金瓶梅》作者对《西厢记》非常熟悉，在创作过程中不知不觉使用了其中的语汇，甚至在细节描写上也有参照之处；李开先、屠隆都精通《西厢记》（李作有院本《园林午梦》，莺莺、红娘均为剧中人，龙洞山农本《西厢记》亦疑其托名龙洞山农所刻；屠有《王实甫合并西厢记》之刻，对《董解元西厢记诸宫调》、李日华《南西厢》，都曾校订研究），其中一人可能是《金瓶梅》作者。

王强．小议《金瓶梅》的作者是河北籍人．复旦学报，1986（1）

周钧韬．关于《金瓶梅》作者的二十三说．江汉论坛，1986（12）

【解题】将古人与今人的《金瓶梅》作者之说一一拈出，计得23种。

陈辽．《金瓶梅》原是评话说——兼谈《金瓶梅》的作者问题．社会科学研究，1986（5）

【解题】《金瓶梅》原来是评话，笑笑生是一位有相当文化水平但文化教养并不高的评话爱好人，他是《金瓶梅》评话的加工、改写和定稿者。

卜键．李开先与《金瓶梅》中有关《西厢记》之描写——《金瓶梅》作者考的一项重要参证．戏剧，1986（4）

朱建明．也谈《金瓶梅词话》的作者．复旦学报，1986（1）

【解题】《金瓶梅》是万历年间的作品，它的撰作者不可能是屠隆。

陈毓罴．《金瓶梅》抄本的流传、付刻与作者问题新探．河北师院学报，1986（3）

徐朔方．答台湾魏子云先生——兼评他的《金瓶梅》作者屠隆说．吉林大学学报，1987（1）

徐朔方．《别头巾文》不能证明《金瓶梅》作者是屠隆．社会科学战线，1987（1）

【解题】台湾广文书局影印的《山中一夕话》，所选篇目和大连图书馆藏本不同，其中不收《别头巾文》；台北天一出版社影印《明清善本小说丛刊》第6辑《皆谑篇》辑有《开卷一笑》及《山中一夕话》各一种，《开卷一笑》有具名一衲道人，后有“屠隆”印章的《一笑引》；这样一本趣味性的流行读物，内容每次印行都有改动，时代很难确切考定，用它当作考证材料，无异刻舟求剑；南《西厢》有陆采改本，自序说他是不满李日华改本“生吞活剥”才重新改作的，陆采卒于嘉靖十六年（1537），李日华至少不会比他更迟，《金瓶梅》引用他的曲子，怎能证明《金瓶梅》作于万历时期呢？

陈诏．《金瓶梅》人物考——兼谈作者之谜．学术月刊，1987（3）

张庆善．“兰陵笑笑生”与“笑笑先生”——《金瓶梅作者屠隆考》存疑．大庆师专学报，1987（2）

【解题】“兰陵笑笑生”与“笑笑先生”不是一人，《金瓶梅》作者更可能是下层文人。

黄霖．《开卷一笑》与《金瓶梅》作者问题——从答《笑笑先生何许人也》说起．复旦学报，1987（4）

【解题】该文是对张远芬《笑笑先生何许人也？——论屠隆不是〈金瓶梅〉的作者》一文的回应，认为笑笑先生是屠隆，是《金瓶梅词话》的作者笑笑生。

周钧韬．《金瓶梅》是王世贞及其门人的联合创作．明清小说研究，1988（1）

【解题】《金瓶梅》是以王世贞的思想为指导思想，由王世贞及其门人联合创作的产物。

鲁歌.《金瓶梅》作者问题漫议.西北大学学报，1988（1）

【解题】《金瓶梅》的作者不是南方人，不是“兰陵笑笑生”，不是山东峄县人贾三近。

鲁歌.《金瓶梅》作者王穉登考.社会科学研究，1988（4）

【解题】《金瓶梅》的作者是嘉靖间大名士、兰陵人王穉登（1535—1614）。

陈昌恒.《金瓶梅》作者冯梦龙考述.华中师范大学学报，1988（3）

【解题】冯梦龙化名兰陵笑笑生创作了《金瓶梅》，又化名欣欣子、东吴弄珠客、廿公来为《金瓶梅》写序跋。冯梦龙创作《金瓶梅》的第一阶段，时间约在1596年（万历二十四年丙申）或前一两年，此时的《金瓶梅》只有三十回；第二阶段，时间约为1596年至1614年，此时的《金瓶梅》已有八十回；第三阶段，始于1613年，止于1617年，将八十回的《金瓶梅》扩充为百回词话本。

陈昌恒.《金瓶梅》作者冯梦龙续考.湖北大学学报，1988（6）

【解题】从冯梦龙的生活经历、思想意识及其著述与《金瓶梅》的内在联系来证明《金瓶梅》为冯梦龙所作。

冯其庸.也谈《金瓶梅》作者之“谜”.文艺报，1988.6.25

王萤等.《金瓶梅》作者之谜.《金瓶梅》考论（第1辑），银川：宁夏人民出版社，1988

【解题】《金瓶梅》是二人以上合作的书，它的主笔作家谢榛就是兰陵笑笑生，辅助作者是昆山郑若庸，写书的发起人与组织者是赵康王朱厚煜。

卜键.《金瓶梅》作者李开先考.兰州：甘肃人民出版社，1988

【解题】学术界最早提出李开先为《金瓶梅》作者的是吴晓铃，但他那时只不过是在《中国文学史》初版（1962年）上略提而已（再版时删去），其后徐朔方、赵景深、杜维沫、卜键等亦先后撰文主李开先说，由是引起了海内外学术界的注目。该书是一本较为详尽探考李开先生平的专著。

叶桂桐.从《续金瓶梅》看《金瓶梅》的版本及作者.吉林大学学报，1989（2）

陈辽.《金瓶梅》成书三阶段说——兼谈《金瓶梅》的作者问题.东岳论丛，1989（4）

【解题】《金瓶梅》原是评话，创作者是评书艺人；《金瓶梅词话》是《金瓶梅》成书的第二阶段，作者是“兰陵笑笑生”；《新刻绣像批评金瓶梅》是《金瓶梅》成书的第三阶段，作者是有很高文学修养的作家。

靳青万.《金瓶梅》作者新探.许昌师专学报，1990（1）

【解题】《金瓶梅》故事的素材、原型多取材于淮间而很少取材于山东，很可能是借《水浒传》中的北清河之西门庆、潘金莲故事来写南清河之事；《金瓶梅词话》原作者非山东人而为淮间人，至少是在淮间生活过相当长时间的人。

王连洲.《金瓶梅词话》作者兰陵笑笑生即谢榛考辨.东岳论丛，1990（3）

【解题】在作者前文《〈金瓶梅〉作者之谜》基础上，仅就“谢榛即是《金瓶梅词话》作者”加以考论：谢榛原籍属于古兰陵，随署“兰陵”以寄托他的乡思，不过这个“兰陵”既非峄县，亦非武进，而是泛指古代的兰陵郡；“笑笑生”当寓作者嘲讽时事之意；谢肇淛说的“金吾戚里”，可能就是彰德府（今安阳北）的戚里，即欣欣子作序的明贤里，即谢榛所依附的赵康王府邸所在。

李庆立．“谢榛就是‘兰陵笑笑生’”说纠谬．聊城师范学院学报，1990（3）
洪城．《金瓶梅》作者特征与王寀．文教资料，1991（1）
鲁歌．《金瓶梅》作者不是冯梦龙．西北大学学报，1990（1）

【解题】（1）《金瓶梅》动笔创作的时间约为1591年，冯梦龙时年十七，不可能是作者。（2）1592年屠本畯先后在王宇泰、王稚登家里读过《金瓶梅》抄本一、二、三、四帙，冯梦龙时年十八，这四帙不可能是他所写。（3）《金瓶梅》第四十七、四十八回当写于1594年以后，可能是1595年至1596年的事。（4）1595年至1596年，董其昌、袁中郎已有《金瓶梅》抄本五卷余，共十帙五十二回。（5）至迟在1605年到1606年，徐阶家和刘承禧已先后有了《金瓶梅》抄本共九十五回；其他五回也早已写出，只因这五回一帙中有嘲讽屠隆的内容而不便流传出来；全书凡一百回是兰陵笑笑生一人所著，约完成于1597年。（6）1609年袁小修到京时已携有《金瓶梅》抄本共九十五回，沈德符从小修处借抄挈归吴中，时间是1609年至1614年；冯梦龙于1613年至1614年“见之惊喜，怂恿书坊以重价购刻”，遭沈拒绝；因而冯梦龙决非《金瓶梅》作者。（7）1617年冬或稍后，初刻本《金瓶梅》在吴门问世，这可能是冯梦龙由刘承禧处得到九十五回，自己补写了五回而付刻的，作序人“东吴弄珠客”应是冯梦龙，惜初刻本已失传。（8）1619年到1621年，《新刻金瓶梅词话》从付刻到问世，首次公布了欣欣子序与廿公跋，全书一百回是按作者笑笑生的原稿付刻的，付刻人文化程度不高，以致有成千上万处的圈点之误，对原稿残缺部分的补缀亦颇拙劣，致使破绽百出，刻误亦不少。（9）《金瓶梅》作者“兰陵笑笑生”应是有《金瓶梅》抄本的“兰陵”人“世庙时一巨公”“嘉靖间大名士”“王世贞门客”王稚登；他的好友乃王世贞之甥曹子念，当是为《金瓶梅词话》写序、跋的“欣欣子”“廿公”，因而世传王世贞家藏有全书。（10）冯梦龙非“兰陵”人，亦非“世庙时一巨公”“嘉靖间大名士”与“王世贞门客”，故“兰陵笑笑生”决不是他。

鲁歌．《金瓶梅》作者不是谢榛——与王连洲先生商榷．东岳论丛，1991（1）

【解题】《金瓶梅》作者兰陵笑笑生应是兰陵人、嘉靖间大名士王稚登；《金瓶梅》当开始创作于万历十九年至二十年，至万历二十五年完成；死于万历三年的非兰陵人谢榛不可能是其作者。

周钧韬．吴晗对《金瓶梅》作者“王世贞说”的否定不能成立．江苏社会科学，1991（1）
王辉斌．《金瓶梅作者为李开先考》质疑．荆门大学学报，1991（1）
种衍璋．兰陵笑笑生·李开先和《金瓶梅》．内蒙古电大学刊，1991（1）
李庆立．关于《〈金瓶梅〉作者补证》的马后炮．聊城师范学院学报，1991（2）
李燃青等．《金瓶梅》作者“屠隆”说考释．宁波师院学报，1991（3）

【解题】通过考察《甬上屠氏宗谱》二种、《甬上屠氏家集》和《屠氏先世见闻录》等地方文献资料，认为笑笑先生与一衲道人之间的内在联系尚需进一步考证，但一衲道人屠隆即是笑笑先生，亦即是《金瓶梅》作者“兰陵笑笑生”之说绝不是无稽之谈。“兰陵”可让人联想到荀子，有鄙视名利之意；联想到李白的“兰陵美酒郁金香”，有以酒为乐意；联想到兰陵王常戴假面以对敌，则“兰陵笑笑生”即是戴面具、藏真容的惩淫破色的勇士。屠隆有感于青浦县任上多次审理乡里豪富凭怙奢汰、淫纵无度诸案件，而萌生以小说来惩戒世人，于是将流传于松江一带的小说、瞽词、曲艺汇集整理，融铸而成《金瓶梅词话》，他是传抄、改删、补写《金瓶梅词话》功臣中的首要一员。

朱恒夫.《金瓶梅》作者唐寅初考.江苏教育学院学报，1991（3）

白水.从动词后缀“子”的运用推测《金瓶梅》的作者.古籍整理研究学刊，1991（3）

张家英.由《金瓶梅》回前诗词看其作者.学习与探索，1991（3）

魏子云.《金瓶梅》作者屠隆考补证.吉林大学社会科学学报，1991（6）

【解题】《玉环记》作者杨柔胜，应是屠隆的夫人“杨枝，字柔卿”其人，《金瓶梅词话》第63回中演唱的《玉环记》曲词，实出其手笔；屠隆的《采毫记》中的相关曲词透露出他是参订《花营锦阵》《杨家府忠勇演义》等书的“烟波钓叟”，可证舒笔流泉于淫词秽语是其长才；蒋星煜《〈西厢记〉对〈金瓶梅〉的影响》认为“李开先、屠隆都精通《西厢》，其中一人可能是《金瓶梅》作者”，作者则根据《金瓶梅》最早出现于万历二十四年，认定屠隆是一位最有条件写作《金瓶梅》的人士。

郑闰.欣欣子屠本畯考释.社会科学战线，1992（1）

郑闰.屠隆·刘金吾·金瓶梅.明清小说研究，1992（1）

郑闰.兰陵笑笑生屠隆考论.复旦学报，1992（2）

【解题】从四个方面论证笑笑生即是屠隆：一、《开卷一笑》（《山中一话夕》）署“笑笑先生”及《金瓶梅词话序》于“笑笑生”前冠以“兰陵”，均符合屠隆情况；二、屠隆宣淫和破淫的矛盾心态及其特殊情欲观与《金瓶梅》的创作相榫合；三、《金瓶梅》常以夫子自道的形式表现了屠隆的身世经历和思想感情；四、据屠隆《答邹孚如》所言，曾著有二十卷本秘书一部，此书当为《金瓶梅》。

魏子云.屠本畯《筋政》跋的史实启示.复旦学报，1992（2）

【解题】屠本畯《山林经济籍》中关于《觞政》的跋语，是《金瓶梅》研究中的一条重要材料。屠本畯是一位最了解《金瓶梅》底细的人，而万历三十六年前后的《金瓶梅》不是一部普通的小说，海内流传甚少；“相传陆都督炳诬奏，朝廷籍其家”等语与屠大年著“奇书”无关；屠本畯即是欣欣子；今之《金瓶梅》乃是改写本；兰陵笑笑生即是屠隆。

魏子云.为《金瓶梅》作者画句点.宁波师院学报，1992（2）

【解题】详尽考证了屠隆生平、罢官原因，并根据屠氏宗谱以及屠隆著作资料，分析论证了《金瓶梅》前期抄本原稿确系屠隆所作，屠本畯应是《金瓶梅》改写本的参与者。

陈大康.论《金瓶梅》作者考证热.华东师范大学学报，1992（3）

张家英.从《金瓶梅词话》所写官场生活看其作者.绥化师专学报，1992（4）

黄霖.再论笑笑生是屠隆.复旦学报，1992（2）

【解题】从《金瓶梅词话》与《花营锦阵》《绣榻野史》之间的关系入手，进一步论证笑笑生就是屠隆。文章首先指出现存晚明署名“笑笑生”的两部书《金瓶梅词话》与《花营锦阵》多有相似之处；继而论证《绣榻野史》同时受到这两书的极大影响，而吕天成创作《绣榻野史》时，《金瓶梅》尚未公开刊行；接着就以吕胤昌、吕天成父子与屠隆之间非同一般的关系，且有吕氏曾以重资向屠隆索取一部奇书的记载，证明屠隆创作的奇书当为《金瓶梅》；再从屠隆的第一知情人屠本畯为《绣榻野史》“校阅”来看，也可反证《金瓶梅》《花营锦阵》的作者“笑笑生”即为屠隆。

鲁歌．欣欣子不是屠本畯，笑笑生不是屠隆、屠大年．西北大学学报，1992（4）

【解题】该文不同意为《金瓶梅》作序的欣欣子为屠本畯，《金瓶梅》作者是屠隆、屠大年之说，因为欣欣子读过《金瓶梅》全书“凡一百回”，而屠本畯“恨不得睹其全”；屠本畯未从屠隆、屠大年处读过《金瓶梅》，而在王宇泰、王稚登处读过抄本各二帙；欣欣子、廿公、袁中郎说《金瓶梅》作者是兰陵笑笑生、世庙时一巨公、嘉靖间大名士，而屠隆、屠大年是大梁、无锡、鄞县人，非兰陵（武进）人，亦非世庙时一巨公、嘉靖间大名士。

鲁歌．关于《金瓶梅》作者的十种说法．贵州师范大学学报，1993（2）

鲁歌．《金瓶梅》与山西及作者之谜．山西大学学报，1993（1）

【解题】《金瓶梅》的有关文物、作品语言、人物形象、故事情节、词曲等方面与山西有着密切的关系；其作者化名为笑笑生，祖籍在山西太原，客籍在江苏“兰陵”，是嘉靖间大名士王稚登。

丁朗．《金瓶梅》作者在北京考．明清小说研究，1994（2）

【解题】《金瓶梅》的作者的生活基础在北京而不在山东，或主要不在山东；不论他祖籍与出生地在哪，当他在创作这部长篇时（不包括第53—57回），他的视点与视角却基本上没有离开北京。

邵炌．从《金瓶梅》“借用”中的新发现论其作者及成书方式．明清小说研究，1994（3）

【解题】《金瓶悔》屡见抄引借用他人作品的现象，不是民间传说有分有合、交流渗透的结果，更不是什么“世代累积型”集体创作的共有现象；恰恰相反，在对这些抄引借用的新探索、新发现中，更确切有力地证明了这部小说是个人有为之杰作。

彭见明．《金瓶梅》作者新考．湖南师范大学社会科学学报，1994（3）

姬乃军．关于《金瓶梅》作者问题的重新思考．延安大学学报，1995（2）

陈鸿祥．《金瓶梅》之背景及其作者考辨．学术论丛，1995（4）

王辉斌．冯梦龙非《金瓶梅》作者辨说．荆门职业技术学院学报，1995（4）

张炳森．兰陵笑笑生解．河北师范大学学报．1996（4）

【解题】“兰陵”者，非为地名，亦非酒名，而为教坊职业的代称；“笑笑生”者，人笑笑人之义，亦为说唱职业的概括。作者非为文人，而为教坊说唱艺人。书中有其身影，即为李铭。李铭作是书，是为报复、洗白潘金莲主仆等人无端加于自己头上的冤诬。

王汝涛．把《金瓶梅》的作者还给苍山兰陵．临沂师专学报，1996（4—5），1997（1）

戴博元．琐谈《金瓶梅》作者——兼及唐荆川、王稚登．龙城春秋，1996（1）

徐朔方．《金瓶梅》成书新探．小说考信编，上海：上海古籍出版社，1997

徐朔方．再论《水浒传》和《金瓶梅》不是个人创作．小说考信编，上海：上海古籍出版社，1997

徐朔方．笑笑先生非兰陵笑笑生补证．小说考信编，上海：上海古籍出版社，1997

徐朔方．《金瓶梅》考证要实事求是．小说考信编，上海：上海古籍出版社，1997

徐朔方．中国古代早期长篇小说的综合考察．小说考信编，上海：上海古籍出版社，1997

张玉萍．《金瓶梅》作者新说述略．洛阳师专学报，1997（1）

毛德彪．《金瓶梅》作者应是胡忠．临沂师专学报，1997（4）

【解题】将王世贞家的门人胡忠定为《金瓶梅》的作者，可解开围绕《金瓶梅》作者争论中的众多症结。胡忠善说评话，具有创作《金瓶梅》的能力、精力和各种有利条件，更主要的是胡忠可以解开长期困扰人们的《金瓶梅》与王世贞关系之谜；《花当阁丛谈》记载的胡忠，善“解客颐”，常能引起“座客皆大笑”，就是一个活脱脱的“笑笑生”；《胡氏家谱》中的胡忠，与王世贞家的胡忠若为一人，笑笑生冠以“兰陵”亦迎刃而解。

赵炯．从古镇兰陵文化多元化看《金瓶梅》作者的籍贯．泰安师专学报，1997（4）

史铁良．20世纪《金瓶梅》作者研究概述．株洲教育学院学报，1998（3—4）

张清吉．《金瓶梅》作者丁惟宁考．东岳论丛，1998（6）

【解题】诸城是《金瓶梅》的发源地（《金瓶梅》抄本的发源地是山东诸城，最初拥有《金瓶梅》抄本的十二人中，真正拥有《金瓶梅》初期抄本的，只有董其昌、王世贞、王稚登和邱志充四人，而邱志充本为诸诚人，董其昌、王世贞、王稚登皆与诸诚有着密切的联系），小说作者笔下又透露出“清河”实即诸城，因此《金瓶梅》作者是诸城人无可置疑。进而推测《金瓶梅》作者应是明嘉靖乙丑进士、山东诸诚人丁惟宁；书中的清官曾孝序即为丁惟宁化身；丁惟宁生肖属虎，与《金瓶梅》中的主要人物西门庆同庚；邱志充的儿媳妇即是丁惟宁的孙女，故其家藏有《金瓶梅》初期抄本；“兰陵笑笑生”乃丁惟宁的化名，其“兰陵”乃诸城九仙山的拟化，其“笑笑”乃是从《山中即事》诗中的“嘲”“笑”二字化出；《金瓶梅》成书于万历二十年（1592）左右。

潘慎等．再谈《金瓶梅》的作者问题．太原师专学报，1998（1）

潘承玉．《金瓶梅》抄本考源——《金瓶梅》作者“徐渭说”新证之一．中国文学研究，1998（4）

【解题】现知《金瓶梅》抄本流布人间的最早消息，来自万历二十四年袁宏道的一封信，由此信上溯下梳，几乎所有明代《金瓶梅》抄本，均可最终归源于万历二十年至三十年的北京翰林院；苏州、湖北仅为以此为起点的抄本传播“驿道”上的两个“二级站”。考察此际翰林文人圈，唯有绍兴陶望龄最有可能是原初抄本或竟是原稿本的拥有者；陶氏年辈略低于同郡徐渭，诸家谱资料显示二人有鲜为人知的密切关系，陶本应系万历二十一年左右从徐渭而得；袁中道《金瓶梅》乃“绍兴老儒”之作，语发于万历二十五年其兄游越之后，貌似不经，实非率尔。

潘承玉．小说家之外：《金瓶梅》作者的三重特殊角色．东岳论丛，1998（6）

程极平．也谈《金瓶梅词话》的作者问题．徽州师专学报，1998（1）

高念卿．贾三近是《金瓶梅》的作者．徐州师范学院学报，1998（1）

【解题】《金瓶梅》之《序》《跋》为考证作者之“信史”，《序》言其籍贯，《跋》射其姓名，相辅相成；其余诸说（如“屠隆”说），执其一端，生发于“兰陵笑笑生”之语，对《跋》“《金瓶梅传》，为世庙时一钜公寓言”之记载，竟视而不见。贾三近“淹贯群籍，博综众艺”，其名“三近”、字“德修”、号“石葵”，无不隐含一个“刚”字，与“钜公”（钜，大刚也）比附不悖；他曾使用过“大史氏”“外史氏”“野史氏”诸笔名，晚年取号“石屋主人”，追慕司马迁心志昭昭；《金瓶梅》“克隆”《史记》，明末清初评点者早已点破，所谓“纯是一部史公文字”。因写的是禁书，有生之年不能公之于世，不甘心永远湮没不彰或被人顶替，他用“兰陵笑笑生”公布了自己的籍贯，欣欣子把它记入了序中；用“钜公”暗示了自己的姓名，廿公把它记入了跋中。

高念卿．“贾三近说”新证：兼评《金瓶梅》作者研究．徐州师范学院学报，1999（1）

【解题】影印本《新刻〈金瓶梅词语〉》序跋之后，《四贪词》前，刻词四首，为“贾三近说”提供了铁证；考察其余诸说，皆不能成立。

叶桂桐．论《金瓶梅》“廿公跋”的作者当为鲁重民或共友人．烟台师范学院学报，1999（4）

【解题】《金瓶梅》“廿公跋”，无论对于理解“崇祯本”系统《金瓶梅》各版本之间的关系，“崇祯本”与“词话本”之间的关系，还是对于《金瓶梅》作者研究等重大问题都是关键之一。该文认为：“廿公跋”的矛头是指向“弄珠客”序的，最早见于内阁文库本《新刻绣像批评金瓶梅》；“廿公跋”写于崇祯末年，作者当为鲁重民或其友人。

王汝涛，刘家骥．《金瓶梅》作者考．春秋，1999（6）

李洪政．《金瓶梅》书中有作者署名．徐州师范大学学报，2000（1）

【解题】《爱月美人图》即《金瓶梅》别名，77回的《爱月美人图》题诗即《金瓶梅》代序言，《爱月美人图》题诗后的作者署名“三泉主人”（王采）即《金瓶梅》作者署名；“三泉主人醉笔”的署名、王招宣府的故事情节和77回的回前诗表达了作者王采写作《金瓶梅》的动机；在《金瓶梅》所暗示的时间、地点找到了王采的历史资料，他是万历初年的徐州判官，判官的两个官厅所在地“新河口”和“河下”都被写入《金瓶梅》。

潘承玉．近年《金瓶梅》作者研究新说四种检讨．北京师范大学学报，2000（5）

【解题】在《金瓶梅》作者研究领域，1995年以来出现了四种有代表性的新说，其中“萧鸣凤”说与“李攀龙”说各有五大疑点，所提根据大多出于主观想象，难经推敲；“胡忠”说与“丁惟宁”说在关键史料的识读上，亦难信从；从主张个人独立创作说这个角度去看，20世纪90年代的《金瓶梅》作者研究，较之80年代基本没有什么实质性的进展。

王汝涛等．《金瓶梅》作者考．春秋，2000（2—4）

【解题】吴晗的研究成果无人能真正驳倒，因此《金瓶梅》的成书时间在明隆庆二年至万历三十四年之间；嘉靖大名士所作之说，已被大量证据所推翻，应把《金瓶梅》的作者还给山东苍山兰陵。

赵国栋．《金瓶梅》作者新议．开封教育学院学报，2000（4）

【解题】董其昌之所以署“兰陵笑笑生”之名，完全是为了不让世人知晓此一“淫书”出自他的手笔；“兰陵”并非是地名，而是用了北齐兰陵王的一个典故，表明作者隐去了他的真面目、真实姓名；“笑笑生”其实是一种暗示手法，宋代的文同就自号“笑笑先生”，而文同正是一位工于书画者，董其昌用“笑笑生”三字，暗示《金瓶梅》的作者是一位工于书画者。

叶桂桐．《金瓶梅》作者考证的重要线索与途径——二十年来《金瓶梅》作者考证之检讨．聊城师范学院学报，2001（1）

【解题】二十年来的《金瓶梅》作者考证的最大经验教训，不在于没有考证出《金瓶梅》的真正作者，而在于这一过程检阅出了我们“汉学”根柢的薄弱。

叶桂桐．中国文学史上的大骗局、大闹剧、大悲剧——《金瓶梅》版本作者研究质疑．

烟台师范学院学报，2002（1）

【解题】所谓“万历本”《新刻金瓶梅词话》实刻于清初，兰陵笑笑生不是《金瓶梅》的作者；将《金瓶梅》的作者说成兰陵笑笑生，这不过是三百年前的书商作伪，20世纪后20年的兰陵笑笑生考证不过是一场大闹剧，这场大闹剧的演出是中国学术史上的大悲剧。

许建平.《金瓶梅词话》“这五回”情节与作者探原.河北师范大学学报，2002（2）

【解题】《金瓶梅词话》第53—57回中，除第54回后半回外，其余四回半确为江浙一带读书人补入；第54回“应伯爵郊园会诸友”为一人所写，第53、55、56、57回为另一人所补，补入者的叙事能力远不及原作者那样细腻老辣，且补写较为匆忙，补入的章回中至少有三大情节与原书不合。

张永刚.《金瓶梅》作者新论——兼与张远芬、许志强二先生商榷.徐州师范大学学报，2002（1）

【解题】就《金瓶梅》的作者问题，兼与张远芬、许志强二位先生商榷；认为贾梦龙擅长曲词、贾三近熟谙官场的互补性以及在宗教意识、精神气质、思想心态、创作风格、亲情关系、方言风俗诸方面的共通性，足以保证父子二人合作完成《金瓶梅》的写作。

李洪政.识别和鉴定《金瓶梅》作者的可靠依据.徐州师范大学学报，2003（2）

【解题】《金瓶梅》所写“清河”大致有如下特征：既在黄河南岸又在运河边，离新河口码头不远；因黄河南徙而淤沙无水；运河水流方向和水势；“临清码头”是河下，南来货物由“临清码头”起旱到“清河”等，由此足可断言“清河”实是徐州，而且徐州与作者有重大关系。

许建平.《金瓶梅》作者研究八十年.河北学刊，2004（1）

靳青万.论《金瓶梅》中所见瓷器以及作者等相关问题.漳州师范学院学报，2004（1）

【解题】《金瓶梅词话》至迟成书于明万历前期，书中所反映的明代的社会生活应当是真实的；作者于该书中不经意而写到的当时瓷器的情况，许多已不为今人所确知，有的甚或可补陶瓷史料之空白；它对于研究古代陶瓷史，对于由此探寻该书作者的素质结构、身份地位等，均有不可替代的作用与意义，应当引起充分的重视。

鲁歌.《金瓶梅》作者“王稚登说”简论.古典文学知识，2004（3）

王平.《金瓶梅》的早期传播及其成书时间与作者问题.东岳论丛，2004（3）

【解题】《金瓶梅》的作者即使不是北方人，也应曾在北方长期生活过，而且他生活的地域环境应是南北交汇、交通便利之处；从小说所描写的生活习俗、故事内容等来考察，这位作者或写定者应是明万历年间较长时期生活在运河临清一带的一位普通文人。

李洪政.解决《金瓶梅》作者之谜的途径和依据.徐州师范大学学报，2004（5）

【解题】《金瓶梅》提供了发现与鉴定作者的途径和依据，万历五年编的《徐州志》记载了作者王寀的历史资料，王寀与徐州有密切的关系，完全符合发现和鉴定《金瓶梅》作者的可靠依据；他的全部历史资料在《金瓶梅》中均有表现，可以解释许多难解的谜题，如《金瓶梅》用山东省“清河县”作为故事地点，着重描写“临清码头”，特别是王寀的历史年代与陈经济的故事年代连成了一个整体。

潘承玉.《金瓶梅》作者“徐渭说”.古典文学知识，2004（5）

【解题】《金瓶梅》作者是一位生平跨嘉、隆、万三朝，而主要活动在嘉靖朝的人物；《金瓶梅》作者除了拥有后人尊奉的小说家头衔，又是资料丰赡的戏曲学者、技巧娴熟的戏曲作家、素养全面的画家与擅长应用文写作的幕客；强烈民族忧患意识，表明作者有边关甚或御敌的生活经历；作者必是绍兴人，是以身边的生活为依据来进行艺术创造的；这些条件徐渭都具备。而且具备在万历二十二年至二十三年把抄本传给董其昌，二十九年前后传给文在兹的条件的惟一人物是董的至交、文的老师、徐渭遗稿整理者、翰林院编修陶望龄；袁中道“绍兴老儒”说是其兄万历二十五年绍兴之行中“于乱文集中识出徐渭”真相的曲折流露。吴人呼吴国公主为廿女，廿公可指吴国公子，吴国公子季札悼徐君乃史书名典，因此廿公跋署名暗示作者姓“徐”；全书贯穿始终的惟一历史见证性人物“阴阳徐先生”和虚构的惟一正面官员“严州徐知府”都姓徐，也暗示作者姓“徐”；故事背景改在清河县，既承《水浒》属东平府，又暗指属淮安府，淮安府首县山阳遥射“山阴”，此即作者籍贯；清河又即“清”水，即“泾浊渭清”之“渭”水，且严州徐知府又系渭水发源地陕西临洮人氏，作者名中含“清”“渭”等字（徐渭初字文清）；“兰陵”二字拆开指兰亭和大禹陵，为越地文采风流、刚健有为两面之象征，合指“绍兴”，不拆开则为乡人对兰亭所在之兰诸山之别称，徐渭死后葬此；欣欣子序“明贤里”应为“明代集贤里”，徐渭曾自居为集贤里中人；徐渭常以“一笑一笑”和“呵呵”为行文打趣语，又有“天池生”之称，此则“笑笑生”所由；徐渭自云有“不欲章己之名，而又不欲尽没其迹，故为此隐诀”的著书藏名于谜之爱好；其《与马策之》《册年》《画插瓶梅送人》等作品更明确暗示自己有一部名含“瓶梅”的长篇小说。西门府兴衰的一些重要见证人王四峰、吴道官、道坚、雷总兵甚至胡僧等都见于徐渭诗文，实是徐渭朋友之名；《路史》记载虞姬墓和晏公庙，堪称小说有关描写的确注，《畸谱》明言居于狮子街五年，报恩寺、水月寺、昭化寺等重要地名亦见于徐渭诗文或剧作；冰湃鲥鱼、黄炒银鱼等风物，立秋千、灵前偶戏等市井找乐和瀛洲等种种典实均见于徐渭诗文，连西门庆外貌、饮撰习惯和临终下体疮毒之病都可以在徐渭自述文字中找到踪影；徐渭“今有欲者遍天下，而求一人只几于中节，不可得也”可视为小说性描写的思想基础；因感于乡风并激于沈炼的死而写《金瓶梅》，又因其才华卓荦、个性傲岸却一生坎坷不幸，形成愤惋无聊的人生绝望，这使小说不限于对朝政的影射和抨击，而横扫整个社会世道人心，既代沈炼鸣冤，也是自己悲愤的自泻，从而形成全书透骨悲凉和冷峻的基调。

叶桂桐．关于《金瓶梅》的版本与作者问题——兼致台湾魏子云先生．保定师范专科学校学报，2005（3）

【解题】现存所谓“万历本”《新刻金瓶梅词话》实刻于清初；将《金瓶梅》的作者说成兰陵笑笑生，是书商作伪；兰陵笑笑生不可能是《金瓶梅》的作者。

潘承玉．无中生有的政治“罪行”——《金瓶梅》作者“萧鸣凤”说新证驳议之一．明清小说研究，2006（3）

潘承玉．伊何底止的指鹿为马——《金瓶梅》作者“萧鸣凤”说新证驳议之一．学术界，2006（4）

潘承玉．匪夷所思的想象探戈——评盛鸿郎《萧鸣凤与〈金瓶梅〉》．文艺研究，2006（8）

梦梅馆等．关于《金瓶梅》作者的问与答．明代文学论集，杭州：浙江大学出版社，

2007

张同胜．陈继儒与《金瓶梅》的作者．徐州工程学院学报，2010（2）

【解题】从《金瓶梅》的传播接受、《金瓶梅》的成书方式、董其昌与陈继儒二人的交游厚密关系、《金瓶梅》的创作风格等，推断《金瓶梅》的作者是陈继儒从吴越间延招来荟蕞成书的“穷儒老宿”。

徐永明．《金瓶梅词话》作者为武进作家白悦续考．昆明学院学报，2010（2）

【解题】继《〈金瓶梅词话〉作者为武进作家白悦》之后，从皇甫汸为白悦诗文集《白洛原遗稿》所作的序、徐阶为白悦撰墓志铭及《金瓶梅词话》内证等入手，进一步证实《金瓶梅词话》的作者为江苏武进作家白悦，而《金瓶梅》的最早收藏者为徐阶。

徐永明．白悦与曲家交游考——《金瓶梅词话》作者“白悦说”三考．明清小说研究，2010（2）

【解题】由于《金瓶梅词话》大量使用了山东方言，且小说第十七回俳优在朱太尉府唱的《正宫·端正好》套曲“享富贵受皇恩”引用了李开先《宝剑记》的原文，更进一步证明了白悦是最符合《金瓶梅词话》作者条件的人选。

徐永明．《金瓶梅词话》的作者为江苏武进作家白悦第四考．徐州工程学院学报，2010（2）

【解题】从医学、金华酒、白悦与夏言的关系等角度进一步佐证“白悦说”。

刘铭．《金瓶梅》的作者非李开先或贾三近考．江汉大学学报，2010（5）

【解题】在李开先和贾三近的祖辈、父辈中，有多人的名字与《金瓶梅》中地位卑贱的人物或反面人物的名字用字相同或音同，如果《金瓶梅》的作者真是李开先或贾三近，在避讳甚严的古代，他们是不可能那样做的；再加上《金瓶梅》的作者对泰山周围的地理形势很不熟悉等证据，可推断《金瓶梅》的作者不可能是李开先或贾三近。

黄霖．《金瓶梅》“初刊”辨伪记略——从“大安本”说起．河南理工大学学报，2013（2）

【解题】先论证十卷线装的“大安本”是冒充初刊的盗版，从而谈及崇祯本中自称“原本”的内阁文库本、张评本中形形色色的装作原刊初版的本子均非真正的初刊原本，以此说明越打扮成“初刊”“原本”的本子，越可能是假的。

周钧韬．重论《金瓶梅》作者“王世贞及其门人联合创作说”．河南理工大学学报，2014（2）

【解题】吴晗先生对“王世贞说”的否定不能成立，王世贞说具有强大的生命力，清人已确证《金瓶梅》是王世贞的“中年笔”；从《金瓶梅》“指斥时事”、抄本之源、小说中的吴语、王世贞的学识等考察，作者当为王世贞；《金瓶梅》是王世贞及其门人的联合创作，大名士与非大名士共同参与；“联合创作说”具有强有力的三大支柱：一、清无名氏《玉娇梨·缘起》指出：“《玉娇梨》与《金瓶梅》，相传并出弇州门客笔，而弇州集大成者也。……客有述其祖曾从弇州游，实得其详。”二、《金瓶梅》中既有大名士参与创作的内证，又有非大名士参与创作的内证，两者客观地共存于《金瓶梅》这个统一体中。三、清焦循《剧说》云：“相传《鸣凤》传奇，弇州门人作，惟‘法场’一折是弇州自填。”

张崇琛．“猪毛绳”所透露出的《金瓶梅》及《醒世姻缘传》作者信息．蒲松林研究，

2014（2）

【解题】《金瓶梅》及《醒世姻缘传》中多处提到的“猪毛绳”实有其物，其使用范围仅限于山东诸城西乡一带；两书中还有不少方物与方言，其流行范围也在这一地区；这些可为《金瓶梅》及《醒世姻缘传》作者“诸城说”提供一定的证据。

高淮生．考辨《金瓶梅》作者成书纵论《金瓶梅》思想价值——黄霖金学研究综论．河南理工大学学报，2014（3）

【解题】黄霖的《金瓶梅》研究“外学”与“内学”兼善，主要致力于两个方面：一是《金瓶梅》作者成书研究，二是《金瓶梅》社会价值研究；代表性著作《金瓶梅考论》和《金瓶梅讲演录》为金学大厦的建构奠定了重要基石；提出的《金瓶梅》作者“屠隆说”是独具代表性的“一家之言”。

王炜．20世纪《金瓶梅》作者研究述论．中国矿业大学学报，2018（2）

【解题】20世纪，近现代文学学科生成之时，《金瓶梅》的作者问题就成为研究的热点之一。世纪之初，学界关注的核心问题是，《金瓶梅》的作者是否王世贞；20世纪中期，关于《金瓶梅》作者问题转向了这部书是集体编著还是个人独创的问题；20世纪的最后20年间，学界围绕《金瓶梅》作者，提出的人选有五十多个，并提出了“写定者”的概念。20世纪，学界关于《金瓶梅》作者问题展开了反复讨论。这些讨论并不是无意义的，而是深度参与了中国小说研究的转型过程。学界关于《金瓶梅》作者问题的讨论与其他的研究成果一道，推促着《金瓶梅》成为中国古代长篇小说的典型范例，推动了《金瓶梅》研究方法，乃至小说研究范式的更新，有效地参与了中国小说研究框架和小说理论的建构过程，参与了本土化的文学学科生成、定型的过程。

程石磊．《金瓶梅》作者“汪道昆说”质疑．合肥工业大学学报，2018（4）

【解题】20世纪90年代以来，潘志义等人提出《金瓶梅》作者为徽州人汪道昆的观点。但这些持《金瓶梅》作者汪道昆说的学者们，在相关的论证过程中却多有失误——历史上徽州并未改称“兰陵”，汪道昆并未参与编纂《水浒传》，《金瓶梅》中的徽州方言与习俗的论据也不充分。在尚无新材料发现之前，目前的研究很难证明《金瓶梅》诞生自徽州，更不能证明《金瓶梅》的作者就是徽州人汪道昆。

水浒传

胡适．《水浒传》考证．胡适文集第二册·胡适文存一集，北京：北京大学出版社，2013

胡适．《水浒传》后考．胡适文集第二册·胡适文存一集，北京：北京大学出版社，2013

谢兴尧．《水浒传》作者考．古今，1943（23—24）

王利器．《水浒》李卓吾评本的真伪问题．文学评论丛刊，1979（2）

【解题】李卓吾《水浒》评本中，袁无涯一百二十回刊本为真，容与堂一百回刊本为假。

崔文印．袁无涯刊本《水浒》李贽评辨伪．中华文史论丛，1980（2）

【解题】叶昼伙同袁无涯等刊刻伪李贽评本《水浒》。

徐朔方．从宋江起义到《水浒传》成书．中华文史论丛，1982（4）；小说考信编，上海：上海古籍出版社，1997

【解题】《水浒传》作为口头文学的水浒故事在元代形成；初次成书当在元末或明

初；它是世世代代书会才人和民间艺人的创造性劳动的结晶；编著写定者为施耐庵与罗贯中。

罗尔纲．水浒真义考．文史（第15辑），1982

【解题】《水浒传》前七十回半的主题思想是“替天行道救生民”，而后二十九回半的主题思想则是发泄著者对朱元璋诛杀功臣的不平，二者主题思想不同，断非同一人所写，当出自二人之手。

袁世硕．《水浒传》作者施耐庵问题．东岳论丛，1983（3）

王晓家．《水浒传》作者及其他——与王利器先生商榷．文学评论，1983（4）

黄俶成．近八十年来对《水浒》作者的争议．文史知识，1984（11）

徐仲元．施耐庵热与《水浒传》作者．内蒙古大学学报，1984（1）

周维衍．《水浒传》的成书年代和作者问题——从历史地理方面考证．学术月刊，1984（7）

【解题】《水浒传》当成书于洪武四年到十年（1371—1377）之间；其作者并不是元人施耐庵，而是罗贯中。

罗尔纲．从罗贯中《三遂平妖传》看《水浒传》著者和原本问题．学术月刊，1984（10）

【解题】将《三遂平妖传》和《水浒传》对勘后，发现《平妖传》的赞词竟有十三篇被《水浒传》插入书中共十五处，有的完全相同，有的只因人物的不同而略有改动或增删，还有的这一处用了一部分，另一部分又用了别部分。只有同一人的著作才会如此，因此认为：《水浒传》的著者为罗贯中，而不是施耐庵；《水浒传》原本乃是七十回，是一部歌颂农民起义、反抗官府到底的名著；百回本《忠义水浒传》七十一回以后受招安、征辽国、平方腊并不是罗贯中所著，是后人续加和盗改的。

王晓家．《水浒传》作者非施耐庵系罗贯中补证．济宁师专学报，1985（2）

张国光．“两截《水浒》”之说，岂能成立？——评罗尔纲先生论《水浒》抄《平妖传》一说之误．湖北大学学报，1985（3）

徐朔方．再论《水浒传》和《金瓶梅》不是个人创作——兼及《平妖传》《西游记》《封神演义》成书的一个侧面．徐州师范学院学报，1986（1）

商韬，陈希年．用《三遂平妖传》不能说明水浒传的著者和原本问题——与罗尔纲先生商榷．学术月刊，1986（2）

【解题】罗尔纲《从罗贯中〈三遂平妖传〉看〈水浒传〉著者和原本问题》一文的论证逻辑是这样的：首先肯定《平妖传》的赞词为罗贯中所作，而《水浒传》的赞词有不少与《平妖传》的赞词相似或相同，所以《水浒传》的赞词也即罗贯中所作，更进而断定《水浒传》为罗贯中所著。这个推理过程中有两个关键问题：一是《平妖传》的赞词是否果真为罗贯中所作；二是两书赞词的相似或相同，是否必定为同一人所作。作品插入的赞词是书会才人或老艺人早就编好的，说话艺人可以根据故事情节的需要选用，选用时不免增删或拼凑，以致在话本小说、章回小说中所看到的赞词有的相同（或基本相同，或部分相同），有的相似（或句子相似，或笔法相似），有不少的赞词用滥了，成为俗套（熟套），如果指出它们的作者为谁（借用诗词名家的作品当然除外），那是没有根据的。如在《清平山堂话本》和《京本通俗小说》中的一些学术界公认的宋元话本小说作品里，就发现了一些与《平妖传》中相同相似的赞词，并不是只有同一人的著作才会如此，用

《平妖传》对勘《水浒传》，并不能说明《水浒传》的著者和原本问题。

吴小如．“古本水浒传”辨伪．读书，1986（11）

李思明．通过语言比较来看《古本水浒传》的作者．文学遗产，1987（5）

【解题】从语言角度进行分析和比较，认为《古本水浒传》的作者有二：前七十回是施耐庵，后五十回是施耐庵以后另一地区的另外一人；《古本水浒传》不是《水浒传》的真本，而是伪作。

林同等．《三国演义》《水浒传》作者辨证．社会科学辑刊，1988（4）

【解题】从《三国演义》《水浒传》的异同来看，重要的是它们异中有同，同中有异；二书作者有一定关系，但绝非一人，极可能是两个不仅相互熟悉而且交谊颇厚的至交。

刁云展．《水浒传》的真正作者是山东人罗贯中．社会科学辑刊，1990（6）

罗尔纲．《水浒传》的著者及其成书年代．文史（第32辑），1990

【解题】《水浒传》的作者是罗贯中，成书于明洪武二十年后至永乐初，约在1387—1407年。

罗尔纲．《水浒传》原本和著者研究．南京：江苏古籍出版社，1992

李伟实．《水浒传》成书于元末明初之说不能成立——兼论《水浒传》的作者为罗贯中非施耐庵．社会科学战线，1993（6）

刘世德．《水浒传》的作者是谁．文史知识，1998（4）

【解题】从狭义上说，施耐庵是《水浒传》的作者；从广义上说，《水浒传》是施耐庵、罗贯中二人合作的产品。

周岭．金圣叹腰斩《水浒传》说质疑．文学评论，1998（1）

【解题】通过考察《水浒传》的版本，对传统观点的三个证据一一提出质疑，继而详细论证了《水浒传》七十回本并非金圣叹所腰斩，而是在他出生之前，就已经有了这样的底本。

王晓家．《水浒传》作者考论．西安：陕西人民出版社，1998

顾文若，焦中栋．“施耐庵”为罗贯中之托名．晋阳学刊，1999（1）

陈松柏．《水浒传》作者研究八说．南都学坛，2000（5）

【解题】关于《水浒传》作者有施耐庵说、施罗合作说、罗贯中说、山东罗贯中说、明中叶同名小说家说、罗著某续说、非罗非施说、陆续完成说。“陆续完成说”基本接近其成书的历史真实。

陈辽．太原清徐罗某某绝非三国作者罗贯中．中华文化论坛，2000（1）

【解题】驳斥据山西太原清徐《罗氏家谱》以其中第六代罗锦之“出外次子”为《三国演义》原作者罗贯中之说；罗贯中即《水浒传》中的许贯中，罗贯中晚年隐居于今鹤壁市许家沟写作《三国演义》和《水浒传》，全属子虚乌有。

张国光．“两种《水浒》说”与“两截《水浒》说”，究竟谁是谁非？——回顾我和罗尔纲先生之间历20年之久的一场论争．零陵师范高等专科学校学报，2000（2）

王丽娟．《水浒传》成书时间新证．湖北大学学报，2001（1）

【解题】从《词谑》入手，通过考证崔铣、李开先等评论《水浒传》的时间，从而断定《水浒传》成书时间的下限应不晚于嘉靖九年（1530）；通过对《词品》《戏瑕》

《百川书志序》的细致分析，再结合杨慎与崔铣、文征明之间的关系，推断出《水浒传》成书时间的上限应不早于嘉靖三年（1524）；现存文献中，最早著录和评论《水浒传》的是明嘉靖时期的一批学者，且《水浒传》在嘉靖初年成书与嘉靖初年的社会状况相契合。

马成生．《水浒传》作者与成书年代论争述评．中华文化论坛，2001（1）

【解题】关于《水浒传》作者及成书年代，争论颇多，突出反映于三个问题：(1) 施彦端是否施耐庵？(2) 施彦端是否与《水浒传》有关？(3) 苏北的施彦端是否与钱塘的施耐庵有关？部分学者主张从作品的地理气候、语言特色、人事风物等“内证”推究作者的活动区域，认为作者是长期生活于江南，主要是钱塘（杭州）人；通过对作品部分素材来源的考证，认为《水浒传》可能成书于洪武十八年（1385）之后。

史式．评《“两种〈水浒〉说”与“两截〈水浒〉说”究竟谁是谁非?》——兼论在学术争鸣中绝不可说假话或无中生有．广西师范大学学报，2001（3）

石昌渝．《水浒》成书于嘉靖初年考．上海师范大学学报，2001（5）

【解题】嘉靖前没有人知道有《水浒传》其书；《水浒传》所描写的土兵是正德以后的情状；《水浒传》写人们交易广泛使用白银，这种情况不可能发生在正统（1436—1449）之前，很可能在弘治、正德之后；《水浒传》描写的腰刀是明代中期才有的新式兵器，而凌振使用的子母炮，则是正德末才出现的新式火炮；因此《水浒传》决不可能写于明初，只能是在嘉靖初年。

罗文起．评张国光《“两种〈水浒〉说”与“两截〈水浒〉说”》．中国社会科学院研究生院学报，2002（3）

黄中模．是“新的贡献”，还是“以伪乱真”？——关于“两种水浒”说与“两截水浒”说问题论争的述评．水浒争鸣（第7辑），武汉：武汉出版社，2003

杨子华．《水浒》的作者是杭州书会才人施耐庵——兼驳《施耐庵墓志》《施耐庵与〈水浒〉》．水浒争鸣（第7辑），武汉：武汉出版社，2003

王丽娟．关于《水浒传》成书时间研究方法的思考．湖北大学学报，2004（3）

【解题】关于《水浒传》的成书时间，传统的研究方法主要有两种：一是依据作者，二是通过版本。由于作者真伪难辨，原始版本未曾发现，所以从作者或版本来考察《水浒传》成书时间最终都陷入了僵局。新时期研究者们开始探索新的研究方法：或从文本出发，寻求成书时间的内证；或从传播与接受的角度去探讨成书时间。前种方法颇有说服力，但也存在局限性；后种方法立足于现有的有关《水浒传》传播与接受的材料，力图使讨论建立在事实的基础上，无论从实践，还是理论上，无疑都是一种科学的研究方法。

张培锋．关于《水浒传》成书时间的几个“内证”考辨——与石昌渝先生商榷．贵州大学学报，2004（2）

【解题】通过对石昌渝《〈水浒传〉成书于嘉靖初年考》提出的几个内证——宋明土兵制度、银元作为货币流通使用的时间以及子母炮出现的年代等问题进行文献核查和考证，发现石文对以上几个问题的考证均存在史实错误，因而其得出的“《水浒传》成书于嘉靖初年”的结论不能成立。

刘天振．“两种《水浒》说”与“两截《水浒》说”论争述评．浙江师范大学学报，2005（1）

【解题】“两种《水浒》说”是张国光《水浒》研究中提出的主要观点，“两截《水浒》说”是张国光对罗尔纲《水浒传》研究主要观点的概括。所谓“两种《水浒》说”与“两截《水浒》说”的论争，在20世纪八九十年代并不存在，双方（张国光与罗尔纲的捍卫者）真正的论争发生在新旧世纪之交。该文对这场论争涉及的主要问题进行了简要述评，认为二人思维逻辑的出发点实际完全一致，那就是：凡是歌颂农民起义的、凡是宣扬造反到底的就是好的，就是值得肯定、颂扬的；反之就是坏的，就是应该彻底否定、批判的。新旧世纪之交的这场“两种《水浒》说”和“两截《水浒》说”的论争蜕变成了人身攻击，其中暴露出来的一些学风问题尤应引起我们深思：像断章取义，惟我所用；打击别人，抬高自己；甚至捏造事实、无中生有，以构陷对方；这些都是政治斗争恶习在学术领域的蔓延，是长期以来政治斗争渗透学术研究的后续反映。学术争鸣，贵在自由，任何一种学说都无法拒绝新说的挑战，作为学术研究的主体要胸怀广阔，容得下不同见解，允许新权威超越自己，任何人在任何领域要搞学术垄断和霸权都是徒劳的。

石昌渝．《水浒传》成书于嘉靖初年续考——答张培锋先生．文学遗产，2005（1）

【解题】就张培锋《关于〈水浒传〉成书时间的几个“内证”考辨》一文的质疑之点一一作了辨析和回答，并进一步论定《水浒传》成书当在嘉靖初年。

张培锋．《水浒传》成书于嘉靖初年说再质疑．贵州大学学报，2005（4）

【解题】针对石昌渝《〈水浒传〉成书于嘉靖初年续考》一文，依据大量新发现的资料，对石文中的考证和辨解作出反驳，指出石文根据不完备的资料所得出的结论是错误的。

丁一清．论《水浒传》的成书类型．西北民族大学学报，2005（2）

【解题】《水浒传》的成书过程一般认为是世代累积型，从史料、话本和戏曲考察，认为：在文献资料中既无具体的史料作品传世，也无系统的话本作品流传，所出现的水浒故事杂剧其主体内容与小说水浒分属两个系统，看不到故事内容的演化和艺术因素积累的过程。由此可以看出水浒故事内容并非呈持续累积状，其成书不同于《三国演义》等世代累积型小说，应属文人独创。无论是从语言艺术、叙事技巧还是从作品内容、思想立意考查，《水浒传》都具有鲜明的个性色彩，表现出了作家独立创作的特点。

王颖．也谈《水浒传》成书时间之内证——与张培锋先生商榷．中国社会科学院研究生院学报，2005（4）

【解题】张培锋《关于〈水浒传〉成书时间的几个“内证”考辨》反驳石昌渝《〈水浒传〉成书于嘉靖初年考》，其所举事例和证据有明显错误，关于“土兵”“白银”“腰刀”和“子母炮”等，正如石文所考证，可以作为《水浒传》成书于明朝嘉靖初年的内证。

侯会．疑《水浒传》前半部撰于明宣德初年．文学遗产，2005（5）

冯保善．从白秀英说唱诸宫调谈《水浒传》成书的下限．南京师范大学文学院学报，2006（1）

【解题】以《水浒传》中“白秀英说唱诸宫调”一段情节为内证，认为《水浒传》的成书年代下限为元末或者明初，而绝不可能再晚。

崔茂新．论“《水浒传》成书于嘉靖初年”说之不成立．菏泽学院学报，2006（3）

【解题】尝试终结由石昌渝“《水浒传》成书于嘉靖初年”所引发的论争，在对石氏立论证据土兵、银子、子母炮及腰刀逐一证伪的基础上，从学术思维和文学史脉的双重背景上论证，认为：即使以学术假说视之，石氏之说亦不能成立；进而提出“《水浒传》成书于元代中叶”的学术假说。

周腊生．从淡薄的斯文气息看《水浒》的作者与成书年代．明清小说研究，2006（4）

【解题】宋、明文武科举均盛，《水浒》中却少见科举文化的渗透，数百人物中只有6人跟科举相关；《三国演义》每写人物的拜师求学，赞颂文士的出众文才、非凡见解，《水浒》则很少有斯文气息；因此，《水浒》的最早定稿蓝本当出于科举衰落、斯文扫地的元代，且出自不甚精通文史，未曾进过科场的下层人士之手。

颜廷亮．由历史地理文化看《水浒传》之成书时代．时代文学，2006（4）

【解题】立足历史地理文化从两方面论证《水浒》成书时代：一、从古今地名与元明两代的行政归属论证《水浒》成书于明代；二、从小说中出现的地理名东昌府及其历史沿革论证《水浒》成书于明代。

刘华亭．《水浒传》的成书年份和罗贯中的生卒之年．济宁师范专科学校学报，2006（5）

【解题】《水浒》69—81回所写的故事多与会通河有关，以此可以证明该书完成于明代会通河疏浚前后，约在公元1402年至1414年之间；作者罗贯中的生卒年为公元1330—1416年。

陈玉东．袁无涯本《水浒传》辨伪．哈尔滨学院学报，2006（6）

【解题】从版本、时间和文风、思想、小修的记载、其他评点等几个角度来辨伪，认为标称李贽评点的袁无涯本《水浒传》应该是一个伪本。

何红梅．新世纪《水浒传》作者、成书与版本研究综述．苏州大学学报，2006（6）

郭万金．梁山好汉与刀及酒之关系——兼谈《水浒传》之成书年代．明清小说研究，2007（1）

【解题】《水浒传》中的解腕尖刀、三尖两刃刀、衮刀等物件首见于明初，通行于明中叶；《水浒传》中“当铺”缺席；这些都说明了它的成书时间不在元代，可能是明初至中叶。

萧相恺等．《水浒传》成书于嘉靖说辨证——与石昌渝先生商榷．文学遗产，2007（5）

【解题】对石昌渝《水浒传》成书于嘉靖间的观点提出质疑，通过对文献的辨析指出：早在嘉靖之前就有《水浒传》一书；《水浒传》中的名物，诸如“子母炮”“腰刀”“碎银子”“土兵”等都反映了宋元时代的生活实际，不能证明《水浒传》成书于嘉靖间；早期的《水浒传》本子署施耐庵、罗贯中，而罗贯中的时代又可肯定在元末明初，《水浒传》成书于元末明初的结论迄今为止尚不能推翻。

石昌渝．《水浒传》成书年代问题再答客难．文学遗产，2007（5）

【解题】关于名物的讨论，不能只顾名不究实；引征文献资料，必须对资料的时代属性和文献价值进行考量，并作客观的和正确的解读；作为《水浒传》成书时间坐标而提出的“土兵”“腰刀”“子母炮”和用银等问题，是属于古代兵制史、兵器史、火炮史和经济货币史的重要问题，仅仅根据片断和随意罗列的一些例子作出判断是不尽恰当的，必须占有充分的材料，全面地、历史地考察。

张宁．从货币信息看《水浒传》成书的两个阶段．文学遗产，2007（5）

【解题】《水浒传》的主体创作分两阶段：前一阶段在洪武末至永乐初年，某作者在旧有水浒故事的基础上，写出一个内容大致完整但较为粗略的稿本，因此在“前半部”

“后半部”都有明显是用钞的情节；后一阶段在成化到嘉靖初年之间，另一作者大幅度添写润色，最终成书，大量的用银（特别是用碎银子）的情节，是他无意间留下的证据。

杜贵晨．《水浒传》的作者、书名、主旨与宋江．南都学坛，2008（1）

【解题】《水浒传》的作者或主要作者是罗贯中，《水浒传》的书名出自《诗经·大雅》，体现了全书“忠义”的主旨。

刘洪强．从唐伯虎一句诗看《水浒传》的成书年代——《水浒传》成书上限小考．明清小说研究，2008（2）

【解题】唐伯虎诗句“骏马却驮痴汉走，美妻常伴拙夫眠”出现在《水浒传》中，此诗与《水浒传》可能有三种关系：(1)《水浒传》引用唐伯虎的诗；(2) 唐伯虎引用《水浒传》的诗；(3) 二者都引用别人的诗。但从文学发展的规律以及相关内证上看，应该是《水浒传》引用唐伯虎的诗。因而，《水浒传》当作于唐伯虎写作此诗之后。按常理唐伯虎作此诗应为成年（18 岁）到去世这段时间，如果是 18 岁，则不早于弘治元年；如果把此诗定在唐伯虎去世那年（1523），则《水浒传》成书不早于 1523 年。

马成生．从施彦端的“仕途”论《水浒传》的作者．杭州师范大学学报，2008（4）

【解题】从《水浒传》内部的北方地理态势与气候风物的描写以及语言文字的运用三个方面，可以说明苏北那个曾为“进士”并曾“为官”的施彦端字耐庵者并非《水浒传》的作者。

侯会．《水浒传》成书时间再探讨．文学遗产，2008（6）

萧相恺，苗怀明．《水浒传》成书于嘉靖说再辨证——石昌渝先生《答客难》评议．文学遗产，2008（6）

【解题】该文是对石昌渝《〈水浒传〉成书年代问题再答客难》一文的回应，并对《水浒传》成书于明嘉靖间的观点进行再辨证，认为《水浒传》中的“子母炮”“腰刀”“银子”“土兵”等名物及其实际使用，都不足以认定是出现在明成化后、嘉靖间，《水浒传》成书于“嘉靖说”不能成立。

俞强．水浒传作者施耐庵假说．水浒争鸣（第 10 辑），武汉：崇文书局，2008

马成生．钱塘施耐庵与兴化施彦端难以“合一”．水浒争鸣（第 11 辑），北京：中央文献出版社，2009

刘铭．从林冲的“折叠纸西川扇子”看《水浒传》的成书年代．明清小说研究，2009（4）

【解题】“折叠纸西川扇子”的流行当不会在明初的永乐（1403—1424）之前，而《水浒传》中的林冲却拿了一把“折叠纸西川扇子”，该文以此为出发点并结合其他证据，推断《水浒传》的成书不可能在元末，其成书上限当不早于明朝初期的永乐年间，即不会在 1403 年之前。

周腊生．从元曲语词的使用看《水浒》的作者与成书年代．明清小说研究，2009（4）

【解题】《水浒》大量地纯熟地使用“兀那”“兀自”“恁地”“这厮”“那厮”“叵耐”等元曲语词，这些语词绝大部分在元曲出现之前就有，个别的甚至出现很早；但是，在元曲出现之前，只有不多的文人偶尔使用上述语词中的一两个，《水浒》在语词运用上受元曲影响这么深，其最早定稿蓝本当出于元代，而且前后不是一个作者，前 69 回的作者大量使用元曲上述特有语词是自然流露的语言风格，而后 51 回的作者是改编增补者，使用元曲特有语词则是对前69回语言风格的刻意模仿。

王平．《水浒传》“灵官殿”小考——兼及《水浒传》成书时间问题．辽东学院学报，2010（1）

【解题】《水浒传》第十三回和第十四回都写到了刘唐醉卧灵官殿，这应是灵官信仰在民间较为普遍所致；“王灵官”首先受到明代上层统治者的推崇，然后逐渐在民间传布开来，从永乐年间开始，至弘治年间达到高潮；就灵官殿这一描写来看，《水浒传》成书似更符合明代弘治年间的情形。

何红梅．十年来《水浒传》作者、成书年代与版本研究述要．菏泽学院学报，2011（3）

马成生．“让《水浒传》自己来指认”——关于《水浒传》的作者．济宁学院学报，2012（1）

【解题】从《水浒传》中江北部分的气候物象描写、地理态势描写以及素材采集、历史知识文字功底等来看，其作者不应是大丰施彦端；而从《水浒传》中江南部分（主要是杭州一带）的气候物象描写、地理态势描写以及素材采集、方言“儿尾词”的运用等来看，其作者应是“钱塘施耐庵”。

许勇强等．近20年《水浒传》作者研究述评．东华理工大学学报，2012（4）

李孟儒．《水浒传》作者为罗贯中考论．山东师范大学硕士学位论文，2013

【解题】该论文结论是《水浒传》的作者为罗贯中。第一章“从版本题署看《水浒传》作者”，认为“东都施耐庵撰”源于金本，属于金圣叹的杜撰，“钱塘施耐庵编辑”更将原本属于罗贯中的“编辑”一职改掉，从“施耐庵的本”“罗贯中编次”到“施耐庵集撰”“罗贯中纂修”中可以看出，施耐庵的职责相当模糊，而且“的本”作者不能成为小说《水浒传》作者的依据，而罗贯中在各个版本题署中多次以独立的面貌出现，比施耐庵更具有成为作者的资格。第二章“从明清笔记和史料中看《水浒传》作者”，认为明清笔记史料中有多处提到罗贯中创作《水浒传》的记载，这些材料如果正确地解读，是可信的；而提到施耐庵作《水浒传》的材料，要么没有根据，要么经不起推敲。第三章“从《水浒传》文本看作者”，认为《水浒传》全书忠义贯通，思想统一，虽然前后忠义侧重不同，艺术有高下之分，这些都存在着另外的原因，不能据此认为《水浒传》为施、罗合著；《水浒传》中大量描写存在江浙的痕迹（尤其是杭州），也有山东的痕迹（尤其是东平及其周围），从这两点来看，无论是钱塘的施耐庵与江苏兴化的施某某都不能成为作者，而罗贯中恰好有这个可能。第四章“从《三国演义》《平妖传》与《水浒传》对比来看作者”，认为前二书与《水浒传》存在不少共性，思想、故事情节、情景描写、人物塑造等方面存在不少相同相似之处，似乎可以证明它们同出于罗贯中之手。

汪吾金．《水浒传》作者施耐庵“新证”中的几个“内证”问题：试评浦玉生先生的施耐庵研究．明清小说研究，2014（1）

【解题】从小说内部寻找作者生平的证据不可简单对号入座，在可靠资料匮乏和众说纷纭的情况下更应谨慎科学考证；所谓小说中范仲淹、梁山水泊、北极殿、张姓细节、贩私盐、陆谦、潘金莲、潘巧云、小孤山、山神庙、草料场、武松打虎等描写是兴化施彦端为《水浒传》作者“内证”的种种说辞均难成立，这反而一定程度上可佐证钱塘施耐庵之说；从一个不可靠的前提出发，利用一些不可信的材料来证明一个不能确定的结论，那是没有学术性的。

任祖镛.《水浒传》作者兴化施耐庵新证.东南大学学报，2014（5）

【解题】白驹场从宋代至1952年大丰建县前一直在兴化境内，从宋至清，除盐户、盐课外，归兴化县管辖；大丰建县后，白驹场的绝大部分仍在兴化境内；“兴化白驹场”绝非“今属大丰”，更没有理由认为“兴化白驹场”就是“今大丰白驹镇”；施耐庵故里（包括阳宅、阴宅）应在兴化县白驹场施家桥（今兴化市新垛镇施家桥）。

莫其康.《水浒传》的作者究竟是谁——吕乃岩之《试说罗贯中续〈水浒〉》述评.菏泽学院学报，2015（6）

【解题】吕乃岩之《试说罗贯中续〈水浒〉》，辨析了《水浒》前后部分之间存在的不少矛盾之处，梁山好汉最可贵的反贪官、反豪强的精神到下半部完全改变，受招安更是违反历史发展规律，而罗贯中的一贯思想是维护封建正统，反对农民起义，将《水浒》后半部与罗贯中本人所作的《三遂平妖传》《残唐五代史演传》相对照，也会发现不少相似之处，从而揭示了《水浒》前半部分为施耐庵原作，后半部分为罗贯中续作，并认为“王道生《施耐庵墓志》可信”。莫文进而指出，由于不适当的行政干预，致使1952年、1982年施耐庵身世调查成果未得彰显。在其他地方没有发现任何实质性否证的情况下，现在是到了坚决采信施耐庵身世调研成果，可以认定兴化白驹场施耐庵《水浒》著作权的时候了。

李永祜.《水浒传》两种伪李评本考辨.中国文学研究，2015（1）

【解题】容与堂刻本《水浒传》，最初以“诸名家先生批评”的名义刊行而由叶昼执笔作评语，证据确凿充分。李卓吾死后，容与堂将叶昼评语改换成“李卓吾先生批评”的名义刊行，但版本中误留“诸名家先生批评”的字样，是其伪托李评的内证，继之又插入李卓吾序言等，仍以李评名义再版两次。通过分析李卓吾、袁无涯、杨定见等人的生平事迹，比较各本评语的思想内容，并细读袁中道日记的相关记载，可知袁刻李评本与容刻李评本均系假冒伪托李评本。

邓雷.袁无涯刊本《水浒传》原本问题及刊刻年代考辨——兼及李卓吾评本《水浒传》真伪问题.福建师范大学学报，2017（3）

【解题】在《水浒传》研究中，一般认为容与堂本刊刻于袁无涯本之前。最早对此提出疑议的是章培恒先生，并对此给出一些旁证。美国哥伦比亚大学藏本《读升庵集》扉页之出版告白是解决这一问题的重要线索，但向来未受重视。以《读升庵集》扉页之告白结合相关文献进行研究，可知袁无涯原刊本的刊刻时间早于容与堂本，大约刊刻于万历三十七年（1609）至万历三十八年（1610），并且可以确定容与堂本是叶昼伪托李贽的评点本。同时，通过现存多种版本的校勘，可知现存袁无涯本并非原刻本，其中评点已非完全的李卓吾评点原貌；现存大涤余人序本保留了李卓吾评本的原貌，而大涤余人序本的祖本是袁无涯刊刻的李卓吾评点《水浒传》之原刊本。

杨大忠.施耐庵传说辨正与溯源.文学与文化，2018（3）

【解题】施耐庵传说成为证明苏北施彦端就是《水浒传》作者施耐庵的重要证据，虽然许多学者对此进行否定，但都存在着问题，没能从单纯辨正的角度单独审视施耐庵传说。其实，只要推断出苏北施耐庵的大致生卒年，辅以《水浒传》在明朝流传的事实，加上从《水浒传》中寻找出相应的内证，然后以之与流传于苏北大地的施耐庵传说相比照，就可以对施耐庵传说的真伪进行鉴别；联系《水浒传》流传的事实和版本衍变规律，从源头上推断施耐庵传说出现的时代，揭示施耐庵传说与苏北地区合流的规律与特征，就可以看出苏北施耐庵传说的问题。

温庆新．文献传播学视野下的《水浒传》作者研究．中国文化研究，2018（2）

【解题】从文献传播学视野进行古代小说研究，有助于深入探讨小说文献及其载体的文本信息源、写作者、文献传递者、传播渠道、传播手段及传播环境等方面对古代小说传播与诠解的影响。据此探究《水浒传》的作者时，可以发现在明代《水浒传》版本题署、目录学著述、相关族谱与家谱、明人札记等《水浒传》早期流传的文献载体中，或作施耐庵，或作罗贯中，或署施、罗二氏，众说纷纭。然而，上述文献载体的记录者与《水浒传》之间均非直接相关，所言的信息来源多系“听”“闻”或阅读“故老传闻”，研判结论多属感性认识，甚至存在互抄与随意发挥等现象。从《百川书志》等明代目录学著述到郎瑛、李贽、冯梦龙、“笑花主人”等涵盖彼时社会各阶层的时人札记，再到现存《水浒传》早期刊本的版刻题署，多将施耐庵与罗贯中二人并举。通过这些多重证据可知，施耐庵与罗贯中对《水浒传》最终定型的作用甚大，两人皆是作品的重要编纂者，不可随意抹杀其中任何一人。而《施耐庵墓志》《故处士施公墓志铭》《施氏长门谱》等文献所提及的施彦端与写作《水浒传》的施耐庵二者是否为同一人，仍缺乏有效勾连的证据，有待学界进一步深入研究。

王齐洲等．文献—传播学方法是解决通俗小说疑难问题的有效方法——以《水浒传》成书年代的讨论为例．南京大学学报，2018（3）

【解题】近百年来的《水浒传》作者和版本研究，未能解决《水浒传》成书年代问题。作者、版本等固然重要，但在这些问题疑莫能明的情况下，确定作品成立的有效证据应该是作品的传播和读者的接受：如果有文献证明某部作品在社会上流通，无论以什么方式，只要有人收藏、著录、阅读或评论该作品，就应该承认该作品的存在，反之则表明其不存在。这种研究方法是文献—传播学方法。运用这样的方法讨论某部作品的成书年代，就可以将讨论建立在可靠文献的基础上，避免了因作者、版本、内证等疑难问题而产生困扰的窘境。科学研究只尊重事实，不迷信权威。因此，在讨论通俗小说成书年代（包括作者、版本、内证等）时，凡没有直接文献—传播学证据证明的结论，都只能视为猜想或假说，不能作为定论，更不能把这种假说作为下一个结论的证据来使用，以致使得有关研究结论成为一大堆假说。今天的通俗小说研究存在着太多这类假说。而从现有文献来看，最早记载《水浒传》流传信息的是李开先的《词谑》，从中可以分析出《水浒传》成书和流传的确定时间在明嘉靖三年至九年（1524—1530），而不是通常所说的元末明初。

曹雪芹与红楼梦

胡适．《红楼梦》考证．胡适文集第二册·胡适文存一集，北京：北京大学出版社，2013

容庚．《红楼梦》的本子问题质胡适之、俞平伯先生．北京大学研究所国学门周刊，1925（5、6、9、11）

【解题】就胡适、俞平伯“《红楼梦》后四十回出自高鹗”的文本证据提出质疑，认为百二十回本是曹雪芹原本，后四十回不是高鹗补作的。

宋孔显．《红楼梦》一百二十回均曹雪芹作．青年界，1935（5）

王佩璋．《红楼梦》后四十回的作者问题．光明日报，1957.2.3

【解题】百二十回《红楼梦》后四十回可能绝大部分都不是高鹗续作的，而是程伟元买来的别人的续作。

林语堂．平心论高鹗．“中央研究院历史语言研究所”集刊（第29本下册），1958

【解题】曹雪芹成书八十回后距其弃世尚有九年，其间焉有停笔之理，所以百二十回本后四十回当为高鹗搜集修补之作。从“补”与“续”的内涵、《红楼梦》有无残稿散稿等方面论证曹雪芹写完了《红楼梦》全书，并针对胡适“后四十回系高氏伪作之论”进行了驳论。

佚名．北京发现《红楼梦》手抄本，后四十回疑非高鹗所续．文汇报，1959.6.20

赵冈．谈《红楼梦》后四十回的著者．文学杂志，1959（4）

赵冈．今本后四十回是谁续的．大陆杂志，1960（2、4）

曹允中．《红楼梦》后四十回作者问题的研究．“中央”日报，1966.4.21—28

伦艾．《红楼梦》后四十回到底是谁写的．文坛，1967（85）

赵冈等．《红楼梦》续书人究竟是谁．红楼梦新探，香港：文艺书屋，1970

方豪．《红楼梦》后四十回的作者问题．红楼梦研究汇编（第2辑），台北：巨浪出版社，1974

陈方．“曹雪芹佚诗”辨伪．南京师院学报，1977（4）

王利器．高鹗、程伟元与《红楼梦》后四十回．扬州师院学报，1978（1—2）

薛洪．从“脂稿本”看《红楼梦》后四十回的作者．社会科学战线，1978（3）

【解题】“脂稿本”不是高鹗、程伟元的手稿，其后四十回中的简本也不是程、高所作，程、高只是整个一百二十回《红楼梦》的整理印行者；现在的后四十回与曹雪芹的关系也不大，因为前八十回与后四十回在思想艺术水平及艺术风格上差别较大。

吴世昌．曹雪芹佚诗来源与真伪．徐州师院学报，1978（4）

陶剑平．《红楼梦》后四十回非高鹗续作．中华文史论丛，1979（3）

吴世昌．论曹雪芹佚诗——辟辨“伪”谬论．沈阳师院学报，1979（4）

李莱清．对《红楼梦》后四十回作者问题的一点浅见．图书评介，1979（4）

周汝昌．《红楼梦》“全璧”的背后．红楼梦学刊，1980（4）

萧立岩．高鹗续《红楼梦》后四十回说质疑．北京师范大学学报，1980（5）

【解题】程本的后四十回决不是凭空而来，尽管其中可能掺入了别人的一些笔墨，但基本内容还应当是属于曹雪芹的。

萧立岩．从敦诚等人的卒年试谈《红楼梦》后四十回的作者问题．红楼梦研究论丛，长春：吉林人民出版社，1980

侯森汾．后四十回作者问题．红楼梦研究集刊，1980（2）

宋谋玚．关于《红楼梦稿》的几个问题．中国古典文学研究论丛（第1辑），长春：吉林人民出版社，1980

【解题】相关部分在第六节“‘兰墅阅过’和后四十回的作者问题”。

周汝昌．《红楼梦》“全璧”的背后（续）．红楼梦学刊，1981（1）

陆树仑．有关后四十回作者问题的材料考辨．红楼梦学刊，1981（2）

李阳春．《红楼梦》前八十回与后四十回语言差异十例．湖南师院学报，1981（2）

王昌定．读《〈红楼梦〉“全璧”的背后》——与周汝昌同志商榷．红楼梦学刊，1981（4）
朱南铣．《红楼梦》后四十回作者问题札记．红楼梦研究集刊，1981（6、7）
王昌定．关于《红楼梦》后四十回的著作权问题．天津社会科学，1982（1）

【解题】《红楼梦》后四十回的著作权仍应属曹氏，高鹗（还应当加上程伟元）的工作，基本上只是修补工作。

朱眉叔．论《红楼梦》后四十回的作者问题．辽宁大学学报，1982（3）
宋浩庆．《红楼梦》后四十回辨．北京师院学报，1982（3）
韩文志．也谈《红楼梦》后四十回的作者问题．大庆师专学报（辽宁省第四次红楼梦学术讨论会专辑），1982
金荣贵．末十数卷，他人续之耳——从《红楼梦》叙述语对书中人物的称谓上考证后四十回作者．江苏省《红楼梦》学术讨论会论文，1982
陈诏．《红楼梦》第一百零五回是曹雪芹残稿论．红楼梦与金瓶梅，银川：宁夏人民出版社，1982
佚名．《红楼梦》后四十回多系曹雪芹真笔．文汇报，1982. 10. 17
王昌定．“脂评”与《红楼梦》后四十回．天津社会科学，1983（2）
陶剑平．程伟元、高鹗与《红楼梦》后四十回．宁波师专学报，1983（3）
陈鸣．这样的商榷要不得——关于王昌定同志《读〈红楼梦〉“全璧”的背后》．红楼梦学刊，1983（4）
王华钦．《红楼梦》八十回后佚稿作者初探．红楼梦研究，1983（10）

【解题】曹雪芹未完成《红楼梦》全书的创作就“泪尽而逝”了，而他的创作工作终于由他的密友、续妻——脂砚斋最后完成。

王永．《红楼梦》后四十回作者的再议——兼评考证方法上的几种倾向．红楼梦学刊，1984（1）

【解题】关于《红楼梦》的创作与续书，最好搜集与曹雪芹、高鹗关系比较密切的人的证言；离开这些见证人、知情人的第一手资料，大量转抄一般阅读者的记载，无疑是“舍本求末”了。从脂砚斋的批语可知，曹雪芹并没有完成他的全部著作；裕瑞也说“余曾于程、高二人未刻《红楼梦》版之前，见过抄本一部”“八十回书后，唯有目录，未有书文”；张船山说“传奇《红楼梦》八十回后，俱高鹗所补”，尤夙真为《瑶华传》所写序中提及的《红楼梦外史》，实即高氏所续的稿本之一。所谓程甲本问世前，社会上曾流行过一种百二十回的版本的话，纯系猜测，如果说确有一种百二十回版本流行的话，那就是高鹗的几个初稿本；以后，又用另一个高氏修改本加以校正，但这个修改本，仍非高氏最后付印的定稿本，所以才出现有一部分文字既不同于程甲本，又不同程乙本的情况。

杜福华．试论《红楼梦》后四十回仍为曹雪芹所作．红楼梦学刊，1985（1）

【解题】如果没有与曹雪芹同样的哲学观、历史观、政治观、道德观和美学观，没有同样悲惨的生活际遇和同样丰富的生活经验，没有同样渊博的知识和与之匹敌的艺术才华，要续作《红楼梦》后四十回，是不可能的。胡适、俞平伯先生关于高鹗续书的三个“依据”（张船山的诗注、脂本的回目和评语、内容上的矛盾），都是站不住脚的；这种观点不仅破坏了伟大巨著《红楼梦》的完整性和连贯性，而且否定了世界观对创作倾向的决定作用，否定了艺术是对生活的反映。

曹清富．《红楼梦》后四十回决非曹雪芹所作——前八十回与后四十回虚词、词组及回目之比较．红楼梦学刊，1985（1）

【解题】关于《红楼梦》后四十回作者的推断，单纯依据背景史料或主观确定一些内容标准，不足以解决问题；从语法学、词汇学的角度分析前后语言运用，以此推断其作者，乃是近年来采用的一种新方法。对比分析了前八十回与后四十回正文的语言运用，特别是虚词、词组的运用以及小说的回目，发现前后章回从正文到回目均存有十分不同的特征（差异），推定后四十回的作者决不是曹雪芹。

蒋文钦．《红楼梦》成书的三重系统．温州师专学报，1985（2、3）

【解题】八十回本《红楼梦》成书是由三重系统构成的，《红楼梦》的总体构思是由三个层次合成的，《红楼梦》的创作过程也是由三个阶段连成的。《风月宝鉴》是成书的第一重系统，是总体构思的第一代；《红楼梦》是成书的第二重系统，是总体构思的第二代；《石头记》是总体构思的第三代，是成书的第三重系统。以十八回、廿八回为界，把八十回分为三个部分，从"石头记"稿本系统来看，一回至十八回是其核心部分，"石头记"的标志最充分，"石头记"体系的细节特征最明显；十九回至廿八回尚是"石头记"系统的基本部分，但"石头所记"这一个标志不见了；廿九回至八十回则属于影响部分。反过来从"红楼梦""金陵十二钗"稿本系统来看，"石头记"系统的细节特征尚未渗透进去，而原来的"金陵十二钗"系统的细节特征尚未退出阵地；这三个部分的细节特征的差异，表示三个层次"增删"工作的结果。第一代总体构思《风月宝盛》稿本系统，它不再作为一个完整的稿本系统，而主要作为一段段材料被分散穿插在上述两个部分之中；当然，"石头记""红楼梦"两系统也有互相穿插的。

夏荷．《红楼梦》后四十回为何人所续．兰州学刊，1985（6）

【解题】《红楼梦》后四十回的续作者是曹雪芹的遗孀杜芷芳，今天所看到、所知道的种种不同的《红楼梦》百二十回本就是杜芷芳一次次修改的心血的结晶。

林冠夫．后四十回的作者、再说后四十回的作者．红楼梦纵横谈，南宁：广西人民出版社，1985

陈大康．关于《红楼梦》后四十回作者的新考证．中文自修，1985（12）

吴晓南．关于后四十回的作者问题．"钗黛合一"新论，广州：广东人民出版社，1985

刘兆榕．论《红楼梦》前八十回的成书过程．贵州文史丛刊，1986（1）

孙星燃．对《〈红楼梦〉后四十回为何人所续》一文的质疑．兰州学刊，1986（3）

【解题】夏荷《〈红楼梦〉后四十回为何人所续》所谓"确凿的证据"，是并不"确凿"的；在没有发现大量材料来说明杜芷芳曾续过《红楼梦》之前，还是先不要替代高鹗为好。

刘钧杰．《红楼梦》前八十回与后四十回言语差异考察．语言研究，1986（1）

【解题】从语言角度证明《红楼梦》的前八十回和后四十回不是一人之作，也不是一时之作。

张卫东，刘丽川．《红楼梦》前八十回与后四十回语言风格差异初探．深圳大学学报，1986（1）

【解题】对《红楼梦》前八十回与后四十回的一些语言风格要素和风格手段，即某些用字、用词及回尾处理等差异做了比较研究，认为《红楼梦》前后语言风格存在明显差异，绝非所谓“词句笔气，前后全无差别”“一色笔墨”者。

刘丽川，张卫东.《红楼梦》后四十回的京腔京味儿——兼与“杜芷芳说”商榷. 深圳大学学报，1986（3）

【解题】从一些同义词语的表现形态和方言色彩对《红楼梦》语言风格作进一步比较研究，指出后四十回语言较前八十回更富于北京方言色彩即“京腔京味儿”，进而对最近出现的“《红楼梦》续书人为杜芷芳”之说提出质疑。

许德成.《红楼梦》后四十回的作者是杜芷芳吗. 红楼梦学刊，1987（3）

【解题】《红楼梦》后四十回的作者并非杜芷芳。

李贤平.《红楼梦》成书新说. 复旦学报，1987（5）

【解题】《红楼梦》前八十回是曹雪芹据《石头记》增删而成，其中曾插入他早年的小说《风月宝鉴》，并增写了具有深刻内涵的许多内容；后四十回是曹家亲友搜集整理曹雪芹原稿并加工补写而成；程伟元搜到全稿为之活字印刷刊行，高鹗校勘异文补遗订讹，都是《红楼梦》的大功臣。

陈大康. 从数理语言学看后四十回的作者——与陈炳藻先生商榷. 红楼梦学刊，1987年（1）

【解题】从数理语言学角度来考察，认为《红楼梦》后四十回并非曹雪芹所作，但在后四十回的前半部分中含有曹雪芹的少量残稿。

曾扬华. 关于后四十回的作者及评价问题. 红楼梦新探，广州：广东人民出版社，1987

叶征洛. 菩提树上两花开——《高兰墅集》是高鹗续作《红楼梦》后四十回的铁证. 红楼梦学刊，1988（1）

牟应杭. 高鹗续书事可以商榷——后四十回应是曹雪芹原著. 红楼，1989（1）

王向东. 高鹗续书考——《红楼梦》后四十回著者重探. 红楼梦学刊，1989（4）

【解题】曹雪芹确已写就后四十回原稿，但在他增删前八十回之际，可能即被借阅者迷失，未来得及采取应救措施便“泪尽而逝”，这部分原稿便散佚在民间。经过不断地散佚、传抄，后四十回原稿经过二三十年时间方到程伟元手中，恐怕已是面目全非，残缺不全了；于是程伟元便找到友人兼文人高鹗“细加釐别，截长补短”“按其前后关照者，略为修辑，使其有应接而无矛盾”。

陈辽.《红楼梦》成书过程新论. 南京社会科学，1990（1）

【解题】甲戌本是《红楼梦》成书的第一阶段；己卯本、庚戌本是《红楼梦》成书第二阶段；曹雪芹逝世后，他的友人整理了由曹雪芹生前写成的后三十回原稿，与前八十回合在一起以抄本问世，是为《红楼梦》成书的第三阶段。有人补写了八十回后的四十回，高鹗在此底稿的基础上作了“修补”，刊印后《红楼梦》大为流行，但此后四十回决非曹雪芹原作，也非高鹗所续。

涂全太.《红楼梦》后四十回研究资料综述. 河南大学学报，1990（2）

【解题】关于《红楼梦》后四十回的作者，各家意见可概括为七种：曹雪芹原稿；高鹗续书；不知道的某个人续；杜芷芳续；乾隆、和珅君臣合训“腰斩红楼”，以“重金延请”程伟元、高鹗续写；曹家亲友据雪芹原稿整理而成；悬案说。并综述了诸家关于续书是否必要，以及对后四十回的褒贬意见。

周文康．《红楼梦》后四十回非后人续作的内证及其作者生年月日考辨．红楼梦学刊，1990（3）

严安政．从“忙”和“连忙”看后四十回作者问题．红楼梦学刊，1991（2）

【解题】《红楼梦》后四十回并非曹雪芹原作。

郑庆山．从方言看程高本后四十回作者．红楼梦研究，1993（2）

胡晓明．从按头制帽的诗歌看《红楼梦》后40回非曹雪芹所作．湖北教育学院学报，1993（4）

朱眉叔．如何正确理解甄宝玉形象——驳程、高续书说之一．满族研究，1993（2）

朱眉叔．关于贾宝玉和贾府结局的种种误解——驳《红楼》续书说．明清小说研究，1994（4）

胡崧生．《红楼梦稿》启示录——论《红楼梦》后四十回非高鹗所著．红楼梦学刊，1994（4）

【解题】（1）《红楼梦稿》决不是高鹗的“修改稿”“手订稿”。（2）《红楼梦稿》未作增删的原本，是不同于甲、乙本的另外的本子；它比甲、乙本“简单”“粗糙”，因而表明它的母本是早于甲、乙本的更“原始”的本子。（3）《红楼梦稿》据以作增删的母本，也是不同于甲、乙本的另外的本子；这个本子虽不同于乙本，但更接近乙本，是程乙本与《红楼梦稿》据以作增删的本子，有着同源的母本；其有异文之处，或则是高鹗另有同源的它本，或则是高鹗在他的同源之本上“略为修辑”而已。结论是：在程甲本问世之前，《红楼梦》后四十回至少有三种不同的本子在流传，即迄今发现的最早期的《红楼梦稿》原文的母本、程甲本的母本、《红楼梦稿》据以对原文作增删的和程乙本据以对程甲本作增删的同源的母本。

郭树荣．《红楼梦》后四十回作者之我见．东岳论丛，1994（6）

【解题】不仅前八十回是曹雪芹所著，后四十回也出于曹雪芹之原稿，只是前八十回是增删修改后的定稿，后四十回是高鹗在曹雪芹原稿基础上加工、整理后刊行的。

胡文炜．《红楼梦》后四十回的作者是曹雪芹．红楼，1994（1）

胡文炜．再论《红楼梦》后四十回的作者是曹雪芹．红楼，1994（3）

张建群．《红楼梦》成书史臆说——围绕七十回本存在的可能性．国外社会科学，1994（9）

欧阳健．红学辨伪论．贵阳：贵州人民出版社，1996

陈继征．《红楼梦》后四十回非高鹗续作．西安交通大学学报，1997（2）

【解题】程伟元没有作伪欺世；张问陶的诗及注不能作为“高续说”的根据；从程甲本的产生及由程甲本到程本的演变情况看，后四十回不可能是高鹗续作。

王仁铭．《红楼梦》后四十回未必不是曹雪芹写的．武汉教育学院学报，1998（1）

【解题】从《乾隆抄本》入手，通过对百廿回《红楼梦》前后的连续一贯性、脂砚斋评语对后四十回的预示、金陵十二钗归宿三个问题的分析，认为《乾隆抄本》后四十回原底稿可能是曹雪芹原稿。

陈继征．《红楼梦》后四十回的作者是谁．西安交通大学学报，1998（1）

【解题】《红楼梦》后四十回虽不是曹雪芹的原著，其中却有曹雪芹的残稿，是曹雪芹某一亲人据其残稿补作而成。

赵建忠．程刻本《红楼梦》后四十回真伪考辨的学术进程．南都学坛，2000（2）

【解题】从清代学者潘得舆、裕瑞、俞樾，近代学者胡适、俞平伯，现代学者熊立扬、陈炳藻、吕启祥等的研究得出倾向性结论：后四十回系他人续作。

丁维忠．后四十回的伪续者——高鹗？他人？红楼梦历史美学的沉思，哈尔滨：黑龙江教育出版社，2002

祝秉权．《红楼梦》后四十回非曹雪芹原著的又一论据——对明义四首《题红诗》的新辩识．铜仁师范高等专科学校学报，2003（2）

【解题】从明义四首《题红诗》所示内容来看，曹氏原著《红楼梦》八十回后的内容与程本后四十回内容大异，由此证明程本后四十回非曹氏原著。

梅玫等．《红楼梦》后四十回中有曹雪芹的手笔．铜仁师范高等专科学校学报，2003（2）

【解题】从元春死亡年龄、两个妙玉形象、秦可卿上吊自杀、鼓吹学诗无用、暗示凤姐有两个女儿等五个方面加以考察，认为《红楼梦》后四十回中有曹雪芹的手笔。

张振昌．试论《红楼梦》后四十回的作者为曹頫．长春大学学报，2004（1）

【解题】畸笏叟在“脂批”中注明自己是《红楼梦》后四十回的作者，畸笏叟就是曹頫；曹雪芹去世后，是他的父亲曹頫写了《红楼梦》后四十回；与曹頫同时代的袁枚，在《随园诗话》中明确指出，曹寅之子作了《红楼梦》。

陈继征．应该了结的一桩红楼“公案”：论后四十回非高鹗续作．咸阳师范学院学报，2004（5）

【解题】对前文《〈红楼梦〉后四十回非高鹗续作》的修补，主体内容未变。

郭浩．《红楼梦》成书过程新说．香港：博士苑出版社，2006

陈劭平．百年红楼辨真假——还《红楼梦》后四十回一个公道．东南学术，2006（2）

【解题】以胡适先生为代表的“新红学”认为《红楼梦》后四十回完全不是出自原作者曹雪芹之手，极力贬损后四十回的艺术价值，制造近百年来中国文坛的一段大冤案；《红楼梦》在曹雪芹生前是一部相对完整的作品，现有的全部脂批都没有证明，“新红学”家的一个个附会也不足以证明其后四十回是高鹗的伪作；《红楼梦》这部奇书的生命在于它的完整性，后四十回是《红楼梦》审美的重要组成部分，其中毗陵驿贾宝玉“悬崖撒手”更是令人回肠荡气。

胡文炜．《红楼梦》的主题与后四十回的作者辨．红楼，2007（4）

余纪．《红楼梦》后四十回论——驳胡适“狗尾续貂”说．西南大学学报，2008（1）

【解题】新红学以来最大的公案，当数胡适提出的《红楼梦》后四十回“狗尾续貂”论，其所示证据也漏洞百出。仔细辨析文本，足可证明作为科场高手的高鹗，根本不可能完成后四十回那样伟大的悲剧性文学作品的全部写作。高鹗对于《红楼梦》的贡献，应该主要是做了必要的编辑工作，至于其“所补入”的少量文字，实在是《红楼梦》中令人难以忍受的“恶瘤”。

胡文炜．评“无名氏续《红楼梦》后四十回说”．河南教育学院学报，2008（6）

【解题】“无名氏续《红楼梦》后四十回说”是不能成立的：（1）这样一部几乎家喻户晓的小说，却毫无所谓“无名氏”的信息；（2）“无名氏续书说”不合情理；（3）除了先入为主的“后四十回写得不好”外，给不出无名氏续书的任何理由。

冯宁卫．鸡不可能飞得像鹰那么高——《红楼梦》后四十回为曹雪芹原作的力证，兼及

《红楼梦》的主题和贾宝玉的形象．红楼，2008（4）

王志尧．曹著、高续《红楼梦》的铁证——贾雨村续娶娇杏时的初仕背景异叙引发的思考．铜仁学院学报，2009（2）

张甜甜等．关于《红楼梦》后四十回的论争（1921—1949）．河南教育学院学报，2009（2）

【解题】1921年至1949年，学界关于《红楼梦》后四十回的各种论说主要围绕三个方面展开（一、关于后四十回的作者是否为高鹗；二、关于后四十回是否具有合理性，即后四十回人物的结局与前八十回的暗示是否吻合，以及后四十回所表现出的思想与前八十回是否一致；三、关于后四十回的评价，即后四十回与前八十回比较孰优孰劣），并对这些论说进行比较系统的梳理、总结。

胡文炜．从《红楼梦》后四十回的来历看后四十回的作者．辽东学院学报，2009（4）

【解题】最早将后四十回公布于世的程甲本问世后，没有一个知情人对此持任何异议，因而程伟元和高鹗的“序”是可靠的；任何对后四十回持否定的“理由”都是出于评论者的臆想，找不到可以作证的文献资料；《红楼梦》后四十回的作者只能与前八十回是同一人，全出于曹雪芹之笔。

胡文炜．《红楼梦》后四十回“因袭模仿前人”辩说．辽东学院学报，2009（6）

【解题】《红楼梦》后四十回的某些情节和文字可从前人的小说、诗文中找到来历，有些还在前八十回中出现过，这是长篇小说创作中的一种正常现象，不能作为后四十回与前八十回不是同一作者的“理由”。后四十回中出现前人写过的情节却胜过前人、超越前人，有些情节看似同前八十回重复，却是前半部作品的发展，体现了作者高超的创作水平，说明整部《红楼梦》只能出于同一作者。

船越达志．从王熙凤的形象多面性看《红楼梦》的成书过程．华西语文学刊，2010（2）

【解题】甲戌本第一回列举的五个书名，表示它们本是曹雪芹写的几本不相同的小说：《情僧录》（缘情而出家的僧侣的记录）是“恋爱故事”式的小说，《红楼梦》（在红楼发生的梦）是描写“富贵无常”式的小说；《金陵十二钗》（金陵的十二美人）是“女性传记”式的小说；《风月宝鉴》（色情的镜子）是“戒淫”的小说；以上四篇小说的集大成，就是《石头记》（也就是我们现在看到的《红楼梦》）。该文梳理了王熙凤三个方面的形象（一、毒妇的形象；二、很能干的漂亮媳妇之形象；三、苦恼的媳妇形象），认为《金陵十二钗》是一部类似《列女传》的书，所以不需要描写她们现实生活中苦恼的一面；但将几部小说集大成的过程中，篇幅越来越长，情节也越来越复杂化，既描写了女人理想化的一面，也增加了现实生活中真实的一面；王熙凤形象的真实感是在将几部小说集大成的过程中加强的。

施建军．关于以《红楼梦》一百二十回为样本进行其作者聚类分析的可信度问题研究．红楼梦学刊，2010（5）

【解题】主要从聚类分析的原理出发，对李贤平《〈红楼梦〉成书新说》在聚类分析运用上所存在的问题进行分析，认为只用《红楼梦》的一百二十回作为样本所进行的聚类分析不能够为《红楼梦》作者的鉴定提供可靠的证据。

冯守卫．《红楼梦》后四十回作者辨析．铜仁学院学报，2010（5、6）

【解题】对《红楼梦》后四十回的一些非议进行了辨析，认为后四十回为曹雪芹原著。

杨婷婷．也谈《红楼梦》前八十回与后四十回语言差异问题．中南林业科技大学学报，2011（1）

【解题】将《红楼梦》前八十回与后四十回的词语进行比较，发现二者在词语使用习惯上确实存在某些差异，认为《红楼梦》前八十回与后四十回出自不同作者之手。今按：结论难以成立。

朱田艳．《红楼梦》后四十回研究论文述要（1978—2010）．浙江师范大学学报，2011（3）

【解题】分析了从1978年到2010年关于《红楼梦》后四十回的作者之争（即1978年到1986年的第一次论争和2006年到2010年的第二次论争），主要围绕着三个核心主题，以作者研究为中心，向与此密切相关的后四十回的价值评判与文本研究两大主题延伸。

王人恩．试论林语堂的《平心论高鹗》．社科纵横，2011（11），2012（1）

夏薇．《红楼梦》后四十回非高鹗续之脂批篇．红楼梦研究集刊，2012（4），2013（1）

郑铁生．百年红学最大的错案是阉割《红楼梦》后四十回．乌鲁木齐职业大学学报，2013（2）

【解题】百年红学的最大冤案就是割裂《红楼梦》后四十回；红学应当重建，摒弃糟粕，加强理性，营造弘扬和追求厚重深沉的人文底蕴、自由独立的学术品格、健康无私的理论批评的学术氛围。

路娟娟，徐乃为．程甲本《红楼梦》卷首绣像图赞的作者考证——兼说后四十回的撰著问题．洛阳师范学院学报，2013（3）

【解题】程甲本卷首木刻版画二十四幅，前图后赞，开绣像《红楼梦》之先河；其图赞多指涉后四十回情节，与高鹗叙中所述的“名教观”颇多吻合；而高叙署“并书”，其字体亦有合赞诗中行书字，因可助断图赞的作者即是高鹗；这一结论有助于认识高鹗与后四十回的关系及其续作理念。

郑幸．从《随园诗话》早期家刻本看涉《红》史料真伪问题．红楼梦学刊，2013（3）

【解题】《随园诗话》正编卷二有段著名的涉《红》史料，曾引起研究者的持续关注与争论。同时因其存在文字版本异同，也引发了后人对《随园诗话》版本的讨论。通过文本校勘与版本比对，发现《随园诗话》存在家刻与坊刻两大系统，其中家刻本系统中修订较少的早期版本甲本，保留了涉《红》史料最初的文本面貌；通过对不同阶段家刻本的校勘比对，能够从根本上梳理涉《红》史料文字的变迁过程；同时证明这段文字出现版本异同的原因，并非出自后人篡改，而是源于袁枚本人的修订。

张同胜等．从前八十回与后四十回教育叙事的不同看《红楼梦》的作者问题．明清小说研究，2013（4）

【解题】一百二十回本《红楼梦》中的教育叙事，反映的是满汉双重文化影响之下的满洲府邸世家的贵族教育，然前八十回与后四十回在满汉文化的侧重上又有所不同：前八十回反映的主要是满洲贵族不必通过科举考试就可以为官作宦从而形成一种“旁学杂收”的学习和教育，而后四十回则主要叙述了士子应试选举的教育情况。这显然是两种不同的教育叙事，由此可证前八十回与后四十回的确是出自曹雪芹、高鹗二人之手。

童力群．初探《红楼梦》前八十回的作者问题．衡水学院学报，2013（6）

【解题】《红楼梦》前八十回为何不避曹雪芹家族之讳？乾隆二十二年秋曹雪芹开始著书。明义《题红楼梦》绝句二十首的客观作用——肯定曹雪芹原创了《红楼梦》，否定曹雪芹是《石头记》的作者。脂砚圈子读到的是《石头记》系统的本子，永忠圈子读到的是《红楼梦》系统的本子，“两个圈子”绝缘，这是红学史上令人困惑的不解之谜。应该重新探讨曹雪芹的著作权。曹雪芹仅原创了明义所见的《红楼梦》，脂砚斋组织了《石头记》的创作。

包辰瑶．《红楼梦》前八十回和后四十回词频的对比研究．湖北科技学院学报，2013（9）

【解题】将《红楼梦》文本用 Segtag 软件进行分类，并用 Antconc 软件对出现频率较高的词语做了初步统计后，引证了前八十回和后四十回在用词和写作风格上确有差异，应该不是一个人所著的结论。

夏薇．关于《红楼梦》后四十回作者问题驳胡适“高鹗续书说”．清代文学研究集刊（第 6 辑），北京：人民文学出版社，2013

曹莉亚．前后迥异的《红楼梦》色彩世界——基于前八十回与后四十回颜色词比较看全书作者不一致性．明清小说研究，2014（1）

【解题】将《红楼梦》一百二十回均分为前中后三部分，用宏观统计与微观考察相结合的方法，计量分析前八十回与后四十回颜色词用例数量、频度、种类特征，以及主要人物服饰色彩运用特点，深入研究《红楼梦》颜色词，探求《红楼梦》语言艺术世界，并从颜色词比较论证全书作者不一致。

解岩岩．《红楼梦》前八十回和后四十回颜色用词的差异研究．江苏理工学院学报，2014（5）

【解题】应用配对样本 T 检验的方法，对《红楼梦》前八十回和后四十回的颜色用词进行比较研究，结果表明《红楼梦》前后两部分在颜色用词的使用频率上存在明显差异。

邵琳等．高鹗与《红楼梦》后四十回之关系浅说．红楼文苑，2015（1）

【解题】通过对高鹗的诗词作品进行赏析，并把《红楼梦》前后文笔以及语气词等比较分析，从而论证了“高鹗是《红楼梦》主要整理者，应是后四十回作者之一”这个观点。

王攸欣．以诠释学眼光重审《红楼梦》高鹗续书说．湖南大学学报，2015（5）

【解题】《红楼梦》后四十回乃高鹗续书说是新红学的主要论断之一，笼罩《红楼梦》研究近百年。历来虽有异见，但从无以诠释学眼光对续书说进行系统审视者。本文从各个层面和维度论述高鹗续书说是在 20 世纪特定文化历史处境中，因为胡适等人诠释《红楼梦》时的特殊生存状态而提出来的，其观点不能成立。作者通过文本细读和理论思辨，梳理出前人较少关注的系列证据作了较充分的论述，并推测《红楼梦》后四十回主体可能为曹雪芹生前原稿被毁后的重写稿。

颜彦．《红楼梦》作者问题再思考．光明日报，2015. 8. 27

吴佩林．颜色词使用差异不能佐证《红楼梦》作者前后不一——与曹莉亚博士商榷．曹雪芹研究，2015（3）

【解题】曹莉亚博士对比了《红楼梦》前八十回和后四十回的颜色词使用情况，认为从颜色词用例数量、频度、种类特征，到主要人物服饰色彩描摹，“前八后四”都展现出巨大的反差，足以证明作者非一人。然而，颜色词只是众多词汇类型中的一类，没有表征作者特性的意义，其使用数量、频度、种类等应因小说描述事物或情节的需要而定。一部小说的不同部分颜色词使用有差异，是完全符合小说创作规律的。《红楼梦》百廿回本是一个完整统一体；对于后四十回“续书说”，研究者不可盲目附会。

高树伟．裕瑞《枣窗闲笔》新考．曹雪芹研究，2015（3）

【解题】在梳理近几十年《枣窗闲笔》研究史的同时，结合几件新发现的重要史料，对《枣窗闲笔》的递藏、笔迹、时代、内容四个方面重新考察：据稿本《枣窗闲笔》中的两方印章及相关文献，厘清了递藏源流；结合裕瑞几种写刻本诗文集、书画题跋及稿本《参经臆说》，确定《枣窗闲笔》为裕瑞的手稿本；又考察了书中的讳字、所涉“时制”、印章、误字等几个方面，确认此书不伪。此外，着重考证了与《枣窗闲笔》递藏相关的裕颂廷之生平、《长白艺文志》的版本源流，以及与《枣窗闲笔》笔迹鉴定有关的《萋香轩文稿》之递藏、版本类型。《枣窗闲笔》一书流传有序，确是裕瑞亲笔所写的稿本，成书在道光年间，是红学研究中的重要文献，仍应着重对其文本内容的深入研讨。

张雨辰．关于《红楼梦》成书时间和作者的再探讨．科教文汇，2016（9）

【解题】本文综合各种《石头记》古抄本正文和脂砚斋评语进行分析，认为《红楼梦》的成书时间是在清朝康熙年间而非乾隆年间。该书的作者生活在明末清初。曹雪芹只是一个笔名，并非《红楼梦》一书作者的真实姓名。

叶雷．基于计量文体特征聚类的《红楼梦》作者分析．红楼梦学刊，2016（5）

【解题】本文利用计量文本特征聚类分析的方法对《红楼梦》各章回进行著作权分析。聚类分析结果表明，后四十回和第六十七回，与除第六十七回的前八十回有明显不同，可判定后四十回和第六十七回不是前八十回作者原作；和第六十七回同样在一些脂本中缺失的第六十四回却和前八十回有很高的相似性，可判定第六十四回为前八十回的作者原作，而第六十七回可能是后四十回作者补作。进一步分析表明，第一百〇五回与后四十回的其他各回有明显不同，可判定为不同作者所作。

张庆善．再论《红楼梦》的著作权．中国文学研究，2016（3）

【解题】《红楼梦》的作者是曹雪芹，这是多种文献可证的事实。多年来不断有人无视这些文献，试图论证《红楼梦》作者另有其人，却未能提供确凿的证据。本文结合原著中的叙述文字、相关脂批及曹雪芹交游文献证据，援引胡适、余英时等学者的相关研究，系统梳理了可证明曹雪芹是《红楼梦》作者的多种文献，再次就这一问题做出充分论证。

欧阳健．异质思维的硕果——析《红楼梦》作者顾景星考．明清小说研究，2016（3）

【解题】王巧林的《红楼梦》作者顾景星说，堪称“异质思维”的硕果，其学术特色在有破有立，既充分论证了“新红学”的“曹雪芹说”之不能成立，更运用可靠史料《敬呈四事疏》证明顾景星就是明清鼎革“天崩地坼”之时，挺身而出“补天未遂”的那块“石头”，《红楼梦》是作者为恢复故国所作百般努力梦想成空的故事。

克非．从《红楼梦》的“缘起”谈小说的作者．中华文化论坛，2016（5）

【解题】从叙述人的角度入手研究《红楼梦》开头的“缘起”，认为小说的诸多叙述者都是作者的虚构，被普遍认为是作者的“曹雪芹”也不例外。真正的作者却隐而不露。为何会假托、虚构了如此多的叙述者，从康雍乾之世为文做诗，动辄得咎，频兴大狱可以得到答案。

白术杰等．关于《红楼梦》原作者问题的思考．文学教育，2017（1）

【解题】《红楼梦》自问世以来，一直引起很多学者的关注和研究，大家都认为这部小说的作者曹雪芹写了八十回，本文作者提出了《红楼梦》的真正作者是爱新觉罗·胤祕这一观点。

盛志梅．《红楼梦》著作权问题的“假设”当适可而止——与赵建忠《“家族累积说”：红楼梦作者的新命题》商榷．河北学刊，2017（1）

【解题】《红楼梦》著作权问题历来是红学研究的热点之一。围绕作者到底是谁，学术界主要有两种倾向：一种认为是与曹家无关的人所著，如纳兰容若、冒辟疆、洪昇等，还有人认为是无名氏所作；另一种认为是曹家子弟所著，支持曹雪芹的居多，近几年还有提出曹頫说。随着“曹学”的发展，赵建忠提出结合“曹学”成就的“家族累积说”新命题。新命题建议学术界关注李玺家族的研究，认为《红楼梦》是曹家几代人集体智慧的结晶，曹雪芹是最后的完成者。这一新命题的优点是扩大了学术研究的视野，弊端是缺乏足够的材料和逻辑论证，并不能有效解决《红楼梦》研究的历史遗留难题。鉴于当前学术界的研究能力尚不能支持新学说的提出，为此，《红楼梦》著作权问题应暂时搁置，这并无碍于《红楼梦》的艺术研究与读者接受。

吴佩林．“萋香轩”非裕瑞书斋考——兼证《枣窗闲笔》之伪．河南教育学院学报，2017（6）

【解题】《枣窗闲笔》是红学基础文献之一，但其真伪之争由来已久，争论的焦点即裕瑞是否拥有“萋香轩”印章。此前相关研究，不论证伪者还是证真者，均把“萋香轩”当作裕瑞书斋名，并以此怀疑或解释“萋香轩”印章来历。但是，萋香轩是裕瑞的私家园林，基于书斋名“萋香轩”的各种释疑均不妥。裕瑞有室名斋馆章“樊学斋”，萋香轩不是裕瑞居室名或斋堂馆号，故“萋香轩”印章是莫须有，更何谈“萋香轩”？

刘广定．《枣窗闲笔》之真伪与成书时间．曹雪芹研究，2017（4）

【解题】《枣窗闲笔》真伪问题之争议，迄未完全解决。从分析裕瑞与晋昌在沈阳之交往、程伟元生年及与晋昌之交往，可推知晋昌再任盛京将军时程伟元已不在沈阳，故裕瑞不识程伟元，文中予以贬抑之疑可解。《枣窗闲笔》系裕瑞晚年晋昌逝后写定，并未求证早年见闻，亦未订正文中误记和矛盾不一处。

黄一农．再论《枣窗闲笔》之真伪．红楼梦学刊，2017（5）

【解题】透过佘嘉惠《临罗两峰鬼趣图》上发现的裕瑞书迹与印章，推判《枣窗闲笔》应就是裕瑞手录的，但相关论争并未因此止歇。根据学界新近在《遂初堂未定稿》《梅石犬戏》《蝶仙图》上所发现的裕瑞序跋、题诗与钤印，强有力地回应以《枣窗闲笔》乃伪书的质疑。

吴佩林．从裕瑞闲章看《种芹人曹霑画册》之伪．内江师范学院学报，2018（1）

【解题】清宗室文人裕瑞有多枚闲章，印文内容或聚焦于文房，或寄情于山水，意境深远，超凡脱俗，展示了他深厚的文化功底、高雅情趣和丰富创造力。与之相比，《种芹人曹霑画册》上各闲章的文化含量和艺术性都较低，不可能属于比裕瑞更加博学多才、更富创造力的《红楼梦》作者曹雪芹。

儒林外史

章培恒.《儒林外史》原书应为五十卷.复旦学报，1982（4）；古典小说版本资料选编，太原：山西人民出版社，1986

【解题】现今所见《儒林外史》的最早本子为嘉庆卧闲草堂本，共五十六回，但吴敬梓友人程晋芳却说《儒林外史》为五十卷（即五十回），金和又说此书原本为五十五卷，目前的研究者颇有信从金和之说的。“《儒林外史》五十卷”一语，是吴敬梓的一个对此书深有了解的老朋友、好朋友以慎重、负责的态度所作的记述，若没有确切的证据，我们是不应该轻易加以否定的；而且从《桥西杂记》的记载中，我们还可以获得清代确曾存在过五十卷本《儒林外史》的旁证，从而进一步证明了程晋芳此说的可信。相反，金和的《跋》颇多讹误，不尽可信；其以“先生著书皆奇数”来证明《儒林外史》原本为五十五回，根本不能成立；金和的时代既远远后于吴敬梓，在他之前又从不见有《儒林外史》五十五卷的著录，迄今也从未发现过《儒林外史》的五十五卷本（据金和之说而把五十六卷本改造成为五十五卷本者不算）；因此，金跋既多不实、可疑之处，五十五卷说又显然与上述程晋芳之说相抵牾，自不足信。

章培恒.《儒林外史》原貌初探.学术月刊，1982（7）；儒林外史研究论文集，北京：中华书局，1982

【解题】在《〈儒林外史〉原本应为五十回》一文中论证了五十六回本《儒林外史》的最后一回（不包括结尾一词）系后人窜入，该文则进一步探讨后人窜入的另外几回，分别是第三十六回的一半，第三十八回至第四十回的前面一大半，第四十一回结尾至第四十四回的前面一小半。

陈新等.《儒林外史》第五十六回真伪辨.儒林外史研究论文集，合肥：安徽出版社，1982

谈凤梁.《儒林外史》创作时间、过程新探.江海学刊，1984（1）

【解题】闲斋老人即吴敬梓，《闲斋老人序》写在1736年2月，则其着手创作《儒林外史》决不会迟于1736年，据相关文献，当是1736年；1750年之前已经大体完成，但并未全部完稿，至其死前（1754），还在修改。从吴敬梓的经历、思想、构思和作品的内容、形式等方面来看，在创作《儒林外史》的19年中，经历了三个阶段：第一阶段，开头至第二十五回，写在1736年2月以前（其中第二十一回以后的部分写在1735年冬季作者自扬州返宁以后的两个月内）；第二阶段，第二十六回至第三十五回，写在1736年至1739年；第三阶段，第三十六回以下部分则陆续完成于作者逝世以前。

谈凤梁.《儒林外史》第五十六回当属原作.明清小说研究（第1辑），北京：中国文联出版公司，1985

遇笑容.从语法结构探讨《儒林外史》的作者问题.中国语文，1996（5）

【解题】仅就两个语法点来研究《儒林外史》的语法现象：一是表动作状态的结构；一是疑问句的结构。发现早期官话及皖中方言的运用多出现于前32回，其他结构则多见于后23回；这前后语法不一致的现象可以说明，《儒林外史》或许并非完全为吴敬梓所作。

顾鸣塘.吴敬梓与《儒林外史》第五十六回.文汇报，2000.6.7

顾鸣塘．论《儒林外史》第五十六回乃吴敬梓原作．明清小说研究，2000（4）

【解题】在仔细研究新发现的吴敬梓佚著《诗说》和推敲《儒林外史》第五十六回的基础上论定：《儒林外史》第五十六回为吴敬梓所著无疑。

地藏堂贞二．从语言的角度看《儒林外史》的作者问题．中国语文，2000（1）

【解题】论证遇笑容所谓“《儒林外史》的前32回为吴敬梓亲笔，而后23回则为他人所作”之说不能成立。

其他

石继昌．清季小说辨伪．古典文学论丛（第2辑），济南：齐鲁书社，1981

【解题】总结清代小说作伪类型：一、取时人所著，改名刊行；二、合二为一，易以新名；三、文人伪作，托名前人；四、抄袭陈言，草率成书；五、杂凑成书，真伪参半；六、割裂成书，易名欺世；七、张冠李戴，面目全非。

妥佳宁．《儿女英雄传》旧序辨伪综考．民族文学研究，2013（4）

【解题】重新考查《儿女英雄传》中署名“观鉴我斋甫”和“东海吾了翁”的两篇旧序，综合分析全书各部分真伪文献及仅存抄本的异文，董恂点评，内容年款皆有据可查，且董恂不曾参与其他各部分文献的作伪。马序内容基本上可以认定为真实，落款年代真实，虽署名有待旁证证实，但不影响其内容的真实性；而其认为四十回以后的十三回小说为伪，则仅属其个人推测。《缘起首回》并非小说原作，在小说成书至五十三回之后才作，附于小说正文之前，冒充小说原著内容；其中说“东海吾了翁”重订小说，应是确有其事；《缘起首回》的作伪，不早于“东海吾了翁”重订小说，很可能就是重订小说者所作，而又不晚于现存抄本，也就早于抄本中尚无的观序（真序伪款）、东序（内容年款署名皆属故意作伪）与马序，早于《儿女英雄传》的初印。

佛　　藏

牟子理惑论·四十二章经

梁启超.《牟子理惑论》辨伪.饮冰室合集第九册·饮冰室专集之五十二，北京：中华书局，1989

【解题】《牟子理惑论》为两晋、六朝乡曲人不善属文者所作，汉贤决无此手笔。

周叔迦.读牟子.醒钟，1931（4）

【解题】《理惑论》为东晋刘宋间人伪作。

余嘉锡.《牟子理惑论》检讨.燕京学报，1936（20）；余嘉锡论学杂著，北京：中华书局，1963

【解题】《理惑论》为后汉牟广字子博的作品。

松本文三郎著，补卢译.牟子理惑之述作年代考.中日文化，1943（5—7）

汤用彤.《牟子理惑论》考辨.汉魏两晋北朝佛教史，北京：中华书局，1955

周一良.《牟子理惑论》时代考.燕京学报，1949（36）

【解题】《牟子理惑论》的序和本文时代不一。序和本文一部分是公元2世纪末或3世纪起头时牟广的著作，而许多关于佛教的话都比较迟，大约是3世纪末或4世纪时加入的。

李世杰.牟子的《理惑论》.台湾佛教，1963（11、12）

伯希和.牟子考.国立北平图书馆馆刊，1932（3）

现代佛教学术丛刊编辑委员会.《四十二章经》与《牟子理惑论》考辨.台北：大乘文化出版社，1978

福井康顺.牟子的研究.道教基础的研究，台北：大乘文化出版社，1978

福井康顺.牟子的研究补述.道教基础的研究，台北：大乘文化出版社，1978

胡适.论《牟子理惑论》.胡适文集第五册·胡适文存四集，北京：北京大学出版社，2013

胡适．《四十二章经》考证．台北：大乘文化出版社，1978

梁启超．《四十二章经》辨伪．台北：大乘文化出版社，1978

吕澂．《四十二章经》抄出年代．台北：大乘文化出版社，1978

印顺．汉明帝与《四十二章经》．台北：大乘文化出版社，1978

刘果宗．《四十二章经》考证．台北：大乘文化出版社，1978

吕澂．楞严百伪．中国哲学第二辑，北京：三联书店，1980

张绥等．《四十二章经序》和《牟子理惑论》辨伪．社会科学，1983（1）

古骐瑛．二十世纪《四十二章经》研究述评．宗教学研究，2006（2）

吴勇．试论《牟子理惑论》之真伪．宗教学研究，2007（2）

【解题】《牟子理惑论》真伪问题是如此复杂，不论是肯定它，还是否定它，都不能找到有力证据；在否认它时应分外小心，在不能确实证明它为伪书之前不妨利用它可能具有的史料价值。

李震．《牟子理惑论》年代等问题再检讨．北京大学研究生学志，2013（2）

【解题】自明胡应麟首疑《牟子理惑论》成书年代以来，诸家意见大致可分为两派：一派主张作于东汉末年或三国中期以前，另一派则以为是魏晋六朝时期的托古伪作。考察各说所以互异，往往在于立论所根据之材料不同（前一派多从序文史实和正文所见道家、道教形象的角度立言，后者则主要凭借作品与汉译佛经的关系进行考证）。从序文史实、三教关系、经律年代和传播源流四个方面入手，系统分疏上述两派观点，论证《牟子理惑论》最可能为东汉末或三国时期作品。

袁名泽．牟子及其《理惑论》辨伪．广西社会科学，2014（5）

【解题】根据《中国历史地图集》第三册和《理惑论》序言所言之时空，可视该书成书于汉、魏时之交州，其作者既非“汉太尉牟融”，亦非“苍梧太守牟子博传”，而是苍梧地区的一位精通儒释道经典之隐士。根据伪书的界定和该书序言，也可视该书为伪书。

李腾．《牟子理惑论》真伪之辨的历史考察．法大研究生，2015（1）

【解题】世已公认《牟子理惑论》为佛教入华最早之论书，近代以降，诸位史学大家针对此书成书年代与文本内容进行了甄别，由此产生众多观点，进而引发了《理惑论》真伪之辨。本文对《理惑论》真伪之辨进行了历史回顾与系统的梳理小结，并结合近几十年新发掘之考古新材料，着重与文献之相互参照与分析，对《理惑论》之真伪再行审视。

元文广．从语言学角度考证《四十二章经》的成书年代．图书馆研究，2016（10）

【解题】两汉之际，佛教沿丝绸之路从西域传入中原，在佛教传译过程中产生了早期的汉译佛典。在早期的汉译佛典中，《四十二章经》无疑是最受争议的一部。关于其是否为最早的汉译佛典说法不一。文章从语言学角度入手，通过考察经文中的一些佛教术语词、普通词、连词、副词等使用情况，得出《四十二章经》并非佛教初传时所译经典，产生时间应在西晋竺法护之后东晋之前。

杨维中．《四十二章经》新考．宗教学研究，2016（2）

【解题】《四十二章经》在中国佛教的早期传播中起了较大的作用。现存《四十二章经》的版本也混入了不少大乘思想，特别是有些语句有明显的禅宗特色。这都是后来流传过程中好事者妄加进去的，不能依此来论说东汉、三国时期两种版本的面目，更不能依此而得出此经乃中土摘编而成的结论。中土撰述或在中土摘抄说缺乏基本的文献支持，不是出于误解史料就是查无实据。以道安《经录》未收来怀疑此经非汉代所翻译，是当代人自设的主观标准，不足凭信。

其他

徐文明.《四分律序》辨伪.佛学研究，2010

【解题】《四分律序》或谓僧肇之作，但实非当时作品；从其内容和流传来看，当为唐朝道宣之后、开元以前之作，也没有产生太大的影响，没有太多的史料价值，不能依之来确定《四分律》的翻译时间、参与人员等问题。

夏金华.论《修禅要诀》是一部伪作.史林，2015（4）

【解题】《修禅要诀》一卷，北天竺佛陀波利随问略说，慧智传译，收入日本《卍新纂续藏经》第六十三册，内容主要是论述修禅的要领及其注意事项，在我国禅宗寺院还颇有影响。从书中序言的内容、译者与相关人员之经历，以及所涉历史典故方面展开讨论，以证明这是一部伪作。

道　　藏

太平经

王明．论《太平经》抄甲部之伪．中央研究院历史语言研究所集刊（第18本），1948
熊德基．《太平经》的作者和思想及其与黄巾和天师道的关系．历史研究，1962（4）

【解题】《太平经》文答体的经文，是襄楷作于延熹八年，上献于九年七月之后。散文体与对话体的经文是完全符合所谓“宫崇所献神书”的内容的。这部分经文（加上出自这两类经文的经抄）可以相信是于吉、宫崇等方士所作的《太平经》本文。

陈卫星．《太平经》作者考．中国文化研究，2007（1）

【解题】关于《太平经》的作者问题，有三种看法：一种认为是于吉和宫崇；一种认为是帛和；一种认为“是一部集体编写的道书”。通过考证两个“帛和”与于吉的关系，可以肯定两“帛和”均不可能是《太平经》的作者，“集体编写”之说也不能成立，可以认为于吉就是《太平经》的真正作者。

周易参同契

季和．《周易参同契》真伪考绪言．河南教育月刊，1933（10）
潘雨廷．《参同契》作者及成书年代考．中国道教，1987（3）

【解题】《参同契》一书，实为三人之言。主要作者为魏伯阳，内容为四字句的《参同契》；魏在燕间以《参同契》示徐从事，徐氏为之印证而更作五字句为主的《参同契》；当魏氏回乡里，更以示淳于翼，翼为之作《乱辞》与《鼎器歌》；魏氏又为之补作《五相类》；如是以观彭晓所保存的原本，始能文句通顺，与古传之说亦合，进而可考核三人之年龄及成书之时间。

方春阳．《周易参同契》作者考．周易研究，1992（3）

【解题】《周易参同契》上篇作者是徐从事，中篇作者是淳于叔通，下篇作者是魏伯阳。

汪启明．《周易参同契》作者新证（一）——从史料鉴别看《参同契》为齐人所著．周易研究，2007（1）

【解题】根据有关《周易参同契》传世史料的性质和时代先后的不同，将其分为“唐五代以前的原始材料”和“宋代以后的考释材料”两部分，对这些材料的分析表明，《参同契》成书于汉代，是多人合作而著；其作者的籍贯有会稽说、鲁国说、郐国说，而世传娄敬著《参同契》及“三圣”“异人”等均无可稽考，所谓“鲁国鄙夫”是原文，“郐国鄙夫”不可靠，“会稽鄙夫”一语不能确证就是吴越会稽。各家除魏氏外均为齐人，而魏氏所在的会稽这个地名，也是源于齐鲁，《周易参同契》应是齐人所著。

汪启明．《周易参同契》作者新证（二）——从文本用韵看《参同契》为齐人所著．周易研究，2007（2）

【解题】古无韵书，《三百篇》即为韵书；孔子传《易》，亦不能改方音。而《周易参同契》全书均为韵语，所以通过用韵来判断《周易参同契》作者的籍贯，是十分可靠的方法。文章先为传世本《周易参同契》作了厘定韵例、编制韵谱的工作，并从中分析其用韵的特点；再根据已有的秦汉方音研究成果参校比勘，说明《周易参同契》具有明显的齐鲁方音的特点，进一步证明它应是齐鲁人所著。

汪启明．《周易参同契》作者地望的文献学初探．宗教学研究，2008（1）

【解题】历代学者多认为《周易参同契》是东汉浙江上虞人魏伯阳所作。通过对文献的考察与分析，确认“郐”地并非作者籍贯；“鲁国”与“会稽”具有一致性，“会稽”是解开作者籍贯的钥匙，初步提出今本《周易参同契》的作者非一人而出于众手，其作者在齐鲁、吴越之间。

其他

刘海涛．《南华真经评注》伪书相关问题考论．图书馆理论与实践，2014（2）

【解题】《中国古籍善本书提要》《周秦汉魏诸子知见书目》等书在收录署名归有光、文震孟的《南华真经评注》一书时，均未对本书的真伪提出异疑，其书中所引众多名家评语的真实性问题也为学界所忽略，故学界在援引时出现了以讹传讹的现象。陈炜舜、方勇等人在考论时虽然指出此书是坊贾伪作，但此书的编纂、众名家的批语是否为本人所作等问题仍困扰着学界。该文即对此做进一步的考论，认为《南华真经评注》应是书坊杂抄、删改众书而成的著述；署名为归有光的眉评及批语究竟为何人所作，恐怕一时还难以给出确切的答案，但可以确认不是归有光所作。方勇所列署名为韩愈、王安石的四条评语皆是出自陆西星的《南华真经副墨》，因此也就没有什么学术价值可言，反而进一步说明《南华真经评注》对《南华真经副墨》的抄袭。

辨伪学史

曹养吾．辨伪学史．水荇（东吴大学），1928（1）；古史辨第二册，北京：朴社，1930

罗根泽．战国前无私家著作说．古史辨第四册，北京：朴社，1933

顾颉刚．战国秦汉间人的造伪与辨伪．史学年报，1935（2）；古史辨第七册，上海：开明书店，1941

顾颉刚．中国辨伪史要略．秦汉的方士与儒生，上海：上海古籍出版社，1998

郑良树．古籍真伪考辨的过去与未来．文献，1990（2）

杜泽逊．古籍辨伪学小史．古籍整理研究论丛．济南：山东文艺出版社，1993

杨绪敏．中国辨伪学史．天津：天津人民出版社，1999

胡可先．汉代辨伪略说．徐州师院学报，1994（3）

古国顺．清代古文《尚书》学述评．“中央”图书馆馆刊，1979（2）

林庆彰．清初考辨群经风气的探讨．复兴岗学报，1990（43）

王俊义．论清代学术思想特色与清初经学的复兴——兼评《清初的群经辨伪学》．哲学研究，1995（5）

叶树声．论清儒辨伪．淮北煤炭师院学报，1996（2）

杨绪敏．明清辨伪学的成立及古书辨伪之成就．中国社会科学院研究生学报，1999（4）

刘重来．中国二十世纪文献辨伪学述略．历史研究，1999（6）

陈力．二十世纪古籍辨伪学之检讨．文献，2004（3）

王国强．汉代文献辨伪的成就．图书馆杂志，2006（4）

【解题】由于崇古的心态、名利的引诱、政治的需要、学术上以求超胜等原因，汉代学者多有伪造文献以欺世者。自司马迁开始，刘向、班固、王充、马融、郑玄等人不断从事文献辨伪，取得了突出成就，发明了一系列可为典则的文献辨伪方法。

文伟．明代辨伪学初探．唐山师范学院学报，2006（6）

【解题】明代辨伪学是中国辨伪学历史长河中一颗璀璨的明珠，在中国学术史上占据了相当显著的地位。这一时期参与辨伪的人数之多和学术成就之大远远超过前代，对后世产生了巨大的影响，因而这一时期是辨伪学史上最光辉、最灿烂的时期。本文从明代辨伪学兴起的原因和辨伪学者及其成就两个方面探讨明代辨伪学的发展状况。

王克霞等．明代辨伪学的理论创立与实践．图书馆理论与实践，2007（5）

【解题】在古代文献学史中，明代学者受宋元以来的疑古辨伪之风的影响，肆力古学，在辨伪学方面取得了较大发展和重要成就。明人辨伪有理论的重大发展，其成就突出地表现在：系统总结辨伪学理论与方法，揭示了辨伪学的规律，使辨伪学走向成熟；明代学者在伪书考辨的实践上也有诸多成果，所考之书涉及经史子集四部（既有通考群书真伪，综合性地辨识古籍的著作，如宋濂的《诸子辨》和胡应麟的《四部正讹》；又有专著一书辨一部伪书的著作，如梅鷟和他的《尚书考异》）；明代学者的成就对后世古代文献学的研究与发展起着导夫先路的作用。

邱志诚．《尚书》辨伪与清今文经学——《尚书》辨伪与清今文经学及近代疑古思潮研究（上）．中南大学学报，2008（2）

赵良宇．论明代疑古辨伪的学术成就及其影响．求索，2010（2）

【解题】明代学者受宋元以来的疑古辨伪之风的影响，疑古辨伪的学术研究在方法和理论上颇有创见。明代学者在总结前人疑古辨伪方法和经验的基础上，提出应从作伪者的生活环境、所处时代、学术思想的脉络、同时或前后的时代状况及其在书中遗留的痕迹、文字、文体的变化等多视角来辨识伪书，系统地归纳和总结了辨伪学理论与方法，促使辨伪学走向成熟。在疑古辨伪实践上，明代学者宋濂、胡应麟、梅鷟等通考群书真伪、综合性地辨识古籍，或专著一书辨一部伪书，成绩都较为显著。他们为我们留下了许多辨别古书真伪的宝贵经验并对当时的疑古辨伪之风起过推波助澜的作用，并在理论和实践上为清代及近代疑古辨伪学术研究的发展产生了重要的影响。

朱仙林．辨伪与造伪并存——《四部正讹》成书前的明代辨伪学．中南大学学报，2014（4）

【解题】《四部正讹》是明代辨伪学最闪耀的成果，但在其成书前，明代辨伪学却面临着许多困境，如丰坊的以伪证伪，杨慎、王世贞等辨伪的同时又造伪。之所以会出现如此复杂的局面，有学者的好奇炫博，有商家的牟利，特别是面对经学复兴、文学复古等运动时，辨伪者为了实现特定的目标，而忽视辨伪或者有意造伪。而《四部正讹》的成书，不仅是胡应麟个人文献辨伪经验的总结，还在于能合理地吸收此前学者们的辨伪经验与教训。

李少波．清初古籍辨伪学偏差辨析．青海社会科学，2015（1）

【解题】清初之辨伪学气魄大、口气大、胆子大、论断绝对化是这一时期的特征。此期有的学者进行综合考辨，考辨对象涉及四部群书，大多数学者是在读书中提出疑问，在不同意见的争论中，促进了辨伪的不断深化。但是，清初辨伪学中存在着以虚律实，以应然否认实然；先入为主，无视不利证据；前提主观，论证不严密；证据不足，结论武断等方面的缺陷也是极为明显的。

孙新梅．汉代辨伪史略．兰台世界，2016（13）

苏金侠．汉代至宋代文献辨伪的发展．山东大学硕士学位论文，2017

宋丽婷．唐代辨伪学研究．河南大学硕士学位论文，2018

苏金侠．从两宋文献辨伪之间的差距看文献辨伪在宋代的分期问题．图书馆研究，2018（1）

【解题】现代学者多将北宋和南宋两个朝代的文献辨伪当作一个整体来讨论。具体分析北宋和南宋在文献辨伪学者、文献考辨书目数量和文献辨伪取得的成就等方面，认为北宋和南宋的文献辨伪在发展程度上并不处在同一个阶段。此外，分析了产生这一现象的原因，认为造成这一局面的因素主要包括文献辨伪学科发展的规律、两宋不同的学风和经济原因。

辨伪学家

朱熹

钱穆．朱子辨伪学．蒋慰堂七十荣庆论文集，台北：学生书局，1968

王余光等．朱熹在辨伪学上的成就和影响．四川图书馆学报，1987（4）

曾贻芬．朱熹的注释和辨伪．史学史研究，1993（4）

杨绪敏．朱熹考辨古书真伪的成就、方法及影响．河池学院学报，2006（4）

【解题】受北宋以来疑古求实风气的影响，朱熹在研究经史的过程中，对不少古代典籍的成书年代、内容及作者的真伪提出怀疑并进行考证，它大大鼓励了后世学者对古书疑辨的勇气，扩大了人们对伪书考辨的视野。

姜龙翔．朱子疑《古文尚书》再探．嘉大中文学报，2011（5）

【解题】《古文尚书》真伪问题经元、明、清的考证后，几已确认并非先秦古籍，而诸考证学家多将朱子探讨《古文尚书》的言论视为辨伪思想的启蒙；现代却有学者明确指出，朱子对《古文尚书》的分析其实并未涉及对《古文尚书》真伪的质疑，反而焦点集中在对《今文尚书》的怀疑上。详细考察朱子早年《语类》内容，认为朱子曾对《古文尚书》的来源及毫无讹损的现象感到疑惑，并且是围绕在“假书”的命题之下，然而由于没有深入的证据，朱子并未再延续“假书”的思维，而是把焦点关注于如何对今古文难易之差异提出解释。因此，朱子对《古文尚书》之疑是非常模糊的概念，但断言其未曾疑过《古文尚书》则是过论。

姜龙翔．论朱子疑辨《书序》之启蒙渊源及其义理思维．兴大人文学报，2012（48）

杜春雷．朱熹疑伪诗考辨．宋史研究论丛（第20辑），北京：科学出版社，2017

【解题】朱熹虽不以诗闻名，但其诗卓然成家，亦颇有可观。今人整理《朱子全书》，于《朱子遗集》辑录朱熹佚诗一卷，良属难能，然而其中也有非朱熹所作而误收他人的作品，对此石立善先生曾指出13首之伪，本文则于此之外，续考辨朱熹疑伪诗《盛家洲》《岁寒堂》《四时读书乐》《寄石斗文》《崇真观》等，共计8首。

梅鷟

傅兆宽．梅鷟辨伪略说及《尚书考异》证补．台北：文史哲出版社，1988

傅兆宽．明梅鷟、清阎若璩二家辨伪方法之研究．华冈文科学报，1988（16）

姜广辉．梅鷟《尚书考异》考辨方法的检讨——兼谈考辨《古文尚书》的逻辑基点．历史研究，2007（5）

【解题】《尚书考异》可能由梅鷟撰就，由梅鷟续成之。《尚书考异》逐一抉发晋以前文献中与《古文尚书》经文蹈袭雷同之处，但无法确证原创与抄袭；故考辨《古文尚书》的要点，并不在于发现多少蹈袭雷同的证据，而是需要为《古文尚书》辨伪确立一个有说服力的逻辑基点；有了这一逻辑基点，作伪举证方能显示其应有价值。

姜广辉．梅鷟《尚书谱》的“武断”与创获．湖南大学学报，2009（3）

【解题】梅鷟《尚书谱》的“武断”之处表现在：断定孔壁《古文尚书》16篇为孔安国伪造；断定东晋《古文尚书》25篇为皇甫谧伪造；否定《百篇之目》，断定《尚书》全经77篇；臆造“刘向《别录》古文尚书58篇”篇目，等等。其“创获”主要表现在：考辨《尚书序》（大序）之伪，考证郑冲未见《古文尚书》，考辨晋人《武成》篇之伪。

胡应麟

邵胜定．胡应麟梁启超伪书鉴别法补正．图书与情报，1988（2）

戴建庭．胡应麟与古书辨伪．浙江师大学报，1990（3）

曾贻芬．胡应麟与古籍辨伪．史学史研究，1996（2）

仓修良．辨伪学家胡应麟．浙江学刊，1998（5）

【解题】对胡应麟的治学精神、辨伪学理论等问题，作了较详尽的论述。

王嘉川．论胡应麟对伪书价值的认识．图书与情报，2004（5）

【解题】辨识伪书是中国传统学术研究中的一项重要内容，但伪书也自有其价值，不可一概弃而了之；胡应麟从四个方面（学术思想、文学、史料、实用），第一次探讨了伪书的价值问题。
李鹏．《四部正讹》研究．山东大学硕士学位论文，2008
李鹏．浅析《四部正讹》对伪书史料价值的认识．四川图书馆学报，2009（1）
李鹏．《四部正讹》辨伪思想探析．图书馆学刊，2009（6）
何蕊．胡应麟对辨伪的贡献．现代语文，2010（2）
许彰明．胡应麟的小说辨伪得失考论——兼论胡应麟辨伪方法的得失．广西师范学院学报，2011（2）

【解题】胡应麟的小说辨伪是他小说研究中的重要组成内容之一，其小说辨伪在承继前人已有辨伪成果的基础上，运用“辨伪八法”对疑伪之书综合辨伪的同时，对有的作品还从小说史的角度作出自己的判断，显现出胡氏在小说研究中史家的眼光和对研究对象独特的艺术审视能力，具有较鲜明的个人特色。但由于其对伪书界定的随意性与辨伪方法的不科学性，又导致他在小说辨伪的过程中存在主观臆断性、随意性，甚至对同一本书前后相互抵牾等种种不足。

陈保中．梁启超与胡应麟在伪书价值上的认识比较．吕梁学院学报，2013（6）
尹芳．胡应麟诸子学研究．扬州大学硕士学位论文，2018

【解题】胡应麟是有明一代学识通淹的学者，在文献学、史学、诸子学等诸领域皆颇有建树。胡应麟还对子部的逸书与伪书进行了详细的考辨，考述了作者姓与名亡缺、诸子之异书同名及诸子书名怪异等的原因，并在《四部正讹》中运用其独创之辨伪八法详细考辨诸子书的真伪，对伪书的评价也自有其客观的态度。《九流绪论》三卷是胡应麟专题研究诸子书的著作，从诸子源流、诸子书之流传、诸子学术之得失、诸子文章之精粗这四个方面论述。诸子源流考述注意到不同学派之间的学术关联，同一学派又关注其学术蜕变与分化；诸子书流传考述则关注诸子书的成书时代、名实及篇数。

阎若璩

容肇祖．阎若璩的考证学．岭南学报，1930（4）
苏庆彬．阎若璩胡渭崔述三家辨伪方法之研究．新亚书院学术年刊，1961
王保德．阎若璩《尚书古文疏证》驳议．中华杂志，1969（9—12）
王保德．阎若璩《尚书古文疏证》驳议续论．中华杂志，1970（10）
王保德．阎若璩不了解“同德度义”的意义．学园，1971（7）
王保德．阎若璩妄证德乃降及郁陶系伪帝．学园，1970（1）
王保德．评阎若璩证壁中书出景帝初的无据．学园，1970（4）
王保德．《古文尚书》非伪作新考证．文坛，1970—1971（124—129）
刘善哉．对阎若璩《古文尚书疏证》导疏的反考证．学园，1969（4）
刘善哉．阎若璩攻击《胤征》的评议．学园，1970（3）
刘善哉．对阎若璩《古文尚书疏证》的反考证．学园，1970（5）
刘善哉．阎若璩攻击《大禹谟》皋陶迈种德之评议．学园，1970（12）
刘善哉．对阎若璩以孔传《尚书》用七世庙为伪文的反考证．学园，1971（5）
钱穆．谈张穆著《阎潜邱年谱》——亦论《尚书》古文疏证．中国学术思想史论丛（8），台北：东大图书有限公司，1980

王俊义．论阎若璩的治学道路、学术成就及其在清代学术史上的地位和影响（下）．松辽学刊，1986（2）

刘人鹏．诠释与考证——阎若璩辨伪论据分析．清代经学国际研讨会论文，台北：中国文哲研究所筹备处，1992

于语和．阎若璩《尚书古文疏证》辨伪方法评析．南开学报，1994（5）

【解题】归纳阎氏《尚书古文疏证》辨伪方法为八种：（1）以历代图书目录的著录情况及典籍本身的源流演变证伪；（2）以典章制度、天文历算及地理沿革知识证伪；（3）以文章的体例、风格及所用语言的时代特征证伪；（4）以考证典籍所载史事证伪；（5）以考查同时代的其他著作及他书征引的佚文证伪；（6）以揭出伪书的材料来源证伪；（7）以现存金石文字证伪；（8）以实地考察所得结论证伪。

赵刚．论阎若璩“虞廷十六字”辨伪的客观意义．哲学研究，1995（4）；中国哲学史，1995（6）

【解题】通过考察朱熹、阎若璩二人对考据地位的不同认识以及在“虞廷十六字”辨伪这一具体学术实践中的表现的分析，认为他们之间的距离不只是其同不胜其异，几乎到了截然对立的程度。在朱子那里，考证是学术的末流，义理的附庸，其是非得失要先经义理标准的裁定；而在阎氏那里，考证是学术的基本尺度，一切经学问题，不论其义理何等醇正，都应由文献考证判断其得失。这事实上抛弃了朱子压在文献考证身上的“义理”重负，空前突出文献考证在儒学乃至儒家知识主义中的地位，可谓对朱子知识主义传统的一大变革。反之，阎氏若不能高扬经学研究方法，继续拘守朱子“尊德性”为本位的知识主义理论，仅以考证方式为程朱理学争正统，就不可能戳穿朱子为“虞廷十六字”编撰的历史神话，还原其假古董的本来面目。从崇程朱始以推倒理学“心传秘诀”终，显示了从义理主宰考证到客观考证战胜主观立说的思想历程，即“真”胜“伪”的轨迹。阎氏的考证意义或在于此。

杨善群．辨伪学的歧途——评《尚书古文疏证》．淮阴师范学院学报，2005（3）

【解题】中国历史上的疑古辨伪思潮，发展到后来愈演愈烈，有的学者以疑古辨伪作为自己的癖好，因而产生了许多不实事求是的做法。清代前期阎若璩的《尚书古文疏证》可以说是其中的一个典型代表，该书证伪运用了八种手法（约可归纳为八大类型：主观武断，强词夺理；颠倒先后，混淆是非；吹毛求疵，故意找碴；信口雌黄，胡乱拉扯；门户之见，意气用事；自相矛盾，莫名其妙；虚张声势，乱凑条目；二难推理，反正是伪），但绝大部分证据都似是而非，不能成立。

袁玮．阎若璩《尚书古文疏证》辨伪成就试论．档案学通讯，2010（2）

【解题】阎若璩对《古文尚书》进行了系统的考辨，运用“由根柢而之枝节”之法，从文体、篇数、篇名等方面逐一考证，内容详尽，有根有据，在辨伪发展史上取得了较大的成就。

贾清宇．孟子引《书》论《书》考论——阎若璩《古文尚书》辨伪证据质疑．辽宁师范大学硕士学位论文，2010

丁鼎．“伪《古文尚书》案”平议．古籍整理研究学刊，2010（2）

【解题】从宋代吴棫、朱熹等学者怀疑传世本《古文尚书》为伪书以来，历代学者围绕这部《古文尚书》的真、伪问题一直聚讼纷纭；清代阎若璩作《古文尚书疏证》之后，经过四库馆臣及后世一些疑古派学者的大力推阐，阎氏把传世本《古文尚书》判定为伪书的观点几乎被清代与近现代学术界视为定谳。到20世纪末，随着我国学术界的思想解放和学术视野的开阔，随着郭店战国楚墓竹简的出土和上海博物馆藏《战国楚竹书》的问世，人们对传世本《古文尚书》的真伪问题进行了新的审视和研究；这些新的研究成果证明阎若璩论证传世本《古文尚书》为伪书的方法和结论在学理和逻辑上均存在漏洞和软肋，从而使阎氏的结论发生了动摇。虽然目前彻底推翻阎氏的结论为时尚早，但起码说明阎氏的结论远非定论，是可以继续探讨的。

房德邻．驳张岩先生对《尚书古文疏证》的“甄别”．清史研究，2011（2）

【解题】在阎若璩《尚书古文疏证》和其他学人辨《尚书》古文之伪的基础上，结合近年出土的战国楚简等相关资料，申论“尚书大序”中古文《尚书》二十五篇说、孔安国献书作传说与史实不符，孔安国《传》中的“金城”“驹丽”“南山”是晚于孔安国的人所写，古文经中的《君陈》《君牙》《大禹谟》等乃伪作，从而反驳张岩先生在《审核古文〈尚书〉案》一书中对阎氏《疏证》的“甄别”（即批判）及其为梅赜所献古文《尚书》的辩护。

范立舟等．阎若璩《尚书古文疏证》的学术价值及其思想史意义．人文杂志，2011（3）

杨善群．评阎若璩的二难推理——《尚书古文疏证》研究之二．儒家典籍与思想研究，2012

【解题】阎若璩所著《尚书古文疏证》，以128条论据证明古文《尚书》之“伪”，历来评价极高，但论验查证，发现其采用了八种不正当的辨伪方法，错误丛生，矛盾百出。该文集中剖示其一种辨伪方法——二难推理，归纳出《尚书古文疏证》进行二难推理的三种程序（将古文《尚书》与他文作比较，若“相同”或“不同”都是“伪作”；从古文《尚书》中找他籍引文，若“有”或“无”都是“伪作”；将古文《尚书》用某标准检验，若“符合”或“违背”都是“伪作”），并对其23个具体推理作细致辨析，认为《尚书古文疏证》是根据作者的主观想象进行大胆假设，而用二难推理进行小心求证，但由于这些二难推理严重背离事实，存在着众多无法解释的问题，因而都是不能成立的。

杨善群．评阎若璩的吹毛求疵法——《尚书古文疏证》研究之三．中国经学（第12辑），桂林：广西师范大学出版社，2013

【解题】集中剖析《尚书古文疏证》第二种辨伪方法——吹毛求疵，如他用《周礼》的规定，去挑剔古文《尚书》中夏代、商代文献的毛病，将其打成“伪作”；说《尚书》“绝不系以时”（即春夏秋冬“四时”），古文《泰誓》因有“春”字，即被指为“伪”，然而今文《金縢》中亦有“秋”字，如何解释？《尚书古文疏证》的吹毛求疵，其法有五种程式，27条实例，都是无中生有，是非颠倒，有些是非常可笑的。

杨善群．评阎若璩的虚张声势法．传统中国研究集刊（第11辑），上海：上海人民出版社，2013

【解题】集中剖析《尚书古文疏证》第三种辨伪手段——虚张声势，它有六种表现方法（胡扯无关《尚书》古文者，拉长篇幅，增加条目；不列证据，随便拉扯，含糊其辞；宣传怀疑古文历史，抄录别人言论；开列条目而不作文，或只留空架没有内容；对孔安国传抓住小节，反复列条；大谈伪书易撰，蛊惑人心），运用这些方法的有65条具体实例，占据全书的半数以上。对于这样的辨伪方法，必须予以充分揭露，以还原学术史的真相。

杨善群．评阎若璩的厚今薄古法——《尚书古文疏证》研究之六．国学学刊，2013（4）

【解题】集中剖析《尚书古文疏证》第五种辨伪方法——厚今薄古，它表现在六个方面（祈鬼神盼今文“孤行”；虚构古文亡于西晋之乱；借《孝经》《礼经》诋毁古文；为尧舜禹名号改今诬古；查他籍引文保今斥古；用不实理由扬今贬古），涉及近20条具体实例，从这些表现和实例来看，此书不是在实事求是地进行学术研究，而是用特殊的手段达到特殊的目的。

张静．《尚书古文疏证》研究述论．黑龙江史志，2013（22）

【解题】《尚书古文疏证》辨《古文尚书》和孔安国传之伪，在史料鉴别上可以说是一部极有价值的著作，在辨伪方法上也提供了可贵的经验。但是由于时代及作者个人的局限，《尚书古文疏证》在某些方面存在着不足，随着我国学术视野的开阔，学界对其进行了新的审视。该文将《尚书古文疏证》的研究分为大陆、港澳台及海外三部分，从通论综述、具体问题两方面来考察。

杨善群．阎若璩的主观武断法——《尚书古文疏证》研究之七．古籍整理研究学刊，2014（5）

【解题】着重评析《尚书古文疏证》的第六种辨伪方法——主观武断，这种方法运用于各条论据的“疏证”，作者对其谬误与特点，一一进行摆事实，讲道理，予以详尽的辨别和考论，以使读者对阎氏《尚书古文疏证》有一个比较清楚的认识，反思疑古思潮造成的负面影响，从中得到深刻的教益。

房德邻．继承阎若璩遗产，清除伪竹简雾霾——纪念阎若璩逝世310周年．明清论丛，2014（1）

【解题】阎若璩令人信服地证明了古文《尚书》是伪作，是因为他揭露了古文《尚书》有“摹拟声口”的现象。“摹拟声口”是说古文《尚书》袭用了旧籍中的文句，之所以知道古文《尚书》是袭用而不是原创，是因为古文《尚书》对于对应的文句做了屈就己意的修改，从而暴露出袭用。运用这种方法检查《清华大学藏战国竹简》（壹）中的《耆夜》《尹诰》《周武王有疾周公所以自代王之志》和《上海博物馆藏战国楚竹书》（二）中的《容成氏》，认为同样存在“摹拟声口”的现象，特别是两简大量袭用秦汉以后文献中才出现的词语，这些词语有的是经过长期衍化生成的，有的是在后世特定的社会环境或者特定的语境下产生的，它们不可能产生于先秦，两简中出现这些词语是其作伪的铁证。

杨善群．评阎若璩的颠倒先后法——《尚书古文疏证》研究之五．国学研究，2015（1）

【解题】集中剖析《尚书古文疏证》第四种辨伪方法——颠倒先后，它有胡编他籍文字“窜入”古文《尚书》、臆造古文《尚书》“遗漏”“忘采用”他籍引文等六种方法，涉及近50条具体例证，都凭主观想象，严重背离历史事实。

杨善群．评阎若璩考据的胡编乱造法．黑龙江社会科学，2015（5）

【解题】集中剖析《尚书古文疏证》第七种辨伪方法——胡编乱造，表现在：对孔传《尚书》作多项指控，与历史事实完全不符；“精心设计”古文《尚书》各篇的“伪作”过程，纯属主观想象；为“证伪”之目的，随心杜撰离奇故事。

杨善群．评阎若璩考据的自相矛盾法．中华文化论坛，2015（10）

【解题】着重评论《尚书古文疏证》第八种考据方法——自相矛盾，作者摆事实，讲道理，详细分析其多样表现方式及形成原因。

姚际恒

董铸仁．《古今伪书考》述评．文华图书科季刊，1931（4）
叶树声．论姚际恒辨伪．图书馆工作，1994（3、4）
蒋秋华．姚际恒对《子贡诗传》《申培师说》的批评．中国文哲研究集刊，1996（8）
林庆彰．姚际恒与顾颉刚．中国文哲研究集刊，1999（15）
杨绪敏．论姚际恒考辨古书的成就及影响．古籍研究，1999（1）

【解题】姚际恒的辨伪成就主要表现在三个方面：一、对伪《古文尚书》的考辨；二、对《诗序》的考辨；三、对群书的考辨。

杨绪敏．评“清初最勇于疑古的”学者——姚际恒．烟台师范学院学报，2003（2）

【解题】从辨伪学的角度，充分肯定了姚际恒在考辨古籍方面所作的贡献，同时也指出了其不足。

张颖．从《仪礼通论》看姚际恒的辨伪思想．郑州大学硕士学位论文，2010

毛奇龄 · 李塨

林庆彰．毛奇龄、李塨与清初的经书辨伪活动．（高雄）中山大学中国文学系第二届清代学术研讨会论文集，1991
闫宝明．毛奇龄《古文尚书冤词》探微．古籍整理研究学刊，2005（6）

【解题】阎若璩作《尚书古文疏证》，判定今本《古文尚书》为伪书，而同时代的毛奇龄则作《古文尚书冤词》，极力为《古文尚书》辩护，从而引发了一场学术公案。《古文尚书冤词》成为毛氏学术生涯中的败笔，但是他在论辨当中崇实黜虚，纠正了不少辨伪者的错误，从学术史的角度讲，这部表面看起来与辨伪针锋相对的《古文尚书冤词》，恰恰对《古文尚书》辨伪的深入产生了重要影响。

周怀文等．毛奇龄《诗经》辨伪述略．聊城大学学报，2012（2）

【解题】辨伪是毛奇龄《诗经》研究中较有特色和成就、价值较高的部分，考辨作品多，涉及内容广，论据丰富，论证深入，且少有其他作品中习见的粗疏、谩骂风气，形成了独特的辨伪范式，具有鲜明的体式特点，在明清之际的《诗经》学史上具有一定成就与影响。

赵铭丰．程廷祚与毛奇龄——论《古文尚书》考辨异时对话的轴线转移．（台湾）“国家图书馆”馆刊，2012（1）
刘献姣．毛奇龄《诗经》学研究．吉林大学硕士学位论文，2016

【解题】在清初学术史上，毛奇龄是一个颇有影响力的学者。他是继黄宗羲、顾炎武之后实证学风的提倡者。毛奇龄治学主张讲求实证，不以空言说经，致力于回归经典，对以朱熹为代表的宋学给予激烈的攻击，对明末清初的学风转变和学术发展起到了重要作用，对后来的乾嘉汉学的形成有启迪开创之功。他的治学特点也体现在他的《诗经》学研究之中。第四章通过对毛奇龄《诗经》学辨伪著作《诗传诗说驳义》一书的分析，指出毛奇龄着意回归原典的思想。

崔述

钱穆．读崔述《洙泗考信录》．综合月刊，1974（72）
彭林．崔述和《考信录》．人物，1986（6）
赵光贤．崔述在古史辨伪上的贡献和局限．史学史研究，1991（2）
曾贻芬．崔述及其《考信录》简介．文汇报，1961.9.7
曾贻芬．驳崔述及其《洙泗考信录》的两个考证．文汇报，1961.9.7
李剑雄．古史考辨学家崔东壁．文史知识，1984（8）
山塞．对古史辨伪考信事业的贡献——《崔东壁遗书》．中国社会科学，1984（5）
吕思勉．读《崔东壁遗书》．论学集林，上海：上海教育出版社，1987
陶懋炳．崔述《考信录》初探．史学史研究，1984（1）
陈其泰．《考信录》——探索科学古史体系的先导名著．文史知识，1989（9）
赵光贤．崔述在古史辨伪上的贡献和局限．史学史研究，1991（2）
邵东方．崔述的疑古考信与史学研究——与王元化先生论学．学术月刊，1992（10）
路新生．崔述与顾颉刚．孔孟学刊，1992（64）；历史研究，1993（4）
邵东方．崔述与中国学术史研究．北京：人民出版社，1998
邵东方．论胡适、顾颉刚的崔述研究．北京：人民出版社，1998
王健文．一个寂寞的史学家——典范变迁中的崔述．历史学报，1992（12）
陈祖武．古史辨的先驱——崔述．历史月刊，1997（4）
邵东方．经义求真与古史考信——崔述经史考辨之诠释学分析．史学理论研究，1998（1、2）
张利．崔述古史辨伪学说的现代审视．许昌师专学报，2001（3）

【解题】崔述是清乾嘉时期的辨伪学家，廓清旧的古史体系，其反传统的批判精神直接为近代疑古思潮提供了养料；崔述治史有自觉追求证据确凿、逻辑严密的朴素理性主义精神，十分重视史学方法的总结；崔述以经书作为考证古史的唯一准绳，使他在确立可信古史体系上难有作为。

陈金信．崔述群经辨伪研究．彰化师范大学硕士学位论文，2001
吴量恺．崔述评传．南京：南京大学出版社，2001
韦勇强．崔述古史考辨理论及方法浅谈．广西右江民族师专学报，2001（4）
吴少珉，张京华．论顾颉刚与崔述的学术关联．洛阳大学学报，2002（3）

【解题】崔述的学术思想是顾颉刚疑古思想的重要来源，其间也存在日本疑古思想的外来影响，这是可以肯定的。但是，在1923年正式提出“层累说”以前，顾颉刚还没有见到日本那珂通世本《考信录》。其后，他整理编订《崔东壁遗书》，是以陈履和刻本为底本，并参考了那珂通世的研究成果。关于顾颉刚、崔述与日本学术思潮的关联，主要有：（1）胡适“极少数人欣赏，多数人不承认”说和钱穆“传矣而不广，存矣而不著”说；（2）王煦华“质的变化”说和邵东方“根本差别”说；（3）廖名春“可能接受白鸟库吉‘尧舜禹抹杀论’”说；（4）李庆“中日两国研究互动”说和钱婉约“共同源头”说；（5）李学勤“疑古思潮在日本也有进步意义”说。

曾杰丽．崔述与罗尔纲辨伪思想比较研究．南宁师范高等专科学校学报，2004（3）

【解题】辨伪是崔述、罗尔纲这两位史学大师得以成名成家的重要基础，虽然他们在考辨伪史的范围、标准、归结成伪原因等方面各有不同，但都对历史文献辨伪做出了巨大贡献，形成“以小见大”“剥笋”的思想特色。比较研究他们的辨伪思想，对于丰富中国文献学的理论以及促进史学的发展，有着重要的借鉴意义。

王记录等．崔述考信辨伪思想述论．历史文献研究（第27辑），上海：华东师范大学出版社，2008

丁伟国．崔述与辨伪．贵图学刊，2008（1）

黄宣民等．古史学家崔述的疑古儒学思想．燕山大学学报，2010（1）

【解题】生活于清乾嘉之世的崔述，既不笃信当时作为国家意识形态的程朱理学，亦与当时学界主流汉学相异趣，而是提出以疑古辨伪考信为主要内容的学说思想。这思想是对由孔子“知之为知之，不知为不知”的认知态度及孟子“尽信书，不如无书”之说所开启的中国儒学史上疑辨的精神传统的继承和发扬，故其本身亦是独具特质的儒学思想。崔述及与其并世的姚际恒的学术思想，是作为当时学界潜流的疑古儒学思潮的主要代表。崔氏疑古儒学在20世纪二三十年代的中国学术界发生过重大影响，对由经学而史学的学术转换及新史学的形成和发展起了一定作用。

康有为

汤志钧．新学伪经考辨．出版史料，1989（2）

朱维铮．重评《新学伪经考》．复旦学报，1992（2）

吴剑杰．康有为和他的《新学伪经考》《孔子改制考》．中国近代思潮及其演进，武汉：武汉大学出版社，1989

张勇．也谈《新学伪经考》的影响——兼及戊戌时期的“学术之争”．近代史研究，1999（3）

【解题】通过对有关重要文献的重新解读和部分散见材料的辑订排比，从文本语境、时代学风、朝局政争、人事纠纷等的结合、关联中，更加全面如实地重新估量《新学伪经考》在戊戌时期的影响；并通过对与之有关的几个典型案例的补充说明，就戊戌时期的所谓“学术之争”的复杂性提出自己的见解。

佟大群．论康有为的文献辨伪与晚清社会．社会科学战线，2012（1）

【解题】《新学伪经考》全盘否定传世的古文经传在政治上、学术上都产生了广泛的影响。康有为的文献辨伪，其思想性更加突出，它的形式是考据学的引经据典，无征不信，但其实质则是先入为主，意在经世，仅从“辨伪方法”的角度理解，是不全面的。

陈文采．康有为《毛诗》辨伪学之渊源及其内容与方法．东华汉学，2013（17）

李少波．《新学伪经考》古籍辨伪平议．青海师范大学学报，2015（1）

【解题】《新学伪经考》中的辨伪并非客观的学术研究，而是思想家手中论证自己先验思想正确性的工具和打击论敌的武器。这样的辨伪事实上背离了辨伪学应然性要求，步入了歧途，其文与学术精神是背道而驰的，有损于学术品德之客观与诚信。既有伤于学术，无益于思想建设，政治亦不享其利。康有为在历史上自有其地位，然不在其《新学伪经考》。

刘星．康有为《尚书》辨伪的时代价值探析．人文天下，2018（11）

王小惠．辨别“六经”的真伪——钱玄同对清末康有为反孔资源的接纳及转化．鲁迅研究月刊，2018（1）

梁启超

翁惠美．梁启超辨伪方法说书后．中国国学，1988（16）

吴铭能．梁启超的古书辨伪学．台湾师范大学硕士学位论文，1990

叶树声．梁启超对辨伪学的贡献．淮北煤炭师院学报，1997（2）

廖名春．梁启超古书辨伪方法平议．原道，1996；中国学术史新证，成都：四川大学出版社，2005

【解题】梁启超关于辨别古书真伪的方法基本上是错误的，至少可以说是有严重问题的，简单地袭用梁氏的方法去判定古书的真伪及其年代，往往容易造成冤假错案。其原因有三：一是在价值观上宁失之疑而勿失之信，宁信有伪而不信有真；二是在方法论上缺乏辩证观念与历史观念，以今律古，以今人的著作观要求古人，不懂得周、秦古书的形成和流传有其独特的规律，将古书自然演变的过程看作有意作伪，将古书流传中的问题与古书本身的问题混为一谈，将形式上的问题与思想实质上的问题、将局部的问题与主体部分的问题简单地画等号；三是论证多依赖丐辞和默证。

李廷勇．传统与近代的交融——梁启超古籍辨伪成就述论．史学理论研究，2002（2）

【解题】就梁启超的辨伪成就作一番清理，以示梁氏在此文化思潮中所占据的重要地位。

肖庆峰．梁启超辨伪学思想和方法来源初探．牡丹江师范学院学报，2009（4）

【解题】就梁启超辨伪学思想和方法的来源进行初步探讨，从古代辨伪学尤其是清代辨伪学思想和方法、西方近代科学思想和方法、以康有为为代表的近代今文经学三个方面展开论述。

王娜．浅析传统伪书与现代伪书的异同——从梁启超的古籍辨伪学来分析．图书馆界，2009（1）

【解题】以梁启超的辨伪理论为基础，从类型、危害、原因及辨伪方法等几方面对传统伪书与现代伪书作了一系列的比较。

常兰会．浅谈梁启超对史料的辨伪方法．兰台世界，2009（17）

【解题】从辩证的辨伪方法论（质疑最先、最近原则的方法论；提出反正的辨伪方法论；以“年代”为准的博搜旁证的辨伪方法论）、经验型方法论（提出局部幻觉与一般幻觉；“先辨伪书、次辨伪事”的辨伪方法论；鉴别伪事7个标准）、梁启超对辨伪学的影响三个方面来谈梁启超对史料的辨伪方法。

江涛．论梁启超的辨伪学成就．黑龙江史志，2011（17）

【解题】主要阐述了梁启超在辨伪的必要性、辨伪的种类和辨伪方法等几个方面的贡献，并将其理论进行了梳理，归结出他的辨伪学思想特点。

彭树欣．梁启超：现代辨伪学研究第一人．兰台世界，2012（1）

李长银．导夫先路：梁启超与“古史辨运动”．北京社会科学，2014（12）

【解题】在一定意义上，梁启超应该被视为“古史辨运动”的导夫先路者之一。在

“古史辨运动”的整个历史进程中，无论是“古史辨运动”中的主要学说，还是共同讨论的一些关键性问题，甚至《古史辨》相关几册的编辑，均与梁启超的相关撰述有着极为密切的关系。这一事实的挖掘，有助于进一步探讨“古史辨运动”的“学源”问题及20世纪20年代的梁启超在“新汉学”中的角色定位问题。

李正辉．由《古书真伪及其年代》看梁启超的辨伪学思想．兰台世界，2015（10）

【解题】梁启超是现代辨伪学的奠基者，他在继承前人辨伪理论的基础上，又有创造性发展，主要体现在剖析伪书的危害、设置科学的伪书分类、提出系统的辨伪方法等几个方面。

顾颉刚与《古史辨》

钱玄同．答顾颉刚先生．读书杂志，1923（10）

刘掞藜．读顾颉刚君《与钱玄同先生论古史书》的疑问．读书杂志，1923（11）

胡堇人．读顾颉刚先生论古史书以后．读书杂志，1923（11）

钱玄同．研究国学应该首先知道的事．读书杂志，1923（12）

刘掞藜．讨论古史再质顾先生．读书杂志，1923（13—16）

胡适．古史讨论的读后感．读书杂志，1924（18）

李玄伯．古史问题的唯一解决方法．现代评论，1924（3）

丁文江．论禹治水说不可信书．古史辨第一册，北京：朴社，1926

魏建功．新史料与旧心理．北京大学国学周刊，1926（15）

周予同．顾著《古史辨》的读后感．文学周刊，1926. 7. 11

王伯祥．读《经今古文学》和《古史辨》．一般，1926. 9. 5

陆懋德．评顾颉刚《古史辨》．清华学报，1926（2）

绍来．整理古史应注意之条件——质顾颉刚的《古史辨》．益世报，1928. 12. 3

钱穆．评顾颉刚《五德终始说下的政治和历史》．大公报，1931. 4. 13

范文澜．与颉刚论五行说的起源．史学年报，1931（3）

陈槃．写在《五德终始说下的政治和历史》之后．古史辨第五册，北京：朴社，1935

郭沫若．评古史辨．古史辨第七册，上海：开明书店，1941

童书业．古史辨派的阶级本质．文史哲，1952（3）

杨向奎．古史辨的学术思想批判．文史哲，1952（3）

顾颉刚辑．古籍辨伪丛刊（第1辑）．北京：中华书局，1955

李锦全．批判古史辨派的疑古论．中山大学学报，1956（4）

吴泽，袁英光．古史辨派史学思想批判．历史教学问题，1958（10）

吴泽．五四前后疑古思想的分析和批判．历史教学问题，1959（4）

杨向奎．论“古史辨派”．中华学术论文集，北京：中华书局，1981

蔡尚思．顾颉刚创立的新疑古派——《古史辨》派作用的具体分析．社会科学战线，1981（4）

蔡尚思．顾颉刚先生治学的几个特点．文史哲，1981（6）

余英时．顾颉刚、洪业与中国现代史学．中国史学研究动态，1981（8）

庄葳等．从《古史辨》看顾颉刚的治学方法．苏州大学学报，1982（1）

冯菊年．顾颉刚与《古史辨》．文汇报，1982.6.7
杨宽．顾颉刚先生与《古史辨》．光明日报，1982.7.2
方诗铭．顾颉刚与《古史辨》．书林，1983（4）
顾颉刚．我是怎样编写《古史辨》的．文史哲学者治学谈，长沙：岳麓书社，1983
庄葳，郭群一．考辨古史，廓清迷雾——评《古史辨》．史学月刊，1984（1）
周春元．论古史辨派的史学．史学史研究，1984（1）
施耐德（Schneider，LauenceA），梅寅生译．顾颉刚与中国新史学．台北：华世出版社，1984
余英时．中国近代思想史上的胡适．台北：联经出版事业公司，1984
许冠三．新史学九十年．香港：香港中文大学出版社，1986
刘起釪．顾颉刚先生学述．北京：中华书局，1986
王煦华．古史辨派与先秦史研究．文史知识，1986（6）
王煦华．一本论述汉代学术与政治关系的名著：读顾颉刚先生的《秦汉的士与儒生》．文史知识，1987（6）
江宁．当代史学流派介绍——古史辨派．文史哲，1987（5）
郑良树．顾颉刚学术年谱简编．北京：中国友谊出版公司，1987
王汎森．古史辨运动的兴起——一个思想史的分析．台北：允晨文化实业公司，1987
陈寒鸣．试论顾颉刚先生的疑古思想．苏州大学学报，1988（3）
刘俐娜．顾颉刚与古史辨派．近代史研究，1988（4）
丛小平．古史辨派科学方法简论．陕西师范大学学报，1989（2）

【解题】怀疑方法和假设方法是古史辨派认识的起点和主要方法，其理论基础是近代实证主义。古史辨派的科学方法批判了经学方法的权威主义和信仰主义，以科学方法代替经学方法。他们批判地继承了朴学的优秀传统，又使之与西方科学方法相结合，并注重了方法论程序的建设。今按：古史辨派的消极影响也是巨大的，应该彻底清算。

鲁毅．顾颉刚与古史辨派的新考据学．史志文萃，1989（5）
刘俐娜．王国维治史思想、方法与古史辨派．王国维学术研究论集（第3辑）．上海：华东师范大学出版社，1990
王煦华．古史辨派对孔子的研究和评价．孔子研究，1990（2）
彭明辉．疑古思想与现代中国史学的发展．台北：台湾“商务印书馆”，1991
罗厚立，葛佳渊．跨世纪的启示——从章太炎到《古史辨》．读书，1991（10）
张岱年．古史研究的新成就——读《古史辨》．光明日报，1991.12.19
刘起釪．古史续辨．北京：中国社会科学出版社，1991
赵光贤．顾颉刚与《古史辨》．史学史研究，1992（1）

【解题】顾颉刚继崔述之后，打破六经的束缚，对关于古史的伪书伪史作一番清理的工作，提出“层累地造成古史说”；但误信康有为的邪说，认他的谎言为考证，上了他的当，这是错误的。

余兼胜．顾颉刚古史观的形成与其古今文经学认识的关系．历史教学问题，1992（3）

【解题】主要分析顾颉刚“层累地造成的中国古史”观与其对古今文经学认识的关系，时间上以1923年正式成文公布此一史观为限。

周明武．顾颉刚疑古辨伪所体现的学格人格略论．历史教学问题，1992（6）
胡新生．略论古史辨派的古史研究方法．史学月刊，1993（6）

【解题】“古史辨”学者提出的辨伪结论是否可信，往往在很大程度上取决于他们运用的研究方法是否正确。从这种意义上说，分析“古史辨”派研究方法的得失，是准确估价该学派学术成就的关键。该文分“历史演进的方法”“默证法及其他”两个部分来论述。

罗义俊．钱穆与顾颉刚的《古史辨》．史林，1993（4）
高增德．试论学术流派的意义及其价值：兼论顾颉刚创建的古史辨学派．学术论丛，1993（5）
胡绳．由顾颉刚的“古史辨”提出一个问题．北京日报，1993.11.30
顾潮．顾颉刚年谱．北京：中国社会科学出版社，1993
胡绳．顾颉刚古史辨学说的历史价值．学习与探索，1994（3）
顾洪．论古史辨学派产生的学术思想背景．中国文化研究，1995（2）
路新生．“古史辨派”疑古思潮中的科学性及其偏颇．北京日报，1996.8.24
王树民．《古史辨》评议．河北师院学报，1997（2）
侯云灏．论“古史辨”派史学评价的几个问题．史学史研究，1997（2）

【解题】该文阐述了史学界对“古史辨派”史学评论的历史，提出应从“古史辨”在中国近代史学史上的地位及历史使命、“古史辨”寓致用于求真的史学实践以及“古史辨”对历史认识特点的探讨三个方面来评价“古史辨”的实践与价值。

以舟．70年论说不断《古史辨》．炎黄春秋，1999（1）
陈其泰．“古史辨派”的兴起及其评价问题．中国文化研究，1999（1）

【解题】顾颉刚古史辨伪学说，不仅是传统学术中疑古风气的发展，而且是在五四时期中西学术交融这一意义重大的思想文化思潮的有力推动下兴起的。它是当时西方强劲传入的新学理，尤其是科学理性精神，批判、审查史料的方法，重视逻辑、系统和“历史演进”的方法，与传统学术中乾嘉严密考证方法，今文学派猛烈批判千百年来禁锢人们头脑的泥古、守旧、僵化思想体系的怀疑和进取精神，互相结合的产物。其贡献在于：(1)“古史辨派”的古史辨伪工作，旨在对于推翻旧的臆造的古史体系。(2) 由于臆造的旧史体系，是与一千多年来束缚人们头脑的封建“道统”相一致的。(3)“古史辨派”尤其是顾颉刚本人，对于古史辨伪和古书辨伪，作了范围广阔的考辨工作，涉及许多历史问题和各种重要典籍。(4) 顾氏在学术上“求真”的精神，对于学术问题“平等”讨论的态度，也值得肯定。其局限在于：(1) 未能注重结合考古发现来考辨古史，致使“古史辨”在一定程度上变成“古书辨”。(2) 有的地方怀疑过头，因而造成“玉石俱焚”。(3) 在研究方法上存在有不当的地方：一是张荫麟先生曾指出“古史辨派”过分地使用默证法；二是有时对于史料不能做到审慎地处理，抹杀不利于自己的证据；三是他们对于掺杂神话的传说和纯粹神话的界限不清，且夸大先秦各学派所述的古史歧异（其实它们相同的地方实在更多）。

林庆彰．姚际恒与顾颉刚．中国文哲研究集刊，1999（15）
林庆彰．郑樵与顾颉刚．泰安师专学报，1999（2）

【解题】讨论郑樵学术思想的特色、顾颉刚研究郑樵之经过和郑樵对顾氏的影响。

郑氏在学术思想方面有博学多闻以求会通、批判传统勇于创新两点特色；顾氏是民国10年（1921）秋冬之间开始辑集郑氏的《诗辨妄》，全书于民国二十二年（1933）出版，在辑集过程中，又完成《郑樵著述考》《郑樵传》两篇，刊于《国立北京大学国学丛刊》，至于郑氏对顾颉刚的影响，可分启发孟姜女故事的研究，启发《诗经》研究的新方向两点。

陈勇．疑古与考信——钱穆评古史辨派的古史理论．学术月刊，2000（5）

【解题】自1923年顾颉刚发表《与钱玄同先生论古史书》、提出古史层累造成说引发古史大讨论以来，对古史辨派古史理论的评价便不绝于书，其中钱穆先生的评价就颇具有代表性。钱穆对古史辨派的评价大致经历了一个由正面肯定到基本否定的过程。20年代末30年代初，他对古史辨派正面肯定的居多；30年代中后期，在《国史大纲》中，针对顾颉刚的古史层累造成说提出了古史层累遗失说，认为古史固然有层累造成的一面，同时也有层累遗失的一面，而且后者更为重要，尤需研究，不能只强调前者而忽略后者；自40年代特别是钱穆居港台以来，他对古史辨派否定性的评价主要是从民族文化立场着眼立论的，对古史辨派批评的言论转多，几近全面否定。

赵利栋．《古史辨》与《古史新证》——顾颉刚与王国维史学思想的一个初步比较．浙江学刊，2000（6）

【解题】顾颉刚与王国维是中国近代史学上极具代表性的人物，“古史辨”与“古史新证”都对中国古史研究产生过很大的影响。该文通过对二人的学术渊源、史学方法以及对于后世影响的初步比较，指出顾氏疑古思想的复杂层面和王氏古史新证的局限性，同时亦指出无论“古史辨”和“古史新证”都是对中国近代文化危机的一种反应。

吴少珉．近50年来“古史辨派”研究述评．洛阳大学学报，2000（1）

杨庆中．论古史辨派的易学研究．首都师范大学学报，2001（2）

【解题】古史辨派考证《周易》的目的，是“打破汉人的经说”“破坏其伏羲神农的圣经的地位而建设其卜筮的地位”“辨明《易十翼》的不合于《易》上下经”；为此，他们重点讨论了《周易》经传的成书年代和作者、《周易》经传的性质及关系、孔子与《周易》经传、《周易》一书的结构等问题，这些讨论对于传统易学造成了极大冲击；从学术发展史的立场看，他们的考证难免有疑古过勇之讥。

张利．顾颉刚对崔述古史辨伪学说的继承和超越．浙江学刊，2001（2）

【解题】顾颉刚提出的“古史辨”学说，其中有关上古帝王世系和五德终始说等理论观点继承了崔述的古史辨伪学说。然而，在治史目的、方法以及构建古史体系上，顾颉刚则另辟史学蹊径，大大超越了崔述之学；并在“五四”这一特定历史时期进一步发扬崔述思想中蕴含的近代因素。

顾颉刚．我与《古史辨》．上海：上海文艺出版社，2001

杜蒸民．郭沫若对顾颉刚和《古史辨》史学的科学批判．郭沫若学刊，2002（1）

张利．西方史学的传播与古史辨派的产生．许昌学院学报，2003（1）

【解题】20世纪初，西方的史学思想，尤其是进化论、实用主义和实证主义史学传入中国，更新了人们的思想观念，掀起了追求科学的浪潮，促进了中西学术的交流，也形成了我国现代史学史上名噪一时的“古史辨派”。

雷戈等．《古史辨》中史学评论的基本特点．聊城大学学报，2003（2）

【解题】《古史辨》中有关史学评论的内容有六个特点，即系统性、专题性、自觉性、理论性、客观性、社会性。从观点上说，它不是某一家正统的学术家族内部的你争我夺，细节纠缠，而是在多家不同的学术观点之间进行的大是大非问题之辨；从目的上说，它不是为了争夺对道统的拥有权、独占权和发言权，而是为了追求学术、自由和真理；从态度上说，它不是从等级出发去以权压人、以势凌人，而是从平等的立场出发去以诚待人、以理服人；从影响上说，它开创了一种以理性为基础的自由学术批评的现代传统，它标志着中国现代学术和现代史学的正式形成。

田旭东．《古史辨》及疑古学派之我见．西北大学学报，2003（3）

【解题】从对《古史辨》及疑古学派的代表人物顾颉刚、胡适等人的研究方法、治学态度等进行具体分析入手，主要论及这一学派的功过得失以及近一个世纪以来对中国学术界产生的巨大影响。由于古史辨在疑古时，经常“抓其一点，不及其余”，因此他们对古代的否定常常有些过头，造成“玉石俱焚”；疑古学派把先秦古书的年代普遍往后拉，把许多书都说成是刘歆伪造或更晚的伪造；以顾颉刚为首的古史辨学派在研究、考辨中国古史时未能注重结合考古学发现的成果，致使《古史辨》始终是以古书论古书，不能跳出在书本上做学问的框框，在一定程度上可以称为“古书辨”，这大概亦可认为古史辨学派在方法论上的一个致命的缺陷。

沈颂金．论古史辨的评价及其相关问题——林甘泉先生访问记．文史哲，2003（2）

【解题】“古史辨”疑古所疑的主要是三皇五帝的古史系统，并不是对一切古史都怀疑。“古史辨”之前已有疑古，之后也应该有疑古精神，不能把信古、疑古、释古截然分开和绝对化，中国古代史研究也不是这三个阶段的问题，“走出疑古时代”的提法不合适。

沈颂金．试论“古史辨”与考古学的关系．齐鲁学刊，2003（5）

【解题】以古史重建为宗旨的考古学得以在中国迅速发展，主要得益于古史辨派。古史辨重在破，考古学偏于立，两者之间存在着内在的逻辑因果关系。

王小婷．钱穆与古史辨派．泰山学院学报，2003（5）

【解题】钱穆与20世纪的古史辨派有复杂的关系：他早年受其影响，论著不乏疑古精神，但后来又批评古史辨派，到晚年批评得尤为厉害，原因是对古史辨派的破立观、对神话传说的态度及古史研究方法持有不同观点；钱穆对古史辨派的批评为20世纪中国学术的发展作出了贡献。

王新勇．论“古史辨”运动与中国先进文化前进方向的关系．湖北民族学院学报，2003（6）

王树民．“古史辨”的主要论点是讨论了“大禹是条虫”吗．文史知识，2003（9）

刘起釪．古史辨与恩格斯的唯物史观．考古学研究，2003

韦勇强．顾颉刚“古史层累说”的形成及意义．广西师范大学学报，2004（2）

赵沛霖．论古史辨派的《诗经》研究．学术研究，2004（3）

【解题】古史辨派的《诗经》研究有其历史必然性，顾颉刚继承和发扬郑樵、姚际恒的学术传统，对《诗经》进行辨伪，并非出于单纯的学术兴趣，而是五四时代精神使然。古史辨派《诗经》研究的特点是：一、对传统《诗经》学进行猛烈批判，始终体现了一种学术批判精神；二、树立了建设新的《诗经》学的学术目标；三、自由探讨，平等交流，进行正面学术交锋。

罗义俊．顾颉刚和“古史辨”拾遗——作于“纪念顾颉刚先生诞辰110周年学术座谈会”后．史林，2004（3）

晁天义．“古史辨”派与20世纪的《春秋》性质研究．甘肃社会科学，2004（4）

【解题】“古史辨”派在20世纪初发起并主导了一场关于《春秋》性质问题的讨论，在当时社会反封建思潮的鼓动下，他们继承并发挥了传统今文经学家的怀疑精神和古文经学家的“六经皆史”说，得出“孔子不作《春秋》”“《春秋》为史学著作”等错误结论；“古史辨”派的《春秋》性质研究对整个20世纪的《春秋》研究产生了消极影响，也制约了此间经学史、史学史领域相关问题的研究。

章原．古史辨《诗经》学研究．复旦大学博士学位论文，2004

刘开军．顾颉刚对“古史辨”的自我反思．淮北煤炭师范学院学报，2005（6）

【解题】顾颉刚在“古史辨”兴起的学术渊源、研究内容、学术宗旨等问题上，都有自己的看法或反思——“古史辨”之兴起乃是多种因素的汇合，是古与今，中与外交融的学术结晶，即怀疑的精神和历史演进的方法；“古史辨”即史家的考辨古史，所辨内容是伪书、伪事、伪史，三者不可割裂；“古史辨”是一项长期的、开放的学术事业，有它自己的路径和旨归，破坏是手段，建设才是目的。

李扬眉．方法论视野中的“古史辨”派．山东大学博士学位论文，2005

王法周．从《古史辨》看1920年代史学中的西学观念与方法．“西方思想在近代中国”会议论文，2005

谢中元．论古史辨派以歌谣释《诗经》的动因和诗学意义．海南大学学报，2006（1）

【解题】古史辨派《诗经》学是传统《诗经》学向现代《诗经》学过渡的重要阶段，他们解构经典，用民间歌谣作比较认识《诗经》的文学性质。古史辨派学者从歌谣研究走向民间，又以民间视野反观《诗经》，把它当作中国古典乃至现代诗歌的生命出场，其中蕴含着他们对民间的独特看法。民间一般分为三个层面：现实的自在的民间文化空间；具有审美意义的民间文化空间；知识分子的民间价值立场。以胡适、顾颉刚、刘半农、沈尹默、周作人、常惠、董作宾等为代表的古史辨派学者，前期以《歌谣》周刊为核心，搜集、倡导民间文学，把《诗经》置于“民间语境”，发现了民间文化整体的诗性美学意义。因为他们对“民间”充满了浪漫想象，所认同的不是现实的自在的文化空间，而是与此相关又有重大区别的文化审美的民间；他们所发现的“诗的成素”更多的则是那种未被礼教束缚的“民间性情”。民间能够释放审美的因子，也可以生产龌龊的“文本”。民间与好诗不能完全划等号，而好诗也非民间完全涵括。如果认为民间的就一定是好诗，两个概念的“所指”就被置换了，民间也将滑向无限膨胀的超级“能指”，那将是对民间的神圣化、虚拟化想象。

张京华．《古史辨》辨名．云梦学刊，2006（1）

【解题】1926年6月《古史辨》第一册的出版，是现代疑古思潮与“古史辨派”的形成标志，但由于此书的题名使用了一个单字“辨”，而“辨”字自古代至近代一向与“辩”字通用，因此《古史辨》的“辨”既有“辩论”的含义，又有“辨伪”的含义，具有较大的模糊性。在陈述自己的学术研究即对内而言，顾颉刚多侧重于《古史辨》的辨伪性质，而在汇编学者的争鸣文章即对外而言，顾颉刚多侧重于《古史辨》的讨论性质；在1923年5月公开发表《与钱玄同论古史书》以前，顾颉刚对《古史辨》的阐释多侧重于辨伪的性质，而在这篇书信发表之后，顾颉刚对该书的阐释多侧重于讨论的性质；在为《古史辨》题名时，这种“辨伪”与“讨论”的二重心迹则通过一个单字“辨”而隐含了起来，此一字之别非出偶然，而实与现当代学术史的发展背景密切关联。

张京华.《夏史三论》与古史辨派的治学取向.殷都学刊，2006（2）

【解题】重点分析顾颉刚、童书业发表于1936年的合著《夏史三论》，借以说明古史辨派学者的研究方法和学术取向，逐次引述文中的明显错误18处，说明此文的结论和推理基本上是不能成立的。

张京华.古史辨派的研究方法与材料别择——顾颉刚《三皇考》读后.怀化学院学报，2006（10）

【解题】以顾颉刚为代表的古史辨派，产生于20世纪初西潮泛滥之际，其理论方法虽以实验主义为标榜，实际上则始终以“对二千年之中国传统史学予以毁灭性的打击”的目标结论为预设；自由、独立观念渗透在学术之中，则有以百姓店铺流水账簿与六经正史意义等同的史料学出现，误解“六经皆史”为“六经皆史料”，经史子集的源流等差亦全然泯灭，而史官遂尽失职守。

钱婉约.顾颉刚与《古史辨》.光明日报，2006.11.28

池田知久，西山尚志.出土资料研究同样需要“古史辨”派的科学精神——池田知久教授访谈录.文史哲，2006（4）

【解题】出土资料研究并不能成为否定疑古思想的理由，考古发现只会修正若干古史辨派的结论，而不能从根本上动摇其科学基础；从根本上讲，“疑古”并不只是某一时代的产物，也不只是一时的思潮，而是一种贯通古今、不分国别的科学精神，出土资料研究也完全需要疑古派学者的研究方法和科学精神；现在所做的出土资料研究其实也是疑古派所做工作的一部分，是他们的工作在新时代的延伸。

刘锡诚.顾颉刚与“古史辨”神话学.长江大学学报，2006（4）

【解题】以《与钱玄同先生论古史书》（1923）为起点，顾颉刚所代表的“古史辨”派古史研究和神话学，以“疑古”“辨伪”为思想武器、“古史即神话”为理念，把与古史纠缠为一体的古神话剥离出来。他的“层累地造成的古史观”亦即神话观和“历史演进法”，开了系统地梳理与研究中国古神话（古史传说）的先河，为中国神话学的创立铺设了一块基石，成为中国神话学初创时期西方人类学派神话学之外的又一重要学术渊源和流派。“古史辨”神话学的特点，在神话学研究中被概括为“古史的破坏、神话的还原”。

沈长云.古史辨派的史学遗产与中国上古史体系的建设.史学集刊，2006（4）

【解题】疑古精神、对进步史观的积极追求与接纳的态度、对古史资料考信而后用之的原则、注重历史与考古研究结合的治史方法，以及建设新古史体系的设想，是古史辨派留给我们的史学遗产，搞好新古史体系建设必须继承古史辨派史学遗产。

张京华.顾颉刚：新中国建立后的学术定位及其最后遗憾.云梦学刊，2007（1）

【解题】顾颉刚先生创建“古史辨派”，从20到40年代经历了由实验主义到今文家言，由经学到史料学，再由史料学到神话学的转变过程；中华人民共和国成立以后虽然作为学术主流的“古史辨派”已经消失，但顾颉刚个人的疑古辨伪方向始终未变；从中国考古学的角度观察，顾颉刚对考古学的过于熟知，导致了他对考古学的冷漠态度，并最终导致了他古史研究的重要缺憾。并指出，就上古史的研究方面而言，逻辑上的推论即使可通，仍然含有危险性，现代人按照自己的经验推导出来并认为没有逻辑错误的推论，并不一定就是对的，这一点已为不止一件事例所证明。

张京华．辨伪学与辨伪史的再评价——顾颉刚《中国辨伪史略》读后．咸阳师范学院学报，2007（1）

【解题】顾颉刚先生在其为《崔东壁遗书》所作的长篇序言中，对中国学术传统中世官世畴的王官之学、“良史”和“实录”史学典范、《春秋》义例等编纂体例、“微言大义”与“实事求是”的今古文经学传统等内容均视而不见，认为中国自先秦两汉以来都“缺乏历史观念”，完全以“造伪”与“辨伪”一组概念解释中国学术传统，其厚诬古人的不宽容态度以及缺乏理性的治学态度都是不应该出现的，由此而演生的“造伪史”与“辨伪史”的中国学术史的诠释体系也是不能成立的。

林分份．古史辨派“科学”形象的自我塑造——以顾颉刚、胡适为中心．云梦学刊，2007（1）

【解题】在古史辨派成为20世纪20年代学术场域的支配性力量的同时，他们借以塑造自身形象的“科学”，已然成为行动者要求重新分配学术占位的一种新的象征性资本。在此过程中，顾颉刚与胡适在占位竞争中所扮演的不同角色，以及各自对于“科学”的不同阐释，呈现出古史辨派对于中学与西学的不同选择及其复杂的思想面貌。

张京华．疑古、考古与中国现代学术走向——以傅斯年对古史辨派态度的转变为中心．新视野，2007（1）

【解题】在20世纪上半叶，傅斯年对于他的同学顾颉刚掀起的疑古思潮，起初给予了很大支持和极高评价，但后来则逐渐产生怀疑，并进而提出重建古史的重要主张，发表了一些极具开创性的研究成果。傅斯年这种态度的转变，绝不能在个人恩怨的层面上理解，而是展现了中国现代学术创立期的复杂样貌和探索精神，对其后的学术发展影响甚大。

刘秀俊．“疑古”与“走出疑古”的第一次正面交锋——《古史辨》第一册出版八十周年国际学术研讨会综述．文史哲，2007（1）

刘秀俊．上古史重建的新路向暨《古史辨》第一册出版八十周年国际学术研讨会．清华大学学报，2007（1）

冯峰．从《古史辨》前三册看“古史辨”运动的一个转向．史学史研究，2007（2）

【解题】时下学界对“疑古”思潮的反思，仍大多局限在“疑古”派的某些早期的观点和对中国文化传统的破坏上。作为“意识形态”的“疑古”思潮，只是它的一个层面。从《古史辨》第一册到第二册之间，面对考古发现和新材料不断涌现的挑战，“疑古”思潮发生了一个重要的转向，即从意识形态的思想冲击到学术典范的建立，从而把它的视角主要集中在人们观念中的“上古”。《古史辨》第三册反映了顾颉刚“疑古”方法论的逐步完善，回到文献考订后，“层累造成古史”理论得到了发展。

谢维扬．古书成书和流传情况研究的进展与古史史料学概念——为纪念《古史辨》第一册出版八十周年而作．文史哲，2007（2）

【解题】顾颉刚所编《古史辨》第一册出版，对于中国近代学术，包括近代意义上的中国古史研究的形成和发展具有积极的历史影响。从某种意义上来看，古史辨所从事和倡导的“疑古”工作的主要目标和内容，是试图为建立近代意义上的中国古史研究寻求合格的史料学基础；但主要由于客观历史条件的限制，“古史辨”学者们当年对古书成书和流传情况的复杂性尚不能有充分的了解，因而在对古书真伪、成书年代、作者，乃至其中某些特定内容的史料价值以及各种古书资料之间关系等问题的研究中存在着简单化的缺陷。在近年来学者们对中国古史史料学基础问题的研究中，最值得重视的领域之一，是对于新出土文献的研究，在大量新出土文献资料研究的基础上，我们将有可能获得某些较之以往更合理的古史史料学概念，建立现代古史史料学概念的整个工作也才会有实质性的进展。

谢中元．论古史辨派《诗经》研究的诗学取向、价值与缺失．广东教育学院学报，2007（2）

【解题】古史辨在对《诗经》去经典化的宏观指向下，对《诗经》进行了本文释读，这就是对《诗经》文本的最大还原，冲破经学桎梏，从一般诗歌、歌谣的角度全面阐释《诗经》，这关系到《诗经》阐释范式的转变：解构政教经典，还原《诗经》的文学面目；其诗学价值正是通过古史辨派的阐释来指认的，解除了“经典性”的《诗经》就不是脱离现实需要的、僵化的政治说教和道德说教等纯粹的形式，而成为文学典范。古史辨派核心历史学家顾颉刚则从历史出发，发现了历史的故事性、叙述性、层层累积性，故事与古史、文学与历史在本体和本原上是相通的，此种“历史的态度”影响顾颉刚之后被转化出来的就成了古史辨派最基本的方法论：历史演进的方法，用故事释古史、以歌谣释《诗经》便是“历史演进的方法”的直接创获。古史辨解构《诗经》学，获取了《诗经》的历史价值和文学身份，对《诗经》的文学身份作出判断，放大了“《诗经》是文学而非经典”的视角，又以歌谣释《诗经》，把《诗经》的文学性和历史性联合起来，既强调《诗经》的文学身份，也发掘《诗经》的历史价值。然而正是由于游走于文学与历史之间，古史辨的阐释缺失也为人所诟病，其《诗经》阐释被认为是缺乏历史感，并且忽视了《诗经》结集编定之前的数千年中华文明史和上古文化中宗教、图腾的成分。此外，胡适、顾颉刚等注重科学方法的运用，但是方法先行容易产生阐释的“隔”即“误解”，这种误解是超过了本文的“反误”；古史辨的历史研究注重辨伪存真，从历史客串到《诗经》，从民歌来推论《诗经》表现技巧的思路，这一方法的通病就是有时过于推重事实和科学，以至把诗歌的审美价值遗漏了。

谢中元．《诗经》经典化与古史辨《诗经》阐释的去经典化．井冈山学院学报，2007（2）

【解题】《诗经》文本作为阐释学语境下的“历史流传物”，经历了经典化与去经典化的释读变迁，蕴含着丰富的阐释学命题。《诗经》经典的形成与耗散是一个典型的“效果历史”事件，传统《诗经》学致力于《诗经》的经典化阐释，20世纪二三十年代兴起的《古史辨》派则对《诗经》进行了去经典化的颠覆解读；古史辨奠定了现代《诗经》阐释的范式，《诗经》不再是僵化政治说教和道德说教的表征，而成为活的文学典范。

卢毅．章门弟子与“古史辨派”．史学史研究，2007（3）；文史知识，2007（12）

【解题】长期以来，顾颉刚倡导的疑古思潮在近代史学界的影响被过分夸大。至少在“古史辨运动”的策源地——北大研究所国学门，占据主流地位的章门弟子便对之表现出一种十分错综复杂的态度，大多并不曾积极支持“疑古”，究其缘由，这其中既存在学术观点的分歧，又参杂有章太炎的影响以及国学门中微妙的人脉纠葛。

裘锡圭，曹峰．“古史辨”派、“二重证据法”及其相关问题——裘锡圭先生访谈录．文史哲，2007（4）

【解题】“古史辨”派在对上古史认识的大方向上是正确的，在古书辨伪方面则有许多地方需要纠正，我们今天对于疑古思想和学说应持继承与批判相结合的态度。20世纪70年代以后虽然涌现了大批出土文献，但就出土文献研究而言，传世典籍以及历代学者对传世典籍的研究仍然是基础。目前中国古典学，包括出土文献研究领域存在的问题主要不在缺乏理论或方法，而在研究者往往缺乏科学的态度。必须大力提倡一切以学术为依归的、实事求是的研究态度，提倡学术道德、学术良心。

谢中元．古史辨视野下的《诗经》阐释．中国矿业大学学报，2007（4）

【解题】以阐释学为视角，20世纪二三十年代的古史辨派对《诗经》确实作出了新解释，认为他们颠覆“成见”丛生的传统释诗系统，融合边缘而且异端的释诗思想，用文学阐释逆转经学阐释，以去经典化反拨经典化，此举对《诗经》学作了深度刷新，成为现代《诗经》研究的经典案例。

罗志田．《古史辨》的学术和思想背景——述罗香林少为人知的一篇旧文．社会科学战线，2008（2）

【解题】罗香林曾以“佛应”为笔名于1933年在中山大学的《文史学研究所月刊》上发表一篇《读顾颉刚先生〈古史辨〉》，全文原拟讨论14个子题，实际分两期刊出了前三个子题。很多年后，罗将此文的第二节稍作删略，以《由〈古史辨〉讲至史事的本身与写的古史》为题纳入其《历史之认识》论集的增订版中。罗文虽未完成，但刊发的三节已体现出“古史辨”运动可能的进展，即从破坏为主的辨伪发展到更深层次的历史叙述之探索和历史真相之揭示；罗有这样的认识，可能因为他既追随顾颉刚又转益多师，所以能有结合内在与外在看法的优势。此外，罗文的撰述取向，是先构建时代、学术和学理的语境，然后论述“本事”，也非常值得取法。

罗志田．检讨《古史辨》学理基础的一项早期尝试．社会科学研究，2008（3）

【解题】重点讨论了罗香林《读顾颉刚先生〈古史辨〉》的第二节，认为从中可以看出“古史辨”学人在20世纪30年代初期一些已经发生和可能发生的演变，也可见中国史学界在思考一些史学的基本问题上，已达到相当的高度。而且从这篇检讨《古史辨》学理基础的早期尝试可以看出，《古史辨》及其同时代的学术史，还有许多可以继续探索的余地。

张京华．“层累造成”还是“层累阐释”——孟姜女故事与顾颉刚的民俗学研究．淮阴师范学院学报，2008（3）

【解题】顾颉刚关于孟姜女故事的研究，介于民俗学与历史学之间；他以民俗学的模式从事历史学的研究，又以历史学家的身份营建民俗学科。由孟姜女故事等引出的“古史层累造成说”，与其视为历史学的规律，不如视为民俗学的规律；与其称为“层累造成”，不如称为“层累阐释”，方始更具合理性。

张越．《古史辨》与“古史辨派”辨析．学术研究，2008（2）

【解题】“古史辨派”的称谓表面上给了人们一种以“疑古”为主的印象，而实际上所谓的“古史辨派”学人却少有为疑古而疑古的；以疑古辨伪为出发点去探究古史真相的人很多，设若仅以“怀疑”为特征看待“古史辨派”学人，则这样的“古史辨派”者几乎找不出来。顾颉刚无意建立一个有“许多盲目的信徒”的“古史辨派”，他本人没有使用过“古史辨派”四个字；被认为是“古史辨派”成员中的学人，在研究古史的过程中，多倾向于基本接受“层累说”理论或大致赞同使用疑古辨伪方法，然而其各自的学术观点也不乏相异相争之处，确实表现为“敢用自力去进展”，而非无条件地维护什么信条与观念。在今天看来，“古史辨派”仅是一个“笼统”的称谓，“古史辨派”作为“五四”时期所出现的、以顾颉刚为代表的一批学者所成就的学术思潮确然在，但是“古史辨派”在现代学术史上更多的是一种学术现象，如果以通常意义上的“学派”概念冠之，可能并不准确和全面。

李扬眉．颠覆后如何重建：作为思想史家的顾颉刚及其困境．学术月刊．2008（9）

【解题】顾颉刚的古史研究自始至终都具有鲜明的“思想史”特质，他的工作重心一直凝聚在战国秦汉时期的上古史观念上。他所提出的“层累地造成的中国古史”等一系列核心学说，无一不是思想史范畴内的命题。在顾颉刚的“思想史”眼光之下，传世文献中的上古史叙述传统变成了中古时期特定政治或伦理观念的产物，它们与上古史事实的直接对等关系不复存在，传统的上古史知识框架由此被全面颠覆。而与一般思想史家相区别的是，顾颉刚“思想史”研究的指归并不在“思想史”本身却在于“史料”尤其是那些足以反映上古史本来面目的史料。他从思想史的角度来探究上古史料的生产、组织、构造和流变等，最终目的是要从“中古期的上古史说”中勘探出“真正的古文籍”，从而尽可能地达到对上古史的客观认知；只是他所援用的方法事实上仅能在“史料”范畴内发挥效用，根本无力将他引领到“史事重建”的层面。而顾颉刚以史料为本位的致知取径恰恰主要来源于他所反叛的经学传统（以“经典”“文献”“史料”为基本致知取径的范畴），他的古史研究也因此未能真正脱出传统学术的范式。今按，其说难以成立。

李锐．由新出文献重评顾颉刚先生的“层累说”．人文杂志，2008（6）

【解题】顾颉刚著名的“层累地造成的中国古史”说，在中西方学界有很大的影响。此说的思想渊源比较广泛，所论问题也与今古文经学上的“公案”有关，受胡适的影响较深。顾颉刚的“层累说”，其特别之处在于根据《诗经》中的史诗来分析古史，以禹为“截断众流”的关键点，而不采信传统的《尚书》等文献；其目的则是要从文献出发，构建系统的东周以来的信史。根据近来公布的竹简《子羔》篇、《容成氏》篇和公盨铭文、新蔡楚墓竹简等出土文献，可以发现顾氏的“层累说”中的许多观点存在问题，他对于《诗经》中所提及的禹之分析，也存在史料选择和解释上的疑问，故其“层累说”恐难成立。不过顾先生探索中国系统信史起点的这种学术自觉，仍然是很有学术意义的。

李小辉等．古史辨伪运动的理论．大众文艺，2008（6）

【解题】古史辨派的指导理论主要有：层累地造成中国的古代史说、五德终始说下的政治和历史、古史的分化演进说。

斯满红．古史辨派易学研究——以顾颉刚和李镜池为例．山东大学博士学位论文，2008

李锐．疑古与重建的纠葛——从顾颉刚、傅斯年等对三代以前古史的态度看上古史重建．清华大学学报，2009（1）

【解题】近代学者对于三代及三代以前古史的怀疑或重建态度，多受到时势、个人学养及研究方法的影响，但是像顾颉刚与傅斯年这样相反相存则比较少见。通过考察研究上古史的时间、空间两个基本视角，从二人在论证方法、对于史料的真伪与时代判定以及对于出土史料价值认识上的不同，可以看出顾颉刚疑古背后的建设意向和傅斯年重建背后的怀疑态度，从而揭示出顾颉刚的疑古和傅斯年的重建之间的张力。

杨善群．顾颉刚疑古思想评价．淮阴师范学院学报，2009（2）

【解题】顾氏疑古思想所提出的有代表性的十大论点，除揭露刘歆为编排“五德终始”的古史系统而伪造“炎帝神农氏”“太昊伏羲氏”等首领人物比较符合历史实际外，其他的论点大多无法说通，难以成立，或被考古发现的实物证明所否定。由于古史辨派长期以来的过分疑古或极端疑古，因而产生了一些负面影响：其一，把古史搅成一片空白；其二，造成大量古书的冤假错案；其三，不少古籍的成书年代被拖后许多；其四，一些历史人物和事迹被说成“神”或“神话”。今按，正确评价古史辨派是当前不可回避的历史任务。

王东杰．“故事”与“古史”：贯通20世纪二三十年代“疑古”和“释古”的一条道路．近代史研究，2009（2）

【解题】一般认为20世纪二三十年代“疑古”与“释古”两条学术路向分别代表了破坏古史和重建古史两条不同的路线。这一看法大体成立，但二者在观念上也有不少相通乃至相同的地方。一方面，“重建派”学者在研究中也运用了与顾颉刚非常相似的“层累说”观察古史的构成，而历史研究中的“故事眼光”更成为贯穿“疑古”和“释古”的一条道路；另一方面，“疑古派”在辨伪过程中也发展出来一些与“重建派”非常相似的具有建设意义的观念，但因其给人留下的“破坏”的形象过强而被忽视了。今按：顾氏“故事眼光”源自“戏剧眼光”，从观剧中获得，移植到文献辨伪与古史考证，颇有穿凿附会之处。

王晓冬．“古史辨”在学术与思潮间的两难之境．南京师范大学文学院学报，2009（2）

【解题】通过对古史辨派学术理念与学术范围的清理，分析古史辨派在学术与思潮两个方面表现出来的品质以及它们相互之间的关系。

董恩强．顾颉刚疑古辨伪原因新探．三峡大学学报，2009（3）

【解题】在20世纪40年代以前，顾颉刚的古史研究偏重于破坏伪史，而较少从事建设真史。在顾颉刚看来，学术之大，需要分工合作，才能深入和发展，破坏与建设只是分工的不同，破坏是为了建设，辨伪是为了存真和求真。顾氏一味疑古辨伪，也是基于此。另外，顾颉刚在考古学素养方面的缺乏制约了他去做建设工作。

谢进东．现代性与“古史辨”．古代文明，2009（4）

【解题】顾颉刚在“古史辨”中以进化史观作为怀疑古史的理论基础，以科学理性的认知观作为疑、信古史的基本准则，以由进化观念演变而来的历史演进法作为考察古史的思维工具，并以假设与求证的方法作为考辨古史的主要方法，这在历史认知与解释层面上鲜明地体现出现代性特征，并使得顾颉刚的史学观念、思维方法在学术理念与治学方法上大大超越了以清代汉学家及疑古学者、晚清今文家为代表的中国传统疑古辨伪之学，将中国的古史研究推进到一个新的高度。同时，顾颉刚在运用其具有现代性的史学观念、方法时，因应其进化论的预设而过度使用“默证法”，在历史演进法的使用上囿于“一元单向”演进模式的窠臼，在假设与求证中未能严格遵循实事求是的原则，这些都影响到“古史辨”理论与方法在古史研究中的有效性。

靳海涛．《古史辨》学人《诗经》学基本理念探析．社科纵横，2009（4）

【解题】20世纪二三十年代，以“古史大讨论”为契机，《古史辨》学人积极探讨《诗经》学问题，其基本理念是对经学传统的反动与清算。他们否认孔子删诗，认为《毛诗序》牵强附会，也不传于子夏。非经典、文学书、全为乐歌、包含部分歌谣，是其对《诗经》基本性质的理解。《古史辨》学人这一理念上继承中国传统疑古辨伪思潮，同时横向挪借了西方新思想、新方法，使其最终走出了《诗经》研究的经学传统，建立了具有明显现代色彩的新理念。今按：古史辨派在治学理念上存在恶念。

谢桃坊．古史辨派在国学运动中的意义．学术界，2009（4）；文史哲，2009（6）

【解题】自1926年起，由顾颉刚主编的《古史辨》集聚了数十位著名学者，以疑古的态度讨论古史历时二十余年，在中国现代学术史上形成一个重要学派——古史辨派；讨论古史是此派以之为学术辨伪的突破，故讨论的范围扩展到儒家经典、古代典籍、先秦诸子和古代学术史问题，学术涵盖极为广泛。古史辨派的工作是国学运动中整理国故的一个重要组成部分，是在新的国学观念的引导下进行的，对旧的国粹观念起到了巨大的破坏作用；古史辨派采用国学研究方法——中国传统考据学与科学方法相结合，以细密的考证方式探讨中国文献与历史上细小的学术问题，扫除国学研究中的“因袭和谬妄”，使国学运动的意义充分显现；考察古史辨派与国学运动的关系，将引起我们对近年国学热潮再度兴起的历史反思。

耿玉前．顾颉刚在“古史辨”中治史的现代化．和田师范专科学校学报，2009（5）

刘晗．论“古史辨”派的《老子》研究．工会论坛，2009（6）

【解题】20世纪初期，古史辨派发起了一场关于《老子》问题的讨论，提出了很多关于《老子》一书的不同见解。由于资料的局限，这些见解既有各自的主观性、片面性，又不乏真知灼见的成分；目前可以联系出土的《老子》一书，沿着更新的思路加以进一步地鉴别和发挥。

袁宝君．“古史辨”派经学研究概述．山东省农业管理干部学院学报，2009（6）

李锐．经史之学还是西来之学：“层累说”的来源及存在的问题．学术月刊，2009（8）

【解题】顾颉刚的“层累说”，包含了许多命题，最核心的部分是根据《诗经》讨论古史，认为商周不同源，禹是最古的人物。“商周不同源”是今古文经学史上的一桩公案，并非顾颉刚的首创；而与顾颉刚相近的结论，传统经史之学的代表戴震已经有所表述。仔细比较“层累说”与戴震的有关论述，由二说之不同，可以考见“层累说”主要依从了西方学术的视角，而并不符合传统经史考证之学的路数，因此存在不少问题，似乎不如“层累说”的雏形更有传统经史之学的味道。“层累说”受胡适的影响最深，并没有受到王国维的影响，其主要贡献在于注重从时间角度出发整理古史系统，推翻了“三皇五帝”的旧古史系统。从史学史的角度来讲，“层累说”是值得崇敬的；但是从认识上古史的角度来看，“层累说”的理论及许多具体结论均有问题，中国学者对待它的态度应该具有和当年的顾颉刚一样的怀疑精神，应该和西方学者有不同的看法。

张京华．古史辨派与中国现代学术走向．厦门：厦门大学出版社，2009

【解题】该书目录如下：

第一章　古史辨派的学术评价

　第一节　《古史辨》辨名

第二节 “疑古派”辨析

第三节 对古史辨派的最初反响——以傅斯年为例

第四节 中华民国一件文字狱——戴季陶对顾颉刚的弹劾

第五节 于古代的边际却算是摸着了一点——顾颉刚与郭沫若

第二章 中国史学传统与“顾颉刚难题”

第一节 一些足以破解疑古思想的论述——关于古代书体书例的总结

第二节 史之有体，犹国之有法——关于古代史官史职的追述

第三节 辨章学术，考镜源流——《汉书·艺文志》义例申论

第四节 不能以一部分之真证全部皆真——“顾颉刚难题”

第三章 “层累说”与古史研究

第一节 顾颉刚与崔述的学术关联——兼论中日两国疑古思想的相互影响

第二节 往复经史之间与前后两次史料学定位——顾颉刚与经学

第三节 “层累造成”还是“层累阐释”——顾颉刚的民俗学研究

第四节 王亥史事与先商古史建设

第五节 “山川群神”与上古图腾的历史内涵

第六节 “绝地天通”与古史研究的三条途径

第四章 顾颉刚的辨伪研究

第一节 将假设直接判定为结论的论证方法——《五德终始说下的政治和历史》

第二节 从“层累造成说”到“神话分化说”——《三皇考》《夏史三论》与《中国上古史导论》

第三节 对中国史学传统的基本估计——《中国辨伪史略》

第五章 顾颉刚与考古学

第一节 提出“层累说”与古史辨派创立时期

第二节 提出“战国秦汉造伪说”时期

第三节 新中国的学术定位及其最后遗憾

第六章 古史辨派与现代学术走向

第一节 关于《老子》考辨的公案——梁启超、冯友兰、钱穆治学方向之一例

第二节 以“解喻”为史学之首要——李守常史学思想及其与古史辨派的关联

第三节 “缩短”“拉长”的两阶段预言——胡适与顾颉刚的学术异同

第四节 以“先秦学”占学界第一之位置——胡适、钱穆、梁启超的逐次复古观念

杨鹏等．古史辨运动与日本疑古史的关联．探索与争鸣，2010（3）

【解题】古史辨思潮是在“五四”时期西方新思想迅猛传入，中西学术交融出现高潮的大背景下产生的。传统学术中的疑古风气，特别是崔述《考信录》中的古史考辨思想对古史辨派的观点形成起了主要作用，胡适提倡的科学主义的方法为古史辨派提供了方法论指导。至于日本疑古思潮，从钱玄同的经历及钱与顾颉刚的关联考虑，可以肯定顾颉刚理应受到了日本疑古学说的影响。为什么顾颉刚始终回避承认这一影响呢？这主要是因为以白鸟、内藤为代表的日本“支那史”研究者虽然表面上埋头于考证古史，但在其“客观主义”的背后，不但反映了轻视中国历史的倾向，更反映了当时日本社会强烈的战

胜国的优越感。古史辨运动兴起之时，正值日本帝国主义加紧侵略中国时期，具有强烈爱国主义感情的古史辨学者不愿意把自己的研究与日本攀上关系。追索中国疑古思想的日本元素并非否定古史辨运动所具有的学术价值，以顾颉刚为代表的、以疑古辨伪为特征的古史辨派考辨古史，旨在摆脱儒家经学的羁绊，并勇于破除对古史的迷信，把古史和古书中崇拜的偶像当成重新评判的研究对象，进而区分传说与信史，廓清了附会杜撰的古史迷雾，重新构建起新的古史体系，这对整个20世纪的史学研究产生了不可估量的影响。我们今天讨论此类问题时，应该适当划分政治与学术的界线，无论是推断两者有关，还是坚持两者无关，都应该避免使用“灭亡古史”“动摇民族自信心”一类的煽情之论。今按：顾颉刚效法朱子故智，以夷制夏。

周游等．“疑古”与辨伪：顾颉刚与“古史辨”运动．绥化学院学报，2010（4）

【解题】以顾颉刚为旗帜的“古史辨派”，他们在继承中国传统学术“存疑辨伪”思想之时，也对胡适等人所提倡的西方科学方法作了吸收并予以本土化。但因时代所限，学术积累之故，“古史辨派”也有许多不足之处；但他们疑古辨伪存真的精神，对打破“六经”所建立的古史系统，推动中国历史研究的发展，有着巨大的历史意义。

黄海烈．从辨伪到疑古：顾颉刚的新史学之路．古代文明，2010（4）

【解题】顾颉刚“疑古”的志业源于1920年至1923年他与胡适、钱玄同有关辨伪的讨论，在这长达3年的讨论切磋中，顾颉刚完成了由辨伪到疑古的转向，走上了自己独特的新史学之路。这不仅基于胡适等人的因势利导，还特别得益于顾颉刚本人对中国传统学术资源的独特理解和巧妙运用。他运用“疑古”的眼光全面审视宋儒、清儒的疑古辨伪成果，找寻到崔述和康有为两大思想库，并在批判继承的基础上，创造性地将二者疑古的成绩与手段融为一体，推陈出新，最终成就其疑古学说中具有代表性的观点与方法——“层累说”。

李孝迁．日本“尧舜禹抹杀论”之争议对民国古史学界的影响．史学史研究，2010（4）

【解题】20世纪初年，日本汉学界提出的“尧舜禹抹杀论”，对民国史学界有所影响。1920年代，“抹杀论”争辩余波转移至饭岛忠夫和新城新藏有关中国古代天文学史的论战，而国内正值“古史辨”运动方兴未艾之时，受东邻之影响，先后有不少学者参与了这场讨论。中国学术界不仅对日本提出的“抹杀论”并不陌生，而且东瀛汉学界这场持久论战，对我国古史研究产生了消极影响；顾颉刚作为近代中国古史研究的领袖人物，亦了解白鸟库吉，并接触过其论著；民国学者的古史研究是整个国际汉学界有关中国古史研究学术链条上的一个环节，本土与域外存在学术上的互动关系。今按，《顾颉刚读书笔记》中明确记录了白鸟库吉的一些观点。

宁镇疆．“层累”说之“默证”问题再讨论．学术月刊，2010（7）

【解题】个别学者对张荫麟批评“默证”的理解是不准确的，其驳张荫麟之“默证”和“限度”，亦因多涉抽象玄思和枝蔓而流于“清议”，因此并不能推翻张荫麟对“默证”的批评。所谓“层累”说不关注历史本体的说法是错误的，它是强调对历史本体的“移置”认识；所谓不追求历史本体就可以使用“默证”，逻辑上自相矛盾，事实上流于诡辩。史书中之因承性内容，决定了“层累”说以史书之年代决定史书内容之年代的做法每每陷于偏颇。因此，“层累”说对历史本体的“移置”认识，实质上是割断了历史发展中的因承，突出强调“造作”。历史研究上有“一分材料说一分话”，强调严谨固然不错，但如果因此否定在现有材料基础之上的触类旁通和推论，则不免流于“冰山”式的直观反映论。

陈学然．中日学术交流与古史辨运动：章太炎的批判说起．中华文史论丛，2012（3）

【解题】章太炎自1920年代以来发表大量批判“古史辨”袭取日本人疑古余绪之言论，但其连番讥讽一直未引起注意或讨论。该文即以此为起点和观察视角，重新探究“古史辨”的日本因素，并在20世纪初中日文化交流频繁的时代背景下探讨胡适、顾颉刚接触日本相关学术的可能性，观察他们在时代变局下的治学心态；并比较“古史辨”与“东洋学”兴起的原因与目的，以及它们与20世纪20年代中国社会、政治环境等错综复杂的关系。此外，借着相关探讨，我们还能同时看到世变之下史家在建立学术事业过程中显露的人生宗旨、学养情操，以及与之息息相关的历史意识与民族文化认同。

靳海涛．《古史辨》学人《诗经》解读方法探析．郑州师范教育，2012（5）

【解题】《古史辨》学人的《诗经》学研究是传统经学向现代学术过渡的“分水岭”，在抨击前人解诗方法的基础上，他们强调抛开旧注、自求诗意，用文艺的眼光看诗，用归纳比较等方式解诗。在关于《野有死麕》《静女》等作品的热烈讨论中，上述方法得到积极尝试。其开创意义应该得到充分重视，但对其完全抛开旧注、自创新意不足的局限也要理性看待、客观分析。

许华峰．顾颉刚的《尧典》著作时代研究及其意义．政大中文学报，2012（18）

高有鹏．《古史辨》学派与现代神话学．中原文化研究，2013（2）

【解题】以顾颉刚为代表的《古史辨》学派是中国现代神话学发展的重要理论成就，其思想基础在于新史学意义上的疑古，并不仅仅是历史主义的复活；围绕《古史辨》关于神话问题的讨论，促进了中国现代民间文学思想理论体系的完善和丰富，中国现代神话学得到迅速发展。

李孝迁．域外汉学与古史辨运动——兼与陈学然先生商榷．中华文史论丛，2013（3）

【解题】民国时期古史辨运动与域外汉学存在一定程度的学术关联，古史研究者早年多受过新式西洋史教育，或在欧美大学接受学术训练，不同程度受过近代史学观念的洗礼，与旧式学者文人不同，信仰“三皇五帝”者自然越来越少；国内古史研究是国际汉学界有关中国古史研究学术链条上的一环，欧洲、日本、中国学界之间存在一定程度的互动，中国学者已注意到理雅格、沙畹、夏德、马伯乐、白鸟库吉、内藤湖南诸氏的疑古论；夏德《中国古代史》对胡适、顾颉刚均有所影响，对古史辨运动的兴起有推波助澜之功；白鸟库吉“尧舜禹抹杀论”在民国史坛颇有流传，顾颉刚对其人其事亦有所知，然顾氏疑古论与白鸟之间并不存在学缘关系，有论者认为顾氏疑古思想乃“剽窃”日人陈说，此一指控并无实证。

李淑清等．论“古史辨”派的《庄子》研究．遵义师范学院学报，2013（4）

【解题】把“古史辨”派的《庄子》研究分为《庄子》的辨伪、庄子的考辨以及《庄子》中的老子与孔子三类来加以考察，认为《庄子》在“古史辨”派那里受到的关注没有《老子》《墨子》那么多，所辨伪的范围也有限，甚至因为所引证材料的不足和所研究方法的失当，导致“古史辨”派《庄子》研究所得出的结论也存在片面化和主观化等不足。但“古史辨”派对《庄子》的研究也有值得我们进一步思考的地方，如他们对庄子其人其书的考辨，尤其是他们把对《庄子》的辨伪由外篇、杂篇扩展到了内篇，这一辨伪范围的扩展无疑能给我们带来新的思考。

李长银．古史辨运动的兴起——一个学术史的分析．山东大学硕士学位论文，2013

程文标．古史辨运动的兴起：报刊、史家与史学的科学化．兰台世界，2013（23）

乔治忠．张荫麟诘难顾颉刚“默证”问题之研判．史学月刊，2013（8）

【解题】20世纪80年前，张荫麟发表文章批评顾颉刚误用默证方法，给史学研究造成很大的负面影响，默证几乎成为历史研究法的禁区。张荫麟所依据《史学原论》的主张，自相矛盾，不足为训；张荫麟文章的具体论述，更是讹谬百出，十分浅陋，论据、论点有根本方法的错误；张荫麟晚期已经暗地改正了自己的观点，孰是孰非已见分晓；于今的上古史研究，亟需发扬默证方法整体考察问题的辨证逻辑，清理上古史重建事业的学术基础。今按：此文火气太大，失之偏激。其说根本上不可能成立。

谢廖科等．古史辨运动的文献学意义．金田，2013（11）

【解题】虽然由于种种原因，古史辨派学者们当年对古书成书和流传情况的复杂性尚不能有充分的了解，因而在对古书真伪、成书年代、作者，乃至其中某些特定内容的史料价值以及各种古书资料之间关系等问题的研究中存在着简单化的缺陷。但古史辨派的研究开启了学术典范式研究的大门，使得中国传统文化的研究走上了规范化的道路。同时，他们在文献研究方面也做出了贡献：把过去儒家政治的辨伪变成历史的辨伪，并在客观上开启了文献学辨伪的研究，将辨伪由考辨伪书中的伪史复归到对于文献本身的研究，使文献研究在经历了政治学、历史学的附庸阶段后独立了出来。今按，古史辨派拉低了文献辨伪学，而此文美化了古史辨派，不可取也。

周书灿．徐中舒与古史辨的学术互动．人文杂志，2013（12）

【解题】受陈寅恪蒙古史构成理论的影响，徐中舒建立了“中国古史乃由并行的传说，演为直系的系统”“商周以前的古史实即一部古代民族史”的古史构成理论。徐氏所建构的古史构成理论与顾氏早年提出的“层累”说，学术理路早出，曾比较清晰地分为两途。徐氏对早期《古史辨》采取了赞同和批评的二重态度。徐氏在王国维“素地”论基础上，运用“澄滤”说揭发古史传说中的史料价值，并结合考而后信的文献资料及古文字学材料、田野考古资料、古器物上的古代史资料，并以民族史、民族志中保存下来的民族学材料相互参证，建立了广泛的史料观与更为科学的古史多重证法。徐氏对于古史的建设与罗、王之学对中国文化史的“整理”和早期古史辨“偏于伪古史的破坏”，旨趣明显不同。新史学日益进步的进程中，古史辨不断受到新史学家的影响，其学术思想正在逐步突破“破坏伪古史”的学术局限，并自觉运用与徐氏类似的古史三重证法，逐渐向着古史建设的道路迈进。

虞云国．古史辨“剿袭”案的再辩谳．文汇报，2014.11.28

【解题】陈学然《中日学术交流与古史辨运动：从章太炎的批判说起》坐实顾颉刚剽窃日本学者白鸟库吉“尧舜禹抹杀论”的公案，有据其后来行事而推定其前不德的默证倾向。在具体讨论时，陈文的不足既在于一切以太炎是非为指归，也在没能从更广阔的视野上洞烛各家学说背后的历史语境与史家立场。进而通过分析白鸟库吉、章太炎、梁启超、顾颉刚等人的立场、语境以及价值取向，勾划了中日两国古史批判的学术谱系与传播路径：崔述代表的中国疑古思潮直接构成了顾颉刚代表的古史辨派的学术渊源，此前也启发了白鸟代表的古史批判说；在思想方法论上，欧美近代疑古史学同样构成白鸟古史批判说与顾颉刚古史辨的西学资源；在古史辨的西学取资上，既有直接来自欧美近代史学的一手渠道，也有间接取便日本著译的中介渠道。顾颉刚的古史辨派与白鸟的古史批判说都是中国传统疑古思潮与西方近代史学方法论交汇互动而催生的产儿，相互间充其量不过是学侣关系而已。今按，虞氏之说难以成立。

陈壁生．今文经学的变异与“古史辨”的兴起．中原文化研究，2014（3）

【解题】在现代学术转型中，今文经学变异为“古史辨”是经学瓦解的一个重要环节。这个环节的代表人物是钱玄同，其继承了今文经学的辨伪方法，将《论语》视为考察孔子的唯一真实史料，并以之为标准辨析“六经”，从而将“六经”与孔子分离开来，最终促使顾颉刚等学者得以将“六经”视为史料，考辨每一经、每一篇的时代，并在此基础上构建起新的古史系统。今按，钱玄同于章黄派为“翼王”（类似造反之石达开），于今文派亦为“翼王”（羽翼康有为）

王红霞．《古史辨》对中国史学近代化的影响．济宁学院学报，2014（5）

【解题】《古史辨》是以疑古思想为核心而编著的考辨我国古代史料真伪的论文总集。《古史辨》出版发行的十五年，正是中国近代史学逐步走向成熟的时期，它不仅是一部“古史材料集”，而且对中国史学近代化也有着重要影响。

李长银．学术媒介与近代史学的关联——“古史辨运动”的兴起．社会科学论坛，2014（9）

【解题】“古史辨运动”的兴起这一学术史事件为观察学术媒介与近代史学的深层次关联提供了一个有代表性的案例。从学术媒介的角度来看，《与钱玄同先生论古史书》发表后引发的轰动效应，与《努力周报》良好的学术传播效果有关；在随后展开的古史讨论的过程中，《读书杂志》等报刊媒介又为“疑古派”取得讨论的胜利提供了诸多舆论上的便利；而当《古史辨》第一册刊发之时，朴社等出版媒介则为顾颉刚全力推销该书提供了很大的助益。总之，学术媒介在“古史辨运动”兴起历程中扮演了不可或缺的角色，而“古史辨运动”的兴起，不仅推动了中国史学的近代化进程，还扭转了近代史学的方向。今按，学术媒介推波助澜，把中国史学推向了一条邪路。

李春青．论“古史辨”派《诗经》研究的得与失．河南社会科学，2014（10）

【解题】以“古史辨”派《诗经》研究为例，分析了古史辨派“从历史角度看文学”“对汉代《诗经》阐释的否定与质疑”的研究方法，并对其《诗经》研究方法进行反思，认为：“古史辨”派怀疑精神应该充分肯定，他们对于《诗序》的质疑大都是站得住的，特别是《诗序》对某诗“刺某王”“美某公”的解说，确实大多乃附会史事，缺乏切实的材料支撑，顾颉刚、钱玄同、郑振铎等人的批评是有力的；“古史辨”派固然不能算是“后现代史学”，但他们的许多见解已然超出了以揭示历史真相为职志的传统史学，与福柯的知识考古学、海登·怀特的“新历史主义”有着诸多相近的历史洞见。

张文静等．“尧舜禹抹杀论”与“古史辨”中的“疑古”思想——以白鸟库吉与顾颉刚对《禹贡》的考辨为中心．东北师范大学学报，2015（3）

【解题】白鸟库吉是日本东洋文献学派的创立者，提出了“尧舜禹抹杀论”，带领其弟子对中国史展开了广泛的研究，并在中国东北史和朝鲜史研究中取得丰硕成果。顾颉刚是中国“古史辨”派的领袖，首倡民国“疑古”之风，创办《禹贡》半月刊，掀起中国边疆史地的研究热潮。二者的研究似乎存在诸多相似之处，“疑古”观念亦存在某些共性特征。该文以顾氏与白鸟氏对《禹贡》的考辨为出发点，比较二者“疑古”思想的学术渊源、辨析方法与观点倾向，认为：与白鸟氏的彻底抹杀不同，顾氏的“古史辨”是一项在传统“朴学考据”基础上对中国古史进行解构与重新建构的工程；二者对《禹贡》的辨析各自采取了不同的辨证方法，其“疑古”思想的逻辑体系也迥然不同，尽管在尧舜禹是古代传说这个问题上的看法大致相同，但不能由此断定顾氏的“古史辨”是在白鸟氏“抹杀论”的启发下提出的。今按，此乃臆测之辞，不足为凭。

李正辉．顾颉刚疑古辨伪思想起源考．河南图书馆学刊，2015（8）

白宪娟．顾颉刚的《诗经》研究．殷都学刊，2015（4）

戴佳文．浅谈顾颉刚“层累地造成的中国古史”说及其思想渊源．文教资料，2015（32）

李正辉．顾颉刚“古史层累说”探研．吉林省教育学院学报，2015（9）

李玉莉．民国古史辨派与传统经学之关系探析．兰台世界，2015（32）

季蒙等．顾颉刚与二十世纪疑古辨伪史学．中国文化，2015（1）

张文静．白鸟库吉与顾颉刚对《禹贡》的辨析研究．东北师范大学硕士学位论文，2015

【解题】白鸟库吉提出“尧舜禹抹杀论”，顾颉刚提出“层累说”，均在当时中日学界引起轩然大波，讨论与争鸣持续不断。在当前的中日史学界，对比白鸟库吉和顾颉刚中国古史研究的相关研究已经出现，然而，已有的研究成果主要从二者的学术背景和学术渊源入手找寻二者的学术是否存在承继关系，罕有针对二者学术中的某个具体课题、具体观点的对比，也未出现专门围绕白鸟库吉和顾颉刚对《禹贡》的辨析方法、内容与结论的比较研究。本文以对《禹贡》的辨析为核心，通过对比二者对《禹贡》的成书年代、传说价值、地理学价值、《禹贡》“九州说”、“五服制”等具体问题的辨析，对比二者在中国古史研究中的研究视角、方法、水平、深度上的异同，从而映射出近代日本学界和中国民国学界对待中国古史的不同倾向。第一章剖析白鸟库吉与顾颉刚“疑古”思想的学术渊源。白鸟库吉和顾颉刚的“疑古”思想都是对传统学术中占主导地位的“信古”思维的挑战。然而，白鸟库吉从西方史学方法和理念出发，彻底推翻明治之前“将传说视为信史”的观念，揭示出中国古史的传说性质，这是对中国古代史的彻底解构。顾颉刚在整体研读中国传统经史学者的疑古辨伪学术的基础上，重视《尚书》今古文之争和宋代、清代考据学敢于质疑与辨伪的学术成就，结合考古学、金石学成果，对中国古史展开学术研究，在考辨伪书、伪史的同时，完成重建中国古史的工作。这是在传统“朴学考据”基础上对中国古史的解构与重新建构。第二章主要辨析二者关于《禹贡》成书年代与价值的视角、观点与方法的异同。关于《禹贡》的成书年代，白鸟库吉认为“尧舜禹三王”传说是同时产生的，因此《禹贡》的成书年代也应与上述时间完全一致，即春秋时代，孔子之前；顾颉刚则认为禹的传说应当出现在尧舜的传说之前，而《禹贡》的成书年代又晚于传说产生的时期，即战国时代后期，秦统一之前。二者对于《禹贡》的地理学价值存在截然相反的观点。白鸟库吉不仅彻底否定《禹贡》的地理学价值，更彻底抹杀《尚书》中夏书部分的地理学和史料学价值；顾颉刚则视《禹贡》为“我国地理学的宝典”。这种完全对立的观点体现出二者在对待《禹贡》的基本立场上是完全相异的。第三章围绕二者对《禹贡》“九州说”的辨析展开。与白鸟库吉并未对《禹贡》“九州”名称的产生时间问题作专门考证相对，顾颉刚对此问题作了专门考证；白鸟库吉从中国传统思想观念入手质疑“九州说”的真实性，顾颉刚从中原王朝不同历史时期的疆域变迁入手考证“九州说”的出现时间与演化过程；白鸟库吉以强调传统信仰的传说性质作为立论前提，主张彻底的“抹杀”；顾颉刚从中国传统史学的朴学考据出发，以证实《禹贡》“九州说”的真实性作为前提，主张谨慎地“辨证”；白鸟库吉认为《禹贡》“九州”并非真实存在，顾颉刚则认为《禹贡》“九州”是对战国时代地理疆域的实际划分。第四章围绕二者对《禹贡》“五服制”与五岳的辨析展开。白鸟库吉和顾颉刚都认为在《禹贡》“五服说”中存在幻想成分。然而，白鸟库吉认为“五服”制度本不是对实际地理疆域的测量，顾颉刚则认为“五服”制在中国古代是实际存在的，只不过由于《禹贡》中对于“五服”相距里数的细致记述，使得其带上了幻想的色彩。白鸟库吉与顾颉刚也都对《禹贡》“五岳”展开研究，白鸟库吉忽视《禹贡》中出现的丰富的山川地理信息，而是仅仅围绕天之五宫思想展开论证。顾颉刚则致力于考证《禹贡》“五岳”名称的由来与演变，进而梳理中国古史中山岳观念的形成过程。从《禹贡》“五服”和“五岳”制度出发，二者还对中国古代疆域形状特征作了概括：白鸟库吉认为“南北长、东西短”；顾颉刚则认为“窄于南北而宽于东西”。关于华夷体系，与白鸟库吉主张“华夷峻别”不同，顾颉刚突出民族融合在中华民族早期形成中的作用，主张“华夷一体”。从白鸟库吉与顾颉刚对《禹贡》辨析结论的具体差异中，我们看到两种完全不同的学术体系：以白鸟库吉为代表的日本学者从西方的实证主义史学研究理论出发，在主张严格区分亚洲历史上诸多民族建立的地方政权的基础上，彻底推翻中国传统古史系统，从而得出以“抹杀论”为代表的崭新研究结论。这种研究结论与近代日本社会文化中正经历着的对中国古代文化由崇敬到贬低的认识上的转型相适应，并成为这种认识转型的助推剂。顾颉刚以中国传统史学的辨伪、考据为主要研究目标与方法，充分借鉴同时代学界在考古学、金石学以及地理历史学上的考证性研究成果，提出“层累说”。

李长银．日本“疑古”思潮与“古史辨运动”．史学理论研究，2016（1）

【解题】“古史辨运动”的兴起是否受到了日本“疑古”思潮的直接影响，近年来逐渐成为学术界共同关注的一个话题，时至当下尚未盖棺论定。从现有资料来看，“古史辨运动”兴起之际的胡适、钱玄同、顾颉刚虽然通过间接方式对日本“疑古”思潮中的一些情况，如《崔东壁遗书》新校印本的出版、白鸟库吉的“尧舜禹抹杀论”、先秦天文历法论战以及内藤湖南的“加上原则”有所了解，但了解并不等于受其直接影响。结论：“古史辨运动”与日本“疑古”思潮之间并不存在实质性的学缘关系。今按，其结论难以成立。

刘开军．“古史辨”运动的历史与回响．中国社会科学报，2016.9.20

华雨吉．顾颉刚《古史辨自序》与疑古思潮．佳木斯职业学院学报，2016（7）

林庆彰．顾颉刚与崔述．岭南学报，2017（1）

【解题】举顾颉刚两次重编《崔东壁遗书》为例，说明他搜集资料的方法及其对后代的影响。分《前言》《崔述的生平》《搜寻崔东壁遗书》《重编崔东壁遗书》《上海古籍版崔东壁遗书》《顾颉刚对崔述的评价》《结语》七小节，重点在第三、四、五三个小节。

郭佳．顾颉刚大禹神话传说研究与“层累造成古史说”的提出．民俗研究，2017（2）

【解题】顾颉刚的大禹神话传说研究主要分为两个阶段：一是1920年代古史真伪辨论时期发表的一系列文章，以《与钱玄同先生论古史书》《讨论古史答刘胡二先生》二文为主；二是1930年代在确定了以研究战国秦汉时期的古史观为学术目标，转向了历史地理学研究之后创作的《鲧禹的传说》。顾颉刚不仅发掘了神话传说的材料，在大禹研究中还涉及神话与历史、神话与宗教、神话与民族的关系三个方面的神话学探讨。由于“层累说”的提出与禹的研究密切相关，故反思作为理论方法的“层累说”，对认识顾颉刚的大禹神话传说研究尤为重要。

马竹君．顾颉刚“层累说”的再审视——以大禹传说研究为中心．民俗研究，2018（3）

【解题】随着出土文献的日益增多，顾颉刚古史研究的史料审订工作“考年代”与“辨真伪”两方面不断招致非议。但通过以顾颉刚大禹传说研究为中心的具体考察，发现新出土文献和史料真伪因素变化对顾氏大禹传说研究的结论虽有所校正，其变动仍在顾氏旧有论证框架之内，也并未撼动“层累说”的根基。顾氏大禹传说研究论证框架的造成，不在于传统的“考年代”和“辨真伪”工作，而在于顾颉刚对古史传说及相关材料性质的独到了解，即“故事的眼光”。再加上顾颉刚有着以假设为中心、以材料为根本指向的治学特点，“层累说”实际上是围绕“传说的转变”搭建起的“开放式”论证框架。在此基础上，他重新定位了不同文献的不同性质，得以更准确地论证大禹传说的转变。

胡逢祥．从方法论看顾颉刚与“古史辨”．历史教学问题，2018（2）

【解题】发生在20世纪20年代的“古史辨”运动，通常被视为运用西方传来的科学方法研治中国古史的一种崭新示范。然从其主将顾颉刚的辨伪实践看，则不妨说它是近代科学观念和本土治学方法结合的产物更为妥当。就狭义方法论而言，其中运用较多的乃是传统史学的文献溯源法和民俗现象观察法。“古史辨”的兴起，以大刀阔斧的手法，揭示了传统古史记载的种种瑕疵，扫除了陈旧观念的重重疑虑，激起了整个学术界考辨和重建科学古史的热情。至其方法论，尽管仍存在种种粗疏和不足，对它的反思同样可以给人以不断精进的启示。据此，说“古史辨”是中国现代科学古史体系建构的必经前奏和序幕，实毫不为过。

【附录】《古史辨学说评价讨论集》目录

童书业：“古史辨派”的阶级本质
杨向奎：“古史辨派”的学术思想批判
李锦全：批判古史辨派的疑古论
吴泽、袁英光：古史辨派史学思想批判
吴泽：“五四”前后“疑古”思想的分析和批判
杨向奎：论“古史辨派”
蔡尚思：顾颉刚创建的新疑古派——《古史辨》派作用的具体分析
周春元：论古史辨派的史学
刘俐娜：顾颉刚与古史辨派
赵光贤：顾颉刚与《古史辨》
吴怀祺：近代新文化和顾颉刚先生的史学思想
胡新生：略论“古史辨”派的古史研究方法
杨善群：论顾颉刚的史学思想
顾洪：论古史辨学派产生的学术思想背景
王煦华：试论顾颉刚的疑古辨伪思想

王树民：《古史辨》评议
刘家和：《崔述与中国学术史研究》序
廖名春：试论古史辨运动兴起的思想来源
白寿彝：怀念顾颉刚先生
杨宽：顾颉刚先生和《古史辨》
周明武：顾颉刚疑古辨伪所体现的学格人格略论
胡绳：顾颉刚古史辨学说的历史价值：纪念顾颉刚先生诞生100周年
刘起釪：顾颉刚先生与《尚书》研究
杜蒸民：胡适与古史辨派
徐中舒：经今古文问题综论
汤志钧：《古史辨》和经今文——纪念顾颉刚先生
余兼胜：顾颉刚古史观的形成与其古今文经学认识的关系
王元化：与友人书：谈古史辨
路新生：崔述与顾颉刚
罗义俊：钱穆与顾颉刚的《古史辨》
张书学：顾颉刚与傅斯年治史异同论
李庆：《崔东壁遗书》和二十世纪初中日两国的"疑古"思潮
李学勤：走出疑古时代
李学勤：谈"信古、疑古、释古"
宋健：超越疑古走出迷茫
宋健：酬"断代工程"初遂
李济：再谈中国上古史的重建问题
小仓芳彦：顾颉刚与日本
余英时：顾颉刚、洪业与中国现代史学
许冠三：顾颉刚：始于疑终于信
饶宗颐：古史重建与地域扩张问题

其他

孙钦善．王充与辨伪．北京大学学报，1985（5）

【解题】从"集中解驳谶纬及今文经学所宣扬的天人感应迷信邪说""离经叛道，辨儒家圣贤立说之伪""不从俗说，考辨群书真伪""实事求是的多种辨伪方法"四个方面介绍王充的辨伪成就。

戴建庭．胡应麟与古书辨伪．浙江师范大学学报，1990（3）

【解题】胡应麟总结了伪书的情状，并作详细的分类和总结，为后代辨伪学树立了范本；提出了一套辨伪方法，启示了辨伪之途径，起继往开来之作用；进行了详细的辨伪工作，明定了一批伪书，为后世学者提供了方便。

耿天勤．刘知幾辨伪的贡献．山东师范大学学报，1992（6）

【解题】刘知幾在唐代首倡辨伪，开风气之先，不仅考辨经史中的伪事、虚语，而且考辨各种伪说、伪书。其辨伪方法有：考察记事是否"合理"、有无矛盾，考察与可靠文献是否相乖，考察同时代的目录书有无著录，考察其语言、文体是否与时代相符，考察多种有关材料是否一致。

徐清．试论《书画书录解题》一书的书法文献辨伪．南京艺术学院学报，2004（3）

【解题】余绍宋《书画书录解题》虽是目录学方面的著作，但其中渗透着很强的观念因素，这种观念与20世纪前期的中国文化背景与学术思潮有着密切的关联，新史学观念和疑古思想作为余绍宋古代书法文献辨伪的观念支撑，使其与清代的书法文献辨伪相比，更具鲜明的特征和反思的力度。

张涛．钱大昕的史籍辨伪．史学史研究，2005（4）

【解题】钱大昕力求从历代著录、前人称引、文体形式、作者情况、主要内容等方面入手来寻找辨伪证据，审订谨严，考证精核，论述充分，取得了较为明显的学术成效。此外，他还注意通过分析书中内容的前后矛盾、抵牾之处，对史籍进行认真考辨。

朱梅光．章学诚文献学成就初探．安徽大学硕士学位论文，2005

王琼．胡适的辨伪学理论和实践．兰州教育学院学报，2006（4）

【解题】胡适的辨伪学贯穿着“大胆的假设，小心的求证”这一方法论原则。在此方法论指导下，胡适发现了清代辨伪学家崔述，并高度评价其科学的辨伪学方法。胡适的方法论的形成是中西文化融合的产物，胡适从这一方法论出发，总结了自己的辨伪学思想，并在诸子学、《水经注》研究及其他领域进行辨伪学的实践。

朱梅光．章学诚辨伪学成就初探．湖南社会科学，2006（4）

【解题】系统地考察了章学诚辨伪理论，从关于伪书产生的内外因之论述，到重点探讨章氏关于伪书真伪问题的辨言，最后述及章氏提出以目录学知识来辨伪防伪的主张。结论：古人“言公之旨”是章氏辨伪学说的宗旨和核心，而将目录学知识引入辨伪是其在辨伪实践中的创见，此两大贡献奠定了章氏在辨伪之学上的地位。

张涛．钱大昕的古书辨伪成就．郑州大学学报，2007（1）

徐道彬．戴震辨伪成就述论．古籍整理研究学刊，2007（1）

【解题】戴震是清代引领一时学术风尚的考据学大师，治学注重辨章学术，考镜源流，对古人作伪之书能够博综群籍，参互考证，使伪者自出，真者自存，充分体现出“不以人蔽己，不以己自蔽”的治学风格，其态度和方法对于后来学者有着深刻影响。然戴震辨伪之学既无理论著述，也无集中辨伪专书，而是在考据实践中随处对具体问题作具体辨伪或证真，故今人论清儒辨伪之事多不及之。该文从实例出发，略述戴氏在辨伪方面的成就。

谭德兴．论郑珍对日本《古文孝经孔氏传》之辨伪．遵义师范学院学报，2007（4）

【解题】郑珍辨伪的主要贡献在于论证《四库全书》所收录的日本《古文孝经孔氏传》为伪书。

贾名党等．柳宗元“辨伪”论略．钦州学院学报，2007（5）

【解题】柳宗元从多个层面对先秦诸子书进行质疑，写下了多篇辨伪之作。在这些作品中，柳宗元信奉儒学、融汇佛学、贬低道学；继承了《春秋》学派之疑经思想，反对经学中的章句师；拓展了辨伪方法，推动了古籍辨伪学的发展，在辨伪学史上作出了积极贡献。

张晓飞．宋代疑古第一人——欧阳修的疑古思想及辨伪成果．河南大学硕士学位论文，

2007

【解题】通过分析欧阳修疑古思想的代表著作，来展示欧阳修的疑古辨伪成果，总结其辨伪方法。认为滋生他疑古思想的原因有：（1）宋代学人理性精神的增强；（2）佛教思想对宋人思想的影响；（3）雕版印刷的发展为文人读书提供的优厚条件；（4）韩、柳疑古思想对他的影响；（5）理性地审视经典是他疑古思想产生的直接因素之一；（6）以“致用”为目的的求实观念是他疑古思想产生的第二个因素。

张小乐．刘知幾的疑古思想与辨伪实践．华南师范大学学报，2008（5）

【解题】刘知幾从强调史料真实的角度出发，要求撰史者一定要善于考辨文献，对包括儒家经典在内的几乎所有史籍进行了系统的清理和批判，辨伪方法多样，开有唐一代疑古辨伪之风。

张丽珠．疑古与证古——从康有为到王国维．政大中文学报，2008（9）

侯佳．宋代辨伪第一人——郑樵的辨伪成果、思想、方法及其影响．河南大学硕士学位论文，2008

【解题】郑樵的辨伪成果主要有对《诗序》的质疑，对毛传、郑笺的质疑和对孔子删诗说的考辨；他从事辨伪活动能够总结伪说的形成规律，运用历史主义的方法考辨伪说；其辨伪思想以理性精神为指导，态度科学求是。郑樵辨伪成就卓著的原因，在客观方面有二：其一，宋代疑辨思潮兴起，怀疑风气盛行于世；其二，福建地处东南，为宋代三大刻书中心之一，为郑樵读书思辨提供了优厚的物质条件。主观方面有二：其一，郑樵反对空谈，主张踏踏实实做学问；其二，郑樵一生埋头治学，学养深厚。

贾名党等．刘知幾与柳宗元辨伪方法论略．晋中学院学报，2009（5）

【解题】柳宗元继承了刘知幾于史实和文义等层面来考辨古籍真伪之路径，并从源流、语言文字、古籍之著者考辨及伪书并非毫无价值亦有可取之处等诸多方面对古籍辨伪方法作了新的拓展。

李伏清．论柳宗元的辨伪思想．邵阳学院学报，2009（6）

【解题】柳宗元在辨伪方面主要表现为从源流、著述作者、文辞、史实、文义内容等方面对诸子学产生了系列的怀疑，并进行论辨。柳宗元这一思想为宋代辨伪思想的全面展开拉开了序幕。

王学林．浅述郑樵的文献编目与辨伪理论．江汉大学学报，2010（3）

【解题】郑樵提出的文献整理之理论方法不仅拓宽了史学研究的范围，而且在总结汉唐以来文献整理的基础上加以实践，初步奠定了文献学的基础。其文献整理中的有关文献编目与辨伪理论，精辟地论述了文献编排著录的一系列原则以及如何辨别伪书，如何对待难辨真伪的文献的理论。

王化平．刘咸炘论古籍辨伪．西南大学学报，2011（1）

【解题】刘咸炘对古书体例的研究，比如其目录学，深受章学诚的影响，在章学诚的基础上加以推演、补充，最终形成自己的理论；主张古籍辨伪要重视校雠学和辨明书籍的宗旨，且严格定义伪书的概念，要论证一部书是伪书，不仅要考证出真实情形、找出造伪者，而且要找出他的造伪动机；在分析一些古籍的真伪时，不轻疑，不迷信，始终坚持从古代知识传播的特点、古书成书和流传的特点及规律出发，细致辨明书中各篇的内容、主旨和体例，这就使一些可疑的古书在他手里成为可资利用的材料。

何周等．吕思勉的文献辨伪实践．古籍整理研究学刊，2011（5）

【解题】吕思勉在文献辨伪上有很多突出的成就，经、史、子三部都有涉及，而且有的有很详尽的辨别。吕思勉的辨伪实践，既不对古书一味迷信，也不一味怀疑，本着实事求是的精神，继承历代学者的辨伪成就和方法，对古代文献加以辨别和清理。他作出的辨伪结论应该是可信和中肯的，这些结论在今天仍有其指导意义，阅读古书和引用古史还是可以参考他的看法的。

何周．吕思勉的辨伪思想．淮北师范大学学报，2011（6）

【解题】吕思勉的文献辨伪思想主要可以概括为：古书不容轻信，又不容过疑；凡书无全伪者，伪书大多“仍各有其用”；古史不仅“层累地造成”，同时又“逐渐地剥落”；不见记载者，不能决其必无也；传之与经，信否亦无大分别；其所谓实物者，实未必皆可信，等等。

赵争．古书体例研究与古书辨伪——以孙德谦、刘咸炘、余嘉锡为中心的考察．湖南科技学院学报，2012（1）

【解题】孙德谦、刘咸炘、余嘉锡三位学者关于古书体例的研究，其直接动因大致皆出于对疑古辨伪活动的回应，且其均深谙校雠之学，故可据之以为资源而发论。其古书体例的论述多瞩目于两个层面：古书部类条别——经、史、子、集源流部别和较为具体的古书通例——名目、篇卷、撰述体例等，基本明确了古书体例研究的大致范畴。传统校雠学出于“辨章学术，考镜源流”之旨，其学实多瞩目于部类条别及编次之法，于具体的古书通例论列相对薄弱。余氏将涵盖于传统校雠学中的对象独立拎出，廓清了各自的研究范畴，实际参与并推动了校雠学从传统学问形态向近代学术转型的过程。总之，对古书疑伪活动的省思与疑古辨伪活动一起，辩证地完成了对古书的第一次反思；在古书疑伪活动的刺激下，古书体例研究作为回应古书疑伪活动的核心问题被提出，进而将对古书的反思带向更广阔、更深邃的思考层面。

童子希．高似孙辨伪方法探析．黄冈师范学院学报，2012（1）

【解题】根据《子略》将高似孙的辨伪方法总结为九种：据目录辨伪、据年代辨伪、据思想辨伪、据内容辨伪、据引文辨伪、据序跋辨伪、据史源辨伪、据文辞辨伪、据撰者辨伪，认为高似孙在《子略》中采用的辨伪方法已经比较成熟，在中国辨伪学史上是上承柳宗元，下启宋濂、胡应麟的重要人物。

陈玫玲．啖助辨伪学说初探——以《春秋集传纂例》为例．台北市立教育大学学报，2012（1）

朱晓梅．张舜徽“辨伪”思想发微．群文天地，2012（6）

【解题】张舜徽的辨伪思想主要体现在其“伪书虽伪，不可尽废”和“好古深思，不为所迷”等辨伪原则方面，也体现在其多管齐下、宏观微观相结合的系列辨伪方法。他以求真为目的，将辨伪学提高到了治学根本的高度，并将其作为一个独立的学科对待，这在中国文献学史上是具有开拓意义的。

吴有定．王充的辨伪观念与实践．韶关学院学报，2012（5）

【解题】王充对虚妄之书及其产生有其独特的见解：世俗“好奇怪”“信虚妄”的习性是滋生伪书的土壤，而作伪者无原则地投世俗之所好而随意夸大、杜撰是伪书产生的直接要因；伪书直接导致世俗“是非不定”，贻害无穷，因此对伪书应当清除务尽。为了消灭华伪之文，进而实现“纯诚之化”的理想，王充坚决与“虚妄之传”针锋相对，既有对伪事伪说的考辨，也有对伪书的考辨。

周勇军．略论韩愈在辨伪学史上的成就及其影响．周口师范学院学报，2014（1）

【解题】从文献学的角度出发，分析韩愈的疑古辨伪思想，阐明他在辨伪学史上的成就和影响。

孙灵芝等．谢仲墨及其中医古籍辨伪工作考．中医文献杂志，2015（5）

【解题】专门辨中医伪书的当代人，当首推谢仲墨。谢仲墨关于中医古籍辨伪工作始于1935年左右。1935年7月开始，以“卫原”之名在期刊《中医新生命》上发表《中医伪书考》，直至1937年。最晚至1937年完成《中国历代医学伪书考》三卷，考证历代医书140余种。1963年，在中国中医研究院（今中国中医科学院）油印出版内部资料，定为《历代医书丛考》，对23类204种医学文献进行了考证。从1935年至1963年，28年时间不断完善对中国医书辨伪考证的工作。然其“文革”之中因故逝世，其人其事皆不闻于世，有感于其对中医文献进行的大量辨伪工作，现特撰此文，弘扬其志。

聂建建．杨荫浏先生古史辨伪观念初探．南京艺术学院学报（音乐与表演），2016（3）

【解题】运用对比、文本分析等方法，对杨荫浏先生著《中国音乐史纲》一书中的古史辨伪观念进行时代语境下的解读，并对《中国音乐史纲》和《中国古代音乐史稿》中的古史辨伪观念的关系进行探讨。

孙新梅．罗根泽诸子辨伪成就．吉林省教育学院学报，2016（7）

李龙博．熊十力辨伪释经法研究．河北师范大学硕士学位论文，2016

【解题】自《论六经》以后，对六经的辨伪在熊十力的经学著作中，都是不可或缺的一部分。因此，若要真正理解熊十力的经学思想，首先就应探讨其究竟是如何辨伪的。第一部分主要探讨熊十力辨伪释经法的缘起。虽然在《读经示要》中熊十力认为不能以轻疑的态度读经，但他并未否认六经中存在后人作伪，这时他并没有明确的辨伪意识。熊十力十分重视《春秋》，在他对《春秋》成书过程的探寻中，已经意识到汉儒对《春秋》进行了大规模的改动，他的态度逐渐发生摇摆，拉开了对六经进行系统性辨伪的序幕。第二部分主要探讨熊十力辨伪释经法的内容。熊十力认为孔子作《春秋》所明之义即为“贬天子、退诸侯、讨大夫”，并因此为当时统治者所憎恶。熊十力将《论语·阳货》中孔子欲应公山弗扰之召一事，作为孔子行“革命之事”的证据，通过分析前人对此事的讨论，发现“新周”一说可以很好地解释孔子欲应召的行为，而所谓“新周”正是“贬天子”之意。为了证明六经存在作伪一事不是其一家之言，熊十力在《论六经》中认为六经遭到了焚书和汉儒改窜，焚书使六经的存世量降到了相当低的程度，秦汉之际经文的解释权又牢牢掌握在少数儒生手中，这两个依据确实使六经的伪造成为了可能。在《论六经》中，虽然熊十力的辨伪思想已初具规模，但他并未就此止步，而是在《原儒》中进一步将他的辨伪释经法发展为“大道”与“小康”之分。为了解决“微言”与“大义”的矛盾，熊十力抛弃了“微言”与“大义”的区分，认为六经皆是孔子“微言”，并将孔子思想分为早、晚两期，继承孔子早年思想的小康学派在孔子去世后就对六经进行了改窜，这样就将六经的改窜提前到了战国时代，却也使熊十力对六经的辨伪变得无法被证实。今按：熊说多为臆论。

苏金侠．晁公武和陈振孙文献辨伪研究．图书馆建设，2017（7）

【解题】晁公武和陈振孙在宋代文献辨伪学的发展中贡献了很大的力量，但其成就在后世并未引起足够的重视。两人的文献辨伪主导了宋代文献辨伪中文献类型的比例。在考辨书籍真伪时，他们兼用了内证和外证的方法。同时，他们既有对前人已经考辨文献的进一步研究，又有对前人未曾考辨文献的辨伪。两人在文献辨伪中也存在着取证单一，过度依赖一种方法，严谨性不足；没有明确指出某一书为伪书的具体原因，文献考辨过于主观性而流于草率等问题。

毛天宇．郑樵文献辨伪的原则与特点．图书情报研究，2018（1）

【解题】通过对《通志校雠略》中郑樵关于文献目录、辨伪理论等文献鉴辨成果的分析，总结出郑樵在鉴辨文献时始终遵循的一些基本原则和特点。郑樵的文献辨伪理论与实践中贯穿着“孤证不立”“信以存信”“端正考风”的辨伪原则，其文献辨伪具有实事求是的精神，无成见，不讥评。其辨伪工作体现四个显著特点：善于总结伪说的形成规律，注重运用历史主义方法，注重“明文字”与“明六经”，坚守求真尚实的科学态度。

辨伪学通论

杨鸿烈．中国伪书的研究．晨报副镌，1924（7）
张西堂．古书辨伪方法．学灯，1925（3）
高本汉．论考证中国古书真伪之方法．中央研究院历史语言研究所集刊（第3本），1931
普暄．古书多伪的原因．女师学院期刊，1947（1—2）
梁容若．中国文学史上的伪作拟作与其影响．中国文学研究，台北：三民书局，1967
黄永武．诗歌辨伪法．中国诗学考据篇，台北：巨流图书公司，1977
李致忠．古书造伪与版本学．北图通讯，1978（2）
杜凯．古籍中伪书的辨证．河北大学学报，1981（2）
唐钺．考订古书撰作年代通则补说．文史（第15辑），1982
毕吕贵．伪书不足证．图书馆学研究，1983（5）
郑良树．古籍辨伪学的成立及其研究范围．书目季刊，1983（4）
姜亮夫．古籍辨伪私议．学术月刊，1983（6）
陈初定．试析中国古代伪书之产生．河南图书馆季刊，1984（4）
艾力农．试论先秦诸子书的辨伪．齐鲁学刊，1984（3）
郑良树．论古籍辨伪学的新趋势．续伪书通考，台北：学生书局，1984
孔智华．我国古籍中的伪书与辨伪学．江苏图书馆学报，1985（1）
陶宝庆．伪书鉴别二例．图书馆工作与研究，1985（1）
洪湛侯．辨伪．语文学报，1985（9）
蔡成瑛．伪书、伪本和伪装书漫谈．青海图书馆，1986（3）
霍桐山．古籍辨伪．青海图书馆，1986（3）
施天侔．论辨伪．河北师院学报，1987（1—2）
陈玉兰．辨伪的目的和伪书的利用．杭州大学学报，1988
张世超．词义的时代性与古书辨伪．古籍整理研究学刊，1990（1）
牟玉亭．文献目录与古籍辨伪．古籍整理研究学刊，1990（1）

牟玉亭．古书作伪原因考．古籍整理研究学刊，1990（1）
张漱瑜．辨伪古今谈．齐齐哈尔师范学院学报，1990（2）
丁邦新．声韵学知识用于推断文学作品时代及真伪之限度．中国文哲研究集刊，1991；声韵论丛，1992（4）
牟玉亭．古典目录学与辨伪学的产生．图书馆学研究，1994（3）
牟玉亭．试论从作品本身考辨古籍真伪．图书与情报，1994（4）
简宗梧．运用音韵辨辞真伪之商榷．声韵论丛，1994（1）
杜泽逊．四库提要辨伪方法探微．历史文献研究（北京新6辑），北京：北京师范大学出版社，1995
陈华．文献辨伪与社会文化．浙江社会科学，1996（3）
张凤桐．论古籍伪书的特征及价值．图书馆学研究，1998（6）
郑良树．论古籍辨伪的名称及其意义．诸子著作年代考，北京：北京图书馆出版社，2001
郑良树．疑古与复古——论古籍辨伪的方向．诸子著作年代考，北京：北京图书馆出版社，2001
高文．古籍辨伪方法．中国文化报，2002.5.9
熊铁基．重新认识古书辨疑．光明日报，2002.12.24
何槐昌等．怎样识别伪书．图书馆杂志，2003（3）
王魁伟．伪书文献语料价值述略．汉语史学报，2003.5.31
简文辉等．浅谈古籍伪书的编撰意图及其价值挖掘．古籍整理研究学刊，2004（3）

【解题】探讨了古籍伪书编撰产生的六类主要意图，并对不同伪书存在价值的挖掘点进行思考。

毛凌文．伪书脞语．图书馆论坛，2004（4）
杨大忠．浅谈目录与版本及辨伪书的关系．大学图书情报学刊，2006（1）

【解题】论述了版本形式的变化对目录形式的影响，以及通过目录辨别版本优劣及真伪的方法。

张廷银．族谱中所见王羲之佚文辨伪——兼及族谱在当代文史研究中的作用．清华大学学报，2006（1）

【解题】这几篇署名王羲之的文章，其实都是伪托之作，并指出，我们使用族谱资料时，特别是对待其中有关历史名人的资料时，一定要格外谨慎，不可盲从。

纪准．《尧典》与“诗言志”的关系：从一个侧面探索上古辨伪的新思路．太原师范学院学报，2006（5）

【解题】“诗言志”是中国诗学的第一个理论命题，对它的研究绕不开它与《尧典》的关系。任何历史事件在进入史册以前，都存在一个口耳相传的阶段，我们应该把事实和书写区别开。具体到史前史，我们尤其不能带着文明的偏见，歪曲文字成熟以前的种种人文现象。从地下考古的成绩来看，《尧典》所载尧舜禹的时代是基本可信的，其文明程度也并非我们想象的那么低下。反映诗歌舞合一的“诗言志”由一个熟练掌握这种高度文明的史前历史人物说出来，完全是可能的。

王娜．辩证看待古人辨伪．晋图学刊，2007（3）

【解题】从辨伪的历史、辨伪的内容、辨伪的方法等方面谈到了古人在古书辨伪工作上的历史功绩，同时也指出了他们的阶级局限性，提倡现代人要用辩证的眼光去看待他们的辨伪工作。

杨善群．论古籍辨伪的拨乱反正．学术界，2007（4）

王记录．说中国古代辨伪的思想．淮北煤炭师范学院学报，2007（4）

徐欣．试论伪书的辨别及其对档案文献编纂的启示．云南档案，2008（1）

刘识文．从古典文献学角度论伪书的价值．兰台世界，2008（10）

【解题】主要论述伪书存在的史料价值、学术价值、思想价值等，同时也从侧面说明，对待伪书我们应该既要看到它的弊端，同时也要看到它自身存在的价值，这样才能更好地为各项事业服务。

王国强．简帛文献学中文献辨伪观念和方法研究述评．图书情报知识，2008（6）

【解题】传统文献学界以静止不变的观念看待古书的形成和流传，并由此形成了一套文献辨伪方法，而简帛文献的出土则提供了古书形态和流传的真实图景，引起了学术界对于传统文献辨伪观念和方法的反思。文章述评了简帛文献学界关于文献辨伪观念和方法新的研究成果，并对文献学建设提出了一点建议。

王新凤．浅论古伪书的利用价值．延安大学学报，2009（1）

【解题】中国古籍中的伪书是一定历史文化的积淀遗存，其大体可分两种：一种是内容、著者造伪；另一种是书的版本造伪。伪书虽然不能作为该时代的史料，但可作为研究伪作时代的参考史料。不同性质、不同程度的伪书都有着各自不同的利用价值，研究古籍中伪书的科学价值、史料价值和文学价值，对现时代史料研究具有重要的理论指导意义。

蔡淑敏．伪书产生的原因及其对策．青海社会科学，2009（4）

【解题】将古籍伪书与近年出现的伪书相比较，探讨了伪书产生的原因及其治理对策。

郑杰文．也谈古代文学研究中的考证、辨伪和古典文献的利用．文学评论，2009（4）

【解题】学术研究必先确定研究对象的真伪，这就需要辨伪；学术研究必先厘清研究对象所处的确切时间与具体环境，这就需要考证；古文学研究还需进行作品的会通性考证以及作家或作品的编年考证，这些考证和辨伪都离不开文献。尤应强调的是，在上古文学研究特别是考辨中，应特别注意出土文献和古佚书的利用；在中古和近古文学研究特别是考辨中，应特别注意佛道文献的利用；在近古文学研究特别是考辨中，除佛道文献的利用外还应特别注意民间文献的利用。重视建立在各类古典文献基础上的考证和辨伪，是完善东方学术研究体系的重要环节。

吴锐．中国古典学：疑古与辨伪．中国社会科学院报，2009. 4. 7

刘汉初．略论以风格为诗歌辨伪依据的有效度问题．东华人文学报，2009（15）

方继孝．书札的作伪及辨伪．博览群书，2010（9）

杨大忠．论《郡斋读书志》辨伪证据的互补性．古籍研究，2010

杨善群．近三十年来古籍辨伪研究工作的新进展．中华文化论坛，2011（1）

颜宇美．四库馆臣辨伪学研究．台北大学古典文献研究所硕士学位论文，2011

张昌红．古籍辨伪献疑．图书馆论坛，2011（4）

【解题】随着对出土文献的深入研究以及电子检索等现代学术手段的使用，许多

"伪书"被证明其实并不伪；这就迫使我们对古籍辨伪的概念、目的、方法、证据、论证过程以及成果应用等提出质疑，并对存在的问题进行深刻的反思。

王林艳．中国古代文献辨伪的方法体系述评．淮北师范大学学报，2011（6）

【解题】中国古代文献学家在长期文献辨伪的实践中逐步形成了从文献作者、文本内容以及文献流传三个方面入手考辨文献真伪的方法体系。从文献作者角度辨伪，主要考查书籍与撰作者的行迹、思想、学术水平、生卒年代等方面的矛盾，进而发现问题，做出判断。从文献文本出发辨伪，主要从文本中的文体、风格、语词、史实、称谓、制度、地理沿革等内容来考察是否与事实相符，继之判断文献真伪。从文献流传角度辨伪，主要考察文献在社会上流传时是否见之于目录记载、是否被别人征引以及是否有佚文流传等，依靠文献流传时存留下的印痕来辨其真伪。古代文献学家围绕文献的产生、内容和流传所形成的辨伪方法体系，是中国历史文献学极具民族特色的一部分。

佟大群．《四库全书总目提要》文献辨伪学成就研究．明清论丛（第12辑），北京：故宫出版社，2012

罗琴．古籍整理中的辨伪例说．重庆师范大学学报，2012（4）

【解题】在总结历代学人关于辨伪理论及方法的基础上，以古籍整理实践中的九个典型实例，具体说明辨伪的方法：考证作者的生平事迹，审核作品的思想内容，检验作品的语言风格，查阅历代的相关书目，寻找各种有用的旁证等，以期尽可能恢复古籍原貌。

颜军英．古伪书的辨伪及其存在价值．科技资讯，2012（26）

王国强等．论中国文献辨伪方法建设的基本方向．图书馆论丛，2014（10）

【解题】中国文献辨伪方法建设近百年来取得了一定成绩，但是在逻辑的严谨性、体系的完整性以及对辨伪客体的适用性等方面还存在一些缺陷。该文以疑古派和出土文献派文献辨伪方法为例，总结现当代中国文献辨伪方法，分析中国文献辨伪方法的成就和局限，提出中国文献辨伪方法建设的基本思路，勾勒出中国文献辨伪方法体系的基本框架。

王国强等．近十年中国文献辨伪学研究述评．图书馆论坛，2015（12）

王化平．论"伪书"的定义及判定原则．西南大学学报，2016（4）

史丽君．论《四库全书总目》的辨伪学成就．图书馆建设，2016（6）

郭康松．《四库全书总目》的辨伪学发微．四库学，2017（1）

辨伪专著

刘汝霖．周秦诸子考．北京：文化学社，1929

黄云眉．古今伪书考补证．南京：金陵大学中国文化研究所，1932；济南：齐鲁书社，1980

［日］内藤虎次郎等著，江侠庵译．先秦经籍考．上海：商务印书馆，1933

张心澂．伪书通考．上海：商务印书馆，1939；上海：上海书店出版社，1998

顾颉刚主编．古籍考辨丛刊（第1集）．北京：中华书局，1955；北京：社会科学文献出版社，2010

罗根泽．诸子考索．北京：人民出版社，1958

余嘉锡．四库提要辨证．北京：中国社会科学出版社，1958

余嘉锡．古书通例．上海：上海古籍出版社，1985

【解题】古书体例的研究与古书辨伪联系密切，余嘉锡的《古书通例》在章学诚等人的基础上，对古书体例作了更为详尽的论述，书中的诸多观点对于辨伪学有重要的理论指导意义。今附目录于下：

卷一　案著录第一

　　诸史经籍志皆有不著录之书

　　古书不题撰人

　　古书书名之研究

　　汉志著录之书名异同及别本单行

卷二　明体例第二

　　秦汉诸子即后世之文集

　　汉魏以后诸子

　　古书多造作故事

卷三　论编次第三

　　古书单篇别行之例

叙刘向之校雠编次

古书之分内外篇

卷四 辨附益第四

古书不皆手著

郑良树．续伪书通考．台北：学生书局，1984

郑良树．古籍辨伪学．台北：学生书局，1986

梁启超．古今伪书及其年代．扬州：江苏广陵古籍刻印社，1990

林庆彰．清初的群经辨伪学．台北：文津出版社，1990；中国伪书综考，合肥：黄山书社，1998

俞兆鹏主编．中国伪书大观．南昌：江西教育出版社，1998

郑良树．诸子著作年代考．北京：北京图书馆出版社，2001

陈福康．井中奇书考．上海：上海文艺出版社，2001

司马朝军．文献辨伪学研究．武汉：武汉大学出版社，2008

顾颉刚主编．古籍考辨丛刊（第2集）．北京：社会科学文献出版社，2009

佟大群．清代文献辨伪学研究．北京：人民出版社，2012

陈福康．井中奇书新考．上海：上海外语教育出版社、上海交通大学出版社，2015

司马朝军．《经解入门》整理与研究．武汉：武汉大学出版社，2017

司马朝军主编．文献辨伪新探．武汉：武汉大学出版社，2018

司马朝军．《经史杂记》辨伪．武汉：武汉大学出版社，2018

王献松．《红杏山房闻见随笔》辨伪．武汉：武汉大学出版社，2018

佟大群．民国文献辨伪学研究．北京：中国社会科学出版社，2018

朱志先．《千百年眼》校释．武汉：武汉大学出版社，2018

【解题】对《千百年眼》中各条内容之史料出处，附于该条之下；对《千百年眼》内容相关之研究，一并附于该条之下。根据张燧《千百年眼》中所提供的直观线索，诸如“李卓吾曰”“杨升庵曰”“弇州外史曰”等，查找相关书目，并进而核对《千百年眼》一书的史源出处。同时，搜集和《千百年眼》各条目相关的研究内容，便于对相关问题进行学术史的考察。

后　　记

1998年的金秋，丹桂飘香之时，我第二次来到珞珈圣山，从公务员变成了博士生，这无疑是我生命中的又一次重大转折。在曹之先生的引导下，我开始了文献学的研习与四库学的拓展，夜以继日，苦苦探索。在珞珈山麓的简陋宿舍中，在狮子山顶的古朴书室里，我不知疲倦地扑在书本上，像一个饥饿的汉子见到了满桌的盛宴，像一个饥渴至极的旅客找到了荒漠甘泉。

曹之先生当时如日中天，他早以《中国古籍版本学》《印刷术的起源》两部书奠定了学术地位，《中国古籍编撰史》甫一问世，也得到学界的肯定，他正沉浸在“中国图书文化史”的宏大构思之中。我是曹门第一个博士生，也得到他格外的关注。曹师命我聚焦《四库全书总目》，从文献学的角度挖掘其丰富内涵。这本是他计划中的一部分，我很荣幸地成为“革命军中马前卒”。《四库全书总目》规模宏大，且与《四库全书》密切相关，一般人不敢问津，也决不会将它作为博士论文题目。曹师好像用金箍棒在地上画了一道圆圈，把我牢牢地圈在了这个圈内。

这个圈其实是一个很大的圈，内有分类学、目录学、版本学、校勘学、辨伪学、辑佚学、编纂学、考据学、诠释学等。当时我野心很大，也只有这种大题目才比较符合我的胃口。我不喜欢小打小闹，要干就干他个轰轰烈烈。三年的辛勤耕耘，终于完成了博士论文《四库全书总目研究》。

在涉足了文献学的各个分支学科之后，我发现辨伪学别有洞天，是一个值得继续探索的神秘世界。我在进入复旦大学博士后流动站之初，本来是想做辨伪学的研究，万万没有想到，在开题会上，王水照等先生提出了异议，朱维铮先生更是明确否定明代以前有辨伪学，当时年轻气盛，颇为不服，后来才真正领会诸位老先生的苦心，在短短两年时间内，绝对难以完成如此巨大的课题。我自博士后出站之后继续做辨伪，撰写了系列论文，也完成了若干专题研究，不久得到武汉大学信息管理学院的资助，形势逼迫之下匆匆忙忙推出了一本专题论文集《文献辨伪学研究》。

20年间，我先后出版了几十种图书，不少成了高频引用之作。但《文献辨伪学研究》

是令我后悔莫及的一部书，本来这是一本专题论文集，出版社当时建议我改装成专著。这种“伪装体”当时是一个流行病，好像论文集的价值不及专著，这种违反国际常识的做法现在成了笑话，但当时确实是一种普遍现象。台湾学者不了解内地情况，就以专著的标准批评我。虽说批评的“火气太大”，我也默默承受。《文献辨伪学研究》书后附录了一个辨伪书目索引，出现了一点低级错误，出版前未能消灭在萌芽状态，出版后也让我无地自容。此次已经一一订正讹误，借此成书之际谨致歉意。

司马朝军

2018 年 12 月 26 日记于上海文淙阁

【补记】上编《文献辨伪学导论》由上海大学历史系赵争博士执笔，由我修改补充。下编《文献辨伪学论著篇目索引》由我编纂，由门生王献松、曾志平、闫超凡、李帅补充核对。诗云：“如切如磋，如琢如磨。”取长补短，乐在其中矣。